中部发展蓝皮书

2007
中国中部经济发展报告

教育部人文社会科学重点研究基地
南昌大学中国中部经济发展研究中心

经济科学出版社

图书在版编目（CIP）数据

2007 中国中部经济发展报告/教育部人文社会科学重点研究基地，南昌大学中国中部经济发展研究中心. 北京：经济科学出版社，2007.12
ISBN 978-7-5058-6939-4

Ⅰ.2… Ⅱ.①教… ②南… Ⅲ.地区经济-经济发展-研究报告-中国-2007 Ⅳ.F127

中国版本图书馆 CIP 数据核字（2008）第 015493 号

《2007中国中部经济发展报告》

编委会

顾　问　萧灼基　李泊溪　陈栋生　伍新木
主　任　郑克强　周文斌
编　委　（按姓氏笔画排序）
　　　　韦　伟　尹继东　甘筱青　史忠良
　　　　宋三平　肖金成　杜厚文　张慧霞
　　　　周绍森　柳思维　黄新建　傅　春
　　　　覃成林　程样国　谢明勇

编辑部

主　编　周绍森
副主编　傅　春　刘耀彬

切实把握促进中部地区崛起的关键环节

（代　序）

促进中部地区崛起，是继鼓励东部地区率先发展、实施西部大开发、振兴东北地区等老工业基地战略后，党中央、国务院从我国现代化建设与区域协调发展的全局出发作出的又一重大决策。实施促进中部地区崛起战略以来，在各个方面的共同努力下，中部地区发展呈现出蓬勃向上的喜人局面。据统计，2007年中部地区生产总值增速达14.07%，比2005年提高了1.6个百分点，发展速度明显加快；地区GDP占全国比重达19%，扭转了自2004年起持续下降的态势，工业生产连创佳绩，国有及规模以上非国有工业增加值增幅达23.7%，在四大地区中增长最快。从总体上看，促进中部地区崛起已实现了良好的开局。

中部地区的发展正处于关键时期，大力促进中部地区崛起任务艰巨而时间紧迫。把握机遇，乘势而上，需要进一步廓清思路，抓住重点。从区域协调发展的全局和中部地区的实际出发，要切实把握好如下几个关键方面。

第一，要把推进"三个基地、一个枢纽"建设作为促进中部地区崛起的主要支撑。中部地区在区位、资源、产业、科教等方面具有明显特点和优势，基于这些特点和优势，中央提出，要把中部地区建设成为全国重要的粮食生产基地、能源原材料基地、现代装备制造及高技术产业基地和综合交通枢纽。这不仅是促进中部地区崛起的基本任务，也是实现中部地区崛起的主要支撑。必须把推进"三个基地、一个枢纽"建设作为工作的重中之重。为此，一是要科学制定发展规划。国家已把编制促进中部地区崛起规划列入政府工作的重要内容,而"三个基地、一个枢纽"建设无疑应当成为规划的主线与基础。二是要加大政策支持力度。要适应"三个基地、一个枢纽"建设的需要,落实好现有政策,研究出台更具针对性和力度更大的政策措施。三是加快完善相关基础条件,要围绕建设"三个基地、一个枢纽",加强基础设施建设,提升产业结构,推进体制创新,优化市场环境。

第二,要把优化提升产业结构作为促进中部地区崛起的基本途径。产业是发展的基础,实现中部地区崛起必须不断优化和提升产业结构。除了要充分发挥自身的优势,形成具有特色的产业门类外,中部地区应有效利用地理位置承东启西、发展状况总体居于中游的条件,积极承接国际和东部地区产业的转移,有效利用西部的资源和要素,打造经济效益高、富有竞争力的产业体系。中部地区还要大力推进自主创新,以自主创新提升产业技术水平。为此,要进一步优化政策环境,形成有利于承接产业转移和技术创新的政策体系;要搞好基础设施建设,为产业转移和资源要素流动提供顺畅通道;要推进开发区发展,以现有的国家级开发区和省级开发区为依托,集聚优势资源,发展高新技术产业。

第三,把加快弱势地区发展作为促进中部地区崛起的关键环节。弱势地区是制约区域协调发展的瓶颈,也是实现区域协调发展的关键。中部六省贫困人口占全国的近1/3,国家级扶贫开发重点县占全国的25.5%。吕梁山、太行山、秦岭大巴山、武陵山、大别山、井冈山和赣南革命根据地六大连片贫困区都集中在中部,革命老区县比重也比较高。促进中部地区崛起要把加快这些地区的发展放在突出重要位置,采取特殊措施解决他们所面临的特殊困难。促进中部弱势地区发展的着力点要放在构建可持续发展的经济基础和运行机制、实现公共服务均等化上。要加大政府投资和财政转移支付力度,强化在义务教育、公共卫生、基本医疗、社会保障、社会救助、促进就业、减少贫困、防灾减灾和公共文化等方面的政策支持,落实好比照西部大开发的各项政策。要进一步推进弱势地区的对外开放,实现弱势地区与发达地区建立在生产资源和要素等公平交换、优势互补基础上的互惠合作。要在进一步促进城市群、经济圈、经济带发展，培育新的增长极的同时，加大先行地区对弱势地区的支持力度。对资源枯竭型城市，要积极推进经济转型，对那些仍有一定资源基础的地区或城市，也要抓紧建立健全资源开发补偿机制和衰退产业援助机制。

第四，要把推动体制机制创新作为促进中部地区崛起的有力保障。良好的体制机制既是推动经济社会快速发展的强大动力，又是实现经济社会健康运行的坚实保障，中部地区存在的许多深层次矛盾和问题都与体制不顺密切相关。与东部地区比，中部地区在改革方面还存在着不少薄弱环节。促进中部地区崛起必须不断深化改革，完善体制机制。特别重要的，一是推进行政管理体制改革，以转变政府职能为重点，改善管理方式，理顺管理层次，优化机构设置，着力构建责任政府、服务政府和法制政府，加快形成与国际通行做法相衔接的管理规制。二是推进所有制改革，加快国有大型企业规范的股份制改革，鼓励和支持非公有经济进入金融服务、公用事业、基础设施等重要领域，形成富有活力和创造力，有利于推进经济、社会全面协调可持续发展的所有制结构。三是推进市场体系改革，着力打破行政垄断和市场封锁，建立健全各类市场，完善社会信用制度，促进商品和要素在区域间的自由流动，形成开放、统一、竞争充分、交易公平的市场体系。在具体工作中，要强化改革思维，注重用改革的办法解决发展中的困难和矛盾。

第五，要把加强区域合作作为促进中部地区崛起的重要手段。合作能够趋利避害，合作有利于优势互补。加强合作与协作是促进中部地区崛起的重要基础。中部地区各省既要加强相互间的合作，形成合力；也要加强与东部和西部的合作，搞好互动。为此，一方面，要适应经济市场化和区域一体化发展的要求，通过体制创新和法律约束，打破行政区划的局限，排除各种形式的障碍，为推进区域合作创造良好的市场基础。另一方面，要完善合作的组织形式和运行机制，创新合作内容与方式，广泛深入地开展多形式、多层次、多领域的区域经济协作和合作。通过合作推进基础设施建设、产业配置、管理规制、市场运行等的一体化。

促进中部地区崛起需要一个过程，要使中部的发展不断实现新跨越，不仅需要对未来发展提出科学的规划与方针政策，而且需要对已进行的工作做实事求是的总结评估。事实上，对未来发展的科学规划和提出正确的方针政策也要以对过去工作的科学总结评估为基础。总结评估已有的工作可以运用多种形式，编制年度发展报告是其中的一种重要形式。南昌大学中国中部经济发展研究中心编制中国中部经济发展报告，对于促进中部崛起来说是一件非常有益的工作。《中国中部经济发展报告》基于中部六省发展的实际，对中部地区总体运行态势进行了描绘，对一些重大的问题作出了理论分析和实证研究，同时，对未来的发展提出了建议。毫无疑问，这本报告无论对于从事中部地区问题研究的专家学者，还是对于推进中部崛起各项工作的实际操作者们来说，都具有积极的参考价值。在此推荐给大家，期望各个方面给予足够的关注。

高校特别是中部地区的高校是促进中部地区崛起的一支重要力量。我们期待中部的高等院校都像南昌大学中国中部研究中心那样，关注中部地区的发展，运用自己特殊的优势，积极支持和推动促进中部地区崛起工作，尤其是在深化制约中部地区发展的重大问题的理论研究方面作出贡献。

是为序。

二〇〇八年二月

(作者系国家促进中部地区崛起工作办公室副主任、著名经济学家)

目 录

第一部分 中国中部经济发展评价报告

第一篇 区域经济发展评价指标体系 ………………………… 3

第一章 指标与指标体系 ………………………………………… 3
第一节 指标与指标体系的内涵 ………………………………… 3
第二节 指标的分类 ……………………………………………… 4

第二章 区域经济发展评价指标体系构建与评价方法设计 …… 5
第一节 区域经济发展评价指标体系建立的原则及基本思路 … 5
第二节 研究方法与步骤 ………………………………………… 7
第三节 区域生态经济发展指标体系的构成 …………………… 10

第三章 评价模型与方法 ………………………………………… 16
第一节 基于 PREDST 系统结构的区域经济发展指数的多阶层
　　　　合成分析 ……………………………………………… 16
第二节 用于区域经济发展运行和诊断的多种评价模型 ……… 19

目　录

第二篇　中国中部区域经济发展系统监测与评价 …………… 22

第四章　中国中部区域经济发展概况及综合评价 …………… 22
第一节　中部地区的范围和区位 ………………………………… 22
第二节　中部地区经济发展概况 ………………………………… 25
第三节　中部地区经济发展综合评价 …………………………… 41

第五章　中国中部地区经济运行及发展能力分析 …………… 54
第一节　中部各省基本概况 ……………………………………… 54
第二节　中部地区经济运行水平 ………………………………… 56
第三节　中部地区经济推动能力评价 …………………………… 63

第六章　中国中部地区人力资源与社会发展分析 …………… 65
第一节　中部地区人口与人力资源开发 ………………………… 65
第二节　中部地区社会发展分析 ………………………………… 71

第七章　中国中部地区科技发展水平及创新能力分析 ……… 81
第一节　中部地区科技发展水平 ………………………………… 81
第二节　中部地区科技创新能力 ………………………………… 86
第三节　中部地区科技发展综合评价 …………………………… 91

第八章　中国中部地区的资源支撑 ……………………………… 93
第一节　中部地区资源条件分析 ………………………………… 93
第二节　中部地区资源支撑能力分析 …………………………… 95
第三节　中部地区资源利用率分析 ……………………………… 97

第九章　中国中部地区的环境支撑 ……………………………… 99
第一节　中部地区环境建设水平与治理 ………………………… 99
第二节　中部地区环境支撑能力分析 …………………………… 102

目 录

第三节 中部地区经济环境协调性分析 ·················· 103

第二部分 中国中部地区经济发展问题专题研究

第一篇 中部地区经济发展问题研究 ·················· 109

第一章 中部经济发展的战略思考 ·················· 109
第一节 促进中部崛起五大关系的思考 ·················· 109
第二节 中部崛起战略几个问题的深化研究 ·················· 114
第三节 "中部崛起"战略发展模式的选择 ·················· 122
第四节 国家区域发展战略转型与中部地区经济崛起研究 ·················· 128
第五节 长江中游城市群的整合与发展前景 ·················· 135

第二章 中部经济发展的特征研究 ·················· 144
第一节 中部地区经济发展总体水平"塌陷"特征研究 ·················· 144
第二节 中部区域经济发展中"马太效应"的调控 ·················· 150

第三章 中部经济问题的方法研究 ·················· 155
第一节 中部粮食主产区城镇化进程中农村土地变化的GIS
　　　　分析和对策研究——以江西省为例 ·················· 155
第二节 基于空间统计分析与GIS研究江西省县域经济 ·················· 163
第三节 中部地区区域经济发展的极化分析 ·················· 170

第二篇 中部地区产业分析 ·················· 179

第四章 中部地区产业政策研究 ·················· 179
第一节 发展食品工业推进中部崛起 ·················· 179

第二节　促进中部粮食主产区经济发展的若干政策 …………… 181
第三节　中部"三农"问题解决对策研究 ……………………… 190

第五章　中部地区各产业发展特征研究 …………………………… 195
第一节　中部地区产业发展特征分析 …………………………… 195
第二节　集成型和创新型：区域优势产业培育的两种思路——
　　　　中部地区优势产业培育的案例研究 ……………………… 203
第三节　中部产业结构与就业结构相关性分析 ………………… 213
第四节　中部地区区域旅游合作 ………………………………… 226
第五节　中部地区物流基础设施平台的发展研究 ……………… 234

第三篇　中部地区生态与环境分析 ………………………………… 241

第六章　中部地区生态与环境管理分析 …………………………… 241
第一节　鄱阳湖流域综合管理的探索 …………………………… 241
第二节　中部地区水环境污染及其防治建议 …………………… 252
第三节　循环经济园区发展的技术经济分析 …………………… 259

第七章　中部地区生态城市发展研究 ……………………………… 267
第一节　江西省城市化进程中的资源消耗效应时空分析 ……… 267
第二节　关于建设环鄱阳湖生态城市群的设想 ………………… 274

第四篇　中部地区人力资源分析 …………………………………… 281

第八章　现代经济增长理论与实证分析 …………………………… 281
第一节　现代经济增长理论的演进 ……………………………… 281
第二节　人力资本和技术进步对经济增长贡献的实证分析
　　　　——以江西为例 …………………………………………… 284
第三节　教育扩展对经济增长贡献的实证分析——以江西为例 … 290

第九章 中部地区人力资源开发特征与因素分析 310
- 第一节 中部地区农村劳动力资源状况分析 310
- 第二节 中部地区人民生活水平比较分析 319
- 第三节 江西产业结构调整与人力资源开发关系实证研究 326

第五篇 中部地区科技创新研究 336

第十章 推进科技创新 促进中部区域经济发展 336
- 第一节 科技创新与区域经济发展 336
- 第二节 中部地区科技创新面临的形势分析 349
- 第三节 依靠科技创新促进中部地区经济跨越式发展 374

第十一章 中部地区科技与教育对经济发展的贡献分析 383
- 第一节 中部地区科技进步对其经济发展的贡献分析 383
- 第二节 中部地区高校科技进步对其经济发展的贡献分析 390

第十二章 中部地区科技创新能力建设的若干对策建议 397
- 第一节 区域创新能力体系分析 397
- 第二节 转变经济增长方式，推进新型工业化进程 404
- 第三节 推进高新开发区建设，实现产业转型 422

第三部分 中部地区经济发展大事记

第一篇 大事记简介 445

第二篇 大事记主要内容 447

参考文献 461

后 记 464

第一部分

中国中部经济发展评价报告

第一篇
区域经济发展评价指标体系

第一章 指标与指标体系

第一节 指标与指标体系的内涵

指标 Indicator 来自拉丁文 Indicare，具有揭示、指明、宣布或者使公众了解等含义。它是帮助人们理解事物如何随时间发生变化的定量化信息，反映总体现象的特定概念和具体数值。指标由指标名称和具体数值构成。指标名称表明所研究现象数值方面的科学概念，即质的规定性。依据指标名称所反映的社会经济内容，通过统计工作获得的统计数字就是指标数值。因此，指标是数与量的统一。由此可见，如果要应用指标认识和说明所研究现象的特征，就必须把反映总体现象的特定概念和具体数值结合起来。指标是说明总体数量特征的统计范畴，它包括可以用数值来表示的客观指标和不能直接用数字来表示的主观指标。主观指标反映公众对客观事物或现象的感受、愿望和态度，一般不能直接取得指标值，因此本报告所称谓的指标主要是指客观指标。

任何指标都是从数量上说明物质的总体或某种属性和特征的，其语言是数字。通过一个具体统计或调查指标，可以表明一个简单现象，从而达到反映事物总体现象的一个侧面或某一个侧面的某一特征。要反映被研究事物的总体全貌，就必须把一系列相互联系的数量指标和质量指标结合在一起加以运用。凡是客观存在的、相互联系的若干个指标所组成的一个整体，就称之为指标体系，它是由一系列相互联系、相互制约的指标组成科学的、完整的总体。

第二节 指标的分类

通常根据不同的目的，指标有不同的分类。根据区域经济发展评价的要求，指标主要可以做如下不同的分类：

1. 总量指标、相对指标与平均指标。反映社会经济现象的总规模、水平或工作总量的指标为总量指标，如 GDP、总人口、出口总额、运输周转量、污水排放总量、科技活动人员总数等；相对指标是用来表明社会经济现象和过程所固有的数量对比关系，如工业全员劳动生产率、人口出生率、万人拥有科技人员数等；平均指标则反映了同质总体各单位在某一数量标志上的一般水平，如人均 GDP、人均居住面积、城镇职工平均工资、农村人均收入等。

2. 描述性指标与评估性指标。描述性指标主要反映实际的发展状态与发展趋势，如经济水平、人民生活质量、资源环境质量等以及人口增长率、产值增长率、资源利用变化率、环境等。而评估性指标则用来评估各大系统相互联系与协调程度，如人口、资源、经济、环境之间的协调发展程度。

3. 水平指标、变动指标和结构指标。水平指标是为了描述区域经济发展状态，如产量、产值、污染排放量；而变动指标则为了测度水平指标的增长或下降情况，如增长率、减少率；结构指标则是为了刻画系统变量之间的构成与比例关系，如三次产业构成、城市化率、工业化率等。

4. 投入指标与产出指标。从理论上而言，某个领域的发展状态应该由直接反映其发展水平的指标（产出指标）来测度。但问题是有时难以搜集到有关的产出指标，这时用反映旨在提高发展水平的政策投入情况的指标（投入指标）来代替，如环保投资量、R&D 经费占 GDP 的比重等。

5. 消费指标和储蓄指标。消费指标指当代人为了生存，解决吃、穿、住、行等消费。储蓄指标是指为了增强今后区域经济发展持续能力而进行的投入考察变量，如研发经费就属于储蓄指标。

6. 存量指标与流量指标。在测度区域经济发展水平的指标体系中，"存量"的消耗过程与"流量"不同，诸如个人收入和闲暇时间等反映一定时间段内的量的指标被称为流量指标；而诸如自然资源等反映某种资产的存在量的指标被称为存量指标，其价值转移需要多个生产周期才能完成。

第二章 区域经济发展评价指标体系构建与评价方法设计

第一节 区域经济发展评价指标体系建立的原则及基本思路

一、评价指标体系建立的原则

区域是一个社会、经济和自然资源的新型复合生态系统,具有变量多而庞杂、不确定指标作用显著等特点,单独选出几个指标不足以反映区域经济发展的总体特征,按照上述几个指标体系的思路,全部选出所有指标又会因指标过多、过细而增加资料获取和评价的难度,既无必要也不可能。为使构建的指标体系达到粗而不失描述预测区域经济发展目标的主题本质特征,细而不失建模的实际可能性的目的,在设置指标体系时应遵循以下原则:

1. 简明科学性和可操作性原则。一方面,指标体系必须立足客观现实,建立在准确、科学的基础上,所选指标的集合能够反映区域经济发展过程中的人口、经济、资源环境和社会各个方面发展的真实水平。指标概念必须明确,并且有一定的科学内涵,能够真实度量和反映区域经济发展的结构和功能,以及主要的运行特征。另一方面,指标体系要广泛适用于不同的区域,指标具有可测性和可比性,易于量化,并且所需数据应容易获得(最好尽可能利用现有的统计资料),计算方法简单易行。

2. 相对完备性原则和主成分性相结合的原则。指标体系作为一个有机整体,应该能够比较全面地反映和测度区域经济发展中的主要特征和发展状况。指标体系大小适宜,过大会因指标层次过多过细而掩盖主要问题,不利于揭示所研究的主要矛盾;过小则会因指标层次过少过粗而无法反映区域经济运行的全貌。同时，在完备性的基础上，指标体系力求简洁，尽量选择那些有代表性的综合指标和主要指标。

3. 相对独立性原则。描述区域经济发展状况的指标往往存在指标间信息的重叠，因此在选择指标时，应尽可能选择具有相对独立性的指标，从而增加评价的准确性和科学性。

4. 稳定性与动态性相结合的原则。要使评价指标体系能够揭示区域生态经济发展的规律性，就必须保证评价指标体系的相对稳定性。但是，区域生态经济与社会的发展总是呈现动态变化的趋势。因此，在保证指标体系基本稳定的前提下，还应当根据区域生态经济发展过程中出现的新变化加以动态调整，即能够通过一定的方法得到这些指标的未来动态变化值，以便能够对生态经济发展做出长期的动态的评价。

5. 层次性和结构性指标并重的原则。在指标设计时，一方面，要根据区域经济发展的内在机制构建层次性指标，以达到对区域经济发展水平和状态的评价；另一方面，还要依据区域生态经济发展的PREDST系统运行机理，构建结构性指标，以达到对区域经济协调程度进行评价。

二、基于生态文明的区域经济发展评价指标体系建立的基本思路

1. 面向区域生态文明建设。中共十七大报告提出，"建设生态文明，基本形成节约能源资源和保护生态环境的产业结构、增长方式、消费模式。"报告还强调，要使"生态环境质量明显改善，生态文明观念在全社会牢固树立"。生态经济建设是区域可持续发展的一项重要工程，生态文明建设目标涵盖了经济、社会、资源、生态环境等诸多方面内容，较全面地反映了区域可持续发展的要求，体现了可持续发展的思想，是区域开展可持续发展工作的纲领。所以，区域的生态经济发展须面向生态文明建设的目标，其相关指标体系的设计要体现区域生态文明的内在要求。

2. 构建层次结构指标体系。区域生态经济建设指标体系从属于区域可持续发展指标体系内容。目前，构建区域可持续发展指标体系的方法较多，较常见的有系统发展协调度模型、压力状态反应结构模型和层次分析法等。笔者采用层次分析法，有意识地将诸多复杂问题分解成若干层次进行逐步分析比较，把人的推断转换成数量形式，对解决大系统中多层次、

多目标的决策问题十分有效,且方法直观、操作简单,被广泛引入区域发展研究中来。层次结构指标体系由目标层、准则层和指标层构成,重点和难点在于准则层层面的设计。准则层起承上统下的作用,设计恰当与否将关系到整个指标体系的质量。我们将区域生态经济建设指标分为区域经济发展水平、区域经济发展能力和经济发展协调度三大类,作为区域生态经济建设指标体系的准则层。

第二节 研究方法与步骤

指标体系的建设是一个系统思考的过程。该过程既可以通过定性分析、专家咨询来完成,也可以通过定量分析,用数据测算来实现。在设计区域经济发展评价指标体系时,应力求定性分析和定量手段的相互结合。本报告在上述原则的基础上,首先采用频度统计法、理论分析法和专家咨询法对指标进行设计,建立的指标称为一般指标体系;然后利用相关分析、变异系数分析和因子分析对一般指标体系进行主成分性和独立性设置和筛选,从而确定所需要的指标评价体系。

1. 一般指标体系设计。在此,采用频度统计法、理论分析法和专家咨询法设置、筛选指标,以满足科学性和完备性原则。频度统计法是对目前有关区域经济发展水平测度与评价指标设计的报告、论文进行频度统计,选择那些使用频度较高的层次性指标;理论分析法是对区域经济发展的 PREDST 系统的内涵、特征进行分析综合,选择那些重要的结构性指标;专家咨询法是在初步提出评价指标的基础上,征询有关专家的意见,对指标进行调整。如此建立的指标体系称之为一般指标体系。为使指标体系具有可操作性,需进一步考虑被评价区域社会经济发展状况,考虑指标数据的可得性,并征询专家意见,得到具体指标体系。

2. 主成分性和独立性分析。为满足指标的主成分性和独立性原则,对一般指标体系进行主成分性分析和独立性分析,选择内涵丰富又相对独立的指标构成评价指标体系。指标筛选程序见图 1–1。

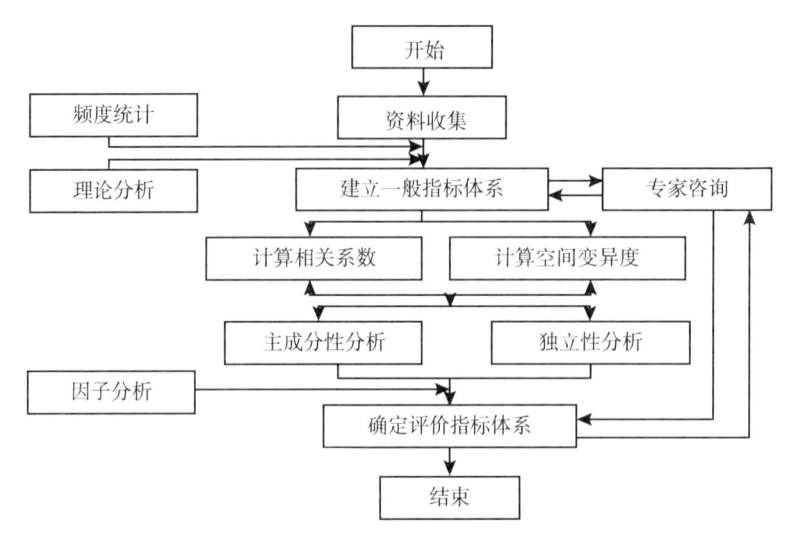

图 1-1 指标筛选程序

主要步骤如下：

第一步，采用 Z-Score 法对基础指标进行标准化转化：

$$X'_{ij} = \frac{X_{ij} - \overline{X}_j}{\sigma_j} \qquad (1-1)$$

式中，X'_{ij} 为标准化后的指标值；X_{ij} 为指标值；$\overline{X}_j$ 为该项指标的平均值；σ_j 为该项指标的标准差。

第二步，计算相关系数和合并重复指标。分别计算各个指标间的相关系数，找出相关系数小于临界值的独立指标，结合空间变异度公式对指标进行主成分性和独立性分析：

$$C_{vi} = \frac{\sigma_j}{\overline{X}_j} \qquad (1-2)$$

定义真相关系数为 0.95 以上（包括 0.95）的指标为重复指标并加以合并。方法如下：辨识真假相关，对于同类型指标，相关系数为正是真相关，为负是假相关；对空间变异度小且真相关系数大于 0.95 以上的指标合并或筛减，合并时优先保留高层次指标和综合性指标。

第三步，利用因子分析完成整个指标体系的主成分性选取。对一般指标构成的相关系数矩阵 R 求特征方程 $|R - \lambda E| = 0$ 的全部非负特征根共 k 个（另外 p-k 个指标的特征根均为零），并依大小顺序排列成 $\lambda_1 \geq \lambda_2 \geq \cdots \geq \lambda_k$

>0，显然，λ_k 是第 k 个主成分的方差，它反映了第 k 个主成分在描述被评价对象上所起作用的大小。根据特征向量的计算结果，可知评价指标 X'_{ij} 在各主因子中的系数 α_{ij}，其绝对值表明该指标所起作用的大小。计算各指标在第 q 个主因子中的贡献率 α_j 及累积贡献率 $\alpha(q')$，公式为：

$$\alpha_j = \left[\sum_{j=1}^{q} |\alpha_{ij}| \cdot \lambda_j \right] / \left[\sum_{i=1}^{p} \sum_{j=1}^{q} |\alpha_{ij}| \cdot \lambda_j \right] \quad \alpha(q') = \sum_{j=1}^{q'} \alpha_j \quad (1-3)$$

式中，α_j 表示第 j 个指标所占的主因子信息量；$\alpha(q')$ 表示前 q' 个指标所占的主因子信息量。当 $\alpha(q') \geq 85\%$ 时，前 q' 个指标即为主成分性指标，构成了评价的最终指标体系。

对于评价指标体系数据的收集，我们主要通过公开发表的全国统计年鉴、各省区统计年鉴、全国和各省区的统计公报、环境公报、水利公报以及部分专门年鉴的文献资料获得，与此同时，部分指标的数据通过互联网的相关网站获得。

数据缺失是搜集中部地区经济发展评价基础数据时经常遇到的困难问题之一。我们对于缺失数据的处理采用以下原则：(1) 如果某一年份全部省区的某一个指标数据全部缺失，同一指标前后年度数据也全部缺失，并且无法根据其他指标计算，则在此年度放弃这一指标，寻找新的相关指标替代；(2) 如果某一年全部省区的某一个指标数据全部缺失，并且同一指标前后年度数据也全部缺失，但是可以根据其他指标推算，则在此年度根据其他指标推算；(3) 如果某一年或连续几年某些省区的某一个指标缺失，但是同一省区同一指标数据缺失年度数据并未缺失，则此省区缺失数据根据其前后年度数据采用内插法按照等差或等比变化填补，填补后的数据根据当时的社会经济情况进行修订；(4) 如果某一年或连续几年某些省区的某一个指标数据缺失，并且同一省区同一指标数据缺失年度的前一年度数据缺失，一种方法是根据此省区缺失年度数据的后一年度数据，寻找水平和其他方面与之相差不大的省区，参照其历史发展水平进行填补。另一种方法是按照同年同一指标其他省区的最低值进行填补、逆指标按照最高值进行填补，填补后的数据仍需根据当时的社会经济情况进行修订。

第三节 区域生态经济发展指标体系的构成

一、指标体系结构

所谓指标体系结构是指众指标之间的相互关系。最简单的指标体系结构是多个指标的集合,指标之间除了同属于一个集合之外,相互之间没有其他关系,各个指标都可以直观地反映系统侧面属性。除了简单的指标集合之外,较常用的指标体系有树形结构和网络状结构(见图1-2)。指标体系的树形结构排列使不同层面的指标之间具有从属关系,下一层次的指标属于上一层次并以此类推,最后的指标是位于树状结构顶端。这种结构有助于指标间的分类,指标之间的关系也较清楚,符合人们的日常思维习惯。指标体系的网络状结构是采用网络图形来显示指标间的关系,该结构更适合描述现实世界事物之间的非层次复杂关系,它一般要同时涉及多个准则来体现系统的多种反馈结构。为了对中国中部地区经济发展水平做出更为客观的评判,我们采用的是基于树形的网络结构设计方法。

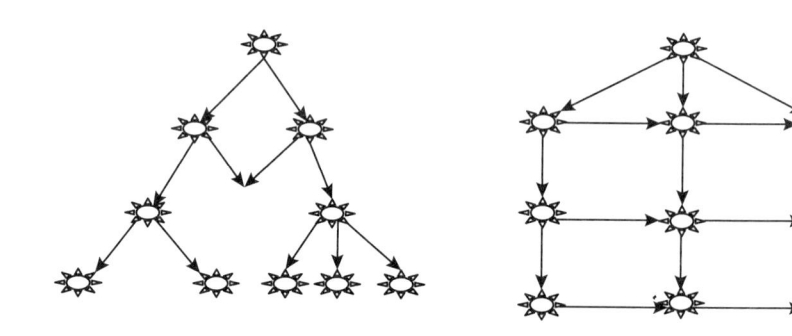

图1-2 指标体系结构

建立区域经济发展评价的指标体系,关键问题有两个:一是要确立统驭整个体系的概念框架;二是构造反映区域经济发展各个方面的具体指标。正如区域 PREDST 系统分析的,建立区域经济发展指标体系不能仅包含经济发展的指标,还必须涵盖社会、资源、环境、技术等方面。除此之外,建造指标体系的目的是对中国中部地区区域经济发展状况以及运行进行分析,其目的十分明显:一是建立区域经济发展的基础数据库;二是便于对区域经济运行进行诊断和分析；三是提供科学建议。所以，研究目标是构建指标体系的基础，于是我们借鉴了英国在研究可持续发展指标中的目标分解法，即区域经济发展指标体系应从区域经济发展中所遇到的主要问题出发，选择设置关键指标来构造指标体系，具体可以按照"状态—关系—反应"的这个框架（即技术路线）进行。所谓"状态"是指各系统在观察时期的运行状态，"关系"则是指 PREDST 系统之间的反馈、约束关系，而"反应"指人类为区域经济持续、稳定发展而对 PREDST 系统的政策措施。这里需要明确的是，考虑到我们研究的目的性，在根据英国目标分解法的基础上，我们在具体建设区域经济发展基层评价指标的时候，和"状态—关系—反应"框架相对应，将其划分为三个性质不同的部分：一是描述性指标，以基础指标为主；二是评价性指标，以相对指标为主；三是监测预警指标，以关键性或敏感性指标为主，如图 1-3 所示。

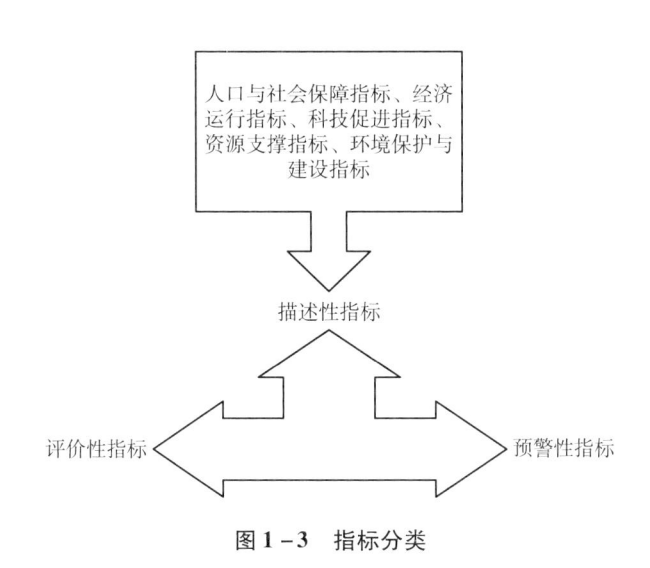

图 1-3 指标分类

1. 描述性指标。在构建区域经济发展指标体系时，不能完全照抄已有的经济、人口、资源和环境等各项统计指标，又不能全部摒弃。这就需要利用已有统计数据，根据具体要求进行创新。描述性指标为区域经济发展评价、预警指标体系的构建提供了基础，它回顾了以往传统的统计指标，包括水平指标、变动指标和结构指标。由描述指标所构成的指标体系是一个庞大而复杂的结构，在数量上反映其规模，在层次上反映其功能、水平和结构，它侧重于描述、解释功能。按照 PREDST 系统结构，从人口、经济、资源、环境和科技五大系统对描述性指标做一初步探讨，这里给出其主要指标。

（1）人口与社会保障指标。人口指标可以有总人口、人口增长率、人口平均寿命、非农产业产值比重、非农就业劳动力比重、人口密度、人口城市化水平、每万人大学生数、科技人员数等；社会指标可以有就业率、失业率、电话拥有量、恩格尔系数、基尼系数、每万人医生数、人均居住面积、犯罪率（社会安全度）、人均消费水平、人均收入、每万人拥有铁路、每万人拥有公路、人均生活用水量、燃气普及率、职工平均工资、电话普及率、人均教育经费、人均科研经费等。

（2）经济运行指标。GDP、人均 GDP、全社会固定资产投资、工业总产值、农业总产值、粮食总产量、社会消费品零售额、城乡居民储蓄余额、地方财政收入、实际利用外资、经济外向度、经济密度、区域市场发育指数、第三产业比重、霍夫曼系数、产业结构相似系数、区域工业化结构系数、区域产业结构效益超越系数、空间结构集中程度指数、GDP 年均增长率、工业产值年均增长率、农业总产值年均增长率、社会消费品零售额年均增长率、地方财政收入年均增长率、城乡居民存款余额年均增长率、全员劳动生产率、工业全员劳动生产率、第三产业劳动生产率、资金利税率、经济效益系数、工业增加值率。

（3）科技促进指标。科技活动人员总数、科技活动人员中科学家和工程师占比重、科技活动经费筹集额、R&D 经费占 GDP 的比例、企业技术开发经费占产品销售收入的比例、地方财政科技拨款占地方财政支出比例、万名科技活动人员科技论文数、每万人发明专利批准数、技术成果成交额、新产品销售收入占全部产品销售收入的比例、高新技术产品出口额占工业制成品出口额比重。

（4）资源支撑指标。人均水资源拥有量、人均耕地面积、人均林地面积、森林覆盖率、治理水土流失面积、人均矿产资源探明潜在价值指数、人均资源拥有量综合指数、自然资源丰富量、自然资源对工业的贡献度、万元 GDP 电力消耗、万元 GDP 煤炭消耗。

（5）环境保护与建设指标。废水排放总量、工业废气排放总量、工业 SO_2 排放量、固体废物产生量、万元工业产值废水排放、万元工业产值废气排放、万元工业产值固体废物产生、废水排放密度、废气排放密度、固体废物产生量密度、城市生活污水处理率、工业废水处理率、工业固体废物综合利用率、城市交通噪音达标率、城市垃圾无害化处理率。

2. 评价性指标。评价指标的功能相对单一，主要对区域经济发展现状和潜力进行评价，提供关于区域经济发展健康与协调的量化信息，以达到理解和沟通的目的。评估性指标实质上是评估相互联系与协调程度的指标，如环保与治理投资，它的投入强度依赖于经济子系统运行的效益，而环境污染治理的效果又反过来制约着未来经济的增长。评价性指标在时间上反映系统变化的速度和趋势，在空间上反映其整体布局和结构。这些指标表征了区域经济发展能力及协调程度，反映了经济发展质量。

3. 预警性指标。是指区域经济发展即将超出警戒状态，能超前地提供预先警告，以便有较多的时间去控制区域 PREDST 系统保持在正常状态之下。一般按照时序划分为先行指标、同步指标和滞后指标，这些指标从不同的时段反映区域经济发展运行的波动和趋势。

二、主要指标的计算方法及意义

对于设计的评价指标体系，其中绝大多数指标可由统计年鉴直接查得或经简单运算而得，而另一些指标则需要依据原始统计数据，借鉴已有公式或由我们构建公式计算而得。这些指标的计算公式为：

1. 结构相似系数。相似系数是联合国工发组织国际工业研究中心提出的度量方法，可以用于两个区域产业结构的两两比较，也可以以全国的产业结构为标准，各区域与全国的产业结构进行比较相似系数通常介于 0 和 1 之间，相似系数等于 1，说明两个区域的产业结构完全相同；相似系数等于 0，说明两个区域的产业结构完全不同。从动态来看如果相似系数趋于上升则产业结构趋于相同，如果相似系数趋于下降，则产业结构趋异。相似系数的计算公式可以表示为：

$$S_j = \left(\sum_{j=1}^{n} X_{ij} X_i \right) \bigg/ \sqrt{\sum_{j=1}^{n} X_{ij}^2 \sum_{j=1}^{n} X_i^2} \qquad (1-4)$$

式中，X_{ij} 为 j 区域产业产值占该区总产值的比重；X_i 为全国 i 产业产值占全国的比重。S_j 的值域为 [0, 1]。

2. 霍夫曼系数。德国经济学家霍夫曼用消费资料工业净产值与资本品工业的净产值之后来反映重工业化程度，后来人们称为霍夫曼系数，即：霍夫曼系数 = 消费资料工业净产值/生产资料工业的净产值。考虑到数据的可获得性，这里定义霍夫曼系数 = 轻工业产值/重工业产值。

3. 工业化率。用工业增加值占 GDP 比重表示，即工业化率 = 工业增加值/GDP。

4. 投资效果系数。用单位投资的国内生产总值产出表示，即投资效果系数＝GDP/全社会固定资产投资额。

5. 人口城市化率。用城镇人口与总人口比重表示，即人口城市化率＝城镇总人口/总人口。

6. 恩格尔系数。食物支出占总支出的比重称为恩格尔系数，即恩格尔系数＝食物支出/总支出。

7. 交通密度指数。对公路交通密度与铁路交通密度求其平均值得到交通密度指数，即交通密度指数＝[（公路线路长度/区域国土面积）（铁路线路长度/区域国土面积）]$^{\frac{1}{2}}$。

8. 经济增长波动指数。相对考察年份内的价格指数变动，即经济增长波动指数＝（当年价格指数－考察年份价格指数平均值）/考察年份价格指数的标准差。

9. 外贸依存度。反映对外经济发展情况，通常用进出口总额和GDP比值表示。

10. 土地和水资源承载力指数。对于土地资源、水资源等基本资源要素来讲，常用承载的人口数量来表示，即土地资源承载力＝区域人口数量·（区域耕地面积/标准人均耕地面积）$^{-1}$；水资源承载力＝区域人口数量·（区域水资源拥有量/标准人均水资源需要量）$^{-1}$。

11. 人口经济协调系数。用经济增长率与人口增长率的比值表示，即人口经济协调系数＝GDP年增长率/人口年增长率。

12. 经济环境协调系数。用污染排放量增长率与经济增长率的比值表示，即经济环境协调系数＝[（废水年增长率/GDP年增长率）·（废气年增长率/GDP年增长率）·（固体废物年增长率/GDP年增长率）]$^{1/3}$。

13. 政府效率指数、经社调控指数和环境管理指数按照中国科学院可持续发展研究组每年发布的《中国可持续发展战略报告》的含义和算法来测度。

14. 区域二元结构指数。区域农业产值比重 W_1 和劳动力比重 L_1 的乘积除以非农业产值比重 W_2 和劳动力比重 L_2 的乘积的平方根。即区域二元结构指数＝[（$W_1·L_1$）/（$W_2·L_2$）]$^{1/2}$。

15. 基尼系数。主要用来反映收入分配是否公平问题，其计算公式采用经验公式，即基尼系数＝1.067－20.22（1/人均GDP）－0.089ln（人均GDP）。

第一篇　区域经济发展评价指标体系

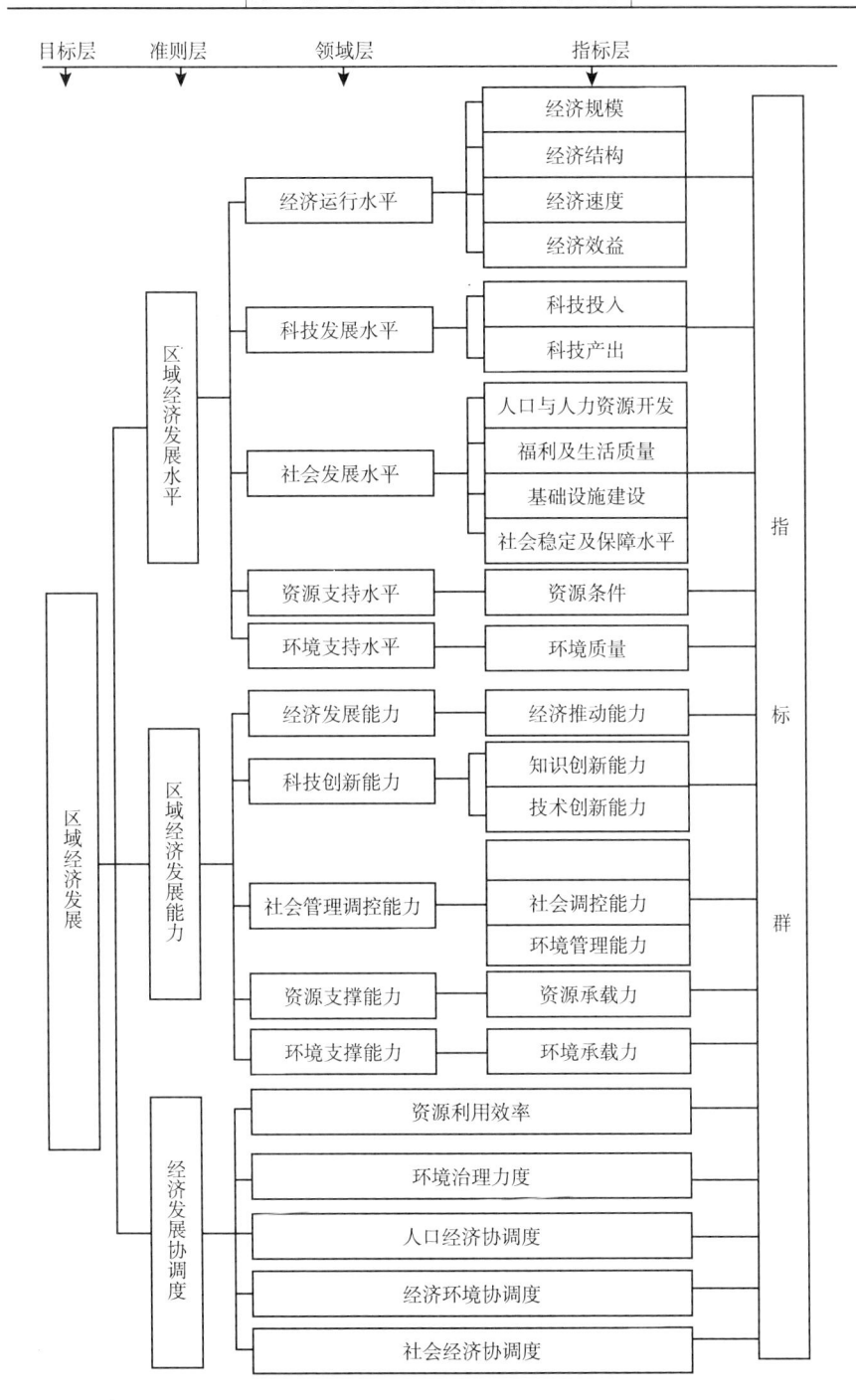

目标层　准则层　领域层　指标层

区域经济发展
├─ 区域经济发展水平
│   ├─ 经济运行水平
│   │   ├─ 经济规模
│   │   ├─ 经济结构
│   │   ├─ 经济速度
│   │   └─ 经济效益
│   ├─ 科技发展水平
│   │   ├─ 科技投入
│   │   └─ 科技产出
│   ├─ 社会发展水平
│   │   ├─ 人口与人力资源开发
│   │   ├─ 福利及生活质量
│   │   ├─ 基础设施建设
│   │   └─ 社会稳定及保障水平
│   ├─ 资源支持水平 ─ 资源条件
│   └─ 环境支持水平 ─ 环境质量
├─ 区域经济发展能力
│   ├─ 经济发展能力 ─ 经济推动能力
│   ├─ 科技创新能力
│   │   ├─ 知识创新能力
│   │   └─ 技术创新能力
│   ├─ 社会管理调控能力
│   │   ├─ 社会调控能力
│   │   └─ 环境管理能力
│   ├─ 资源支撑能力 ─ 资源承载力
│   └─ 环境支撑能力 ─ 环境承载力
└─ 经济发展协调度
    ├─ 资源利用效率
    ├─ 环境治理力度
    ├─ 人口经济协调度
    ├─ 经济环境协调度
    └─ 社会经济协调度

（指标群）

图1-4　区域经济发展评价指标体系

第三章 评价模型与方法

第一节 基于 PREDST 系统结构的区域经济发展指数的多阶层合成分析

区域经济发展评价指标体系具有时间、空间、层次、结构、数量等特点与功能。如何建立综合评价模式是区域经济发展研究中的一个重要组成部分。而我们对区域经济发展评价的目标除了对单个子系统的评价外,更重要的是还要对区域经济发展的整个情况进行综合评价与比较,也就是区域经济发展度的综合集成问题。一般而言,对于指标综合集成的方法主要有乘法模型、加法模型以及乘法与加法的混合模型,而它们各有优缺点,其中加法模型要求各项指标是独立而不存在差异的,指标之间可以进行线性补偿,例如,即使一项指标水平较低,但其他指标水平较高,那么总的评价仍然可以比较高(见图1-5)。加法规则反映了好坏搭配的特征,即各个因素变化具有独立性,它们对价值的变化没有本质上的差异而互相线性互补。其K维公式为:

$$F = W_{ij} \cdot X'_{ij} \qquad (1-5)$$

式中,W_{ij}是指标X_{ij}相对于目标层的权重;X'_{ij}是指标X_{ij}的标准化数值。它的价值曲面和等值线如图1-5。

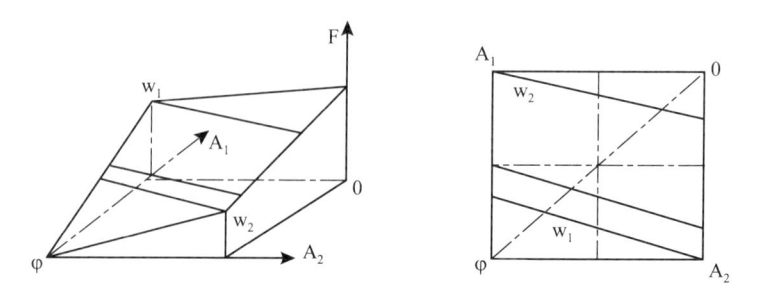

图1-5 加法规则的价值曲面和等值线

乘法模型应用时则要求各项指标尽可能取得较好的水平，才能使总的评价值较高（见图1-6）。它不允许哪一项指标处于最低水平上，只要一个因素的价值为0，则不论其余因素具有多高的价值，总价值都将为0，反映了不可偏废的特征。其K维公式为：

$$F = \prod W_{ij} \cdot X'_{ij} \qquad (1-6)$$

式中，W_{ij}是指标X_{ij}相对于目标层的权重；X'_{ij}是指标X_{ij}的标准化数值。它的价值曲面和等值线如图1-6。

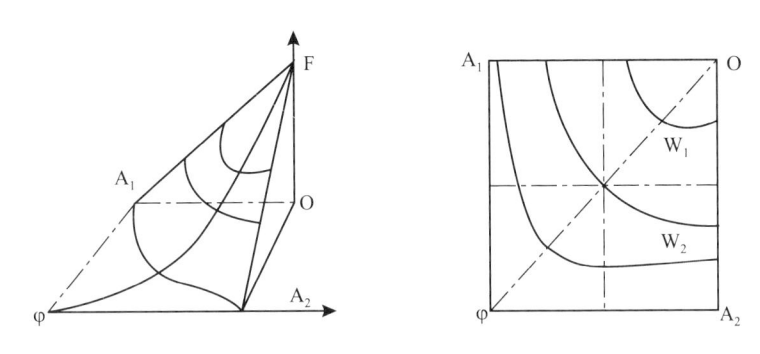

图1-6 乘法规则的价值曲面和等值线

考虑到中部地区经济发展的阶段性，更重要的是考虑到和谐和协调的原则，我们不能单纯地就某项指标的高低来定论地区的可持续发展，也不能将总分简单地进行累计。这里我们采用的是加法模型。为了求取较为客观和较大的认同程度，我们采取了变权的层次分析法（AHP）来对指标的权重进行运算。其步骤为：

1. 构建区域经济发展评价指标体系的递阶层次结构。分析系统中各因素之间的关系，构建系统的递阶层次结构。将复杂系统分解成若干组成因素，这些因素按照其属性分成若干组，形成不同层次。其第一层次只有一个因素，各层次因素仅属于某一层次，且结构中的每一因素至少与该素的上层或下层某一因素有某种支配关系，而属于同层的各因素间以及不相邻两层因素间不存在直接的关系。区域经济发展指标体系的递阶层次结构分为四层。

2. 构造判断矩阵。在递阶层次建立之后，针对上一层指标因素，下一层次与之有联系的分指标之间两两进行比较所得的相对重要性程度，用具体的标度值表示出来，写成矩阵形式，即是判断矩阵：

$$A = (b_{ij})_{n \times n}, 并满足 b_{ij} = 1/b_{ji},$$
$$i \neq j, i, j = 1, 2, \cdots, n; b_{ij} > 0, b_{ji} = 1$$

式中，A 为判断矩阵；n 为两两比较的因素数目；b_{ij} 为因素 X_i 与 X_j 相对某一准则重要性的比例标度值。标度是人们根据对客观事物的观察和认识，在特定范围内对事物的某种特性所规定的对比基准。这里 b_{ij} 比例标度采用 SAATY T. L. 的 1~9 标度数法表示。一般可采用 5 级定量法，即相等、弱、强、很强、极强，相应的赋值可以是 1、3、5、7、9。至于一个元素与另一个元素比为次要，则其定量赋值可取 1、3、5、7、9 的倒数。如果有些问题的分级可有较高的精确度，认为上述 5 级定量不足以描述清楚，则可用 2、4、6、8 四个数字进行内插，成为 9 级定量法。

3. 权重的计算。由判断矩阵计算被比较因素对某一准则的相对权重。N 个因素 X_1，X_2，$\cdots$，X_n 对于准则的判断矩阵 A，n 个因素对于准则 C 的相对权重 W_1，W_2，$\cdots$，W_n。相对权重的向量形式为：$W = (W_1, W_2, \cdots, W_n)^T$。用特征根法求解判断矩阵的最大特征根与相应的特征向量，经正规化的特征向量即为相应权重向量，并进行一致性检验：

$$\lambda_{max} = \sum_{i=1}^{n} AW_i / nW_i \qquad (1-7)$$

式中，λ_{max} 为判断矩阵的最大特征根；W_i 为因素 I 的特征向量，即相对权重。由于在专家构造判断矩阵时，不可避免地产生认识上的不一致，要区分层次分析得到的结果是否基本合理，需要对判断矩阵进行一致性检验。

4. 计算各层因素对系统目标的合成权重，同时对各因素或准则对系统目标实现程度的作用（相对权重）进行排序。

5. 可变权数的确定。随着时间变化区域经济发展必然发生变化，正如前面对区域经济发展的时间运行分析所指出，区域经济发展的变化速率不完全一致，致使各要素间的比例也在不断改变，即它们各自对区域经济发展的影响是随时间而变化的。所以，在进行动态研究时，应用采"变权"方法。将前面采用 AHP 方法算出的权重，根据实际状况和评价要求，对各权重进行适当的调整，以此作为评价的"基础权"。考虑到各指标对区域经济发展的影响贡献与其所占比例的时间关系，设计"变权"的计算方法如下：

$$W_i = W_0 + \Delta W_i \qquad (1-8)$$

$$\Delta W_i = \left[\left(I_i / \sum_{i=1}^{n} I_i \right) - \left(I_{i0} / \sum_{i=1}^{n} I_{i0} \right) \right] / j \quad (i = 1, 2, \cdots, j) \quad (1-9)$$

式中，W_0为基础年要素因子的权重，即前述第一步算出的"基础权"；ΔW_i为某年因子的权重变化量，以因子（指标）的级别值（I_i）所占比例的变化量的平均值作为各因子的权重变化量；通过计算得到某年某因子的权值W_{i0}，根据不同时期各因子的变化引起各自比重的改变，对"基础权"做出调整，得出相应时期各因子的权重量。综合考虑基础权与权重变化量，即得某年某因子的权重未来的变化。这样一来，不同时期各因子权重就不一样，由此更科学合理地反映区域PREDST系统各因子在不同时期重要性不一样的客观事实。

第二节 用于区域经济发展运行和诊断的多种评价模型

一、用于子系统运行轨迹的全局主成分分析

在系统综合评价中，主成分分析方法是一个重要的多元统计方法，它可以实现对即时性多维平面数据表做最佳综合与简化，进行综合评价。然而，在我们的研究中，描述一个省区的经济发展需要很多的指标数据，若干省区的指标数据构成了一组平面数据表。区域PREDST子系统的发展轨迹描述需要一系列按时序排列的平面数据表，数据表进行经典的主成分分析，由具有完全不同的主平面，无法保证性、整体性与可比性。因此，对这种立体数据表进行主成分分析，是要寻求一个对所有数据表来说是统一的简化子空间，将每张数据表在其上的投影得以近似表示，并且从全局来看，该子空间的综合效果是最佳的，这种处理方法，称为全局主成分分析（GPCA）。因此，对区域PREDST子系统轨迹的描述必须建立一个统一的全局主成分分析。全局主成分分析的工作步骤如下：若统计n个地区，使用相同的p个指标变量来描述，记原数据表为$X=(x_{ij})_{n\times p}$，其中，n为样本点个数；p为变量个数。每年一张表，T年共有T张数据表，构成一个立体时序数据表$X=(x_{ij})_{nT\times p}$。

1. 数据的标准化。将坐标原点移到数据中心，同时，利用上述1-1式对数据进行统一变换来消除量纲的影响；为方便起见，仍记标准后的数据表为X。

2. 计算X矩阵的协方差矩阵R。

3. 求R的前m个特征值$\lambda_1 \geqslant \lambda_2 \geqslant \lambda_3 \cdots \geqslant \lambda_m$，及对应的特征向量$u_1$，

u_2,…,u_m 它们标准正规化。u_1,u_2,…,u_m 称为主轴。

4. 由于 X 是中心化的,则第 h 主成分为:

$$F_h = X/u_k \quad (1-10)$$

因此得到因子模型:

$$X' = Ap \times mF/m \times nC + Dp \times pu \quad (1-11)$$

在全局主平面上绘出各省区样本点的时序数据,并按时间顺序用直线连接,就可以得到各省区 PREDST 子系统发展的动态轨迹。根据补充点的不同选择方法,可以绘出不同的轨迹图。

二、用于要素对经济增长贡献测度的多元回归分析

根据统计学原理和计量经济学要求,当样本容量 $n \geqslant 30$ 或 $n \geqslant 3(k+1)$ 时(n、k 分别为样本容量和变量个数),相关分析可以揭示区域 PREDST 系统要素之间(或内部)相互关系的密切程度。然而诸要素之间相互关系的进一步具体化,或要素之间的共线性诊断就往往需要用到多元线性回归模型。多元线性模型是经典计量经济学研究与应用的主体,在区域 PREDST 系统中,对于关键要素对经济增长贡献的测度就要用到多元回归模型,其目的在于利用科布—道格拉斯函数来探讨中国中部地区及各省的若干关键要素对区域经济发展的贡献程度。其基本模型可以表示为:

$$\ln Y_t = \ln A_0 + \alpha \ln K_{t-1} + \beta \ln I_t + \gamma \ln L_t + \tau_0 \ln H_t + \tau_1 (T \ln H_t) + \varepsilon_t \quad (1-12)$$

式中,Y_t 表示产出;K_{t-1} 表示物质资本存量,主要包括用于生产的机器和原材料等;I_t 表示资本数量;L_t 表示劳动力数量;H_t 表示人力资本;ε 为随即扰动项;α 为物质资本存量对经济产出的弹性系数;β 为资本对经济产出的弹性系数;γ 为劳动力数量对经济产出的弹性系数;T 表示中心化的时间。

三、用于无量纲化的模型

指标的数量级别可能差距很大,因此在构成相似性度量时,其所占优势就有所不同;另外,由于原始指标的量纲不同,有的是实物量,有的是价值量,有的是人均量,有的是百分比,因此不能直接进行计算。为了解决各指标不同量纲难以进行综合汇总的问题,一般在完成数据收集工作后还需要对原始数据进行标准化处理,其目的是使其转化为无量纲数值,消除不同计算单位的影响,并使数据趋于稳定。采用数据无量纲化的方法很

多，如直线型、折线型和曲线型的方法。直线型的方法是假定指标实际值和标准化后的值之间是呈线型关系，常用的处理方法有中心化法和上面的 Z 值标准化法；折线型方法主要有功效系数、分段处理法等。这里为了研究的方便和客观，我们选取了两种基本无量纲化方法来处理：一是我们上面所采用的 Z 值标准化方法；二是极差的标准化方法，即有：

$$X'_{ij} = 100 \times [(X_{ij} - \min(X_{ij})/\max(X_{ij}) - \min(X_{ij})] \quad (1-13)$$

式中，X'_{ij} 为标准化后的指标值；X_{ij} 为指标值；min、max 为该项指标的最小和最大值。

四、用于指标逆向处理的转置模型

对于区域 PREDST 系统而言，有些要素对于区域经济发展的贡献属于负效用，在这种情况下，我们采用了转置模型，即有：

$$X'_{ij} = 100 \times \{[\max(X_{ij}) - X_{ij}]/[\max(X_{ij}) - \min(X_{ij})]\} \quad (1-14)$$

第二篇
中国中部区域经济发展系统监测与评价

第四章 中国中部区域经济发展概况及综合评价

第一节 中部地区的范围和区位

东、中、西部三大地区的划分，是我国区域经济最高层次上的空间划分，是我国宏观区域经济结构发展均衡和差异的反映。按照1986年开始的第七个五年计划，我国大陆（不含香港特区、澳门特区和台湾地区，下同）划分为东、中和西部三大地区。东部地区包括北京、天津、河北、辽宁、上海、江苏、浙江、福建、山东、广东、广西和海南等12个省市区；中部地区包括内蒙古、黑龙江、吉林、山西、河南、安徽、湖北、湖南和江西等9省区；西部地区包括四川、贵州、云南、西藏、陕西、甘肃、青海、宁夏和新疆等9个省区。"九五"末期，党中央国务院提出"西部大开发"战略，内蒙古自治区和广西壮族自治区列入西部大开发战略空间。2003年10月，党的十六届三中全会做出了"振兴东北等老工业基地"的战略部署，并出台了《中共中央、国务院关于实施东北地区等老工业基地振兴战略的若干意见》，黑龙江、吉林和辽宁作为国家一个整体的区域战略发展对象。所以至此，我们提出的中部地区是指山西、安徽、江西、河南、湖北、湖南等6个相邻省份。中部地区国土总面积为102.79万平方公里，占全国总面积的10.7%，其中湖南在中部6省中的面积最大，为21.28万平方公里，面积最小的安徽仅有14.01万平方公里。中部地区地处祖国内陆中心，其中湖南、湖北、安徽、江西四省既属长江流域又连接大珠三角，是长三角和珠三角两大经济核心区的主要腹地，而山西和河南是京津唐环渤海地区以及华东经济发达地区重要的煤炭、电力、工业基地。中部地区的平原主要有江汉平原、洞庭湖平原、鄱阳湖平原，是我国著名的商品粮生产基地，其地理坐标约为东经108°47′~114°54′，北纬24°29′~40°43′之间，是我国目前四个经济区之一，它下辖83个地级单位。

在中国的区域经济空间格局中，中部地处内陆腹地，起着承东启西、联南络北、吸引四面、辐射八方的重要战略作用。同时，中部六省具有典型的"三老、三突出"特征。"三老"，即中部五省是我国的老革命根据地、老农业基地、老工业基地；"三突出"，即资源突出、贡献突出、困难突出。特别是改革开放以来，在中国市场化进程中，中部地区与东部和西部相比，无论在其经济发展速度、规模方面，都处于相对滞后的状态，落入"中部塌陷"的被动境地。一方面，东部沿海地区已经借助改革开放的政策优势和邻海的区位优势，先行发展，已经完成工业化进程，正向现代化迈进；另一方面，西部地区得益于1999年以来国家实施的西部大开发战略，国家加强了西部基础设施和环境保护等经济发展条件建设的投入，使经济发展动力增强，经济得以快速增长，这种良好势头将会保持相当长的时期；同时国家"振兴东北地区等老工业基地"战略的实施，也使东北老工业基地获得了难得的发展机遇。在东部大发展、西部大开发和东北振兴行动计划的鼓舞下，中部地区正迎来前所未有的发展机遇，当然也面临着的严峻挑战和巨大压力。中部经济不能"塌陷"，促进中部地区崛起不仅是中部省份内部发展问题，也是中国国家竞争力提升的重大战略问题，是区域经济协调与可持续发展的客观要求。因此，本报告就以这毗邻的六个省区为研究对象，其大致区域如图1-7、表1-1、表1-2所示。

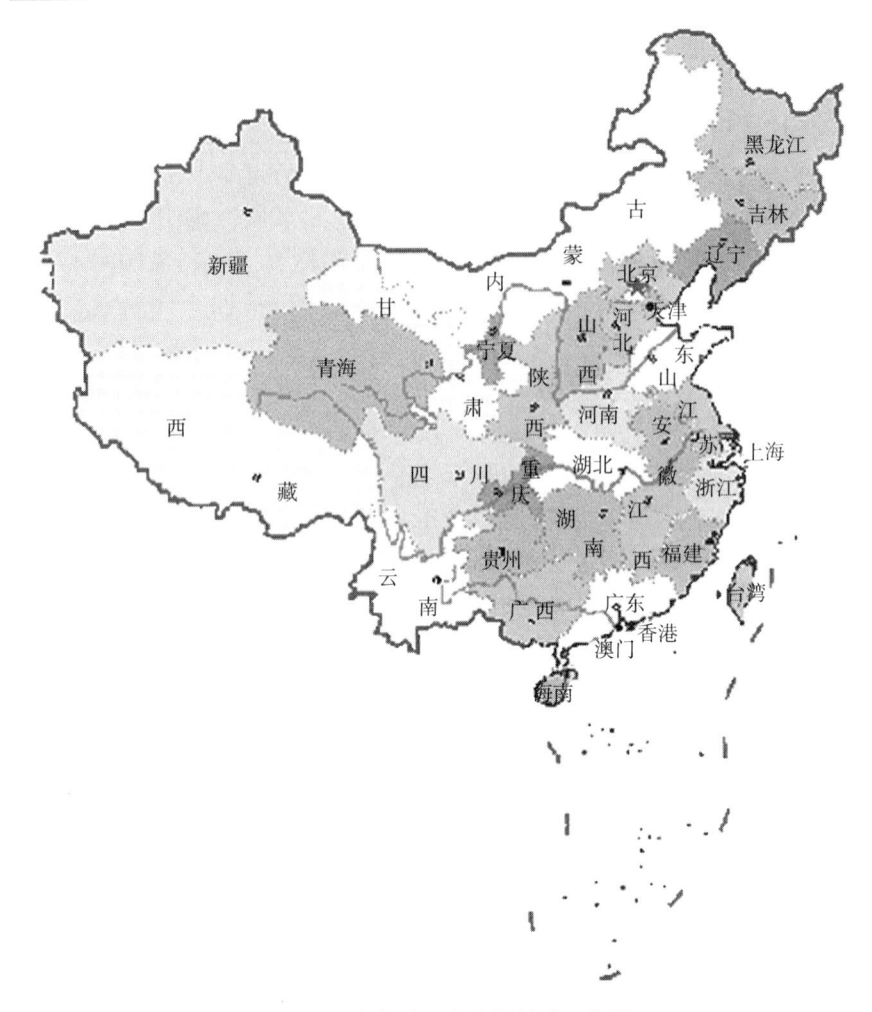

图 1 - 7 中部地区在全国的地理位置

表 1 - 1　　　　　中部各省占整个中部地区的面积及比例

省　区	山西	安徽	江西	河南	湖北	湖南
面积（万平方公里）	15.67	14.01	16.69	16.55	18.59	21.28
比例	15.14	13.63	16.23	16.10	18.09	20.70

表 1 - 2　　　　　　　　　中部地区的行政划分

省份	下辖单位
山西	太原市、大同市、阳泉市、长治市、晋城市、朔州市、晋中市、运城市、忻州市、临汾市、吕梁市

续表

省份	下辖单位
安徽	合肥市、淮北市、亳州市、宿州市、蚌埠市、阜阳市、淮南市、滁州市、六安市、马鞍山市、巢糊市、芜湖市、宣城市、铜陵市、池州市、安庆市、黄山市
江西	南昌市、景德镇市、萍乡、九江市、新余市、鹰潭市、赣州市、吉安市、易春市、抚州市、上饶市
河南	郑州市、开封市、洛阳市、平顶山市、安阳市、鹤壁市、新乡市、焦作市、濮阳市、许昌市、漯河市、三门峡市、南阳市、商丘市、信阳市、周口市、驻马店市、济源市
湖北	武汉市、黄石市、十堰市、荆州市、宜昌市、襄樊市、鄂州市、荆门市、孝感市、黄冈市、咸宁市、恩施自治州、随州市、仙桃市、天门市、潜江市、神农架林区
湖南	长沙市、株洲市、湘潭市、衡阳市、邵阳市、岳阳市、常德市、张家界市、益阳市、郴州市、永州市、怀化市、娄底市、湘西土家族自治州、苗族自治州

资料来源：各省的统计年鉴（2007年）。

第二节 中部地区经济发展概况

与全国以及东部、西部、东北三个大区域相比，中部地区区域经济发展具有如下几个现状特征：

一、人口总量大，而人力资源开发相对不足

2006年，中部六省总人口达到了3.53亿人，占全国的27.3%，在四大经济区中居第三位（见图1-8）；平均每个省人口达到5 883.3万人，高出大多数省区的总人口数，其中河南省人口达到了9 392万人（见表1-3），人口数量居全国第一位。相对于中部地区102.8万平方公里的面

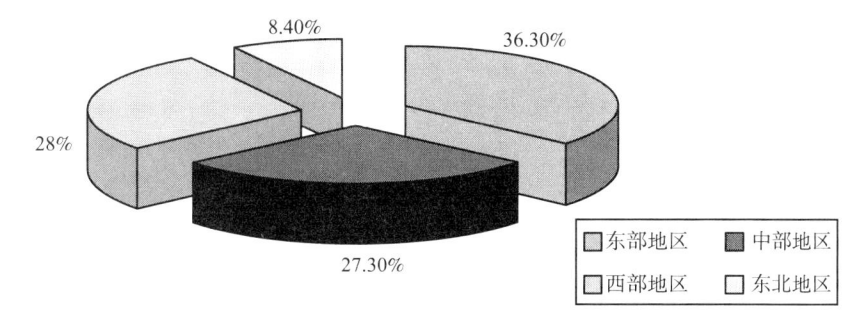

图1-8 2006年中国总人口构成

积而言，其人口密度达到343人/平方公里，分别是全国的2倍多和西部地区的6.5倍之多，是一个典型的人口密集区。由于中部地区人口依然处于较高生育时期，全区人口平均自然增长率依然达到5.58‰，仅低于西部地区，是中国第二人口高生育区域。

表1-3　　　　各省人口占中部地区及全国的比重（2006年）

省 区	山西	安徽	江西	河南	湖北	湖南
占中部地区比重（％）	9.57	17.33	12.31	26.65	16.15	17.99
占全国比重（％）	2.57	4.65	3.30	7.15	4.33	4.82

资料来源：《中国统计年鉴（2007年）》。

所谓人力资源，是指某种范围内的人口总体所具有的劳动能力的总和，它又被称为"劳动力资源"或"劳动资源"。中部地区是我国贫困人口集中分布的区域之一。在国家扶贫开发的592个重点县中，151个县位于中部六省，占总量的25.5％，2004年中部六省的农村贫困人口约为790万人，占全国的近1/3，低收入人口超过1 300万人，也占全国的近1/3；在全国18片集中连片的贫困地区中，中部地区占了1/3，涉及中部六省的吕梁地区、太行山地区、秦岭大巴山地区、武陵山地区、大别山地区、井冈山和赣南革命根据地，2005年中部地区六大片区的农村低收入人口超过1 000万人，约占这些地区总人口的1/5，贫困人口超过500万人。此外，中部地区的伏牛山山区、幕阜山区、皖南山区也集中了大量的贫困县。在全国241个老区县中，中部六省共有136个，占全国的56.4％，绝大多数老区县社会经济发展水平落后，贫困人口居多。总而言之，中部地区集中了大量的人力资源，但人才流失很严重，而人才流入数量却非常有限，这已成为该地区经济发展速度相时滞后的一个很重要的原因。

与人力资源紧密联系的一个概念就是人力资本，人力资本积累是区域经济发展的重要因素。人力资本反映在两个方面，一是人力资本的数量；二是人力资本的质量。可以说，人力资本是在人力资源的基础上派生出来的，具体是指以人力资源为核心，主要以人的能力的利用、开发为表现的，包括教育、工作经验以及人口的健康营养状况等因素在内的资本形式，是对劳动者素质的概括。人力资本与物质资本、劳动、技术进步一起，推动着经济增长，而且人力资本的作用越来越突出，这已经被现代经济持续增长的事实和国内外学者的研究所证实。表1-4比较了中部六省和北京、上海的人均受教育年限的情况。2006年，中部地区人均受教育年限为7.8年，比2005年增加了近0.9年，但与北京的10.69年及上海的10.03年相比，差距还较大，说明人力资本存量相对不足，并且人才外流现象严重，中部地区培养的人才大量流向东南沿海。

表1-4　　　　　中部地区各省与北京、上海市人均受教育年限的对比（2005年、2006年）

	2005年	2006年
中部地区	6.97	7.80
山西	7.24	8.42
安徽	6.38	7.04
江西	7.12	7.53
河南	7.1	7.99
湖北	6.98	7.82
湖南	6.99	7.99
北京	9.39	10.69
上海	8.99	10.03

资料来源：中华人民共和国科技部（www.most.gov.cn）。

二、经济规模偏小，且人均水平较低

2006年该中部地区GDP产值为43 218亿元，相对于占全国27.3%的人口份额而言，中部地区经济规模不大，中部地区GDP是全国的18.7%，低于同时期人口比重8.6个百分点，其份额占全国的比重偏低（见图1-9）。与其他三个经济区相比，2006年中部地区经济增长速率较低，不仅低于其他三个经济区，而且还低于全国平均水平（见图1-10）。2006年，全区人均GDP仅有12 256元，比全国平均水平少3 815元，仅高于西部地区人均水平。

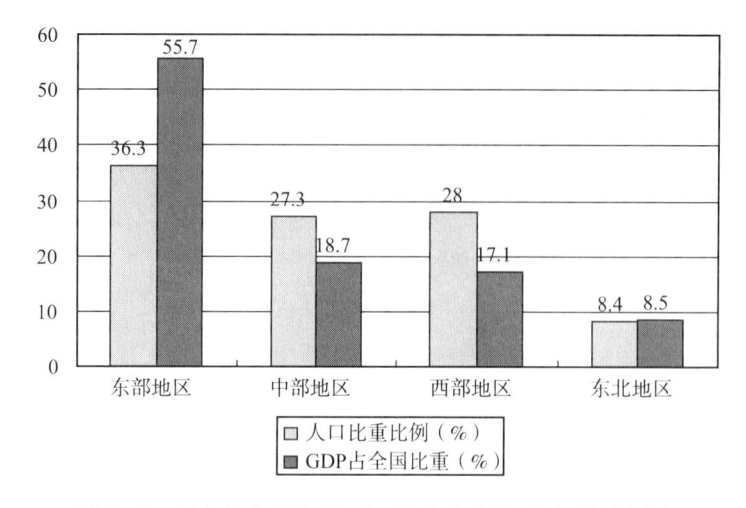

图1-9 四个经济区的人口与GDP占全国比重（2006年）

资料来源：《中国统计年鉴（2007年）》，下表同。

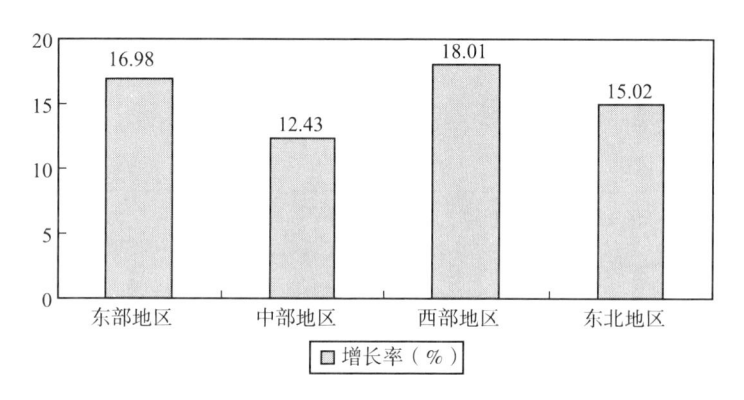

图1-10 四个经济区的GDP增长率比较（2006年）

三、经济结构不够合理，但工业化进程加快

中部地区经济结构与全国经济结构相比表现为：工业化程度不高，第三产业发展比较滞后，与东部发达地区的经济结构比较存在很大的调整空间（见表1-5）。2006年除山西省外，第一产业产值比重高于全国平均水平11.7%，但有四个省的第二产业产值比重高于全国平均水平，与2005年相比，工业化进程有所加快，但第二产业产值比重最小的安徽省仍低于全国平均水平5.8个百分点。而第三产业产值比重只有两个省高于全国平均水平，这说明中部地区产业结构较为落后，社会生产资源高级化

配置的潜力较大。从就业结构来看，2006年中部地区第一产业就业比重高于全国水平，第二产业和第三产业就业比重低于全国平均水平。从表1-5与表1-6对照来看，我国就业结构水平落后于产值结构水平，而中部地区与全国相比无论是就业结构还是产值结构都低于全国水平，且就业结构严重滞后于产值结构。其就业结构整体上呈现出"一、三、二"的结构态势，这是由于中部地区工业水平落后于全国水平所致。

表1-5　　　　全国及中部各省的经济增长情况（2006年）

	国内生产总值（GDP）					人均GDP（元/人）
	总量（亿元）	增长率（%）	第一产业（%）	第二产业（%）	第三产业（%）	
全国	210 871	14.69	11.7	48.9	39.4	16 084
东北地区	19 715.2	15.02	12.11	50.77	37.12	18 277
东部地区	128 593	16.98	7.27	51.95	40.79	27 567
中部地区	43 218.0	12.43	14.6	49.7	35.7	12 256
山西	4 753	11.8	5.8	57.8	36.4	14 123
安徽	6 149	12.9	16.7	43.1	40.2	10 055
江西	4 671	12.3	16.8	49.7	33.5	10 798
河南	12 496	14.1	16.4	53.8	29.8	13 313
湖北	7 581	11.4	15	44.4	40.6	13 296
湖南	7 569	12.1	16.8	49.7	33.5	11 950
西部地区	39 527.1	18.01	16.18	45.24	38.58	10 959

资料来源：《中国统计年鉴（2007年）》。

表1-6　　　　全国及中部各省三次产业就业结构（2006年）

地　区	第一产业（%）	第二产业（%）	第三产业（%）
全国	42.6	25.2	32.2
中部地区	45.7	23.7	30.6
山西	41.0	26.6	32.4
安徽	46.5	22.4	31.1
江西	39.1	27.5	33.4
河南	53.3	23.6	23.1
湖北	47.6	20.5	31.9
湖南	46.6	21.6	31.8

资料来源：《中国统计年鉴（2007年）》。

20世纪60~70年代，美国经济学家库兹涅茨利用现代统计体系，通过对各国历史史料进行深入的挖掘，概括出一个国家或地区劳动力的部门分布变化和产业所创造国民收入的比重变化存在一定的规律性，即随着人均收入水平的提高而产生的产业重心转移过程，以及三次产业产值变动与就业构成的相关变化（见表1-7）。根据库兹涅茨统计规律，当人均国内生产总值超过1 000美元时，国家的产业比重和劳动力比重结构都会呈现"二、三、一"的结构，且第一产业劳动力比重大于第一产业产值比重（中部是这种情况），由此可见中部地区的第二产业发展滞后，工业化发展很不充分。

表1-7　　　　库兹涅茨关于产业结构变动规律研究的结论

产业部门	1958年人均国内生产总值基准水平								
	70		150		300		500		1 000
	产值比重(%)	劳动力比重(%)	产值比重(%)	劳动力比重(%)	产值比重(%)	劳动力比重(%)	产值比重(%)	劳动力比重(%)	产值比重(%)	劳动力比重(%)
第一产业	48.4	80.5	36.8	63.3	26.4	46.1	18.7	31.4	11.7	17.0
第二产业	20.6	9.6	26.3	17.0	33.0	26.8	40.9	36.0	48.4	45.6
第三产业	31.0	9.9	36.9	19.7	40.6	27.1	40.4	32.6	39.9	37.4

工业增加值水平是工业化程度的重要标志，中部地区人均工业增加值目前低于全国平均水平（见图1-11），2006年山西、安徽、江西、河南、湖北、湖南人均工业增加值为全国平均水平的81.1%、39.3%、37.8%、62.5%、53.5%、42.0%，而人均GDP增加值分别为全国的88.0%、62.7%、67.3%、83.0%、82.9%、74.5%，可以在一定程度上说，中部地区人均GDP落后于全国平均水平是因为中部地区工业发展与全国相比潜力未完全发挥出来造成的，人均GDP差距与工业增加值的差距之差为24个百分点。

由于资源条件和历史积累，中部地区形成了以重工业为主的工业结构，而且中部地区较高的重工业比重是建立在较低的经济发展水平基础上的，是轻工业发展相对滞后而反衬的结果。1913年德国经济学家霍夫曼对1880～1929年产业革命以来50年间20多个国家的工业化过程进行了实证分析，后来，他在1958年出版的《工业经济的成长》一书中，又根据以后工业化的实践资料，进一步分析了工业化各阶段工业部门结构变动状况，得出了工业化四阶段的经验学说（见表1-8），揭示了工业化过程中工业部门结构演变的一般趋势。2006年，中部地区霍夫曼系数为0.36，小于全国的平均值，反映了中部地区工业发展的结构状况。中部地区传统基础工业比重大，新兴工业发展缓慢。中部六省中多数省的主导行业分布在原料工业、燃料动力工业和农产品加工等领域，这与中部六省的自然资源结构基本相符。

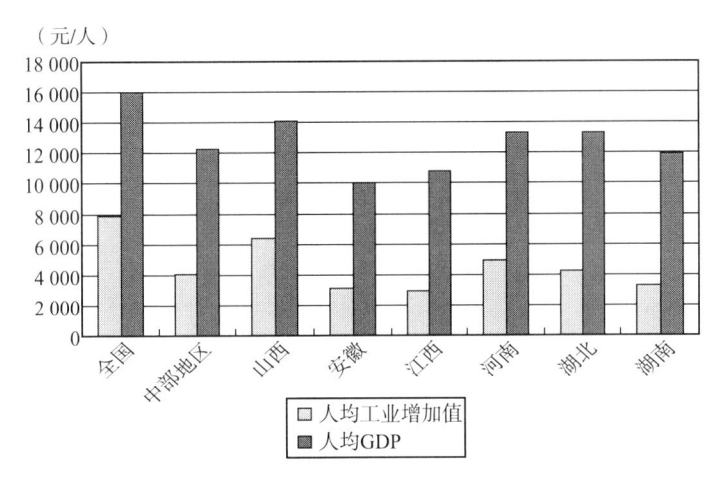

图1-11　中部地区与全国的人均工业增加值、人均GDP比较（2006年）

资料来源：中国及各省社会经济统计公报（2005年）。

表1-8　　　　　　　　　　霍夫曼工业化四阶段指标

工业化阶段	霍夫曼系数＝消费资料工业净产值/资本品工业净产值
第一阶段	霍夫曼系数＝5（±1）
第二阶段	霍夫曼系数＝2.5（±05）
第三阶段	霍夫曼系数＝1（±0.5）
第四阶段	霍夫曼系数≤1

资料来源：陆大道等：《1997中国区域发展报告》，商务印书馆1997年版。

表1-9　　　　　　　2006年中部各省的轻、重工业结构

	轻工业总产值		重工业总产值		霍夫曼系数
	绝对值（亿元）	比重（%）	绝对值（亿元）	比重（%）	
全国	94 845.97	29.96	221 742.99	70.04	0.428
中部地区	5 379.76	29.03	13 149.12	70.97	0.36

续表

	轻工业总产值		重工业总产值		霍夫曼系数
	绝对值（亿元）	比重（%）	绝对值（亿元）	比重（%）	
山西	215.72	8.84	2 223.58	91.16	0.06
安徽	860.82	32.98	1 749.21	67.02	0.39
江西	435.88	29.60	1 036.46	70.40	0.38
河南	1 776.19	33.10	3 589.46	66.90	0.41
湖北	1 257.23	31.20	2 772.88	68.80	0.40
湖南	833.92	31.93	1 777.53	68.07	0.53

资料来源：《中国统计年鉴（2007年）》。

四、固定资产投资总量增长较快，但投资外延性扩张明显

投资、消费和净出口是拉动经济增长的"三驾马车"，特别是国民经济的发展需要靠适度投资扩大生产能力来支撑，若投入不足则经济发展的动力不足。2006年，中部六省投资保持了平稳高速增长态势，投资运行态势基本正常。全年中部六省全社会固定资产投资总额21 272.22亿元，占全国全社会固定资产投资的19.34%，比其经济总量占全国的比重高出0.6个百分点。相对于16.08%的GDP增长率来说，中部地区固定投资额增长率大大超过GDP的增长率，达到30.13%（见表1-10）。

表1-10　　　全国及中部各省固定资产投资额（2006年）　　（单位：亿元）

	固定资产投资额	增长率（%）
全国	109 998.2	23.9
中部地区	21 272.22	30.13
山西	2 321.5	24.9
安徽	3 544.7	40.6
江西	2 683.2	23.7
河南	5 907.74	37
湖北	3 572.69	28.1
湖南	3 242.39	26.5

资料来源：《中国统计年鉴（2007年）》。

同时，相对全社会劳动生产率反映了劳动的使用效率来说，投资效果系数则可以反映资金的使用效率。投资效果系数采用一定时期内国内生产总值的增加额与上年固定资产投资总额对比来计算，假设第t年的投资效果系数是0.5，就意味着当第t年投资1万元，则第t+1年GDP的增加额

就会超过5 000元。这一指标从增量资金的角度出发反映经济效益,同时也在一定程度上反映了新增固定资产的科技水平和投资结构优化的效果。计算得出,2006年,中部地区平均投资效果系数为0.357,高于全国平均水平,其中河南省以0.443排在六省中的第一位,而排在最后一位的江西省为0.282,低于全国的平均水平(见表1-11)。

表1-11　　　　　2006年全国及中部各省投资效果系数

全　　国	0.304
中部地区	0.357
安徽	0.306
江西	0.282
河南	0.443
湖北	0.396
湖南	0.402

资料来源:《中国统计年鉴(2006年、2007年)》。

同时应注意到,中部地区的投资外延性扩张明显。技术改造对转变经济增长方式,增强经济实力具有重要的推动作用,是提升产业竞争力和促进国民经济发展的重要途径。2006年,山西、安徽、江西改建和技术改造投资分别为519.06亿元、464.76亿元和306.54亿元,占城镇投资的比重分别为24.46%、19.17%、12.89%。而河南改建和技术改造投资390.20亿元,占城镇投资的比重仅为8.1%,但其新建项目投资3 511.71亿元,占城镇投资的比重达72.5%。

五、城市群初成规模,但发展水平较低

面对中部崛起这个难得的发展契机,中部6省纷纷提出各自的城市群发展战略,它们分别是中原城市群、武汉城市群、长株潭城市群、皖江城市带、大太原经济圈和昌九景城市群6大城市群。目前中部地区重点规划中原城市群(郑州、洛阳、开封、新乡、焦作、许昌、平顶山、漯河、济源)、武汉城市群(武汉、黄石、鄂州、黄冈、孝感、咸宁、仙桃、潜江、天门)、长株潭城市群(长沙、株洲、湘潭)和皖江城市带(马鞍山、芜湖、铜陵、安庆、巢湖、宣城、池州、滁州)4大城市群。而大太原经济圈包括太原市域全部、晋中市的多数县(市、区),吕梁市、忻州市及阳泉市的少数县(市、区)在内的经济发展区域。昌九景城市群是

由以江西省辖区内的我国第一大淡水湖鄱阳湖为核心，环绕湖区的景德镇、九江、南昌、鹰潭、上饶 5 个地级市共同构成。以下重点介绍四个城市群。

1. 中原城市群。群内城市的工业较为发达，第二产业占 GDP 比重较大，除核心城市郑州以外，其余城市的第三产业发展相对缓慢，平顶山、焦作、许昌、漯河的第三产业占 GDP 比重仅为 27.93%、28.02%、22.40%、19.79%，因此，需进一步加快经济结构转化，加快发展第三产业，优化产业结构。群内核心城市郑州的竞争力优势非常明显，充分说明它是中原城市群的领头羊，是中原的经济增长核心。但是其作为中原城市群的增长极核，其要素集聚和辐射带动功能较弱。另外，郑州在外贸进出口总额、实际利用外资、国际旅游收入方面，与武汉、长沙相比也有着巨大差距。

2. 武汉城市群。武汉城市群内城市竞争力差距悬殊，两极分化严重，武汉竞争力遥遥领先，其余城市黄冈、孝感、鄂州、咸宁竞争力较弱，群内城市竞争力结构呈现严重畸形。核心城市武汉作为我国中部唯一的特大城市，综合经济实力最强，经济发展总体水平显示出无可比拟的优势。群内其他 5 个城市无论是从规模还是效益都亟待提高，同时也说明核心城市武汉的辐射能力不够强大，城市产业链传递和扩张功能不够，对周边城市的关联度太低。武汉的产业结构、效益及基础设施还有待继续提高。

3. 长株潭城市群。城市群规模较小，核心城市长沙竞争力略高于郑州，但与武汉相比还有一定差距，长沙第三产业发达，占 GDP 比重为 50.25%，人民生活水平较高。但长沙的城市功能较弱，经济发展总量水平有待提高。

4. 皖江城市带。与其他 3 大城市群相比，皖江城市带明显缺少竞争力较强的核心城市，马鞍山、芜湖与武汉、长沙、郑州等核心城市相比还有着巨大的差距，虽然效益水平较高，增长潜力很大，但城市规模还亟待提高。皖江城市带带内无主，缺乏有效的组织和分工，竞争无序，向心力偏弱，严重影响了皖江城市带的发展实力。

表 1 - 12 从面积、人口、人口密度、城市化率、生产总值、人均生产总值、地方财政一般预算收入、城镇固定资产投资总额、城镇居民人均可支配收入、农民人均收入十个方面对五大城市群进行了比较。在城市化率、人均生产总值、城镇居民人均可支配收入、农民人均收入四个指标的比较中，长株潭城市群居首位。而从面积、人口、人口密度、生产总值、

地方财政一般预算收入、城镇固定资产投资总额六个方面的比较，可以得出中原城市群从规模上说，优势明显。

表 1-12　　　　　　　　　　中部五大城市群发展比较

指标＼城市群	中原城市群	武汉城市群	长株潭城市群	皖江城市群	昌九景城市群
面积（万平方公里）	5.87	5.78	2.81	5.81	3.14
人口（万人）	3 950	3 094	1 302	2 134	1 079
人口密度（人/平方公里）	672	535	463	367	344
城市化率（%）	41	45	51	40.2	36.9
生产总值（亿元）	7 084	4 578	2 818	2 655	1 915
人均生产总值（元）	17 934	14 796	21 646	12 441	17 748
地方财政一般预算收入（亿元）	430.59	240.02	181.60	158.60	103.85
城镇固定资产投资总额（亿元）	2 833.81	2 177.58	1 315.44	1 425.41	954.39
城镇居民人均可支配收入（元）	10 944	9 636	12 992	10 308	10 266
农民人均收入（元）	3 885	3 451	4 962	3 761	3 969

资料来源：(1) 河南省发展与改革委员会：《中原城市群发展动态》，http://www.hndrc.gov.cn/czhjs/200709/t20070918_14439.htm；(2) 江西省统计局：《江西统计年鉴（2007）》，中国统计出版社 2007 年版。

六、科技投入十分不足，科技产出水平低

　　科技投入作为科技进步的能源，是开展科技活动的基本条件。中部地区科技投入不足首先是科技人力投入不足。2005 年，中部六省 R&D 活动人员折合全时当量平均仅为 29 176 人年，而东部的 R&D 活动人员折合全时当量平均为 117 764 人年。其次是科技经费投入不足。2005 年中部 R&D 经费投入占 GDP 比重、科技人员人均经费、科技三项费用占财政支出比重、企业产品开发费占销售收入比重四项指标分别为 0.98%、1.86 万元、0.76%、1.22%，全都低于全国平均水平（1.34%、2.88 万元、1.14%、1.49%），与东部（1.63%、3.42 万元、1.5%、1.54%）相比差距更大。第三是科技活动人员总数偏少，2005 年六省科技活动人员总数仅占全国总量的 23.24%；从各省情况分析，除湖北和河南两省科技活动人员数高于全国平均水平外，其他各省都低于全国平均水平，尤其是江西省，其科技活动人员总数几乎只有全国平均水平的 1/2。第四是中部六省科技人员分布不尽合理，科技活动人员与研究开发人员中直接与生产发

生联系的比例较小。六省中不但科学家与工程师所占科技活动人员的比重都低于全国平均水平，且每万人口中科学家和工程师人数也不高。

科技产出是科技活动效果和科技成果转化的体现，包括直接产出和科技产业化能力。直接产出包括科技论文、专利和技术市场成交额，科技产业化能力包括高新技术发展规模、经济效益以及高新技术产品在国际市场上的竞争能力，它们反映了区域内科技活动的效率。总体而言，中部六省科技产出湖北、湖南最高，江西最低，山西、河南产出水平也偏低（见表1-13）。

自主创新能力较弱是中部地区的科技投入产出效率低的基本原因，具体表现在专利申请和授权量过少。2006年，东、中部专利申请受理量分别为329 422项、47 037项，中部六省专利申请平均量约为东部地区平均量的23.8%，远远低于东部沿海地区发达地区（广东省为90 886项、上海为36 042项、浙江为52 980项）。而从专利授权量来看，中部六省平均授权量3 463项，不到东部地区各省（市）平均授权量15 256项的1/4。

从最能代表自主创新的发明专利来看，2006年，中部六省发明专利申请受理量为47 037件，占全国发明专利申请量的10.0%，不到东部地区发明专利申请总量的1/7。中部六省发明专利申请授权量为20 776件，占全国发明专利申请授权量的9.28%，东部地区为152 563件，西部地区为22 082件。

表1-13　　　　　中部六省2006年科技投入产出序位比较

地区\项目	科技投入序位	科技产出序位	科技直接产出	科技成果市场化
山西	16	26	24	28
安徽	21	19	15	24
江西	23	27	29	21
河南	22	24	26	23
湖北	11	7	7	10
湖南	19	10	8	12

资料来源：www.sts.org.cn/zlhb/2007/5.1.htm。

2006年，中部六省平均发明专利的申请量与授权量大大低于全国平均水平，具体如表1-14所示。

表1–14　　　2006年全国及中部地区三种专利申请受理情况　　　单位：项

地区 项目	合计	发明	实用新型	外观设计
全国	470 342	122 318	159 997	188 027
山西	2 824	965	1 341	518
安徽	4 679	1 274	2 083	1 322
江西	3 171	823	1 551	797
河南	11 538	2 404	5 376	3 758
湖北	14 576	2 827	5 745	6 004
湖南	10 249	3 578	4 142	2 529
中部占全国比（%）	10.0%	9.7%	12.65%	7.94%

数据来源：《中国统计年鉴（2007年）》。

七、对外开放程度相对较低，外资利用规模较小

2006年，中部地区进出口总额为546.41亿美元，相比2005年增长了30.5%，涨幅高于全国平均水平，其中江西省较2005年增长达到52.6%，对外贸易成果丰硕。除山西、安徽两省外，中部其他四省的出口额增长率均高于进口额增长率。但中部地区作为全国的四大重要区域之一来说，在2006年进出口总额只占全国的3.1%，出口总额只占全国的3.38%，表明中部地区与其他地区，尤其是与东部地区相比，对外开放水平还有较大差距，对外开放程度较低（见表1–15）。

表1–15　　　全国及中部各省2006年进出口贸易情况　　　单位：亿美元

地区 指标	进出口总额	增长率（%）	出口总额	增长率（%）	进口总额	增长率（%）
全国	17 604	23.81	9 689.4	27.17	7 914.6	19.93
山西	66.3	19.5	41.4	17.3	24.9	23.3
安徽	122.5	34.3	68.4	31.7	54.1	37.7
江西	61.9	52.6	37.5	53.8	24.4	50.7
河南	104.8	22.4	66.99	31.5	37.81	9.3
湖北	117.38	29.1	62.59	40.6	54.79	18
湖南	73.53	22.4	50.94	36	22.59	0
中部地区	546.41	30.05	327.82	35.15	218.59	23.17
中部占全国比（%）	3.1		3.38		2.76	

由于中部地区区位原因，加上投资环境、对外开放政策等方面因素，中部利用外资规模较小、质量较低，主要表现为外商投资项目规模小、投

资产业结构不合理、外资来源渠道窄等方面。2006 年，中部六省利用外资总额为 130.45 亿美元，同期全国利用外资总额为 735.23 亿美元，虽然从增长率上看，中部地区 2006 年的增长率达到 25.58%，而全国的增长率为 15.23%，中部地区对外开放的趋势应该是不错的，但是从绝对值上看，与中部地区经济总量所占全国 20.49% 的比重看，则仍然是相对低的。中部各省利用外资数量分别为：山西 13.24 亿美元，安徽 13.94 亿美元，江西 28.07 亿美元，河南 18.45 亿美元，湖北 30.82 亿美元，湖南 25.93 亿美元，而浙江为 88.9 亿美元，全国为 735.23 亿美元。外贸依存度山西为 11.12%，安徽为 15.88%，江西为 10.56%，河南为 6.68%，湖北为 12.34%，湖南为 7.74%，而浙江为 70.87%，全国为 66.54%。中部地区出口依存度为 6.05%，与全国平均水平 36.62% 相比差距很大。而且，中部六省的外商投资主要集中在资源开发业、一般性制造业和房地产业，而投向农业、基础设施和国有企业的数量不多，投向高新技术产业的更少（见表 1-16）。

表 1-16　　全国及中部各省 2005~2006 年实际利用外资情况　　单位：亿美元

地区 \ 时间	2005 年	2006 年	增长率（%）
山西	10.64	13.24	24.44
安徽	6.88	13.94	102.62
江西	24.23	28.07	15.84
河南	12.30	18.45	50
湖北	26.5	30.82	16.3
湖南	23.33	25.93	11.14
中部地区	103.88	130.45	25.58
全国	638.05	735.23	15.23

资料来源：《中国统计年鉴（2006 年、2007 年）》。

八、自然资源丰富，但利用不够充分

中部属环太平洋成矿带内的重要成矿地区，矿产资源种类齐全，储量丰富，引人注目。山西的煤炭资源储量占全国储量的 1/3；江西已发现地下矿产 140 多种，铜、银、金、钽、铷、铯、钪、硫铁矿、粉石英等含量居全国第一位，有的储量占全国总储量的 80% 以上，铜、钨、铀、钽、稀土、金、银被誉为"七朵金花"；安徽省矿产资源种类繁多，储量丰富,分布集中,已发现有用矿种138种,探明储量的有70种,其中煤、铁、铜、硫、磷、明矾石、水泥石灰岩等矿产储量居全国前10位;河南省矿产资源也比较丰富,已发现矿产资源154种,探明储量的81种,其中有色金属钼、铝储量分别居全国第一、二位;湖北矿产具有种类多、规模大的特点,已发现矿产136种,占全国的81%,已探明储量的矿产有87种,占全国的58%,其中磷矿石、硅灰石等矿产储量居全国首位。湖南矿产资源比较丰富,矿业比较发达,特别是有色金属、非金属矿产在全国占十分重要的地位,钨、铋、海泡石粘土、陶粒页岩、普通萤石、隐晶质石墨、玻璃用白云岩、石榴子石、铌、钽、轻稀土矿等11个矿种的保有储量居全国前列。从东、中、西部已探明矿产资源的开发利用情况看,中部地区矿产资源优势最大,开发利用潜力也很大,对传统工业的持续发展和支柱产业系列的形成,起到重要的支撑作用;东部地区部分矿种有一定的资源优势,但是,矿产开发利用程度较高;西部地区具有较大的资源潜在优势,但地质工作程度相对较低。也就是说,中部地区拥有重要或稀有矿产资源的丰度远优于东部,密度也高于西部,且资源配套程度较高,具有广阔的开发前景。而且中部已形成三大基地,即:以山西、河南、安徽为三角的煤炭基地;以江西、湖北、湖南为三角的有色金属基地;以湖北、湖南为中心的磷化矿基地。中部地区的煤炭、有色金属和部分非金属矿资源为发展能源、原材料工业奠定了基础,也为发展高加工度工业打下了基础。

中部地区农业发展的资源禀赋相对丰富。资源禀赋是经济发展的基础因素,对产业结构的形成与变化有重要的影响。中部六省地处亚热带和温热带,气候温和,日照充足,雨量充沛,拥有宜农平原、宜林山地、宜牧草场和宜渔湖泊等多种农业自然生态系统。2006年,江西、湖南森林覆盖率均超过40%。中部六省的动植物资源种类繁多,动物资源最多的湖北达700余种,植物资源最多的江西达4 000余种。

水资源丰富是中部地区一大优势。在全国十大流域中,中部拥有第一大流域长江,面积180.82万平方公里,年径流量9 513亿立方米,涉及湖北、湖南、江西、安徽、河南等19省市;第二大流域黄河,面积75.24万平方公里,年径流量222亿立方米,涉及湖北、河南、安徽等5省;第六大流域海河,面积26.36万平方公里,年径流量228亿立方米,涉及山西、河南等8省市。在全国五大淡水湖中,中部拥有第一大淡水湖鄱阳湖,面积3 913平方公里,蓄水量300亿立方米;第二大淡水湖洞庭湖,面积2 740平方公里,蓄水量187亿立方米;第四大淡水湖巢湖,面积776平方公里,蓄水量36亿立方米。除山西的水资源较贫乏外,中部其他省的水资源相对富余。

此外,中部地区旅游资源丰富且独特(见表1-17)。在全国119个重点风景名胜区中,中部拥有27个,其中庐山、黄山等风景名胜区被列入《世界遗产名录》。在全国751处重点文物保护单位中,中部拥有187处,其中江南三大名楼(岳阳楼、黄鹤楼、滕王阁)、洛阳龙门石窟等闻名中外。在全国84处革命遗址及革命纪念建筑物中,中部六省拥有22处,其中井冈山、瑞金、韶山等革命遗址闻名全国。在全国99座历史文化名城中,中部六省拥有20座,其中景德镇、开封、岳阳等历史文化名城享誉中外。在全国45个森林及动植物类自然保护区中,中部六省有9处,湖北的神农架、江西的鄱阳湖、山西的庞泉沟、河南的伏牛山、湖南的八公山和安徽的扬子鳄自然保护区独具特色。中部独特的旅游资源为在经济发展较高级阶段发展旅游产业提供了优良条件。

表1-17　　　　　中部地区部分省份的旅游资源情况

项目 地区	世界遗产	国家级风景名胜	国家历史文化名城	国家级自然保护区	国家级示范森林公园
安徽	2	5	4	4	1
江西	1	6	3	2	1
河南	1	5	7	5	1
湖北	2	6	5	5	0
湖南	1	4	3	6	2
山西	2	6	2	3	0
合计	9	32	22	25	5
占全国比重	31%	26.7%	24.1%	10.02%	25.0%

资料来源:《中国旅游年鉴(2004年)》,http://travel.tom.com/china/view01.html。

尽管中部地区资源环境承载力与西部和东北地区相比,相对较强,但由于中部地区经济结构滞后,以及劳动生产率不高,导致对自然资源利用浪费严重,环境污染问题依然严峻。2006年,中部地区的经济密度为416.19万元/平方公里,只相当于东部地区单位国土面积经济产出的1/3还不到,但万元GDP电力消耗以及万元GDP废水排放量、万元GDP废气排放量、万元GDP固体废物产生量却高出东部地区,仅次于西部地区,而且中部地区诸省的废水排放达标率和固体废物综合利用率等指标与东部相比也显得相对落后（见表1-18）。

表1-18 中部地区及中部各省的污染排放情况

指标 地区	经济密度 （万元/ 平方公里）	万元GDP 电力消耗 （千瓦时/ 万元）	万元GDP 废水排放量 （吨/万元）	万元GDP 废气排放量 （万立方 米/万元）	万元GDP 固体废物 产生量 （吨/万元）	废水排放 达标率 （％）	固体废物 综合利用 率（％）
中部地区	416.19	1 512.3	13.34	1.70	1.09	89.13	63.38
山西	317.54	3 649.97	19.28	3.80	2.49	68.90	45.4
安徽	433.29	1 076.89	11.4	1.21	0.82	97.10	82
江西	280.74	955.26	13.72	1.26	1.58	93.20	35.7
河南	740.07	1 219.19	10.42	1.48	0.60	93.00	70.6
湖北	377.81	1 156.52	12.02	1.55	0.57	91.00	73
湖南	347.71	1 015.68	13.21	0.87	0.49	91.60	73.6

资料来源：《中国统计年鉴（2007年）》。

第三节 中部地区经济发展综合评价

一、中部经济发展综合评价的过程

在将区域PREDST系数指标值进行标准化处理、确定指标及指标权重之后，进入对区域经济发展的综合评价阶段。综合评价实际上是将评价对象在各项指标上的特征进行综合处理的方法。在考虑单目标最优化问题时，只要比较任意两个解对应的目标函数值后，就能确定孰优孰劣。而区域经济发展评价指标体系是多目标决策，在多目标情况下，就不能做这样简单的比较了。在多目标决策中，要求所有目标同时达到它们的最优值往往是很难的。多目标决策的尺度不再是最优解，而是要综合比较各项目标的非劣解。多目标问题的决策结果，就是要根据社会价值和决策者的偏好等综合因素，从非劣解集合选择一个非劣解作为决策方案。经常是有所失才能有所得，问题是失在什么情况下最好。区域经济发展综合评价过程可以用图1-12来表示。

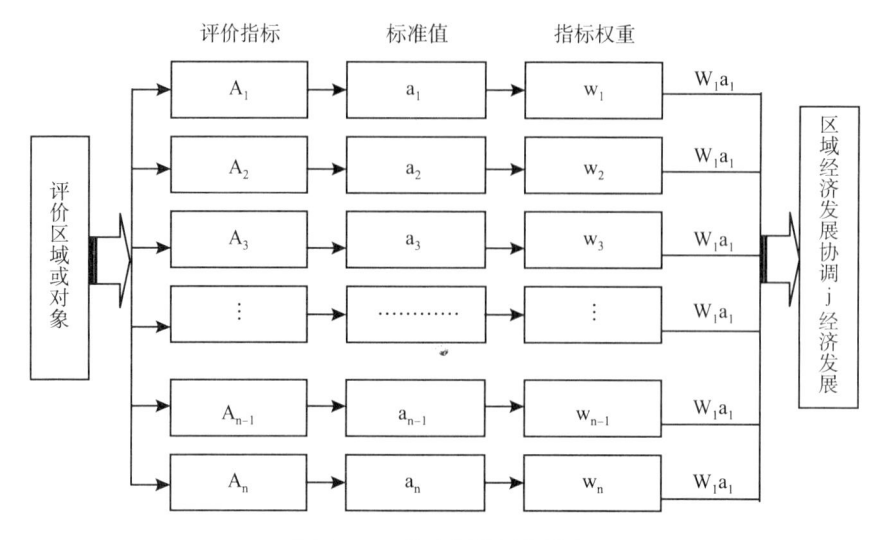

图 1-12 综合评价过程流程

图中表示每一指标修正后，乘以标准化结果分值或数值，即为分类指标的分类指数，计算公式为：

$$I = \sum_{i=1}^{n} A_i W_i \sum_{i=1}^{n} W_i \times 100 \qquad (1-15)$$

根据上述步骤，将区域经济发展分类指标的分类指数进行二次加权，就可得出每一层面的综合性数值，综合得分可以用来对区域经济发展总体或总体的某一方面的发展水平进行综合性评价或描述。当然，有时我们并不一定要得出一个综合性的指数，或许分项的某些特征对区域经济发展来讲是更为重要的，但即使是这样，对于任何一个分项来说，也都要使用该项的综合分值，因为仅仅一个指标是无法全部体现的。为了对中部地区各省区域经济发展的基本情况有所比较和分析，我们采用了综合评价和分项指标相结合的方法与步骤。

二、中国中部经济发展评价指标赋权

在频度统计、专家咨询和 AHP 方法支持下，按照中国中部地区区域经济发展的基本特征以及数据规范性、连续性和一致性的原则，根据 AHP 要求对指标求其基础权，然后求其因子所占比例的变化量大小，对基础权加以调整，运用变权的思想，得出 2002 年、2004 年、2006 年份各个因子的权重（表 1-19）。可见，根据不同时期各因子的变化引起的各

第二篇 中国中部区域经济发展系统监测与评价

表1-19 中部地区区域经济发展评价指标体系及权重、指标数值（2002～2006年）

指标属性				指标值				
指标名称	编码	单位	权重	2002年	2003年	2004年	2005年	2006年
经济发展度（79个指标）	A							
（一）经济发展水平（44个指标）	B_1		0.5***					
经济运行水平（16个指标）	C_1		0.30**					
经济规模（6个指标）	C_{11}		0.30*					
1. GDP	C_{111}	亿元	0.30	23 522.42	26 348.46	32 088.3	37 046.51	43 218
2. 人均GDP	C_{112}	元	0.30	6 519	7 451	8 866	10 377	12 256
3. 社会消费品零售总额	C_{113}	亿元	0.10	8 883.9	9 585.1	10 993.3	12 985	15 198
4. 工业总产值	C_{114}	亿元	0.10	9 046.63	6 153.94	8 138.3	11 139	14 407
5. 农业总产值	C_{115}	亿元	0.10	7 199.70	7 838.80	9 753.80	5 281	5 805
6. 实际利用外资	C_{116}	万美元	0.10	462 756	618 300	727 221	887 700	1 155 700
经济结构（4个指标）	C_{12}		0.30*					
7. 第三产业占GDP比重	C_{121}	%	0.25	36.52	36.63	34.68	36.67	36.88
8. 产业结构相似系数	C_{122}	—	0.30	0.998	0.995	0.996	0.987	0.993
9. 霍夫曼系数	C_{123}	—	0.20	0.475	0.409	0.411	0.394	0.362
10. 工业化率	C_{124}	%	0.25	38.46	38.82	39.43	48.50	42.70
经济速度（4个指标）	C_{13}		0.10*					
11. GDP年均增长率	C_{131}	%	0.30	9.25	10.80	12.83	12.37	12.55
12. 工业总产值年平均增长率	C_{132}	%	0.25	10.02	19.68	23.82	18.43	18.27
13. 社会消费品年平均增长率	C_{133}	%	0.25	10.1	11.6	15.3	14.2	15.3
14. 地方财政年均增长率	C_{134}	%	0.20	8.68	17.61	24.60	26.58	25.9
经济效益（2个指标）	C_{14}		0.30*					
15. 工业全员劳动生产率	C_{141}	元/人·年	0.50	27 796.4	35 590.7	41 447	41 592	48 196
16. 第三产业劳动生产率	C_{142}	元/人	0.50	18 051	19 007	20 346	22 697.8	25 375.2
科技发展水平（7个指标）	C_2		0.20**					

2007中国中部经济发展报告 · 43 ·

续表

指标属性			权重	指标值				
指标名称	编码	单位		2002年	2003年	2004年	2005年	2006年
科技投入（4个指标）	C_{21}		0.50*					
17. 万人拥有科技活动人员数	C_{211}	人	0.25	18.78	18.98	20.28	20.58	17.67
18. 科技活动人员中科学家和工程师数比例	C_{212}	%	0.25	66.08	67.11	60.27	59.98	66.05
19. R&D占GDP的比重	C_{213}	%	0.25	0.18	0.16	0.13	0.14	0.73
20. 地方财政科技投拨款占地方财政支出比例	C_{214}	%	0.25	0.76	0.77	0.75	0.76	0.88
科技产出（3个指标）	C_{22}		0.50*					
21. 万人技术成果成交额	C_{221}	元	0.35	28.49	32.44	36.08	38.56	41.82
22. 新产品产值占工业总产值比重	C_{222}	%	0.30	9.46	9.93	12.73	13.68	14.03
23. 新产品销售收入占全部产品销售收入的比例	C_{223}	%	0.35	9.76	10.80	11.77	12.07	11.92
社会发展水平（17个指标）	C_3		0.20**					
人口与人力资源（6个指标）	C_{31}		0.15*					
24. 总人口	C_{311}	万人	0.20	36 084	36 310	36 511	35 202.41	35 251
25. 人口自然增长率	C_{312}	%	0.15	5.76	5.53	5.45	5.58	5.58
26. 劳动力占总人口比重	C_{313}	%	0.15					
27. 平均受教育年限	C_{314}	年	0.15					
28. 每万人大学生数	C_{315}	人	0.15	64.68	81.52	101.91	131.76	140.83
29. 城镇人口比重	C_{316}	%	0.20	33.5	34.7	36.1	37.4	39.0
福利及生活质量（4个指标）	C_{32}		0.30*					
30. 城镇居民人均收入	C_{321}	元	0.25	6 432.48	7 101.06	7 886.51	8 285	9 911
31. 农民人均纯收入	C_{322}	元	0.25	2 271.9	2 369.9	2 692.8	2 931	3 301
32. 恩格尔系数	C_{323}	%	0.25	37.09	37.60	38.54	37.65	36.75

续表

指标属性				指标值				
指标名称	编码	单位	权重	2002年	2003年	2004年	2005年	2006年
33. 万人拥有医生数	C_{324}	人/万人	0.25	12.05	12.21	12.63	15.8	14.2
基础设施建设（4个指标）	C_{33}		0.30*					
34. 交通密度系数	C_{331}	—	0.25	0.082	0.084	0.086	0.091	0.127
35. 运输周转量	C_{332}	—	0.25	2 773.58	2 967.69	3 339.73	3 313.47	3 739
36. 人均居住面积	C_{333}	m²	0.25	21.35	21.99	22.76	23.76	25.6
37. 电话普及率	C_{334}	%	0.25	12.94	28.84	35.91	36.43	46.08
社会保障及稳定（3个指标）	C_{34}		0.25*					
38. 城镇失业率	C_{341}	%	0.30	3.67	3.65	3.82	3.84	3.83
39. 经济波动指数	C_{342}	—	0.40	0.87	0.20	1.04	1.04	1.37
40. 每万人刑事案件发生率	C_{343}	%	0.30	13.07	15.23	13.45	10.25	10.11
资源支持水平（3个指标）	C_4		0.15**					
41. 人均水资源拥有量	C_{41}	m³/人	0.30	2 060.9	1 802.1	1 312.67	1 303.81	1 540.13
42. 人均耕地面积	C_{42}	m²/人	0.40	0.089	0.088	0.087	0.084	0.090
43. 人均林地面积	C_{43}	m²/人	0.30	0.21	0.14	0.14	0.15	0.10
环境支持水平（5个指标）	C_5		0.15**					
44. 废水排放密度	C_{51}	t/km²	0.20	4 466.9	4 573	4 664.2	4 774.6	4 854.29
45. 废气排放密度	C_{52}	万m³/km²	0.20	384.73	449.62	506.74	585.39	698.20
46. 固体废物产生密度	C_{53}	t/km²	0.20	275.83	296.49	324.74	352.92	402.1
47. 单位耕地面积化肥使用量	C_{54}	t/km²	0.10	0.43	0.44	0.46	0.51	0.50
48. 森林覆盖率	C_{55}	%	0.30	26.20	25.57	27.13	32.00	29.46
（二）经济发展能力（20个指标）	B_2		0.25***					
经济推动能力（4个指标）	C_6		0.30**					
49. 全社会固定资产投资额	C_{61}	亿元	0.40	7 455.81	9 485.51	12 529.2	16 426.8	20 897
50. 城乡居民储蓄存款余额	C_{62}	亿元	0.20	15 596.4	18 663.1	21 843.4	25 538.1	29 259

续表

指标属性				指标值				
指标名称	编码	单位	权重	2002年	2003年	2004年	2005年	2006年
51. 地方财政收入	C_{63}	亿元	0.30	1 262.9	1 441.4	1 796.6	2 253.1	2 950
52. 外贸依存度	C_{64}	%	0.10	8.64	9.53	10.08	10.61	10.72
科技创新能力（8个指标）	C_7		0.20**					
知识创新能力（3个指标）	C_{71}		0.50*					
53. 万名科技活动人员科技论文数	C_{711}	篇	0.40	102.25	119.03	161.05	168.9	177.3
54. 每百万人口发明专利批准数	C_{712}	件	0.30	2.28	4.22	5.58	6.48	7.53
55. 科技活动人员人均课题数	C_{713}	项	0.30	1.06	1.10	1.06	1.12	1.21
技术创新能力（5个指标）	C_{72}		0.50*					
56. 企业科技活动人员占从业人员比重	C_{721}	%	0.20	5.00	4.93	5.00	5.12	5.25
57. 每万职工拥有外观设计专利数	C_{722}	件	0.20	1.21	1.39	3.47	4.22	5.13
58. 企业开发新产品经费占科技活动经费支出比重	C_{723}	%	0.20	29.81	30.95	32.45	33.58	34.75
59. 企业R&D经费支出占产品销售收入比重	C_{724}	%	0.20	0.56	0.59	0.65	0.68	0.72
60. 企业消化吸收经费与技术引进经费比例	C_{725}	%	0.20	0.11	0.14	0.17	0.25	0.31
社会管理调控能力（3个指标）	C_8		0.20**					
61. 政府效率指数	C_{81}	—	0.30	38.61	31.11	41.08	44.07	47.51
62. 经社调控指数	C_{82}	—	0.40	52.31	43.95	37.83	40.22	39.69
63. 环境管理指数	C_{83}	—	0.30	72.14	72.24	74.30	74.22	57.36
资源支撑能力（2个指标）	C_9		0.15**					
64. 土地资源承载力指数	C_{91}	—	0.50*	0.626	0.645	0.649	0.626	0.643
65. 水资源承载力指数	C_{92}	—	0.50*	0.414	0.345	0.476	0.306	0.428
环境支撑能力（3个指标）	C_{10}		0.15**					

续表

指标属性			权重	指标值				
指标名称	编码	单位		2002年	2003年	2004年	2005年	2006年
66. 废水排放达标率	C_{101}	%	0.40*	85.17	86.86	89.17	88.64	89.13
67. 固体废物综合利用率	C_{102}	%	0.40*	47.92	58.01	53.82	51.09	59.79
68. 自然保护区面积比例	C_{103}	%	0.20*	4.25	4.58	5.17	5.70	5.2
(三) 经济发展协调度 (14个指标)	B_3		0.25***					
资源利用率 (3个指标)	C_{11}		0.20**					
69. 万元 GDP 电力消耗	C_{111}	Kw/万元	0.30*	1 500.8	1 399.3	1 306.5	1 341	1 512.3
70. 万元工业产值煤炭消耗	C_{112}	t/万元	0.30*	5.43	4.46	3.32	2.31	1.54
71. 土地产出密度	C_{113}	万元/km²	0.40*	229.12	257.39	313.82	363.22	416.19
环境治理能力 (4个指标)	C_{12}		0.20**					
72. 环保投入占 GDP 比值	C_{121}	—	0.40*	0.16	0.14	0.22	0.35	0.45
73. 万元 GDP 废水排放	C_{122}	t/万元	0.20*	19.38	17.85	15.01	13.43	13.34
74. 万元 GDP 废气放量	C_{123}	m³/万元	0.20*	19.38	1.94	1.77	1.71	1.70
75. 万元 GDP 固体废物产生	C_{124}	t/万元	0.20*	1.55	1.44	1.28	1.14	1.09
人口经济协调度 (1个指标)	C_{13}		0.20**					
76. 人口经济协调系数	C_{131}	%	1.00*	1.61	1.95	2.36	2.50	2.42
经济环境协调度 (1个指标)	C_{14}		0.20**					
77. 经济环境协调系数	C_{141}	—	1.00*	0.71	0.55	0.49	0.52	0.47
社会经济协调度 (2个指标)	C_{15}		0.20**					
78. 区域二元结构指数	C_{151}	—	0.50*	0.28	0.47	0.46	0.43	0.38
79. 基尼系数	C_{152}	—	0.50*	0.28	0.30	0.25	0.24	0.23

注释：(1) 资料来源于《中国统计年鉴 (2003～2007年)》、各省统计年鉴 (2003～2007年)、《中国可持续发展战略报告 (2002～2006年)》、中国及各省社会经济统计公报 (2006年) 以及其他专题公报、年鉴等，部分指标经过推算；(2) ***表示对A层指标权重；**表示对B层指标权重；*表示对C层指标权重，没有*表示对D层指标权重。

自比重的改变，对基础权做出调整，得出相应时期各因子的权重，这样，对于不同时期，各因子权重就不一样，由此更科学合理地反映各因子在不同时期重要性不一样的客观事实，这符合我们对区域经济发展的认识，也符合区域经济发展评价的基础原则。

三、中国中部经济发展综合评价的结果分析

区域经济发展指标体系采用一系列有代表性的指标来衡量、监测社会经济、资源环境的发展状况，研究 PREDST 系统各要素的相互关系和发展趋势。根据上述步骤和算法测算得到整个中部地区的经济发展情况：

1. 从整个经济发展度看，整个中部地区经济发展度不是呈现均衡上升的，而是先上升，即由 2002 年的 49.36 增加到 2003 年的 50.58，然后下降到 2004 年的 49.55，到 2005 年又进一步上升到 52.81，至 2006 年的 53.75。所以，从系统运行的角度看中部经济发展，无论其质量还是数量都有一个反复的趋优过程。总体而言，整个中部地区的经济发展度波动幅度不大，5 年的变异系数只有 0.03（见图 1-13）。

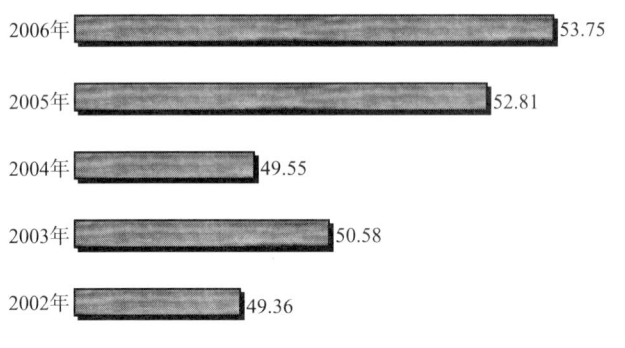

图 1-13 中部地区经济发展度变化情况（2002~2006 年）

2. 从准则层看，中部地区经济发展水平呈现不均匀的增长态势，即由 2002 年的 46.29 增长到 2005 年的 53.05，2006 年又有所下降至 51.54。总体而言，增加幅度较大，波动较强烈，说明中国中部地区经济发展水平不平稳，有待进一步加强。与经济发展水平变化有所不同，中部地区经济发展能力变化则呈先下降后上升，而后又下降再上升的过程（见图 1-14），即由 2002 年的 57.68 上升到 2004 年的 62.07，2005 年跌至为

58.00，至 2006 年又上升到 62.89。反映出整个中部地区经济发展潜力后进性以及保障能力建设还较薄弱的特点，所以是中部经济需着重注意的地方。与经济发展水平的波动态势以及经济发展能力建设的下降趋势又不一样，中部地区经济发展协调度在 5 年期间变化相对平稳，由 2002 年的 47.16 持续下降到 2004 年的 45.25，到 2005 年又复归至 47.13，2006 年达到 50.28。这说明尽管中部地区有些年份社会、环境系统协调程度尚不十分理想，但从主流来看，中部地区 PREDST 系统的各个子系统及各要素之间还是比较协调的，状况还是朝着好的方向发展的，即社会经济、资源、环境系统的协调度是逐步提高的。

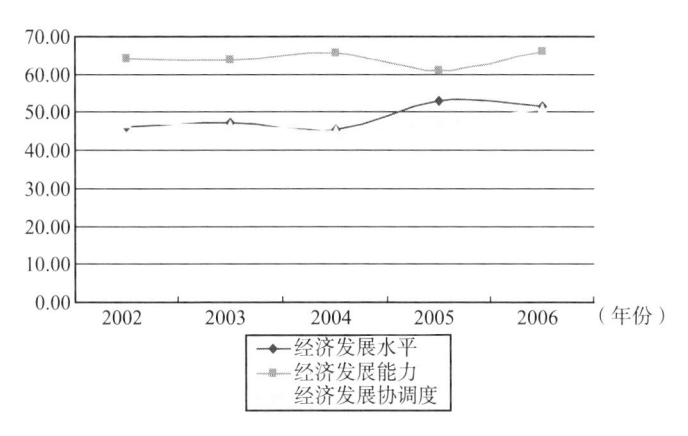

图 1-14 中部地区经济发展水平、经济发展能力以及协调度变化情况（2002~2006 年）

3. 从领域层看，中部地区的经济运行水平、社会发展水平、资源支持水平、环境支持水平、经济发展能力、资源支撑能力、人口经济协调度、经济环境协调度、社会经济协调度等在考察期都是上升的（见图 1-15），表明中部地区经济运行、社会保障、经济推动能力、社会环境建设以及人口、社会、经济与环境的协调程度都呈现良好发展势头。而环境支持水平、环境支撑能力、资源利用效率等在考察期间则变化较大的，科技发展水平、科技创新能力变动幅度不大，这反映了中部地区经济发展依然处于资源利用和开发的不集约阶段，经济进一步发展瓶颈开始显现，必须加强经济发展后劲的培养。

第一部分 中国中部经济发展评价报告

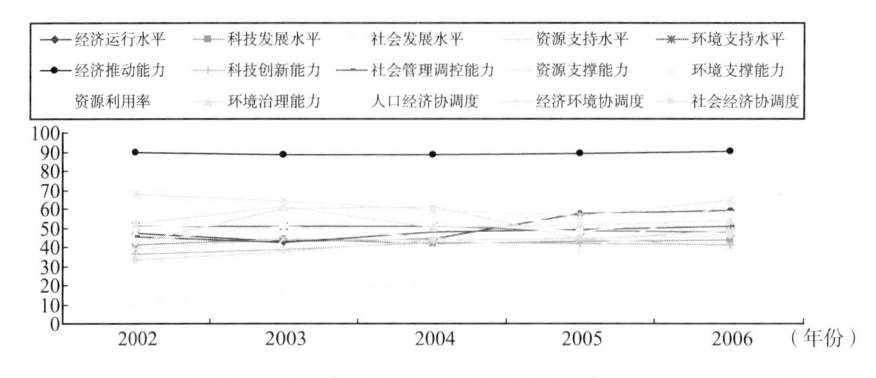

图1-15 中部地区经济发展领域层指标数值变化情况（2002～2006年）

4. 从指标层次来看，经济规模、经济结构、科技产出、人口发展、基础设施建设、社会稳定以及保障、科技教育能力、社会管理调控能力、资源承载力、环境承载力等分指标，在考察期间是增加的（见表1-20），表明中部地区在经济总量、结构、效益、科技产出，以及社会环境建设方面都在增强，出现这种局面的主要原因是近5年中部地区对基础设施的高投入。一方面，"十五"期间整个中部地区投资52591.2多亿元进行基础设施建设，改善了中部地区流通滞后的局面，同时，中部地区还着力于产业结构调整与升级，使结构趋向优化；另一方面，中部地区还通过精简机构，提高了政府工作效率和管理调控能力，同时加大了社会保障制度改革力度。在考察年份，数值呈现下降的指标有经济速度、经济效益、科技投入、生活质量、资源条件、环境质量、科技创新能力等。

表1-20 中部地区经济发展评价结果（2002～2006年）

指标＼年份	2002	2003	2004	2005	2006
经济发展度	49.36	50.58	49.55	52.81	53.75
经济发展水平	46.29	47.23	45.43	53.05	51.54
经济运行水平	47.53	42.99	43.97	57.31	59.46
经济规模	68.41	49.44	51.89	74.94	76.23
经济结构	36.45	36.20	31.80	44.24	60.26
经济速度	47.78	47.57	43.22	45.68	44.27
经济效益	37.49	38.76	48.95	53.30	46.95
科技发展水平	41.29	44.22	42.00	42.85	43.72
科技投入	38.61	43.59	42.04	39.15	37.46
科技产出	43.97	44.85	41.95	46.55	48.76

续表

指标 \ 年份	2002	2003	2004	2005	2006
社会发展水平	48.13	50.94	53.81	53.84	49.38
人口与人力资源	68.50	68.09	67.88	70.17	72.4
福利与生活质量	42.61	38.23	34.31	59.19	53.44
基础设施建设	56.01	56.87	57.44	64.78	66.69
社会稳定及保障	28.95	28.94	48.40	35.71	36.32
资源支持水平	38.51	44.26	43.55	44.17	40.83
资源条件	38.51	44.26	43.55	44.17	40.83
环境支持水平	50.99	50.73	50.95	48.75	48.05
环境质量	50.99	50.73	50.95	48.75	48.05
经济发展能力	57.68	61.46	62.07	58.00	62.89
经济推动能力	89.56	88.22	88.40	89.35	90.39
经济能力	89.56	88.22	88.40	89.35	90.39
科技创新能力	36.55	38.52	42.57	41.88	41.21
知识创新能力	31.45	37.98	45.04	46.10	47.18
技术创新能力	41.66	39.07	40.11	37.66	35.36
社会调控能力	45.64	42.563	47.79	49.3	51.01
政府管理效率	38.61	31.11	41.08	44.07	47.51
社会调控能力	52.31	43.95	37.83	40.22	39.69
环境管理能力	56.61	51.15	55.75	53.77	57.36
资源支撑能力	42.28	60.28	61.14	44.53	48.19
资源承载力	42.28	60.28	61.14	44.53	48.19
环境支撑能力	43.31	50.82	44.92	37.49	63.15
环境承载力	43.31	50.82	44.92	37.49	63.15
经济发展协调度	47.16	46.38	45.25	47.13	50.28
资源利用率	50.24	52.50	52.87	47.81	57.26
环境治理能力	52.23	61.25	50.19	51.80	54.07
人口经济协调度	11.90	16.41	20.46	34.81	36.73
经济环境协调度	67.82	64.21	59.25	56.36	64.60
社会经济协调度	33.09	37.55	43.45	44.88	46.23

资料来源同表1-19，使用软件包括SPSS12.0、MATLAB7.0、EXCEL2003等。

按照同样递进和合成的方法、步骤，可以分别得到中部各省的经济发展综合评价的结果：

1. 从目标层看，中部六省的经济发展度在5年间发展的态势不尽相同，图1-16展现了各个省的变化情形。它们在5年间经济发展度的平均值按照由高到低排列的次序依次为湖北、湖南、安徽、河南、山西和江西，它们的经济发展度平均值分别为56.18、53.71、45.35、42.68、40.87和40.36；经济发展度变化幅度较大的是河南、山西和江西省，其他三省变化幅度相对较小，也比较接近。

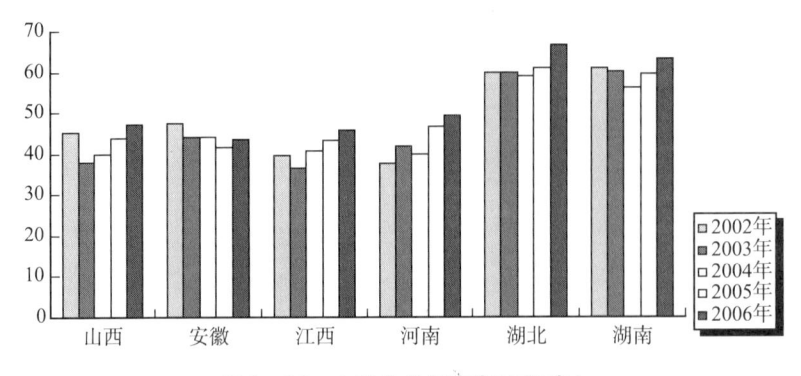

图 1-16 中部各省经济发展度对比

2. 从准则层看，中部五省的经济发展水平、经济发展能力和经济发展协调度变化情形各不相同，图 1-17 反映的是六个省份的经济发展水平在近 5 年的变化情形。从该图可以看出，河南、山西两省的经济发展水平是逐步上升的，而江西、湖北和湖南的经济发展水平变化则处于不稳定状态。通过计算六个省份 5 年间的经济发展水平变动平均值和变异系数，可以发现六省经济发展水平平均值由高到低排列依次为湖南、湖北、江西、山西、河南和安徽，变异系数由大到小排列依次为湖南、湖北、河南、江西、山西和安徽，反映这些省份经济发展水平的波动情况。图 1-18 反映的是六个省份的经济发展能力在近 5 年的变化情形，从该图可以看出，江西省的经济发展水平是逐步上升的，安徽省的经济发展能力是逐步下降的，而山西、河南、湖北和湖南的经济发展能力变化则处于不稳定状态。通过计算六个省份 5 年间的经济发展能力变动平均值和变异系数，可以发现其经济发展能力平均值由高到低的顺序依次为湖北、安徽、河南、山西、江西和湖南，变异系数由大到小排列依次为安徽、江西、河南、山西、湖南和湖北，反映这些省份经济发展能力的波动情况。图 1-19 反映的是六个省份的经济发展协调度在近 5 年的变化情形，从该图可以看出中部六省的经济发展协调度变化都处于波动状态。通过计算六个省份 5 年间的经济发展协调度变动平均值和变异系数，可以发现其经济发展协调度平均值由高到低排列依次为湖北、河南、山西、安徽、湖南和江西，变异系数由大到小的省份依次为江西、湖南、安徽、山西、河南和湖北，反映这些省份经济发展协调程度的波动情况。

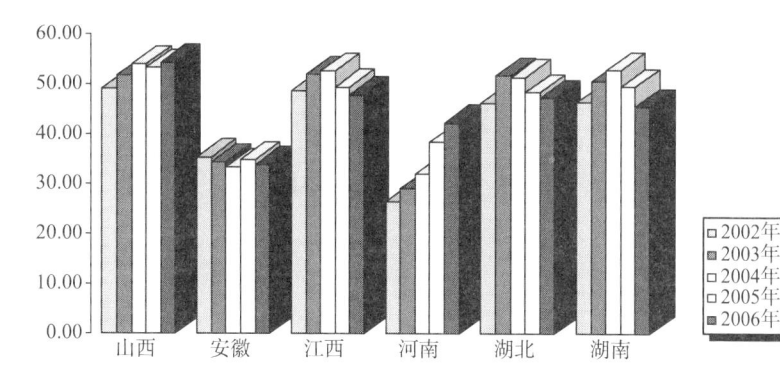

第二篇 中国中部区域经济发展系统监测与评价

图1-17 中部各省经济发展水平对比

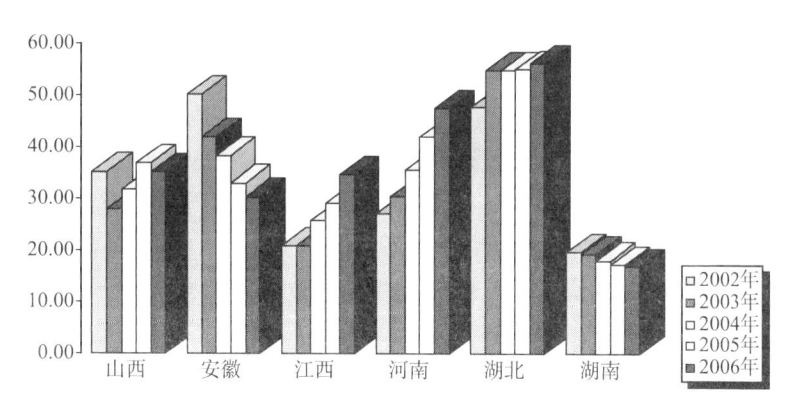

图1-18 中部各省经济发展能力指数对比

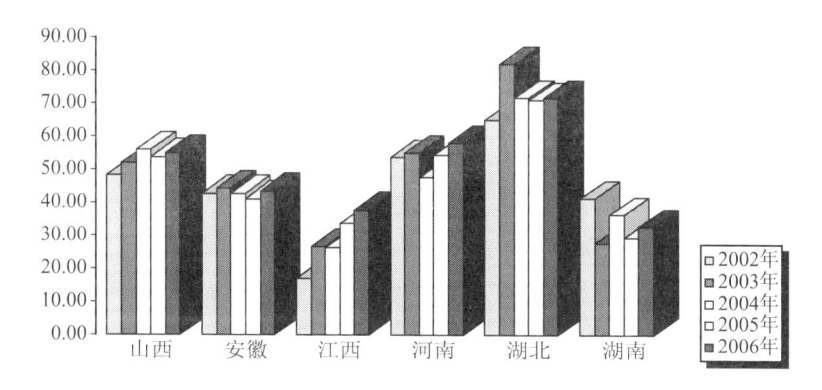

图1-19 中部各省经济发展协调度对比

第五章　中国中部地区经济运行及发展能力分析

第一节　中部各省基本概况

一、山西省

山西省位于中国黄河中游、华北西部的黄土高原地带，东邻河北，西界陕西，南接河南，北连内蒙古自治区。山西省的地理坐标为北纬 34°36′~40°44′，东经 110°15′~114°32′。山西省东有巍巍太行山作天然屏障，西、南以滔滔黄河为堑，北抵绵绵长城脚下。山西省南北长 680 多公里，东西宽 380 多公里，总面积为 15.67 万平方公里。2006 年，总人口为 3 375 万人，人口自然增长率为 5.75‰，国内生产总值为 4 753 亿元，水资源总量为 140.8 亿立方米，平均降水量为 400~650 毫米，森林覆盖率为 13.29%，万人在校大学生数为 132 人，R&D 经费支出占 GDP 比例为 0.76%。

二、安徽省

安徽省南北长约 570 公里，东西宽约 450 公里，总面积 14.01 万平方公里。全省年平均气温在 14~17℃之间，平均日照 1 800~2 500 小时，平均无霜期 200~250 天，全省重要的水利工程为淠史杭灌溉工程、驷马山引江灌溉工程。2006 年，总人口为 6 110 万人，人口自然增长率为 6.3‰，国内生产总值为 6 149 亿元，水资源总量约为 680 亿立方米，平均降水量为 800~1 800 毫米，森林覆盖率为 24.03%，万人在校大学生数为 109 人，R&D 经费支出占 GDP 比例为 0.84%。

三、江西省

江西省位于中国的东南部，在长江中下游的南岸，东邻浙江、福建，南连广东，西接湖南，北毗湖北、安徽，为长江三角洲、珠江三角洲和闽东南三角地区的腹地，与上海、南京、广州、深圳、香港地区、厦门、武汉、长沙、合肥等城市和港口的直线距离，均在600~700公里左右。面积为16.69万平方公里，居华东地区六省一市之首，南北长约620公里，东西宽约490公里。处于北回归线附近，为亚热带湿润气候，气候温暖，平均气温18.7℃，全年平均日照时数为1 846.7小时。全省水资源总量为1 505亿立方米，人均拥有水量高于全国平均水平。2006年，总人口为4 339万人，人口自然增长率为7.79‰，国内生产总值为4 671亿元，年均降水量为1 391.2毫米，森林覆盖率为55.86%，万人在校大学生数为178人，R&D经费支出占GDP比例为0.42%。

四、河南省

河南省位于中国中东部、黄河中下游，界于北纬31°23′~36°22′，东经110°21′~116°39′之间，东接安徽、山东，北界河北、山西，西连陕西，南临湖北，呈望北向南、承东启西之势。河南省国土面积16.55万平方公里，在全国各省市区中居第17位，平原盆地、山区丘陵面积分别占全省土地总面积的55.7%和44.3%。2006年，总人口为9 392万人，人口自然增长率为5.32‰，国内生产总值为12 496亿元，全省水资源总量为413亿立方米，森林覆盖率为16.19%，万人在校大学生数为104人，R&D经费支出占GDP比例为0.53%。

五、湖北省

湖北省位于长江中游的洞庭湖以北，北接河南省，东连安徽省，东南和南邻江西、湖南两省，西靠重庆市，西北与陕西省为邻。介于北纬29°05′~33°20′，东经108°21′~116°07′。东西长约740公里，南北宽约470公里，面积18.59万平方公里，居全国第16位。2006年，总人口为5 693万人，人口自然增长率为3.13‰，国内生产总值为7 581亿元，年均降水量为800~1 600毫米，由于受地形影响，大神农架南部和竹溪县光顶山东部年降水量达1 400~1 600毫米，为全省多雨中心，森林覆盖率为26.77%，万人在校大学生数为192人，R&D经费支出占GDP比例为1%。

六、湖南省

湖南省位于中国中南部的长江中游,周边与江西、重庆、贵州、广东、广西、湖北交界。全省东西直线距离 667 公里,南北直线距离 774 公里,总面积 21.28 万平方公里。湖南气候属大陆型亚热带季风湿润气候,四季分明,日照充足,无霜期长,雨量充沛。全省年日照时数为 1 300 ~ 1 800 小时,年平均气温 16 ~ 18℃,年降水量 1 200 ~ 1 700 毫米,适于人居和农作物、绿色植物生长。2006 年,总人口为 6 342 万人,人口自然增长率为 5.19‰,国内生产总值为 7 561 亿元,森林覆盖率为 40.63%,万人在校大学生数为 131 人,R&D 经费支出占 GDP 比例为 0.82%。

第二节 中部地区经济运行水平

一、中部地区经济总体运行水平分析

区域经济运行水平指标体系包括经济规模指标、经济结构指标、经济速度指标和经济效益指标四个部分,研究区域经济运行水平可以从总体上把握区域经济运行情况。图 1 - 20 是中部地区及各省的经济运行水平指数变化情况,从图中可以看出,中部地区及各省的经济运行水平指数变化都呈现波动态势,表明中部地区及各省经济运行的不稳定性。通过计算它们 5 年的经济运行水平指数的平均值,可以得到整个中部的经济运行指数,山西为 35.86、安徽为 18.98、江西为 27.87、河南为 45.25、湖北为 60.06、

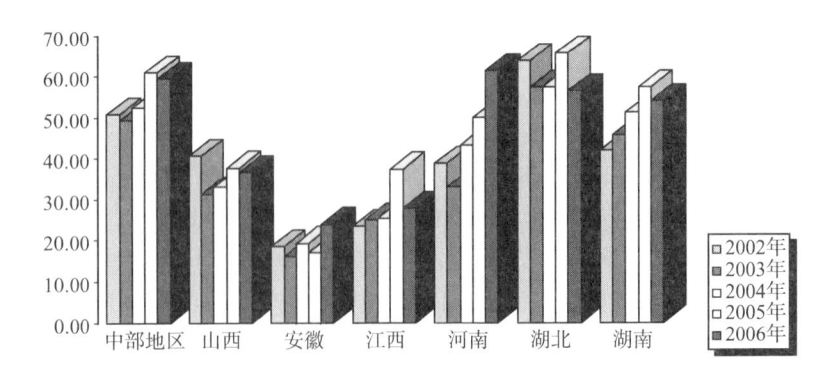

图 1 - 20 中部地区及各省的经济运行水平变动

湖南为49.93，由大到小依次是湖北、湖南、河南、山西、江西和安徽；反映其变化幅度的变异系数由高到低依次是安徽、江西、河南、湖南、山西和湖北，说明其经济运行稳定程度依次升高。

二、中部地区经济规模变动分析

规模可以从总量上反映区域经济运行情况，本报告的经济规模指标集包括GDP、人均GDP、社会消费品零售总额、工业总产值、农业总产值等五个指标，分别反映区域经济的工业、农业、商业及总量的运行情况。其研究基期和末期的具体数值如表1-21所示，可以看出，第一，从GDP看，河南省最高，其次是湖北、湖南，而山西和江西最低；第二，从人均GDP看，湖北、湖南的人均GDP最高，而安徽、江西的人均GDP最低；第三，从商业发展看，河南人口多，社会零售总额最高，山西社会零售总额最低；第四，从工业总产值看，湖北的工业产值最高，其次为河南，而江西和山西最低；第五，从农业总产值看，河南农业总产值最高，其次是湖北，最低的是山西。所以从总量看，除了人均GDP指标外，河南在经济总量上都有优势。按照不同的权重进行合成，就得到中部地区及各省的经济规模指数分布情况，其变动如图1-21所示。从图中可以看出，中部及各省的经济规模指数由于内部位次的变动，它们在考察期间也非稳定的增长，按照5年的平均值依次从大到小排列是湖北、河南、湖南、山西、江西和安徽，5年的变异系数从大到小依次为山西、河南、湖北、湖南、安徽和江西。

表1-21　　　　　中部地区经济规模评价指标

	GDP（亿元）		人均GDP（元）		社会零售总额（亿元）		工业总产值（亿元）		农业总产值（亿元）	
	2002年	2006年	2002年	2006年	2002年	2006年	2002年	2006年	2002年	2006年
中部地区	23 522	43 218	6 519	12 256	8 884	15 198	9 047	14 407	4 712	5 805
山西	2 018	4 753	6 146	14 123	755	1 613	922	2 148	227	304
安徽	3 569	6 149	5 817	10 055	1 229	2 029	1 291	1 886	712	906
江西	2 450	4 671	5 829	10 798	833	1 428	693	1 288	422	557
河南	6 169	12 496	6 436	13 313	2 190	3 881	2 532	4 604	1 360	1 996
湖北	4 976	7 581	8 319	13 296	2 198	3 414	2 168	2 392	671	1 019
湖南	4 341	7 569	6 565	11 950	1 679	2 834	1 441	2 089	667	1 024

资料来源：《中国统计年鉴（2003年、2007年）》和全国及各省的社会经济统计公报（2006年）。

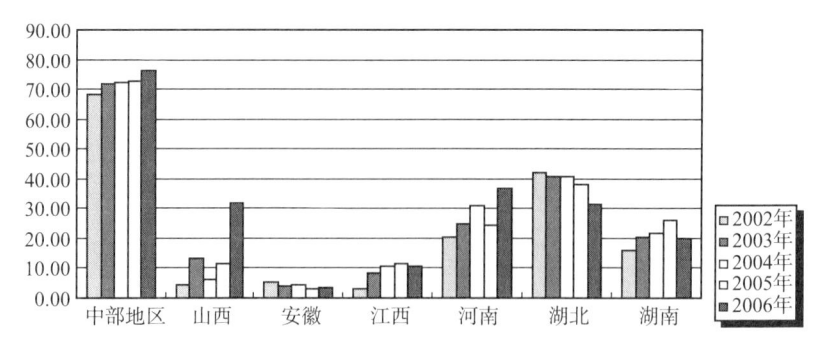

图 1-21 中部地区及各省的经济规模变动

三、中部地区经济结构变动分析

一般来说，经济结构变动对区域经济发展的影响更为明显，它可以导致经济效益和经济速度的变动。反映经济结构的指标一般包括三次产业增加值比重和就业人口比重两个方面，表1-22反映的是中部地区三次产业增加值变动情况。从表中可以看出，中部地区三次产业结构构成为"二、三、一"，但各个年份变动较大，2003年和2002年相比，中部地区第一产业比重有所下降，但2004年又有所上升，2005年、2006年逐步下降，而2002~2004年间第二产业比重一直处于上升态势，2005年出现了下降，这种产业结构的演变一方面反映出统计口径变化的情况，另一方面更深刻地表现出中部各省在调整产业结构的效果。与三次产业经济结构相比，三次产业就业结构在考察年份则表现为"一、三、二"的构成，就业结构明显落后于产值结构。这一方面反映中部地区经济结构调整压力依然很大，城镇化任务艰巨；另一方面也说明了中部地区工业化水平相对较低。为了从总体上对中部地区各省经济结构变动及效益做一个综合评价，本报告选取第三产业占GDP比重、产业结构相似系数、霍夫曼系数、工业化率四个指标来体现中部地区及各省经济结构的变动，其内涵包括区域三次产业变动、工业化程度，以及工业内部的轻重工业比例的变动等。表1-23反映的经济结构的四个指标的具体数值，首先，从前两个指标可以看出，中部地区的经济结构在考察期间变动幅度不是很大，同时区域产业结构雷同现象依然严重，所以必须注意它们的产业异构化问题；其次，从后两个指标可以发现，中部地区及各省的工业化程度不高，工业本身的发展层次也很低，具有很大的发展空间。图1-22反映中部地区及各省经济结构的综合变动情况,可见产业结构变动幅度最明显的是湖北和河南,而江西、安徽两省变动不明显。

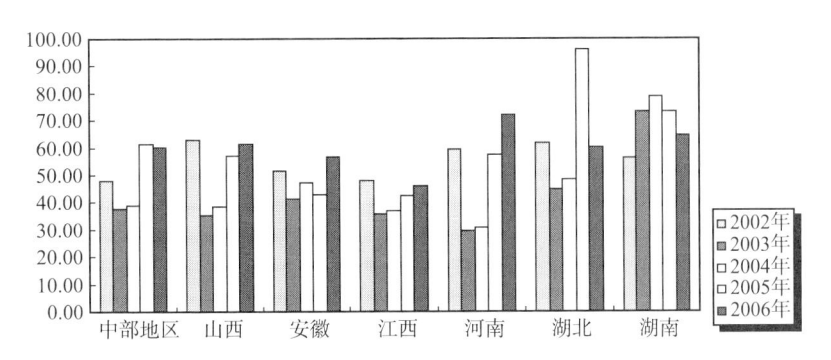

图 1-22 中部地区及各省的经济结构变动

表 1-22　　　　　　中部地区三次产业产值结构变化　　　　　　单位:%

地区	指标	2002	2003	2004	2005	2006
中部地区	第一产业比重	18	16.5	17.3	16.1	14.6
	第二产业比重	45.3	47.0	48.1	46.73	49.7
	第三产业比重	36.52	36.63	34.68	36.67	35.7
山西	第一产业比重	9.7	8.80	8.3	6.3	5.8
	第二产业比重	52.5	56.6	59.5	56.00	57.8
	第三产业比重	36.5	34.7	32.2	37.7	36.4
安徽	第一产业比重	21.7	18.9	19.4	17.9	16.7
	第二产业比重	43.5	44.8	45.1	41.60	43.1
	第三产业比重	34.9	36.7	35.5	37.5	40.2
江西	第一产业比重	21.9	19.8	20.4	19.0	16.8
	第二产业比重	38.8	43.4	45.6	47.20	49.7
	第三产业比重	39.3	36.8	34.0	33.8	33.5
河南	第一产业比重	20.9	17.6	18.7	17.5	16.4
	第二产业比重	47.8	50.5	51.2	52.60	53.8
	第三产业比重	31.3	32.0	30.1	29.9	29.8
湖北	第一产业比重	14.2	14.8	16.1	16.5	15
	第二产业比重	49.2	47.8	47.4	42.80	44.4
	第三产业比重	36.6	37.4	36.4	40.7	40.6
湖南	第一产业比重	19.5	19.1	20.6	19.4	16.8
	第二产业比重	40.0	38.7	39.5	40.20	49.7
	第三产业比重	40.5	42.2	39.9	40.4	33.5

资料来源:《中国统计年鉴(2003~2007年)》和全国及各省社会经济统计公报。

表1-23　　　　　　　　中部地区及各省经济结构指标

	第三产业占GDP比重（%）			产业结构相似系数			霍夫曼系数			工业化率（%）		
	2002年	2006年	变化率（%）	2002年	2006年	变化率（%）	2002年	2006年	变化率（%）	2002年	2006年	变化率（%）
中部地区	36.52	36.88	0.99	1.00	0.99	-1.00	0.48	0.36	-25	38.5	42.7	10.91
山西	36.5	36.4	-0.27	0.98	0.99	1.02	0.13	0.06	-53.85	45.7	52.3	14.44
安徽	34.9	40.2	15.19	0.99	0.99	0.00	0.57	0.39	-31.58	36.2	35.8	-1.11
江西	39.3	33.5	-14.76	0.99	0.99	0.00	0.46	0.38	-17.39	28.3	39.1	38.16
河南	31.3	29.8	-4.79	0.99	0.98	-1.01	0.55	0.41	-25.46	41.0	48.7	18.78
湖北	36.6	40.6	10.93	1.00	1.01	1.01	0.52	0.40	-23.08	43.6	44.9	2.98
湖南	40.5	40.8	0.74	1.00	0.99	-1.00	0.55	0.53	-3.6	33.2	35.6	7.23

资料来源：《中国统计年鉴（2003年、2007年）》和全国及各省的社会经济统计公报（2006）。

四、中部地区经济增长速度变动分析

保持一定的经济增长速度是区域经济发展所必须的，本报告在经济规模指标体系的基础上，分别选取GDP年均增长率、工业总产值年均增长率、社会消费品年平均增长率和地方财政收入年均增长率四个指标来反映区域经济增长速度变化。表1-24反映的是经济增长速度的四个指标在基期和末期的具体数值。首先，从GDP年均增长速度的变化率看，处于领先的有山西、江西和河南，它们的增长率都在50%以上；其次，从工业总产值年均增长率看，处于领先的是湖北、安徽，这两个省份的工业总产值增长率都超过了130%；第三，从社会消费品年均增长率看，处于领先的是安徽和江西，二者的增长率超过了70%；第四，从地方财政收入年均增长率看，增长最快的有安徽、湖北、江西和山西，它们的增长率达到了180%以上。为了进一步对中部地区及各省的经济增长速度在总体上进行把握，利用加权合成方法，就得到中部地区及各省的经济结构指数分布情况，其变动如图1-23所示。从图中可以看出，中部及各省的经济增长速度在考察期间变动非常频繁，按照5年的平均值依次从大到小排列是山西、江西、河南、湖南、安徽和湖北，5年的变异系数从大到小依次为湖北、湖南、安徽、山西、河南和江西，反映其经济增长速度相对变动情况。

表1-24　　　　　　中部地区及各省经济增长速度指标

	GDP年均增长率			工业总产值年均增长率			社会消费品年均增长率			地方财政收入年均增长率		
	2002年	2006年	变化率(%)	2002年	2006年	变化率(%)	2002年	2006年	变化率(%)	2002年	2006年	变化率(%)
中部地区	9.25	12.43	34.38	10.02	18.27	82.34	10.1	15.3	51.49	8.68	25.9	198.39
山西	13.35	11.8	-11.6	18.24	16.00	-12.3	11.1	15.2	36.94	13.61	38.2	180.68
安徽	8.48	12.9	52.12	8.30	19.1	130.12	7.5	15	100	4.18	24.3	481.34
江西	12.63	12.3	-2.6	16.39	19.00	15.92	9.1	15.5	70.33	6.49	21.7	234.36
河南	9.37	14.10	50.48	11.05	18.70	69.23	10.6	15.5	46.23	10.82	26.32	143.25
湖北	6.72	11.40	69.64	4.93	20.00	305.68	11.3	15.1	33.63	4.96	25.6	416.13
湖南	8.99	12.1	34.6	10.03	16.8	67.50	11.1	15.3	37.84	12.53	19.3	54.03

资料来源：《中国统计年鉴（2003~2007年）》。

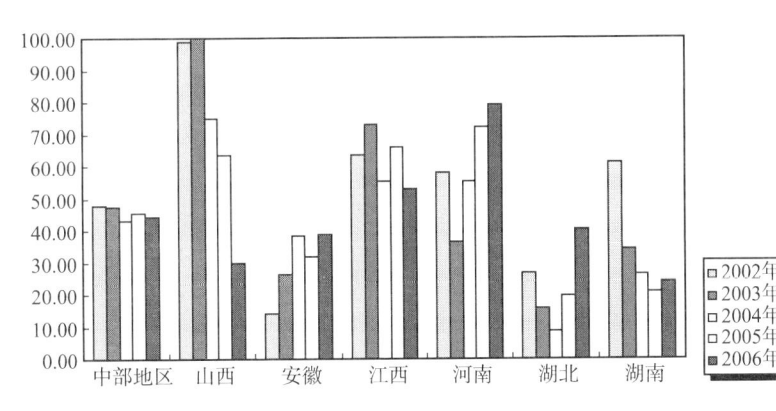

图1-23　中部地区及各省的经济增长速度变动

五、中部地区经济效益变动分析

为简单起见，也为了指标口径的一致性，本报告中只选取了工业全员劳动生产率和第三产业劳动生产率两个指标来反映。图1-24反映的是中部地区及各省的工业全员劳动生产率在考察期间的变动情况，从该图可见，安徽、江西、河南和湖南四省的工业全员劳动生产率是逐渐上升的，而山西的工业全员劳动生产率则变化不大，湖北有升有降。图1-25反映的是中部地区及各省的第三产业劳动生产率在考察期间的变动情况，从该图可见，除江西的第三产业劳动生产率变动起伏比较大外，其余各省都趋向稳步上升。同样，为了进一步探究中部地区及各省的经济效益综合变化情况，利用这些数据进行加权合成，就得到中部地区及各省的经济效益指数分布情况，其变动见图1-26。从该图可以看出，中部及各省的经济效益在考察期间变动幅度不是很大，按照5年的平均值依次从大到小排列是湖北、湖南、河南、山西、江西和安徽，5年的变异系数从大到小依次为安徽、江西、山西、河南、湖南和湖北，反映其经济效益相对变动情况。

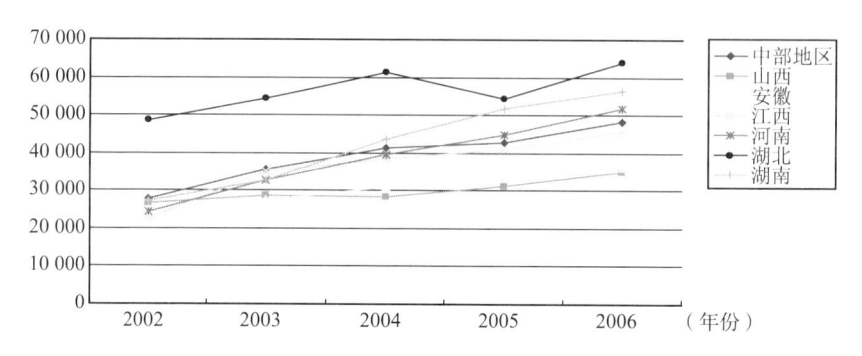

图1-24　中部地区及各省的工业全员劳动生产率变动

资料来源：《中国统计年鉴（2003~2007年）》和全国及各省的社会经济统计公报（2002~2006）。

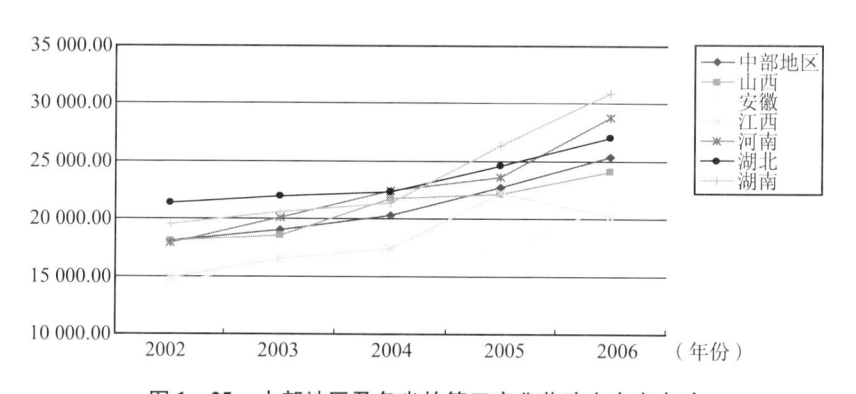

图1-25　中部地区及各省的第三产业劳动生产率变动

资料来源：《中国统计年鉴（2003~2007年）》和全国及各省的社会经济统计公报（2002~2006）。

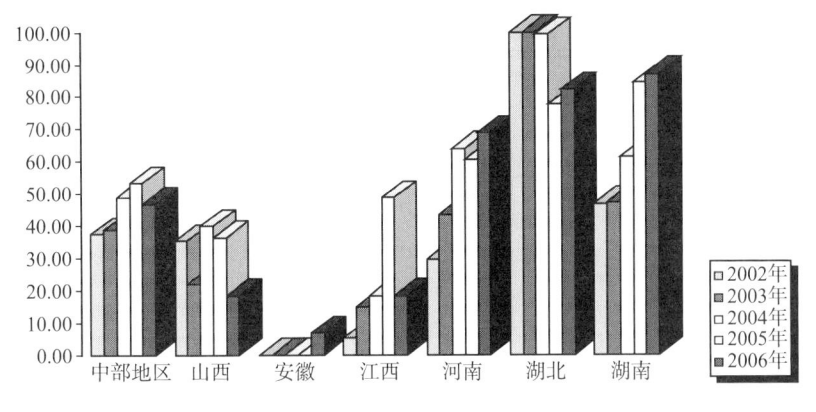

图 1-26 中部地区及各省的经济效益指数变动

第三节 中部地区经济推动能力评价

本报告所称谓的经济推动能力主要指区域经济发展的潜在能力、累积能力等，按照宏观经济学理论，我们选取全社会固定资产投资额、城乡居民储蓄存款余额、地方财政收入、外贸依存度四个指标来对中部地区及各省的经济推动能力进行评价。表1-25反映的是经济推动能力的四个指标在基期和末期的具体数值，从总体情况看，中部地区及各省的四个指标的数值比基期基本都有提高，只是在各个指标之间或各个省份之间增长的幅度相差显著。首先，从全社会固定资产投资额看，增长幅度最大的省份是河南、安徽和江西，其增长率都在200%以上；其次，从城乡居民储蓄存款余额对比看，增长幅度最大的两个省份是山西和安徽；第三，从地方财政收入对比看，增长幅度最大的是山西和河南；第四，从外贸依存度对比看，安徽和江西上升幅度最大。表明这些省份各自在经济潜力上的优势。为了进一步比较中部地区及各省的经济推动能力，利用加权合成方法，就得到中部地区及各省的经济推动能力指数分布情况，其变动如图1-27所示。从图中可以看出，中部及各省的经济推动能力变动在考察期间比较稳定，按照5年的平均值依次从大到小排列是湖北（16.72）、河南（14.54）、安徽（13.28）、湖南（13.17）、山西（8.85）和江西（4.76），按5年的变异系数从大到小排列依次为江西、湖南、山西、安徽、湖北和河南，反映其经济增长速度相对变动情况。

表1-25　　　　　　　中部地区及各省经济推动能力指标

	全社会固定资产投资额（亿元）			城乡居民储蓄存款余额（亿元）			地方财政收入（亿元）			外贸依存度（%）		
	2002年	2006年	变化率（%）	2002年	2006年	变化率（%）	2002年	2006年	变化率（%）	2002年	2006年	变化率（%）
中部地区	7 456	20 897	180.27	15 596	29 259	87.61	1 263	2 950	133.57	8.64	10.72	24.07
山西	813	2 256	177.49	2 307	4 796	107.89	151	583	286.09	9.46	11.12	17.55
安徽	1 075	3 534	228.74	2 048	4 078	99.12	200	428	114.00	9.71	15.88	63.54
江西	889	2 684	201.91	1 707	3 152	84.65	141	306	117.02	6.91	10.56	52.82
河南	1 726	5 905	242.12	4 203	7 367	75.28	297	679	128.62	5.19	6.68	28.71
湖北	1 605	3 344	108.35	2 755	5 104	85.26	243	476	95.88	10.95	12.34	12.69
湖南	1 348	3 176	135.61	2 577	4 762	84.79	231	478	106.93	9.62	7.74	-19.54

资料来源：《中国统计年鉴（2003年、2007年）》和全国及各省的社会经济统计公报（2002年、2006年）。

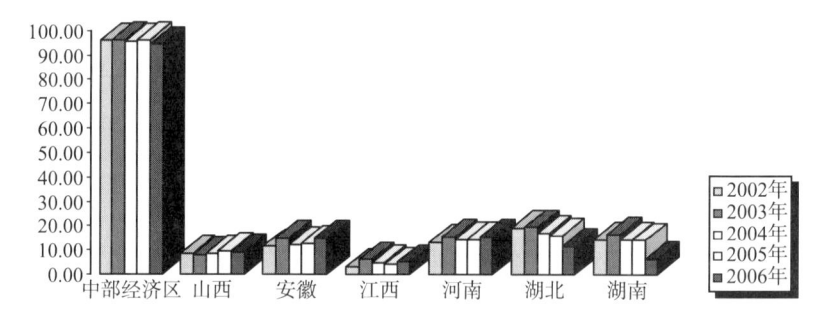

图1-27　中部地区及各省的经济推动能力变动

第六章 中国中部地区人力资源与社会发展分析

第一节 中部地区人口与人力资源开发

一、中部地区人口与人力资源

(一) 中部地区人口发展状况

近年来,中部地区与全国一样,总人口数量增长趋势减缓(见表1-26和图1-28),与此相对应的是人口自然增长率变化基本上都是下降的(除湖北、湖南以外),尤其是河南、江西两省的人口自然增长率下降幅度很大,都在1个千分点以上(见图1-29)。但从中部各省在全国总人口所占份额看,尽管整个中部地区以及各省所占份额呈现下降趋势,但下降幅度很小,基本都不到1个百分点(见图1-30),这反映了中部地区人口基数大,生育阶段基本还是和全国一致,人口压力较大。

表1-26 中部地区总人口和自然增长率变化情况

	2002年 总量(万人)	2002年 自然增长率(‰)	2003年 总量(万人)	2003年 自然增长率(‰)	2004年 总量(万人)	2004年 自然增长率(‰)	2005年 总量(万人)	2005年 自然增长率(‰)	2006年 总量(万人)	2006年 自然增长率(‰)
全国	128 453	6.45	129 227.0	6.01	129 988	5.87	130 756	5.89	131 448	5.28
中部地区	36 114.43	5.76	36 310.03	5.53	36 514	5.45	35 202.41	5.58	35 251	5.58
山西	3 293.7	6.72	3 314.3	6.22	3 335	6.25	3 351.21	6.02	3 375	5.75
安徽	6 369.0	6.03	6 410.0	5.95	6 461	6.03	6 120	6.20	6 110	6.3
江西	4 222.43	8.72	4 254.23	8.09	4 284	7.62	4 311.2	7.83	4 339	7.79
河南	9 613.0	6.03	9 667.0	5.64	9 717	5.20	9 380	5.25	9 392	5.32
湖北	5 987.8	2.21	6 001.7	2.32	6 016	2.40	5 710	3.05	5 693	3.13
湖南	6 628.5	4.86	6 662.8	4.95	6 698	5.09	6 326	5.15	6 342	5.19

资料来源:《中国统计年鉴(2003~2007年)》以及各省社会经济统计公报(2002~2006年),以下同。

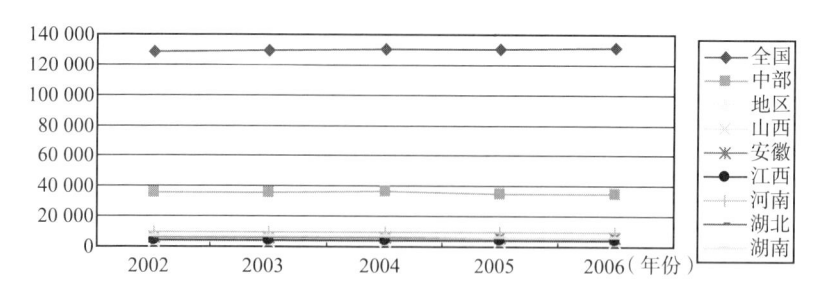

图 1-28　中部地区和全国总人口变化比较趋势（2002~2006 年）

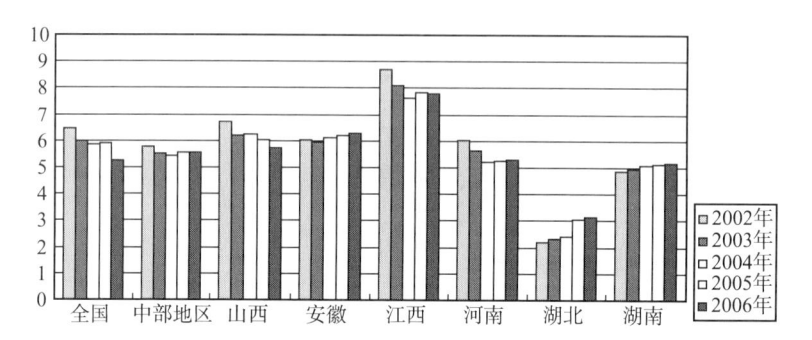

图 1-29　中部地区和全国人口自然增长率变化比较趋势（2002~2006 年）

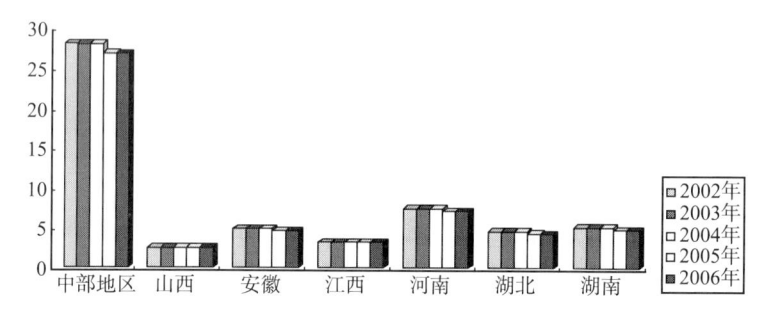

图 1-30　中部地区及各省总人口在全国总人口所占份额的变化（2002~2006 年）

人口城市化指标是从人口从业结构和经济属性来考察人口变动情况。与全国相比，尽管中部地区人口城市化现状水平还低于全国平均水平，2006 年中部地区城市化平均水平为 38.96%，低于全国平均水平近 5 个百分点，但从增长速度对比看，2002 年到 2006 年中部地区城市化年提高幅度除湖北外其余各省均高于全国平均水平，以 2002 年为基期，2006 年整个中部地区城市化水平增长率为 16.23%，比全国平均 12.23% 高 4 个百分点，其中江西、河南、湖南城市化水平增幅达到 20.0 个百分点以上，表明整个中部地区正处于城市化大幅提高的阶段，人口结构转型势在必行（见表 1-27、图 1-31）。

表 1-27　　　　　　中部地区人口城市化水平变化情况

地区＼年份	2002	2003	2004	2005	2006
全国	39.1	40.53	41.80	42.99	43.9
中部地区	33.52	33.66	36.10	37.71	38.96
山西	38.00	38.81	39.63	42.11	43.01
安徽	31.40	32.00	33.50	35.16	37.1
江西	32.20	34.02	35.58	37.10	38.68
河南	25.80	27.20	28.90	30.65	32.47
湖北	41.70	42.90	43.70	44.26	43.8
湖南	32.00	33.50	35.50	37.00	38.71

资料来源：《中国统计年鉴（2003~2007 年）》及各省社会经济统计公报（2002~2006 年）。

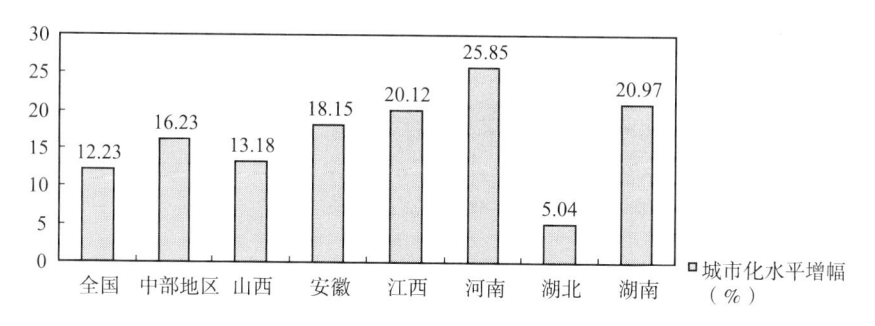

图 1-31　中部地区人口城市化增长幅度（2002~2006 年）

（二）中部地区人力资源开发状况

所谓人力资源，是指某种范围内的人口总体所具有的劳动能力的总和，它又被称为"劳动力资源"或"劳动资源"。在通常情况下，人力资源是宏观意义上的概念，即以国家及大的地区为单位，进行划分和计量的。人力资源数量是与劳动力资源密切相关的。劳动力资源是指一个国家或地区，在一定时点或时期内，拥有的具有劳动能力的劳动适龄人口。在我国，劳动力资源一般是指年龄在 15~64 岁的具有劳动能力的人口。劳动力资源与人力资源数量及其利用率是从数量的角度考查人口资源开发状况的。劳动力资源与人力资源在数量上是正比关系，即劳动力资源丰富，可利用的人力资源也就丰富。从业人员与劳动力资源的比例，即劳动力资源利用率，也直接反映了人力资源的利用率。

和全国平均水平相比，中部地区劳动力总资源数量是相对充裕的，尤其是河南、湖南、安徽和湖北，劳动力资源总量都比较丰富（见表1-28）。2002~2006年，全国劳动力资源占总人口的比重有所波动，由将近70%下降到58%，而2006年又上升到72.45%。而中部的情况也基本符合这一趋势。相对来说，安徽省的劳动力资源总量占总人口的比重稍低了一点。

表1-28　　　　　中部地区人力资源总量（2002~2006年）

	2002年		2003年		2004年		2005年		2006年	
	总量（万人）	占总人口（%）	总量（万人）	占总人口（%）	总量（万人）	占总人口（%）	总量（万人）	占总人口（%）	总量（万人）	占总人口（%）
全国	89 899.39	69.99	91 334.83	70.68	75 200	57.85	75 825	57.99	95 234.1	72.45
中部地区	24 827.02	68.74	25 522.81	70.31	18 743.2	51.34	20 413.8	55.60	25 239.7	71.60
山西	2 286.74	69.43	2 318.64	69.96	1 474.6	44.22	1 475.1	43.96	2 412.45	71.48
安徽	4 293.62	67.41	4 465.68	69.67	3 453.2	53.45	3 669.6	56.32	4 506.98	68.36
江西	2 861.74	67.78	2 967.41	69.75	2 039.8	47.61	2 276.7	52.81	3 210.43	73.99
河南	6 592.61	68.58	6 712.83	69.44	5 587.4	57.50	5 653.54	57.88	6 679.59	71.12
湖北	4 085.93	68.24	4 277.19	71.27	2 588.6	43.03	3 537	58.65	4 168.98	73.23
湖南	4 706.38	71.00	4 781.06	71.76	3 599.6	53.74	3 801.8	56.47	4 530.73	71.44

资料来源：《中国统计年鉴（2003~2007年）》以及各省社会经济统计公报（2002~2006年），以下同。

和全国相比，中部地区的劳动力资源利用率比全国平均水平低了0.9个百分点。2006年，中部地区劳动力资源利用率为79.32%，其中河南的劳动资源利用率（85.49%）高于全国（80.22%）5.27个百分点，位居中部六省之首。湖北为85.49%，湖南为84.8%，安徽为83%，江西为72.3%，最低的山西为64.71%。这说明在中部地区劳动力资源利用还不够充分，但同时潜在的人力资源还是比较雄厚的。

除了在数量上对中部地区人力资源进行描述外，还可以从人力资源开发潜力上比较中部地区人力资源开发情况，这一般从人口的教育特征来描述。自19世纪20年代年以来，表明时代特征的一个显著特点是平均受教育水平的大大提高。在传统经济条件下，人均经济增长的速度几乎为零，不可能有更多的剩余应用普遍地提高劳动者素质。只有在现代经济增长的条件之下，人力资源的积累才有可能。人力资源的积累为进一步的经济增长创造了条件，使得技术创新和普遍应用成为可能，从而推动经济持续增长，而人力资源积累的关键在于教育。表1-29反映的是中部地区人口平均受教育等效年限和每万人在校大学生数两个指标的对比，因2006年统计口径与前4年不同，故仅比较2002~2006年的情况。从表中可以看出，在2002~2006年间中部地区人口平均受教育等效年限基本处于增加趋势，但增长幅度不大，4年平均增长最快的是湖北，其次是河南和江西；而从每万人在校大学生数这个指标来看，湖北作为全国教育基地，该指标的数值一直较大，从其增长速度而言，则湖南、江西、山西三省的增长速度都是很快的，可见中部地区的人力资源开发潜力和积累都有了很大提高。

表1-29　　中部地区人力资源开发潜力（2002~2006年）

	2002年		2003年		2004年		2005年		2006年	
	平均受教育等效年限（年）	每万人在校大学生数（人）	平均受教育等效年限（年）	每万人在校大学生数（人）	平均受教育等效年限（年）	每万人在校大学生数（人）	平均受教育等效年限（年）	每万人在校大学生数（人）	平均受教育等效年限（年）	每万人在校大学生数（人）
中部地区	9.79	63.11	10.01	94.64	10.11	118.20	10.29	121.30	7.8	140.83
山西	11.31	63.25	11.51	82.37	11.41	103.54	11.48	90.39	8.42	132.27
安徽	8.23	52.08	9.51	63.97	8.93	77.54	9.06	149.87	7.04	108.62
江西	9.34	63.06	9.33	84.30	9.51	114.36	9.54	148.98	7.53	177.58
河南	10.51	48.68	9.79	57.64	10.5	72.33	10.8	167.92	7.99	103.72
湖北	9.23	97.70	9.89	120.21	10.16	148.27	10.56	112.13	7.82	191.86
湖南	10.13	63.27	10.48	80.63	10.12	95.40	10.32	121.30	7.99	130.90

（三）中部地区人口及人力资源开发总体评价

考虑到人口总量、人口构成及人力资源开发的基本情况，按照递进加权的思想，可以得到中部及各省的人口及人力资源的总体评价度。图1-32反映的是整个中部地区的人口及人力资源变动情况，从图中可以看出，整个中部地区的人口及人力资源开发在5年基本呈现上升的态势，首先由2002年的68.50下降到2003年的68.09，然后再下降到2004年的67.88，越过2004年以后，一直持续上升，到2006年已经达到72.4，平均变化幅度较大，5年增幅5.7个百分点。图1-33反映的是中部地区六个省的人口及人力资源开发变动情况，将其五年平均值按照由大到小排列依次为湖北（63.13）、山西（39.16）、湖南（33.08）、安徽（23.63）、江西（22.63）和河南（19.81）。由此可见，中部诸省人口及人力资源开发方面发展也不平衡。

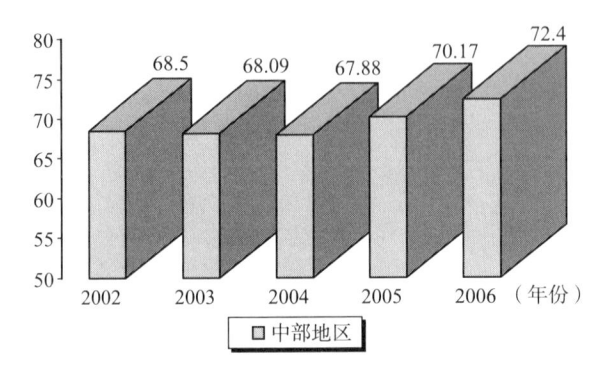

图1-32 中部地区人口与人力资源综合度变化情况

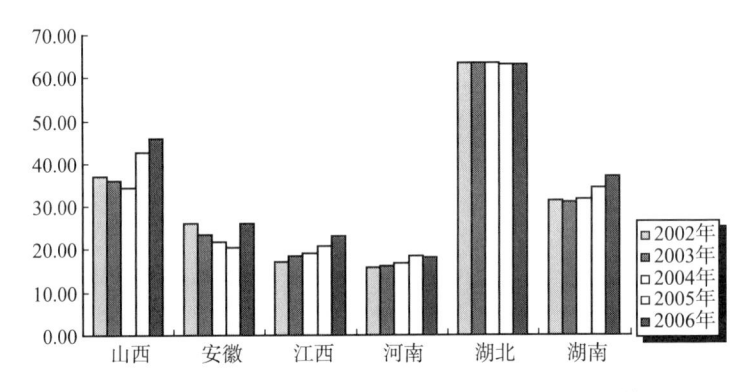

图1-33 中部地区各省人口与人力资源综合度变化情况

二、中部地区人口经济协调性

人口经济协调度是反映人口增长与经济增长二者是否协调的测度。通过计算整个中部地区及其各省的人口经济协调度，可以看出中部地区人口发展与经济增长的协调变化情况。图1-34反映的是整个中部地区近5年的人口经济协调度变化情形，从图中可以看出，整个中部地区的人口经济协调度基本是逐步上升的，到2006年达到其最大值36.73。同时，从该图可以看出中部各省的人口经济协调度相差显著，通过计算5年平均值，将其由高到低依次排列为湖北、河南、湖南、山西、安徽和江西，其中最高的湖北省是最低的江西省的20倍。从人口经济协调度变异系数看，安徽和江西的变异系数较大，而湖北的人口经济协调度变异系数最小，基本没有变化。

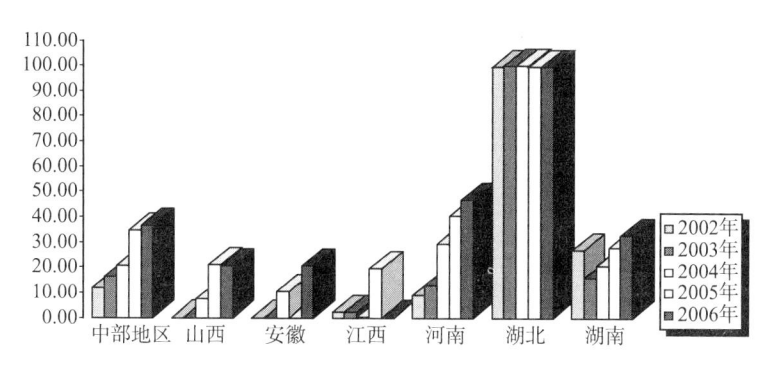

图1-34 中部地区及各省人口经济协调度变化比较

第二节 中部地区社会发展分析

一、中部地区社会发展水平分析

（一）中部地区社会发展水平综合分析

图1-35反映了整个中部地区的社会发展水平变动情况，从图中可以看出，整个中部地区的社会发展水平在5年间呈现倒"U"型变化态势，

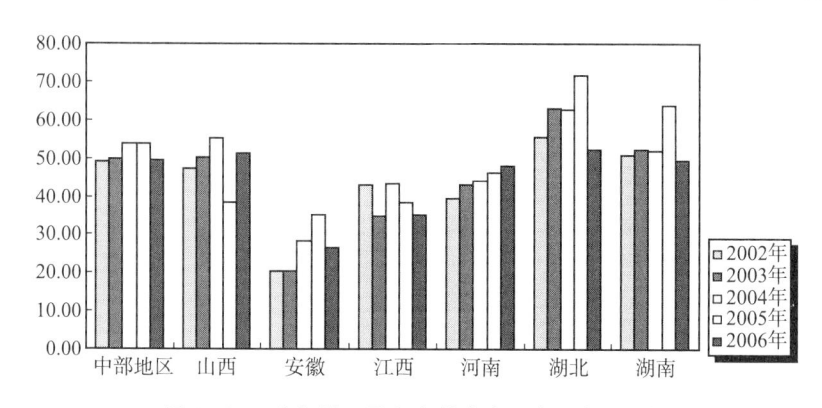

图1-35 中部地区及各省社会发展水平变化比较

首先由 2002 年的 49.00 上升到 2005 年的 53.84，然后再下降到 2006 年的 49.38，但变化幅度不大。同时，此图反映了中部地区六个省的社会发展水平变动情况，社会发展水平一直呈现上升的是河南省，其他五省则处于波动状态，将其 5 年平均值按照由高到低排列依次为湖北、湖南、山西、河南、江西和安徽；按 5 年变异系数按由高到低排列依次为安徽、湖北、湖南、山西、江西和河南，可见社会发展水平变动的非均衡性。

（二）社会福利及生活质量发展评价

本报告的社会福利及生活质量评价指标由城镇居民人均收入、农民人均收入、恩格尔系数和万人拥有医生数四个方面构成，分别反映了城乡居民收入、居民消费和医疗服务情况。表 1-30 反映了 2002~2006 年中部及各省的四个指标的数值分布情况，在考察期间它们的数值有所增加，表明中部地区及各省的社会生活质量都在增加，但相对而言，各省各指标的增长幅度不一致。为了进一步考察各省的社会生活发展综合情况，我们按照指标合成的规则对其进行合成，得到图 1-36。从图中可以看出，中部及各省的社会生活质量在考察期间都有所增加，按照 5 年的平均值依次由大到小排列是湖南、湖北、山西、河南、江西和安徽，按 5 年的变异系数由高到低依次为安徽、河南、江西、山西、湖北和湖南，反映其社会生活质量发展整体波动情况。

表 1-30　　　　　　中部地区及各省社会生活质量指标

	城镇居民人均收入（元）			农民人均收入（元）			恩格尔系数（%）			万人拥有医生数（人）		
	2002年	2006年	变化率（%）	2002年	2006年	变化率（%）	2002年	2006年	变化率（%）	2002年	2006年	变化率（%）
中部地区	6 432	9 911	54.1	2 272	3 301	45.3	37.09	36.75	-0.9	12.1	14.2	17.4
山西	6 234	10 028	60.9	2 150	3 181	48	38.51	31.40	-18.5	12.9	20.2	56.6
安徽	6 032	9 771	62	2 118	2 969	40.2	43.18	42.40	-1.8	9.7	11.4	17.5
江西	6 336	9 551	50	2 306	3 585	55.5	40.53	39.70	-2	11.4	11.9	4.4
河南	6 245	9 810	57	2 216	3 261	47.2	33.68	33.10	-1.7	10.6	12.3	16
湖北	6 789	9 803	44	2 444	3 419	39.9	37.22	38.97	4.7	14.5	15.8	9
湖南	6 959	10 505	51	2 398	3 390	41.4	35.62	34.90	-2	13.1	13.9	6.1

资料来源：《中国统计年鉴（2003 年、2007 年）》和全国及各省的社会经济统计公报（2002 年、2006 年）。

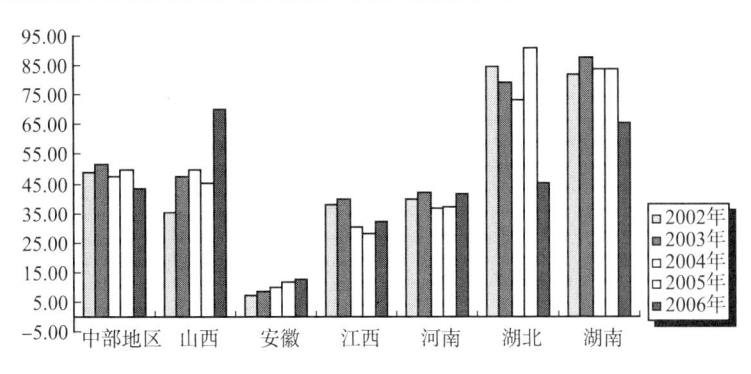

图 1-36　中部地区及各省社会生活质量变化

（三）基础设施建设评价

基础设施建设则是从区域基础条件，如交通、通讯、居住等方面来考察。本报告的基础设施建设综合指数由交通密度系数、运输周转量、城镇人均居住面积和电话普及率四个指标构成，其考察基期和末期年的具体数值列在表 1-31 中，从表中可见，这四个指标的数值都在增加，反映了中部地区及各省的基础设施建设条件基本都有较大改善，但各省基础设施建设情况相差甚远，如就交通运输周转能力而言，河南的交通运输周转数量的增长率是山西的 3 倍多。为了更有效地把握和比较中部地区及各省的基础设施建设情况，按照指标加权的层次递加合成方法，分别得到中部及各省的基础设施建设评价指数，其结果见图 1-37。从图中可以看出，中部及各省的基础设施建设指数在考察期间都有所增加，按照 5 年的平均值依次从大到小排列是河南、湖北、江西、山西、湖南和安徽，按 5 年的变异系数由高到低排列依次为山西、湖南、河南、江西、安徽和湖北，反映其基础设施建设的不均衡性。

表 1-31　　　　　中部地区及各省基础设施建设指标

	交通密度系数			运输周转量 （亿吨·亿人）			城镇人均居住 面积（m²）			电话普及率 （部/百人）		
	2002 年	2006 年	变化率 （%）	2002 年	2006 年	变化率 （%）	2002 年	2006 年	变化率 （%）	2002 年	2006 年	变化率 （%）
中部 地区	0.082	0.127	54.9	2 774	3 739	34.8	21.4	25.6	19.6	12.9	46.1	257.4
山西	0.086	0.120	39.5	265	340	28.3	22	20.4	-7	16.2	55.6	243.2
安徽	0.087	0.134	54	416	533	28.1	20.2	20.7	2.5	12.5	44.4	255.2

续表

	交通密度系数			运输周转量 (亿t·亿人)			城镇人均居住 面积 (m²)			电话普及率 (部/百人)		
	2002年	2006年	变化率(%)	2002年	2006年	变化率(%)	2002年	2006年	变化率(%)	2002年	2006年	变化率(%)
江西	0.072	0.106	47.2	401	503	25.4	22	29.1	32.3	12.1	39.2	224
河南	0.097	0.185	90.7	768	1 174	52.9	19.2	24.8	29.2	12.3	44.8	264.2
湖北	0.077	0.115	49.4	371	410	10.5	22.2	31.0	39.6	12.3	50	306.5
湖南	0.072	0.105	45.8	553	779	40.9	22.5	27.5	22.2	12.2	42.5	248.4

资料来源：《中国统计年鉴（2003年、2007年）》和全国及各省的社会经济统计公报（2002年、2006年）。

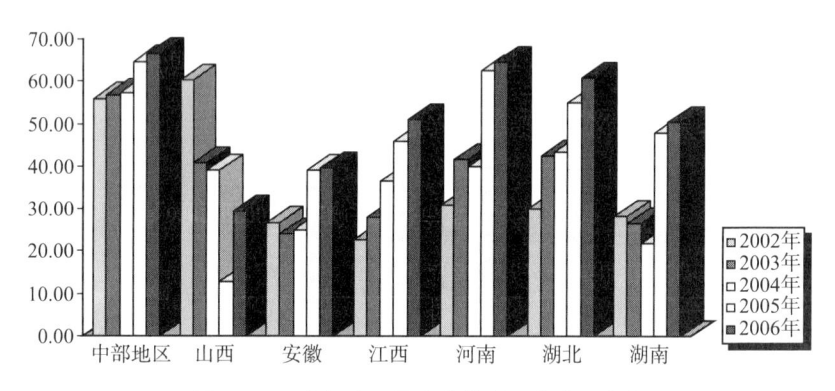

图1-37 中部地区及各省基础设施建设变化

（四）社会稳定及保障水平分析

一个地区的社会是否稳定以及保障能力如何，主要由就业情况、经济稳定状况以及刑事案件发生率来反映，所以我们选取城镇失业率、经济波动指数、每万人刑事案件发案率三个指标来考察中部及各省的社会稳定及保障水平。表1-32反映的是三个指标在基期和末期的具体数值，可见中部地区就业压力大，失业率还在升高；由于市场化程度更高，经济波动更敏感；而社会治安环境则明显改善，其刑事案件发生率基本呈现下降。同样，我们通过合成也可以得到中部及各省的社会稳定及保障水平的综合发展情况，图1-38是中部及各省的社会稳定及保障水平变化的综合体现，从图中可以看出，中部及各省的社会稳定及保障水平综合指数在考察期间都呈现较大的波动，按照5年的平均值从大到小排列依次是河南、山西、江西、湖南、湖北和安徽，按5年的变异系数由高到低排列依次为山西、江西、安徽、湖北、湖南和河南，反映其维持社会环境的非平稳性。

表1-32　　　　　　中部地区社会稳定及保障水平评价指标

	城镇失业率（％）			经济波动指数			每万人刑事案件发生率（人）		
	2002年	2006年	变化率（％）	2002年	2006年	变化率（％）	2002年	2006年	变化率（％）
中部地区	3.67	3.83	4.36	0.81	1.37	69.14	13.07	10.11	-22.65
山西	3.4	3.2	-5.9	0.92	1.45	57.61	3.83	2.40	-37.33
安徽	4	4.2	5	1.05	1.35	28.57	3.10	2.71	-12.58
江西	3.4	3.6	5.88	0.43	1.41	227.9	2.3	1.82	-20.87
河南	2.9	3.5	20.69	0.93	1.37	47.31	3.62	3.21	-11.32
湖北	4.3	4.2	-2.3	0.74	1.34	81.08	3.26	2.55	-21.78
湖南	4	4.3	7.5	0.79	1.32	67.09	2.18	2.61	19.72

资料来源：《中国统计年鉴（2003年、2007年）》和全国及各省的社会经济统计公报（2002年、2006年）。

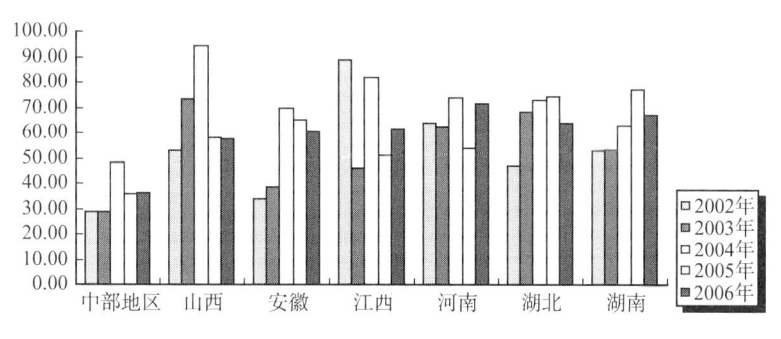

图1-38　中部地区及各省社会稳定及保障水平变化

二、中部地区社会管理调控能力分析

在区域经济发展环境诸条件分析中，社会管理效率以及调控能力是相当重要的一个方面，它往往与自然资源支撑能力、人力资源支撑能力一起，构成了区域经济发展所必备的三大保障力。现代意义上的社会管理，是把传统的行政管理、司法管理、经济管理、社会管理、市场管理、金融管理等逐渐融合为区域管理、决策管理、优化管理等更加综合式的管理。在区域经济发展支撑系统中，可以把社会所具有的管理能力和应具有的调控能力作为区域经济协调发展的潜在"源动力"，它包括政府的调控能力、政府管理效率以及社会对经济、环境施加管理的能力等。因此，本书借助中国科学院可持续发展研究组的成果，在其提出政府效率指数、经社调控指数和环境管理指数三个指标的基础上，进行加权合成。

中国科学院可持续发展研究组设置政府效率指数的目标是为了评价政府的运行效率，以及地方人口供养政府人口的压力情况。图1-39反映的是中部地区及各省的政府效率指数的比较情况，总体上看，整个中部地区及六省的政府效率指数都低于全国的平均水平，表明中部地区的政府在区域经济发展中的运行成本高、效率低，尤其是山西和河南两省。

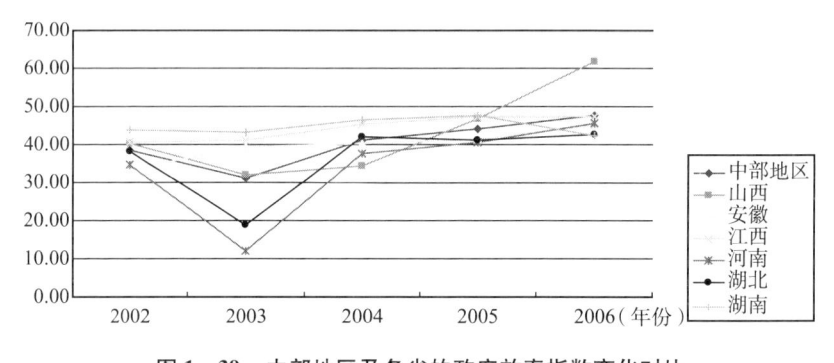

图1-39 中部地区及各省的政府效率指数变化对比

资料来源：中国科学院可持续发展研究组，《中国可持续发展战略报告（2002~2006年）》。

中国科学院可持续研究课题组提出了地区的经济社会调控能力建设概念，其综合表征指标是经社调控指数，它包含经济的管理能力、社会公平的管理能力和人口的管理能力三项建设内容。经社调控能力在区域经济发展协调运行中，有着举足轻重的地位，它赋予政府某种软手柄和硬手段，用以调控区域的发展并将其纳入到经济持续发展的要求之中。这种能力可以进一步归纳为财富聚积能力、经济平衡运行能力、消费差别调控能力、收入差别调控能力、人口控制能力和国民心理调控能力。通过对经济、社会的调控及管理，可以发现中部地区各省有较大的差异（见图1-40）。首先，整个中部地区和多数省份的经社调控指数小于全国平均水平，表明中部地区政府对当地经济发展的调控能力较弱；其次，中部六省之间的经社调控指数存在较大差异，像湖南、湖北的经社调控指数相对较大且变化比较稳定，而安徽、山西和河南则数值相对较小且变动幅度较大。

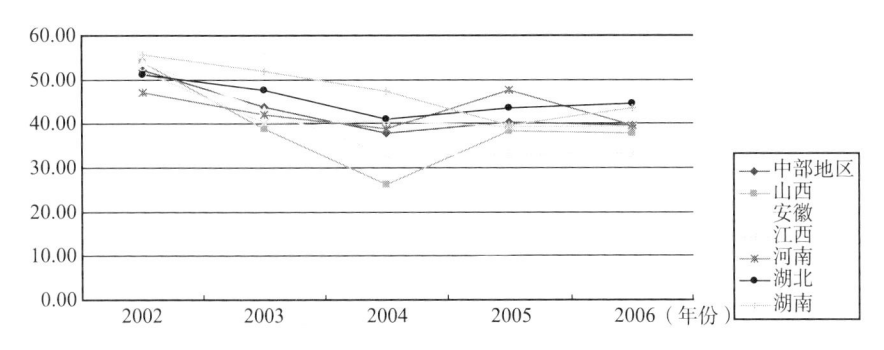

图 1-40 中部地区及各省的经社调控指数变化对比

资料来源：中国科学院可持续发展研究组，《中国可持续发展战略报告（2002~2006年）》。

依照同样的规则，可以绘制出中部地区及各省的环境管理指数。图1-41 反映的中部地区环境管理指数变动情况。相对而言，中部地区及各省的环境管理指数都高于它们的政府效率指数和经社调控指数。中国科学院可持续发展研究组提出环境管理指数的主要目的在于衡量区域社会管理的理念及眼光，它主要包括环境评价执行力度、环境制度执行力度、环境目标执行力度和环境问题处理能力四类基本指标。尽管中部地区及各省的环境管理指数平均值依然小于全国的环境管理指数的平均值，但二者之间的差距是逐渐缩小。同时，山西、江西和湖南的环境管理指数变动幅度相对较大，其他各省的环境管理指数变动幅度不大，表明这些省份对环境评价、执行能力及问题处理的能力一直在建设之中。

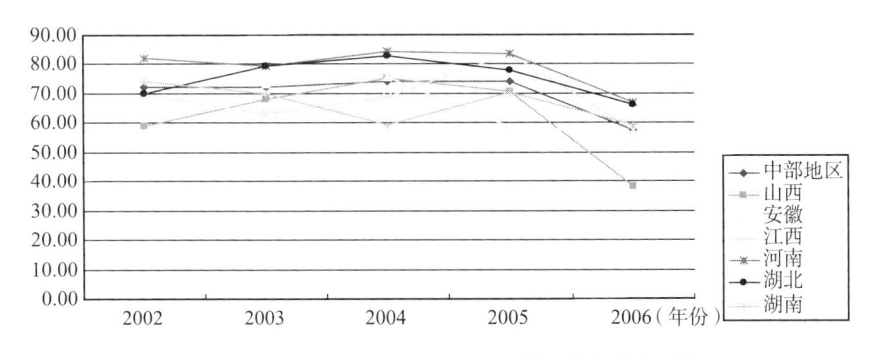

图 1-41 中部地区及各省的环境管理指数变化对比

资料来源：中国科学院可持续发展研究组，《中国可持续发展战略报告（2002~2006年）》。

将上述指数进行极差标准化并加权计算，可以得到中部地区及各省的社会管理及调控能力综合评价指数的对比情况。图1-42反映的是中部地区及六省的社会管理及调控能力综合评价对比情况，可以看出，2002~2006年来山西和安徽年平均值最小且变化幅度最大，湖南和湖北5年平均值较大且变动幅度较小，反映了中部地区社会管理及调控能力建设的差异性。

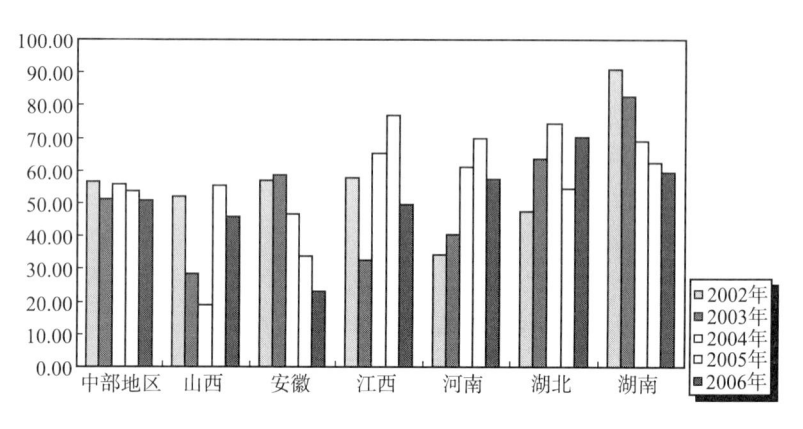

图1-42 中部地区及各省的社会管理及调控能力建设变化情况

资料来源：中国科学院可持续发展研究组，《中国可持续发展战略报告（2002~2006年）》。

三、中部地区社会经济协调性分析

经济发展和社会发展是相互依存、相互促进的，经济发展是社会发展的前提和基础，社会发展则是经济发展的追求和目的。一方面，要毫不动摇地把发展经济放在第一位，紧紧围绕经济建设这个中心来满足和推动社会的发展；另一方面，经济发展不能自动带来社会发展，也不可能自动解决社会问题。诸如生态环境的破坏、灾害的发生、资源的利用率降低、社会财富分配不均、贫穷的消除等，这要靠社会自身的发展去解决。而社会发展又可以通过社会的全面进步，通过保持社会的有序和稳定，为经济发展创造更有利的条件，二者相辅相成协调发展。

本报告认为，目前制约区域协调发展的问题主要在于三大差异：一是区域之间发展的差异；二是城乡之间的差异；三是贫富收入之间的差异。从区域经济学的角度看，我们认为区域差异的根本在于产业之间的差异和收入之间的差异，为了简单起见，在本报告中我们构造了区域二元结构差异系数和基尼系数对其进行测度。图 1-43 反映的是整个中部地区及各省的二元结构系数变化情况，可以看出整个中部地区及各省的二元结构系数基本呈现缓慢下降的态势。图 1-44 反映的是整个中部地区及各省的基尼系数变化情况和基尼系数在基期和末期的变化情况。与二元结构系数变化相同，整个中部地区及各省的基尼系数都呈现下降趋势。

为了从总体上把握中部地区及各省的社会经济协调性，按照加权合成的方法，对两个指标进行合成，得到了中部地区及各省的社会经济协调度变化情形，其结果表现在图 1-45 中，可以看出中部地区及各省的社会经济协调度波动都较大，这样进一步计算其 5 年平均值并按照由高到低依次排列为河南、湖南、湖北、江西、安徽和山西，反映其变化幅度的变异系数由高到低排列依次为山西、江西、湖南、安徽、河南和湖北。

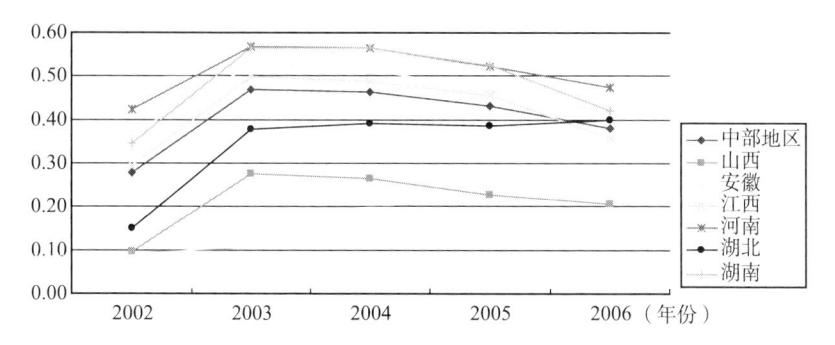

图 1-43　中部地区及各省的二元结构系数波动情况

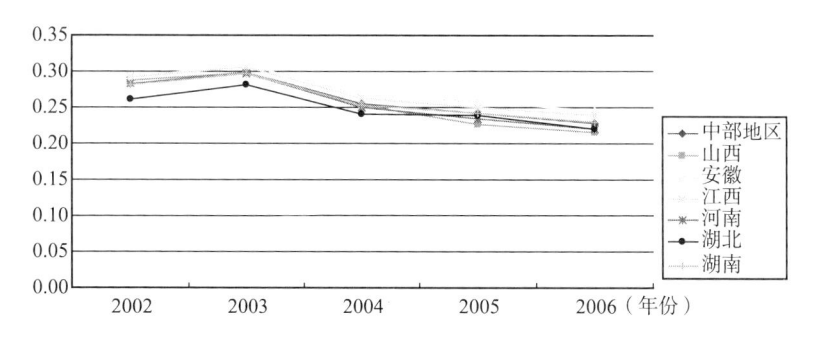

图 1-44　中部地区及各省基尼系数波动情况

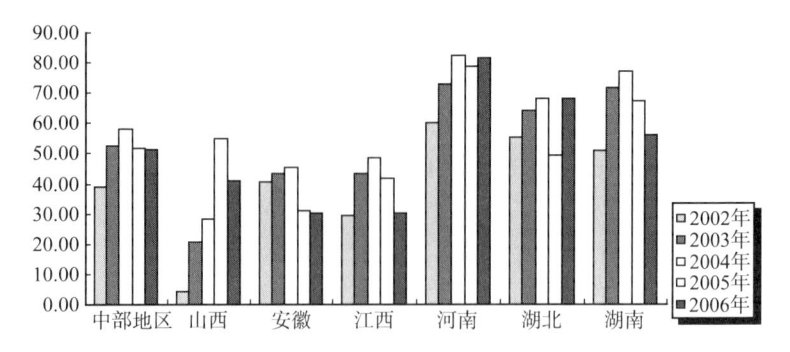

图1-45 中部地区及各省的社会经济协调度变化情况

第七章　中国中部地区科技发展水平及创新能力分析

第一节　中部地区科技发展水平

一、中部地区科技发展总体水平分析

科技发展总体水平实质是科技创新实力的反映，是指在现有科技发展环境和条件下，通过科技资源的投入和活动而显现出来的发现、发明和创造，并转化成社会经济与科技进步产生现实的、潜在的贡献与影响的综合力量。科技发展水平包括科技活动投入与科技产出两个方面，所以本报告中的科技发展水平评价的实质是对科技投入与产出的一种衡量。根据指标体系的简洁性、可比较性和代表性的原则，我们主要从人和物两个方面来构架科技发展实力的指标体系，通过研究这两个方面以期对中部地区科技发展水平情况进行总体把握。图1-46反映的是整个中部地区的科技发展总体水平变动情况，从图中可以看出，中部地区科技发展水平在考察年份并不稳定，2001年科技发展水平最高，达到44.75，2003年次之，也有44.22，而2002年最低，仅有41.29，到2005年，科技水平略有上升，达到

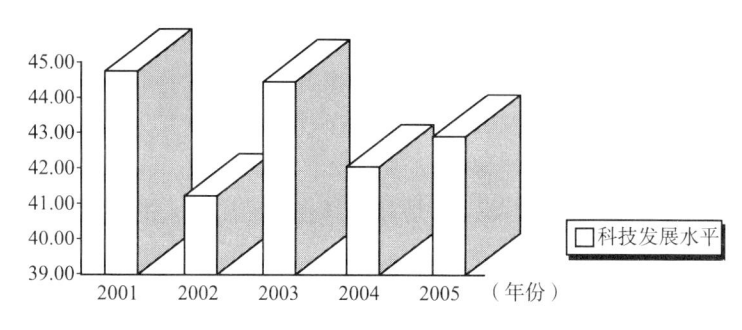

图1-46　中部地区科技发展水平变化比较

42.84。不过从整个考察年间看整个中部地区的科技水平的变动，其波动幅度并不显著，其变异系数只有 0.0339，表明中部地区科技实力相对还是比较稳定。

但相对而言，各省科技发展水平的增长幅度不一致，为了进一步考察各省的科技发展水平情况，我们按照指标合成的规则对其进行合成，得到图 1-47。从图中可以看出，中部六省的科技发展水平都相对处于波动状态，将其 5 年平均值按照由高到低排列依次为湖北（95.21）、湖南（58.96）、安徽（30.55）、江西（24.36）、山西（23.78）和河南（21.79）；计算 5 年变异系数由高到低排列依次为江西（0.19）、安徽（0.13）、湖南（0.10）、湖北（0.07）、河南（0.07）和山西（0.05），可见中部省份科技发展水平变动的非均衡性。

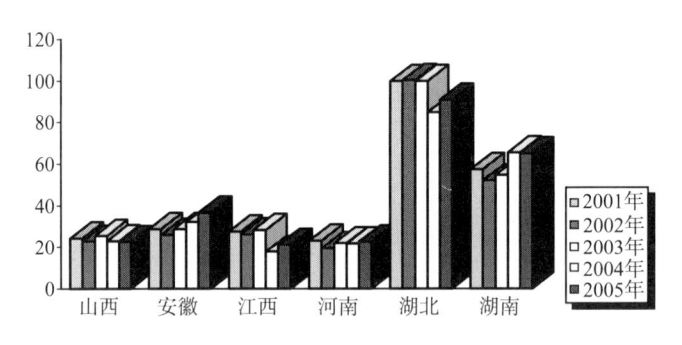

图 1-47 中部地区各省科技发展水平变化

二、中部地区科技投入比较分析

科技活动投入是开展科技创新活动必不可少的基本条件，是影响经济和高技术产业活动的基本因素。科技与科技活动投入的大小、投入结构及利用的合理程度是一个地区经济发展的关键因素，同时也影响到经济发展和社会进步。科技活动投入作为衡量国家或地区科技进步与发达程度的重要指标，是进行科技研究与开发的先决条件。一般而言，科技活动投入可分为三个部分：一是进行科研活动所投入的人力资源，主要指科技活动人员，尤其是科学家和工程师；二是开展科技活动所投入的经费，主要是科技活动经费，特别是 R&D 经费；三是进行研究所使用的科研仪器等必需设备投入。从可比较性和指标连续性出发，本报告选取了万人拥有科技活动人员数、科技活动人员中科学家和工程师数比例、R&D 经费占 GDP 的比重、地方财政科技拨款占地方财政支出比例四个指标来反映中部地区科技活动投入情况。表1-33反映的是中部地区科技活动的投入情况,其研究基期和末期的具体数值及其变化率展示在该表中。从该表可以看出：第一,从万人拥有科技活动人员数五年平均值看,湖北省最大,其次是山西、湖南、河南,江西和安徽最小,而从该指标变化幅度比较看,江西和山西增长幅度最大,其次为湖北,而安徽出现负增长;第二,从科技活动人员中科学家和工程师数比例5年平均值比较看,湖北、湖南的科技活动人员中科学家和工程师比例最高,山西、江西的最低,而从该指标的变动幅度看,中部六省的科技活动人员中科学家和工程师比例都有不同程度的下降,反映出中部地区科学家和工程师流失比较严重;第三,从R&D经费占GDP的比重五年平均值比较看,湖北投入R&D经费比重最高,安徽与河南次之,R&D经费比重投入最小的是江西和湖南,而从该指标的变化幅度看,除湖南和江西两省外,其余四省的R&D经费投入比重大多数都有不同程度的下降;第四,从地方财政科技拨款占地方财政支出比例比较看,湖北、湖南较大,其余依次为河南、山西、安徽和江西,而从该指标变化幅度看,山西和江西增长幅度最大,湖南次之,其余为安徽、河南和湖北。

表1-33　　　　　　　　中部地区及各省科技投入指标

	万人拥有科技活动人员数（人）			科技活动人员中科学家和工程师数比例（%）			R&D占GDP的比重（%）			地方财政科技拨款占地方财政支出比例（%）		
	2001年	2005年	变化率（%）	2001年	2005年	变化率（%）	2001年	2005年	变化率（%）	2001年	2005年	变化率（%）
中部地区	18.08	20.58	0.14	64.95	59.98	-0.08	0.18	0.14	-0.22	0.69	0.76	0.10
山西	22.5	28	0.24	65.46	56.54	-0.14	0.17	0.12	-0.29	0.65	0.85	0.31
安徽	14.2	13.5	-0.05	64.52	60.57	-0.06	0.21	0.18	-0.14	0.52	0.56	0.08
江西	12.6	15.6	0.24	56.84	55	-0.03	0.1	0.1	0.00	0.43	0.53	0.23
河南	14.2	15.1	0.06	62.42	57.12	-0.08	0.14	0.12	-0.14	0.76	0.81	0.07
湖北	30.2	35.2	0.17	75.2	68.42	-0.09	0.3	0.26	-0.13	0.95	0.96	0.01
湖南	14.8	16.1	0.09	65.24	62.24	-0.05	0.05	0.08	0.60	0.82	0.92	0.12

资料来源：《中国科技统计年鉴（2002~2005年）》和全国及各省的社会经济统计公报（2005年）。

按照不同的权重进行合成,就得到中部地区及各省的科技活动投入指数分布情况,其变动如图1-48所示。从图中可以看出,中部地区科技投入指数相对稳定的省份是湖北及江西，处于持续上升的是湖南省，其余省份则处于波动状态，按照5年的平均值从大到小依次排列是湖北、山西、湖南、安徽、河南和江西，按5年的变异系数由高到低排列依次为湖南、安徽、山西、河南、湖北和江西，反映其科技活动投入的相对变动的程度。

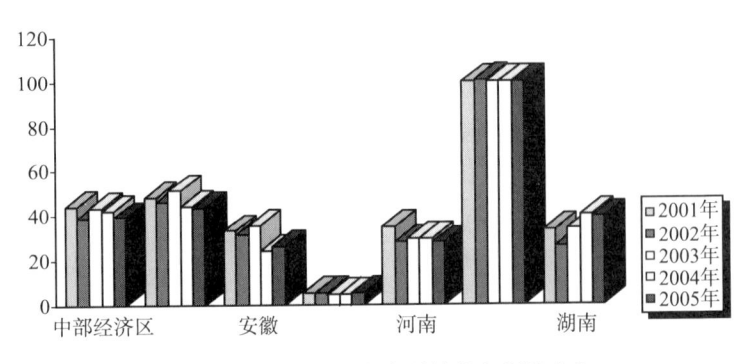

图1-48 中部地区各省科技投入指数变化

三、中部地区科技产出比较分析

科技活动产出是科技活动效果和科技成果转化的体现，包括直接产出和科技产业化收益情况。为便于对比和统计，本报告只选取了万人技术成果成交额、新产品产值占工业总产值比重、新产品销售收入占全部产品销售收入的比例三个指标来体现其直接产出，反映了技术市场和企业科技活动的产出情况。表1-34反映的是中部地区科技活动的产出情况，其研究基期和末期的具体数值展示在该表中。从该表可以看出：第一，从万人技术成果成交额5年平均值看，湖北省和湖南省遥遥领先，处于最前列，其次是河南和江西，山西和安徽最小，而从该指标变化幅度比较看，山西和江西增长幅度最大，其次为湖北和湖南，安徽和河南增长相对较慢；第二，从新产品产值占工业总产值比重比较看，整个中部地区的该指标数值都较小，其中相对处于前列的是湖北、湖南、江西和安徽，山西最低，而从该指标的变动幅度看，中部六省的新产品占工业总产值比重在考察期间都有一定程度的上升，其中上升较快的有安徽、河南和湖南，湖北和山西增长幅度最小；第三，从新产品销售收入占全部产品销售收入比重5年平均值比较看，湖南、湖北的数值相对较大，山西、江西数值相对较小，而从该指标的变化幅度看，中部六省都有所增长，其中增长幅度最大的是安徽，其次为湖南，其余依次为河南、山西、江西和湖北。

同样可以计算中部地区及各省的科技产出综合指数，其结果反映在图1-49中。从图中可以看出，中部地区科技投入指数相对增长的省份有安徽、河南、湖南和江西，而相对下降的是江西和湖北；计算其5年的变异系数由高到低排列依次为山西（1.14）、安徽（0.38）、江西（0.21）、河南（0.19）、湖北（0.15）和湖南（0.09），反映其科技活动产出的相对变动的程度。

表1-34　　　　　　　　中部地区及各省科技产出指标

	万人技术成果成交额（元）			新产品产值占工业总产值比重（%）			新产品销售收入占全部产品销售收入比重（%）		
	2001年	2005年	变化率（%）	2001年	2005年	变化率（%）	2001年	2005年	变化率（%）
中部地区	26.54	38.56	0.45	9.30	12.07	0.30	8.43	13.68	0.62
山西	10.21	18.96	0.86	6.24	6.96	0.12	5.21	8.21	0.58
安徽	11.6	15.64	0.35	8.24	14.35	0.74	7.68	15.21	0.98
江西	14.5	23.24	0.60	11.1	12.02	0.08	9.52	13.41	0.41
河南	16.8	22.12	0.32	6.12	9.21	0.50	6.42	10.42	0.62
湖北	56.42	82.46	0.46	12.9	14.67	0.14	11.21	14.63	0.31
湖南	46.87	65.48	0.40	11.21	15.21	0.36	10.56	20.21	0.91

资料来源：《中国科技统计年鉴（2002~2005年）》和全国及各省的社会经济统计公报（2005年）。

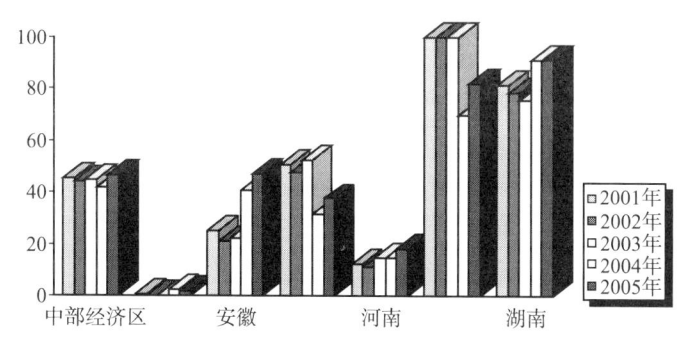

图1-49　中部地区及各省科技产出综合指数变化

第二节 中部地区科技创新能力

一、中部地区科技创新能力总体分析

科技创新能力是一个地区将知识转化为新产品、新工艺、新服务的能力。区域科技创新能力体系为一个区域内有特色的、与地区资源相关联的、推进创新的制度网络，其目的是推动区域内新技术或新知识的产生、流动、更新和转化。当前，区域科技创新能力建设在区域经济持续发展中的作用日益凸显，它已经成为地区经济获取竞争优势的决定性因素，所以必须不断增强区域科技创新能力，从根本上提高其经济竞争力，促进区域发展。对于发展中和欠发达地区这个意义更为明显，只有通过大力建设区域科技创新能力，才能实现发展中地区的跨越式发展。这是因为，虽然说相对落后地区可以学习和借鉴国内发达地区的经验，尤其是后发国家或地区实现经济赶超的成果经验，通过引进先进技术和管理方法，选择更好的发展途径和发展政策，并利用其相对低廉的资源和劳动力生产出质优价廉的商品和劳务，形成一定的后发优势。尤其是在科技迅猛发展的今天，科技在促进经济发展中的作用日益彰显，只有具有自己的技术优势才能够在经济竞争中取得主导地位。

区域科技创新能力是国家科技创新能力在区域范围的延伸，是国家创新体系的重要组成部分，因而它和国家创新体系一样，也是一个由政府、高校和科研机构、企业以及中介服务结构组成的开放系统。在构建区域科技创新能力指标体系中，应该包含以上四个部门的评价指标。可以用科技创新能力综合度来体现区域科技创新能力大小，借鉴中国科技发展战略研究小组相关成果，又可以分为知识创造能力、知识获取能力、企业的技术创新能力、企业创新的环境和创新的经济绩效五个方面，从其包含内容看，因为区域科技创新除了和大的社会经济环境有关外，更重要的还体现在知识创新能力和技术创新能力两个方面，所以本报告只选择知识创新能力和技术创新能力两个最重要的方面来构建区域科技创新能力评价指标体系，其目的在于对中部地区诸省科技创新能力大小进行对比分析。图1-50反映的是整个中部地区的科技创新能力变动情况，从图中可以看出，中部地区科技创新能力综合得分在考察年份并不稳定，呈现"U"形曲线形状，2001年科技创新能力综合得分最大，达到43.80，2004年次

之，也有 42.57，而 2002 年最低，仅有 36.55，到 2005 年，科技水平略有上升，达到 41.88。但从整个考察年间看，整个中部地区的科技水平的变动与科技发展水平变动相比较，其波动幅度相对较大，其变异系数达到 0.07，表明中部地区科技创新能力还受到多种因素的影响，其变化不稳定。

与科技发展水平综合指数一样，中部诸省科技创新能力在考察期间的增长幅度不一致。图 1-51 是对中部诸省科技创新能力综合指数对比情况，从图中可以看出，中部六省的科技创新能力综合得分处于绝对上升的有安徽和湖北，其余处于相对下降。通过计算科技创新能力综合指数 5 年平均值，将其由高到低排列依次有湖北（60.63）、湖南（50.68）、江西（47.42）、安徽（46.28）、山西（36.36）和河南（11.74）；计算其 5 年变异系数由高到低排列依次为湖北（0.16）、河南（0.15）、江西（0.11）、山西（0.075）、安徽（0.072）和湖南（0.050），可见中部省份科技创新能力明显存在地区差异性。

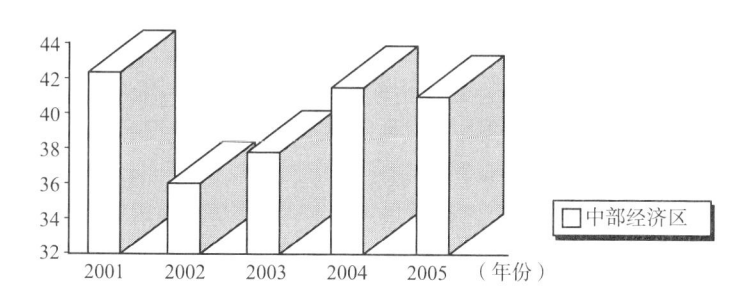

图 1-50　中部地区科技创新能力变化

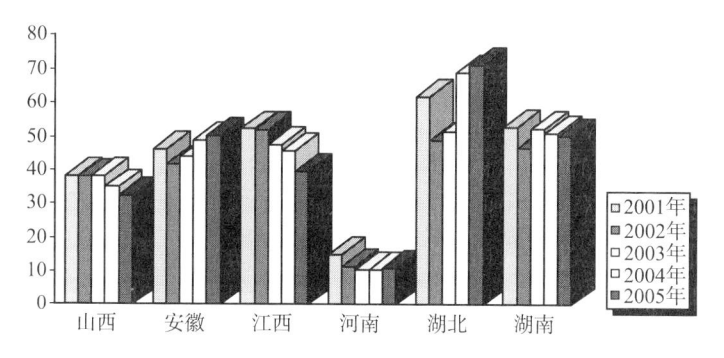

图 1-51　中部地区各省科技创新能力变化

二、中部地区知识创新能力比较分析

知识经济的核心是创新,尤其是知识的创新,所以知识创新能力是科技创新能力的核心和源泉,是大多数原始创新的思想源泉。知识创新能力不仅体现在知识创造上(科技投入,大学和研究所等的作用),即不断提出新知识的能力,还体现在知识流动上(知识和技术的有效转移),即各创新单位之间的流动能力,所以可以依据这两个方面来反映知识创新能力。一般而言,知识创新能力可以以知识活动者的科技活动,如人员、专利、论文及科研课题来表现。从可比较性和指标连续性出发,本报告选取了万名科技活动人员科技论文数、每百万人口发明专利批准数和科技活动人员人均课题数三个指标来反映中部地区知识创造和知识传播创新情况。表1-35反映的是中部地区知识创新指标构成,其研究基期和末期的具体数值展示在该表中。从该表可以发现:第一,从万名科技活动人员科技论文数比较看,湖北、安徽和湖南相对较大,可能原因是该三省国家重点高校和科研院所较多的缘故,山西和河南相对较低,而从万名科技活动人员科技论文数增长情况对比看,湖北增长最快,其次是山西,其余依次为湖南、江西、河南和安徽;第二,从每百万人口发明专利批准数五年平均值比较看,湖北、湖南和山西人均发明专利批准数相对较多,江西和安徽相对较小,而从每百万人口发明专利批准数变动幅度比较看,湖北、湖南增幅较大,安徽、江西增幅相对较小;第三,从科技活动人员人均课题数5年平均值比较看,相对较大的有山西、安徽和湖北,其余依次为江西、湖南和河南,而从科技活动人员人均课题数变动幅度比较看,除江西省增幅为负值外,其余省份都有不同程度增长,增长相对较大的是湖北、安徽。

通过计算以上知识创新能力指标的综合指数,通过递阶加权得到中部诸省知识创新能力综合指数(见图1-52)。从图中可以看出,中部六省的知识创新能力综合指数变动都处于相对频繁,处于相对上升的有安徽、河南、湖北和湖南,处于相对下降的是山西和江西,计算其5年的变异系数由高到低排列依次为湖北(0.29)、湖南(0.28)、江西(0.13)、河南(0.12)、山西(0.08)、安徽(0.04),反映其知识创新能力的相对变动程度存在很大差异。

第二篇　中国中部区域经济发展系统监测与评价

表1-35　中部地区及各省知识创新能力指标

	万名科技活动人员科技论文数（篇）			每百万人口发明专利批准数（件）			科技活动人员人均课题数（项）		
	2001年	2005年	变化率(%)	2001年	2005年	变化率(%)	2001年	2005年	变化率(%)
中部地区	98.65	168.9	0.71	2.12	6.48	2.06	1.01	1.12	0.11
山西	65.42	119.5	0.83	3.29	9.21	1.80	1.42	1.42	0.00
安徽	216.8	242.3	0.12	1.21	2.46	1.03	1.21	1.42	0.17
江西	20.42	30.21	0.48	1.12	2.68	1.39	1.14	1.13	-0.01
河南	28.42	41.56	0.46	1.32	3.86	1.92	0.78	0.81	0.04
湖北	142.86	297.24	1.08	3.1	13.56	3.37	1.11	1.32	0.19
湖南	152.42	226.2	0.48	2.21	7.21	2.26	0.86	0.92	0.07

资料来源：《中国科技统计年鉴（2002~2005年）》和全国及各省的社会经济统计公报（2005年）。

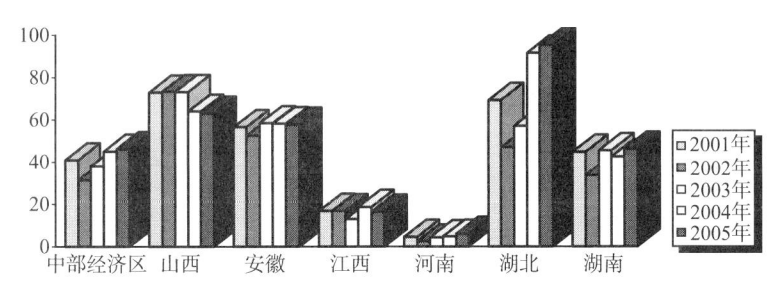

图1-52　中部地区及各省知识创新能力变化

三、中部地区技术创新能力比较分析

区域的创新能力主要通过创新活动体现出来，而企业是创新活动的主体，企业创新是一个非常复杂的过程，这主要体现在技术创新能力提高和扩散上。技术创新能力主要体现在以下四个方面：第一，企业发明创造能力，通过该环节可以将知识创新转化为新商品生产能力；第二，企业技术创新的基础设施，即技术创新的平台；第三，企业技术创新的环境，即企业能够保持创新的外界环境和企业文化；第四，企业技术创新产出，即企业技术创新的绩效。由此可以从这四个方面展开，对区域技术创新能力的指标进行设计，如同我们前面的考虑原则以及资料获取的限制，本报告仅选取了企业科技活动人员占从业人员比重、每万职工拥有外观设计专利

2007中国中部经济发展报告·89·

数、企业开发新产品经费占科技活动经费支出比重、企业R&D经费支出占产品销售收入比重、企业消化吸收经费与技术引进经费比例五个指标来反映中部地区科技活动投入情况。表1-36反映的是中部地区技术创新能力比较情况,其研究基期和末期的具体数值展示在该表中。从该表可以看出:第一,从企业科技活动人员占从业人员比重指标看,江西省5年平均值最高,其次为湖南,其余依次为湖北、安徽、河南和山西,而从该指标增长幅度比较看,除山西外,其余省份出现负增长或零增长;第二,从每万职工拥有外观设计专利数5年平均值比较看,湖南和湖北相对较大,其次为江西和安徽,最小的是山西,而每万职工拥有外观设计专利数变动幅度比较看,湖南和湖北增长幅度也相对较大,其余依次为江西、河南、山西和安徽;第三,从企业开发新产品经费占科技活动经费支出比重5年平均值比较看,湖北和湖南相对较高,其余依次为江西、河南、安徽和山西,而从企业开发新产品经费占科技活动经费支出比重变动幅度比较看,变动幅度相对较大的是湖北和河南,其余依次为山西、安徽、河南和湖南;第四,从企业R&D经费支出占产品销售收入比重平均值比较看,江西、湖南、湖北和安徽都比较大,山西和河南比较小,而从企业R&D经费支出占产品销售收入比重变动幅度比较看,增长幅度相对较大的是河南、湖北和湖南,其余依次为陕西、安徽和江西;第五,从企业消化吸收经费与技术引进经费比例平均值比较看,湖南、湖北和河南的平均值较大,其余依次为江西、安徽和山西,而从企业消化吸收经费与技术引进经费比例变动幅度比较看,除江西出现负增长外,其余省份都有不同程度的增长,其中安徽增长幅度最大,其次为山西,其余依次为河南、湖南和湖北。

  选择以上五个指标,通过递阶加权得到中部诸省技术创新能力综合指数(见图1-53)。从图中可以看出,同知识创新能力综合指数变动情况类似,中部六省的技术创新能力综合指数变动都相对较大,除安徽在考察期间略有上升外,其余省份都有不同程度下降,计算5年的变异系数由高到低排列依次为山西(0.44)、河南(0.21)、安徽(0.15)、江西(0.14)、湖北(0.07)、湖南(0.05),反映其技术创新能力的相对变动程度也存在很大差异。

表 1 - 36　　　　　　　中部地区及各省技术创新能力指标

	企业科技活动人员占从业人员比重（%）		每万职工拥有外观设计专利数（件）		企业开发新产品经费占科技活动经费支出比重(%)		企业 R&D 经费支出占产品销售收入比重（%）		企业消化吸收经费与技术引进经费比例（%）	
	2001 年	2005 年	2001 年	2005 年	2001 年	2005 年	2001 年	2005 年	2001 年	2005 年
中部地区	5.12	5.12	1.12	4.22	28.39	33.58	0.54	0.68	0.094	0.25
山西	3.5	4.1	0.42	1.34	21.46	25.46	0.41	0.52	0.054	0.164
安徽	4.4	4.2	1.08	2.89	25.69	30.21	0.61	0.76	0.006	0.68
江西	6.5	6.8	1.22	4.21	30.21	34.52	0.78	0.92	0.324	0.241
河南	4.2	4.2	0.98	3.2	26.34	32.42	0.4	0.54	0.054	0.156
湖北	5.8	5.4	1	5.1	36.24	44.68	0.48	0.64	0.068	0.12
湖南	6.3	6	1.43	7.89	30.42	34.21	0.54	0.72	0.058	0.152

资料来源：《中国科技统计年鉴（2002～2005 年）》和全国及各省的社会经济统计公报（2005 年）。

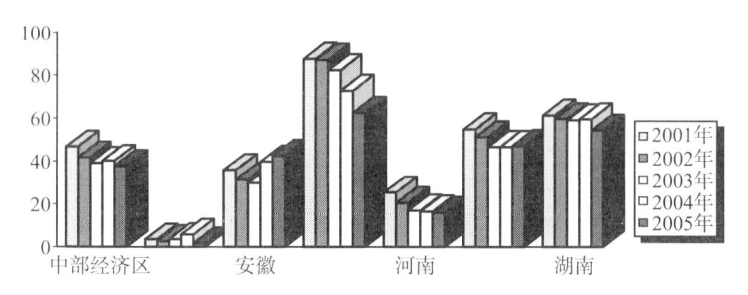

图 1 - 53　中部地区及各省技术创新能力变化

第三节　中部地区科技发展综合评价

将区域科技发展水平（实力）和区域科技创新能力通过层次递加得到区域科技发展的综合评价。实质上区域科技发展综合评价指数包含了两部分：一是区域科技实力方面的，可以看成是状态方面；二是区域科技创新能力，亦即科技创新潜力或推动能力方面的。所以，对区域科技发展综合指数的计算也就是对区域科技发展状态和发展推动力两个方面进行综合合成。从上述指标构成看，这里面既有投入与产出指标，也有高校、科研机构从事科技活动指标，还有企业技术创新指标。图 1 - 54 反映的是整个中部地区的科技创新能力变动情况，从图中可以看出，由于受到科技发展实力和科技创新能力的不稳定增长影响，中部地区科技创新能力综合得分在考察年份也并不稳定，呈现"U"形曲线形状。2001年科技创新能力综合得分最大，达到44.27，2002年最低，仅有38.92，越过2003年以后持续上升，到2005年，科技发展综合指数上升到42.36，但从整个考察年间看，整个中部地区的科技发展综合指数的变动，其波动幅度并不很大，尤其是后3年，表明中部地区科技发展水平和科技创新能力还有很多值得综合协调的地方。

与科技发展水平、科技创新能力一样，中部诸省科技发展综合指数在考察期间的变化态势也不一致。图1-55是对中部诸省科技发展综合指数的对比情况，从图中可以看出，中部六省的科技创新能力综合得分处于相对上升的有安徽、湖北和湖南，其余都处于相对下降。通过计算科技发展综合指数5年平均值，将其由高到低排列依次为湖北（77.92）、湖南（54.82）、安徽（38.41）、江西（35.89）、山西（30.07）和河南（16.85）；计算5年变异系数由高到低排列依次有河南（1.91）、江西（0.29）、山西（0.17）、湖北（0.16）、安徽（0.11）和湖南（0.066），可见中部省份科技综合发展水平与创新能力变化都明显存在地区差异。

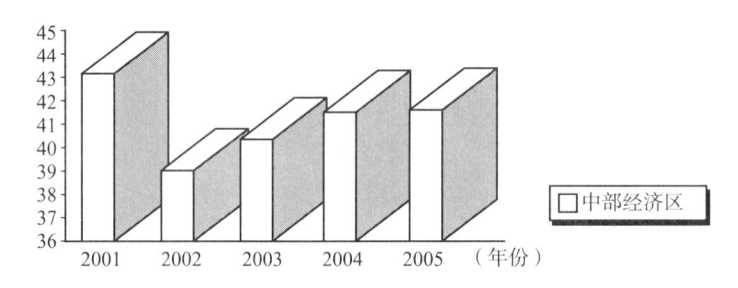

图1-54 中部地区科技发展综合指数变化

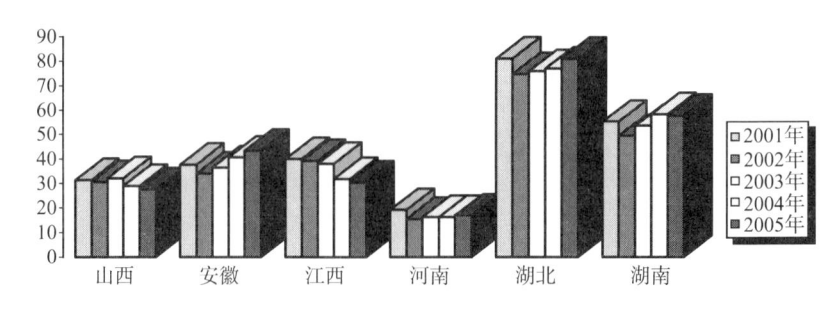

图1-55 中部地区各省科技发展综合指数变化

第八章 中国中部地区的资源支撑

第一节 中部地区资源条件分析

本章中的资源是指自然资源，它是存在于自然界，能被人类利用并产生经济或社会价值的自然条件。联合国环境规划署将自然资源定义为：在一定的时间、地点条件下，能够产生经济价值、以提高人类当前和未来福利的自然环境因素和条件。按照PREDST系统分析的思路，对人类最为密切的资源包括水、土地、矿产、大气、生物等。由于区域经济发展评价的目的是为了比较区域经济优势、劣势、潜力和障碍，所以从区域影响的角度并考虑到资料序列性和可获得性，我们只选取人均水资源拥有量、人均耕地面积、人均林地面积三个指标分别表示水资源、土地资源和森林资源的富裕程度。图1-56反映的是中部地区及各省的人均水资源拥有量在考察期间的变化情况，可见中部各省的人均水资源拥有量的变动情形存在很大差别，湖北省人均水资源拥有量呈现不断下降的趋势，而山西和河南的变化则比较平稳，江西、湖南和安徽三个省在2005年出现峰值之后，有上升的趋向。图1-57反映的是中部地区及各省的人均耕地面积在考察期间的变化情况，可见中部各省的人均耕地面积的变动基本都是呈现略微上升的趋势，其中江西在2004年后人均耕地下降加快，在2005年出现峰值后又呈现出回升趋势；从图中还可以看出，各省的人均耕地保有量情况，其中山西的人均耕地面积保有面积最大，接近0.14公顷，最少的是湖南，其人均耕地保有量仅为0.06公顷。图1-58反映的是中部地区及各省的人均林地面积在考察期间的变化情况，除山西和安徽省人均林地面积的变化比较平稳外，中部地区其他各省的人均林地面积的变动都是呈现明显下降的趋势。

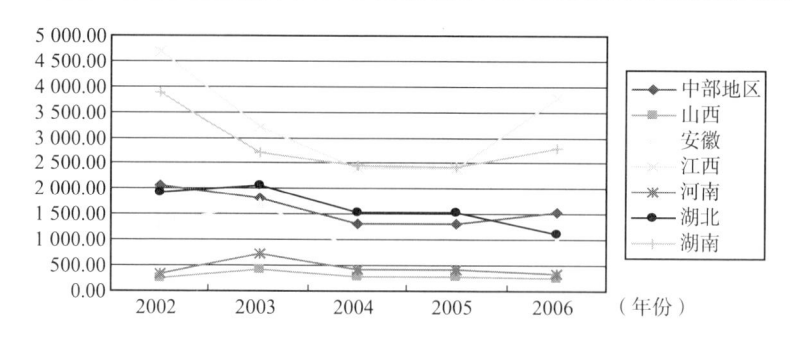

图 1-56　中部地区及各省的人均水资源拥有量变动

资料来源：各省统计年鉴（2003～2007年）、水利公报（2003～2007年）。

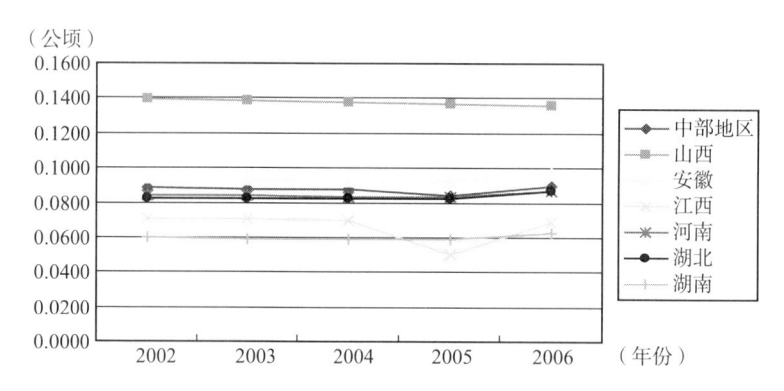

图 1-57　中部地区及各省的人均耕地面积变动

资料来源：各省统计年鉴和农村统计年鉴（2003～2007年）。

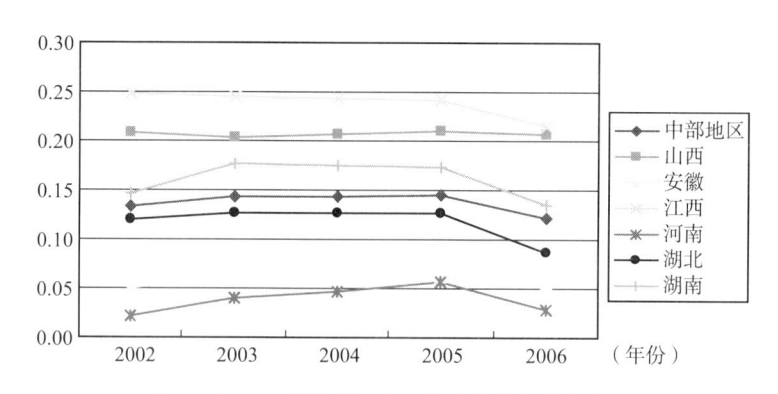

图 1-58　中部地区及各省的人均林地面积变动

资料来源：各省统计年鉴和农村统计年鉴（2003～2007年）。

为了进一步反映中部地区及各省的资源基本条件，根据上面的层次加权合成方法，就得到中部地区及各省的资源条件指数分布情况，其变动见图1-59。从图中可以看出，中部及各省的资源条件指数在考察期间变动相对稳定，呈现上升趋势的有山西、江西和安徽三省，呈现下降趋势的有湖北和湖南两省。按照六省5年间资源条件指数的平均值从大到小排列依次是山西（65.23）、江西（63.79）、湖南（45.34）、湖北（38.71）、安徽（29.17）和河南（14.93），按5年变异系数由高到低排列依次为湖南（0.187）、湖北（0.135）、安徽（0.132）、河南（0.127）、江西（0.041）和山西（0.007），由此可以看出中部地区的资源禀赋条件及考察期间各省资源变动情况。

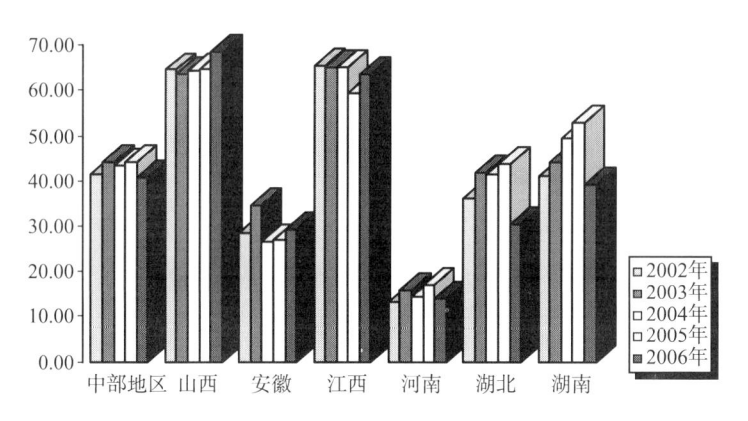

图1-59　中部地区及各省的资源条件指数变动比较

第二节　中部地区资源支撑能力分析

本报告中资源支撑能力是指支撑区域经济发展的自然资源承载力，由于自然资源种类较多，并且随着技术发展，不同资源的利用方向和程度是不同的，这里为了评价的方便，只选取土地资源承载力指数和水资源承载力指数两个指标来考察。图1-60反映的是中部地区及各省的土地资源承载力指数在考察期间的变化情况，由图中可见，中部各省的土地资源承载力指数的变动情形区别不大，除了江西省土地资源承载力指数在2004年呈现下降的趋势，之后在2005年达到最低值，随后呈现回升趋势外，其余五省的土地资源承载力指数则变化不大，基本稳定。湖南的土地资源承载力指数最大（平均值为0.903），其次为江西（0.702），以后依次为湖北（0.643）、河南（0.632）、安徽（0.571）和山西（0.390），可见中部各省土地资源承载能力差别比较显著。图1-61反映的是中部地区及各省的水资源承载力指数在考察期间的变化情况，从图中可以看出，中部各省的水资源承载力指数的变动相对较为剧烈，主要原因是地区水资源承载力除了与水资源拥有量（包括本底水资源量和年度降雨量），还和水使用量有关。图中展现了中部地区各省的水资源承载力指数在2002~2006年间的波动情形，中部各省的水资源承载力指数在2004年后的变动均趋于稳定。

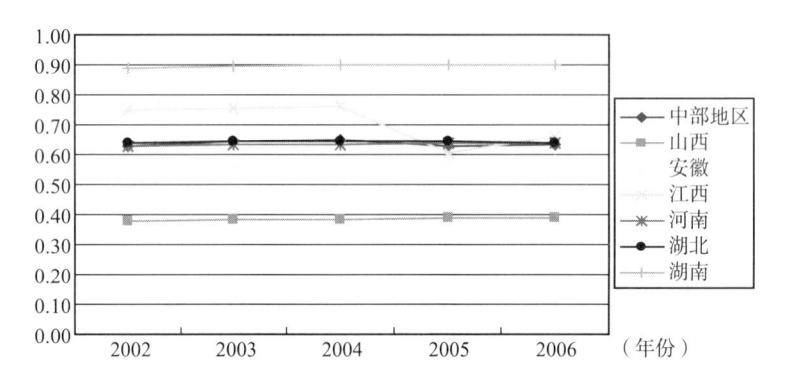

图1-60　中部地区及各省的土地资源承载力指数变动

资料来源：各省统计年鉴和农村统计年鉴（2003~2007年）。

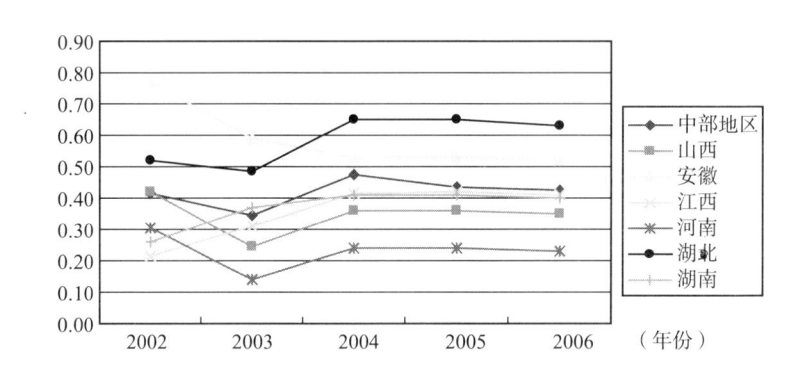

图1-61　中部地区及各省的水资源承载力指数变动

资料来源：各省统计年鉴和农村统计年鉴（2003~2007年）。

同理，可以进一步得到中部地区及各省的资源支撑能力综合指数的分布情况，其变动如图1-62所示。通过计算5年间资源支撑能力综合指数的平均值，由大到小排列的省份依次是湖南（70.27）、湖北（68.29）、安徽（60.58）、江西（50.01）、河南（29.22）和山西（17.55），按5年的变异系数由高到低排列依次为江西（0.302）、山西（0.219）、湖南（0.196）、湖北（0.175）、安徽（0.133）和河南（0.104）。可以看出，中部及各省的资源支撑能力综合指数在考察期间变动出现波动态势，除了山西和河南外，其他各省资源支撑能力相对较高。

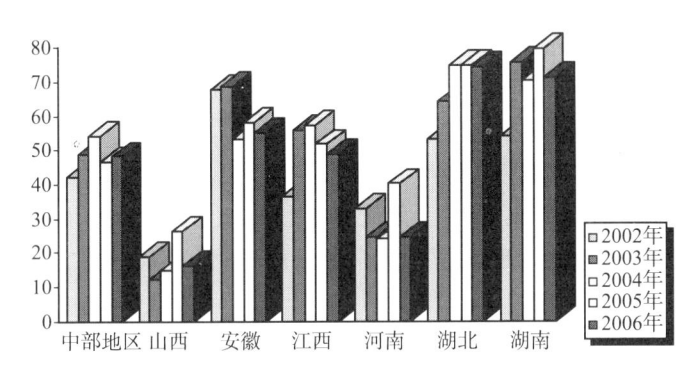

图1-62　中部地区及各省的资源支撑能力变动

第三节　中部地区资源利用率分析

资源利用率主要反映资源使用的效率问题，包括资源的投入产出效率、开发利用效率等。因此，本书选取万元GDP电力消耗、万元工业产值煤炭消耗和土地产出密度三个指标来描述。表1-37反映的是中部地区及各省资源利用率的四个指标在基期和末期的具体数值，从总体情况看，中部地区及各省的资源利用程度除了山西、湖北两省外，其他四省都有所提高。例如，湖南、江西和安徽三省的万元GDP电力消耗和万元工业产值煤炭消耗的数值都呈现下降的趋势。三项指标中，尤以万元工业产值煤炭消耗数值下降表现突出，反映了工业资源的利用水平明显改善；同时，反映土地利用的综合经济效益指标——土地产出密度在5年间也有较大增长，反映中部及各省的单位土地的产出水平正在逐年上升。但是，从各指标的地区分布看，各省资源利用效率水平及其增长幅度差异很大：首先，从万元GDP电力消耗看，数值处于前列的是山西和河南，下降幅度最大的是湖南和江西，而河南、山西和湖北的万元GDP电力消耗反而还上升；其次，从万元工业产值煤炭消耗指标看，2006年数值最大的是山西，其他省份的数值比较平均，而下降幅度最大的是江西、安徽和河南；最后，从土地产出密度指标看，土地产出密度居于前列的是河南、安徽、湖北，而增长幅度最大的是山西、河南和江西。

为了进一步从整体上反映中部地区及各省的资源利用率，利用加权合成方法，就得到中部地区及各省的资源利用率指数分布情况，其变动如图1-63所示。从图中可以看出，中部的资源利用率指数在考察期间变动比较稳定，但各省资源利用率变动幅度差异很大：资源利用指数呈现下降的有湖北和山西，而湖南较之2001~2005年的变动趋势是从下降转为上升的，其他省份处于波动变化之中。按照5年的平均值从大到小依次排列为河南（68.77）、湖北（66.47）、安徽（52.66）、湖南（50.80）、江西（47.48）和山西（22.04），按5年的变异系数由高到低排列依次为江西（0.322）、山西（0.132）、河南（0.113）、安徽（0.102）、湖南（0.084）和湖北（0.068），反映其资源利用率相对变动情况。

表1-37　　　　　　　中部地区资源利用率评价指标

	万元GDP电力消耗（千瓦/万元）			万元工业产值煤炭消耗（吨/万元）			土地产出密度（万元/平方公里）		
	2002年	2006年	变化率（%）	2002年	2006年	变化率（%）	2002年	2006年	变化率（%）
中部地区	1 500.77	1 512.25	0.76	5.43	1.54	-71.64	229.12	416.19	81.65
山西	3 110.68	3 649.97	17.34	3.46	2.89	-16.51	128.75	317.54	146.63
安徽	1 090.25	1 076.89	-1.23	6.52	1.17	-82.05	254.75	433.29	70.08
江西	1 000.62	955.26	-4.53	6.55	1.02	-84.38	146.82	280.74	91.21
河南	2 010.30	1 219.19	39.35	6.35	1.34	-78.91	372.73	740.07	98.55
湖北	1 120.94	1 156.52	3.17	4.23	1.46	-65.47	267.65	377.81	41.16
湖南	1 104	1 015.68	-6.90	5.45	1.35	-75.17	203.99	347.71	70.45

资料来源：各省统计年鉴（2003年和2007年）和全国及各省的社会经济统计公报（2007年）。

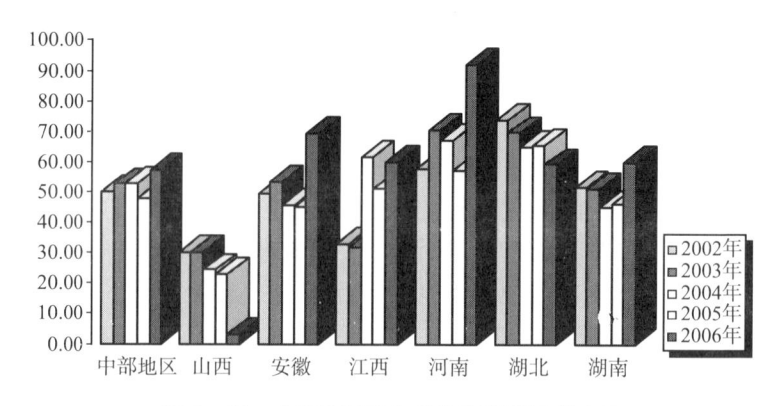

图1-63　中部地区及各省的资源利用率变动

第九章 中国中部地区的环境支撑

第一节 中部地区环境建设水平与治理

一、地区环境支持水平分析

一个地区环境质量的好坏与很多因素有关,如区域环境的本底条件、人类活动影响以及区域自净能力大小等。从系统要素分解的角度看,区域环境要素主要包括大气、水、土地、生物及其匹配情况。因此,本报告在区域环境支持水平指标体系结构构建中充分考虑到系统的整体性和资料可获得的前提下,选取了废水排放密度、废气排放密度、固体废物产生密度、单位耕地面积化肥使用量、森林覆盖率五个指标来描述,分别从水、大气、土地和生物等角度来评价。表1-38反映的是中部地区及各省环境支持水平的五个指标在基期和末期的具体数值,从总体情况看,中部地区及各省的环境污染压力增大和环境条件改善同时并存。首先,从废水排放密度指标看,中部地区及各省的废水排放密度都有不同程度的上升,表明这些地区废水排放对环境所产生的压力是加大的,尤其是河南、安徽和江西三省由于工业化进程,废水排放密度数值很大;其次,从废气排放密度指标看,不仅各省的废气排放密度呈现加大趋势,而且增长的幅度较大,如江西、湖南和山西三省,它们的增长率都在50%以上;第三,从固体废物产生密度指标看,产生密度最大的省份是山西、江西和河南三省,增长幅度最大的省份是河南省;第四,从单位耕地面积化肥使用量指标看,河南和湖北的单位耕地面积化肥使用量较大,而湖南、湖北和江西的单位耕地面积化肥使用量增长幅度则较大;第五,从森林覆盖率指标看,森林覆盖率处于前列的省份是江西、湖南和湖北,而森林覆盖率增长较快的省份是江西、湖南和山西。

表1-38　　　　　　中部地区及各省环境支持水平评价指标

	废水排放密度（t/km²）		废气排放密度（m³/km²）		固体废物产生密度（t/km²）		单位耕地面积化肥使用量（t/km²）		森林覆盖率（%）	
	2002年	2006年	2002年	2006年	2002年	2006年	2002年	2006年	2002年	2006年
中部地区	4 466.9	4 854.3	3 847 344	6 982 040	275.8	402.1	0.43	0.50	26.20	29.46
山西	1 964.1	2 813.7	6 000 000	14 583 762	529.4	754.1	0.19	0.21	11.52	13.29
安徽	4 609.4	5 004.9	3 653 819	4 915 395	243.8	358.9	0.45	0.47	27.95	24.03
江西	2 763.3	3 839.1	1 565 009	3 348 003	350.5	443.0	0.38	0.44	39.70	55.86
河南	6 914.3	7 864.5	6 432 024	9 389 407	256.9	451.0	0.58	0.64	19.80	16.19
湖北	5 297.5	4 903.0	3 464 228	6 259 130	160.1	232.1	0.52	0.63	25.12	26.77
湖南	5 253.2	4 700.6	1 968 985	3 396 541	114.4	173.3	0.47	0.58	33.13	40.63

资料来源：各省统计年鉴（2003年和2007年）和全国及各省的社会经济统计公报（2007年）。

同理，为了进一步分析中部地区及各省的环境支持水平变动情况，我们可以利用加权合成方法，得到中部地区及各省的环境支持水平指数分布情况，其变动如图1-64所示。按照环境支持水平指标5年的平均值从大到小排列依次是江西（77.54）、湖南（69.88）、安徽（53.02）、湖北（50.59）、山西（34.31）和河南（19.91），按5年的变异系数由高到低排列依次为河南（0.095）、江西（0.090）、湖南（0.040）、安徽（0.036）、山西（0.035）和湖北（0.027）。可以看出，河南和山西两省的环境支持水平指数相对较低，除河南省外，在考察期间变动相对稳定，环境支持水平指数呈现下降趋势的有湖南和湖北，呈现上升的有山西、江西和河南三省。

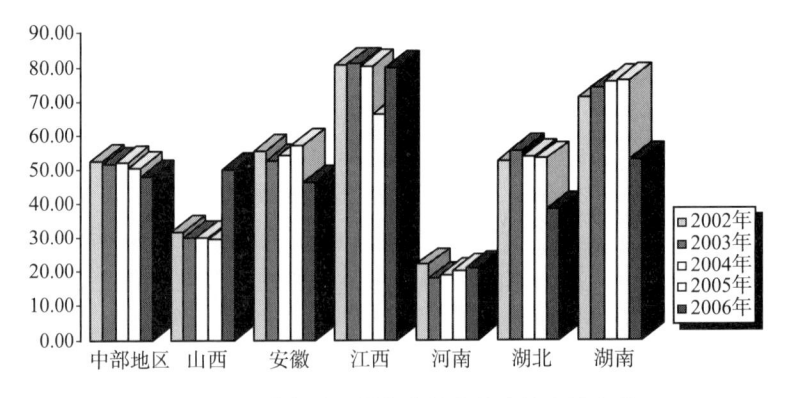

图1-64　中部地区及各省的环境支持水平变动

二、中部地区环境治理能力分析

本报告中环境治理能力影响因素主要包含有两个方面：一是环境治理的资金投入；二是环境治理的效果。所以，可以选取环保投入占GDP比重、万元GDP废水排放量、万元GDP废气排放量、万元GDP固体废物产生等四个指标来表示。这四个指标在基期、末期以及其变化率都列在表1-39中，从表中可以看出，首先，中部地区及各省都加大了环境保护治理的投入，但投入量和投入量的增长幅度差别很大，江西和山西的治理投入占GDP比重增长幅度很大，2006年在中部六省中处于领先地位，而湖北和安徽的投入增长幅度则变化不大；其次，中部地区及各省对环境治理的效果基本都已经显现，尤其是废水治理效果更加明显，计算得到考察期间的变化率都出现负值并且变化率较大也就说明了这个问题。

表1-39　　　　　　　　中部地区及各省环境治理能力指标

	环保投入占GDP比重（%）			万元GDP废水排放（吨/万元）			万元GDP废气排放量（万立方米/万元）			万元GDP固体废物产生（吨/万元）		
	2002年	2006年	变化率（%）	2002年	2006年	变化率（%）	2002年	2006年	变化率（%）	2002年	2006年	变化率（%）
中部地区	0.16	0.35	126.58	19.38	13.34	-31.15	1.94	1.70	-12.53	1.55	1.09	-29.70
山西	0.40	1.18	192.86	25.75	19.28	-25.13	1.53	3.80	149.10	4.11	2.49	-39.53
安徽	0.12	0.13	5.74	18.09	11.40	-36.99	1.81	1.21	-33.12	0.96	0.82	-14.54
江西	0.04	0.18	332.26	18.82	13.72	-27.10	1.88	1.26	-33.05	2.39	1.58	-33.70
河南	0.12	0.22	85.66	18.55	10.42	-43.83	1.86	1.48	-20.22	0.69	0.60	-13.32
湖北	0.14	0.16	12.00	19.79	12.02	-39.27	1.98	1.55	-21.69	0.60	0.57	-4.87
湖南	0.11	0.25	136.07	15.25	13.21	-13.40	2.58	0.87	-66.22	0.56	0.49	-13.10

资料来源：各省统计年鉴（2003年和2007年）和全国及各省的社会经济统计公报（2007年）。

与上面分析的思路一样，我们通过递阶加权得到中部地区及各省的环境治理能力变动情况，其环境治理能力指数分布情况如图1-65所示。从图中可以看出，中部及各省的环境治理能力指数在考察期间变动都呈现小幅度的波动，通过计算5年环境治理能力指数的平均值，按照其指数由高到低排列依次为湖南（59.27）、河南（58.41）、安徽（56.38）、湖北（56.08）、江西（44.73）和山西（44.10），按5年的变异系数由高到低排列依次为山西（0.208）、湖北（0.202）、江西（0.160）、安徽

(0.151)、湖南（0.142）和河南（0.114），反映其环境治理能力的变动情况。

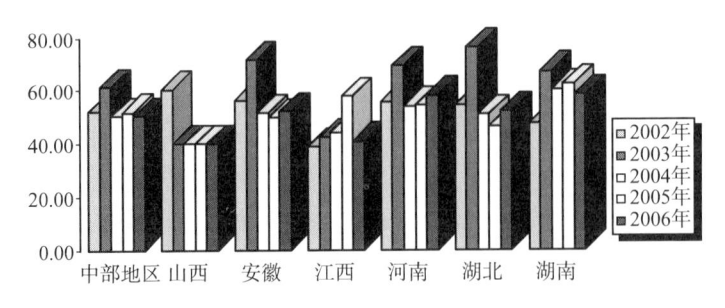

图1-65 中部地区及各省的环境治理能力变动

第二节 中部地区环境支撑能力分析

本报告选用废水排放达标率、固体废物综合利用率和自然保护区面积比例来表述中部地区环境建设对经济发展的支撑能力，它们在考察基期、末期以及其变化率情况如表1-40所示。从表中可以看出，第一，从废水排放达标率指标看，除了山西省，中部地区及其他各省的废水排放达标率都有提高，但各省处理水平及提高程度存在差别。2006年废水排放达标率较大的省份是安徽、江西、河南、湖南和河北，它们都在90%以上，但提高速率有差别，江西最快，达到20.11%，其次为湖南和湖北。第二，从固体废物综合利用率指标看，2006年固体废物综合利用率水平最高的省份为安徽、湖南和湖北，它们的固体废物综合利用率数值都在70%以上，但从考察期的增长速率来看，江西、山西和湖南的增长速率较高，都在13%以上。第三，从自然保护区面积比例指标看，2006年自然保护区面积比例数值从高到低依次排列是山西、湖北、江西、湖南、河南和安徽，从它们增长幅度大小比较看，湖北和河南的增长幅度较大，都在50%以上。

同样，我们也可以通过递阶加权得到中部地区及各省的环境支撑能力变动情况，其环境支撑能力指数分布情况如图1-66所示。计算5年环境支撑能力指数的平均值由高到低排列依次为安徽（86.32）、河南（67.76）、湖北（57.81）、湖南（47.85）、山西（43.25）和江西（26.83），按5年的变异系数由高到低排列依次为江西（0.725）、山西

(0.271)、湖南（0.156）、湖北（0.147）、安徽（0.101）和河南（0.060）。可以看出，江西和山西两省的环境支撑能力较低，但一直处于上升趋势，且变动幅度较大，其他各省的变动幅度不大，并且变化趋势也不稳定。

表1-40　　　　　　　中部地区环境支撑能力评价指标

	废水排放达标率（%）			固体废物综合利用率（%）			自然保护区面积比例（%）		
	2002年	2006年	变化率（%）	2002年	2006年	变化率（%）	2002年	2006年	变化率（%）
中部地区	85.17	89.13	4.65	47.92	63.38	32.28	4.25	5.20	22.35
山西	86.51	68.90	-20.36	36.24	45.40	25.28	6.80	7.20	5.88
安徽	95.74	97.10	1.42	76.37	82.00	7.37	4.10	3.30	-19.51
江西	77.59	93.20	20.11	19.42	35.70	83.84	4.40	5.50	25.00
河南	90.12	93.00	3.20	63.82	70.60	10.62	3.00	4.50	50.00
湖北	84.21	91.00	8.06	67.32	73.00	8.44	3.40	5.50	61.76
湖南	77.62	91.60	18.01	64.79	73.60	13.60	3.80	5.20	36.84

资料来源：各省统计年鉴（2003年和2007年）和全国及各省的社会经济统计公报（2007年）。

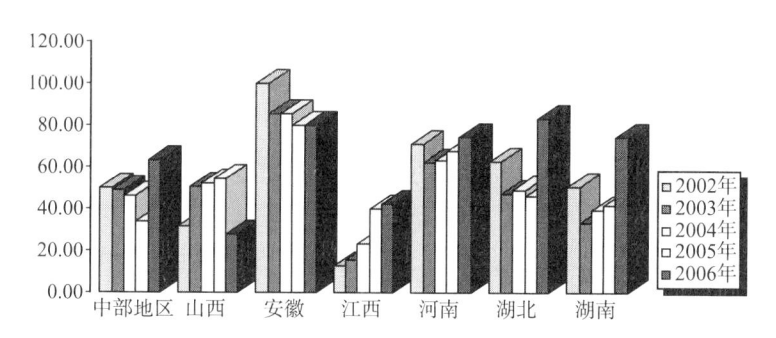

图1-66　中部地区及各省的环境支撑能力变动

第三节　中部地区经济环境协调性分析

实践证明，环境既是经济发展的条件，又是经济发展的结果。环境问题是经济活动发展到一定阶段的必然产物。环境问题一方面是由不适合的经济活动引起的；另一方面环境问题的完全解决，又需要经济发展到一定的水平之后才能实现（因为保护和改善环境需要配置一定的资源，即需要一定的经济实力）。也就是说，经济发展与环境之间存在着密切的内在关系。

如果单纯从经济学的角度来考察经济发展与环境的关系,那么环境对于经济发展的影响会导致社会总产出的变化。如图 1-67 所示,总供给 S_C 与总需求 D_C 在通常情况下相交于一点 X,从而得出生产总值 G_C 和物价水平 P_C,而在考虑环境成本是由生产企业自身负担的情况下,由于价格会升高总供给将减少,相应的总供给曲线将上升,与总需求曲线相交于点 A,这时的生产总值和物价水准各自以 G'_C 和 P'_C 表示,这样就得出生产总值减少的结论。

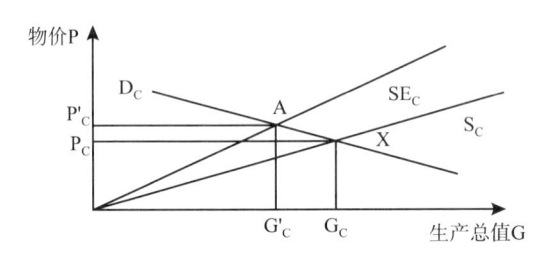

图 1-67　经济增长与环境变化的经济关系曲线

一般来说,随着经济的发展,经济与环境关系存在着如下几个发展阶段(见图 1-68):第一阶段,经济起飞之前,经济发展水平低下,主要产业是传统耕作农业,"三废"排放量极小,并低于自然环境容量,环境质量良好。第二阶段,随着经济的起飞,工业化开始导致资源利用量剧增,"三废"的产生量和排放量相应增加,并超过环境的自净能力,环境污染开始出现,经济发展进入了对环境不太友好的"污染时代"(图中 A′C′阶段)。这一阶段初期,是污染上升时期。由于工业化初期技术水平低,企业规模以外延扩张为主,物耗、能耗急剧增长,各类自然资源增长弹性系数都超过 1,经济的发展意味着资源的消耗和"三废"排放量的迅速增加,环境随之迅速恶化。之后,随着经济日渐成熟,工业技术水平的不断提高,增长方式逐步由外延扩大再生产转向以内涵扩大再生产的方式进行,物耗、能耗的增长逐步减缓,自然消耗增长弹性系数逐步减到 1 以下,"三废"产生量相对减少;另外,经过严重污染时期的人们,其环保意识增强,环境保护的社会压力增大,再加上经济实力的增强,有能力加大对环境保护自然的投入。因此,随着经济发展逐步走向成熟,环境污染将从加速污染转向减速污染,并在某一点上得到污染绝对下降点(图中

C')。环境质量开始向改善的方向发展,这一点我们称为经济发展中的环境污染转折点。其后,在环保投入力度不断加大和技术进步的条件下,"三废"排放量不断地绝对减少。当环境质量恢复到起飞前的水平,或下降到自然环境容量以内时,环境污染时代结束,经济发展与环境的关系步入崭新的第三阶段。所以,经济发展与环境质量之间是一种动态的过程。

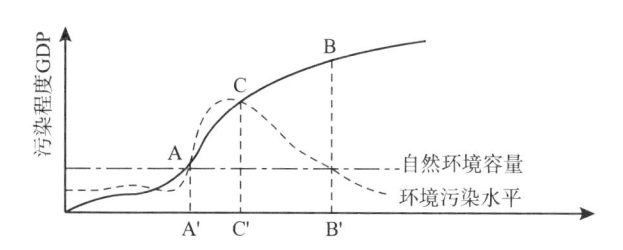

图1-68　经济增长与环境变化的经济关系曲线

为了表述经济与环境的这种动态的协调程度,我们构造了经济环境协调系数,即通过"三废"的增长率与GDP增长率比值来表示,其目的就是为了测度中部地区及各省处于工业化进程中的经济增长与环境保护的协调关系。通过计算得到中部地区及各省的经济环境协调系数变动情况,其数值分布情况如图1-69所示。计算5年经济环境协调系数的平均值,按照其指数由高到低排列依次为安徽(91.56)、湖南(80.98)、湖北(75.20)、河南(71.21)、山西(66.27)和江西(26.69),按5年的变异系数由高到低排列依次为江西(1.924)、山西(0.604)、湖南(0.437)、河南(0.281)安徽(0.177)和湖北(0.141)。从图中可以看出,中部及各省的经济环境协调系数在考察期间都很不稳定,尤其是江西、山西、湖南,变异系数都很大。

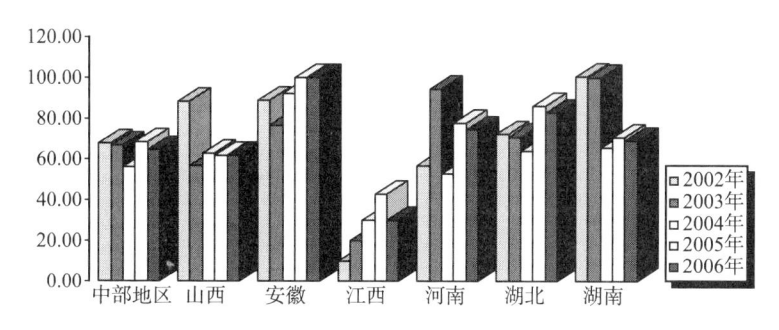

图1-69　中部地区及各省的经济环境协调度变动

第二部分

中国中部地区经济发展问题专题研究

第一篇 中部地区经济发展问题研究

第一章 中部经济发展的战略思考

第一节 促进中部崛起五大关系的思考[①]

"促进中部地区崛起"是我国发展新阶段整体战略布局的重要组成部分，也是国家"十一五"时期实施的一项重大区域发展政策。根据中部地区特点、发达地区的发展经验、国家援助政策的有效性，促进中部地区社会经济较快而健康地发展，至少有五个重要关系需要注意思考并认真研究解决。

一、发挥综合优势与发展特色经济的关系

国务院常务会议在研究促进中部地区崛起问题时指出，"要充分发挥区位、资源、产业和人才等综合优势，加快中部地区发展，形成东西互动、优势互补、相互促进、共同发展的新格局"。所谓综合优势是对于单项优势而言，是指该地区具有的经济发展必需的诸多要素和诸多强项。中部地区地处我国的腹地中心，在全国经济格局中承东启西、贯南通北、吸引四面、辐射八方，区优势明显；中部又是我国重要的农产品基地，能源矿产资源种类多、数量大、组合条件好，综合自然资源优势突出；中部也是我国现代工业的发祥地之一，工业基础和科技实力相对雄厚；中部是中

[①] 撰稿人：陈耀，中国社会科学院工业经济研究所/南昌大学中国中部经济发展研究中心。

华文明的摇篮，历史文化底蕴深厚，旅游、文化以及人力资源丰富。这些综合优势是中部地区发展的客观有利条件。

然而，现代经济发展的经验表明，一个区域的发展快慢与其资源禀赋并无显著的相关性。要素资源繁多提供了多种选择的可能，但也容易形成多而杂、无特色的经济体系。

新中国成立后很长一段时期，一些中部省份曾追求各自工业的门类齐全和自成体系；改革开放以后，一度都在盲目追逐市场上"价高利大"的产业和产品，致使中部地区产业雷同化严重。据有关测算，若以全国工业净产值结构作为计算和比较的基准，中部与全国工业结构的相似系数为0.96，其中鄂豫皖湘赣五省结构相似系数分别达到1.00、0.97、0.95、0.89和0.77。近些年各省开始努力打造特色产业和品牌产品，也出现了像河南的食品加工业及"双汇"等知名品牌，明显带动了当地经济的发展，但迄今这种特色产业及品牌为数还很少。特色经济的本质是专业化分工，分工越细，劳动效率越高，单位成本越低，产品越有竞争力。因此，中部地区在发挥综合优势中，要处理好专业化与综合发展的关系，避免产业体系的"大而全"、"小而全"和地区之间产业结构的趋同，注重发展"人无我有，人有我优"的特色经济，选择最具比较优势的产业，培育若干各具特色、有竞争力的产业群及产业链，如豫湘赣的特色食品加工业、鄂皖的汽车及零部件制造业、晋豫赣的铝钼铜等有色工业、山西的煤化工产业。此外，同类产业内部要实施"差别化战略"，通过强化技术研发和创新以及市场的细分，体现产品的差异性特色，这样才能保持强劲、持久的竞争优势。

二、做足"农"字文章与主攻工业的关系

中部地区除山西外都是农业大省，第一产业占GDP的比重远高于全国平均水平，有的省份高达20%以上。中部是全国最大的粮食主产区，粮食、棉花、油料、肉类产量占全国总产量的30%~40%。目前中部六省的GDP占全国的比重不足1/5，而农业产值占全国的1/4以上。中部农民有2.5亿人，占全国农民总数的33%，高于人口比重约5个百分点。因此，"三农"问题是促进中部地区崛起必须面对的一个重要课题和难题。

但目前对待中部地区的"农"字，却存在两种不同的观点和思路。一种观点认为，中部相当大的比较优势就是农业，而东部的比较优势是制

造业，如果把原来在传统计划经济体制下的干预、扭曲都去除掉的话，东部地区的工业一发展，劳动力价格会升高，那么农产品就会减少生产，需要从中部购买的农产品就会多，农产品的价格也就上去了，那么中部地区就可以随着农产品价格的上涨增加收入。这样，东部的发展就可以带动中部。

另一种观点认为，中部第一产业比重大，工业化水平低，主要在于长期以来受"农业是基础"、"无农不稳"等思想影响，始终以"农字当头"，把农业的发展放在第一位的战略方针。中国的改革首先从农村家庭联产承包责任制起步，激活农村经济。在此背景下，中部一些省份提出经济发展的战略取向就是"画好山水画，写好田园诗"，即发挥农业资源优势，以农村建设为重点，振兴地方经济。以后虽提出要大力发展工业，但其政策措施并未跟上，政府工作的重心仍在农业上，"讲农业讲半天，讲工业一根烟"的局面没有根本改观。因而中部地区必须调整发展战略，切实把重心转到"主攻工业"和"工业强省"上。

中部是一个拥有102万平方千米面积和3.54亿人口的区域，中部的一些省无论人口和面积都与欧洲的一些工业国家相当，笔者认为，要实现地区的繁荣，提升当地人民的福利，与这些国家一样，工业化是不可逾越的选择。工业的发展不仅可以快速聚集财富，而且可以吸纳众多的农村剩余劳动力，并"反哺农业"。我国沿海发达地区的实践证明，地区的工业化程度越高，支农的力度就越大，农业的集约化、产业化程度和效益就越高，农民致富步伐就快，农业劳动力向非农产业转移的容量和力度就越大。当然，中部地区的工业化也要注意避免沿海一些地区靠大量占用良田、牺牲环境换取发展的粗放模式。需要强调的是，中部推进工业化绝不是要弱化农业的地位。中部农业生产条件优越，光照充足，雨量充沛，无霜期长，土壤肥沃，生物种类繁多，是发展多熟制农业和密集、配套、互补型农业的良好区域，也是我国最大的优质商品粮和其他许多农副产品的商品输出区。但长期以来中部地区发展农业一直局限于小农经济的视野和方式，缺乏工业化的思维。因此，中部仍需做足、做好"农"字这篇文章，除了国家要对农业这一弱质产业加大扶持，加强中部农业综合生产能力建设外，中部地区要大力发展现代农业、特色农业、生态农业，走农业产业化之路，以产业化促进农业的优质化、规模化、组织化和工业化，进而逐步推动农业的高效化，改变中部地区农业高产低效的被动局面，实现农民持续地增产增收。

三、新农村建设与城镇化、都市圈战略的关系

中央提出的社会主义新农村建设,是党和国家统筹城乡发展,实施以工补农、以城带乡的重要途径和手段,是缩小城乡差距,建设全面小康社会的战略举措。新农村建设将使广大农民享受到由公共财政提供的基础设施建设和公共服务,获得国家改革发展带来的更广泛的成果和实惠。在当前和今后相当长时期,它将成为统领"三农"工作的重心。相对于其他地区而言,中部地区的"三农问题"尤为突出,新农村建设的任务更艰巨。目前中部地区仍有68%的人口居住在分散的农村,高于全国平均水平10个百分点。因此,新农村建设必然要与促进中部崛起的战略相关联,它不仅有助于改善中部农民的生存、生产条件,同时,它所产生的投资和消费需求也将成为拉动中部经济发展的一个重要引擎。

但是,新农村建设并不意味着城镇化进程的减缓。促进中部地区崛起,最重要的战略途径应当是加快推进中部地区的城镇化进程。与东部沿海地区相比,中部发展差距的一个重要表现是人口和产业的聚集程度明显偏低,目前的城市化率仅有32%。若每年城市化率提高一个百分点,中部要达到目前全国的平均水平至少还需要10年时间,要达到沿海地区的水平则需要的时间更长。而且,中部地区缺少具有较强集聚和辐射功能的大型区域性中心城市和像长三角、珠三角、京津冀那样的城市群或城市圈。因此,中部地区需要加快实施城市化战略,积极培育若干区域性中心城市和城市群,使其尽快成为中部地区崛起的支撑点和增长点,形成以大城市为中心,中等城市为依托,小城镇为基础的现代城镇体系。应当重点建设好以武汉为中心的大都市经济圈、以郑州为中心的中原城市群和长(沙)株(洲)(湘)潭城市群。同时,以城市为依托和纽带,通过城市来整合资源、产业、市场和区域,形成强大的中部发展合力,促进中部地区经济的集约化经营和规模化发展。特别要指出的是,由于乡村聚落的分散性(山区尤为突出),在新村建设中必须与适度集中发展的小城镇建设通盘考虑和规划。不宜笼统地提出和实施全面的路、水、电、气等基础设施的"村村通"工程,对于某些过于"小而散"的自然村应当动员搬迁,以促进村落空间的集聚化。这样既有利于节省基础设施投资,提高教育、医疗等公共服务水平,也有利于节约土地和保护生态环境。

四、"三个基地一个枢纽"与强区富民目标的关系

中部地区的区位、资源、产业和人才等综合优势条件,决定了它在全国地域分工中的战略地位。概括为"三个基地一个枢纽",即全国重要的粮食生产基地、能源原材料基地、高技术产业及现代装备制造基地和综合交通运输枢纽。这种定位不仅符合中部地区的区情,而且体现出全国经济和其他地区经济发展对中部地区提出的要求和期望。中部省区在未来发展中尤其是"十一五"时期要将这些定位目标具体化,逐步有序地推进。

值得思考的是,一直以来,中部地区就承担着全国粮食、能源原材料的生产和供给任务,为东部及全国经济的发展做出了很大贡献。而同时,也使中部地区形成了以农业、能源、原材料工业为主的产业结构,这种初级化产业结构由于本身存在着低附加值的问题,加上国家长期对煤炭、电力等上游产品的价格管制,影响了中部整体经济的质量和效益,进而也影响了经济发展的后劲和职工生活水平的提高。因此,必须将"三个基地一个枢纽"的建设与中部崛起的"强区富民"目标结合起来,才可能增强中部地区人民投身基地建设的动力,并逐步推动中部地区的产业结构升级。

为此,应考虑建立国家对中部地区初级产业的补偿机制。比如,从国家粮食安全的战略出发,为粮食主产区设立粮食安全保障基金、粮食风险基金,让非粮食主产区分担部分责任;加大中央财政对中部地区农田基本建设的投入;建立衰退产业退出机制,并在政策和资金上予以支持,如政策性破产、帮助脱困等。与此同时,要鼓励中部资源型地区发展深加工,延长产业链。特别是大力发展农产品加工业,目前仅河南一个省的粮食年加工能力已达到 270 亿公斤,占全省全年粮食总产量的 63%,成为带动农业、农村发展的重要力量。

五、"专有性"政策与"比照性"政策的关系

实现中部地区的崛起,一方面要靠本地区自身的努力,同时也需要国家的政策扶持。早在 2004 年的全国经济工作会议上就提出:"国家要从政策、资金、重大项目布局等方面给予中部积极支持,抓紧研究支持中部崛起的政策措施。"可见,国家将制定专门针对中部地区的一些特殊支持性政策。由于自 2000 年以来国家相继出台了支持西部大开发和东北等老工业基地的政策措施,再出台"专有性"区域优惠政策的空间很有限,因

而，国家促进中部崛起的政策，应考虑更多地比照西部开发政策或东北振兴政策来制定。

较多的采取"比照性"政策的一个基本原因，在于中部地区的经济发展水平和结构特征与西部地区和东北老工业基地有很大的相近性或相似性。以衡量地区发展水平的综合指标——人均地区生产总值（GRP）比较，中部人均GRP虽比西部略高，但都在全国平均水平之下（中部和西部大约分别相当于全国的80%和60%），而且与东部沿海地区的差距都在拉大。从产业结构特征看，中部与东北地区有很多相似，如能源原材料工业比重较大，老工业城市和资源枯竭型城市较多，而且都是全国重要的商品粮基地。

因此，国家的西部开发政策和东北振兴政策中的许多方面，中部地区都可以参照实施。比如，中部可以参照西部开发的税收优惠政策，对到中部地区设厂办公司的内外资企业一律按15%征收所得税。国家针对东北老工业基地的一些政策措施可以延伸到中部地区，支持中部老工业基地能源原材料工业和装备制造业的发展；实行增值税由生产型向消费型转型试点；加大对中部老工业基地国债资金、技术改造、财政税收和金融支持力度；加快推进国有企业改制和主辅分离，解决企业办社会问题，在社会保障、职工安置等方面参照执行东北老工业基地改造的各项优惠政策；加强对中部老工业基地的环境治理，在中部地区实施煤炭沉陷区治理工程，并比照东北地区的办法，将中央补助的比例提高到50%，等等。"比照"性政策的结果是区域优惠政策的扩大化、普惠化。但对中部地区而言，争取国家给予的主要不是优惠政策，而是平等政策。即形成公平的政策环境，使中部地区与其他地区一样，在资金、项目、人才引进，以及产业发展等方面处于相同的竞争地位。

第二节　中部崛起战略几个问题的深化研究[①]

"十一五"时期，中部崛起将成为我国区域协调发展的一个战略重点，有关研究成果和政策建议层出不穷，各有各的真知灼见。为使中部崛起战略进一步落到政策的实处，可能在若干方面，如中部地区的概念、意义、目标、途径以及政策，等等，都还尚需做进一步深入的研究。

---

① 撰稿人：刘勇，国务院发展研究中心/南昌大学中国中部经济发展研究中心。

一、中部地区的概念需要深化

之所以要崛起中部地区首先因为该地区正在塌陷,不利于我国区域经济的协调发展。当然,这里中部地区不是人们一般所说的安徽、湖北、河南、湖南、江西和山西等6省区组成的"小中部"的概念,而是指在"小中部"基础上,加上西部地区人口和城镇密度与中部地区相近的重庆、四川、陕西、甘肃、宁夏、云南、贵州和广西等在内共14个省区组成的"大中部"的概念。笔者认为,现行三大地带的划分没有很好地反映出我国宏观区域经济的两个基本特点:一是我国人口和城镇分布以黑龙江漠河到云南腾冲一线明显分为高密度地区(251人/平方公里,2000年数据)和极稀疏地区(11人/平方公里,2000年数据)的基本态势;二是我国地区差距最大梯度出现在东部(包括东北)与中西部之间(2004年为2.66:1),而中西部之间的差距很小(2004年只有1.81:1)。考虑以上两个因素,可将我国宏观区域经济重新划分为新的三大地带:新东部地带,包括原东部地带和东北地区;新中部地带,包括现行中部6省区和现行西部人口和城镇高密度地区;新西部地带,由现行西部地区人口和城镇极稀疏地区组成。按照这个新的三大地带的划分,这个新的中部地带或"大中部地区"就成为我国人口数量最多、经济发展水平最低的地区,塌陷现象赫然显现(见表2-1)。

表2-1　　　　　　　我国"新三大地带"的基本情况

地　区	面积 数值(万平方千米)	面积 比重(%)	人口 数值(万人)	人口 比重(%)	地区生产总额 数值(亿元)	地区生产总额 比重(%)	人均地区生产总额(元/人)
各省合计	960	100.0	126 050.0	100.0	135 539.1	100.0	10 753
新东部(现行东部和东北地区)	170.43	17.8	54 113.4	42.9	86 236.0	63.6	15 936
大中部	312.69	32.6	66 915.9	53.1	44 700.4	33.0	6 680
新西部	478.26	49.8	5 020.7	4.0	4 602.7	3.4	9 168

资料来源:《中国统计年鉴(2004年)》。表中人口、地区生产总值为2003年数据。

"中部兴、全国兴"是十分正确的,但只适合大中部,小中部并没有塌陷,也不是经济发展水平最落后的地区。大中部地区人口占全国的53.1%,地区生产总量占全国的33.0%,人均生产总值仅为6 680元,只有全国平均水平的62.1%，因此只有大中部兴起来了，全国大部分人口才能兴起来，全国才能兴起来。中部地区范围的扩大，还更加符合"牛肚子"理论的要求，只有中部地区越大，中部崛起的力度才会越有力，也才会更有意义。事实上，我国西部大开发战略完整的表达是："实施西部大开发战略，促进中西部地区的发展"，希望在实施过程中，不要忽视后半句话。

二、中部崛起的意义需要深化

中部崛起绝不仅仅是西部开发、东北振兴的必然延伸。事实上，从更深层次看中部崛起应该是我国工业化发展到中期阶段，对我国区域经济协调发展的必然要求。众所周知，我国工业化中期阶段对整个国民经济和社会发展具有多方面的重大意义，就区域协调发展而言，主要有以下几方面的影响：

工业化中期阶段是工业化快速扩张时期，中部地区将是未来我国工业化的重点发展地区。目前我国东部地区正处于结构升级阶段，需要向外转移大量的劳动密集型产业，发展资金与技术密集型产业，国际上发达国家制造业向发展中国家转移的速度也在不断加速、转移的地区范围也在不断扩大。我国中部地区正好处于中期阶段，具有良好的承接工业化扩散的能力，可以而且应当成为接受东部劳动密集型产业转移和国际制造业产业转移的主要承接地，成为未来我国工业化和区域发展的重点地区。相对而言，西部地区尚处于工业化初期阶段，承接工业化的能力尚比较差，需要进一步打好基础，搞好扶贫工作，为工业化快速发展创造条件，如果盲目超前"西进"发展，有可能再次出现"三线"建设那样的浪费和失败，事实上目前西部开发主要的任务就是基础设施和生态环境建设，是符合西部发展阶段要求的。当然，这并不排斥西部符合条件的产业接受外来辐射的可能性和做法。

工业化中期阶段是地区发展差距出现缩小趋势的转折时期，中部地区将成为缩小地区发展差距的起点。从"三带一区"看，我国东部和东北地区与中西部之间的发展差距最大，中部地区投资效益明显高于西部地区，其区域发展的外溢效果也高于西部地区，因此缩小地区差距应当从中部做起（这并不否定扶贫工作以西部为重点的区域协调发展的另一个重要思路）。从省区差距看，未来我国省区间差距将由"宝塔型"向"纺锤型"过渡，也就是处于中等发达地区的省区将不断增加并成为数目最多的省区，实现这种转型主要靠中部崛起。

工业化中期是区域发展政策转型时期，区域发展政策将由"两头抓"向"取中"政策转变。所谓"两头抓战略"是指工业化初期国家把经济相对发达和相对落后的地区作为政策考虑的重点，对前者实施鼓励和提升政策，促使其不断创新和升级，积极参与国际市场竞争并有效发挥区域经济的"火车头"或"龙头"的作用。对后者实施扶持政策，改善基础设施条件，不断提高其自我发展的能力；而"取中战略"是指进入工业化中期国家把经济发展处于中等水平的地区作为政策考虑的重点，通过政策倾斜，促使中等发达地区在经济发展水平不断提高的前提下，努力扩大中等发达地区的覆盖范围和面积，使其成为在整个全国区域经济中占据最大范围和面积的经济类型地区，这将有效地保持区域经济发展的稳定性，从而有利于区域经济协调和均衡发展。显然，在工业化中期区域政策转型时期，国家发展支持的重点应当为中等发达和中部地区（相应地，西部落后地区主要靠社会政策来继续加以扶持）。

三、中部崛起的目标需要深化

中部崛起的目标应当包括总量目标和区域目标。从总量目标看，既然是崛起战略，那么大中部地区未来发展总量目标就应该是，在国家必要的支持下，经过一段时间的努力使大中部地区的人均生产总值超过全国平均水平的一定比例，如10%左右。为此，可以考虑按照以下三步来实现这个总量目标：第一步是缩小与全国平均水平的距离，即从2005～2010年，利用"十一五"时期5年的时间，使大中部地区人均生产总值与全国平均水平的差距缩小到75%左右。这就要求到2010年，大中部地区生产总值在全国的比重达到与其人口在全国的比重75%的水平，也就是说，由2005年的34.0%（估算值），提高到38.5%左右。要完成这一目标是需要做出十分艰巨的努力的。第二步是与全国平均水平持平，即从2010～2020年，利用10年的时间，使大中部地区的人均生产总值达到全国平均水平。这就要求到2020年，大中部地区生产总值在全国的比重达到与其人口在全国的比重一样的水平，也就是说，由2010年的38.5%，提高到51.3%左右。第三步是高于全国平均水平10%，即从2020～2030年，再利用10年的时间，使中部地区的人均生产总值超过全国平均水平10%的目标，从而以实现崛起的目的。这意味着，大中部地区生产总值在全国的比重，要由2020年的51.3%继续提高到2030年的56%左右。

从区域目标看，大中部崛起的目标就是要依托若干城镇群兴起，成为全国经济的第四增长极。改革开放以来，按照建立我国沿海和沿江的"T"型宏观区域经济格局的构想，我国沿海地区快速发展，目前已基本形成了"长三角"、"珠三角"（改革开放初广东省的经济发展水平还低于全国平均水平）和环渤海三大全国性的经济增长极，有力地带动了全国经济的发展。然而，沿江地区由于地处内陆，应该形成的全国性的增长极没有建立起来。在实施西部大开发战略中，中部地区成为协调我国东西部协调发展的杠杆和桥梁地区。统筹区域经济发展战略的提出进一步突显了我国中部地区崛起的重要性。统筹区域经济发展的前提是空间市场的一体化，而中部地区是我国"东西交汇、南北沟通"的枢纽区和中转站，是空间市场一体化的整合点。因此，我国区域经济东、西、南、北的统筹和协调发展，全国统一大市场的形成，有赖于一个相当强的实力的中部地区的支撑和整合。可以说，中国区域经济的协调发展和全国统一市场的形成需要中部地区的迅速崛起为重要前提条件。

"十一五"时期，我国宏观区域经济格局将增加一条南北向的国家级开发轴线，即京哈—京广（京九）轴线。这条新的开发轴线基本上将中部地区连接了起来，并与沿江轴线交汇于湖北武汉市。中部地区一些主要的重点开发地区，如武汉城市群、郑州中原城市群、长株潭城市群、环鄱阳湖城市群以及皖南沿江城市群等，都分布在这条重要的国家级经济发展的轴线上。这些重点开发地区正好可以借着中部崛起的东风，努力实现建设成为新的全国性经济增长极（或增长极群）的夙愿。目前，无论是从区位条件还是经济实力看，这些中部地区的重点开发区都已具备了承担建立全国性新的增长极的历史重任的条件。特别是武汉及武汉城市圈具有得天独厚的居中及沿江的区位条件，腹地广阔、农业基础好、交通便利优势，今后要进一步加大开放的力度，采取更加有吸引力的地方政策，为各方提供更加便利的投资环境条件和经商的平台；要加紧争取落实和建设武汉国际机场和全国性铁路大枢纽，使九省通衢更加名副其实，并真正成为交通和制造业的"中国的芝加哥"。

四、中部崛起的途径需要深化

根据中部地区独特的居中的区位条件，中部地区应该实施以满足国内市场需求为导向的"国内经济大循环"战略。这是促进中部崛起的必然选择。

第一篇 中部地区经济发展问题研究

从市场需求的角度看，经济发展有外向型和内需型两种基本模式，它们各有其长处和不足。就外向模式而言，其长处是，能有效参与国际分工，获得专业化、规模化、技术进步较快等带来的巨大经济利益；不足的是，受国际经济和贸易波动的影响较大，对国际分工层次较低的发展中国家来说，经济发展被动性大，稳定性差。内需模式的长处是，有利于综合发展，经济发展主动性大，稳定性相对较高；缺点是效益低，技术进步慢，缺乏活力。事实上，在当今全球化加速发展的时代，除极少数国家和地区外，极端封闭的纯粹内需型发展模式已很少见到，多数情况是外向和内需在某种程度上的结合模式。不同的国家或地区，对这两种模式的适应程度也不同。一般说来，面积较小、人口较少、发展阶段较低的国家和地区多采取外向型主导的经济发展模式；而面积较大、人口较多、发展阶段较高的国家和地区则多采取内需主导的内需和外向结合的模式。

改革开放以来，在参与"国际经济大循环"理论和由该理论直接引申出来的"沿海地区优先发展"战略的指导下，我国东部地区外向型经济得到了极大的发展，大大地增进和提高了整个国民经济的实力和水平，也带动了全国其他地区经济的相应发展。进入20世纪90年代后期以来，国际和国内经济形势发生了很大变化，仅靠外向型经济难以继续确保我国经济的快速增长，也难以有效解决我国经济面临的一系列问题。一方面，曾经为人们所津津乐道的新经济能够彻底消除经济周期的预言并没有实现，世界经济仍然受到经济周期的影响，各发达国家，尤其是日本和欧盟一些成员国，经济出现了较长期的经济衰退，美元不断贬值，世界贸易市场竞争日益激烈，对我国对外贸易将产生一定影响。另一方面，我国沿海地区外向型经济发展已经形成一定的规模，虽然未来继续发展还有很大的空间，但难度也越来越大。国际上新竞争者的不断出现、贸易保护主义抬头以及对我国出口商品反倾销诉讼案件增加等，都将制约我国外向型经济进一步健康的发展（近年来，外贸净出口对我国经济增长的贡献已呈下降趋势）。另外，我国国民经济健康发展还面临着许多难题，如"三农"问题、就业问题和基础设施落后问题，解决这些问题仅靠外向型经济是不够的，要继续保持我国经济长期快速健康的发展，就必须寻求新的出路。

事实上，与满足国际市场需求的外向型经济相对应的是以满足国内需求的内需经济，可相应地称之为"国内经济大循环"，是保持国民经济健康发展的另一个轮子。近年来，扩大内需，积极发展内需型经济已成为保持我国经济较快增长的重要政策措施之一。参与"国际经济大循环",积极发展外向型经济,与实现"国内经济大循环",大力发展内需经济是并行不悖的。应将两者有机地结合起来,努力争取它们的长处,克服它们的短处,以更加有效地实现我国经济快速健康协调的发展。

近年来,在我国实施的扩大内需政策绝非权宜之计,而是一项长期的经济发展政策,是我国经济发展模式转变的必然要求,是保持未来经济长期增长的需要,同时也是促进区域经济协调发展,控制地区差距继续扩大的必然选择。扩大内需,建立内需型经济,使中西部拥有了更多的参与发展的机会。事实上,西部大开发就是扩大内需的重要组成部分,既扩大了内需,又促进了西部经济的发展,同时还有利于我国内需型经济的发展。由于东部是以外向型经济为主的地区,因此,建立内需型经济的任务实际上就落在了中西部地区的肩上。而中部地区由于其相对较优越的居中的区位及已有的工业基础条件,有可能成为建立内需型经济,满足国内市场需求的最佳地区。

当然,在此需要着重指出的是,所谓内需型经济,绝不是封闭型经济,只是指在满足市场需求的导向上,以国内市场需求为主的经济。内需型经济同样需要对外开放,需要引进外资和国外先进技术和人才(主要是内需型的外资与技术),同时,也不排除向国外出口的可能性(还可以通过为东部外向型经济提供中间产品实现间接出口),特别是在加入WTO,国际国内市场日益一体化之后的今天。

五、中部崛起的政策需要深化

从区域政策发展和转型的角度看,中部崛起给大家一个重新考虑我国区域政策体系的机会。目前,在设计我国中部崛起政策中明显地存在以下两种意见。

(一) 现有区域发展战略和区域政策的延伸——建立中部崛起领导小组办公室

这种意见主张,维持现有分散式的区域政策基本框架不变,可以比照东北振兴和西部大开发的做法,成立中部崛起领导小组办公室(也可不成立机构,关键是制定崛起政策,下同)。未来促进中部崛起的具体政策也比照东北振兴、西部大开发以及东部开放政策来确定,大体内容包括:

1. 东北老工业基础政策的延伸。包括率先免征农业税政策的加速推广；增值税转型的延伸；完善城镇社会保障体系建设的推广；企业分离办社会职能等改革试点的推广；对部分行业和企业在税收、银行贷款、项目核准、投资支持等方面采取灵活优惠的政策的延伸等。

2. 西部开发政策的延续。包括加大基础设施建设的力度——中西部统一考虑；进一步重视生态环境保护和建设；科教扶持政策的延伸；地方特色产业政策的延伸等。

3. 促进中部崛起的特有政策。包括进一步完善粮食生产基地的扶持政策；加快农村综合配套体制改革试点工作；农业良种研发基础和推广体系建设；农产品加工龙头企业的扶持政策；大流通体系建设；鼓励城镇体系建设的政策；等等。

（二）按照市场经济体制的要求建立全新的规范的区域经济政策体系——建立全国区域经济发展协调委员会

这种意见主张，利用目前我国制定中部崛起政策难得的机会，针对尚缺乏系统全面的缩小区域发展差距的区域政策体系的现状，建立全国区域经济发展协调委员会（也可不成立机构），并相应制定具有中国特色的、规范完善、具有可持续性的区域政策体系，从而在制度上确保我国区域经济能够得到协调健康地发展。具体说，我国规范、完善和可持续的区域政策应当包括以下三大部分：

1. 建立区域经济协调发展的内在"稳压器"，创建相对公平的区域竞争平台。改革税收体制，在统一税制的前提下，进一步完善分税制，建立主要税种的累进税制。分税制要向省区以下的地方政府延伸，尽快实现一级政府一级财政的目标，同时还要扩大地方政府在税收立法上的权限。需要实施累进税制的税种主要是增值税、营业税、消费税和企业所得税等（目前我国只有占税收收入比重较小的个人所得税实行了这种税收制度），这些税种的累进税制将为我国经济均衡和协调发展，建立起一个内在的"稳压器"。从区域发展看，主要税种的累进税制可以通过税收的差异求得地区间发展条件上的大体一致，从而有利于区域经济的协调发展。

2. 完善分税制和改进累进税制结合，进一步加大财政性地区转移支付制度的建设，建立明确的地区财政支出平衡机制，保证公共服务水平的均衡化。"十一五"时期，在进一步加大财政性地区转移支付制度的建设上，可以做两点：一是逐步实现各省区公务员名义工资上的大体一致；二是在社会保障体系省级统筹基本完成的基础上，加快全国统筹目标的实现。

3. 以问题地区为重点目标，制定区域投资优惠政策。财政转移支付主要是解决公共开支相对均衡的问题，经济发展的相对均衡则主要靠政府对落后地区给予的投资优惠政策来解决，为此，要构建针对问题地区的专项区域投资倾斜政策体系。目前，我国主要的问题区包括贫困地区（过疏地区）、老工业基地（过密地区）、矿业城市地区、粮食主产区等。国家确定的592个扶贫开发工作重点县主要集中在中西部地区，今后，要继续实施西部大开发战略，进一步加大扶贫工作的力度，同时还要加大西部人口向东中部和生态移民的力度，以加速区域协调发展的进程。我国老工业基地主要分布在东北及中部地区，今后，可充分发展工业基础雄厚、区位条件好以及综合资源优势明显的特点，通过加大改革和改造的力度，围绕装备制造业和能源原材料优势产业的强化发展，尽快实现振兴的目的。矿业城市地区、粮食主产区和初步显现膨胀病的大城市地区都应当制定专门的政策，以解决这些地区发展中面临的突出问题，促进区域经济协调发展。

第三节 "中部崛起"战略发展模式的选择[①]

"中部崛起"是继沿海开放、西部大开发和东北等老工业基地振兴之后我国又一个区域发展战略。制定切实可行的"中部崛起"战略规划和采取正确的发展模式十分重要。中部地区发展进程中要根据各地的比较优势和具体特点，"实现三个结合，组合三种模式"，即"中部崛起"战略一定要与东部地区结构升级、西部开发和东北等老工业基地振兴等区域发展战略相结合，选择可持续的复合型战略模式与发展机制。

改革开放以来已经保持了26年快速增长的中国经济，目前可以说进入了一个十分重要的转折时期。能否再保持20年左右的快速增长与发展，举世瞩目。从经济学原理来看，一个国家要保持持续的经济增长要么需要保持持续的生产要素投入，要么通过技术创新来实现生产要素组合方式的改变，或者二者同时实现。从周期角度来看，一个国家要保持持续的经济增长主要取决于保持持续的生产要素投入。由于资本是不断积累的，劳动

---

① 撰稿人：肖金成，国家发改委国土开发与地区经济研究所/南昌大学中国中部经济发展研究中心。宋立，国家发改委国土开发与地区经济研究所。

力成本优势能否保持往往成为一个国家持续快速增长的关键。东亚的一些小经济体，正是因为无法实现劳动力投入的持续增长，最后在不可避免的劳动力成本上升压力下出现了产业外移而使高速增长难以持续。从中国经济发展轨迹来看，过去20多年的高速增长主要是在沿海地区的带动下完成的。当沿海地区不可避免地出现"边际收益递减"现象的时候，如果西部地区、老工业基地和中部地区进入快速发展轨道，中西部地区的后发增长再促成全国20年的持续快速增长，就可以有效地克服东亚小经济体持续高增长过程中面临的劳动力成本上升、土地紧张等约束，依靠丰富的劳动力资源优势，使中国经济高速增长再持续几十年，实现现代化目标。正是从这个意义上来看，"中部崛起"不仅关系到区域经济均衡发展、实现区域统筹协调、建设和谐社会大局的重大战略部署，也是全面建设小康社会、实现可持续发展的重大举措和保证中华民族伟大复兴的客观需要和战略选择。

作为国家的又一个区域发展战略，"中部崛起"战略具有一定的后发优势，可以在充分总结前几个区域战略经验教训的基础上制定切实可行的发展模式和战略措施。首先，实施"中部崛起"要避免陷入认识上的误区。一是不要把"中部崛起"问题复杂化、理想化、情绪化，甚至政治化。要吸取西部大开发政策出台初期的一些经验教训，政策宣传和鼓舞人心是必要的，但不能止于宣传，需要实干，更不能进行非理性的过分煽情和概念炒作。要防止无限吊民众胃口、最后难以兑现，甚至误导地方和群众的现象发生。二是要避免把"中部崛起"概念地理化。能够作为经济梯度转移和政策扶持着力点的中部不能局限于地理位置和行政区划上的中部地区，而应当是作为第二梯度的中等发达地区即经济上的中部，除了地理上的中部外，还应当包括东部的西部（山东西部、河北南部、福建西部等不发达地区）和西部的东部地区。三是要避免把"中部崛起"政策孤立化，与其他区域战略割裂，而应当与东部地区的产业结构升级和低端产业的区际转移相结合，应当与西部开发的第二步安排和老工业基地的第二步战略结合起来，构建整体最优化的区域政策组合，使各种区域战略和措施政策之间形成良性互动，发挥合力。四是要避免把中部发展道路简单化，忽视或轻视体制改革和机制转换，变成单纯的要投资、要政策。中部崛起应当多在体制改革、机制转换和新的发展机制及增长方式的探索方面下工夫，探索出真正符合中部地区特点的发展模式和发展机制。

一、改革开放以来我国不同地区的代表性发展模式

从各地经济发展的经验来看，作为一个地域广阔的大国，全国各地的经济发展和工业化进程不可能齐头并进，必然呈现出不同的区域特征。改革开放以来我国经济取得突飞猛进的发展，逐渐形成了具有增长极性质的珠江三角洲、长江三角洲和环渤海地区等经济相对发达的高增长区域。这些高增长地区在我国经济总量中的份额越来越大，对于我国经济快速增长和发展做出了较大的贡献。珠江三角洲、长江三角洲和环渤海地区等在一定程度上代表着中国经济的三种主要成分和产业结构的不同组合。珠江三角洲是以三资企业为主、民营经济和国有改制股份制经济为辅的轻工和电子产业密集区域；长江三角洲是民营经济、三资企业和国有改制股份制经济三足鼎立的轻工、电子和装备工业密集区域；环渤海地区则是以国有改制股份制经济为主、三资企业和民营经济为辅的装备、电子和轻加工工业相对密集的区域。如果进一步从经济发展的战略模式和发展机制来看，可以说基本形成了"外资密集开放地区"、"内生性高增长地区"和"改造再生的老工业基地"等三个经济发展比较快、形成了具有一定特色的经济发展区域，以及相对应的"外部投资密集推动的外生性发展模式"、"民营中小企业带动的内生性发展模式"和兼具前二者特点的"改革推动的老工业基地改造更新模式"三种重要模式。全国其他地区的经济发展机制在一定意义上也是以上三种模式的变形或派生组合（见表2-2）。

表2-2　　　全国不同地区经济发展机制或动力模式比较

类　型	发展机制或动力模式	代表性地区或城市
基本类型	1. 外部投资密集推动的外生性发展模式	特区、海南、昆山
	2. 民营中小企业带动的内生性发展模式	浙江、江苏（前期）
	3. 改革推动的改造更新模式	重庆、武汉、沈阳
派生类型Ⅰ	4. "外生+内生"二合一模式	广东、福建、苏南
	5. "外生+改造"二合一模式	大连、青岛、天津
	6. "内生+改造"二合一模式	西安
派生类型Ⅱ	7. "外生+内生+改造"三合一模式	上海

外部投资密集推动的外生性发展模式，就实质而论，在相当程度上是一种新的"嵌入式"的经济发展模式，由跨国公司和国外企业主导，与国际产业发展和技术创新基本保持同步发展。由于其"嵌入式"的特点，外资密集开放地区经济发展模式对全国大部分地区来说可推广性较差，其

成功经验难以大面积推广，至少不能通过大规模引资的方式直接走"外部投资密集推动的外生性发展模式"。处于"外部投资密集推动的外生性发展模式"周边的其他地区，在该地区发展到一定规模或阶段、外资因为成本或其他因素开始外移时，可以通过产业或资本在地区之间的梯度转移，接受已经与国内资本结合、实现本土化的外国资金转移，间接地走"外部（国）投资密集推动的外生性发展模式"的道路，或接受发达地区的国内资金和产业转移，走外部（地）投资密集推动的新的"外部投资密集推动的外生性发展模式"的道路。内生性高增长地区主要依靠国内民间资本，走的是以轻型制造业为主的低成本扩张道路，形成了一定的产业集群和区域特征，进一步发展并不意味着要发展信息产业等典型的高技术产业，而是需要加快技术创新和提高技术含量，发展新技术产业，从相对单纯的低成本优势向低成本与高技术含量兼顾转变，同时要注意将工业化与城市化结合起来，调整和优化产业布局，实现产业聚集效应，内生性高增长地区的经济发展进程内生于我国的具体国情环境之中，在一定意义上比较接近工业革命初始阶段的发展模式，对全国其他地区具有一定的可模仿、可推广的性质。老工业基地地区包括解放前形成的东部工业基地和"一五"、"二五"和"三线建设"时期依靠布局和沿海企业迁入内地形成的嵌入型工业（城市）基地，这些地区的传统制造业基础和科研实力比较强，有些传统产业的比较优势在内生性高增长地区后起产业的竞争压力下逐渐丧失的同时，高新技术产业近年来获得了快速发展，因此，老工业基地地区的新型工业化，应当是在大力发展信息产业等高新技术产业的同时，加快传统制造业的体制改革、结构升级和技术改造步伐，有效发挥技术优势，用高新技术成果改造传统产业，以信息化带动工业化。计划经济时期，全国大部分地区通过国家布局和自身积累的方式，发展了一批国有企业，创建了一些规模不等、水平各异的老工业基地，因此，通过传统产业和老工业基地改造的方式加快经济发展和工业化的模式也具有一定的普适性和可推广性。

二、"中部崛起"战略实施中的发展模式选择

全国其他的大部分地区，包括中部地区及部分东部和西部地区等，由于不可能吸引大量的外商投资，因而没有较强的科技力量和高新技术产业，更没有充满活力的民营加工业企业，现有工业基础是以传统国有或国有控股企业为骨干的加工业为主，既缺乏技术优势，又缺乏体制优势和机

制优势，发展高新技术产业的基础比较差，实现工业化的任务更加艰巨，面临的困难和问题也更多。因此，中部地区发展进程中需要选择有效的发展模式。

总体来看，中部地区要根据各地的比较优势和具体的特点，有效组合上述三种模式特点，并与国家的东部地区结构升级、西部开发和老工业基地改造战略相结合，选择复合型的发展战略模式，即"实现三个结合，组合三种模式"。

短期来看，需要更多地借鉴老工业基地发展的成功经验，以现有的老工业基地等发展极为依托，与国家老工业基地振兴改造战略相结合，走改革推动的老工业基地改造更新道路。尤其是在启动阶段要依靠已有的包括中心城市在内的各种区域和产业发展极的带动，依托武汉、洛阳、西安、重庆、成都等具有一定比较优势的老工业基地，率先在局部突破，带动全局。

中期应当重视吸引国外和发达地区资金，发挥其技术和管理的辐射带动作用以及西部地区人才东流的推动作用，与东部地区结构升级和产业转移以及西部开发战略相结合，走"外部投资密集推动的外生性发展模式"道路。要充分利用靠近东部地区的地理优势，与东部沿海开放战略相结合，利用东部地区结构升级、产业向中西部地区梯度转移的机遇和中部作为全国梯度转移过程中的接力站或二传手的优势，实行梯度转移对接战略，吸引国内外尤其是东部地区的资金、技术和管理人才，在中部地区迅速形成一定的聚集效应，形成以长沙—武汉—郑州—洛阳—西安—成都—重庆为内环的腹地经济圈，使国家经济地理的中心区域逐步发展成为经济地理的重心地带。

长期来看，中部地区稳定可持续的发展模式必须依靠体制改革和技术创新，与体制改革和科教兴国战略相结合，更多地走依靠民营中小企业带动的内生性发展模式。中部省份尤其要依托农业地区的优势，发展现代农业和农产品加工业，延长产业链，形成以当地丰富的劳动力和农产品资源为依托、以中小企业为主体的现代农业和农产品加工产业集群。

老工业基地和省会城市等，是中等发达地区的增长极和"中部崛起"的主要带动力量，大致可以划分为两种类型：一是武汉、郑州、长沙、合肥、南昌等近年来民营经济及高技术产业发展较快的省会城市；二是太原、株洲、洛阳、大同等主要依靠老工业基地改造获得较快发展的地区。民营经济及高技术产业发展较快的老工业基地初步形成了兼具"改革推动的老工业基地改造更新模式"和"民营中小企业带动的内生性发展模式"二者特点的"内生+改造"二合一模式,下一步要注意进一步吸引国内外资金,包括直接吸引国外投资以及东部地区的外资和民间资本的转移,选择并逐步形成以"改革推动的老工业基地改造更新模式"和"民营中小企业带动的内生性发展模式"为主,兼有"外部(外国、外地)投资密集推动的外生性发展模式"特征的"外生+内生+改造"三合一模式。主要依靠老工业基地改造获得较快发展的地区,要进一步发展民营经济及高技术产业,同时要利用相对更加接近东部发达地区的区位优势,下一步要注意进一步吸引国内外资金,包括直接吸引国外投资以及东部地区的外资和民间资本的转移,选择以"改革推动的老工业基地改造更新模式"为主、兼具"外部(外国、外地)投资密集推动的外生性发展模式"和"民营中小企业带动的内生性发展模式"特征的"外生+内生+改造"三合一的新模式(见表2–3)。

表2–3　　中部(中等发达)地区经济发展机制或动力模式选择

类　　型	发展机制或动力模式	代表性地区或城市
基本类型	1. 外部投资密集推动的外生性发展模式	皖东南、赣东南、湘南等毗邻东部省份的地区
	2. 民营中小企业带动的内生性发展模式	一般中部或中等发达地区
	3. 改革推动的改造更新模式	重庆、长沙、株洲、郑州、洛阳、太原等老工业基地
派生类型Ⅰ	4. "外生+内生"二合一模式	接近东部地区的中心城市
	5. "外生+改造"二合一模式	接近东部地区的老工业基地
	6. "内生+改造"二合一模式	武汉、西安
派生类型Ⅱ	7. "外生+内生+改造"三合一模式	

邻近东部发达地区的中等发达地区,如安徽、江西和湖南南部等中部地区,作为传统的农业地区、经济发展比较慢、工业化水平比较低、地理位置相对不利、人的思想观念比较落后的中部内陆省份,像大部分中部及部分东部和西部等其他地区一样,不可能像东南沿海地区那样直接吸引大量、集中和持续的外商投资,因而没有较强的科技力量和高新技术产业,更没有充满活力的民营加工企业,现有工业基础是以传统国有或国有控股企业为骨干的加工业为主,既缺乏技术优势,也缺乏体制优势和机制优势,发展高新技术产业的基础比较差,实现工业化的任务更加艰巨,面临的困难和问题也更多。因此,这些地区应选择有效的发展机制模式,应当

更多地采用依靠民营中小企业带动的内生性产业发展模式。同时重视发挥毗邻东部发达地区的区位优势，积极承接东部地区的产业转移，走"外部投资密集推动的外生性产业发展模式"的道路。

第四节 国家区域发展战略转型与中部地区经济崛起研究[①]

改革开放以来，中部地区在国家区域发展战略中基本上处于一个不断被边缘化的地位，在经济体制改革、对外开放等方面存在明显的制度落差。这是中部地区在全国经济发展中日渐滞后的一个重要原因。2004年，温家宝总理在《政府工作报告》中提出要"促进中部地区崛起"，意味着中部地区的经济发展终于获得了进入国家区域发展战略的历史性机遇。然而，目前国家的区域发展战略处于一个"多元化"的格局，促进中部地区崛起仅是一种区域发展战略构想。因此，如何积极响应国家提出的促进中部地区崛起战略构想，使之成为一项国家区域发展新战略，对于中部地区未来的经济发展是十分关键的。本节着力探讨当前国家区域发展战略如何实现转型、创新，如何实现中部地区的经济崛起。

一、国家区域发展战略的困局

目前国家的区域发展战略呈现出"多元化"的格局。在5年左右的时间内，国家先后出台了西部大开发、振兴东北地区等老工业基地两个区域发展战略，以及中部地区崛起、CEPA与大珠三发展等区域发展战略的构想。如此频繁的调整或者变化，与理论上国家区域发展战略谋求解决全局性、重大的区域发展问题，要求战略实施保持较长时期的稳定性等基本属性相背离。这说明目前中国的国家区域发展战略陷入了某种困局。

为什么国家在近期对区域发展战略做了多次的调整？笔者认为，国家的基本出发点有两个：一是试图解决改革开放以来内地经济发展长期滞后的问题。有学者认为，内地与沿海之间存在着经济发展的"断层"，二者经济发展不协调，不仅阻碍了内地经济的发展，同时也制约了沿海地区及全国的经济持续发展。同时，内地经济发展长期滞后使得区域发展的公平

---

① 撰稿人：覃成林，暨南大学经济学院/南昌大学中国中部经济发展研究中心。

问题在国家区域发展战略决策中的影响日益凸显。在国家区域发展战略决策中，重视区域发展公平、促进内地经济发展已成为一项重要而紧迫的任务。二是力求保持国民经济的持续、快速增长，提高总体竞争实力，在新世纪实现中国在世界的崛起。这是中国在新的发展战略机遇期内所必须把握的大局。因此，继续保持沿海地区的经济增长活力，特别是激发珠江三角洲地区、长江三角洲地区、环渤海湾地区的一轮经济快速增长，是国家区域发展战略所不能放弃的目标。

由此我们看到，中国的国家区域发展战略自然就陷入了一个困局。这个困局的表现是，在国家区域发展战略决策中，解决内地经济发展滞后问题与促进沿海地区的新一轮经济快速增长、提高国家的国际竞争力是不可能相互替代的，因为，这两个方面对中国未来发展的重要性是相当的。因此，国家就要分别实施西部开发战略、振兴东北地区等老工业基地战略以及提出促进中部地区崛起战略构想。但是，在沿海地区，珠江三角洲地区因外资北上、产业转移而经济增长速度放慢，同时，为了促进香港地区和澳门地区的经济复苏，国家利用CEPA试图促进粤港澳三地的经济一体化，整合资源，优势互补，启动大珠江三角洲地区乃至华南地区的新一轮经济增长。长江三角洲地区的经济一体化和经济增长趋势良好，是中国承接世界制造业转移，参与国际竞争的最重要区域，因此，保持和增强其经济发展趋势是国家区域发展战略的重要议题。环渤海湾地区蕴含的巨大经济增长潜力因行政因素的干扰、一体化机制的缺失而没有得到发挥，其经济发展水平居于珠江三角洲和长江三角洲之后。所以，从促进该地区的经济快速发展，带动华北、东北等地区的经济发展来看，环渤海湾地区必然也要纳入国家区域发展战略重点的框架之中。显然，同时实施这些区域发展战略必然遇到资源供给短缺的强约束。在国家直接投资能力和政策供给能力一定的情况下，假定给各区域平均分配国家的资源投入，则必然会"稀释"国家资源投入的效力；假定按需给各区域开发所需的投入，则国家"一定"的资源供给满足不了各区域经济发展的需求；假定国家给各区域的投入差别很大，或者给有的区域投入、给另一些区域不投入，则会面临区域发展公平的压力，增大地方与中央之间、地方与地方之间的利益矛盾。还有一点值得重视，国家分别制定和实施的多种区域发展战略之间缺乏有机的联系，难以解决区域之间的经济发展问题，不利于实现区域之间经济的协调发展。

二、国家区域发展战略的转型——多极网络发展战略

如何破解上述国家区域发展战略的困局。出路在于推动国家区域发展战略的转型，采用新的区域发展战略，系统地解决中国经济发展中的区域问题。这里，笔者提出一种新的国家区域发展战略——多极网络发展战略。

针对全国区域经济发展，多极网络发展战略的基本内涵是选择若干大都市区或者增长核心区，进行重点开发，使之成为带动相关大区域经济发展、平衡全国区域经济空间格局的国家级区域经济增长极；促进这些国家级区域经济增长极与所在大区域的经济联系网络、空间组织网络的发育，逐步实现经济一体化；促进国家级区域经济增长极之间的经济联系网络、空间组织网络的发育，以便在各大区域之间建立经济发展的关联互动机制，逐步实现全国区域经济的协调发展。这里需要说明的是，国家级区域经济增长极不是一个城市，而是大都市区或者称之为增长核心区。所谓"增长核心区是由区域内主要增长中心城市与其周边若干次级增长中心及周围地区所共同形成的经济社会要素密集、对区域经济发展具有组织作用，代表区域发展竞争力的经济活动集聚区"。在多极网络发展战略中，可以作为国家级区域经济增长极的大都市区或增长核心区一共有7个，即以上海为中心的长江三角洲地区，以广州、香港为中心的大珠江三角洲地区，以北京、天津为中心的环渤海湾地区，以武汉为中心的长江中游地区，以重庆、成都为中心的成渝地区，以郑州为中心的中原地区，以西安为中心的关中地区。它们的区域经济空间组织功能分别是：长江三角洲地区是华东地区的经济增长极并辐射长江流域，大珠江三角洲地区是华南地区的经济增长极并辐射周边的西南、华南部分地区，环渤海湾地区是华北地区和东北地区的经济增长极，长江中游地区是中部地区南部的经济增长极，成渝地区是西南地区的经济增长极，中原地区是中部地区北部的经济增长极，关中地区是西北地区的经济增长极。

多极网络发展战略的重点之一是促进上述七个国家级区域经济增长极的发展，在它们之间建立发达的空间组织网络。以它们为依托，增强大区域之间的经济联系，建立相互依赖的互动关系，促进全国区域经济的协调发展。中国还处在工业化进程中经济快速增长的阶段，根据国外区域经济发展的经验，在这个阶段促进要素的空间集聚，对于实现全国经济的持续、快速增长是十分重要的。在上述七个国家级区域经济增长极中，虽然长江

三角洲地区、珠江三角洲地区开始出现了部分劳动密集型产业的外移，但是，要素向这两个地区大规模集聚的趋势仍然没有改变。对其而言，重要的是通过要素置换，促进高素质要素向其集聚。对于其余四个国家级区域经济增长极，关键是提高对要素的吸引力，扩大要素集聚规模。除此之外，还需要强化这七个国家级区域经济增长极中之大都市的区域性金融服务中心和管理控制中心的功能，以及技术、制度、文化的创新功能，并且把增长极地区建设成制造业中心。从而，加快其经济发展，提高其经济竞争力和对区域经济发展的组织、协调能力。七个国家级区域经济增长极之间的经济联系网络发育需要以发达的空间组织网络为基础。在空间组织网络建设方面，重点是在七个国家级区域经济增长极之间建设由高速铁路、高速公路和航空线路组合而成的高速运输通道，以及由有线和无线通讯干线、互联网组合而成的高速信息通道，并且形成多通道的高速运输和信息传递环路。同时，利用西电东输、西气东输、南水北调等重大的能源和水资源调配工程，加强七个国家级区域经济增长极之间的空间联系和依赖。

在多极网络发展战略中，联系上述七个国家级区域经济增长极与所在大区域的经济联系网络、空间组织网络主要是要素市场网络、商品和服务网络、企业组织空间网络、政府经济管理体系、民间的行业组织网络，交通网络、信息网络、能源供给网络、水资源供给网络等，以及由各级各类城市所组成的经济增长中心体系（一般可理解为城市体系）。这些网络基本都是以国家级区域经济增长极为中心向所在的大区域扩展、延伸，相互耦合、增进功能，从而在国家级区域经济增长极与所在大区域之间形成多种方式、多种通道的复合联系网络。多极网络发展战略不同于过去以某个大区域为对象的区域发展战略，试图把各大区域统筹起来，系统地解决中国的区域经济发展问题，实现区域经协调发展。笔者认为，实施多极网络发展战略，可以获得如下预期效果。

第一，能较好地处理区域经济发展中的效率与公平关系。多极网络发展战略通过三个途径可以同时实现效率与公平的要求。一是在每个大区域建设一个国家级的区域经济增长极，作为国家进行区域开发的重点。由于每个国家级区域经济增长极都是所在大区域的经济重心所在，同时也是全国经济发展的重心所在，因此，这些国家级区域经济增长极发展起来了，既能有效带动所在大区域的经济发展，又能实现国家经济增长的目标。二是中国的区域公平问题基本上都是以大区域为单位表现出来的。对区域公平的抱怨主要体现在对国家区域经济发展战略所造成的发展机会不公平方面。因此，在每个大区域都建设一个国家级区域经济增长极，意味着给每个区域的经济发展都设置了一台发动机，形成一个区域热点，客观上，防止了某些大区域在国家区域经济发展战略中被边缘化。这一点是非常重要的，必须引起高度重视。笔者认为，边缘化现象在导致某些区域经济发展滞缓的同时，也会使国家经济发展因这些区域受政策约束，其经济发展潜力没有得到开发而付出高昂的机会成本和公平成本。改革开放之初，国家没有把上海作为对外开放的重点，致使上海的对外开放滞后于4个经济特区10余年，不仅严重影响了上海这个中国最具影响力的经济中心的发展，同时，国家也为此付出了很大的机会成本。由此不难理解，诸如武汉、重庆、成都、西安和郑州等中西部地区的经济中心城市在改革开放后也是长期处于国家区域发展战略之外，其所带来的问题完全是相同的。而且，中西部地区因此而滋生了对国家区域发展战略的不满情绪，衍生出一系列的涉及社会公正、反贫困、民族团结、社会稳定等问题。中国经济社会的发展为之付出了较高的公平成本。三是借助于各个国家级区域经济增长极与所在大区域的经济联系网络和空间组织网络，可以把大区域内的各个城市和地区纳入到经济发展的大潮之中，获得发展的机会，既能激活它们的经济发展潜力，又有利于解决区域内部的公平问题。

第二，能较好地促进区域经济协调发展。多极网络发展战略选择了七个国家级区域经济增长极进行重点发展。如前所述，依靠这七个增长极，就可以基本上构造一个全国区域经济发展的相对均衡的空间格局。同时，这个战略非常强调通过经济联系网络和空间组织网络将各个国家级区域经济增长极与所在大区域紧密地联系在一起，并将各个国家级区域经济增长极也紧密地联结在一起。各种网络的综合作用，无疑会促进区域之间的开放，促进区域之间的要素流动和资源整合，促进区域之间的学习和创新，进而促进区域之间的分工与合作，形成关联互动、共同发展的局面。

第三，能较好地协调区域经济发展中政府与市场的关系。在多极网络发展战略中，中央政府的职责是规划和重点建设国家级的区域经济增长极，以及关键的空间组织网络。这样，就可以在很大程度上避免对区域进行全面开发所导致的政府资源供给短缺或者是开发政策的相互冲突。至于各个国家级区域经济增长极如何发挥对所在区域经济发展的带动或组织作用，各种经济联系网络的发育，以及空间组织网络的建设等则主要依靠市场机制。中央政府在其中则主要运用政策来进行诱导，放宽限制，在很多方面不必直接参与。

第四，能较好地保持区域经济布局的相对均衡，有利于提高国家的经济战略安全性和可持续发展性。多极网络发展战略构造了多个国家经济战略安全的支撑点，同时，通过这些点的开发及网络的作用，将在更广阔的空间里、更多的空间层次上吸纳各种资源和要素投入到经济发展之中，因而，对于提高国家的经济战略安全和可持续发展都会更为有利。

三、多极网络发展战略中的中部地区崛起策略

在多极网络发展战略的框架内，如何实现中部地区的崛起呢？这里，笔者主要从国家的角度探讨有关的策略。

1. 将以武汉为中心的长江中游地区、以郑州为中心的中原地区列为国家区域经济发展的战略重点，促进其经济起飞。以武汉为中心的长江中游地区、以郑州为中心的中原地区是中部地区南北两个战略区位所在。在多极网络发展战略中，它们既是位于中部地区的两个国家级区域经济增长极，对于组织和带动中部地区的经济发展至关重要，同时又是国家区域经济空间组织网络中连接东西、沟通南北的两个关键性节点。特别需要指出的是，它们邻近东部地区、具有较好的发展基础，对它们进行重点开发，将会在不大幅度增加企业区位转移的空间成本、提供更大的市场空间和较好的产业发展环境的前提下，诱导东部地区的外商投资向中国内地扩散，从而有利于扩大中国对外商投资的吸引力，有效应对印度及中东欧地区对国际资本的竞争；同时，吸引东部地区的部分产业向中部地区转移，对东部地区产业结构升级提供支持。

与沿海地区的三个国家级区域经济增长极相比，以武汉为中心的长江中游地区和以郑州为中心的中原地区的经济实力较弱，经济发展水平急需实现高层次突破。为了促进这两个地区的经济起飞，国家首先需要对其功能定位、发展方向、经济宏观布局等进行总体规划，作为其经济发展的指导方针和政策依据。其次，通过财政转移支付、税收减免、增加信贷等方式对这两个地区的公共设施建设、环境治理、人力资源开发等给予必要的直接投入，并在能源、交通和信息等领域建设若干具有区际意义的大型工程，为启动这两个地区的经济高速增长进程创造必要的条件。再次，也是更为重要的一点，国家必须给予这两个地区充分的经济市场化改革和对外开放的自主权限，允许它们在比照过去上海浦东开发开放政策的基础上，进行改革和开放的制度创新。国家通过制度创新权限的下放，激励这两个地区创造更有利于集聚要素、吸引外资企业和东部地区企业、降低企业外

部成本的政策环境，增强其经济活力。最后，为了促进这两个地区的发展，国家需要运用一定的政策推动东部地区的要素和企业向这两个地区转移，形成新的集聚趋势和经济热点地区。这方面的政策可以是产生激励作用的优惠政策，也可以是产生排斥、压力作用的强制性政策。如对于东部地区的劳动密集型和部分资源密集型产业，国家可以通过提高土地、能源、水资源、工资等要素成本迫使其向这两个地区转移。如果它们选择以武汉为中心的长江中游地区、以郑州为中心的中原地区作为区位，则给予一定时限内的税收优惠。

2. 加快建设以武汉为中心的长江中游地区、以郑州为中心的中原地区通往其他五个国家级区域经济增长极的高速交通和信息通道，为其吸引东部地区的产业转移、集聚经济要素创造条件。交通和信息网络的发展可以有效地提高区位的可进入性，大幅度降低要素向该区位流动和企业向该区位转移的成本，为该区位上的要素、企业提供新的发展机会。国家支持以武汉为中心的长江中游地区、以郑州为中心的中原地区的经济发展所需要做的一项重要工程就是规划和建设其通往大珠江三角洲、长江三角洲、环渤海湾地区，以及成渝地区和关中地区的高速交通和信息通道。具体地讲，国家除了尽快建设京广高速铁路和陇海高速铁路之外，还需要修建沿长江的高速铁路。扩大原有高速公路的通行能力，并在长江中游地区与中原地区之间，以及它们与大珠江三角洲地区、长江三角洲地区、环渤海湾地区、成渝地区、关中地区之间新建不同走向、多路径的高速公路，形成高速公路网络。将武汉和郑州机场建设成为国际空港。以武汉、郑州为节点，构建以光纤数字传输、无线通讯为主干，互联网、电信网、电视网等多网合一的信息网络。

3. 推动中部地区内部的经济一体化。中部地区内部联系松散，靠近沿海地区的省份纷纷谋求加入到珠江三角洲、长江三角洲、环渤海湾地区的经济"势力"范围。这种状况不仅削弱了中部地区对国家经济增长的贡献，更重要的是因缺乏区域整体观念而大大降低了中部地区在国家区域经济发展战略决策中的影响力。这也是导致中部地区长期处于国家区域经济发展战略边缘的一个重要原因。

在多极网络发展战略中，国家重点建设以武汉为中心的长江中游地区、以郑州为中心的中原地区，将为中部地区形成两个增长极。作为区域经济空间组织的核心，这两个增长极的率先发展，通过要素、企业的集聚与扩散作用，将会增进中部地区内部的联系，启动经济一体化进程。

国家需要通过政策或一定的行政手段，推动中部地区内部的开放。首先，引导中部地区各省在实现中部地区崛起的路径方面达成共识，形成只有相互开放，才能实现资源共享、优势互补、相互促进、形成合力，进而才能真正实现中部地区崛起的理念。其次，督促各省及各地市撤销不利于资源、要素自由流动，妨碍企业跨区域投资、商品和服务跨区域供给的地方政策和关卡，降低微观经济主体的外部成本，提高要素配置的效率。在这个方面，国家可考虑允许中部地区通过所有制改革，建立以非国有经济为主体的所有制结构，从而大幅度削弱甚至消除中部地区内部产生市场分割、地方保护的体制基础。同时，督促中部地区加快实施《行政许可法》，严格限制地方政府对要素自由流动和企业自由投资的干预。再次，帮助和参与中部地区各省建立协商对话机制，促进地方政府之间、地方政府与企业之间沟通信息，以利于达成共识、开展合作、解决争端和化解矛盾。

4. 推动地方政府改革与创新。实现中部地区崛起，除了国家的推动之外，地方政府的作用是至关重要的。无论是中部地区的市场化进程，还是中部地区的对外开放，在很大程度上取决于地方政府的制度供给和创新，这是一个重要的前提。从现有的机构设置、职能划分、运行机制、决策效率、管理能力等方面看，中部地区地方政府满足不了中部地区崛起对政府服务的需求。为此，国家需要着力推动中部地区地方政府的机构和职能的改革与创新。从推动市场化进程、专职宏观经济决策、维护市场经济秩序、提供公共服务这四个方面，对中部地区的地方政府机构进行精简、整合，真正调动地方政府谋求实现经济起飞、谋求区域经济长远发展的积极性和创造性。在中部地区崛起中，地方政府的职能有三个：一是制度供给，也就是根据市场经济的基本要求，以扩大微观经济主体的自由度、降低其政府附加成本为导向，依据国家颁布的《行政许可法》，改革一切束缚微观经济主体的现行政策，建立维护市场经济秩序的新制度。二是规划与控制，对中部地区崛起的具体实施方案进行科学规划，引导微观主体的行为，使之符合中部地区崛起的大局。三是服务，主要是公共服务，包括交通、通信、教育、保健、文化、社会保障等。

第五节　长江中游城市群的整合与发展前景[①]

任何一个城市群的发展，都是一个动态演进的过程。最早呼吁"三

---

① 撰稿人：秦尊文，湖北省社会科学院经济研究所。

圈合一"的是包括湖北省社会科学院专家在内的一些学者，值得庆幸的是，这个呼吁终于得到了"三圈"内的城市积极响应。这里引述2005年12月28日宜春新闻网的一篇文章《宜春：加入武汉经协区欲追长三角冲刺第四极》："2005年11月19日，注定为长沙值得'记忆'的一天，长江中游武汉经济协作区第十一次市长联席会议在此召开，31位市长用睿智的思维为武汉经济协作区注入了新思想：将长株潭城市群、武汉城市群、赣北城市群打造成为'三小时经济圈'，将其建成继长江三角洲、珠江三角洲、环渤海之后第四个快速增长的经济区。"在这次会议上，31位市长联署的《呈请国家支持武汉经济协作区加快发展的政策建议》中，针对税收政策、土地政策、"三农"问题政策、基础设施建设政策等，提出了8大设想，请求政策支持，并要求国家突出强化城市群在区域经济协调发展中的作用，明确城市群在区域发展中的战略地位。这份建议得到了国务院的高度重视。2006年3月5日，温家宝总理的《政府工作报告》中明确指出，在中部崛起中要充分发挥城市群的作用。2006年3月27日，中央政治局召开会议研究促进中部地区崛起工作。会议指出，促进中部地区崛起，要"稳步推进城市群的发展，增强对全国发展的支撑能力"。这意味着，中央对中部城市群发展的期望很高，即中部城市群不能仅限于自身发展或带动本地区发展，而且要为全国发展提供支撑——就是要成为全国经济增长的一极。从现实情况来看，这一极很可能是全国第四极。

根据城市群裂变与聚变的原理，以长江中游三省为例，探讨省际城市群之间的融合，并展望长江中游大城市群的建立与发展前景。

一、城市群的裂变与聚变

（一）城市群的裂变

城市群在形成的过程中，核心城市起着极其重要的作用。在经历了极化阶段以后，城市群区域的地域结构进入了相对稳定期。城市群地域结构的更大的转换取决于城市群边缘地区新极的产生过程，这就是城市群裂变过程，即"二次极化"（见图2-1）。

由于城市群区综合交通网的发展特别是城市群边缘地区与核心地区快速综合交通走廊的建立，城市群边缘地区产生新的增长极。新的增长极的极化作用导致城市群边缘地区地域结构的重组，形成新的城市组群，城市

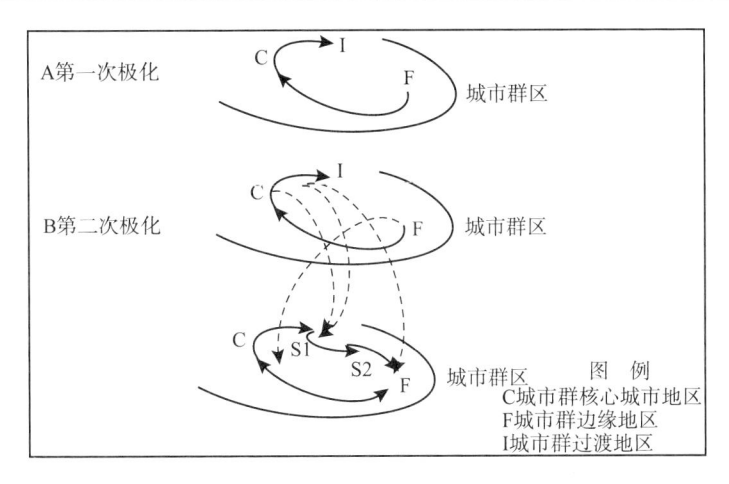

图 2-1 城市群的裂变过程

群地域结构产生了根本的变化。当然,新的城市组群的产生也是在城市群核心城市的极化作用的宏观背景之下进行的,深深地打上了城市群核心城市影响的烙印。城市群的裂变不一定是原单一城市群中核心城市实力的衰退,往往是原核心城市仍在迅速发展,而原边缘城市实力以更快速度增长从而形成新的"势力范围",当然这个范围很可能仍在老牌核心城市更大的"势力范围"内。以上海为核心的长江三角洲大城市群内,就包含有南京都市圈等中小城市群。

(二) 城市群的聚变

在存在城市群裂变的同时,更存在着城市群的聚变的情形。这可能更代表城市群的一种发展趋势。在我国,京津唐城市群、辽中南城市群和山东半岛城市群存在着聚变为一个城市群的趋向;武汉城市圈、长株潭城市群、昌九城市带这三个城市群,也有整合为一个城市群的可能。这里,我们以三个城市群为例来研究城市群的聚变模型。

在图 2-2 中,共有三个相邻的城市群,它们相互独立,自成一体。A、B、C 这三个城市群各自有完整的立体网络,从图中可以看到,A 下面有一个六边形底座,而 A 与六边形底座共同构成一个立体锥形;另外的 B、C 两个城市群的情况也一样。不过,在两个城市群之间还有一些孤立的城镇尚未融入相邻城市群,如在 A、B 间的 a,在 A、C 间的 d。

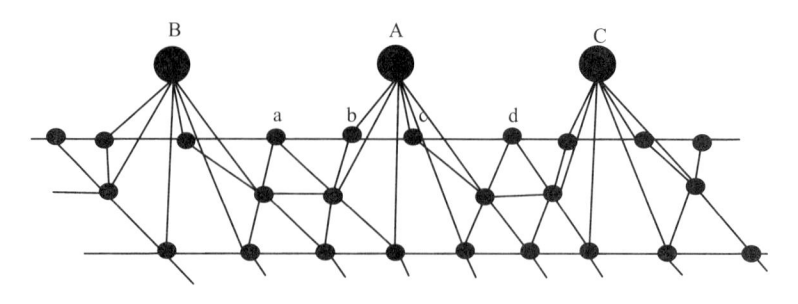

图 2-2　三个邻近城市群各自的网络体系

图 2-3 显示了这三个城市群是如何整合为一个城市群的：

1. 有一个核心城市（A）在这三个相邻城市群中率先崛起，实力超出另外两个城市群核心城市（B、C）较多，从而成为"三合一"城市群的首位城市。

2. 三个核心城市（A、B、C）社会经济联系加深，图中在 A、B、C 之间用双箭头表示三者之间的联系，而在图 2-2 中 A、B、C 之间则没有线条连接。

3. 原城市群之间的孤立城市成为新城市群联系的桥梁，融入到城市群中接受核心城市（含首位城市）的辐射，如图 2-3 中的 a 与 A、B 都有双箭头连接，d 与 A、C 也都有双箭头连接。

4. 核心城市超出原自身"势力范围"而与其他核心城市的"势力范围"发生密切联系，如图中的 B 与 b、C 与 c（用双箭头连接）。至此，一个新的大城市群就出现了。

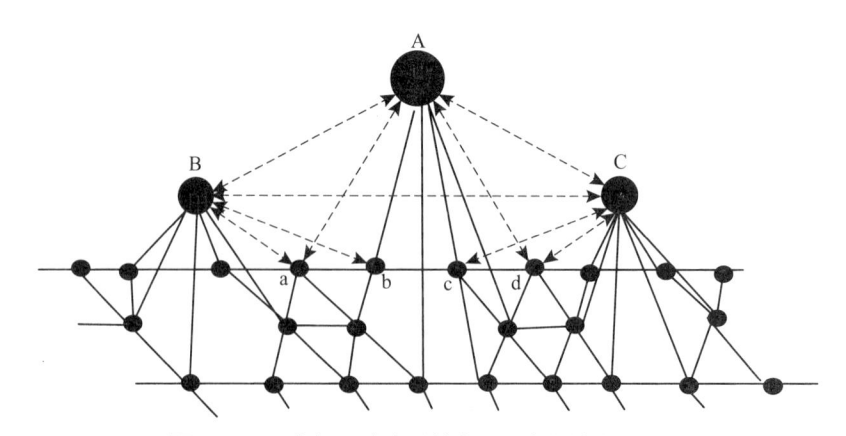

图 2-3　三个邻近城市群整合为一个新的大城市群

如果说，城市群的裂变不一定是大城市群解体，那么，城市群的聚变就更不一定意味着原小城市群的消亡。在图2-3中，B、C两个核心城市的"底座"仍然存在，其小城市群的网络体系仍然可以保留，只不过是嵌套在一个大的城市群下面。

二、长江中游城市群的整合条件

（一）相邻城市群辐射层的重叠

在相邻的几个城市群中，往往存在其核心城市的辐射范围部分重合的可能。武汉城市圈辐射层的范围，南至长沙，北抵郑州，东到南昌、合肥，西接宜昌、襄樊，与长株潭城市群、昌九城市群的辐射层大部重合；而长株潭城市群的辐射层，向北包括了湖北南部，向东则包括了江西西部，而这些地区也分别是武汉城市圈和昌九城市带的辐射层；昌九城市带的辐射层则覆盖了湖北东南部，影响到了湖南东北部。可以看出，这三个城市群的辐射层相互之间有部分重叠。其实，这种情况在图2-3中已经得到了反映，其中的a、d就接受相邻两个城市A、B的辐射。不过，三个城市圈辐射层的重叠不是对等的，武汉城市圈辐射层半径在300公里以上，而长株潭城市群、昌九城市带的辐射层半径大约在200公里、甚至150公里以内。

相邻城市群辐射层的重叠，是客观存在的。正是因为有这种重叠，使得相邻城市群的融合发展成为一种必然，并使城市群的聚变成为一种可能。特别是那些原处于城市群之间的孤立城市（如岳阳）成为新城市群联系的桥梁，并由原小城市群的辐射层进入大城市群的紧密层。

（二）汉长昌高速环路已经成型

早在1997年11月，江西省交通厅专家江景和在"面向21世纪中部地区发展战略"研讨会上，就提出湘鄂赣共建汉长昌高速公路环路的建议。经过10年的建设，汉长昌高速公路环路实际上已经基本成型：武汉—长沙、株洲早已有京珠高速公路连通；武汉—南昌段，早在20世纪90年代初中期就修建了武（汉）黄（石）、黄（石）黄（指黄梅，到黄梅小池经九江长江大桥与九江相连）、昌九（南昌—九江）高速公路；近几年，随着沪瑞（上海—云南瑞丽）高速公路在江西、湖南境内的加快推进，南昌—株洲也已有高速公路连通。

汉长昌高速公路环路长度和环路上城市间的平均距离较为适中。环路全长约1 060公里，从武汉出发，经咸宁—赤壁进入湖南，经临湘—岳阳—汨罗—长沙—株洲—醴陵进入江西，经萍乡—宜春—分宜—新余—樟树—丰成—南昌—永修—德安—九江进入湖北，经黄梅—黄石—鄂州回到武汉，沿线经过22座县以上城市，平均不到50公里一座。这样的距离进行城市和产业布局，既不狭小又不会过于分散，既便于重点集中又有回旋的余地（见图2-4）。

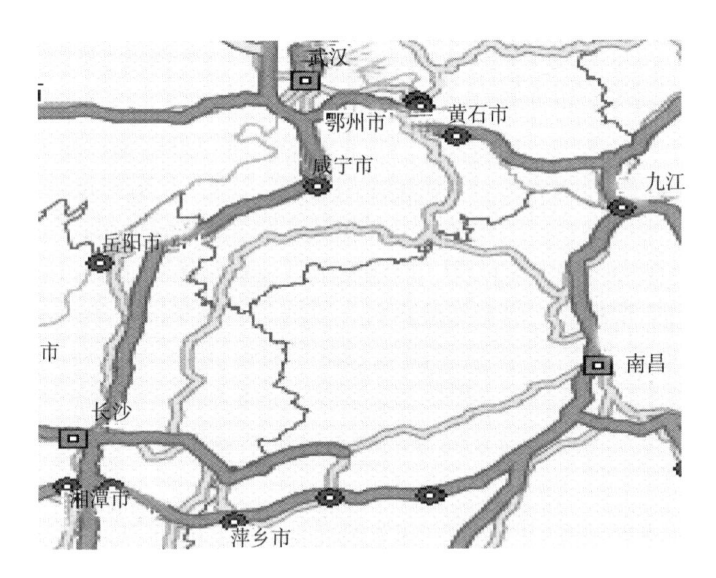

图2-4 汉长昌高速环路

汉长昌高速公路环路的建成，把三省城市化水平较高的地区"圈"在了一起。城市化发展的不平衡，不仅表现在三省之间不平衡（湖北比江西高出较多），也表现在三省内部的不平衡，如湘东与湘西，鄂东与鄂西，赣北与赣南。其中江西最为典型，南部与北部城市化水平相差15～20个百分点。但三省城市化水平较高的地区正好相连，呈"品"字形分布。与武汉城市圈、长株潭城市群相比，昌九城市带实力较弱，汉长昌高速环路的建成和长江中游城市群的整合，使昌九地区面临着产业整合和升级的机遇。如汽车工业，除了内部可考虑以江铃汽车、昌河实行资产重组，组建一个企业集团外，还可考虑与武汉的汽车产业形成战略联盟，实现融合发展。再如石化工业，除了整合内部的九江石化、昌九化工，构建一体化的大型企业集团外,还可考虑与长江中游城市群的武汉石化、荆门石化、巴陵石化分工合作,各展所长,各得其所。

(三) 文化经济联系十分紧密

文化的认同,是城市群形成的凝合剂、发展的催化剂。从文化的演化来看,楚文化是湘鄂赣相邻三个城市群文化的代表性文化。湖北是楚文化的主要发源地,湖南的湘楚文化是楚文化的重要支脉,江西处于"吴头楚尾",其赣文化深受楚文化的影响。从文化的内涵看,楚文化、湘楚文化和赣文化都包含了自强不息、艰苦奋斗的理想追求,崇尚科学、无私奉献的人生态度,汇聚吸纳与扩散各种文化因素,具备豁达开放、求变求新、奋发图强的心理特征。这些共同的文化基础使得该区域的人们在进行经济建设时,比较容易形成共同的目标、观点,增强了彼此之间的认同感。同时,武汉历来为这一地区的文化科教中心。在武汉国家直属8所高校历年高考招生的生源中,除湖北本省外,湖南、江西总是处在最前列。湘、赣方言,对于北方人来说如同外语,但鄂东鄂南人基本上都能听懂并可交流。

这一地区还是中国近代工业的主要发源地,"汉冶萍"很早就把三省经济紧密地联系在一起。同时,武汉也是这一地区的经济中心,为使长江中游地区或中部地区形成一个板块起到了重要作用。武汉的这种地位是历史形成的,很久以来,武汉就是这一地区的中心城市。毛泽东在《湖南农民运动考察报告》中就提到,湖南农村有钱人"头等的跑到上海,二等的跑到汉口,三等的跑到长沙"。启动于1987年的武汉经济协作区是我国中部最大的经济合作组织,现今已囊括了武汉、长沙、南昌、黄石、荆州、宜昌、十堰、襄樊、黄冈、鄂州、孝感、咸宁、仙桃、荆门、潜江、石首、天门、岳阳、常德、益阳、湘潭、株洲、九江、景德镇、上饶、宜春、萍乡等31个城市,面积近40万平方千米,人口1.5亿。2007年协作区GDP过20 000亿元,全口径财政收入约2 000亿元。如果说,汉长昌高速环路的成型为长江中游大城市群的形成提供了硬基础,那么,运行了21年的武汉经济协作区则确实提供了很好的软基础。

三、整合后的长江中游大城市群有可能冲刺第四极

早在2000年,中国科学院课题组的一项研究就得出结论:以武汉为核心的长江中游经济圈,正在成为继珠江三角洲、长江三角洲、环渤海经

济区后，中国第四个快速发展的经济增长极。2003年全国政协十届一次会议期间，民盟中央提出了建立以武汉为核心，以长沙、南昌为支点的长江中游经济区的建议。随着中国经济和世界经济逐步走向以城市经济发展为主导的时期，将三省的单项优势有机结合成整体优势，使之成为带动中部经济发展的增长极是完全可能的。长江中游地区要在下一轮竞争中占有一席之地，就必须走联合的道路，通过分工协作，建立具有竞争力的城市群或城市带。2005年，著名经济学家林毅夫指出："从目前情况看，中部的一些交通枢纽地带有一些城市具备有交通带来的发展潜力，比如武汉、郑州、长沙等，但还多是单个城市，没有像东部一样形成城市群，还是'点'，而不是'面'，而能否形成'面'，取决于中部自身经济和市场容量的扩大以及西部地区的发展程度。"

整合后的长江中游城市群，可形成颇具规模的一个"面"，使现在的三个"一小时城市圈"变为一个"三小时城市圈"，而长三角、珠三角、京津唐城市群都属于"三小时城市圈"。其中，武汉城市圈与昌九城市带地理上已经相连，长株潭城市群正在扩容，吸纳岳阳、益阳后也与武汉城市圈、昌九城市带接壤。学界早有"武黄九城市群"和"武黄九城镇带"的提法，这是有事实依据的。从武汉到九江已经形成了城镇密集带。不仅在武汉到黄石间密布着小城镇，而且这种状况一直延伸到九江。从黄石市西塞山区出发顺江而下，约100公里的江岸上密布着15个大小城镇，平均7公里一个城镇，这还不包括沿黄（石）黄（梅）高速公路和武九铁路布置的城市和小城镇。因此，"武黄九城镇带"的提法是成立的。如果说武鄂黄城镇带是现有武汉城市圈的核心层，那么，"武黄九城镇带"很可能进入将来的大武汉城市圈或长江中游城市群的核心层。

整合后的长江中游城市群，对于冲刺第四极具有十分重要的意义。第一，有利于长江中游地区成为全国市场中心。长江中游地区是全国经济地理重心所在地，特别是由于汉长昌高速环路"具有全国最强的维系功能（所辐射的骨架线路有14条，通达相邻的九省市）"，加上四大铁路干线（京广、京九、浙赣和正在建设的沪汉蓉沿江铁路）、长江干流和汉水、湘江、赣江三大支流，显示出长江中游地区居中独厚、维系四方的区位优势。第二，有利于加速形成"大城市群"（Megalopolis）。"三圈合一"，将把现有的三省精华地区整合在一块，也使现有的三个中小城市群连成一体，可以向全国一级城市群迈进。第三，有利于长江巨大城市群带的形成。长江中游一级城市群形成后,由于皖江城市带的连接作用,又使得两大一级城市群连为一体,有可能形成世界上最大的"超级"城市群——长江中下游城市群连绵带。而长江中游城市群与长江三角洲城市群这一全世界第六大城市群、全国三大增长极中最大的一极产生联动,将更有利于在中部地区催生出"第四极"。

第二章 中部经济发展的特征研究

第一节 中部地区经济发展总体水平"塌陷"特征研究[①]

从20世纪80年代国家实施沿海地区优先发展战略,到20世纪末实施西部大开发战略,再到21世纪初实施振兴东北地区等老工业基地战略,我国中部地区一直被置于全国区域发展战略重点之外,成为国家区域发展战略中被边缘化的地区。2000~2003年,中部地区人均GDP年均增长速度为9.35%,同期西部地区为9.57%,东部地区为11.29%,中部地区经济发展总体水平与东部地区的差距进一步扩大,与西部地区的差距日渐缩小,中部地区在全国经济发展总体格局中呈现出"塌陷"趋势。正是基于此,"中部塌陷"和"中部崛起"成为社会各界广泛关注的热点问题。近年来,学术界对"中部塌陷"和"中部崛起"进行了许多研究,马福祥等学者较早地探讨了"中部塌陷"的现象并提出了遏制"中部塌陷"的一些思路。杨云彦等学者的研究表明,自20世纪90年代以来中部地区在就业紧缩、制造业份额下降、劳动力与生产要素外流等方面表现出"塌陷"特征,并分析了中部地区被边缘化的原因及对策。周绍森等学者通过对2000年以后中部地区与东、西部地区在经济总量增长速度、人均量增长速度、固定资产投资增长率、现代化水平、消费潜力等方面的比较,也认为中部地区出现了"塌陷",并提出了中部地区跨越式发展的战略构想。也有不少学者就中部地区某个省份或经济发展的某个方面的"塌陷"与崛起问题进行了研究。这些研究工作从不同的角度探讨了"中部塌陷"的现象,并提出了遏制这种趋势的政策。但是,也存在一些有

---

① 撰稿人:覃成林,暨南大学经济学院/南昌大学中国中部经济发展研究中心;唐永,河南大学环境与规划学院。

待进一步探究的问题，一是对中部地区的区域构成认识不同，导致研究结论不易比较和验证；二是多数研究工作局限于对近几年或者某个年份数据的比较，缺乏对国家区域经济发展战略发生重大转折而导致中部地区在全国区域经济格局中地位变化的时段数据的分析；三是有的研究工作所选择的指标或方法不利于科学地揭示"中部塌陷"的特征。以沿海优先发展战略实施为起点，以西部大开发战略实施为转折点，分时段探讨中部地区在全国区域经济发展格局中的地位变迁，深入地揭示中部地区经济发展总体水平"塌陷"的特征。

一、区域界定与研究方法

国家实施西部大开发战略和振兴东北地区等老工业基地战略之后，国家"七五计划"中的中部地区只剩下山西、河南、安徽、湖北、湖南和江西。因此，文章所指的中部地区就是这六个省。为了便于进行历史的比较，文章所指西部地区包括重庆、四川、云南、贵州、陕西、甘肃、青海、宁夏、新疆。其中，不包括西部大开发战略提出时从东部地区划入西部地区的广西和由中部地区划到西部地区的内蒙古，以及经济发展比较特殊的西藏。在文章中，东部地区则只包括北京、天津、上海三个直辖市和广东、福建、浙江、江苏、山东五个新兴工业化省。

文章选择 GDP 和人均 GDP 作为反映区域经济发展总体水平的基本指标，从 GDP 占全国的比重，人均 GDP 及其距平值，GDP 和人均 GDP 的增长速度等方面，通过中部地区与东部地区、西部地区，以及全国平均水平的比较，分析"中部塌陷"的特征及程度。

考虑 2000 年是我国区域发展战略由沿海优先发展战略向西部大开发战略转换的时间点，本章采用了 1978～1999 年、2000～2003 年这两个时间段，分别考察从改革开放到实施西部大开发战略之前以及实施以来中部地区经济发展总体水平的变化特征。

二、结果与分析

（一）全国 GDP 贡献增幅的"中部塌陷"格局初现

中部地区 GDP 在全国经济增长中的比重自 1978 年以来基本没有发生太大的变化，总体上略有上升，自 1978 年的 20.69% 增长到 2003 年的 22.47%。但是，从 GDP 占全国比重的变幅看（见图 2-5），1978～1999

年，中部地区 GDP 总量占全国的比重上升了 1.28 个百分点，同期东部地区上升了 4.79 个百分点，西部地区上升了 0.48 个百分点，上升幅度表现为由东到西递减的格局。2000~2003 年，这种格局发生了变化。在这个时段上，中部地区 GDP 总量占全国的比重只上升了 0.5 个百分点，同期西部地区上升 0.6 个百分点，东部地区更上升了 6.64 个百分点，上升幅度转变为东部最大、西部居中、中部地区最低的格局。这表明，2000 年以来，三大地区 GDP 占全国比重的增幅已经略显"中部塌陷"迹象。

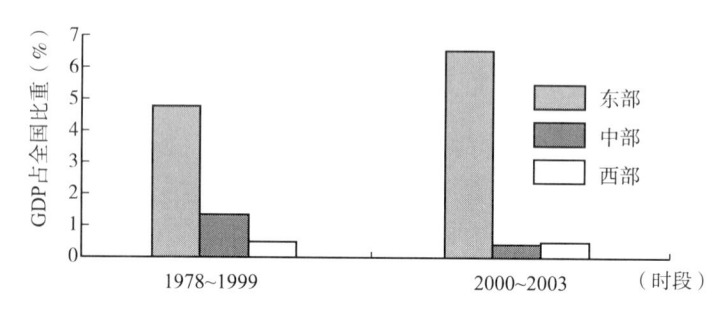

图 2-5 三大地区分时段 GDP 占全国比重增幅

中部地区各省 GDP 占全国的比重在上述两个时段间也有明显变化（表 2-4）。1978~1999 年，河南、湖北、安徽 GDP 占全国的比重呈上升趋势，而山西、湖南、江西呈下降趋势，其中，山西的下降幅度较大，其占全国的比重从 2.43% 下降到 1.84%，这种情况在三大省山西、河南、江西 GDP 占全国的比重呈上升趋势，而湖北、湖南、安徽呈下降趋势。总体来看，只有河南在两个时段中均处于上升状态，其 GDP 总量占全国的比重从 1978 年的 4.5% 上升到 1999 年的 5.58%，再到 2003 年的 6.01%。

表 2-4　　　　　　中部地区各省 GDP 占全国比重变化　　　　　　单位：%

时段	山西	河南	湖北	湖南	安徽	江西
1978~1999	-0.59	1.08	0.53	-0.01	0.40	-0.14
2000~2003	0.26	0.43	-0.09	-0.09	-0.15	0.15

（二）人均 GDP 水平格局存在"中部塌陷"趋向

图 2-6 显示，改革开放以来，中部地区人均 GDP 一直以来只及全国平均水平的 70%~80%，表明其经济发展总体水平长期以来落后于全国平均水平。

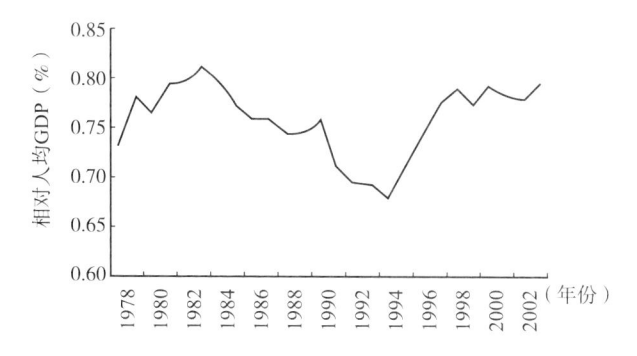

图 2-6 改革开放以来中部地区人均 GDP 距平值

图 2-7 所反映的是改革开放以来中部地区人均 GDP 距平值（中部地区人均 GDP 减去全国人均 GDP）的变化情况，从中可以看出，中部地区人均 GDP 与全国平均水平的绝对差距逐年加大并有加速之势。在 1978 年这一差距为 -100.1 元，至 1999 年增大到 -1 449.7 元，到 2003 年扩大到 -1 816.8 元。

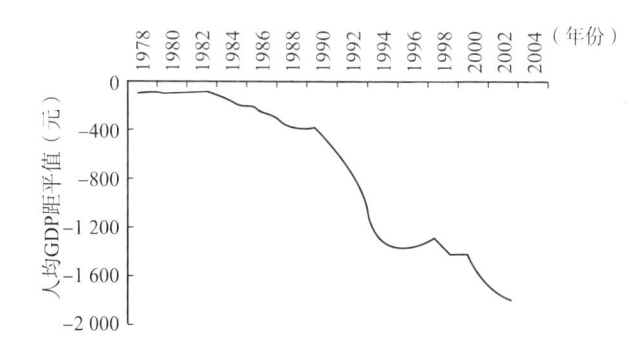

图 2-7 中部地区历年人均 GDP 距平值

图 2-8 反映了改革开放以来中部地区人均 GDP 与东部地区、西部地区差异的变化。从中可以看出，中部地区人均 GDP 与东部地区的差异自改革开放以来逐年扩大且已经相当明显，从 1978 年的 -211.4 元扩大到 1999 年的 -6 518.5 元，再到 2003 年的 -10 530.5 元。同时，中部地区人均 GDP 与西部地区的差异并不十分明显，在 20 世纪 90 年代中期，二者曾经以较快的速度扩大，至 1999 年扩大到 856.9 元，但自 2000 年以来重新开始波动，2001 年还出现了缩小的趋势。中部地区与西部地区之间

人均 GDP 差异的年均扩大速度,在 1978~1999 年期间为 22.5%,2000~2003 年期间为 8.3%,可以看出在后一时段有明显的缩小趋势。可见,中部地区经济发展水平正面临着与东部地区差距日益扩大和被西部地区日渐赶超的局面。

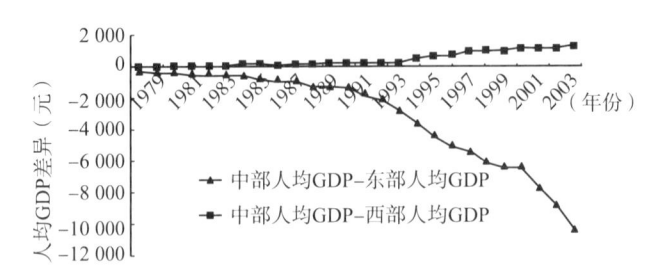

图 2-8　中部地区与东、西部地区历年人均 GDP 差异

(三) 区域经济增速的"中部塌陷"格局已经形成

从图 2-9 可以看出,自改革开放以来,中部地区 GDP 总量的增长速度一直落后于东部地区。1978~1999 年,GDP 的增长速度表现为东快、西慢、中部居中的梯度格局。中部地区 GDP 的增长速度比东部地区低 1.36 个百分点,但比西部地区高 0.15 个百分点。而在 2000~2003 年期间,西部地区经济增长速度加快,超过了中部地区。三大区域 GDP 的增长速度呈现出东、西部较快、中部较慢的格局。中部地区与东部地区 GDP 的年均增速差异进一步扩大到 2.9 个百分点,而且比西部地区还低 0.48 个百分点,已经呈现出"中部塌陷"的局面。2002 年,在我国经济总量增长最快的前 9 个省(市)中,东部地区有 6 个,分别为天津、浙江、江苏、山东、上海和广东。西部地区有青海和四川,中部地区只有山西一个省。

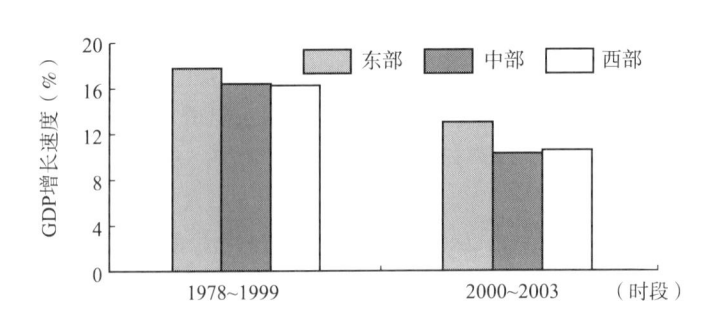

图 2-9　各地区分时段 GDP 增长速度

图2-10表明，从改革开放后到西部大开发战略实施之前，三大地区的人均GDP增速明显地表现为东部最快、中部次之、西部最慢。东、中、西的增速分别为15.17%、14.86%和14.10%，中部地区比东部低0.31个百分点，比西部高0.76个百分点。但自2000年以来，这一基本格局已被打破，人均GDP增长格局呈现出东部最快、西部居中、中部较慢的增长态势。中部地区在2000~2003年间人均GDP年均增速为9.35%，而同期东部地区和西部地区的人均GDP年均增速分别为11.29%和9.57%。中部地区比东部地区和西部地区分别低1.94和0.22个百分点。

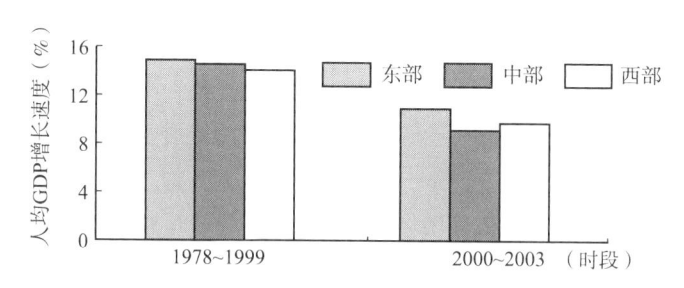

图2-10 各地区分时段人均GDP增长速度

由此可见，无论GDP总量的增长速度还是人均GDP增长速度，中部地区都已经成为三大地区中最慢的地区。也就是说，自2000年以来，在区域经济增长速度方面，"中部塌陷"的趋势业已形成。图2-11显示了在1978~1999年、2000~2003年这两个时段中部地区各省人均GDP增长速度与同期全国平均水平的距平值。

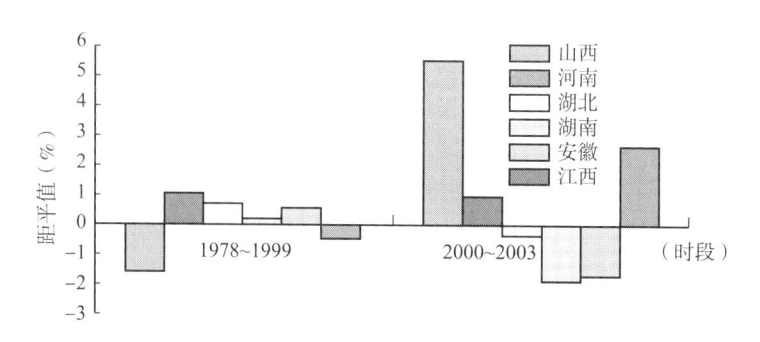

图2-11 中部各省份时段人均GDP增长速度的距平值

从前后两个时段的比较来看，1978~1999年间人均GDP增长速度低于全国平均水平的山西和江西，在2000年后转而高于全国平均水平，而在前一时段中高于全国平均水平的河南、湖北、湖南、安徽四省，在后一时段均出现了下降趋势，其中，湖北、湖南、安徽的人均GDP增长速度降至全国平均水平以下。

总结上述分析，2000年是我国中部地区与东部地区、西部地区之间经济发展格局发生重大转换的拐点。这种转换具体表现在以下几个方面：

1. 虽然改革开放以来，中部地区GDP在全国经济增长中的比重基本没有发生太大的变化，甚至略有上升，但是，自2000年开始，三大地区GDP占全国比重的增幅已经由过去的东部地区高、中部地区次之、西部地区低的格局转换为东部地区高、西部地区次之、中部地区低的格局，略显"中部塌陷"迹象。

2. 改革开放以来，中部地区人均GDP呈现出持续地偏离全国平均水平的下降趋势，与东部地区的差异持续扩大。2000年开始，中部地区人均GDP与西部地区的差异趋于缩小。可见，中部地区与东部、西部地区之间的人均GDP水平格局存在"中部塌陷"趋向。

3. 2000年开始，三大地区的经济增长速度由过去的东部地区快、中部地区次之、西部地区慢转换为东部地区快、西部地区次之、中部地区慢的格局。三大地区经济增长速度的"中部塌陷"格局已经形成。

第二节 中部区域经济发展中"马太效应"的调控[①]

一、经济发展中的马太效应

《圣经·马太福音》中有一句名言："凡是有的，还要给他，使他富足；但凡没有的，连他所有的，也要夺去。"美国科学史专家罗伯特·默顿把这种"强者越强，弱者越弱"的现象称为马太效应，描述了一种普遍的社会现象：某些个体、群体或地区，一旦在某一方面获得了成功，就

---

① 撰稿人：宋慧琳，南昌大学经济与管理学院；彭迪云，南昌大学中国中部经济发展研究中心。

会产生累积优势,有更多的机会取得更大的成功。马太效应在经济学上则一般被概括为"富者愈富,穷者愈穷"。

在人类社会的物质资源、精神资源和社会资源的配置中,马太效应普遍存在。分析其内涵,实际上,马太效应就是市场化的资源配置方式,是市场"看不见的手"将资源配置到能取得最大收益的地方。哈耶克将人类秩序分为自生自发秩序和人造秩序,马太效应是各行为主体在追求自身利益最大化的过程中,自觉、自愿地相互协调的结果,在社会的逐步演变中生成,因而它是一种自生自发秩序,而非人造秩序,反映了人类的构建理性。

自由竞争的市场经济,由于资源的逐利性,往往出现"损不足,奉有余"的马太效应。对于竞争优势者而言,由于能够借助自己的优势剥夺弱势者的部分业绩,从而取得超出自己个人能力以及一般竞争者的骄人业绩,而这种业绩又能转化为资源,进一步增强他们的竞争实力,形成良性正反馈;对于竞争劣势者,由于遭受了剥削,这种正反馈则是一种使其处境越来越艰难的恶性正反馈。这提高了市场经济运行的效率,但也不可避免地加剧了各区域经济发展的不平衡和贫富差距的扩大。

二、东、中、西部经济失衡加剧:一个马太效应的视角

20世纪80年代,为了打破平均推进和平均分配的格局,我国实施了区域非均衡发展战略,在东南沿海实行对外开放,给以政策优惠,让这些地区首先发展和富裕起来。应该说我国的区域经济推进战略是成功的,东部地区的经济得到了高速发展,但是,东、中、西部也因此出现了严重的经济发展不平衡。尤其是90年代以来,东部与中、西部经济的绝对差距和相对差距都呈加速扩大的趋势,区域经济发展中的马太效应开始显现。

进入21世纪,针对经济发展的区域严重失衡,我国先后实行了"西部大开发"和"振兴东北老工业基地"战略,在一定程度上促进了这些地区的经济跨越式发展。目前,我国区域经济发展速度呈现出新的景象:东部地区依然势头最劲,西部地区已后来居上,东北地区在加紧赶超,唯有中部地区相对滞缓,增长速度的位次呈后移之势(见图2-12)。中部地区总体上与东部地区的差距越来越大,马太效应愈演愈烈。

马太效应作为人类社会普遍存在的、调节资源利益的自发机制,其运行对经济格局的形成与转变有积极和消极双重影响。从积极方面看,它能极大地激励一个国家或地区取得更高的经济发展业绩,鼓励他们不断增强发展的动力和创造力,以形成新的发展优势,从而保持"高位";从消极

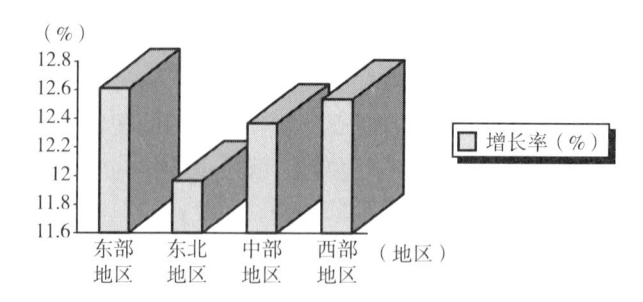

图 2-12　2005 年我国四个经济区的 GDP 增长率比较

资料来源：《中国统计年鉴（2005 年）》。

方面看，马太效应在促进发达地区经济实力增强的同时，会造成贫困地区发展经济所需的人、财、物等生产要素大量流失，增长速度滞缓。技术进步、人才流动和资本聚集等方面马太效应的生成，加剧了我国东、中部的区域经济失衡。

1. 技术进步的马太效应。现代经济发展的实践表明，技术进步已经成为经济增长的最重要的决定性因素，是经济持续增长的源泉。我国一直很重视科学技术的发展，改革开放以来，全国的科技水平得到了很大的提高。但各区域的科技发展很不均衡，基本与经济发展水平的结构一致，呈现出东、中、西部的梯次结构。各区域科技水平发展的差异直接导致了经济增长方式的不同，目前东部地区已经进入相对集约型的增长阶段（$0.5 < e_p < 1$，e_p 为全要素生产率对经济增长的贡献度），主要依靠技术进步推动经济增长；而中部地区各省还处于相对粗放型的增长阶段（$0 < e_p < 0.5$），主要依靠生产要素的高投入推动经济增长（南昌大学中国中部经济发展研究中心，2006）。经济增长方式的转变，使得东部地区经济发展的实力和潜力不断增强，而科技的发展需要大量的人才与资金投入，随着东、中部经济实力差距越来越大，技术进步的绝对和相对差距也在不断扩大，而这又将推动东、中部经济差距的进一步拉大。

2. 人才流动的马太效应。人才是经济增长的另一重要源泉。东部地区拥有社会生产力水平高、社会开放和政治程度高、研发的投入与产出高和教育发达程度高的"四高"优势，不仅为人才提供了良好的物质条件和生活待遇，而且还为他们提供了施展才华，实现价值，贡献社会的舞台。在高收入和多发展机会的双重诱因下，中部地区培养的人才大量流向东南沿海，据不完全统计，中部地区平均每年新增加的人才外流数高达

300多万。人才大量外流使中部地区人才匮乏的情况也愈加严重,特别是高层次人才(见表2-5),这大大影响了中部地区前沿科学和高新技术的传播与推广。人才流动的马太效应,在一定时期内还将进一步加剧区域和产业发展的不平衡。

表2-5　　　　2004年中部地区专业技术人员受教育程度　　　　单位:%

地区	大专	本科	研究生
全国	26.72	12.55	0.98
山西	24.93	9.49	0.49
安徽	24.93	10.33	0.43
江西	24.71	9.98	0.32
河南	27.18	10.20	0.40
湖北	28.11	11.91	1.17
湖南	27.96	10.60	0.65

资料来源:www.bjinfobank.com。

3. 资本聚集的马太效应。资本也是经济增长的关键要素之一。东部地区之所以能长期领先于中、西部地区,重要原因之一就在于资金的持续注入与合理利用。地区经济发展的资本来源主要包括储蓄转化的银行信贷、资本市场的直接融资和外商投资。东部地区经济实力强大,大量的居民储蓄为其经济发展提供了巨大的资金支持;而高水平的社会生产力与良好的投资环境也吸引着越来越多的中外投资者,据统计,2005年东部地区的外商直接投资额为3821亿元,相比之下,中部地区只有417.3亿元,只占东部地区的10.92%。更值得注意的是,在我国资本市场不断发展壮大的过程中,东部地区依靠众多的上市公司,在资本市场筹集了大量的发展资金,形成了事实上的中、西部对东部的资金转移(见表2-6),而随着民营企业上市步伐的加快,这种不均衡将进一步加剧。

表2-6　　　　我国上市公司按地区分类统计(2007年3月)

地区	安徽	湖北	山西	河南	江西	湖南	浙江	福建	上海	山东	广东	江苏	北京	天津	河北	内蒙古
上市公司	46	61	25	33	25	47	103	50	150	87	167	101	93	24	36	20

地区	四川	重庆	云南	广西	海南	贵州	陕西	宁夏	甘肃	新疆	青海	西藏	吉林	辽宁	黑龙江
上市公司	64	30	25	23	20	17	25	11	19	29	9	8	33	50	30

资料来源:中国证券监督委员会官方网站。

三、马太效应的调控与中部崛起

马太效应是一种自生自发的调节机制，它只会按其自身规律，而不是按社会要求来发展变化，这就意味着：中部地区要实现对东部地区的赶超，走出"中部塌陷"的尴尬局面，就必须调控马太效应，使其温和适度，扬长避短，做大做强优势产业，发展壮大非优势产业。而要实现跨越式的大发展，中部需要创新发展思路：

1. 国家区域经济发展政策的倾斜。经济实践表明，我国经济发展以政府主导模式为主，国家实行的区域经济政策可以改变马太效应的游戏规则。改革之初，对东部地区实行一系列优惠政策，促进了东部经济大发展。2001年实施西部大开发后，西部经济总量增速于2002年首次超过中部，并且这一态势一直持续至今。可以说，我国区域经济发展不平衡，首要原因在于国家的非均衡推进战略。因此，中部地区要走出"盆地"状态，发挥其后发优势，需要国家采取干预的手段，对中部地区实行倾斜的区域经济政策，否则，完全由市场来分配资源，必然产生马太效应，中部地区只能是被东部地区越甩越远。而且中部地区一直未得到优惠政策扶持，国家给予适度的支持是完全必要的。

2. 准确对区域发展定位。所谓"定位"是指明确中部地区在宏观区域分工中的地位或位置。改革开放以来，无论是中央还是地方，对中部地区发展的定位一直不明确，缺乏清晰的发展战略，造成中部产业结构与东部、西部有很大的同构性，结构调整步履维艰。因此，中部地区结合区位优势，找好自己的定位，从整体上把握地区发展战略，十分关键。

3. 善用别人的力量。欠发达地区想破解马太效应，在竞争中获胜，就必须先学会造势，善于借助发达地区的力量。因此，中部地区可以一方面直接学习和利用发达国家、沿海地区成熟的技术和经验，从而减少自己发展过程中的风险成本；另一方面可以承接东部的产业技术转移，虽然技术上略逊一筹，但建设周期也较短，安排劳动力相对较多，以此为起点，借助外力有可能直上新的"台阶"，从而发挥欠发达地区的后发优势。

第三章　中部经济问题的方法研究

第一节　中部粮食主产区城镇化进程中农村土地变化的 GIS 分析和对策研究
——以江西省为例[①]

城镇化是实现中部崛起的战略保证,中部地区的农村城镇化有利于促进农业产业化经营和乡镇工业的健康发展。城镇化为乡镇企业的发展提供了广阔的空间,而以当地粮食为原料的乡镇企业的发展将会促进粮食的就地加工,有效地缓解或解决因农业增产而产生的农民卖粮的问题,同时还能提高粮食产品的附加值,延长农业产业链条,优化农村产业结构,增加农民收入。在耕地总量有限的情况下,随着农村人口的不断增加,人口与耕地的矛盾将会越来越大,对生态环境的压力也在增大。大力发展城镇化,大量的农村人口进入城镇,减少了农业人口所占的比重,从而降低了人口与耕地的矛盾,减轻了对生态环境的压力。而随着农村人口的进一步降低,对耕地的需求也在降低,这样就可以在生态环境脆弱的地区实行退耕还林、退田还湖,改善生态环境。

中部地区是我国最大的商品粮基地之一。根据《中国统计年鉴(2004)》计算,中部各省 2003 年粮食总产量 13 683.93×10⁴ 吨,约占全国粮食总产量的 31.77%,其中江西省 2003 年粮食总产量 1 450.3×10⁴ 吨,粮食商品率达 66.5%。近年来,我国各大商品粮生产基地的粮食生产量和商品率均出现不同程度的下降趋势,如江西省 2003 年粮食总产量比 2002 年下降 6.4%,粮食商品率下降 1.9%。而中国粮食需求量则呈上升趋势,有学者根据中国人口增长趋势等影响粮食需求的外在因素预测,

---

[①] 撰稿人:董锁成,中国科学院地理科学与资源研究所/南昌大学中国中部经济发展研究中心;齐晓明,国家民族事务委员会民族问题研究中心;范振军,中国科学院研究生院。

2005年中国粮食消费需求量达 49 440×10^4 吨，2010 年则可能达到 50 750×10^4 吨，导致中国粮食供求将面临较大的需求缺口。

一、改革开放以来江西省粮食生产变化轨迹

改革开放以来，江西省粮食生产大幅提高，总产量由 1978 年的 1 125.74×10^4 吨提高到2003 年的 1 450.3×10^4 吨，期间在1997 年经历了最高值 1 767.7×10^4 吨，是 2003 年以前江西省历年粮食总产量的最高水平。江西省改革开放以来粮食生产的总量变化大体可以分成四个阶段：

1. 1978~1985 年，粮食产量快速上升阶段。1978 年我国开始了举世瞩目的经济体制改革及对外开放，在农村实行了家庭联产承包责任制，极大地调动了农民的生产积极性，同时由于粮食收购价格的提高，刺激了粮食产量迅速上升，达到了江西省粮食生产历史上的第一个高峰，粮食产量由 1978 年的 1 125.74×10^4 吨上升到1985 年的 1 533.54×10^4 吨，年均产量 1 360×10^4 吨，粮食播种面积维持在 365.09×10^4~382.08×10^4 公顷之间。

2. 1986~1995 年，粮食产量在波动中上升阶段。从 1986~1990 年，江西省粮食产量由 1 453.77×10^4 吨上升到 1 658.2×10^4 吨，5 年增长了 200×10^4 余吨，粮食播种面积在 365.09×10^4 吨~370.093×10^4 吨之间。而从 1990 年开始，江西省粮食生产出现了下滑，由 1990 年的 1 658.2×10^4 吨下降到1993 年的 1 469.5×10^4 吨，播种面积降至 321.52×10^4 公顷。1994 年和 1995 年两年，因为播种面积的大幅增加，粮食产量又分别恢复到了 1 603.5×10^4 吨和 1 607.4×10^4 吨。总之，这 10 年的粮食生产不稳定，产量的年际波动较大。

3. 1996~1999 年，粮食产量在高位稳定阶段。从 1996~1999 年，江西省粮食产量连续达到空前的高度，除 1998 年因南方遭受百年不遇的洪涝灾害减产 200×10^4 余吨外，其他 3 年的产量均在 1 700×10^4 吨以上，播种面积在 342.107×10^4 公顷~358.653×10^4 公顷之间，粮食产量在高位稳定。

4. 2000~2003 年，粮食产量连续下滑阶段。由于前几年全国范围内持续的粮食丰收和市场上粮价的低迷，使得各级政府，无论是中央还是地方，在 1999 年后对粮食生产产生了一种判断，认为粮食已出现结构性剩余，有忽视粮食生产重要性的倾向，提出了农业生产结构调整的政策，大幅度缩减了粮食种植面积。在这 4 年间，江西省的粮食总产量连续减少，

由1999年的1732.7×10^4吨,逐年减少到2003年的1450.3×10^4吨,平均每年减少70×10^4吨,播种面积由1999年的354.82×10^4公顷降至2003年的305.112×10^4公顷,减少了近50×10^4公顷。从2003年下半年,粮食价格开始大幅度上升,引起了中央和各级地方政府的高度重视。2004年中央出台了一系列加强、支持和保护农业生产的政策,加大了扶助粮食生产的政策力度,实行了粮食最低保护价收购制度,对种粮的农民进行直接补贴和减免农业税等一系列措施,最大限度地保证农民种粮收益,又一次激发起农民种粮的积极性。根据《江西省2004年国民经济和社会发展统计公报》,2004年江西省的粮食产量达到了1800.34×10^4吨。

综观江西省改革开放以来粮食生产变化的轨迹,可以清晰地看出,江西省的粮食产量与其播种面积和粮食的单产存在着紧密的联系。江西省粮食播种面积从1978年开始不断下降,但是由于粮食单产不断提高,粮食的总产量也提高。1985年后,年粮食总产量随年播种面积变化的趋势较明显,即播种面积高的年份,粮食总产量也高;反之亦然(见图2-13)。

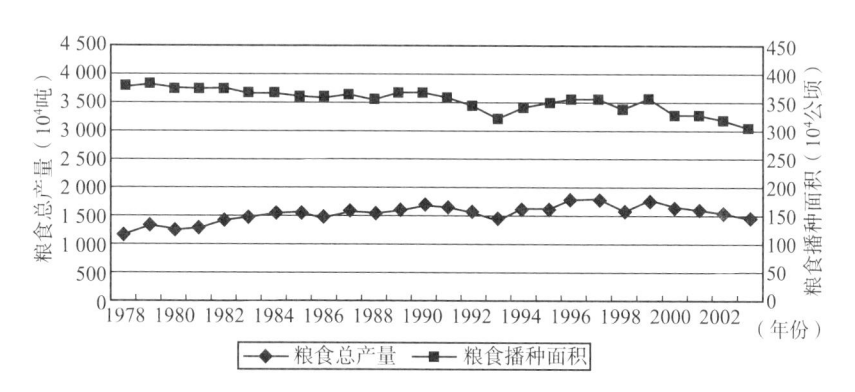

图2-13 改革开放以来江西省粮食总产量与粮食播种面积变化轨迹

二、改革开放以来江西省土地利用变化轨迹

土地利用是人类经济社会活动作用于资源和自然环境的综合反映,土地利用变化体现了人类适应、利用和改造自然的"人—地"相互作用进程。江西省地区开发较早,耕地面积比重大,人类活动对当地土地利用改变具有极为深刻的影响。土地利用类型主要包括耕地、林地、草地、水域、未利用地,以及城乡、工矿、居民用地等6种土地利用类型。本节选取江西省1980年、1995年、2000年3个年份经过解译的Landsat TM遥感

影像土地利用数据，应用 ArcGIS 9.0 提取各年份土地利用类型及其面积数据，分析不同土地利用类型的变化轨迹，以及农业用地向城镇建设用地转变的面积及其分布等。

1. 土地利用变化轨迹总体分析。计算各年份土地利用面积数据所得结果（见表2-7）显示，江西省1995年耕地面积比1980年增长 1.063×10^4 公顷，而1995~2000年则迅速减少了 3.178×10^4 公顷；1995年林地面积比1980年增长 3.554×10^4 公顷，而1995~2000年则减少了 1.057×10^4 公顷；1995年草地面积比1980年减少 2.116×10^4 公顷，而1995~2000年则减少了 0.495×10^4 公顷，变化相对较小；1995年水域面积比1980年减少 3.853×10^4 公顷，而1995~2000年则增加 $40\,374 \times 10^4$ 公顷；1995年城乡、工矿、居民用地面积比1980年增长 1.55×10^4 公顷，1995~2000年增长 0.205×10^4 公顷，呈持续增长趋势，但增长速度略有下降；未利用地变化速度相对较小，1995年未利用地面积比1980年减少 0.197×10^4 公顷，而1995~2000年则增加 0.152×10^4 公顷。

表2-7　江西省改革开放以来土地利用变化情况（1978年后）

单位：10^4 公顷

类型＼年份	1980	1995	2000	1995年比1980年增长（%）	2000年比1995年增长（%）
耕地	455.042	456.105	452.927	1.063	-3.718
林地	1 035.243	1 038.797	1 037.740	3.554	-1.057
草地	75.461	73.345	72.85	-2.116	-0.495
水域	67.644	63.791	68.165	-3.853	4.374
城乡、工矿、居民用地	26.860	28.410	28.615	1.55	0.205
未利用地	9.344	9.147	9.299	-0.197	0.152

总体而言，改革开放以来江西省耕地面积和林地面积先增加后减少，水域面积则先减少后增加，并在1995~2000年期间呈剧烈变化的典型特征，而草地面积持续减少，城乡、工矿、居民用地面积则持续增加，未利用地变化幅度和速度均较少，说明江西省土地利用开发程度较高，近年来土地利用变化出现剧烈变化的趋势。

2. 农业用地向城镇建设用地转变分析。分别提取各年份的耕地类型和城市建设用地类型的数据，并对相邻年份的耕地类型与城镇建设用地类型进行叠加分析，得出不同年份之间耕地向城镇建设用地转变的地域分布图及其转变面积,由此分析改革开放以来中部地区之江西省的农业用地向城镇建设用地转变的面积及其空间分布。

1980年改革开放初期至1995年,江西省农业用地向城镇建设用地的转变现象较为普遍,但也呈现一定程度的地区差异。首先,农业用地向城镇建设用地的转变集中发生于江西省中部地区京九铁路、湘赣铁路和浙赣铁路沿线、赣江及其支流沿线地区,在江西省南部山区也有较为密集的转变现象,而在江西省西北部九岭山区及武夷山西侧地区则转变较少,这说明农业用地向城镇建设用地的转变不仅受到地形条件的限制,也受到交通条件和水资源条件的影响,即受到交通可达性和水资源可达性的影响。其次,农业用地向城镇建设用地转变较大的土地利用单元出现在九江、南昌、景德镇等大、中型城市周围,即鄱阳湖周围地区,而小城镇周围则有较少的农业用地转变为城镇建设用地。

1995~2000年江西省农业用地向城镇建设用地转变发生明显变化,主要体现了以下几个主要特征。首先,发生转变的农业用地范围显著缩小,主要发生在鄱阳湖平原地区,即集中发生于江西省东北部和西部地区,又以鄱阳湖周围及交通沿线最为显著,而在东部赣闽边界的武夷山区仅有少数地区发生农业用地向城镇建设用地转变的现象,其他如江西省西北部九岭山区和中南部山区的许多县几乎没有转变现象发生。其次,在南昌市周围地区出现许多农业用地向城镇建设用地转变的土地利用单元,呈组团状,在京九铁路和鹰厦铁路沿线也初步出现以各中型城市为核心的组团状农业用地转变带。可见,农业用地向城镇建设用地转变的极化效应较为明显,说明交通条件在江西省城市化过程中的影响和地位更为重要,其根本原因则在于交通线附近土地利用单元具有更高的边际效益,促进了资源、技术、资金和信息等要素向城镇地区的集聚,因而成为市场条件下城市发展的最佳选择地带。

综合分析1980~2000年农业用地向城镇建设用地的转变(见图2-13)可以看出,改革开放以来,江西省绝大部分地区都出现了农业用地向城镇建设用地转变的现象,仅在西北部九岭山区和东南部的武夷山区发生较小的变化,而鄱阳湖平原地区则成为农业用地向城镇建设用地转变的集中地区,其中农业用地向城镇建设用地转变较大的土地利用单元出现于京九铁路、浙赣铁路和湘赣铁路等交通沿线的大、中型城市周围。

三、中部地区农业用地转变的问题分析

1. 中部地区城镇化和工业化进程造成大量农业用地被占用，粮食生产与城镇化和工业化的矛盾加深。中部地区的城镇化过程在平原地区和山区均有发生，但平原地区的城镇化进程明显快于山区城镇，因此占用耕地现象更为严重。在中部地区，农村工业化和城镇化占用大量耕地，使得耕地面积尤其是水田面积减小，大量农业用地向城镇建设用地转变。在中部地区的部分县市，违法违规占用耕地现象也相当普遍，已经导致大量农业用地转变为其他土地利用类型，造成耕地资源的极大浪费。比如，1992年开始的"开发区热"、"修公路热"、"建铁路热"、"建造楼堂馆所热"等，曾经在一定程度上加剧了中部地区耕地减少的趋势，而近年来《土地法》的颁布实施已经遏制了违法违规占用耕地现象，但在部分地区仍存在此问题。

城镇化能够吸引大量资源和资金在城镇地区集聚，产生集聚效应和规模效应，从而实现工业化和经济发展，是促进中部地区可持续发展的必由之路。但是，城镇化和工业化伴随着城镇建设用地在中心镇周围的扩展，必然占用大量农业用地，而农业又是中部大部分地区尤其是广大农村地区的主要产业，粮食生产成为农民的主要收入来源。因此，城镇化和工业化与粮食生产的矛盾将进一步加深，用地矛盾在中部地区崛起过程中对粮食生产和城镇化过程均将产生制约作用。

2. 耕地面积多种原因缩减，呈逐年加剧的趋势，已经成为影响中部地区乃至我国粮食安全的重要因素。前面对江西省土地利用类型及其面积比重的分析表明，未利用土地面积变动幅度小，面积比重也小于其他土地利用类型，而生态建设的客观需要又不允许林地、水域等土地利用类型转变为农业用地，因而江西省耕地后备资源不足，这一问题在中部其他省份也同样存在。与此同时，耕地面积由于多种因素的影响而减少，并呈现逐年加剧的趋势：非农项目和矿山开采在中部各省份的矿产资源开发区较多，容易引起水土流失，既可毁坏耕地，又能够掩埋耕地，造成耕地面积减少；粮食价格持续下降，粮食生产使农民所获得收益不高甚至没有纯收益，粮食生产的低收益特征迫使农户在保持一定数量的耕地进行粮食生产外，也利用相当数量的耕地兼营其他具有更高边际效益的非农产业或种植经济作物等优势农业生产项目，导致耕地向其他土地利用类型转换；中部各省份的劳务输出行为已经造成大量劳动力流失到东部发达省份，造成当

地从事农业生产的劳动力严重不足,许多农业用地被迫撂荒。粮食播种面积减少,直接导致了粮食产量下降。

3. 中部地区产业结构调整较慢,导致当地经济发展滞后于其他地区,出现经济水平的"边缘化"效应。"边缘化"效应是指当区域经济或社会发展落后于其他地区的时候,该地区的发展状况将逐渐不受重视,而经济和社会发展所需要的外来投入也将显著减少,成为相对于经济和社会发展中心的边缘地区。中部地区的第二、第三产业主要集中在少数大中型城市地区,而广大农村地区则以粮食生产为主,产业结构调整较慢,经济效益低下,显著制约了中部地区的经济发展,这也是造成中部地区经济发展速度和人均 GDP 增长速度落后于我国东部地区和西部地区的重要原因之一,其后果则是造成中部地区尤其是农村地区的经济发展"边缘化",进而拉大与发达地区的经济和社会发展差距。

四、中部地区城镇化与粮食生产的协调对策

1. 对耕地进行总量控制,保证粮食安全,保证农民的生存资本。首先,要有计划、有步骤地开发后备耕地资源,缓解粮食生产与耕地资源短缺矛盾;其次,要加强耕地保护,积极推进土地整理工作,调整土地结构,严格非农用地审批制度,严控耕地流失,特别是要将各地滥设开发区圈而未用的耕地重新利用起来,将乡镇企业浪费的土地、基本建设损毁的土地以及撂荒耕地进行复垦利用,从而达到确保粮食安全所需耕地总量动态平衡的目标;第三,在确保耕地总量动态平衡的基础上,建设旱涝保收的基本农田,提高耕地总体质量,增强农业抗灾能力。在城镇化发展水平很低的今天,土地依然是农民赖以生存的资本,如果不对耕地进行严格保护,不顾农民长远生计,大量占用耕地搞非农建设,就会导致大量农民失地失业,不利于社会的稳定。

2. 加大对地区粮食生产补贴的力度,提高农民种粮的积极性。导致从 2000 年开始全国范围粮食产量下降的主要原因并不是耕地的减少,而是播种面积的减少,其减少的主要原因是因为粮食的市场价格太低,农民种粮无利可图,农民的种粮积极性受到严重的挫伤。粮食不同于其他商品,它具有两重性,既有经济性质,也有公共产品的性质。因此,江西省要从促进粮食生产发展、保障国家粮食安全出发,进一步调整和完善粮食直接补贴政策。在宏观调控中,应加大对粮食基地建设的投入力度,对调出商品粮多的地区,各级政府应多方筹集资金对农民进行补偿,把钱直接

发到种粮农民的手里。同时实行良种补贴与粮食订单挂钩补贴政策,确保农民生产和提供优质的、符合市场需要的粮食。这样既有利于调动农民生产粮食的积极性,保护种粮农民利益,又有利于保证国家粮食安全。

3. 大力推广优质高产的作物品种,提高粮食单位面积产量。中部地区粮食单产已经接近土地自然生产潜力,粮食生产的增长主要依赖耕地面积的增加和粮食品种改良。因此,大力推广优质高产的作物品种,提高粮食单位面积产量是保障中部地区粮食增长的有效途径。如我国研究的水稻新品种"超级稻",为世界的粮食生产做出了巨大的贡献,它的引进和栽培必将显著促进中部地区粮食产量的提高。

4. 以农业产业化促进城镇化,以城镇化促进农村产业升级,提高农业生产率。江西省是我国主要的商品稻产区,结合发展稻米深加工发展绿色食品产业可促进农村城镇化进程、解决就业和带动关联产业的发展。以粮食加工业为依托的绿色食品生产基本属于劳动密集型产业,具有产业链长、就业吸纳能力大的特点。目前中部地区也是劳动力相对富余的地区,发展粮食加工业和食品工业,可迅速带动当地的交通运输、环保、服务业等关联产业,促进农村产业升级,使农村剩余劳动力向第二、第三产业转移,推进农村城镇化建设,提高农民收入和加快实现农业现代化。

5. 有选择性地适量发展小城镇,积极发展大中城市,突出区域中心城市的带动作用,提高土地的集约利用效率。容纳同样数量的非农业人口,小城镇占用的土地远远超过大城市。中部地区要实现城市化水平提高和保持耕地面积的稳定,在选择城市发展道路上应选择集约化的思路,实施大都市区发展战略,走集中型城市化道路。江西省由于城市数量少,规模小,实力弱,目前还没有形成实力强大的城市群,但可以根据城市的现状和经济发展水平,打造若干区域性的中心城市,逐步形成以九江、南昌、赣州为中心,沿京九铁路的城市发展带。重点发展以九江为中心城市的北部城市区域,南昌为中心的中部城市区域和以赣州为中心的南部城市区域。鉴于目前南昌和九江的发展格局,应加快建设昌九工业走廊,以昌九为一级城市辐射带动全省的发展。因赣州为赣南的最大城市,而省会南昌对其的辐射作用较弱,应重点发展以赣州为中心的南部城市区。在重点发展大中城市的同时,要在交通条件较好和经济水平较高的县城和中心城镇发展一批有一定规模的小城镇,以此带动县域经济的发展,促进第二、第三产业的发展和人口向城市的转移。

第二节 基于空间统计分析与 GIS 研究江西省县域经济[①]

区域经济发展空间差异具有普遍性。从空间角度出发去考察区域总体空间经济关联的性质、各区域单元之间存在的空间经济关联和空间经济依赖，以及这些经济关联、经济依赖又是如何影响区域经济分析决策过程的，为区域经济发展提供有区别的决策支持，从空间角度来协助解决区域经济发展中存在的空间差异问题。

空间统计分析技术和 GIS 技术的结合为区域经济分析研究提供了一种灵活方便的、交互式的可视化支持工具。在区域经济分析中，可以借助 GIS 技术和空间统计分析方法来解决以下问题。

1. 图解各种经济活动的空间位置。可以在地图上显示出一个确定地域范围内的经济特征或与一个位置相联系的经济特征。

2. 确定经济活动的空间变化趋势。通过比较一个地区不同时期或多个地区同一时期的各种经济活动数据，GIS 可以可视化的表达区域经济活动的变化趋势。

3. 确定经济活动的空间相关性。通过空间统计分析方法，可以确定一个区域的整体经济联系和所有子区域间的经济联系。

本节以江西省 91 个县市 2004 年的 GDP 增长速度（以 2002 年江西省 GDP 数据为基础）作为分析指标，研究了空间统计分析与 GIS 技术在确定、量化经济区域内的空间经济关联分析中的应用方法和有效性。

一、空间统计分析

空间统计分析是分析空间数据的统计方法，它和传统的统计方法一样，在区域经济分析中发挥着重要的作用。空间统计分析方法通常认为一个区域单元上的某种地理现象或某一属性值与邻近区域单元上同一现象或属性值是相关的。几乎所有的空间数据都具有空间依赖或空间自相关特征（Griffith，1987）。空间依赖的存在打破了大多数古典统计方法中相互独立的基本假设。空间统计并不是完全否定古典统计方法，而是

[①] 撰稿人：肖根如，东华理工学院地球科学与测绘工程学院；程朋根，东华理工学院地球科学与测绘工程学院；藩海燕，东华理工学院地球科学与测绘工程学院；陈斐，南昌大学中国中部经济发展研究中心。

将古典统计方法用于与地理位置相关的空间数据,通过位置建立数据间的统计关系,利用统计方法来发现空间联系及空间变动的规律(Goodchild,1986)。本节空间统计指的是一个狭义上的定义,是指适合处理地域或地带的离散化数据的统计方法,而不是所有空间分析数据的统计方法。空间统计分析的第一步是生成空间权重矩阵,本节在计算空间权重的基础上,结合区域单元的属性信息,进行空间自相关和空间关联的度量与检验。最后利用 GIS 强大的可视化分析功能,揭示江西省区域经济的空间联系。

(一)空间权重矩阵

由 GIS 生成的拓扑信息,提供了空间邻接或空间邻近的基本度量。空间邻接或空间邻近广泛应用于空间数据分析中。通常定义一个二元对称空间权重矩阵 W_{ij} 来表达 n 个位置的空间邻近关系,可以根据邻接标准或距离标准来度量。根据邻接标准有:

$$w_{ij} = \begin{cases} 1, & 区域 i 与区域 j 邻接 \\ 0, & 区域 i 与区域 j 不邻接 \end{cases} \quad (2-1)$$

根据距离标准有:

$$w_{ij} = \begin{cases} 1, & D_{ist(i,j)} \leq d \\ 0, & D_{ist(i,j)} > d \end{cases} \quad (2-2)$$

其中,d 为一给定距离阈值,如 100 地图单位。习惯上将 w 的所有对角线元素 w_{ij} 设为 0。

(二)空间自相关、空间关联的度量

几乎所有空间现象都具有空间关联或空间自关特征。通常认为空间自相关、空间关联反映的是一个区域单元上的某种地理现象或某一属性值邻近区域单元上同一现象或属性值相关程度。同时处理了位置信息和属性信息,在某些情况下空间自相关是一种特别的、非常有效的技术,可有效地回答诸如关于现象的空间分布问题。空间自相关可以使用全局指标和局部指标两种不同级的指标加以度量。

Moran 系数(MC)和 Geary 比率(GR)是两个用度量空间自相关的全局指标。Moran 系数反映的是空间邻接或空间邻近的区域单元属性值的相关程度。空间权重矩阵 w 确定了位置相似性 $(x_i - \bar{x})(x_j - \bar{x})$ 反映属性相似性,确定了位置邻近系 w 和属性相似性 c,就可以计算出全局 Moran 系数。

全局指标仅仅使用一个单一的值来反映一定范围内的自相关,很难发现存在于不同位置区域的空间关联模式(Cliff et al.,1973)。Anselin 等(1992)、Anselin(1995)、Ord 等(1995)定义了一组度量局部空间关联模式的局部指标:G 统计、局部 Moran 统计和局部 Geary 统计。在实际的应用中常将局部统计和全局统计相结合,来确定空间关联和聚集模式。

利用 Moran 系数来确定整个研究区域的空间相关,局部 Moran 和 G 统计解决了存在不同位置区域上的空间关联模式。局部 Moran 统计不能区分是高值点还是低值点占主导的空间集聚模式,而用 G 统计可以确定空间聚集的模式。然而,G 统计不能发现正相关或负相关的空间模式,而局部 Moran 则可以解决这一问题。

(三)空间关联的识别

MC 和 GR 是负相关关系,根据一个指标可以推出另一个指标。本节使用 MC 来度量全局空间自相关。Goodchild(1986)在一个正态分布的假设下,给出了 MC 的期望值 E、方差(VAR)的数学表达式。其标准 Z 值为:

$$Z = [I - E_{nor}(I)] / \sqrt{VAR_{nor}} \quad (2-3)$$

当 Z 为正时,表示在地理分布中相似的属性值倾向于聚集在一起,即存在正的空间自相关,这时可以认为空间上是区域化的、聚集的;当 Z 为负时,表示不同的属性值倾向于聚集在一起,即负的空间自相关;当 Z 为零时,观测值属于独立随机分布,认为空间上是独立的、非相关的和随机的。

Ord 等(1995)研究了用于空间关联的 G 统计,并在 1994 年定义了 G 统计的标准形式。其计算公式为:

$$当 i \neq j 时,Z(G_i) = \frac{G_i - E(G_i)}{\sqrt{VAR(G_i)}} \quad (2-4)$$

当 $Z(G_i)$ 为正时,说明位置 i 被较大数量的观测值所包围,当 $Z(G_i)$ 为负时,说明位置 i 被数量小的观测值包围。G 统计可以用来判断空间聚类是大数值型还是小数值型。但是,G 统计不能用其正负号判断空间类型的相似性。

二、江西省各县域经济的空间统计分析

根据江西省 91 个县市 2004 年的 GDP 数据,利用同比计算法计算出各县市的 GDP 增长速度。如图 2-14 所示,并利用这个指标进行分析。通过计算 Moran 系数、局部 Moran 系数、G 统计,确定各区域的空间经济模式和空间关联。

空间统计分析的第一步是空间权重矩阵的构建,在应用 GIS 软件中定义的拓扑关系时,空间权重矩阵的生成非常简单。例如,利用 ArcView 的 shape 文件,当两个多边形的空间距离为零,则相互邻接,空间权重矩阵的元素为 1;利用 ARC/INFO 的 Coverage 文件,通过存储在弧段——属性表(AAT)中的多边形——弧段拓扑信息,可以自动生成邻接矩阵。在生成多边形邻接关系矩阵后,可以计算出 Moran 系数、局部 Moran 系数和 G 统计,相应的结果分别见表 2-8、表 2-9 和图 2-14。

表 2-8 江西省 Moran'I 及其 Z 值

年份	Moran'I	E(i)	VAR(I)	Z
2004	0.0951	0.0111	0.0085	10.9364

表 2-9 江西省各县域的局部 Moran 及其 Z 值

D 号	县域	局部 Moran I	方差 VAR(I)	Z 值
1	横峰县	0.6979	0.0009	22.7348
2	铅山县	1.0518	0.0009	34.2553
3	奉新县	0.0846	0.0012	2.4877
4	瑞昌市	0.2829	0.0007	10.6168
5	德安县	0.9114	0.0012	26.6274
6	星子县	0.1834	0.0014	4.9208
7	九江县	0.0292	0.0009	0.9673
8	分宜县	-0.0539	0.0012	-1.555
9	新干县	1.0803	0.0014	28.8938
10	上栗县	2.4884	0.0007	93.2929
11	婺源县	-0.239	0.0007	-8.9445
12	弋阳县	1.1059	0.0014	29.5779
13	浮梁县	-0.4629	0.0009	-15.0544

第一篇 中部地区经济发展问题研究

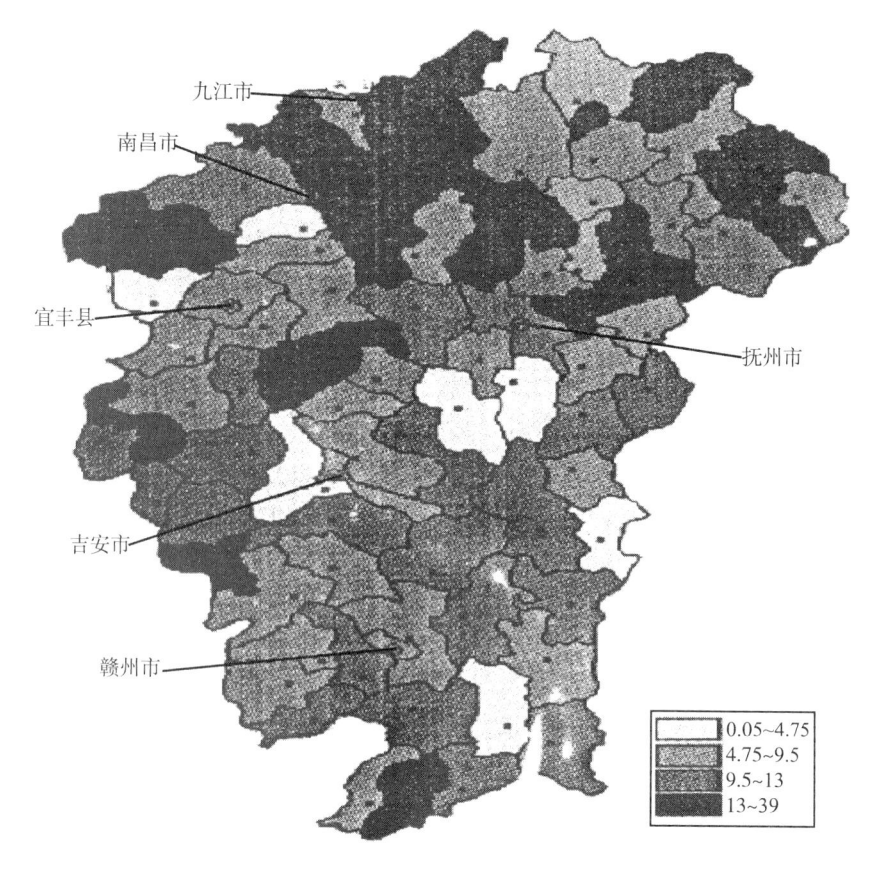

图 2-14 江西省 GDP 增长速度

江西省全局 Moran 系数为 0.0951。进行正态分布显著性检验，正态条件下的标准化 Z 值为 10.9364，远大于正态分布 95% 置信区间双侧检验阈值 1.96。这说明江西省各县域经济在整体上存在着较强的正自相关，不是随机分布，呈现显著的空间聚集模式，即高 GDP 增长率的区域和高 GDP 增长率的区域有相互邻接的趋势，低 GDP 增长率的区域和低 GDP 增长率的区域有相互邻接的趋势。图 2-14 验证了所得结果的正确性。2004 年江西省的 GDP 增长速度为 13%，同年全国的 GDP 增长速度为 9.5%，高出全国 3.5 个百分点，达到历史最高水平。由图 2-14 可以看出，江西省 2004 年 GDP 的增长速度总体来说比较快，同时也存在着经济发展不平衡的现象，即北部地区经济发展速度高于其他地区的发展速度。在全省 91 个县市中，有 31 个县市的 GDP 增长速度低于全国 9.5% 的水平，占总数的1/3。其中有7个县市的GDP增长速度不足全国GDP增长速度的一半，分别是靖安县、铜鼓县、吉安县、乐安县、宜黄县、石城县、安远县。低增长率的区域在空间上存在着聚集现象。以宜丰为中心的宜春市一带（宜春市、万载县、上高县、宜丰县、高安市、奉新县、铜鼓县）、赣州和吉安交界处一带（崇义县、上犹县、遂川县、万安县、赣县、赣州市）、抚州市和吉安市交界处一带（吉水县、吉安市、新干县、峡江县、乐安县、宜黄县、崇仁县、南城县、资溪县）为低GDP增长率带。有60个县市的GDP增长速度超过了9.5%，占总数的2/3。其中有28个县市的GDP增长速度高于江西省的GDP增长速度，占总数的1/3。这些高GDP增长率的区域主要集中在以九江—南昌为轴线的整个江西省北部地区，赣州市和吉安市交界处带（泰和县、兴国县、宁都县、石城市、瑞金市、于都县、永丰县、南丰县、黎川县），赣州市南部地区（龙南县、全南县、定南县、信丰县、大余县、南康市、寻乌县）。可以看出，高GDP增长率的区域在空间上存在着聚集现象。

表2-9列出了江西省部分县市的局部Moran系数，可以用该系数来考察可能存在于江西省各县市之间的局部空间经济关联模式。结果表明，横峰县、铅山县、奉新县、瑞昌市、德安县、星子县、九江县、宜丰县、新干县、上栗县、萍乡市等存在着正相关关系，即加快这些地区的发展有利于其周围地区经济的发展；分宜县、会昌县、弋阳县等存在负相关关系，加快这些地区的发展会对其周围地区经济的发展将会产生抑制作用。

从图2-15可以看出，江西省各县域经济存在显著的聚集现象。其中属于高值聚集的区域有，以进贤县为中心的高值聚集区，以鹰潭市为中心的高值聚集区，以崇仁县为中心的高值聚集区，以赣州市为中心的高值聚集区。以进贤县为例，进贤县周围分别是南昌县、丰城市、东乡县、余干县。结合图2-14的GDP增长速度可以知道，这些县市均为GDP增长速度比较快的区域，故而形成高值聚集。属于低值聚集的区域有，以新余为中心的低值聚集区，以宜丰县为中心的低值聚集区等。以宜丰县为例，宜丰县周围分别是武宁县、修水县、靖安县、铜鼓县、万载县、上高县、宜春市、分宜县、芦溪县。结合图2-14的GDP增长速度，新余市为高GDP增长率的区域，而其周围地区大部分为低GDP增长速度区域，故而形成中心高—周围低的聚集模式；宜丰县为低GDP增长速度区域，而其周围地区大部分也为低GDP增长速度区域，形成中心低—周围低的聚集模式。

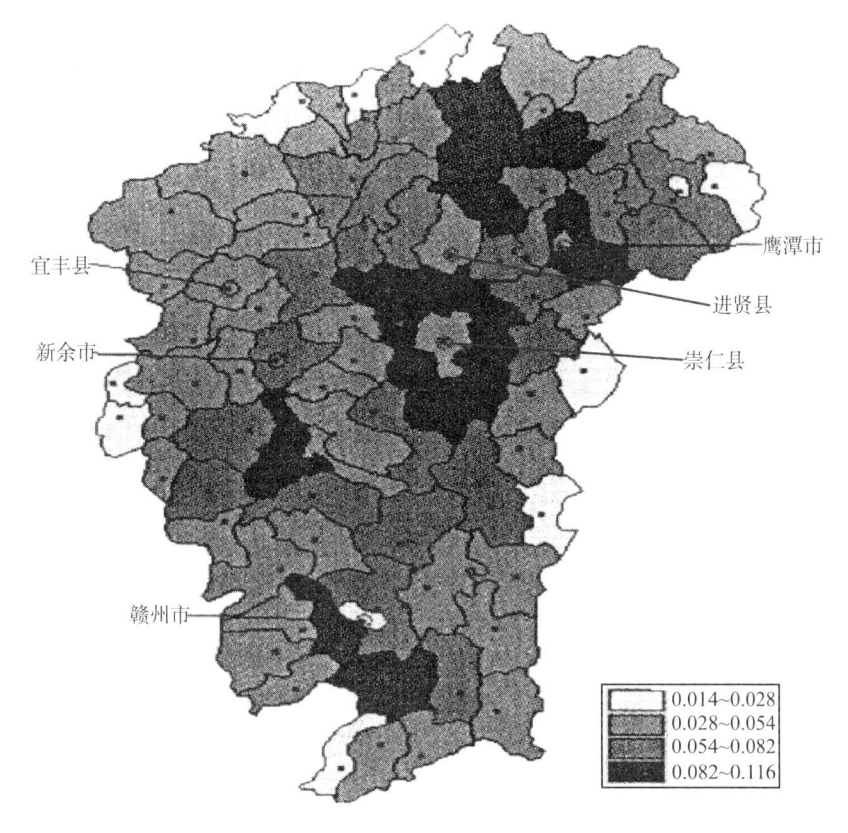

图 2-15 江西省各县域 G 统计

  将空间统计分析与 GIS 相结合，利用前者丰富的空间分析功能及 GIS 强大的交互式分析与可视化功能，可以揭示区域总体空间经济关联的性质及其各区域单元之间内在的局部空间经济关联模式。研究结果表明，江西省各县域经济存在显著的空间自相关和空间聚集现象，区域经济在空间上具有明显的规律性。空间自相关分析可以揭示区域经济的空间结构和空间相互作用。空间统计分析与 GIS 的集成为区域经济分析提供一种交互式的、可视化的工具，同时也为政府部门制定区域经济发展政策提供决策支持。

第三节 中部地区区域经济发展的极化分析[①]

在区域经济学中,有效解释区域经济发展不平衡的理论主要是增长极理论。它是从集聚经济的角度,认为发展中区域应把有限的力量集中起来,向条件最优区域提供最优的投资软、硬环境,使条件优越的中心区域经济优先增长,且在集聚经济的作用下增长越来越快,从而取得中心区极化效应。与此同时,随着中心区的极化,资源、人才将向外围区传输,形成扩散效应,并以此带动外围区的发展。显然,增长极机制运行的结果是条件优越的区域优先得到发展,通过资源、人才、信息的辐射来带动其他区域的发展。因此,增长极理论符合发展中区域的经济增长,发展中区域的空间经济发展模式是增长极模式。中国中部地区现在通常是指山西、安徽、江西、河南、湖北、湖南等6个相邻省份,就其经济发展水平和阶段看,是典型的发展中区域,其区域经济发展机制即是空间增长极机制。中部地区以其占全国10.7%的土地,承载了全国28.1%的人口,创造了全国22.5%的GDP总量(2005年)。在中国的经济区位中,中部地处内陆腹地,起着承东启西、联南络北、吸引四面、辐射八方的重要战略作用。然而,改革开放以来,在中国市场化进程中,中部地区与其东部和西部相比,无论在其经济发展速度、规模方面,都处于相对滞后的状态,落入"中部塌陷"的被动境地,如何使"中部快速崛起"已经成为制约国家区域经济格局调整和中国经济持续发展的重大战略问题,其关键在于空间经济系统增长极机制作用的发挥。因此,研究新时期中部地区经济系统的极化机制及空间极化差异有着极其重要的现实意义。

一、研究方法与指标体系

(一) 研究方法

为了清楚表现中部地区省域经济状态和发展趋势,揭示其空间经济发展的极化机制,本节采用了全局主成分分析作为研究手段。全局主成分分析方法是基于时序立体数据表进行运算的。时序立体数据表是一系列按照

[①] 撰稿人:刘耀彬,南昌大学中国中部经济发展研究中心;陈志,咸宁学院城乡规划与资源科学系。

时间顺序排列的平面数据表序列，所有数据表有完全同名的样本点和完全同名的变量指标，因此被称为时序立体数据表。按照常规处理办法，如果对每张数据表分别进行主成分分析，则可以得到每一个年份不同样本点主成分投影，但这些不同年份的主成分投影具有完全不同的主超平面，这样就无法保证系统分析的统一性、整体性和可比性，更无法对样本的动态变化进行表述。因此，对这类立体数据表进行主成分分析，可以从全局的角度来观察和分析数据系统主要因素的动态变化规律，即通过对该立体数据表进行主成分分析，寻求一个对所有数据表来说是统一的简化子空间 L (u_1, u_2, $\cdots$, u_m)，并且从全局看，该子空间的综合效果是最佳的。全局主成分分析法的计算步骤如下：

1. 数据的标准化。将数据进行统一变换来消除量纲的影响。为方便起见，记标准后的数据表仍然为 X。

$$X'_{ij} = \frac{X_{ij} - \overline{X_j}}{\sigma_j} \quad (2-5)$$

式中，X'_{ij} 为标准化后的指标值；X_{ij} 为指标值；$\overline{X_j}$ 为该项指标的平均值；σ_j 为该项指标的标准差。

2. 计算 X 矩阵的协方差矩阵 R。

3. 求 R 的前 m 个特征值 $\lambda_1 \geq \lambda_2 \geq \lambda_3 \geq \cdots \geq \lambda_m$，及对应的特征向量 μ_1, μ_2, $\cdots$, μ_m，它们是标准正交，因此也将 μ_1, μ_2, $\cdots$, μ_m 称为全局主轴。

4. 由于 X 是中心化的，则第 h 主成分为 $F_h = X'U_k$。

由此得到因子模型：

$$X' = A_{p \times m} F'_{m \times n} + D_{p \times p} U \quad (2-6)$$

利用全局主成分分析所得出的主要公因子，结合其经济含义就可以揭示出中部地区经济发展极化的机制，同时，在全局主平面上绘出中部各省区样本点的时序数据，并按时间顺序用直线连接，就可以得到各省经济发展的动态轨迹，可以绘出不同的轨迹图，进而可以对其空间增长极系统进行分析。

（二）指标体系设计

区域经济发展具有综合性，但本节评价的目的在于揭示中部地区空间经济发展的极化现象、机制及差异，因此，可以从经济增长和运行的角度来构建评价指标体系。在参考相关成果的基础上，从区域经济发展实力、潜力和社会生活质量3个方面来建设评价指标体系，因为从发展经济学角度看，着手于这三个方面的描述更能揭示中部省域经济发展的差异，更便于找出其极化机制和规律。在遵循区域性、科学性、代表性、可操作性、稳定性与动态性等原则的基础上，提出了评价的指标体系（见图2-16）。

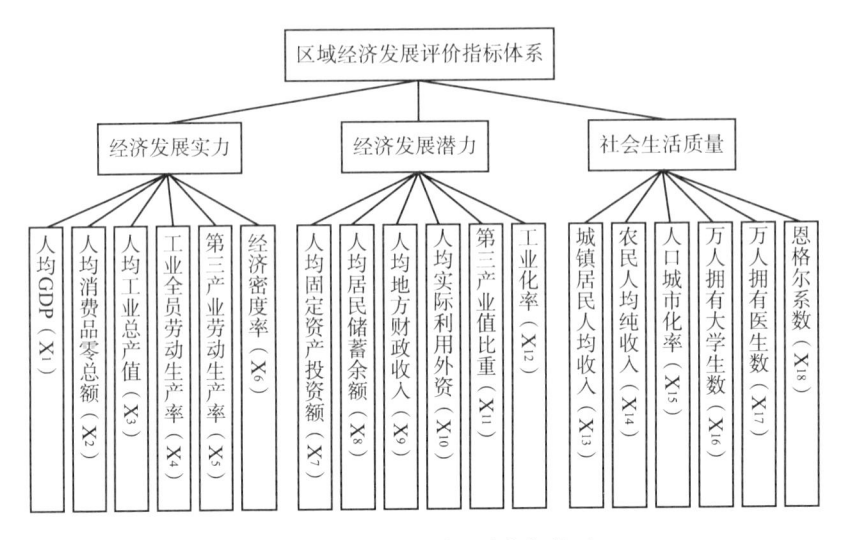

图 2-16 区域经济评价指标体系

二、中部地区区域经济极化分析

（一）各全局主成分经济含义

从《中国统计年鉴（2001~2005年）》、《中部六省统计年鉴（2000~2005年）》、全国及各省社会经济统计公报（2005年）得到2001~2005年的原始数据。在全局主成分分析之前，对选择的指标和数据能否适用于主成分分析需要检验，本节选择了KMO（Kaiser Meyer-Olkin）取样适当性度量和Bartlett球形检验。首先对上述5年包含了18项评价指标的数据按全局主成分分析的要求进行整理，形成时序性立体数据表，再利用SP-PP12.0统计分析软件进行全局主成分分析，得到KMO取样适当性度量、Bartlett球形检验的统计参数值（见表2-10）。从表中可以看出，KMO检验值为0.695，表明分析指标之间有较多的共同因素，数据适合主成分分析；Bartlett球形检验中的显著性小于0.01（p=0.000），表明Bartlett球形检验拒绝单位相关的原假设,数据适合全局主成分分析。

表 2-10　　　　　　　　　KMO 与 Bartlett 检验

KMO 取样适当性度量	Bartlett 球形检验		
	近似卡方分布	自由度	显著性
0.695	873.092	153	0.000

由全局主成分分析得到中部地区经济发展的前三个全局主成分的特征值、特征值贡献率和特征值累计贡献率的结果(见表 2-11)。从表中可以看出,三个全局成分的特征值都大于 1,且它们的累计贡献率超过了 86%,表明这三个主成分能够代表最初的 18 个指标来分析中部地区经济发展状况。由 SPSS 进一步计算得到全局主成分方差正交的系数载荷矩阵,其结果也列在表 2-11 中,由表中可以发现:(1)全局主成分 F_1 的在 X_1、X_2、X_4、X_5、X_{10}、X_{13}、X_{14}、X_{17} 上有较大载荷,其载荷系数都在 0.6 以上,而这些指标反映的是经济总量、经济效益、居民收入和生活条件等指标的综合,它们都是经济发展成果方面的表现,因此,第一主因子可以解释为经济发展成果;(2)全局主成分 F_2 与指标 X_3、X_7、X_8、X_9、X_{12} 有较高的相关性,载荷系数也都在 0.6 以上,这些指标是地方工业发展、经济投入指标的综合,因此,第二全局主成分可以解释为经济发展投入能力;(3)全局主成分 F_3 与 X_6、X_{11}、X_{15}、X_{18} 有较高的相关性,这三个指标主要反映了地均经济产出、第三产业发展人口城市化水平和居民支出能力状况,而我们知道无论是地均产出、第三产业发展还是居民支出能力,都是和城市化发展紧密相关的,因此,第三主成分可以解释为城市化发展。

表 2-11　　　　　　全局主成分分析的贡献率及因子载荷

变量	主成分 F_1	主成分 F_2	主成分 F_3
X_1	0.880	0.375	-0.118
X_2	0.767	0.382	0.113
X_3	0.393	0.625	0.048
X_4	0.878	0.061	0.028
X_5	0.727	0.368	-0.086
X_6	0.379	-0.010	0.792
X_7	0.585	0.660	-0.150
X_8	0.221	0.933	-0.012
X_9	0.369	0.881	0.025
X_{10}	0.764	-0.184	0.232

续表

变量	主成分 F_1	主成分 F_2	主成分 F_3
X_{11}	0.196	-0.169	0.877
X_{12}	-0.079	0.781	-0.239
X_{13}	0.840	0.336	-0.092
X_{14}	0.923	0.292	-0.035
X_{15}	0.504	0.536	0.621
X_{16}	0.899	0.285	0.188
X_{17}	0.636	0.357	0.398
X_{18}	0.063	0.003	-0.891
特征值	9.705	4.51	1.309
贡献率（%）	53.915	25.56	7.25
累计贡献率（%）	53.915	78.97	86.246

综合三个主成分的经济含义并结合其特征值大小和贡献率份额，从获取数据范围内可以认为中部地区经济发展的极化机制主要由三个方面所构成，即经济发展成果、经济投入和城市化发展。它们对中部地区经济的极化大小贡献相差很大，相对而言，经济发展成果反映最为明显，贡献率为63%；其次为经济投入，贡献率为29%；最小的是城市化发展，其贡献率仅为8%。而从上面对增长极界定看，增长极首先应该形成于优势区位，即城市或城镇，所以城市化进程与增长极极化过程联系更密切，但从中部地区经济极化机制构成看，城市化发展对中部地区经济增长极形成贡献并不明显，可见中部地区城市化发展不充分正成为制约中部地区崛起的一个关键障碍。

（二）评价指标变化程度分析

在中部地区经济发展极化分析评价指标中，各个指标反映了中部地区省域经济发展在不同方面的状态，指标在分析期内的变化程度是不同的，它们对主成分的影响也不同。为进一步揭示中部地区经济发展的微观极化机制，定义了评价指标变化度公式：

$$C_j = \delta_j / \delta_{(j=1,2,\cdots,18)} \quad (2-7)$$

式中，δ_j 为第 j 个指标在 5 年内以年为单位的变化程度，$\delta_j = \frac{1}{5} \sum_{t=1}^{5}$ $(\overline{X_j^t} - \overline{X_j})^2 / \overline{X_j}$，$\overline{X_j} = \frac{1}{6 \times 6} \sum_{t=1}^{5} \sum_{j=1}^{6} X_{ij}^t$，$X_{ij}^t$ 为第 i 个省份的第 j 个指标在第 t 年份的水平，$\overline{X_j^t}$ 为第 j 个指标在第 t 年按照省份计算的平均水平；δ 为所

有指标在 5 年内的平均变化程度，$\delta = \dfrac{1}{5 \times 8} \sum_{t=1}^{5} \sum_{j=1}^{8} (\overline{X_j^t} - \overline{X_j})^2 / \overline{X_j}$。

按照上式计算 18 个指标的相对变化度，选取变化度大于 0.5 的指标并按照变化度的大小将其依次排列于表 2－12 中。可见符合条件的指标有 10 个，将它们按照其所属主成分进行分类，X_{10}、X_{16}、X_4、X_2 属于第一主成分，X_3、X_7、X_8、X_9 属于第二主成分，X_{18}、X_6 属于第三主成分。分类表明，导致中部地区经济极化第一主成分变化的主要指标是人均实际利用外资、万人拥有大学生数、工业全员劳动生产率和人均消费品零售总额。可见，在经济发展成果因子中，省域经济对外资的利用程度、教育水平、工业效率以及商业化程度是区域经济极化的关键因素；导致中部地区经济极化第二主成分变化的主要指标是人均工业总产值、人均固定资产投资额、人均居民储蓄余额和人均地方财政收入。可见，在经济投入因子中，省区间的工业化程度、固定资产投资能力、居民储蓄能力和地方财政收入能力是中部地区极化的关键因素；导致中部地区经济极化第三主成分变化的主要指标是恩格尔系数和经济密度。可见，在城市化发展因子中，省区间的居民支出能力和经济空间集聚能力大小是中部地区极化的关键因素。变化程度大的指标对中部地区省域经济极化的影响大，因此，在实际规划中应作为重点指标加以关注，努力促使其往有利于中部地区整体综合竞争力提高方向发展。

表 2－12　　　　　　变化度最大的 10 个指标和相对变化程度

指标	X_{10}	X_3	X_{18}	X_6	X_7	X_8	X_{16}	X_9	X_4	X_2
C_j	1.436	1.109	1.079	0.766	0.688	0.686	0.679	0.649	0.586	0.529

三、区域经济极化差异分析

（一）全局主成分投影分析

为了对中部地区经济增长极系统有所洞察，由前面极化机制的分析可知，中部地区经济极化的主要因子有三个，而前两个主因子合起来的贡献率又达到了整个极化动力的 92% 以上，所以重点研究前两个主因子的组合情况，更有利于对中部地区经济极化系统演化路径的分析。因此，对 F_1 和 F_2 所构成的主超平面进行投影分析（见图 2－17）。图中表现的是中部地区六个省份在 2001～2005 年第一全局主成分（经济发展成果因子）

和第二主成分（经济投入因子）组合的轨迹变化图，F_1 和 F_2 两个正交的主轴将平面划分为 4 个象限，进入第一象限的数点少（只有 2005 年的湖北、江西和安徽），进入第三、四象限的数点多（2001～2003 年的安徽、2001～2003 年的河南、2001～2002 年的江西和湖南、2001 年的湖北都落入第三象限；2002～2004 年的湖北、2003～2004 年的江西、2003～2005 年的湖南、2004 年的河南和安徽都落入第四象限），而只有山西省全部落入第二象限。结合两个主成分经济含义及各省经济极化路径，可以看出：（1）中部地区经济发展成果因子得分与经济投入因子得分并不协调，这表明中部省份的经济投入与经济产出的效果差，高的经济投入并不能带来高的经济发展成果；（2）湖北、湖南、江西和河南的经济发展成果高于安徽和山西两省，尤其是湖北和湖南的经济发展成果得分更突出，表明它们在经济发展成果方面的极化能力较强；（3）山西的投入因子得分在中部六省中最高，但其经济发展成果得分都处于负值，表明山西经济投入与经济产出效果最差，也说明山西的经济极化很大程度上是依靠经济投入来完成的。

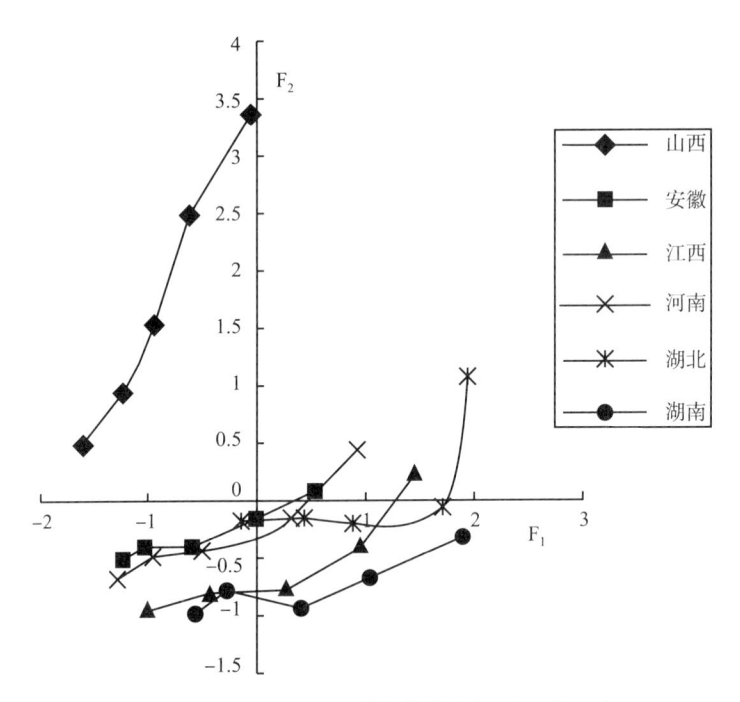

图 2－17　中部地区经济极化的路径（F_1 和 F_2）

（二）空间极化差异分析

为进一步从宏观上对中部地区空间经济增长极系统进行把握，对中部六个省份进行了动态特征描述。将各指标的标准化数据代入到三个全局主成分因子模型中，分别计算出各个全局主成分得分，再以各全局主成分的特征值为权数对全局主成分得分进行加权平均得到全局主成分综合得分。同一省份在不同年份的主成分综合得分构成了中部省份在2001~2005年的经济发展轨迹（见图2-18），由图中可以看出，首先，从5年极化程度比较看，尽管中部地区经济极化总体程度不高，但年度极化作用越来越强，这一点可以从五个省份5年经济发展综合得分的变异系数求得。整个中部的变异系数越来越大，由2001年的0.0096上升到2005年的0.0012，而5年经济发展综合得分变异系数从大到小依次为湖北（1.004）、湖南（0.219）、江西（0.159）、山西（-0.0323）、河南（-0.659）和安徽（-0.758）；其次，从经济极化总体强度比较看，湖北、湖南和江西经济极化总体程度比较高，5年平均分别为0.674、0.149和0.011，远高于最低的河南和安徽两省的平均水平（二者分别为-0.416和-0.396）；最后，从各省经济极化程度变动幅度比较看，其变动离差从高到低排列依次为江西（1.751）、山西（1.750）、湖南（0.680）、湖北（0.671）、河南（0.631）和安徽（0.522），反映了其经济极化的差异变化。

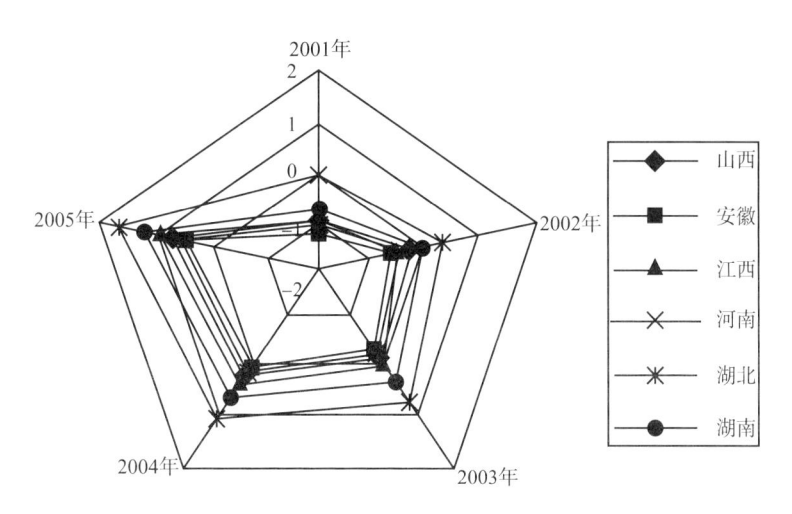

图2-18 中部地区经济极化的轨迹（2001~2005年）

四、结论与讨论

在建立区域经济发展评价指标体系的基础上利用全局主成分分析方法对中部地区经济极化机制及空间极化差异进行分析，可以得到如下结论并予以讨论。

1. 全局主成分分析表明，中部地区经济发展的极化机制主要体现在三个方面，即经济发展成果、经济投入和城市化发展。其对中部地区经济的极化大小贡献相差很大。相对而言，经济发展成果因子贡献最大，其次为经济投入因子，最后才是城市化发展因子。而正是城市化发展差异程度不大，使得中部地区空间增长极系统并不完善，因此，加快建设有增长潜力的城市群是培育完善的中部地区经济极化系统的关键，也是实现中部地区区域整合的必由之路。

2. 进一步的评价指标变化度计算发现：人均实际利用外资、人均工业总产值、恩格尔系数、经济密度、人均固定资产投资额、人均居民储蓄余额、万人拥有大学生数、人均地方财政收入、工业全员劳动生产率、人均消费品零售总额等10个指标的变化度都在0.5以上，因此，它们是培育中部地区经济极化系统的重点控制指标。

3. 通过对前两个全局主成分投影的组合分析，发现中部省份的经济投入与经济产出的效果差，因此，着力提高投入产出效率是该地区极化系统得以完善的根本。进一步的综合变动轨迹分析显示，中部经济极化程度不强，但5年间经济极化强度在加深。总体看，该地区极化系统正在形成，因此，加大对极化程度较强的湖北、湖南和江西的扶持，可能更有利于整个中部地区经济极化系统的培育与完善。

第二篇 中部地区产业分析

第四章 中部地区产业政策研究

第一节 发展食品工业推进中部崛起①

区域协调发展是国民经济平稳、健康、高效运行的前提，是科学发展的重要内容，是可持续发展的重要保证，是全面建设小康社会，构建社会主义和谐社会的必然要求。党的十六届五中全会，在总结我国社会主义现代化建设中区域发展丰富经验的基础上，提升凝炼形成我国区域发展总体战略，为地区发展极不平衡的中国，指出了走向协调发展的必由之路。

区域发展总体战略简要地说即一个目标、四大要件。一个目标是：各地区居民能享受到均等化的基本公共服务，人民生活水平差距趋向收敛；各地区的经济发展与本地区的资源承载力相适应，实现经济发展与人口、资源、环境相协调，充分发挥各地区的比较优势，形成多姿多彩的产业，通过"和而不同"的分工协作、良性互动，提高国家经济总体的竞争力。

从世纪之交党中央提出实施西部大开发，到党的十六大提出"支持东北地区等老工业基地加快调整和改造"，直至2006年4月15日中共中央国务院颁发《关于促进中部地区崛起的若干意见》，全国业已形成四大板块的区划格局，以此空间架构为依托，十六届五中全会提出了："坚持

---

① 撰稿人：陈栋生，中国社会科学院工业经济研究所/南昌大学中国中部经济发展研究中心。

实施推进西部大开发，振兴东北地区等老工业基地，促进中部地区崛起，鼓励东部地区率先发展，健全区域协调互动机制的区域发展总体战略。"

中部六省面积占全国10.7%，人口占全国的28%，2006年地区生产总值4.3万亿元，约占全国的1/5，无论在区位、资源、产业基础还是人力资源方面均具相当优势；晋、豫、皖三省是国家的重要煤炭基地；豫、鄂、湘、赣、皖五省都属农业大省，粮食占全国总产量近30%，油料、棉花产量占全国近40%，是国家重要的粮棉油基地，矿产资源丰富，是国家原材料、水能的重要生产与输出基地；地处全国水陆运输网的中枢，具有承东启西、连南接北、吸引四面、辐射八方的区位优势；人口多、人口密度高、经济总量达到相当规模，但人均水平低，特别是人均社会发展指标较低。中部各省地处腹心地带、国脉汇聚的战略地位，其经济社会又好又快的发展，有利于提高国家粮食和能源的保障能力，缓解资源约束；有利于扩大内需，保持经济持续增长，事关国家发展的全局和全面建设小康社会的大局；促进中部地区崛起，理所当然地构成国家区域发展战略的重要组成部分。全面落实科学发展观和构建社会主义和谐社会的各项要求，围绕粮食、能源、原材料、现代装备制造和高技术产业五大基地和综合交通运输枢纽为中心，展开相关建设，是实现中部崛起的根本路径。

河南省在中部六省中，人口与经济总量均占首位，是最先突破千亿斤大关的全国产粮第一大省，中原崛起，特别是中原城市群的率先崛起，是中部地区崛起的关键环节，而以食品工业为主的农产品加工工业，无论在中原地区还是整个中部地区，都是优势产业之一，食品工业、农产品加工工业的品性决定了发展壮大食品工业、农产品加工工业具有多方面、深远的意义。首先它是促进工业、农业两大部门良性互动的产业，既能促进农业增效、农民增收，更是引领传统农业转向现代农业的必由之路，同时亦是农业劳动力就近就地转移的重要渠道；同时，食品工业亦是盈利能力较强的行业，2006年按总产值计，食品工业占工业总产值的8%，而按利税计，食品工业占全部工业利税的13.2%。与此相应，食品工业、农产品加工工业还是联结城乡，促进城乡良性互动的纽带，对于大多数县和县级市而言，又是壮大县域经济最便捷的切入点。

河南省和漯河市这些年来发展的业绩，就是以上论断最好的佐证。2006年河南省食品工业规模以上企业销售收入1 970亿元，居全省各工业行业之首；粮食加工、肉禽蛋奶加工等的发展，有力促进了优质专用粮食品种和肉禽品种的推广与产业的基地化。2001～2006年河南省累计发展优质小麦1.77亿亩，使农民增收70亿元以上，同时推进安阳、鹤壁肉禽基地、漯河生猪基地和信阳水禽基地的形成。上年漯河市农产品加工业对全市经济增长的贡献率达53.5%，其中食品工业的贡献率达45.3%。

在充分肯定食品工业发展成绩与重要作用的同时，如以发达国家为参照系，就可看到：未来食品工业还有巨大的拓展空间，以食品工业为主的农产品加工工业在带动地区经济发展，实现中原崛起、中部崛起中的作用，还大有提升、彰显的余地。

农产品加工工业的产值与农业产值的比例，发达国家为3:1，我国现为0.5:1，相差6倍；发达国家深加工用粮占粮食总量的份额超过70%，而我国仅8%。我国食品工业从目前以初加工、粗加工为主逐步向精深加工转变；成品向专用化、营养强化与科学组合、系列化、品牌化方向提升的空间还非常巨大。从市场营销与拓展看，健全、完善从农产原料到食品的市场网络体系，改造、提升传统业态，发展新型业态和第三方物流，把拓展国内外大市场与培育大型食品企业集团、壮大食品工业集群、打造食品工业基地紧密结合，在使食品"走出去"的同时，通过饮食文化和旅游业，以吸引游客、商家和投资人"走进来"。中部博览会和中原食品节为"请进来"和"走出去"搭建了大平台，为展示河南省从"大粮仓"向"大厨房"的历史跨越，为展示食品名城漯河的璀璨、推动中原大地食品工业的大发展，促进中部地区尽快崛起，必将发挥越来越大的积极作用。

第二节 促进中部粮食主产区经济发展的若干政策[①]

中部六省处于亚热带和温带，气候温和，日照充足，雨量充沛，拥有宜农平原、宜林山地、宜牧草地和宜渔湖泊等多种农业自然生态系统。根据各地自然、社会经济条件以及气候条件的不同，可以将中部六省粮食生产区划分为黄淮海平原粮食生产区和长江中下游平原粮食生产区。中部六省占全国10.7%的土地面积，却生产占全国30.8%的粮食和41.3%的油料产量。中部的山西、河南和安徽北部位于黄淮海平原，适宜种植小麦、玉米等旱季作物，2003年该地区的小麦总产量达3 191.3万吨，占我国小

---

① 撰稿人：史忠良，江西财经大学/南昌大学中国中部经济发展研究中心；许基南，江西财经大学；刘伦武，江西财经大学。

麦总产量的36.9%，玉米总产量达1 503.9万吨，占我国玉米总产量的13%。中部的江西、湖北、湖南以及安徽南部处于长江中下游流域，降雨充足，水域面积相对广阔，大小湖泊、水库和山塘星罗棋布，拥有我国第一大淡水湖鄱阳湖、第二大淡水湖洞庭湖及第四大淡水湖巢湖，耕地面积1 500万公顷，占全国的22%，主要粮食作物水稻2003年的总产量达到5 977.1万吨，占全国的37.2%。

中部地区作为全国商品粮基地的集中生产区域，是我国粮食生产区之一。粮食主产区一般要为国家承担较多的保障粮食安全的责任。然而，近年来种粮效益低下，粮食主产区农民增收困难的问题十分突出，严重影响了中部粮产区农民种粮的积极性，中部地区农民收入的增长速度不仅低于东部，有些年份甚至慢于西部。探讨中部粮食主产区经济可持续发展的一系列重大问题，制定促进中部粮食主产区经济发展的若干政策，对我国现阶段国民经济持续快速发展具有十分重要的意义。

一、中部粮产区发展中存在的主要问题

1. 可耕地面积逐年减少，土地资源流失较为严重。随着市场经济的深入发展，越来越多的农民从土地里"解放"出来，开始从事非农工作，河南、安徽、江西、湖南等地农村因为农民工的外出而出现良田被荒废的现象，究其原因，主要是因为粮食比较利益长期偏低，农业一直处于为工业提供原始积累的状况，粮价偏低，导致农民生产积极性不高。另外，随着开发区的逐渐兴起，建设占用耕地面积增长迅速。据估计，2003年中部地区耕地面积就减少了600多万亩，其中建设占用耕地达到57万亩，比上年增长17%。

2. 经济发展滞后，农业生产条件十分脆弱。中部地区经济发展滞后，地方财政穷，支农积极性不高，农业贷款又受资金趋利性影响而不能真正投入农业产业，使中部粮食主产区农业投入严重不足，进而导致大多中部省份长期处于"农业大省、工业弱省、财政穷省"的地位。滞后发展的中部经济，脆弱的农业生产条件，严重不足的农业投入加大了中部农业结构调整的难度，使其结构性矛盾更为突出。同时，大量使用农药、化肥，加上农业经营方式仍以粗放式、掠夺式为主，导致土地沙化、土质退化、土地有机质下降，土地生产力越来越低，农业生产条件日益脆弱，经不起大的自然灾害的冲击。

3. 东西夹击，中部粮食主产区比较优势地位下降。实施西部大开发

战略，国家将在政策、资金、金融信贷、技术引进、人才等方面向西部地区倾斜，增加对西部农业和生态建设的投资，西部农业将实现快速发展。中部粮食主产区农业优势的物质支撑条件将会相对削弱。与东部相比，中部粮食主产区优势地位并不明显。我国粮食实行区域平衡和省长负责制后，各省自求平衡得到强化，沿海地区注意恢复了粮田面积，调进粮食减少，需求不旺，使中部粮食外销不畅，造成积压。而且，沿海发达地区集中了全国大部分的粮食加工项目，通过低价购入中部粮食，再返回主产区销售加工品，双重获益，给中部地区粮食生产造成利益流失。同时，国家有关政策规定，在充分考虑全国粮食市场需求的前提下，要求东部沿海地区和大城市郊区注重发挥地区比较优势，结合农业结构调整，发展符合国内外市场需要的高附加值的经济作物。由此可见，东部地区依靠雄厚的经济实力带动了农业现代化，西部大开发战略给西部农业提供了"再造秀美山川"，发展生态农业的良好机遇，虽然生态环境治理、退耕还林还草将给中部粮食生产区农业生态优化和粮食产业发展提供难得的机遇，但中部粮产区在东、西部夹击和我国加入WTO后国外粮食进口冲击的压力下，其原有的比较优势地位将不断下降。

4. 自然资源日趋紧缺，生态环境日益恶化。中部粮食主产区为保证粮食产量快速增长，曾一度片面强调"以粮为纲"，大面积毁林开荒、毁草开荒和围湖造田，导致严重水土流失，极大地削弱了原有的农业生态自我调节能力。而且由于中部地区地跨南北，地形复杂多变，气候差异大，常出现北旱南涝同时发生的现象。尤为突出的是，近几年来，中部地区自然灾害频繁，不断发生洪涝灾害，大大损害了粮食生产的自然生态基础，导致有雨则涝，无雨则旱。同时，人为的环境污染更加剧了中部粮食主产区生态环境的恶化。当前，中部地区基本上处于工业化中期阶段，工业技术起点低，环保意识弱，措施不力。特别是一些工业企业排出的废水、废气、废渣以及所形成的酸雨给周围农业带来直接污染，对中部粮食主产区农业可持续发展构成严重威胁。

5. 中部粮食主产区产粮积极性锐减，农民增收困难。"卖粮难"问题突出所导致的粮农积极性锐减，已成为粮食生产可持续发展的一大隐忧。中部粮食主产省份农民弃耕抛荒，就是粮农积极性锐减的直接证明。而导致粮农积极性锐减的直接原因就是粮价下跌。目前，我国几种主要粮食品种的批发价格基本上处于近年来的最低点，粮食生产的社会净收益不断下降。中部粮食主产区农民收入增幅已连续下降，有些省份甚至出现负增长,城乡居民收入差距进一步扩大。中部粮食主产区粮食生产利益流失严重,粮食生产长期"贫血",农民增收困难。

二、政府给粮食主产区以政策支持的理论与现实依据

1. 政府给中部粮产区以政策支持的理论依据。

其一,由于粮食产品的特殊性,即非完全的市场性、社会效益性、政治目标性,造成对粮产区所担风险的报酬不能通过市场取得,因此,政府应采取政策性手段给予经济补偿。粮食主产区要承担稳定粮食生产保证粮食供给的责任,这是政治目标和社会效益性的要求,地方政府必须坚决执行。但同时,粮食主产区承担了较大的风险,如粮食供求不平衡以及由此引起的市场价格波动带来的市场风险,因此,中部粮产区就应该获得与所承担的风险相应的收益。

其二,长期以来,我国实施的是以农养工的政策,这是因为我国工业化启动所需要的资本不能充分从工业内部生成。农业为工业化提供资本积累,其实质是农业的剩余流入工业。提供剩余可以通过如下方式:(1)提高税负,尤其是提高税负的实物份额;(2)人为地压低农产品价格,并伴以强制性的定量目标收购;(3)人为地抬高商品性农业投入物的价格,并辅以垄断性供给和"以物换物"制度(如以肥换粮等);(4)市场机制使贸易条件变得不利于农业,用"市场泵"抽吸农业剩余。据测算,1984~2004年的20年间,国家以"剪刀差"的方式年均吸走农业剩余达1 000亿元人民币,导致我国的农业发展滞后,粮食生产出现大的波动。根据国际经验,农业提供剩余使命结束时,工业化成长阶段的结构特征主要有:工农业的结构比例为6:4;农业劳动力份额不超55%;人口城市比率不低于35%,人均GNP不少于1 000美元。农业提供剩余使命的结束,标志着农业将进入与工业平等发展、等价交换的阶段。但中国却未能准确把握工业化第一阶段时的特征,及时停止或放弃工业对农业的挤压政策,从而导致了中国农业和粮食生产出现大的波动。

与上述情况相对应,改革开放以来,东南沿海地区获得了国家许多优惠政策大力发展工业,趁势吸出中部地区的人才、资金及产业发展的基础性资本,中部区域经济披上了浓厚的被殖民色彩。当中部地区觉醒并大力推进工业化之时,国家严格的耕地保护政策的实施及国家对中部地区农业大省与粮食主产区的定位使得中部地区一直得不到国家的大规模的工业化政策的扶持。中部地区经济长期处于农业比重偏高的高社会效益、低经济

效益的"塌陷区"。当前，我国已处于工业化的中级阶段，农业和工业本应该处于平等发展阶段，但由于中部地区"三农"问题十分突出，必须也应该像国家经济发展战略——不经过传统工业化进程而直接迈入新型工业化道路一样，应该立即进入工业反哺农业的发展阶段。而就区域经济发展的学理上分析，获得工业化进程中高工业回报的东南沿海地区应该是"反哺源"，而失却工业高回报的中部区域必然是"被哺域"，当然国家有必要通过一些政策性手段给予补偿。

2. 政府给中部粮产区政策支持的现实依据。

其一，国家财政收入的快速增加为粮食主产区农业的财政更多支持提供了可能。长期以来，由于我国财力十分有限和农业人口基数大，对粮食主产区农业实行财政支持的力度很小。随着国家经济的快速发展，国家财政收入连续数年以两位数的速度增长，中国城乡居民拥有储蓄存款也在不断增加。3~5年内城乡居民拿出1/3左右存款投资国债是非常可能的，这就是说，3~5年内还有30 000多亿的国债发行规模，使得国家对粮食主产区的农业进行更多的财政支持成为可能。

其二，对粮食主产区以政策支持是适应国际经济形势变化的要求的WTO《农业协定》将对农业的支持和补贴措施分为两种类型：一类是不要求各国削减的承诺的措施，被称为农业协定的"绿箱"（Green Box）政策。主要指广义补贴，即政府对农业部门的所有投资或支持如对农业科技、农田水利、农业生态环境等方面的投资。WTO不限制"绿箱"政策。另一类是要求各国削减和约束承诺的措施，一般被称为农业协定的"黄箱"（Yellow Box）政策，主要指狭义补贴，指政府农产品市场价格支持，直接支付以及其他形式的保护，如对粮食等农产品提供的价格出口或其他形式的补贴。这类补贴通常会对产出结构和农产品市场造成直接明显的扭曲现象。目前，一方面我国政府的"黄箱"政策只占农业总产值的3.3%。根据我国与WTO的谈判结果，我国政府对农民的收入补贴可以达到农业总产值的8.5%，约合人民币2 200多亿元，也就是说，还有1 004亿元（人民币）的支持空间。这就表明加大粮食主产区农业的财政支持还有很大空间，我们应该充分利用。另一方面，我们必须按照WTO的"绿箱"政策，调整我国财政支持粮食主产区农业发展的政策，使偏重于价格保护的政策尽快转向更注重改善农业生产基础设施以及支持农业科技进步、提高农民素质等有助于强化农业内在竞争力的方向上来。

三、政府对中部粮食主产区的政策支持

国家要把产业政策与区域经济政策的调整、优化结合起来，实行对中部粮食主产区的政策倾斜。要增加对中部粮食主产区的投入。现有农业固定资产投资、农业综合开发资金、土地复垦基金等要相对集中使用，向中部粮食主产区倾斜；农业综合开发资金新增部分主要用于主产区；国家要从粮食风险基金中拿出部分资金，用于主产区种粮农民的直接补贴。这些必将有力地促进主产区的粮食生产和经济发展。当前对中部粮食主产区的政策支持应从以下几个方面来考虑：

1. 切实加强中部粮食主产区的农业生产设施建设，提高粮食生产能力。

（1）国家要支持中部粮食产区重点建设旱涝保收、稳产高收的基本农田。要围绕农田基本建设，加快中小型水利设施建设，扩大农田有效灌溉面积，提高排涝和抗旱能力。要在粮食主产区扩大沃土工程实施规模，不断提高耕地质量。为此，国家应确定一定比例的国有土地出让金，用于支持农业土地开发，建设高标准基本农田，以提高粮食综合生产能力。

（2）国家要支持中部主产区按照高产、优质、高效、生态安全的要求，走精细化、集约化的道路，向农业发展的广度和深度进展，不断开拓农业增效增收的空间。要加快实施优势农产品区域布局规划，继续调整农业区域布局。要进一步加强农业标准化工作，开展农业标准化示范区建设。

（3）改善粮食主产区农业投资环境。诱导和吸引其他投资主体增加农业投资。运用以奖代补、以工代赈等多种形式引导集体和农民个人增加农业投入，保证中部粮食主产区对资金的需要。

（4）国家要提高中部粮产区农业科技的创新能力。要加强大宗粮食作物良种繁育、病虫害防治工程建设，强化技术集成能力，优先支持中部粮食生产区推广一批有重大影响的优良品种和先进适用技术。

（5）要提高农业机械化水平，对农民个人、农场职工、农机专业户和直接从事农业生产的农机服务组织购置和更新大型农机具给予一定补贴。

（6）要扩大"六小工程"（节水灌溉、人畜饮水、乡村道路、农村沼气、农村水电、草场围栏等）建设范围，充实建设内容。

2. 帮助中部粮食主产区把粮食产业做大做强，建立健全农业社会化服务体系。

（1）国家要支持主产区进行粮食转化和加工，把粮食产业做大做强，支持主产区发展畜牧业。在不破坏已有的、合理的农产品加工业布点，充分发挥农产品加工业老基地的优势的前提下，把以粮食为主要原料的农产品加工新项目尽量放到粮食主产区，以延长其农产品加工、增值链条。国家应支持粮食主产区在不放松粮食生产的基础上，加快发展农业产业化经营，围绕农产品发展加工业、运销业等，以农产品加工转化实现增值，增加农民收入和地方财政收入。

（2）建立健全农业社会化服务体系。支持发展农村各类专业合作经济组织、购销大户和农民经纪人队伍，搞好农产品流通。着力抓好质量与标准建设，进一步完善农产品安全监测、质量认证体系，开展无公害食品、绿色食品的生产和认证，培育优质名牌产品，提高农产品质量和市场竞争能力。

3. 帮助中部粮食主产区转移农业剩余劳动力。

（1）政府要加大对中部粮产区农民的职业技术培训力度。要以市场为导向，有针对性地开展农民职业技术培训，提高农民整体素质和就业能力，要在经费上为农民职业技术培训提供有效的支持。

（2）政府应采取牵线搭桥的方式，加强中部粮食主产区与沿海发达地区和劳动力资源短缺地区的劳务输出、协作关系，并扶持中部粮食主产区的乡镇企业发展和小城镇建设，发展农村第二、第三产业，促进粮食主产区加快农业剩余劳动力的有效转移，拓宽农民增收渠道。

（3）大力推进户籍制度改革，放宽户口迁移政策，引导农民向城镇有序流动和聚集。认真研究制定、落实有关民征地拆迁的补偿政策，防止农民中"三无"（就业无岗、种田无地、低保无门）现象的蔓延。

4. 加强中部粮产区农村公用事业的建设。财政加大对中部粮产区农村公用事业的支持力度，向中部粮产区农村倾斜，对改善农民生活条件、缩小城乡差距、促进农村进一步发展，最直接、最有效。

（1）把农村道路、水、电、气、热等基础建设纳入地区一规划，并适当倾斜。通过财政转移，大力支持和改善村、乡、镇或主要干线的道路交通建设，做到路面硬化的公路通到村口，自来水接到家中。

（2）创新和完善农村基础设施建设的管理体制和运行机制，在政策上应多渠道、多形式支持农村基础设施建设，以中心村建设为重点，创新和完善农村公用事业、基础设施建设。

5. 加强中部粮产区农村卫生和社会保障制度建设。

(1) 要不断推进农村医疗卫生保险工作,逐步建立起符合我国国情的农村医疗保障体制。鼓励城市医疗机构采取联办、托管等方式迅速向农村发展,支持农村疾控中心、乡镇医院等改造升级,改善农民就医条件,促进公共服务均衡化。

(2) 要与计划生育鼓励政策相结合,建立起全国性的农村养老保障制度,并不断提高养老金标准。

(3) 要继续加大灾害救济和扶贫的投入力度,鼓励有条件的地区建立农村最低收入保障制度等。

(4) 要建立和完善农村失业保障制度,尤其是保护和保障失地农民的权益。

6. 改革中部粮产区农村基础教育投入机制。

(1) 增加农村教育的财政支出,以中央财政来支付农村中、小学教师工资,逐步改变县级财政承担90%以上农村教育经费的局面。农村中小学教师的工资由中央财政来承担,既体现义务教育的精神,也可以减轻农民负担。还要通过建立专款、专账、专用的制度,避免出现各级政府挪用和拖欠中小学教师工资的情形。

(2) 改善农村义务教育的条件,引导优质教育资源向农村辐射。通过加大对农村义务教育的投入和支持,全面提高农村人口的文化素质,制止农村教育下滑的趋势,提高劳动者素质,致力消除教育上的城乡二元结构。

(3) 要对经济相对不发达的区县给予财政倾斜,对低收入家庭的义务教育要制定统一的困难学生补助标准。

(4) 着眼于建造学校和培训师资,形成城市对农村的对口支援。通过建造希望小学、购置教学设备和图书、帮助当地培训教师、部分农村孩子到城市读书等方式形成对口支援。

7. 制定相关的土地管理制度。

(1) 农地流转和管理制度。如农村土地定级估价制度,要按照市场经济的要求,逐步形成合理的地租、地价,保障土地交易各方的利益,并以此为杠杆,促进土地合理流转。以股份制形式将土地产权量化到户,农民转移进城后可进行土地股权交易,举家外迁也可变现。当然国家应制定相应的交易法规,如交易变现的资金应纳入该业主落户城市社会保障专户，专款专用，以保障其基本生活，防止出现"失地流民"。建立土地交易许可制度，国家直接干预某些地区的地价水平和土地利用方向，建立流转土地储备制度，设立土地流转中介机构。促进土地的流转和相对集中使用，以构造农业适度规模经营的启动机制和加速机制。

（2）耕地保护制度。建立完善的土地用途管制制度和基本农田保护制度，使土地管理科学化和规范化。

（3）农地征收制度。农用地向非农用地转化，改征用制度为购买制度，按市场经济规律进行土地的转让，以保障土地所有者和使用者的权益。

8. 支持中部粮食主产区创办高新科技农业园区和发展县域经济。

（1）要支持中部粮食主产区创办高新科技农业园区，并在园区内建立规模化的农副产品生产基地、集团化的农副产品加工企业、专业化的农产品市场网络、系列化的农业服务体系、标准化的农业服务体系、现代化的农业科技推广系统。一句话，建立高效化的集约型现代农业体系。

（2）发展县域经济，推进中部粮产区城镇化的进程。按照"政府引导，市场运作，科学规划，合理布局，产业支撑，突出特色，综合开发，配套建设"的方针，以县城扩容为重点，加大基础设施建设力度，加快推进城镇化进程。要结合发展县域经济，突出规划在城镇建设中的核心地位，抓紧搞好中部地区城镇体系规划。以农产品加工产业支撑城镇建设，坚持城镇建设、市场建设和工业园区建设相结合，实行"园城互动、园城合一"建设与发展策略，打造好工业园区和城市两个平台，推进城镇化进程。

9. 完善中部粮食主产区农业优惠信贷和保险补贴政策。政府一方面应加大力度通过农业银行、农业发展银行和农村信用合作社等农村金融体系向中部粮产区农业提供优惠而便利的贷款，增加农业资金投入，引导和扶持农业生产，并在扩大生产规模、应用新技术新工艺、购买优良品种和农产品的产供销等方面给予更多的支持。另一方面应进一步完善农业保险补贴政策，对农业保险实行低收费高补贴，以稳定农民的收入，并把对受灾地区的财政拨款援助改为对农业保险提供的补贴，变救灾拨款为提前保险，这样既可以大量减轻政府的财政负担，又可以提高政府财政资金的使用效益。

第三节 中部"三农"问题解决对策研究[①]

"中部崛起"在20世纪80年代中后期提出，经过10余年历程由学者呼吁转变为政府决策，由地区战略上升为国家战略。2004年3月，"促进中部地区崛起"作为国家统筹区域协调发展的重大战略首次被写进温家宝总理所作的《政府工作报告》中。中部崛起的关键在于选准中部六省共同面临的具有全局性和决定性的战略突破口。笔者认为，解决"三农"问题应是中部崛起的一个重要突破口。不解决中部"三农"问题，中部崛起就无从谈起。

一、中部"三农"问题是中部崛起的关键所在

2004年统计资料显示，中部六省面积占全国的10.7%，总人口3.62亿，占全国的27.9%；农村人口高达2.35亿，占全国农村人口的31.08%；农村剩余劳动力占全国剩余农业劳动力的比例接近60%；农民人均纯收入2721元，低于全国平均水平215元。中部地区农民苦、农村穷、财政弱的问题十分普遍。中部"三农"问题是中部经济社会发展中最突出的矛盾，能否解决中部地区的"三农"问题，对中部崛起具有重大的意义。

首先，解决中部"三农"问题，是促进中部农业发展的根本前提。农业是国民经济的基础。没有农业的持续稳定发展，就没有整个国民经济的持续快速健康发展；没有农村的社会稳定，就没有整个国家的长治久安；没有农民收入的不断增长，就没有全体人民的安康富裕。中部六省的乡村人口达2.35亿，占全国7.57亿农民的31%强，也是全国"三农"问题最突出的区域。中部农业的发展必须以解决中部"三农"问题为前提，只有农业的高效、快速发展，才能提高农民的收入，解决农村存在的一系列问题。

其次，解决中部"三农"问题，是缩小区域差距，协调区域经济发展的基础。中部六省自古以来就是全国重要的主粮产区，根据国家统计局和中部六省各省统计局数据统计，2004年中部六省粮食产量占全国的

[①] 撰稿人：严清华，武汉大学经济与管理学院/南昌大学中国中部经济发展研究中心；周江洪，武汉大学经济与管理学院。

31.48%，油料占全国的41.38%，棉花占全国的29.51%，蔬菜占全国的26.48%，肉类占全国的30.77%，水产品占全国的17.37%。中部农业的发展对提高地区发展水平有着举足轻重的作用。要缩小东、中、西部差距，协调区域经济发展，必须解决中部"三农"问题，加快中部农业的发展。

再次，解决中部"三农"问题，是确保经济安全，实现国民经济健康发展的重要举措。"民以食为天"，"为政之要，首在足食"。粮食是一种具有战略意义的特殊商品，是国家经济安全的重要保障，是社会稳定和国民经济发展的基础。经济发达国家和地区非常重视农业，拥有世界一流工业的国家或地区，其农业也一定是世界一流的。农业是一种特殊产业，是与人们生活关系最密切的产业，只有拥有先进的农业技术和一定的国际市场份额，才能掌握主动权，在国际竞争中立于不败之地。

最后，解决中部"三农"问题，是突破城乡二元结构，建立和谐社会，实现社会政治稳定的必然要求。我国的现代化进程虽然以工业化、城市化为先导和主要特征，但解决农业、农村、农民问题正是我国作为农业大国实施现代化战略的题中应有之义和必由之路。中国迈向现代化的关键制约因素是"三农"问题。中部的城乡二元经济结构在中国最具有典型性。据统计，2004年，中部六省城市化水平为35.14%，全国城市化水平为41.76%，中部低于全国6.62个百分点。以我国现有城市化发展速度预测，至2010年，全国城市化平均水平将达到51%，据此推算，如果中部地区城市化达到全国平均水平，那么将有1亿多农村人口转入城市，"三农"问题将得到根本缓解。中国能不能实现全面、协调、可持续发展，关键看中部地区的二元结构能否得到有效解决。

二、统筹城乡发展是实现中部崛起的必然选择

中部地区的"三农"问题，存在深层的体制性和结构性矛盾。目前，我国已进入工业化中期阶段，中部地区城市化水平较低，中部农村人口非农化和城镇化进程缓慢，农民比重过大，导致农业相对劳动生产力过低，这是中部"三农"问题的症结所在。解决这一症结的关键在于统筹城乡社会经济发展，也就是说，解决中部地区"三农"问题，不能就农业论农业，就农村论农村，必须重点解决制约中部农业和农村发展的体制性矛盾和结构性矛盾，改革计划经济体制下形成的城乡分治的各种制度，发挥城市对农村的促进和带动作用。

中部地区城乡二元结构比较明显。就中部地区面积最大、人口最多、经济总量最高的城市武汉来说，2004年，武汉户籍总人口785.9万，农业人口301.2万，占38.32%，农村版图面积占80%。市郊六区GDP占全市总量18.72%，农民人均纯收入3 955元，不到城镇居民人均可支配收入的一半。农村工业化发展严重滞后，上规模的乡镇工业园区屈指可数，缺少能促进农民增收的农产品加工龙头企业。农村基础设施建设落后，至今仍有近40%的行政村未通水泥路，农村自来水受益率只有55%左右。郊区的城镇化率只有33%左右，比长江三角洲、珠江三角洲等地区低近20个百分点，市郊近70%的人口生活在农村。2004年，武汉市人均GDP近3 000美元，但市郊六区仅为1 250美元。武汉市农民人均纯收入与城镇居民可支配收入之比已由1995年的1:2.26扩大到2004年的1:2.42，城乡二元结构矛盾突出，需要进一步统筹城乡发展。

改革开放20多年来，受经济发展阶段和计划经济观念的影响，国家在考虑发展问题的时候，工业往往优于农业，城市往往优于农村，一直以牺牲农业剩余来换取工业化发展，这导致了农村的经济社会发展水平远远滞后于城市。武汉也不例外。要改变这种状况，就必须按照科学发展观的要求，实施城乡统筹发展战略，统一规划城市和农村的经济社会发展，把城市和农村存在的问题及相互关系综合起来加以研究和解决，全面对接和整合城乡各类资源，从而实现全市经济社会的协调发展。

统筹城乡发展理论最初源于恩格斯《共产主义原理》中提出的"城乡融合"概念。英国城市学家埃比尼泽·霍华德（Ebenezer Howard，1850~1928）在《明日的田园城市》一书中，倡导"用城乡一体的新社会结构形态来取代城乡分离的旧社会结构形态"。20世纪60年代，美国著名城市学家刘易斯主张建立城市中心，形成更大的区域统一体，重建城乡之间的平衡，使全部居民都享受真正的城市生活的益处。世界一些工业化国家发展的经历清楚地表明工业与农业在不同时期的关系：在工业化初始阶段，农业支持工业、为工业提供积累；在工业化达到相当程度以后，工业反哺农业、城市支持农村，实现工业与农业、城市与农村协调发展。统筹城乡经济社会发展的思路为我们从根本上解决"三农"问题指明了方向。

三、中部"三农"问题解决的基本对策

我国现在总体上已到了以工促农、以城带乡的发展阶段。中部地区统

筹城乡发展，就是要充分发挥城市对农村的带动作用和农村对城市的促进作用，加快农业产业化、农村工业化、农村城镇化和农民市民化进程，突破城乡二元结构，形成"以城带乡、以工补农"的发展新机制和城乡开放互通、互补互促、共同发展的新格局。统筹城乡经济社会发展，最根本的是要调整国民经济的发展和分配格局，通过加大转移支付力度和调整财税政策，加大对农业和农村的支持力度，扩大农村公共产品的供给，增强农业和农村发展的内在动力。具体来说，就是要抓好六个统筹。

1. 统筹城乡产业布局，提升中部农业工业化水平。中部地区要抓住新一轮国际产业向中国大陆转移和沿海地区产业向内陆转移，城市工业向农村扩散和转移的机遇，按照"工业反哺，农业转型"的理念，规划调整中部城乡产业发展布局。要根据中部资源禀赋特点，注重发展以循环经济为特征的生态工业和生态农业。要按照专业化分工协作的原则和现代产业发展的趋势，把原先以地域为核心，以行政为联系的产业组织形式，改变为以行业、产品为核心，以资产、商业信誉为联系的产业组织形式，形成城乡一体的产业组织体系，使农村工业化尽快融入国家工业化进程。要用现代工业理念谋划农业，用现代工业部门提供的物质技术条件来装备农业，用工业生产方式调整农业结构，组织农业生产经营，用工业发展的目标建立标准化的农产品生产、加工、贸易体系，实现农产品多层次增值，提高农产品效益，增加农民收入，增强农业竞争力。

2. 统筹城乡经济结构调整，提升中部农业产业化水平。为顺应城乡经济融合和三次产业联动发展的趋势，中部地区要根据自身的特点，以市场为导向，以发展先进制造业、现代服务业和高效生态农业为主攻方向，推进城乡经济结构的战略性调整，完善三次产业的布局，形成区域分工合理、特色优势鲜明的产业结构和空间布局。中部六省自古以来就是全国重要的主要粮产区。中部地区农业经济结构调整，仍要把握稳步发展粮食生产这一主线，尤其要以三大平原农业区为依托，发挥比较优势，围绕优势农产品，形成规模，创出品牌，培育具有中部特色和优势的区域支柱产业。要积极推进农业产业化经营，按照现代化大生产的要求，在纵向上实行产销一体化，在横向上实行资金、技术、人才等要素的集约经营，在组织形式上大力培育和扶持龙头企业，推行"公司加农户"、"订单农业"等有效做法，培育和发展农村合作经济组织，加快传统农业向现代农业转型，提升中部地区农业产业化水平。

3. 统筹城乡建设规划，提高中部地区城镇化水平。城镇化是统筹城乡发展的重要途径和载体，是世界各国走向现代化的必由之路。加快中部地区城镇化建设，是解决中部农村发展中一系列深层次矛盾的根本途径。中部地区城镇化水平滞后，直接原因是长期以来执行的城乡分治的制度安排。中部六省实行城镇化战略，就是要打破旧的制度，创新小城镇建设机制，改革城乡隔离的户籍制度和农村产权制度，加快城市用工制度改革，打破农村人口流动的障碍，拆除阻碍农村城镇化的各种制度壁垒，以制度创新推动农村城镇化进程。

4. 统筹城乡财税制改革，完善对农业和农村的支持保护体系。根据国际经验，进入工业化中期阶段后，国民经济初次分配和再次分配应向农业、农村和农民倾斜，实现工业反哺农业。我国现已进入这一阶段，此时，中部地区要调整国民收入和财政支出结构，加大对农村财政支持力度，增加农村基础设施建设、农村生活设施和农村教育的投入，建立支持农业稳定增长的机制和对农业的支持保护体系，形成以城带乡、以工补农的发展新机制。财政支农要实行对农民收入的直接补贴制度，形成促进农民增收的长效机制，并通过扩大共享税种、革除现行分税制的体制成分、规范转移支付等措施，创新乡镇财政体制。

5. 统筹城乡公共服务和社会保障体系建设，促进城乡社会事业发展一体化。要发挥城市文化和公共服务的优势，推动城市社会事业和公共服务向农村延伸，加快农村教育、文化、卫生、体育等社会事业的发展，让广大农民充分享受经济发展的直接成果。要尽快构建较完善的农村社会保障体系，逐步提高最低生活保障水平，扩大农村社会保障的覆盖面，健全教育、医疗等社会救助体系，探索建立农村社会养老制度，继续完善农村低保制度，不断完善新型农村合作医疗制度。

6. 统筹城乡配套改革，促进城乡经济社会体制一体化。要打破城乡分割的二元结构和城乡分治的二元体制，消除影响"三农"发展的体制性和政策性障碍，建立城乡平等的经济社会新体制，为统筹城乡发展提供体制保障。

第五章 中部地区各产业发展特征研究

第一节 中部地区产业发展特征分析[①]

选用三次产业增加值及其内部行业的产值、三次产业从业人员、GDP作为基本衡量指标，通过对中部地区与东部大都市区、东部新兴工业化地区和西部地区不同时段的比重、区位商、效率等方面的程度对比分析，显示出中部地区三次产业结构低于东部地区，对中部地区较为重要的第一产业对人均GDP的贡献率也低于东部地区；部分农业行业、主要农产品也较东部和西部地区低；轻工业行业比东北地区低，部分甚至比西部地区也低。这些都表明中部地区产业发展方面呈现出"塌陷"或"局部塌陷"的现象。

一、引言

自改革开放以来，国家先后采取了东部沿海地区优先发展战略、西部大开发战略和振兴东北老工业基地战略，使东部地区进入了经济自我发展的道路，西部和东北老工业基地的发展也初见成效，相对来说，中部地区的发展呈现出发展水平低于东部、发展速度慢于西部的"塌陷"态势。这一现象引起了学术界的很大关注，出现了很多关于中部地区的著作文献，对其"塌陷"的特征也从多方面进行了论证。杨云彦、秦尊文认为：中部地区的问题区域特征表现在经济发展总体水平、产业结构、资金流向、所有制改革、人口结构和农村剩余劳动力规模、就业、制造业等方面与东、西部地区的差距。董继斌认为：中部地区在经济总量和人均收入两个方面出现了"沉陷"。周绍森、王志国、胡德龙从经济总量增长速度、

---

① 撰稿人：覃成林，暨南大学经济学院/南昌大学中国中部经济发展研究中心；吕化霞，河南大学环境与规划学院；周二黑，河南大学环境与规划学院。

人均GDP增长、固定资产投资增长率、现代化水平、消费潜力等方面论证了中部塌陷。刘乃全、张学良在运用协整理论对东、中、西部地区GDP指标进行定量分析的基础上，得出结论：中部地区并没有起到承东启西、联结桥梁的作用，东部地区跨越了中部地区直接对西部地区的经济增长发生作用，进而出现了"中部塌陷"的区域经济发展状况。李玲玲、魏晓、陈威对2003年的经济增长速度、GDP差距、居民收入水平和投资增长速度等数据指标进行了简要的分析，得出中部塌陷的结论。王彦武从工业化水平、产业结构层次、城市化水平、城市综合实力、对外开放、县域经济基础、非公有制经济发展等方面论证了中部与东部地区的发展差距。河南省价格学会认为中部塌陷表现在经济总量规模、经济增长速度、人均GDP和产业结构等方面。以上这些研究大多数讨论的是中部地区近几年的"塌陷"现象，没有在较大的时间段上来分析，而且讨论在很多方面都是针对中部的整体表现，对产业发展方面，没有进行更深入的研究和论证。

二、区域界定与数据来源

中部地区包括湖北、湖南、河南、山西、安徽、江西6省，面积102万平方公里，占全国面积的10.7%；人口3.61亿，占全国总人口的28.1%；2003年国内生产总值占全国22.47%，是国家重要的粮食供应地区，是国家经济发展的重要区域。在进行东、中、西部地区对比中，所选取的东部地区包括两个部分——大都市区包括：北京、天津、上海；新兴工业化地区包括：广东、浙江、江苏、福建、山东；西部地区包括重庆、四川、贵州、云南、陕西、甘肃、青海、宁夏、新疆等9个省、市、自治区。

在时段的选取上，以1978年为分界点，重点考虑1978年改革开放至2003年中部地区在产业发展各方面的特征，具体分为两个时段来分析，即1978~1999年和2000~2003年。文中所使用的原始数据均来自国家统计局的公开出版物。1978~1998年部分的数据来自于《新中国五十年统计资料汇编》，1999~2003年的数据来自2000~2004年的《中国统计年鉴》，部分数据来自1994年、2001年、2004年的《中国工业经济统计年鉴》。

三、中部地区产业结构变迁及比较

（一）中部地区三次产业结构变迁及其特征

改革开放以来，从三次产业的产值变化和结构变化的过程中发现，中部地区的产业结构格局逐渐从低级形态向高级形态转化，遵循产业结构演变的一般规律。中部地区的产业结构在1978年处于"一、二、三"的低级形态，1985年第二产业比重超过第一产业，产业结构进入"二、一、三"的格局。至1991年末，第三产业比重超过第一产业，中部地区的产业结构层次至此越过"一、二、三"、"二、一、三"的低级状态，进入了"二、三、一"较为高级的发展阶段。此时，第二产业比重与第一产业的差距进一步拉大，而第三产业比重与第一、二产业的差距变化不明显，发展缓慢。2003年的产业结构仍呈"二、三、一"格局，但第二、三产业比重不断上升且差距不断缩小，第一产业比重进一步下降，整体上向着更高级、更合理的产业结构格局发展。东部大都市区的三次产业结构从1978年的"二、一、三"格局发展为1998年以后的"三、二、一"的高级状态，这是三次产业整体结构发展最为合理的阶段。

与东部大都市区相比，中部地区的三次产业结构低，表现在：第一产业比重过高，而第二、三产业比重较低。1978年，中部地区与东部大都市区相比，第一产业比重高34.54%，而第二、三产业比重分别低32.11、2.43个百分点。到2003年，第一产业的差距比1978年缩小14.81%，第二产业由1978年的低于东部大都市区变为高于其0.76个百分点，第三产业比重的差距增至15.36%。东部新兴工业化地区的三次产业结构自改革开放以来不断提升，从"二、一、三"状态上升至"二、三、一"格局。其转折点为1988年。中部地区与东部新兴工业化地区相比，三次产业结构也较低。1978年，第一产业比重比东部新兴工业化地区高7.45%，而第二、三产业却分别低6.81%和0.64%。到2003年，第二、三产业与东部新兴工业化地区的差距增加为6.26%和0.93%，而第一产业差距仅缩小了0.01个百分点。改革开放以来，西部地区的三次产业结构变化过程较为复杂，由开始的"二、一、三"结构降为1981年的"一、二、三"的低级发展阶段，然后再提升为1984年的"二、一、三"格局，最后变为1991年以后的"二、三、一"较为高级、较为合理的三次产业结构。与西部地区相比，中部地区的三次产业结构呈现出"局部塌陷"的迹象。

从1978年的数据来看，中部地区三次产业结构整体低于西部地区，此时，第一产业比重高于西部地区，而第二、三产业比重低于西部地区。与1978年相比，2003年，中部地区的第一、三产业比重比西部地区下降快，而第二产业比西部地区高了3.12个百分点。总的来说，中部地区三次产业结构在不断提升，但整体结构低于东部地区，而且第三产业比重甚至比西部地区还低。

（二）中部地区三次产业结构的效率比较

不同的产业结构的效率——对经济增长的贡献的影响——是不同的，中部地区的产业结构不同于其他地区的产业结构，以对经济增长的贡献的影响亦不同。产业结构的效率我们用人均GDP和第一、第二、第三产业产值比重相关系数表示。相关系数的取值范围在 -1 和 $+1$ 之间，即 $-1 \leqslant r \leqslant +1$。其中：若 $0 < r \leqslant 1$，表明变量之间存在正相关关系，r值越接近 $+1$，正相关关系越强；若 $-1 \leqslant r < 0$，表明变量之间存在负相关关系，r值越接近 -1，负相关关系越强。

通过对1978~2003年各地区的人均GDP和第一、第二、第三产业产值比重所做的相关分析结果来看，各地区人均GDP与其第一产业产值比重呈较强的负相关，即第一产业产值比重越大，其人均GDP增长越慢。中部地区的负相关程度仅小于西部地区，比东部的两个地区大，这表明第一产业比重对其人均GDP增长的负面影响较大。除东部大都市区的人均GDP与其第二产业产值比重呈负相关外，中部地区和东部新兴工业化地区的人均GDP与其第二产业产值比重表现出较强的正相关关系，但中部地区的相关系数值小于东部新兴工业化地区，可见，中部地区的第二产业对其人均GDP的贡献小于东部新兴工业化地区。各地区的人均GDP与各自的第三产业产值比重呈较强的正相关关系。中部地区该值比东部新兴工业化地区和西部地区仅高0.001，而比东部大都市区小很多，这说明中部地区的第三产业有待于进一步发展。从上面的分析中我们可以看出，中部地区产业结构的效率低于东部地区，略高于西部地区。

四、中部地区农业发展特征分析

（一）中部地区农业发展特征及与其他地区的比较

改革开放以来，中部地区农业总产值占全国比重均在20%以上，变化不大，1981年达到最高值29.57%，2003年仅比1978年上升了2.14个百分点。中部地区的农业比重较东部大都市区和西部地区高，但比东部新兴工业化地区低。再从第一产业从业人员比重来看，1978年以来，中部地区的第一产业从业人员比重整体上呈下降趋势，但下降不明显，2003年比1978年下降了3.16%。与其他各地区比较来看，中部地区的第一产业从业人员比重一直较高，1978年以来一直是4个地区最高的。我们可以得出这样的一个结论：中部地区的农业劳动生产率不高，低于东部两个地区，高于西部地区，但其年均增长率却低于西部地区。

（二）中部地区农、林、牧、渔业的发展特征及与其他地区的比较

区位商＝某行业产值占本区域本产业产值的比例/该行业产值在较高级别区域的本产业产值的比例。如果区位商＞1，则说明是专门化分工行业，值越高，专门化程度越高；反之亦然。改革开放以来，中部地区农业内部各行业的专门化程度发生了不同变化，由"林、农、牧、渔"结构转变为现在的"林、牧、农、渔"结构。我们可以得出结论，中部地区的农业专门化程度均高于东部的两个地区，与西部地区相比，由1978年的高于西部地区转变为2003年的低于西部地区。林业专门化程度比其他三个地区高，但其专门化程度在逐渐下降，整体下降速度高于西部地区的上升速度，2003年仅比西部地区高0.02。牧业专门化水平低于东部大都市区和西部地区，高于东部新兴工业化地区。渔业专门化水平低于东部两个地区，高于西部地区。可见，中部地区的农业内部结构存在"部分塌陷"行业，其中某些行业也存在"塌陷"的趋势。

（三）中部地区主要农产品的发展特征及与其他地区的比较

中部地区5种主要农产品产量比重的变化情况，棉花的比重下降最快，2003年比1978年下降了16.45%，粮食和糖料的比重也有所下降，分别减少了1.12和2.30个百分点。上升最快的是油料的比重，由1978年的22.59%增至2003年的37.43%，水果的比重也上升了9.04个百分点（见表2-13）。

从表2-13中我们能够看出，中部地区的粮食比重高于其他三个地区，但与西部地区的差距在逐渐减小。棉花比重高于东部的两个地区，与西部地区相比，由1978年高于西部地区变为1999年低于西部地区，而且其差距越来越大。油料比重高于东部大都市区和西部地区，1978年低于

东部新兴工业化地区，但1999年之后变为高于东部新兴工业化地区。糖料比重仅高于东部大都市区，远远小于东部新兴工业化地区和西部地区。水果比重高于东部大都市区和西部地区，小于东部新兴工业化地区。可见，与其他地区相比，粮食和油料生产在中部地区农业发展中占有重要地位，但这种优势在不断减弱，逐渐被其他地区所赶超。

表2-13　　1978年、1999年和2003年中部地区与其他地区主要
农产品产量占全国比重变化　　　　　　单位：%

地区	年份	粮食	棉花	油料	糖料	水果
中部地区	1978	30.27	40.87	22.59	6.44	16.13
	1999	29.03	38.34	42.13	6.55	—
	2003	29.16	26.21	37.43	4.15	25.17
东部地区	1978	1.85	5.69	2.92	0.00	3.42
	1999	1.15	0.26	0.71	0.10	—
	2003	0.65	2.03	0.46	0.14	2.16
东部新兴老工业区	1978	27.62	32.40	39.33	50.15	33.73
	1999	23.86	16.32	25.33	19.21	—
	2003	2 054	24.46	25.37	14.63	34.88
西部地区	1978	18.95	14.31	19.14	14.30	14.58
	1999	20.23	39.07	16.87	26.33	—
	2003	22.31	36.33	19.01	24.43	15.56

对于中部地区来说，发展农业和林业是促进中部地区大农业发展的必然选择，尤其是要提高粮食和油料的产量，从而提高中部地区在全国的农业地位。

五、中部地区工业发展特征分析

本部分在分析中部地区工业内部结构时选取了十大行业，即煤炭采选业、黑色金属矿采选业、有色金属矿采选业、食品加工业、食品制造业、饮料制造业、纺织业、石油加工及炼焦业、黑色金属冶炼及压延加工业和有色金属冶炼及压延加工业。主要工业产品选用布、机械纸及纸板、卷烟、原煤、发电量、钢、成品钢材、水泥、平板玻璃和化肥等10种。

（一）中部地区工业发展特征及与其他地区的比较

改革开放以来，中部地区的工业产值占全国比重变化不大，1998年达到最大值20.66%，仅比1978年提高了3.81个百分点，到2003年回落

到19.27%。从1978年以来，中部地区的工业产值比重一直低于东部新兴工业化地区，而且差距越来越大，由1978年的6.72%增至2003年的27.68%，这说明中部地区的工业产值比重的增长速度低于东部新兴工业化地区；其比重高于西部地区，整体差距也增大了，2003年比1978年增加了3.11个百分点；与东部大都市区相比，由低于东部大都市区变为高于东部大都市区，其转折点是1983年，而且高出的程度越来越大，这主要是东部大都市区工业产值比重降低的原因，变化趋势有增亦有减，但整体变化幅度不大，由1978年的20.37%上升到2003年的21.54%。1978年以来，中部地区的该比重一直高于东部大都市区和西部地区，但低于东部新兴工业化地区，且低于的程度有增加的趋势。我们可以得出：中部地区的工业劳动生产率低于东部两个地区，而且与东部新兴工业化地区的差距在不断拉大；高于西部地区，差距整体上也呈增大的趋势。

（二）中部地区主要工业行业发展特征及与其他地区的比较

从中部地区主要工业行业的区位商变化过程我们可以看出，煤炭采选业的区位商大于2，金属矿采选业和金属冶炼及压延加工业的区位商大于1，这些行业是中部地区的优势行业，其中有色金属行业专门化程度呈提高的趋势；而中部地区的食品、饮料和纺织等行业的区位商较小，基本上低于1，而且除食品制造业外其他行业的区位商值还在不断减小，专门化水平逐渐下降。这说明中部地区的重工业的专门化程度较高，而且对中部地区工业发展的贡献不断增大，而轻工业的专门化程度却较低且不断下降。

从中部地区与其他地区的主要工业行业的区位商对比结果中得出，中部地区的煤炭采选业的专门化程度比其他三个地区都高，在全国同行业中占有主要地位；有色金属行业和黑色金属矿采选业的区位商比东部两个地区高，其中有色金属行业的专门化水平的差距不断拉大；食品、饮料和纺织行业的专门化程度大都处于劣势地位，且与其他地区的专门化差距越来越大。可见，中部地区的优势产业主要是资源型产业，轻工业发展缓慢，这表明中部地区工业发展中将面临着资源型行业转型和如何促进轻工业发展的问题。

（三）中部地区主要工业产品的发展特征及与其他地区的比较

在所选的主要工业产品中，对于中部地区而言，原煤、卷烟、化肥和水泥的比重较高，其中原煤的比重最高，这与中部地区的主要优势行业为煤炭采选业是一致的，但其2003年的产量比重比1978年低5.88个百分点，更低于1999年的39.14%；水泥的增长幅度最大，2003年比1978年增加了5.62%，比1999年增加了7.50个百分点；布的产量比重在逐渐下降，由1978年的20.04%下降到1999年的16.94%再下降至2003年的15.53%；钢的产量比重不断上升，但上升幅度不大，2003年比1978年仅增加了1.78个百分点。机械纸及纸板、成品钢材和平板玻璃的比重先增大后减小，总的变化幅度不大，2003年比1978年分别变化了0.08、0.51和0.25个百分点。

从主要工业产品的人均产量比较结果可得出，中部地区原煤的人均产量较三个地区都大，而且差距在不断拉大；而发电量的人均产量却低于其他三个地区，与东部大都市区的差距最大。中部地区除了原煤外，水泥和化肥的人均产量也高于东部大都市区，而其他的主要工业产品的人均产量都低于东部大都市区，尤其是发电量和成品钢材的差距有较大增加。与东部新兴工业化地区相比，中部地区的卷烟、钢和化肥的人均产量也高于东部新兴工业化地区，其中卷烟和钢的差距有所缩小；布、机械纸及纸板、成品钢材、水泥和平板玻璃的人均产量却低于东部新兴工业化地区，并且差距都在不断加大。与西部地区相比，除了卷烟、发电量和化肥的人均产量低于西部地区外，其他工业产品的人均产量都略高于西部地区。

从分析中我们可以看出，中部地区以煤炭采选业、金属采选业和金属冶炼及压延加工业等重工业为工业发展中的优势行业，以原煤、钢、水泥和化肥等主要工业产品为主，但食品、饮料和纺织等轻工业行业发展水平和布、卷烟、发电量、成品钢材等工业产品的人均量较其他地区低。

六、结论

改革开放以来，中部地区的产业结构经过近30年的发展和调整，已经形成了"二、三、一"较为合理、较为高级的格局，产业发展得到明显改善，但中部地区与东部大都市区、东部新兴工业化地区和西部地区相比产业发展各方面仍不够优化。因此，应从中部地区产业发展的实际情况出发，合理优化中部地区产业结构，促进中部地区产业结构升级，不断提高中部地区经济发展的整体水平。

第二节 集成型和创新型：区域优势产业培育的两种思路——中部地区优势产业培育的案例研究[①]

区域优势产业集群不仅能促进区域经济增长，缩小地区收入差异，而且能在经济全球化背景下提高国家竞争力。因此，近年来对该问题的理论研究和政策研究引起了广泛关注。但综观这些研究，仍存在几个问题：（1）尽管"区域优势产业"已经频见报端文稿，对该概念仍缺乏清晰的定义；（2）对于区域产业集群的研究主要集中在对网络式集群（中小企业集群）的理论研究和案例研究，对轮轴式集群（以主导厂商为中心）的研究还不足；（3）在政策研究和培育思路上雷同，本节的研究将表明，不同的集群适用于不同的培育思路。针对上述问题，分别对区域优势产业集群进行了理论研究和案例研究。

一、区域优势产业培育的理论研究

（一）区域优势产业的一般含义

为了研究区域优势产业的含义，我们首先对"优势产业"、"区域优势产业"的定义进行梳理，然后从其定义的发展归纳出其含义。

优势产业是指那些在当前经济总量中其产出占有一定份额，运行状态良好，资源配置合理，资本营业效率较高，在一定空间区域和时间范围内有较高投入产出比率的产业。在产业寿命周期曲线中，优势产业一般处于发展期的中后期到成熟期的中期这一区间，它对整个经济的拉动作用处于或即将处于鼎盛时期，同时也处于后劲不足的衰退期前夕，它对经济的带动期已经很短暂了。

区域优势产业属于资源配置范畴，表示某一地区在某种产业的全国总量中占有较大比重，具有明显的区位优势。这种区位优势可通过产业的区位商（Location Quotient）来衡量。区域优势产业的形成可以归结为三个方面的原因：（1）资源禀赋差异；（2）规模经济要求；（3）区域分工协

[①] 撰稿人：宋德勇，华中科技大学经济学院/南昌大学中国中部经济发展研究中心；李金滟，华中科技大学经济学院。

作关系的深化。

在市场经济条件下，任何一个区域的经济发展都是由其具有优势的产业发展所决定的，而区域优势产业的形成则取决于区域比较优势和企业竞争优势的大小。宏观和中观层次的区域比较优势是区域优势产业发展的必要和前提条件，而微观层次的企业竞争优势则是决定区域优势产业发展的充分条件。可以说，区域比较优势和企业竞争优势共同决定了区域优势产业的发展，它是市场经济条件下区域产业分工发展的充分必要条件，也是形成一个区域产业竞争力的基础。

从这些定义中我们可以看出，随着经济学理论的不断发展，"区域优势产业"的内涵在不断拓宽：首先是比较优势理论的引入，带来了对区域产业问题研究视角的一个转向，即从单一区域的封闭视角到强调区域分工的开放视角；其次是竞争优势理论的引入，使我们从竞争力角度来认识区域产业问题。

按照比较优势理论和竞争优势理论的最新发展，国家或区域的比较优势分为外生比较优势和内生比较优势，前者是指国家或区域在资源禀赋和比较成本上所拥有的优势，后者则是指比较优势可以通过后天的专业化学习获得或通过投资创新与经验积累人为创造出来，强调的是规模报酬递增、不完全竞争、知识创新与经验积累。然而，无论是外生比较优势还是内生比较优势，仍然是潜在的优势，只有在激烈的市场竞争中获取现实的竞争优势，才能实现产品和服务的价值，才能获取比较利益。

笔者认为，"区域优势产业"（Regional Industry of Advantage）是基于区域比较优势上的具有竞争优势的这样一类产业。这类产业又可分为外生比较优势产业和内生比较优势产业两种层次。另外，值得关注和强调的是，当今世界上的区域优势产业一般以集群（Cluster）形式出现，国际上有竞争力的产业大多是集群模式。在经济全球化的今天，产业集群化发展已成为全球性的经济发展潮流，产业集群构成了当今世界经济的基本空间构架。因此，在研究区域优势产业培育时，采用产业集群的视角。

（二）区域优势产业的培育思路

集群用来定义在某一特定产业中，大量产业联系密切的企业以及相关支撑机构在空间上集聚，并形成强劲、持续竞争优势的现象。集群化是产业呈现区域集聚发展的态势，产业集群是指集中于一定区域内特定产业的众多具有分工合作关系的不同规模等级的企业和与其发展有关的各种机构、组织等行为主体通过纵横交错的网络关系紧密联系在一起的空间集聚体，由于区域优势不同以及产业属性不同，区域优势产业群具有不同的发展模式，因此也需采取不同的培育方案。

本节着重考察两种典型的产业集群发展模式：轴轮式产业集群和网络式产业集群。轴轮式产业集群是指众多相关中小企业围绕一个特大型成品商形成的产业集群。在一个处于中心地位的大企业的带动下，各中小企业一方面按照它的要求，为它加工、制造某种产品的零部件和配件，或者提供某种服务，同时又完成相对独立的生产运作，取得自身的发展。轴轮式集群的主要特点在于：（1）从企业构成来看，集群中存在一个主导型企业，凭借自身雄厚的技术支持和强大的品牌优势，掌握着整个系统的运转，众多小企业提供比集群外企业更低运费、更符合要求的配套加工产品。（2）从企业间的关系来看，尽管在中小企业之间还是存在某种程度的竞争关系，但是在产业群中起主要作用的是主导企业和各上下游中小企业之间的合作关系，而且这种合作关系具有两个特征：一是大多采纳签订合同等正式合作形式；二是这种合作关系一般比较稳定，大多存在于一个较长的合约期。（3）从产品特性来看，以一个大型企业为主导的集群最终提供的是一系列的标准化产品和标准化服务。

日本的丰田汽车城是轴轮式集群的典型代表。丰田公司的250多个供货商中，有50个把总部设在了丰田城，其余200多个也聚集在半径为5小时车程的范围之内。所有的供应商都紧紧地围绕着丰田，形成一个整体。丰田要求供货必须准时，货到后不进库房，直接按计划时间上线，即时作业。这套标准化流程是用了连续3年时间，集合了250多个供应商不断开会、讨论、训练而形成的。标准化生产链保证了产品的质量，同时把成本降到了最低。

网络式产业集群是指众多规模不等的企业交叉联系，聚集在一起形成的产业集群。和轴轮式产业集群相比，网络式产业集群的主要特点：（1）从企业构成来说，集群中没有一个起决定作用的大型主导企业，但是可能有几个或者多个规模较大的企业。此外，还有众多中小企业，或围绕几个规模较大的企业生产配套产品，或凭借提供差异性产品同其竞争。（2）从企业间关系来说，集群中各企业之间是一种既竞争又合作，有时竞争有时合作的关系。其合作关系具有以下特征：一是非正式合作在集群中起很重要的作用，技术溢出，社会资本在集群中作用明显；二是较少存在长期的稳定合作关系，取而代之的是更为弹性的合作。（3）从产品特性来说，集群提供差异性产品以符合更多元的需求。

美国的硅谷是网络式集群的典型代表。硅谷地区集中了众多在业务上相互联系的半导体或计算机企业及其支持企业,形成了硅谷高新中小企业集群。在这里既有惠普、网景、英特尔、苹果等世界领先的大公司,也有大量相关的配套和服务企业,同时还存在着许许多多微小的软件研发公司。

按照这两种不同的产业集群发展模式,本节分别提出两种培育思路:集成型和创新型。

产业集成化是最新提出的一种产业竞争战略。产业集成化引入集成思想,涉及产业结构、管理和经营战略,它改变了现代供应链模式,把市场经济与业态革命向大纵深推进。它把工业生产管理和商业营销模式有机整合起来,优势互补、综合集成,跨越行业界限、打破时空概念,开放式地解决复杂系统问题。它使产业竞争主体、竞争载体、竞争核心和竞争优势发生了质变,推动产业变动趋向工业制造和商业营销相融合。集成化是企业经济复合结构的一种形态,它产生于产业全球化和经济一体化的背景下,是今天更应引起人们重视的一种经营方式和经营战略。

我们认为从轴轮式产业集群的产业特性来看,集成型培育方案更具优势。集成型培育方案强调的是产业整合能力,要求以产业群中的核心企业为培育主体,在企业内部,以产品为核心实施内部集成管理,主要包括产品概念、产品设计、采购、制造、销售、维护、客户需求等;在企业外部,以价值链为轴心实施外部集成管理,主要包括研发中心、合作商、供应商、服务商、销售商、客户,以及相关联企业、机构等。企业内部集成是产业集成的基本层面,它是一个企业存在的必备市场能力;企业外部集成是产业集成的扩展层面,它是产业集聚后形成产业整合、产业融合的一种必然选择。

区域创新理论强调一个区域的制度和文化环境怎么与影响创新过程的公司活动相互作用,它强调区域创新过程的相互作用、社会性和学习性,强调区域的制度性结构。区域创新包括两个层次,技术知识创新和社会文化创新。

我们认为网络式产业集群,特别是其中的高新产业集群应强调其创新能力的培育,据此提出创新型培育思路。创新型培育方案强调的是区域创新能力,企业、科研单位、地方政府、商会都是培育主体,强调微观经济的商务环境,有针对提高集群而不是个别大企业(或部门)竞争力的长期议程，强调地方或区域的本地化和根植性，促进集群企业联网、建立信誉并加强对话以形成溢出效应，混合大企业和中小企业的参与，并形成政府、产业界、学术界的伙伴关系。

集成型培育思路和创新型培育思路的主要区别在于：前者更强调产业整合能力，后者更强调区域创新能力。在设施环境上，集成型培育方案要求发展优越的交通设施和运输能力，以利于供应链整合；创新型培育方案要求提供先进的信息平台和网络架构，以利于知识传播和技术溢出。在政策环境上，集成型培育方案要求重点促进集群中的核心大企业发展，通过它带动其他企业发展，因此在政策上对该企业应有所倾斜。如果本地区中不具备某个技术资金能起主导作用的大企业，有效的招商引资政策可以在短期内通过引入主导企业带动本地中小企业发展。创新型培育方案要求为本集群内各类企业提供良好的竞争和合作环境。另外，降低技术型小企业进入门槛，加大研发投入，促进高校、企业和地方政府的良性互动。在文化环境上，集成型培育方案更为强调信任，互惠互利；创新型培育方案更为强调形成竞争合作，学习互动。

二、中部地区优势产业培育的案例研究

实施"中部崛起"战略，关键是中部地区要充分挖掘和利用比较优势，构建优势产业集群，形成强大产业推力，从而推动中部地区经济快速增长，缩小东中西部地区差距。然而，由于区域禀赋和产业属性的差异，各地优势产业培育并无一个可复制的成功模式，因此，案例研究对于我们归纳总结不同的产业模式和培育思路具有重要的理论和实践意义。

中部地区具有明显的区位优势、自然资源优势和丰富的劳动力资源优势，拥有比较雄厚的工业基础，具有科技、教育和人才优势，有着丰富的自然历史文化资源。因此，加快发展有竞争优势的制造业和高新技术产业是中部地区的必然选择。这种竞争优势，或者是来源于产业链整合，降低了生产经营的成本；或者是来源于技术创新，实现了利润的增长；或者是依托特色资源，形成了特色经营。

中部地区中，湖北及大武汉的综合经济基础和发展潜力首屈一指，多年来培育的新型产业竞争力正在不断地提升。2004年全省的工业增加值达到了1 664.73亿元，在全国居第10位，一些重要的产品在全国占居重要的地位，光纤、汽车、钢材、化肥、水泥等产品的产量在全国均居前列，光电子技术产品开发、汽车零部件制造等13个优势产业入选国家中

西部地区外商投资优势产业目录。在工业战略指导下，湖北从自身的产业特征出发，在加快优势产业的资产重组和资源整合，用高新技术改造提升传统产业，大力发展新兴产业，促进产业结构优化升级，提高湖北优势产业的市场竞争力并带动其他产业的发展。

在湖北省众多优势产业中，我们选取了汽车产业和光电子产业，汽车产业代表了传统产业，光电子产业代表了新兴产业，前者是典型的轮轴式产业集群，后者是典型的网络式产业集群，前者适用于集成型培育思路，而后者适用于创新型培育思路。

(一) 轴轮式产业群——武汉汽车产业

近年来，武汉市汽车及零部件制造业不断与国内外知名企业通过多种途径合资、合作，成功引进世界先进技术和雄厚资本，汽车产业规模不断发展壮大，在全国汽车业中已经具有一定的竞争优势。2003年，武汉市有规模以上汽车及零部件制造企业74家，其中汽车整车制造企业3家，改装汽车制造企业12家，汽车车身、挂车制造企业2家；有零部件制造企业49家，2000~2003年武汉市汽车整车年产量由5.93万辆增加到11.23万辆，年均增长23.7%；规模以上汽车制造业按可比价格计算的总产值年均增长23.8%；在规模以上工业中的比重逐步提高，2003年汽车制造业增加值占规模以上工业的比重达11.3%，比2000年提高1.7个百分点。汽车产业实现产品销售收入158.13亿元，占全市规模以上工业的11.9%，2001~2003年年均增长21.1%。武汉市汽车产业的集群效应已经开始发挥作用，在全国汽车业中已经具有一定的竞争优势，成为湖北省的优势产业之一。

从武汉汽车产业案例可以看出，该产业是个典型的以神龙公司为主导企业的轴轮式产业集群。神龙汽车有限公司是中国东风汽车公司与法国PSA标致雪铁龙集团等股东合资兴建的轿车生产经营企业，总部位于武汉，成立于1992年5月。神龙公司拥有技术先进的生产手段，进口设备占设备总投资的一半以上，全部设备达到20世纪90年代国际先进水平。目前生产经营的产品，主要是东风雪铁龙品牌下的"富康"、"爱丽舍"、"毕加索"、"赛纳"4个系列车型。这些系列车型，具有"科技领先、节能环保、质量可靠"的优良性能，覆盖了私家车市场中档轿车9万~20万元不同消费者需求的黄金价位区段。神龙公司在引进PSA集团最新产品的同时，全面引进其先进的制造工艺和经营管理方法，并结合公司实际建立起了科学、严格的质量管理体系。公司先后投资6.3亿元加强质检设备硬件建设，并把质量控制向两头延伸到产品设计开发和售后服务的各个环节，确保产品和服务的高质量。神龙公司的质量管理、环境管理、营销服务，体系健全，运行高效，先后高标准、高水平地通过了ISO9001质量管理体系和ISO14000环境管理体系国内、国际双认证。1999~2002年连续4年被评为"全国用户满意产品"、"全国质量管理先进企业"、"全国用户满意企业"和"全国质量效益型企业"。

但是武汉汽车业仍面临着一些发展瓶颈：（1）产品单一，仅定位于家庭轿车，而目前市场上购买公务车仍占主导地位，市场范围窄小不利于竞争。而长春、上海、广州等基本上都生产包括轿车、客车、卡车等全系列车型，在激烈的市场竞争中规避风险的能力较强。（2）国产化率相对较低、外购零部件价格偏高也是制约神龙与其他厂家竞争的一个瓶颈。富康的国产化率为80%，新近推出的标志307国产化率还不到50%，而一汽、上汽的产品国产化率都达到了90%以上，其进口零部件价格也要低得多。（3）缺乏核心零部件企业，目前全市零部件企业主要集中在汽车塑料件和内饰件上，汽车电子刚刚起步，发动机等核心零部件基本没有。

作为典型的轴轮式产业集群，武汉汽车产业的发展得益于主导企业的内部集成化发展的成效，而其面临的困境主要是因为缺乏外部集成效应，缺乏有效的上下游企业合作，问题主要出在供应链管理上。按照我们的集成型战略，下一阶段，武汉市汽车产业在加强主导企业内部集成化的同时，更要加强主导企业外部集成化。

1. 努力为汽车产业发展创造良好的外部环境。要把汽车产业真正发展成为武汉市的优势产业，市政府必须加大支持力度，政府各部门要尊重企业的自主权，积极主动地搞好各项服务，提供企业发展所需要的资源，全力支持汽车产业发展。充分发挥神龙公司的龙头作用，面向两个市场，利用两种资源，拓展国际发展空间，加大汽车及零部件出口力度，加快发展汽车产业。

2. 进一步扩大整车生产企业对外合资合作步伐，与跨国公司建立产业联盟。充分把握当前国际汽车工业格局调整以及众多国外大企业向我国进行产业转移的机遇，充分利用武汉市已形成的汽车产业良好基础，扩大对外合资合作的深度和广度，面向法国、日本、美国、德国等国际著名厂商和原配套厂家，做好招商引资工作；利用与国际汽车业巨头合资项目等优势，引进大集团的资金、人才、先进的管理经验等，加快汽车工业的技术改造和产业升级，重点是提高轿车的技术平台水平、主要汽车零部件及总成、底盘的技术水平，实现汽车工业由引进、仿造向技术创新转变，同时吸引国外汽车零部件厂商投资武汉市汽车工业，为武汉市汽车业配套。

3. 大力发展零部件及相关产业。强大的零部件生产能力，是支持汽车业发展的关键，因此汽车零部件必须采取与整车同步跟进战略，改变武汉市汽车及零部件规模效益较低、自主研发能力较差、零部件产业严重滞后、生产和营销方式落后的局面。充分发挥武汉市原有与东风合作的基础，充分利用"地利"和"采购半径"的优势，主动寻求配套的机遇，努力"切入"新东风的"配套"圈，扩大产业规模。

4. 加快技术开发步伐，增强自主开发能力。增加 R&D 投入，努力提高整车和零部件企业的自主开发能力，力争设计出高附加值、高技术含量的零部件产品，最终推动整个汽车业的发展。把技术开发经费占销售额的比重逐步提高到 2%~3%；加强和完善大型企业的技术开发中心，在合资、合作方面要特别强调技术开发中心的建设，真正搞好引进技术的消化、吸收，在此基础上实施创新，形成自主设计并自行开发新车型的能力。国际企业界普遍认为，研究开发经费占销售额的 5% 以上，企业才有竞争力；占 2% 仅够维持；不足 1% 的企业则难以生存。目前，武汉市整车和零部件企业均采取的直接引进的国外技术和产品，充当的只是加工厂组装的作用，应借鉴上海的成功经验，提高自身研究开发能力，掌握关键技术。

5. 建立本地整车厂商与零部件厂商的合作共同体，加强合作，形成战略联盟。一方面，整车厂商吸收零部件厂商介入新车型开发，及时地了解新车型对零部件性能质量的要求；另一方面，整车厂商对零部件厂商的产品开发、产品质量、产品品种、技术改造、生产制造、管理方式、人员培训等实行导向扶植、协调和监督，使整车厂商与零部件厂商从设计开发到生产的整个环节，都保持面对面的合作，共同解决在技术、质量、成本和交货期等方面的问题，形成紧密依存、协调作战的伙伴关系和群体优势。

6. 建立全市汽车零部件信息网络咨询机构，为企业提供有关汽车零部件生产、销售管理、技术等方面的信息服务。除由市级专业情报机构（市科技情报研究所）、市汽车工业协会牵头组建武汉市汽车零部件生产企业信息网络以外，凡有条件的大中型汽车零部件企业，也要设立有专人负责的信息服务机构，配合市网开展活动，随时向企业传递汽车零部件工业发展和市场需求的信息。

(二) 网络式产业群——武汉光电子产业

武汉—中国光谷正在成为中国光电子信息产业的一张名片,在这一区域内,云集了42所各类高校,56个国家级科研院所,湖北省49位院士当中有13位是光电子信息产业领域的学术带头人,这里集聚了常规光电子信息、武汉AC、楚天激光等光电子信息产业700多家,该地区已经成为国内最大的光纤光缆和光电子器件生产基地、最大的光通讯技术研发基地和激光产业基地。近年来,光谷内的激光产业集群在向移动通讯、半导体、存储与显示、软件、汽车电子等产业转移。

武汉光电子产业集群在发展过程中,集群形态经历了基本要素集聚阶段、产业价值链形成和培育阶段,目前正处于区域创新网络建设阶段。

1. 基本要素集聚阶段（20世纪70~90年代初）。1971年,原华中工学院在全国高校中率先设立了激光教研室,1977年设立了激光专业,培养激光专业的高层次技术人才,1985年武汉出现了全国第一个民营激光企业——楚天激光集团（开始名称为楚天光电子公司）,该企业在全国率先将激光技术实现产业化。1974年国家以武汉邮电学院和国家电信总局528厂作为基础,组建了武汉邮电科学研究院（WRI）,集中力量投入光通信系统的研究,并于1976年拉出了中国的第一根光纤,1982年首次开发完成的市话光纤通信系统投入实际应用。1988年,国家在武汉与荷兰菲利浦公司合资创办了长飞光纤光缆有限公司。

2. 光电子产业价值链形成和培育阶段（1991~2000年）。进入20世纪90年代,伴随着东湖国家高新区的正式建立以及国家经济体制的改革,武汉光电子产业集群的形态开始从要素集聚阶段向产业价值链形成的方向转变,即在进一步促进人才集聚、企业集聚的同时,着重抓光电子龙头企业的发展和产业集群的形成。到90年代末,武汉东湖高新区形成了基本完善的光电子产业价值链。

在教育和科研机构方面,形成了以华中科技大学、武汉大学、武汉邮科院等高校和科研机构为核心的技术支撑,在光电子学、物理电子学、光通信、信息处理的理论研究方面居国内前列,国家光通信工程技术研究中心、国家激光加工工程技术研究中心、国家光电子工程中心等相继建立,在激光、光传输、光纤光缆、光电器件、光仪表、光材料等技术领域居国内领先地位,与世界先进水平差距较小,甚至居世界前列。

在信息光电子方面，形成了以烽火通信、长飞光纤光缆、武汉电信器件公司等企业为龙头的产业集群。到1999年，在光通信领域，光纤光缆、光电器件产量居全国第一，光传输设备产量居全国第二。

在激光产业方面，形成了以武汉电信器件公司、华工科技、楚天激光、团结激光、迈弛科技等为龙头的激光产业集群。根据中国光电子学会2000年的统计，武汉电信器件公司、楚天激光、团结激光、华工激光都是当时国内位居前列的激光企业，武汉成为全国三大激光产业基地之一。

3. 区域创新网络建设阶段（2001年至今）。20世纪90年代武汉光电子产业的迅猛发展，奠定了在全国光电子产业中的重要地位，科技部、国家发改委于2001年分别批准在武汉建设第一个国家光电信息产业化基地和第一个国家光电子产业基地，武汉东湖高新区提出了"国内一流、国际知名"的国家光电子信息产业基地（武汉—中国光谷）的目标。在这一阶段，应重点建设区域创新网络，形成持续不断的创新能力。

进一步完善创业孵化体系。到2004年，国家基地已经拥有创业中心、海外留学生创业园、大学科技园、软件园、创业街等各种类型的创业孵化器7家，总孵化面积达到30万平方米，在孵企业600多家。

进一步提升原始创新能力。包括总投资4.5亿元的国家光电实验室、总投资7 100多万元的国家植物基因工程中心、我国目前唯一在建的P4实验室等一批重点实验室、工程中心正在建设，原始创新能力进一步提高。

企业研发机构和技术中心建设进一步加强。2004年，区内企业建有研发机构100多家，有8家企业建立了国家级技术中心，15家企业建立了省级技术中心，600多家企业1.5万人从事科技活动。

在制度创新方面，进一步完善了省市对高新区的授权、重点建设了"一条龙"联合办公中心，并高起点地规划和建设武汉科技新城，改善企业的竞争环境，降低了企业发展的社会成本。

通过区域创新网络建设以及一大批光电子项目的实施，到2004年，国家基地内的光电子企业从1999年的143家迅速增加到2004年的600多家，长飞公司、武汉邮科院、华工科技、武汉NEC、楚天激光等一批核心企业主要产品的竞争力不断增强。"武汉—中国光谷"基本形成了以光电子产业为主导，环保、生物医药、机电一体化、高科技农业等高新技术产业竞相发展的格局。

上述案例表明，武汉光电子产业是典型的网络式产业集群，武汉—中国光谷的崛起得益于政府、企业、高校多个培育主体间的有效互动，该产业群的发展战略正是本节在理论研究中提出的创新型思路的体现。

三、结论

(一) 研究意义

要促进区域经济优势互补、协调发展，首要的是加快发展优势产业。各地区要根据自身的资源环境承载能力和发展潜力，明确功能定位和发展模式，按照国家产业政策的要求，发展优势产业，防止低水平重复建设，形成分工合理、重点突出、比较优势得以发挥的区域产业结构。发展优势产业，要结合区域特性和产业属性具体分析产业模式，依据不同产业模式采用不同的培育思路。如以汽车产业为代表的轮轴式产业集群采用的集成型培育思路，同样可以适用于河南以双汇集团为主导企业的农牧养殖优势产业的分析，武汉—中国光谷为代表的网络式产业集群所采用的创新型培育思路，同样可以适用于北京中关村高新技术优势产业的分析。

(二) 有待探讨的问题

由于区域优势产业群的模式多种多样，成因错综复杂，本节的考察并不能概括目前我国和中部地区的产业集群模式。例如，资源型产业（山西的采掘业、河南的铝工业、湖南的旅游业）是中部地区比较典型的外生比较优势产业，本节并未涉及。另外，在网络式产业集群中，本节仅侧重考察了知识密集型产业——高新技术产业，而未能考察到网络式产业集群中的劳动密集型产业（温州的制鞋业等）。

第三节 中部产业结构与就业结构相关性分析[①]

一、产业结构与就业结构的相互关系

(一) 产业结构与就业结构的基础理论概述

产业是按某一标准划分的国民经济各部分的集合，同时也是具有某一

---

① 撰稿人：尹继东，南昌大学中国中部经济发展研究中心/南昌大学经济与管理学院；李群芳，南昌大学经济与管理学院；孙贺先，南昌大学经济与管理学院。

技术特征及属性的企业的集合。许多国家通常将国民经济划分为三个主要部分，即三次产业，由此在经济中形成了一定的产业结构。产业结构就是指国民经济中各产业之间和产业内部各部门之间的比例关系，以及产业和部门之间的技术变动和扩散的相互联系，是经济结构的关键组成部分。广义的产业结构，可从许多方面进行阐述，如三次产业的产值比重、产业间投入产出关系和就业人数比重等。狭义的产业结构则仅仅是指产值比重。本节对产业结构与就业结构进行相关性分析，采用狭义产业结构定义，即分析产值比重与就业比重的关系。

产业结构是一定社会经济发展的产物，反映了社会分工和各种生产要素在时间、空间上的配置，因此也决定了一国的就业结构状况。产业结构的调整引导着劳动力在这三个产业的不断转移。

就业结构又称社会劳动力配置结构，通常是国民经济各部门所占用的社会劳动力的数量、比例及其相互关系。就业结构可以从质和量两个方面来分类。按质，即按从业人员素质来分析就业结构，是指将就业人员按照受教育水平、职业、职称、脑力体力劳动等方面进行分类，并在此基础上形成就业结构。按量，即忽略从业人员自身素质，而以就业形式、就业所在地、受雇单位性质或就职的企业性质为划分指标，对就业人员进行分类，得出就业结构。通常按质分类，可从以下角度划分：城乡、区域、企业所有制、企业规模、部门、性别、城市、企业所属行业等。本节讨论的就业结构是从量的角度划分的三次产业间从业人数结构，即劳动力在三次产业中的分布结构。

就业结构是社会经济结构的主要组成部分，一个国家对于不同产业、部门投入劳动力的状况必然会反映到就业结构上，并影响整个经济的发展和经济结构的总体变动。因此就业结构是否协调、合理，对于经济的正常运行、发展，对于劳动力资源的合理配置及就业的稳定是有很大影响的。

（二）产业结构与就业结构的关系

"产业结构是生产要素在产业部门之间的分配状况及关联方式，产业结构的形成、发展及高度是一定社会历史阶段经济水平的标志，并对经济发展产生影响。产业结构决定了一个国家的经济状况，尤其是决定就业结构的状况"。因为作为生产力要素的劳动力，其投入与配置必然与产业结构直接联系，不同产业的构成所形成的特定组合，在相当程度上决定了劳动力的构成，劳动力在产业的分布取决于产业结构的变动规律。因此，产业结构对就业结构有重要的影响。反过来，就业结构的变动是否与产业结构变动相适应，也影响着产业结构变动是否顺畅。因为，不同的就业结构使单位劳动者所支配的劳动资料的数量产生差别，并形成不同的产出效益。

最早有关产业间资源流动现象的描述可以追溯到17世纪英国古典政治经济学家威廉·配第的名著《政治算术》，配第认为，制造业比农业，进而商业比制造业能够得到更多的收入。配第还指出制造业和商业从业人员比重较高的国家，其人均国民收入要比其他国家要高得多。这种产业之间相对收入上的差异，是劳动力在产业间流动的重要原因。当然，关于产业结构演变规律是在克拉克的研究之后才得以揭示的。

克拉克通过对若干国家劳动力在各产业间的比例和人均国民生产总值（GNP）指标所描述的产业结构变化状况进行分析，得出著名的配第—克拉克定理：在经济发展早期，自然资源相对丰富，第一产业的发展与其资源水平相适应，并可吸收大量的初级劳动者。随着经济的发展和人均GNP的提高，第二产业的发展使第一产业的劳动生产率得到提高并为第二产业的发展提供了工业原料和剩余劳动力。劳动力首先由第一产业向第二产业转移，当人均GNP进一步提高时，劳动力便向第三产业转移。从产业结构的总体变化趋势看，第一产业的劳动力逐渐减少，第二、三产业的劳动力逐渐增加。这就说明了，任何一个国家的工业化过程，都是一种产业结构和就业结构调整的过程，虽然在一定时期内，特别在工业化初期，就业结构的变动会滞后于产业结构的变动，但从较长时期看，二者之间具有一致性，即随着工业化程度的提高和产业结构的调整，就业结构也必然会发生相应的变化，"一国在某一时期的就业结构变动是由该时期的产业运行格局塑造的"。

配第—克拉克定理的主要形成机制有：（1）收入弹性差异：第一次产业的属性是农业，而农产品的需求特性是当人们的收入水平达到一定程度后，难以随着人们收入增加的程度而同步增加，即它的收入弹性出现下降，并小于第二、第三产业所提供的工业产品及服务的收入弹性。所以，随着经济的发展，国民收入和劳动力分布将从第一产业转移至第二、第三产业。（2）投资报酬（技术进步）差异：第一产业和第二产业之间，技术进步有很大差别，由于农业的生产周期长，农业生产技术的进步比工业要困难得多，因此，对农业的投资会出现一个限度，出现"报酬递减"

的情况。而工业的技术进步要比农业迅速得多，工业投资多处于"报酬递增"的情况，随着工业投资的增加，产量的加大，单位成本下降的潜力很大，必将进一步推动工业的更大发展。配第—克拉克定理不仅可以从一个国家经济发展的时间序列分析中得到印证，而且还可以从处于不同发展水平的不同国家在同一时点上的横断面比率中得到类似的验证。即人均国民收入水平越低的国家，农业劳动力所占份额相对越大，第二、三产业劳动力所占份额相对越小；反之，人均国民收入越高的国家，农业劳动力在全部就业劳动力中的份额相对越小，而第二、三产业的劳动力所占份额相对越大。

"无论是发达国家还是发展中国家，其产业结构与就业结构的变动都表现出它们之间正相关的变动关系。即某一产业产值比例下降，该产业劳动力比例也下降；反之亦然。然而，除产业结构外，就业结构还受体制、教育等各种因素影响，因此就业结构的变化并不与产业结构变化完全保持一致，而且当产业结构没有按正常方式升级时，就业结构就会与产业结构发生偏差"。但从长期来看，三次产业中劳动力部门份额变动与产值部门份额变动在方向上应该是趋于一致的，即正线性相关关系。

二、中部产业结构与就业结构相关性分析

始于1978年的改革开放，翻开了我国经济发展史上的新篇章。中部地区着力解决经济体制障碍和产业结构扭曲问题，经济得到了空前的发展，中部产业结构的演变也呈现出良性积极发展态势。从整体上看，第一产业产值比重逐渐下降，从40%左右下降到20%；第二产业稳中有升，一直保持着40%的高份额；第三产业产值比重则持续上升，从18.4%飞跃到35%；产业结构优化为"二、三、一"结构。农业的基础地位得到加强，农业和农村经济中的薄弱环节得到改善，综合生产能力不断提高，结构状况有了一定改善。第二产业比重不断提高，内部结构逐步合理，高新技术产业、支柱产业不断发展壮大，传统产业得到一定的改造提高，基础产业对加工工业的支撑能力不断增强。第三产业发展迅速，商业和生活服务等传统第三产业繁荣活跃，金融、保险、旅游、信息服务等现代第三产业蓬勃发展。

与全国平均水平或发达地区相比，中部产业结构升级速度还是显得缓慢，2004年第一产业比重上升1个百分点，第三产业比重也下降了1个百分点，第二产业比重原地踏步，维持在46%的水平，始终未能突破50%。

2003年全国的三次产业结构为 14.8∶52.9∶32.3，浙江为 8.8∶51.2∶40.0，广东为 7.8∶52.4∶39.8，江苏为 8.9∶54.5∶36.6。可见，中部与东部在三次产业比例关系方面仍然存在一定的差距。结合就业结构的变化，可以明显地发现，中部产业结构与就业结构之间存在严重不协调，就业结构滞后于产业结构变动：第一产业从业人数占全部就业人数的比重从 44% 下降到 35% 左右；第二产业从业人数占全部就业人数的比重从 50% 下降到 46.4%，与第二产业产值 40% 的比重相比较，很难说是否仍然存在吸收劳动力的空间；第三产业从业人数占全部就业人数的比重从 5% 上升到 18.7%，很明显，第三产业具有吸收大量转移劳动力的巨大潜力（见表 2-14）。

表 2-14　　　　　　1978~2004 年中部产业结构与就业结构

年份	产值占 GDP 比重（%）			就业人数占总就业人数比重（%）		
	第一产业 (X_1)	第二产业 (X_2)	第三产业 (X_3)	第一产业 (Y_1)	第二产业 (Y_2)	第三产业 (Y_3)
1978	39.2	42.4	18.4	44.4	50.3	5.3
1979	41.9	40.9	17.2	44.3	50.3	5.4
1980	38.6	42.6	18.8	44.1	50.3	5.6
1981	42.3	38.9	18.8	44.1	50.1	5.8
1982	42.5	37.8	19.7	43.8	50.0	6.2
1983	41.5	38.3	20.2	43.6	49.8	6.6
1984	39.8	39.2	21.0	42.6	49.8	7.6
1985	37.5	40.2	22.3	41.4	50.3	8.3
1986	36.1	40.3	23.6	41.0	50.3	8.7
1987	35.6	39.7	24.7	40.5	50.1	9.4
1988	33.4	40.5	26.1	40.1	50.1	9.8
1989	33.1	39.2	27.7	40.3	50.0	9.7
1990	34.8	37.1	28.1	40.5	50.0	9.5
1991	30.8	38.6	30.6	40.4	50.0	9.6
1992	28.2	40.7	31.1	39.9	49.9	10.2
1993	25.5	44.1	30.4	39.1	49.4	11.5
1994	25.9	44.3	29.8	38.0	49.7	12.3
1995	26.8	43.9	29.6	37.4	49.3	13.3
1996	26.0	44.3	29.7	37.4	49.3	13.3
1997	24.5	44.9	30.5	36.4	47.0	16.6
1998	23.1	45.1	31.8	36.7	46.6	16.7
1999	21.6	44.4	34.0	37.4	46.6	16.0
2000	18.4	40.5	41.1	37.2	46.6	16.2
2001	19.4	44.9	35.7	37.0	45.5	16.5
2002	18.5	46.8	34.7	36.5	45.5	17.0
2003	16.8	47.7	35.5	35.8	45.4	17.8
2004	17.8	47.7	34.5	34.9	45.4	18.7

数据来源：根据《新中国五十年统计资料汇编》和国家统计局网站历年统计数据整理。

（一）中部地区产业结构与钱纳里标准产业结构的比较

2004年我国中部地区人均GDP为8 800元人民币左右,按照2004年的美元对人民币的汇率折算（1:8.234），折合成美元为1 060美元左右，所以，我们将实际收入水平估计为600~1 000美元左右比较合适（见表2-15）。

表2-15　　　人均收入600~1 000美元的产业结构变动趋势　　　单位:%

所占份额	钱纳里标准产业结构	中部地区产业结构
第一产业占GDP的份额	21.8~18.6	17.8
第二产业占GDP的份额	29.0~31.4	47.7
第三产业占GDP的份额	49.2~50.5	34.5
劳动力在第一产业中的比重	34.8~28.6	34.9
劳动力在第二产业中的比重	27.3~30.7	46.4
劳动力在第三产业中的比重	37.6~40.7	18.7

资料来源：根据国家统计局网站2004年统计数据整理。

由表2-15可知，中部地区产业结构与钱纳里标准产业结构相比，第一产业在GDP中的份额为17.8%，与钱纳里的标准产业结构相近，第二产业在GDP中的份额明显高于标准产业结构，第三产业在GDP中的份额明显低于标准产业结构。中部地区就业结构中，劳动力在第一产业中的比重为34.9%，接近于标准产业结构，劳动力在第二产业中的比重为46.4%，显著高于标准产业结构，劳动力在第三产业中的比重为18.7%，远低于标准产业结构。可见，与钱纳里标准产业结构相比较，中部地区就业结构与产业结构偏离度较大。

（二）中部就业结构与产业结构的结构偏差系数

为了定量分析中部就业结构偏离产业结构的程度，特引入结构偏差系数。定义结构偏差系数E，$E = a/A - 1$，其中，a表示国内生产总值的部门结构，其数值等于某一部门产值与GDP的比；A表示就业的部门结构，其数值等于某部门就业人数与全部就业人数的比值。如果$E = 0$，表明就业结构和产业结构的均衡状态；E离开0越远，表示结构的偏差越大。

从第一产业来看，1978~1987年，中部地区第一产业结构偏差系数的绝对值始终在0.12以下浮动，但自1988年以来，第一产业结构偏离系数缓慢上升,并在 2003 年达到最高偏差系数 0.53。农村剩余劳动力转移问题始终都没有得到妥善解决。近几年,农村剩余劳动力转移问题已引起重视,中央政府及各地政府都采取了相应措施以期改善剩余劳动力压力,但从 2000~2004 年的结构偏差系数来看,这个问题不仅没有得到缓和,反而显现出有可能继续恶化的趋势。第一产业结构偏差系数大,从静态来看,主要原因在于第一产业滞留了过多的农村剩余劳动力,而第二、三产业却吸纳劳动力不足;从劳动力配置转移的动态调整来看,中部劳动力从第一产业向第二产业,再从第二产业向第三产业转移过慢(见表 2-16)。

表 2-16　　　1978~2004 年中部产业结构与就业结构的结构偏差系数

年份	第一产业(E_1)	第二产业(E_2)	第三产业(E_3)
1978	-0.12	-0.16	2.47
1979	-0.05	-0.19	2.19
1980	-0.12	-0.15	2.36
1981	-0.04	-0.22	2.24
1982	-0.03	-0.24	2.18
1983	-0.05	-0.23	2.06
1984	-0.07	-0.21	1.76
1985	-0.09	-0.20	1.69
1986	-0.12	-0.20	1.71
1987	-0.12	-0.21	1.63
1988	-0.17	-0.19	1.66
1989	-0.18	-0.22	1.86
1990	-0.14	-0.26	1.96
1991	-0.24	-0.23	2.19
1992	-0.29	-0.18	2.05
1993	-0.35	-0.11	1.64
1994	-0.32	-0.11	1.42
1995	-0.28	-0.12	1.23
1996	-0.30	-0.10	1.23
1997	-0.32	-0.04	0.84
1998	-0.37	-0.03	0.90
1999	-0.42	-0.05	1.13
2000	-0.51	-0.13	1.54
2001	-0.48	-0.03	1.16
2002	-0.49	0.01	1.04
2003	-0.53	0.03	0.99
2004	-0.49	0.03	0.84

资料来源:由表 2-15 中的数据计算得出。

第二产业结构偏差系数在2002年之前一直是负值，其绝对值从1978～1990年一直保持在-0.15～-0.26间浮动，且自1990年起，开始显现出下降趋势，并在2002年达到历史最低水平0.01。而近几年，却又呈现出反弹趋势，2003年和2004年均为0.03，是否有继续上升的趋势，有待于进一步观察。但从总体来看，第二产业是朝着结构偏离度合理化的趋势发展。可见，目前来看，第二产业的吸收就业能力还是过低，与其高比重产值不相称。其中，存在许多方面的原因，如资本代替劳动，"一个产业如果运用了劳动节约型的技术，发生了资本代替劳动，那么产业吸收劳动力的能力必然会低于产业的增长率和资本投入的增长率"。

第三产业结构偏差系数从1978～2004年一直都是正偏差系数，在1978年表现为最高水平2.47，而后持续下降，并在1987年降至谷底1.63。尽管在1987年后，有过几次回升，如1991年为2.19，2001年为1.54，但总体趋势是持续下降的，最终在2004年，下降至0.84。第三产业正在逐步显示其吸收就业能力。由于第三产业的进入壁垒低（相对于第二产业），第一产业的剩余劳动力很容易转移到第三产业。但要保持并充分发挥这种吸收就业的能力，必须有繁荣强大的第二产业做支撑。与发达国家及我国发达地区相比，"中部最具有吸纳劳动力能力的第三产业发展严重不足，就业比重偏低"。而且，0.84这一结构偏差系数较为明显地表现出了第三产业吸收剩余劳动力的较大可能空间（见图2-19）。

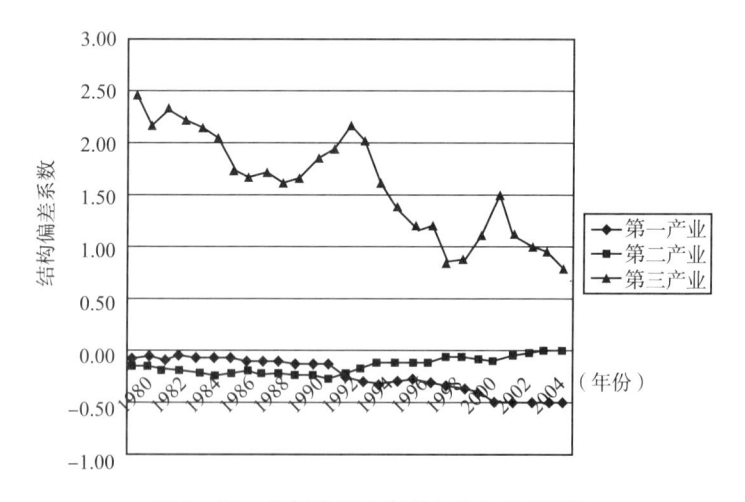

图2-19 中部地区三次产业结构偏差系数

（三）三次产业结构与就业结构线性回归分析

以上对结构偏离度进行了历史和现状的分析，下面就三次产业的产出结构和就业结构相关性进行分析。

1. 第一产业产值比重与就业比重的线性回归分析。利用计量经济学软件 Eviews 对表 2-14 中数据进行相关度分析，可得出中部地区第一产业的产出结构（X_1）与就业结构（Y_1）的相关系数为 0.955，表明第一产业的产值比重与就业比重高度相关。其线性回归方程为：

$$Y_1 = 29.768 + 0.331 \times X_1 (F = 258.824; R^2 = 0.912) \quad (2-1)$$
$$(45.965) \quad (16.088)$$
$$(0.000) \quad (0.000)$$

其中，F 统计量是对回归方程中所有系数均为 0（除截距项或常数项）的假设检验。

模型中，如果 F 的统计量超过临界值，则拒绝该假设，F 值小意味着 X 与 Y 之间线性关系很弱；F 值大意味着线性关系强。

R^2 是验证回归方程的参数，其值在 [0~1] 间变动，我们通常认为 R^2 值越高回归直线拟合得越好。根据 N = 27，设定 α 为 0.01，查 t 分布表得相应的值为 2.787（N-2 = 25），F(1, N-2) = F(1, 25) = 4.24，t 的统计量为 16.088，F 统计量为 258.824。由于 6.088 > 2.787，1258.824 > 4.24，因此第一产业的产出与就业线性相关显著。如图 2-20 所示，随着第一产业产值比重下降，第一产业就业比重以产值比重下降速度的 0.331 水

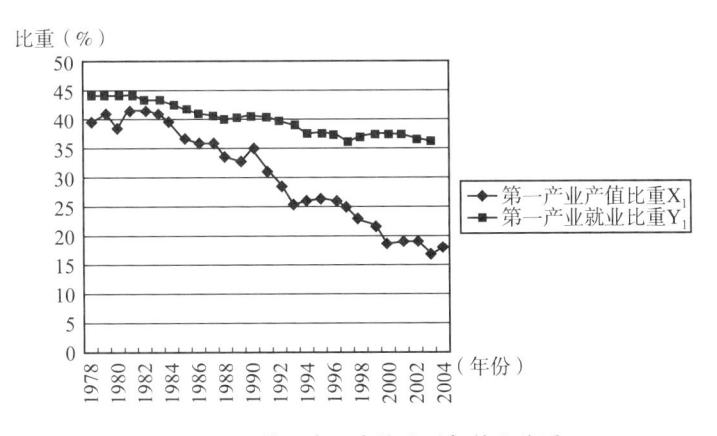

图 2-20　第一产业产值比重与就业比重

平随之下降。2004年，随着第一产业产出比重下降到17.8%，第一产业就业人数占总就业人数比重也下降到34.9%。忽略隐性失业因素，与第二产业和第三产业相比，其劳动生产率过低，几乎相当于占用2个百分比的劳动力只创造出1个百分比的产值。中部各省第一产业劳动力份额仍然过大，劳动力在就业结构中的转换没有跟上产业结构升级的速度。目前农村存在着大量的剩余劳动力，今后农村剩余劳动力和新增劳动力还会不断增加，而中部的人均耕地面积还有递减的趋势，加上近年来乡镇企业的发展持续滑坡，因而农村对劳动力的吸纳能力明显减弱，从而加大了第一产业向外部转移劳动力的压力。

2. 第二产业产值比重与就业比重的线性回归分析。同理，可以得出第二产业的产出结构（X_2）与就业结构（Y_2）的相关系数 -0.736，回归方程为：

$$Y_2 = 64.892 - 0.379 \times X_2 (F = 29.560; R^2 = 0.542) \quad (2-2)$$
$$(22.070) \quad (-5.437)$$
$$(0.000) \quad (0.000)$$

这表明中部地区第二产业产值比重与就业比重负相关关系较显著。如图2-21所示，随着第二产业产值比重的缓慢上升，第二产业就业比重以产值比重上升速度的0.379比例朝相反的方向运动，即就业比重随产值比重上升而下降。中部地区第二产业产出比重上升不能带来相应就业人数比重上升。说明中部地区第二产业内部存在结构性矛盾，不能吸纳与其份额相适应的劳动力。第二产业内部结构处于资源的初加工阶段，以资源开发型产业为主，煤炭、电力、冶金、建材等能源、原材料基础产业和以农产

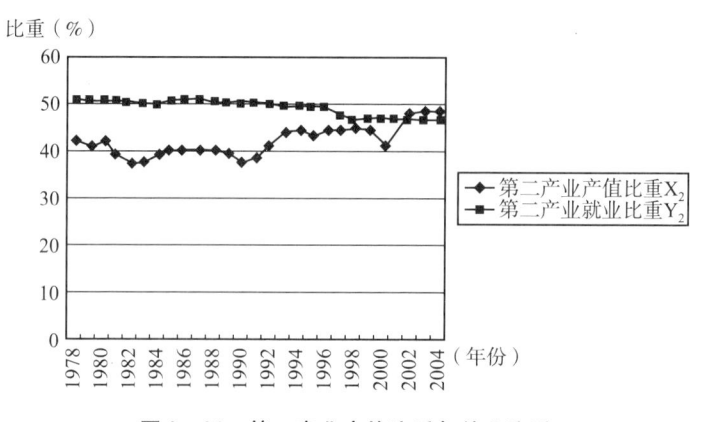

图2-21 第二产业产值比重与就业比重

品为原料的初级加工业的比重过大。这种产业状况，一方面导致地区产业结构趋同；另一方面导致长期以产业链的上游产业为主导地位，初级产品、初加工生产比重居高不下，形成单一资源型产业，而后续产业和替代产业缺乏，以致产业结构、升级困难重重。没有大型的产业规模很难形成较强的吸纳就业能力，并且中部在引进产业时，没有充分考虑到就业问题：盲目引进高新技术不利于本地农村剩余劳动力向第二产业转移；没有考虑本地区区位优势，新引进的产业与本土产业间没有足够的经济联系，无法带动本地产业的发展，促进本地就业。

3. 第三产业产值比重与就业比重的线性回归分析。同理，得出第三产业产出结构（X_3）与就业结构（Y_3）的相关系数为 0.847，回归方程为：

$$Y_3 = -2.812 + 0.827 \times X_3 (F = 126.502; R^2 = 0.835) \quad (2-3)$$
$$(-3.749) \quad (11.247)$$
$$(0.001) \quad (0.000)$$

这表明第三产业比重与就业比重之间有显著的正线性相关关系。如图 2-22 所示，随着第三产业产值比重不断上升，第三产业就业比重以略低于同比例水平上升。中部地区第三产业产出比重每增加 1%，将相应增加 0.827% 的就业比重。可见，第三产业，较之第二产业，承担了较合理的吸纳劳动力的任务。但无论是产出比重还是劳动力比重，同全国平均水平或东部省份相比，第三产业仍处于严重滞后状态，不适应第一、第二产业社会化、市场化和国际化发展的要求。物流业、旅游业、科技服务业、信息咨询服务业、计算机应用服务业等作为现代经济生活重要组成部分的新

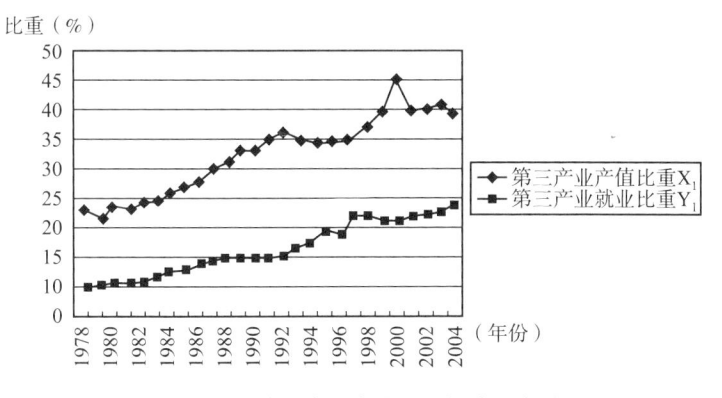

图 2-22 第三产业产值比重与就业比重

兴产业，由于对它们的地位与作用把握不足，发展严重落后；公共服务业、居民服务业等社会服务业，由于市场化程度低，城市化水平低，发展明显不足；文化、教育、体育等与提高公民素质有关的行业，由于没有形成产业化经营机制，发展水平低下。传统的批发业、零售业、餐饮业、运输业、邮电业不仅占第三次产业增加值的比重高，而且数量增加也快。但也正是因为中部地区第三产业发展落后，进入壁垒低，第一产业的剩余劳动力以及下岗工人等很容易进入第三产业，才表现出第三产业的强吸纳就业能力。

三、主要结论

首先，与钱纳里标准产业结构相比较，中部地区就业结构与产业结构偏离度较大。虽然这仅仅是从各类指标的单方面比较，没有综合衡量，但说明我国产业结构不符合同等经济发展水平的其他国家平均指标。

为了具体分析问题所在，笔者引入结构偏差系数。从中部三次产业结构偏差系数来看，第一产业的结构偏差系数为负值，且绝对值逐年扩大，说明广大农村存在着大量隐性失业农民，而且这一数量有可能进一步扩大。其中原因主要在于，劳动力从第一产业转移第二、三产业过慢；第二产业的结构偏差系数在2002年之前，一直朝着0值方向变动，表现为就业比重与产值比重逐渐趋于一致，但2002年起，第二产业的结构偏差系数由负值转变为正值，说明第二产业就业增加滞后于产值增加，没有容纳与其产值相对应的就业人数或使得原在职员工失业；第三产业的结构偏差系数一直为正值，且逐年下降，第三产业不断发挥吸收就业的能力，并且还具有容纳更多就业的较大潜力。

从中部地区产业结构与就业结构的线性回归分析我们可以得出：除了第二产业的产业结构与就业结构表现出的负相关关系，第一、三产业的产业结构与就业结构均表现出正相关关系。第一产业滞留劳动力过多其中存在许多隐性失业，第一产业就业比重滞后于产值比重的下降速度；第二产业产出比重上升不能带来相应就业人数比重上升；第三产业具有较其他产业最大的吸收就业能力。

综合来看，中部地区就业结构的转换落后于产业结构的升级，造成大量隐性或实际失业，不利于中部地区经济发展和产业结构进一步升级。按照正常情况，一个地区的就业结构与产业结构存在正相关关系，应该步伐一致地朝着同一方向变动。总体来看，中部地区就业结构的变动方向与产业结构升级是一致的，但存在滞后问题。三次产业的滞后程度依次不同，第一产业滞后最严重，其次是第二产业，再次是第三产业。但第三产业的产值比重与就业比重本身就存在较大差距，即使以相同速度变动，也赶不上较高的产值比重。

中部地区产业结构与就业结构关系变动中存在的问题，主要表现为以下几个方面的不对称。

第一产业内部的不对称。中部第一产业占 GDP 不到 17.8%，但其吸纳的劳动力近 35%。由于农村内部的工业化和城市大工业向农村的扩散势必缩减中部农村的耕地面积，而耕地面积的萎缩必将使其占 GDP 的比重进一步下降，因而还有更多的劳动力要转移出来。

第二产业内部的不对称。第二产业现今仍吸纳中部劳动力的 45% 左右，但是，中部各省均在"十一五"计划中提出把汽车、化工、信息、生物医药等作为重点发展产业。由于这些产业均是知识和资本密集型的工业产业，所以不可能大量吸纳劳动力。相反，国有工业企业还要吐出大量的劳动力。

第三产业内部的不对称。近几年中部地区第三产业发展快于其他产业，但是，作为最能吸纳劳动力的第三产业却未能吸纳更多剩余劳动力，其就业比例低于其 GDP 比例 16 个多百分点，并且两者的差距有继续保持的趋势。

四、政策建议

不论是与钱纳里标准产业结构相比较、从产业结构偏差系数角度分析，还是对三次产业产出比重与就业比重进行相关系数分析，都可以明显看出，中部地区就业结构滞后于产业结构变化。就业结构与产业结构之间存在矛盾。第一产业产出结构与就业结构虽然表现出正相关性显著，随产值比重下降，就业比重也随之下降，但农村仍然存在大量剩余劳动力。第二产业产出结构与就业结构负相关性显著，说明第一产业的剩余劳动力只能缓慢向第三产业转移，而且第二产业还有一部分结构性失业劳动力向第三产业转移。可见，第三产业面临着吸纳就业的巨大压力。没有第二产业的物质基础，第三产业的发展及其吸纳剩余劳动力的能力是缺乏后劲的，如何解决就业结构和产业结构的矛盾，笔者提出如下建议：

第一，帮助第一产业剩余劳动力转移。尽快取消导致城乡不平衡发展的政策措施，加快建立覆盖面广泛的社会保障体系，保证在农村隐性失业的农民能够无后顾之忧地转移出来，减少农村中的劳动力沉淀。同时加强管理和引导，做到农村劳动力有序流动。致力于提高农民就业技能，开办各类技能培训，帮助农民向第二、三产业转移。

第二，发展民营企业，吸纳一部分劳动力。民营企业是实现农村工业化和城市化的基础，是吸纳农村剩余劳动力的主要渠道之一，民营企业的大力发展要走劳动密集和技术密集相结合的道路，适应国内市场和国际市场的要求，使其产品上档次，质量上水平，企业上规模和建立起可持续发展的技术创新机制。

第三，壮大第二产业，充分挖掘第二产业吸纳劳动力的潜力。中部地区要以工业化为核心，加快工业发展的步伐，增加工业总量，全面提高工业的整体素质，在工业内部要调整结构，强化优势形成特色，同时必须注意发挥规模经济效益，发展壮大一批影响大、实力强的企业集团，带动中部第二产业展，并在第二产业中推动技术改造和内部升级，从而在提高经济效益的基础上，充分挖掘第二产业吸纳劳动力就业的潜力。

第四，处理好第二产业中的劳动密集型和资本密集型产业的关系。尽管技术进步、资本替代劳动的结果是提高劳动生产率，但同时也会减少对劳动力的需求。目前，中部地区第二产业就是这种情况，技术进步对劳动力就业的挤出效应大于其吸纳效应。因此，在选择重点发展产业时，要注重考虑劳动力就业因素，控制好劳动密集型和资本密集型产业之间的比例。

第五，加快第三产业的高速发展，促进内部结构升级。在中部地区第二产业内部结构性矛盾突出，无法吸纳足够的劳动力时，要动员各方面的力量大力发展第三产业，特别要鼓励和支持中小企业、个体、私营企业进入第三产业，并在税收、金融政策上给予优惠扶持，发挥第三产业在吸纳劳动力就业方面的独特优势，成为吸纳劳动力就业的主渠道。同时，也要注重政策引导，促进第三产业内部结构升级，要保证第三产业高质量地发展。

第四节　中部地区区域旅游合作[①]

中部地区具有发展旅游业得天独厚的资源、区位等优势，旅游业理应

---

① 撰稿人：张慧霞，山西财经大学旅游管理学院/南昌大学中国中部经济发展研究中心；刘斯文，云南财经大学统计与信息学院。

成为中部各省崛起的支柱产业,但由于种种原因,"中部地区没有一个省份进入旅游强省行列"。随着中部地区经济"塌陷",中部地区的旅游资源优势并未能很好地转化为经济优势,各省间行政分割、市场、交通和制度等藩篱更是阻碍了中部旅游业的快速发展。因此,以"中部崛起"为契机,消除区域旅游障碍,加强区域旅游合作是释放中部旅游资源潜能、促进中部旅游业跨越发展的一项切实可行的战略举措。

一、中部区域旅游合作的必要性

(一) 是区域旅游分工发展的必然结果

对于以资源为导向的中部旅游业,区域旅游合作是旅游分工深化发展的必然产物。旅游业发展大致要经历需求增加、市场形成、产业合理分工和全面合作等阶段,目前中部六省基本处于产业合理分工的初级阶段。近年来,伴随着全国旅游的不断升温,中部各省为追求旅游经济利益盲目上马旅游项目,导致了区域旅游分工的无序发展。由于缺乏区域旅游合作,各自为政的旅游开发造成了整体不经济。因此,随着中部地区旅游分工的深化,各省必然会依据自身在分工体系中的定位,通过寻求区域旅游合作避免重复建设,实现利益最大化。

(二) 是提升区域旅游竞争力的必然要求

中部旅游业正在经历一个由单个景点到区域的竞争发展过程,区域旅游合作已成为未来提升旅游竞争力的根本性策略。由于中部区域旅游合作滞后,尽管有像五台山、黄山、庐山、张家界等在全国极具竞争力的旅游亮点,但没有形成具有区域竞争力的大旅游区,相对于全国其他旅游热点地区,旅游产业整体竞争力还不强。洛阳等一些老牌旅游目的地正处于旅游产品生命周期的"滞长期",这些景区只有通过与周边(包括邻省)景区加强合作,拓展发展空间,才能进一步提升竞争力,迎来新的增长期。因此,提升中部旅游整体竞争力必然要求消除区域障碍、加强区域旅游合作。

(三) 是区域旅游无障碍化的必然选择

随着旅游产业的不断发展和竞争的日趋激烈,中部各省各自为政的旅游开发模式日益受到挑战,地区之间迫切要求消除各种障碍,联合打造区域旅游品牌，实现区域无障碍化旅游。中部六省地理位置紧密相连，晋、豫两省古代就以太行八径中"轵关径"、"白径"相交通；鄂、湘、赣、皖四省自古就有"南襄隧道"、"义阳三关"、"巢淝通道"同中原及区内相连。因此，地缘优势和旅游资源的同源差异性使中部地区具备了发展无障碍化旅游的基础条件。六省通过旅游合作实现三个无障碍和五个共享：即交通无障碍、服务无障碍、投诉无障碍及资源共享、市场共享、基础设施共享、品牌共享和信息共享，是未来中部区域旅游发展的必然选择。

（四）是实现区域旅游可持续发展的必然趋势

目前，中部旅游可持续发展主要面临两大问题：（1）旅游资源利用与保护的问题；（2）旅游生态环境承载力的问题。由于盲目开发，中部地区许多珍贵的旅游资源在开发的同时遭受人为破坏，而旅游景区则面临着日益严峻的城市出游压力，尤其是世界遗产地，长时间超负荷运转势必使其生态环境遭受致命的破坏，竭泽而渔的经营策略必将导致许多珍贵旅游资源湮灭。只有加强区域旅游合作，合作开发共享旅游资源，有效保护生态环境，通过合理分散客流、减轻超载景区压力，才能实现中部区域旅游可持续发展。

二、中部区域旅游合作的可行性

（一）区位优势

中部地区连南贯北，承东启西，通达性良好，为旅游合作奠定了良好条件。东邻长江三角洲经济发达地区，西连西部大开发地区，北接环渤海经济区，南靠珠江三角洲经济开放区，是东部沿海开放地区的向内辐射地，同时也是沿海经济发达地区的主要旅游目的地。中部地区的地理位置十分优越，是东西南北中的旅游交通要道，它在全国区域旅游协调发展中起着重要的枢纽作用，尤其是四通八达的铁路交通网络和信息高速公路网络使得这一区位优势更加凸显。独特的区位优势为中部地区接受发达经济区的旅游市场辐射和欠发达经济区旅游客源输入、开展区域旅游合作提供了便利条件。

（二）地缘优势

中部东邻上海、江苏、浙江等我国的旅游热点地区，但它们同时也是中部地区的重要客源市场。北部同北京、河北、山东相接，北京是我国的政治、经济、文化中心，同时也是国内重要的客源集散地；山东同韩、日两国隔海相望，为中部地区扩大客源市场提供了条件。西与陕西、四川、贵州、重庆相连，是中部潜在的国内客源市场。中部地区南临广西、广东、福建，是东南亚国家以及港、澳、台地区的主要旅游目的地，同时也是中部地区海外客源市场的中转地。

（三）资源互补优势

中部地区聚集了中国不少名山大川，风格迥异而又相得益彰。晋、豫两省的名山、大川凸显出北方自然景观的雄浑与豁达，鄂、湘、赣、皖四省则呈现出奇、秀、幽、险的特点。中部地区是华夏文明的发祥地，历史悠久、文化底蕴深厚，人文旅游资源互补性更强。古代的四大名楼黄鹤楼、滕王阁、鹳雀楼、岳阳楼均位于中部；晋商文化与徽商文化南北呼应；南北官邸、民宅以及宗教建筑等各具特色；民俗风情以及风物传说等交相辉映。

（四）区域通达优势

中部地区地处全国水陆空运输的中枢，区间通达性良好。长江"黄金水道"横贯东西，同其支流湘、资、沅、澧、赣等河流构成内河运输网。区内纵贯南北、横贯东西的铁路干线主要有京广、京九、同蒲、太焦—焦枝—枝柳线、陇海、浙赣—湘黔等线。中部六省高速公路渐成网络，大运、阳焦—郑焦、京珠、连霍、合芜、合宿、南九、九景、南赣、汉宜、武黄—黄黄、长常—长浏等省际、省内高速公路和105、106、107、206、207、209、310、311、312、316、318、319、320等国道主干线将六省连接起来。中部地区辐射全国的立体交通运输网络提升了景区的通达性，加强了主要城市间的联系，加速了省际游客的流动，为中部区域旅游合作提供了必要条件。

三、中部区域旅游合作模式的选择

区域旅游合作是加快区域旅游业一体化进程的关键环节。中部区域旅游合作不仅是对六省间旅游景区、线路的拼接，而且是在合作开发共享旅游资源的基础上，有机整合各省旅游产业链，实现中部地区各省之间的无障碍旅游和无缝隙服务。中部6省在地缘、经济、人文等方面，存在明显的地域差异，旅游合作应在互惠互利的原则上，选择竞争博弈下的多层次、多渠道、多方位的合作发展模式，而旅游合作模式的形成是区域旅游不同合作主体利益反复博弈的过程。旅游合作的第一主体——地方政府，追求的是地方利益；第二主体——企业，追求的则是经济效益。在各自追求利益最大化的过程中，才能形成区域旅游合作的外部制度框架和内部运行机制，中部区域旅游合作模式应选择33N合作模式（见图2-23）。这种合作模式将包括三个层次、三个渠道和N方面的合作内容。N方面合作内容是指旅游资源开发、旅游市场共享、旅游环境改善、旅游设施投资、包价旅游线路联营、旅游产品的宣传促销、旅游商品的开发和旅游企业管理等方面的合作内容。N方面的合作内容蕴含在三个合作层次之中。中部区域旅游合作模式的运作目的在于通过中部六省的旅游合作，有效整合各省旅游产业链，实现中部六省旅游交通体系化、旅游服务一体化、旅游信息联动化以及旅游产业协同发展。

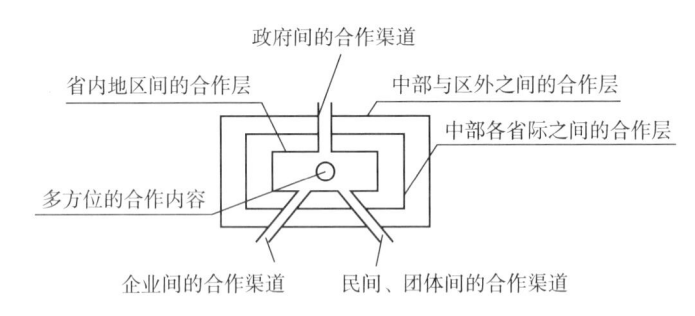

图2-23 中部区域旅游合作模式

四、中部区域旅游合作途径的构想

（一）组建中部区域旅游合作协调管理机构

中部区域旅游合作主体主要是地方政府和旅游企业，合作过程中主体间会产生利益冲突，为了更好地协调关系、分配利益，促进中部区域旅游合作健康发展，成立官方和非官方的区域旅合作组织是十分必要的。因此，建议成立国务院中部发展领导办公室，专门负责中部地区事务的协调管理工作，下设区域旅游合作领导小组，作为中部区域旅游合作的管理协调机构。同时鼓励政府和民间成立区域旅游合作促进组织。中部区域旅游合作领导小组，由国务院委托国家旅游局牵头，由各省旅游、交通、环保等相关部门参加。主要职能是组织、协调中部旅游"一盘棋"，制定区域旅游合作的具体实施办法，定期诊断和解决内部冲突或争端，为未来的合作发展提供决策参考，从而达到中部地区区域旅游合作统一规划、统一管理和统一实施的目的。主要任务是不定期举办高层旅游合作会议，通过6省主管旅游的高层领导会晤解决区域旅游合作中的重大问题；定期举行各省旅游、交通等主管部门的协调对话会议，通报各省有关情况，有效解决区域旅游发展中的具体问题；邀请国内外著名专家对合作中的重大问题进行诊断。区域旅游合作领导小组下设事务和研究中心两个常设机构。事务办公室主要负责区域旅游合作的日常的联络、组织、协调等具体旅游合作问题的处理；研究中心主要任务是研究区域旅游合作的理论与实践问题，包括合作过程中数据的收集和动态跟踪分析等。中部地区区域旅游合作领导小组通过制定有关政策，为中部区域旅游合作创造良好的外部环境。企业将在政府引导下成立中部地区旅游企业协会，在良好的外部环境下依照市场规律，通过联合、联盟等方式积极寻求合作，拓展发展空间。

（二）合作开发省际间共享旅游资源

中部地区山水相连，人文相通，省际间共享旅游资源较多。但由于条块分割，开发呈现出"先入为主"的现象，甚至有些毗邻地区为了争夺共享旅游资源，摩擦不断，云台山旅游资源开发便是一个典型例子。众所周知，云台山位于河南省焦作市修武县境内，对于云台山风景旅游区，这样的表述恐怕很少有人会提出异议，相信大多数山西人也这么认为，云台山属于河南，与山西仅仅是"接壤"而已。而事情的真相是，这座近年来名满天下的云台山，其精华景点中的一大半在山西陵川县的行政区域内。正是由于河南对云台山旅游资源的开发"先入为主"，才导致了云台山共享旅游资源的错位，以致两省纷争不断，甚至发生了景区开山放炮的冲突事件。云台山作为晋豫两省间的共享旅游资源，尽管已被开发成世界地质公园、国家4A级旅游景区、国家森林公园，但由于晋豫纷争，直接威胁到景区的可持续发展。如果晋豫两省能够合作开发，合理分工，利益均沾，云台山的旅游资源就不会遭受破坏，云台山景区也就不会出现"山西冷，河南热"现象。由此可见，对于像云台山这类共享旅游资源的开发，一定要打破省区界线合作开发。笔者认为，只有通过"建立合理的合作开发共享旅游资源的旅游收益分配模式"，才能把共享旅游资源优势更好地转化为区域经济效益；只有通过合理的旅游收益分配，才能避免对共享旅游资源进行掠夺式的开发，实现共享旅游资源的可持续开发利用。中部各省若能以中部崛起为契机，通过中部区域旅游合作，达成一系列合作开发协议，使旅游开发主体之间能够合理分工和公正的利益分配，中部共享旅游资源就能得到合理开发，从而实现旅游收益多方"共赢"。

（三）共同开拓国内外旅游客源市场

中部各省的旅游部门和旅游企业应积极合作，联手进行宣传促销，以"瑰丽山水，多彩文化"为中部区域旅游形象宣传口号，通过电视、广播、网络等多种促销手段，共同开拓客源市场。（1）共同培育区域内部旅游市场。首先，通过地方政府间的高层会晤，在六省内达成一系列的合作协议，目的是取消市场壁垒，建立健全统一的市场制度。其次，各省应通过缜密的联合市场调研，制定一系列互惠政策，创造"中部人游中部"的旅游氛围，启动中部居民旅游市场，实现宣传互动、客源互送。（2）合作开拓国内区域外部市场。首先，建立省会旅游集散中心。这些旅游集散中心一方面可以接受如北京、上海、浙江等旅游热点地区的客源辐射，吸引陕西、重庆等潜在客源市场的客流；另一方面可以通过旅游技术支持，实现旅游高峰期的客流的调剂。其次，放宽政策限制，允许区外的旅行社到中部投资开办分社，取消地陪制度的限制，实现"组团社"就是"地接社"，出台旅游团队在六省享受统一的优惠政策，使有实力的旅行社能充分发挥优势，为中部带来更多的游客。再次，中部六省通过同周边区域进行旅游线路合作，优化线路产品，以延伸旅游路线，吸引周边旅游热点地区的客源流入中部。（3）联手开拓海外客源市场。首先，中部各省通过规划，主打若干特色旅游产品，以吸引海外旅游者。中部六省的海外客源市场主要是东亚、东南亚市场，欧美为潜在的客源市场。针对东南亚旅游市场，重点开发黄河、长江文化旅游产品、祖基文化旅游产品、宗教文化旅游产品等具有特色的文化旅游产品。针对欧美市场还应开发观光、度假、生态、探险等旅游产品。针对日韩客源市场还应开发访古修学旅游和商业文化旅游等。其次，通过联合宣传促销，塑造中部旅游形象，吸引海外游客来中部地区游览观光，体验其独特的地域文化。

（四）合作完善中部区域旅游交通网络

中部地区的交通基础设施较为完善，总体而言，各省之间的旅游通达性较好，但省际景区间的交通线路还不够完善。目前，中部地区还有部分省会之间（太原—南昌、长沙—合肥）没有直通列车，因此建议地方政府向铁道部申请开通太原—南昌、长沙—合肥的直通专列。尽管中部六省之间高速公路渐成网络，但主干线到相应的景点之间大多是由低等级的公路连接，导致了游客在到达景区的短距离内却耗时甚多。若中部相邻各省能够合作投资建设省际短途旅游交通线路，将高速公路主干线尤其是跨省干线，通过出口和支线延伸至景点，形成以交通干线为主轴、支线为次轴，贯穿著名旅游景点的"点—轴"格局，为完善整个旅游交通网络和实现中部区域内游客"自由"通行奠定基础。对于中部地区现有的世界著名旅游景区，在自然条件许可的前提下，应规划建设景区机场并开通景区间的旅游航线，形成中部空中旅游网络。此外，合作开发水上旅游通道，对于合理构建中部"三位一体"的旅游交通网络也是非常必要的。

（五）合作开发具有中部特色的旅游商品

中部旅游商品资源丰富，然而由于旅游商品资源未能很好地转化为旅游商品，导致各地旅游景区的旅游商品呈现出明显的产品雷同、品种单一，旅游者很难购买到既具有地方特色和纪念意义又携带方便的旅游商品。中部崛起战略为中部地区联合开发旅游商品带来了机遇，因此建议中部六省应合作开发具有中部特色的旅游商品：（1）中部六省政府间应积极合作，发挥政府宏观引导职能，注重从政策和资金投入等方面扶持旅游商品开发项目。（2）旅游部门合作设立专门的旅游商品协调管理机构，负责制定中部地区旅游商品资源开发规划特色旅游商品开发规划以及旅游商品市场布局规划，并对旅游商品市场进行统一监督管理，维护市场交易秩序。（3）合作成立中部旅游商品开发公司，建立集研发、生产、销售一体化的旅游商品生产贸易基地。旅游商品研发要依托中部众多名山大川、民俗风情、风物传说以及地方物产等资源，设计出具有中部地域特色，能够体现景区文化和内涵的，具有景区纪念意义的精品旅游商品。（4）合作建立社会团体性质的旅游商品行业协会，在政府部门的引导下充分发挥行业自律作用。

第五节 中部地区物流基础设施平台的发展研究[①]

区域经济是按照自然地域、经济联系、民族、文化传统以及社会发展需要而形成的经济联合体，是社会经济活动专业化分工与协作在空间上的反映。区域物流与区域经济是相互依存的统一体，区域物流是区域经济的主要构成要素，是区域经济系统形成和发展的主导力量。区域物流体系主要由"三个基础平台、一个政策环境和一个企业群"构成，它们是：物流基础设施平台、物流基础信息平台和政策法规平台；适于产业发展、规范化、具有政府主管部门协同能力的政策环境；以及具有相互补充的核心业务能力、构成物流行业主体的企业协作群体。物流基础设施平台是由物流园区、外部交通基础设施、货运通道、配送道路体系构成，本节就我国中部地区物流基础设施平台的发展进行研究。

一、中部地区物流基础设施平台的基本情况

（一）中部地区概况

中部地区地处我国内陆腹地，主要包括山西、安徽、江西、河南、湖北、湖南六省，均属既不沿边也不沿海的内陆腹地，相互毗邻，土地面积102.70万平方公里，占全国的10.7%，人口总数3.61亿，占全国的28.1%，国内生产总值约2.35万亿元，占全国的23%。中部六省承东启西、接南进北、吸引四面、辐射八方，是东西部经济合作的桥梁与枢纽。六省中东部的皖、赣紧靠长三角的区域中心上海；南部的赣、湘毗邻珠三角和港澳；西部的鄂、豫是东部产业向西部转移的桥梁与纽带，也是西气东输、西电东送的必经之路；北部晋、豫紧靠以京津为中心的环渤海经济圈。

中部地区不仅地处沟通四面八方的中华腹地，对全国市场具有高度的可达性，而且本身是一个巨大市场。中部六省是全国最大的商品粮基地、重要的能源和原材料工业基地和全国重要的交通要地、客货运输的集散地和中转中心，全国约1/4的铁路、公路和河流分布于这一区域，货运量、

[①] 撰稿人：甘筱青，九江学院/南昌大学中国中部经济发展研究中心。

客运量分别占全国的 22.6% 和 24.5%。

因此，中部地区在全国板块经济中具有不可替代的作用，在全国地域分工中扮演着十分重要的角色，中部地区的经济发展和物流体系构建对全国经济具有重要影响。

(二) 中部地区物流基础设施平台的基本情况

1. 中部地区物流基础设施平台的现状。中部六省依托铁路、公路、水路、航空的线路，根据城市定位、区域分工和物流特性，纷纷辟出一块区域，作为集货、分货和流通加工为一体的现代化物流基地，努力打造成以市场信息为基础、以产品配送为主业、以现代仓储为配套、以多式联运为手段、以商品交易为依托的物流园区。目前在建和已建成的物流园区加起来已超过数百个，园区的经营模式是以政府主导型为主、企业主导型为辅。尽管各地都在国家土地政策下发展物流园区，但是各地的发展思路却不尽相同，同样是政府主导型的物流园区，湖北和江西就不一样。

中部六省拥有以铁路、公路、水路、航空等多种运输方式组成的综合交通网络。境内铁路纵横交错，京广、京九铁路纵穿南北，陇海铁路横贯东西，几十条干线和几百条支线铁路与主干线融会贯通，营运里程达 1.72 万公里，占全国的 23%。境内公路星罗棋布，京深、沪瑞及几十条省际高速公路，与 10 纵 14 横的 24 条国道，以及成千上万条省乡道，织成一张四通八达的公路交通网络，通车里程达 45.2 万公路，占全国的 25.2%。境内水路以内河航道为主，长江、黄河两大主航道横贯东西，上百条河流与之相连，通航里程达 3.21 万公路，占全国的 26.4%。境内民航方便快捷，以武汉、郑州、长沙、太原、南昌、合肥为中心的民用机场开通国内上百条航线，可直达全国主要城市及港、澳、台地区，部分机场还开通新加坡、韩国等国际航线。

2. 中部地区物流基础设施平台的问题。中部地区物流基础设施平台的建设步骤明显加快，以铁路、公路、水运、航空和管道组成的综合交通网络体系基本形成，但与物流发达的国家和物流发展较好的东部地区相比还存在较大差距，表现为交通网络体系的基础设施薄弱，物流园区空置现象严重，仍然不能完全适应经济结构、产业结构、产品结构调整乃至发展现代物流的需要，许多问题没有从根本上得到解决。

中部地区物流园区的数量很多，发展态势较好，但是有些地方园区的空置率很高，甚至出现高达 60% 以上的局面。物流园区不景气不是运作的问题，也不是环境条件的突然变化，而是大多数在规划阶段就已经埋下了隐患。物流园区是提供服务的，其中包括物流服务以及相关服务，而实际情况却恰恰相反，在很多物流园区的规划与设计中，其服务和服务提供者并未明确，关注的焦点主要集中在物流园区的功能上，都是通过描述其功能而论证其存在的必要性以及可行性。另一方面，大多数物流园区都是政府主管部门或直属企业以土地形式投资控股并在此基础上衍生出一个两个牌子一班人马的机构，这就必然造成投资主体和运营主体不明确政企不分的局面。

尽管中部地区出现交通网络进一步完善的良好局面，但是与东西部相比，无论是从总量上，还是从增长速度来看，中部还处于落后的局面。到2004年底，从铁路和公路线路长度来看，全国总线路长度分别为74 407.7公里和1 870 658公里，其中铁路线路长度东部地区30 161.8公里、中部地区17 183.9公里、西部地区27 062公里，分别占全国总线路长度的14%、23%；公路线路长度东部地区660 677公里、中部地区452 723公里、西部地区757 258公里，分别占全国总线路长度的35.3%、24.2%、40.5%。2004年，东部地区公路里程60.68万公里，比上年末增加2.77万公里，增长4.8%，中部地区64.23%万公里，比上年末增加1.47万公里，增长2.4%，中部地区高速公路10 152公里，二级及二级以上公路10.34万公里，分别比上年增加1 837公里和11 560公里。

总体上看，中部地区物流基础设施平台得到改善，提高了物流能力和效率，但是与东西部比较可知，中部地区物流基础设施平台还处于劣势，有待进一步开发和发展。

二、中部地区物流基础设施平台的需求分析

(一) 由中部地区物流量增长所引起的对物流基础设施平台的需求

2004年，民用汽车拥有量全国为2 693.7万辆，其中中部地区470.97万辆占全国总量的17.5%。全国铁路货运量为248 129万吨，其中中部地区88 408万吨，占全国总量的35.6%，全国公路货运量为1 244 990万吨，其中中部地区289 334万吨，占全国总量的23.2%；全国水路货运量为18 199万吨，其中中部地区21 637万吨，占全国总量的11.9%。全国邮电物流总量为9 676.75万元，中部地区1 650.8万元，是全国总量的17.1%，邮电物流总量增长率为39%；全国交通运输仓储及

邮电通信业增加值为 12 080.64 亿元，其中中部地区 2 348.19 亿元，是全国总量的 19.4%。

中部地区各种运输方式完成货物运输周转量逐年上升，其中铁路、公路、水路货运量增长率均高于东西部地区，物流量增长呼唤物流基础设施快速发展。

（二）由中部地区经济发展所引起的对物流基础设施平台的需求

物流需求强度是指某一经济发展阶段物流需求与国内生产总值的比值，反映单位国内生产总值所产生的物流需求，表示国民经济发展对物流需求的强度。

全国及中部六省的物流需求强度随时间呈递减趋势，即单位 GDP 所承载的货运量逐渐下降，虽然货运量逐年提高，但是由于各区域的经济增长逐步由粗放型向集约型转变，货运品由"重量型"向"质量型"转化；山西省各年的物流需求强度都远大于全国平均水平和其他省份的物流需求强度，表示地区物流需求强度的大小和该区域的资源结构是密切相关的，山西是煤矿大省，其单位 GDP 所需要的货运量较大。

在经济发展过程中形成的专业化分工与协作以及经济布局的空间差异是大量的原材料、产成品、信息、资金、人员等要素流动发生的直接原因。由于在经济发展过程中必然伴随着投资和消费，这些都成为促进物资和商品流动的因素。随着经济发展，经济规模不断壮大，对物流的需求也不断增大。随着对物流需求的增大，物流基础设施平台就会显得相对滞后从而阻碍经济规模的进一步增大。因此，为了消除物流基础设施平台不足而限制中部地区经济规模的增长，就应该大力发展物流基础设施平台。

（三）由中部地区支柱产业群形成所引起的对物流基础设施平台的需求

中部地区地处我国内陆腹地，是承东启西、连南贯北的交通枢纽，拥有占全国 11% 的土地和 28% 的人口，具有明显的区位优势和综合资源优势，是我国重要的农产品生产基地、能源基地和重要的原材料基地。中部的支柱产业——汽车、钢铁、轻纺、水电、煤炭和商贸业，构成了物流需求的主体。六大支柱产业的产值，无论是所占比重，还是增长速度都比较突出。汽车、钢铁、轻纺、水电、煤炭和第三产业（包括商贸业）等从产业结构分析，已形成了六大产业群。中部六省制造业颇具实力，也是商品集散地，商品流通量很大。中部也是全国重要的粮食主产区，正大力发展农产品物流，特别是农产品加工、配送等增值物流服务，已初步形成了以城市批发市场为中心、城乡农贸市场为基础，加工配送、订单直销和连锁超市为补充的农副产品市场体系。

因此，为了加强与周边地区的合作与联动，积极发展与全国各省市之间的交流与合作，促进物流的畅通以及经济的高效运行，中部地区应该大力发展物流基础设施平台的规划和建设。

三、中部地区物流基础设施平台的发展对策

中部地区应通过物流基础设施平台的发展来吸引各种要素向其集中，推动城市化、工业化和产业化的进程，促使产业在空间上不断集中，形成巨大的"聚集效应"。同时，通过与外界进行巨大的能量、物质、信息交流，推动中部地区的对外开放，与周边经济圈构成"开放式的经济循环系统"，不断进行各方面的"对流"活动。

（一）完善交通网络体系，提高运输企业活力

为了提高货物运输的经济性和合理性，顺利承接长江三角洲、珠江三角洲、闽南三角洲、京津冀、环渤海等经济区域产业、技术的空间转移，充分获取、享受这些经济区域分工和流通的比较利益，中部六省应大力完善综合交通网络体系，提高运输企业活力。

在铁路基础设施发展过程中，对铁路运输企业进行改造、改组和改制，建立适应现代物流发展的多元化经营机制，提高铁路竞争能力。改革管理体制，使铁路在运输市场竞争中保持体制上的活力；实现经营的市场化，按市场需求特点组织和安排运输；组建物流运作企业，依托全国路网开展以枢纽站为基地和分拨中心的物流服务；吸纳其他运输企业参与铁路物流基地和分拨中心向外延伸的物流配送和接力运输。在公路基础设施发展过程中，应提高货运车辆的载重能力，降低单位运输成本。组建跨区域经营的企业，提高经营组织与管理水平，从地域上扩展运输的服务范围；依托现有公路站场构建物流网络，加强与其他公路运输企业及其他运输方式企业的协作与联合；开展网络化、规模化经营，发展跨省、干线公路运输，组建大型企业集团，为物流的发展创造组织与经营条件。在水路基础设施发展过程中，应重视集装箱进出口能力的建设，提高规模经营能力和竞争能力。加强集装箱船队的建设，改善内河船舶的技术等级；积极开展水运与其他运输方式的联运；港口及航运企业按物流活动的要求进行经营

管理的整合和调整；航运企业应根据自身实力、网络情况开展物流服务，应立足于既有业务，力争与大型航运企业和物流企业联合或者联营，成为有实力物流企业网络环节中的一部分。

在航空基础设施发展过程中，应发挥民航运输速度优势，发展民航货运，弥补高、精、尖等时效性较强货物空运能力不足的缺陷。民航应采取变分散经营为规模经营，走集约化、集团化的道路；合理配备干线大型飞机和支线中小型飞机的比例，提高运输能力与效率；积极拓展航空货运市场，增加机场建设及配套物流设施的投入。

（二）合理规划物流园区，重点建设物流基地

利用现有的物流资源和基础设施合理规划物流园区，重点建设物流基地，发展的关键是政府总体规划并提供资金支持，园区目标定位明确、选址科学、规模恰当，经营模式应以政府引导下企业自主经营为主。

政府在总体规划过程中应确定在城市的边缘地带、内环线外或城市之间的干道附近，将用于未来相关设施配套建设的地块作为物流园区或物流基地；在园区建设过程中应提供一定资金资助，制定减税或免税的优惠政策，入园企业可用得到的资助进行水、电、排水等基础设施建设。

物流园区目标定位在减轻城市交通压力，环境污染程度，提高各种交通方式的运行效率上；选址过程应考虑交通枢纽中心地带，这样物流园区网络就能与运输枢纽网络相结合，同时还要考虑运输方式的选择与使用、环境保护与生态平衡，以及物流园区经营者利益的实现等因素；园区的规模应该与吞吐量相适应，同时在园区内应该预先配备多种方式的交通设施。

物流园区的经营模式应以政府引导下企业自主经营为主，园区运营可由中立的机构来组织。园区管理者应从筹建到运营全过程的进行指导；经营管理过程中提供综合运输或远程运输方面的网络连接，进行联合采购，园区内部网络平台的建设，企业及领导人员的培训与进修，危险货物专职代理人，特殊仓库的建设与管理，产品货物的配送，安全监管等；园区营运者应负责物流园区的营销、推广工作，组织博览会、广告宣传，制作宣传册、客户杂志等，以及为迁入园区的企业提供所需要的各种服务。

（三）依托科技创新能力，提高平台整体水平

为了更好地融入到现代物流体系中去，中部地区必须依托科技创新，

提高基础设施平台的整体技术水平，发展的关键是提高基础设施、运输装备和组织管理的科技含量。

在综合交通网络体系的各环节、各要素方面应该运用高新技术，缩短交通基础设施的建设周期，提高工程质量，改善运输装备的运输能力、运输效率、资源占用、物资消耗、运营成本、环境影响和服务质量等多方面技术经济特征，从而推动基础设施平台的结构优化与升级。

建造有线与无线通讯网络、信息高速公路和信息港等快速通讯手段，通过构建高效的商业与商务体系来提供方便的服务；引导企业利用先进技术，加强条形码、全面质量管理、电子数据交换、管理信息系统、射频技术、地理信息系统和全球定位系统、计算机集成制造系统、企业资源计划以及其他物流技术在基础设施平台中的应用；利用网络技术将散布在不同区域的服务网点联结起来，改变有点无网、有网无流的状况。同时，充分发挥研究咨询机构在理论研究及应用技术研究方面的优势，积极开发、研制能有效提高物流效率的运输、搬运装卸、仓储、包装、条码及标志印刷、信息管理等的技术装备并使其具有产业化发展能力；加快标准化建设步伐，做好物流用语、计量标准、技术标准、数据传输标准、物流作业服务标准等方面的基础工作和加强标准化的组织协调工作。

中部地区物流量增长、经济发展、支柱产业群形成已引起对物流基础设施平台的发展需求，在物流基础设施平台发展过程中，应以"物畅其流、快捷准时、经济合理"为原则，充分发挥铁、公、水、空枢纽的综合优势，完善交通网络体系和提高运输企业活力，利用现有的物流资源和基础设施合理进行物流园区的规划和建设同时提高基础设施平台的整体技术水平，满足中部区域经济发展需要，提供与周边联系的通畅渠道，从而为中部崛起提供有力的支撑。

第三篇
中部地区生态与环境分析

第六章 中部地区生态与环境管理分析

第一节 鄱阳湖流域综合管理的探索[①]

一、流域背景

江西位于长江中下游南岸，两面环山，一面临江，地形南高北低，南部为山地丘陵，中部丘陵盆地相间，北部为鄱阳湖平原。鄱阳湖受纳赣、抚、信、饶、修5大河流的来水，并在湖口进入长江，成为一个相对完整独立的水系。整个鄱阳湖流域集水面积为16.22万平方公里，占全省国土面积的97.2%。由于人口迅速增长，鄱阳湖流域过去曾出现过毁林种粮、围湖造田和酷渔滥捕等行为，造成生态环境恶化。20世纪80年代初，仅赣江上游山区的水土流失面积就达110万公顷，占总面积的35%以上；每年泥沙流失就达5 335万吨。全流域森林覆盖率只有31.5%。鄱阳湖水面急剧萎缩，湖泊功能下降，湖区洪涝灾害严重；水土流失导致河道淤积，全流域通航里程由1.2万公里锐减至5 000公里。土壤退化，肥力减少，生物资源衰减，物种多样性程度降低，环境污染加重，湖区血吸虫病肆虐，群众难以脱贫致富。

针对这些问题，政府有关机构，如水利、农业、林业、交通、卫生、

---

① 撰稿人：胡振鹏，江西省人民政府/南昌大学中国中部经济发展研究中心。

国土资源等部门，在各自的业务范围内对鄱阳湖流域做了大量的调查研究工作，提出了各自的解决方案，并实施了不同类型的开发治理项目。由于没有形成综合的开发整治规划，无法有效整合力量，单项的治理，头痛医头，脚痛医脚，鄱阳湖流域的生态环境一直呈现出"局部治理、整体恶化"的状况。

为了解决鄱阳湖流域中严重的生态失调、环境恶化和经济落后等问题，合理开发有限资源，保护生态环境，促进区域经济发展，首先要摸清鄱阳湖流域的自然资源、生态环境和社会经济发展状况，剖析问题的根源及其联系，找出有效的根治措施。自1983年开始，江西省政府组织省内17个厅局、省内外39个科研机构和大专院校，共600多名科技工作者，对鄱阳湖流域进行了三次全面的综合科学考察：

1. 1983~1986年：鄱阳湖周边区域，25个县（市），4万平方公里；

2. 1984年：赣南山区农业自然资源，18个县（市），3.9万平方公里；

3. 1985~1987年：赣江流域，64个县（市），11.7万平方公里。

通过考察认识到，鄱阳湖流域的山区、丘陵、江河、湖泊是一个互相联系、依托和制约的整体，统一于社会—经济—生态环境复合系统的框架之内。要使自然资源开发利用，生态环境保护经济发展和社会进步相互协调，必须加强流域综合管理，以自然资源（特别是水土资源）科学合理开发利用为基础，以生态环境保护和建设为重点，促进社会经济发展、人与自然和谐相处，全面提高区域可持续发展能力。

基于上述认识，遵循可持续发展原则，必须对鄱阳湖流域进行综合治理，江西省人民政府决定启动"江西山江湖开发治理工程"，并提出了"治湖必须治江、治江必须治山、治山必须治穷"的治理战略。主要内容包括：加强流域综合管理，保护环境，受损害的生态系统恢复或重建；以科技为依托，进行自然资源开发利用的试验与示范，探索和培育资源可持续利用的产业模式，以点带面合理开发利用自然资源，促进流域的社会经济与生态协调发展。

二、流域综合管理的协调机构

流域综合管理涉及上下游、左右岸等不同地区、不同人群的相关利益，与水利、农业、林业、交通、卫生、国土资源、环境保护等许多政府部门的管理职能有关。为了把山江湖开发治理作为振兴江西的奠基工程和促进经济、社会与环境协调发展的治本之策来抓，1985年7月，专门成立了"江西省山江湖开发治理委员会"，由省长或副省长任委员会主任，20多个有关厅局主要负责人为委员，对鄱阳湖流域的保护、开发和治理进行统一管理和协调。下设办公室作为办事机构。山江湖开发治理委员会的职能主要包括：

1. 针对鄱阳湖流域的生态环境保护、自然资源开发利用及相关的社会经济发展中重大问题进行调查研究；提出解决这些问题的措施和方法，作为省政府决策的依据。

2. 协调各部门、各地区的关系，分工协作，统一行动，集中各种资源，形成合力，落实省政府有关鄱阳湖流域综合管理、保护、开发和利用的决策。

3. 在生态环境保护和建设、自然资源科学利用方面，组织实施单个部门难以承担的各种类型的科学研究、科学实验和示范点建设与经验推广。

4. 针对流域管理、生态环境保护和自然资源开发利用问题，在科技、人才、资金等方面开展国际、国内的合作与交流。

为了保证山江湖开发治理工程的科学性、预见性和综合性，同时成立了由省内外30多位著名专家学者组成的"山江湖开发治理学术委员会"，为山江湖工程的重大决策提供科学咨询与技术支撑。各市县根据本地区的需要，也先后成立了相应的市县山江湖开发治理委员会及其办公室，负责本区域山江湖开发治理工作。这样，就形成了覆盖全省范围的山江湖开发治理的管理、协调和实施机构体系。

三、编制流域总体发展规划完善地方法规

在鄱阳湖流域资源环境综合考察的基础上，借鉴国内外有关流域综合开发治理的理论与实践经验，按照可持续发展的原则，对鄱阳湖流域进行了宏观战略研究，并根据鄱阳湖流域的区域特点和发展现状，编制了《江西省山江湖开发治理总体规划纲要》（以下简称《规划纲要》）。《规划纲要》明确了鄱阳湖流域近、中、远期发展目标，勾画出工业、农业、林业、水利、能源、交通等产业布局；根据"立足生态、着眼经济、系统开发、综合治理"的工作方针，确定了各行业、部门发展计划框架。由于山江湖开发治理工程需要多届政府的不懈努力，为了保证《规划纲要》长期、有效地实施，经过国际研讨会的论证和修改后，提交给江西

省人民代表大会审定通过，使其更具有权威性、严肃性和长效性，成为具有法律效力的流域开发治理规划予以实施。根据鄱阳湖流域不同发展阶段的特点，山江湖开发治理委员会以《规划纲要》为指南，分期制定《山江湖工程五年计划》，并由江西省人民政府纳入到《江西省社会经济五年发展计划》之中，指导、协调各部门、各地区和广大农民群众进行鄱阳湖流域开发和治理工作。

为了使流域综合管理有法可依、有章可循，根据国家有关环境保护和资源开发的法律法规，加强了生态环境保护和自然资源开发利用的法制建设。自1985年以来，江西省人民代表大会先后通过了"环境污染防治条例"、"资源综合利用条例"、"矿产资源开采管理条例"、"公民义务植树条例"、"建设项目环境保护条例"、"森林防火条例"、"血吸虫病防治条例"、"鄱阳湖湿地保护条例"，以及实施中华人民共和国《土地管理法》、《渔业法》、《水法》、《防洪法》、《气象法》、《水土保持法》、《野生动物保护法》等29项地方法规。省政府也先后颁发了"基本农田保护办法"、"鄱阳湖自然保护区候鸟保护规定"、"林地保护管理试行办法"、"森林限额采伐管理暂行办法"、"野生植物资源保护管理暂行办法"、"水资源费征收管理办法"、"矿产资源补偿费征收管理实施办法"、"征收排污费办法"、"江西省渔业许可证、渔船牌照实施办法"、"关于制止酷渔滥捕、保护增殖鄱阳湖渔业资源的命令"等28项行政规章。同时还在群众中长期不懈地进行法制宣传教育，加大执法力度，切实保护生态环境，合理开发资源。

四、流域综合管理的内容与措施

针对鄱阳湖流域生态环境恶化与资源开发利用中存在的问题，根据《江西省山江湖开发治理总体规划纲要》要求和"五年发展计划"的具体部署，近20年来，江西省持续开展了大规模的保护环境、治理山水、建设美好江西的工程建设。归纳起来，大致包括以下五个方面的工作。

（一）退田还湖、加固干堤、移民建镇、根治水患

20世纪50~70年代，鄱阳湖区曾盲目围湖造田、与水争地，使湖泊水域从1949年的4 390平方公里减少到3 222平方公里，蓄水容积从336亿平方米减少到261亿立方米（均以吴淞高程22米计）。围湖造田使江

湖水文关系受到扭曲，在同等洪水下，湖水位大幅度抬高，增加了洪灾风险；湖区湿地面积减少，生态系统退化，物种多样性减弱。

1998年长江流域特大洪水以后，为了根治水患、保护生态环境，实现可持续发展，开展了大规模的退田还湖、疏浚河道、加固干堤、移民建镇工程。集中国债资金和各级政府的投入资金近100亿元，平退围堤418座，加固了鄱阳湖区的主要干堤，使保护重要城镇和5万亩农田以上围堤的防洪标准达到50年一遇；20多万户，共90多万居民从湖区搬迁到了附近的乡镇，摆脱了洪涝灾害和血吸虫病的威胁。鄱阳湖水域面积基本上恢复到1954年的水平，增加蓄洪容积46亿立方米，湿地面积大幅度增加，鄱阳湖区成为国际重要湿地。

（二）小流域综合治理，恢复或重建受损害的生态系统

植被破坏、水土流失是江河淤塞、土壤退化、水旱灾害频繁、生态系统恶化的重要原因之一。山江湖开发治理工程根据标本兼治原则，加强水土保持工作，恢复与重建受损害的生态系统。针对红壤地区和风化花岗岩、紫砂岩或页岩地区水土流失十分严重的情况，通过大量的科学研究和实验，采取水利工程措施和生物措施相结合的办法，蓄水保土，栽树种草，恢复植被，逐步增厚耕种土层，提高土壤肥力。对于中度土壤侵蚀的丘陵山区，25°以上的山坡实行天然林封育；25°以下的裸露山坡，根据土质种草植树，形成乔、灌、草结合的山地水土保持林，防止水土流失；具有一定肥力的坡地开辟成果园，果树中套种花生、大豆或西瓜等作物；肥力较好的旱地以种植粮食、油料和蔬菜为主；农户因地制宜，利用家庭居室周边空闲土地和零星时间，开展以家庭种养为中心的庭院经济活动，增加收入，利用生活、生产废弃物、生产沼气，提高肥料利用率，解决家用能源。

在实施《水土保持法》十多年来，每年治理水土流失面积达20万公顷，使水土流失面积由占陆地总面积的36%下降到21%，创造直接经济效益20多亿元。1994年基本消灭了宜林荒山，到2000年止，全省森林覆盖率接近60%，城市绿化覆盖率达23.48%，人均公共绿地5.86平方米；年均进入鄱阳湖泥沙量由5 000万吨减少到2 400万吨。许多乡镇、村庄成为山绿水清、房美路通、村旺民富、卫生文明的生态型乡村。江西成为全国水土流失治理工作的先进省份。

（三）发展生态经济，防治农村面污染

减少水土流失、农业耕种、畜禽养殖和农民生活污水等方面污染源对环境的损害，有效的措施是发展生态农业，生产绿色食品。山江湖开发治理工程根据农业生态学原理，建立良好的生产结构，使种植业、畜牧业、渔业、加工业等部门彼此结合、相互促进，多次分层利用自然资源，提高植物的光能利用率和生物能转化率，生产出高产、优质、无污染的农产品，取得了良好的生态和经济效益。在全省普遍推广的"猪—沼—果（菜、鱼等）"生态经济模式中，农户将厕所、猪牛栏和沼气池结合在一起。人、畜粪便在沼气池发酵，使有机质得到分解，传染病虫卵和部分有害细菌被杀死，产生的沼气可以烧饭照明，解决家用能源，沼液喂猪可以节省饲料，用于叶面施肥效果好，具有预防病虫害的作用。沼渣还田可以提高肥效30%~40%。

总的来说，它可以取得保护山林植被、减少传染病发生、方便生活、减少砍柴烧饭的劳动强度和美化环境的效益。到2002年为止，仅赣州市建有沼气池的农户就占农户总数的29.07%，培育"猪—沼—果（鸡、鸭、菜、鱼）"推广示范户68 500户，建设了生态经济示范乡（镇）200个，行政村400个。现在全省建有沼气池的农户共50多万户。

（四）行政手段和经济手段相结合，有序开发、持续利用自然资源

在全省范围成立了多部门联合组成的环境检查小组，曾先后出动6 000多人次，对近1 700个企业进行环境检查，立案查处了299家企业，关闭数十家违规企业，有效防止和控制了环境污染与生态破坏。先后共开展3次大规模的矿产资源管理秩序整顿，坚决取缔违规开采、乱采滥挖，加强市场监管。整顿中查处无证采矿、非法承包、转让采矿权等各类违法案件4 235件，关闭非法矿井4 267个，吊销勘查、采矿许可证403个。实行统一开采、统一加工、统一经营、统一管理的"四统一"生产经营方式，有效规范了矿产资源保护和合理开发与利用。在鄱阳湖鱼类产卵期和幼鱼成长期封港禁渔已坚持了16年，并定期和不定期地开展有害渔具渔法专项治理，渔业资源得到恢复，经济鱼类年捕捞量呈逐年上升趋势。与此同时，通过收取水资源费、排污费和矿产资源补偿费等经济手段，促使企业节约自然资源，提高资源利用率。

为切实做好自然资源的保护工作，至2001年底，江西省设立各类自

然保护区 111 处,自然保护小区 5 000 余个,保护区和自然保护小区面积合计为 96.16 万公顷,约占全省国土面积的 5.76%。

(五) 采取综合措施控制血吸虫病

血吸虫病是鄱阳湖区长期流行、严重危害身体健康的地方病。为了保障群众的身体健康,山江湖开发治理工程采取农业综合开发和健康教育相结合的方法,控制血吸虫病的流行。具体做法可以概括为:用低坝拦堵湖河,与鄱阳湖主体隔离,减少人、畜与血吸虫疫水接触的机会,湖河水体可用于水产、水禽养殖;岸边洼地或农田开挖成精养鱼池,稳定水位;水边植树造林,形成隔离带;高处的水田改为旱地,调整作物结构,种植水果、蔬菜,以减少耕牛数量,生猪实行圈养;在血吸虫病高发期,湖周禁牧;村中改水、改厕,利用手压机井解决生活用水,建设沼气池或卫生厕所,消灭人畜粪便中的虫卵;通过健康教育使群众增强保健意识,养成文明、卫生的生活方式。这种治虫和治穷相结合的模式,使官田湖等许多血吸虫肆虐的地方彻底改变了面貌。

五、动员各方力量积极参与工程建设

除了政府组织、协调和引导外,成功的流域综合管理需要利益相关各方积极参与,把自然资源、人力、资金、技术和管理等生产要素整合到一起,形成新的生产力。山江湖开发治理工程利用多种形式将广大群众组织起来,积极引进国内外先进技术与资金,整合到山江湖开发治理工程中来。

(一) 建立"公司+基地+农户"利益共同体

山江湖开发治理工程启动之时,政府有关部门将各自掌握使用资金,并利用各种贷款(包括"世行"贷款)和农民出资,根据《规划纲要》和"五年计划"的部署,集中使用到山江湖工程的基础设施建设上来,形成了一批生产基地,如赣南脐橙生产基地、环鄱阳湖的水产养殖基地、宜春的油料生产基地、赣东茶叶生产基地、赣南山区的速生丰产林基地等。生产基地建成后,将其土地或水面承包给农民经营,科技人员进行技术指导。这样就形成了"基地+农户"型的生产组织模式。随着一批种养大户、种苗或产品销售专业户、农产品深加工企业的崛起,有些公司或龙头企业投资扩建、新建生产基地,交给农民承包经营,有些公司还为农户提供优质种苗并进行技术服务。公司或龙头企业按事先议定的保护价收购农户生产的农产品。这样，逐步形成了"公司+基地+农户"型的利益共同体，在一定程度上做到了"利益共享、风险分摊"，提高了农民进入市场的组织程度，极大地调动了广大企业和农户参与山江湖开发治理的积极性。现在，全省已有龙头企业829家，其中年销售收入超亿元的有20家。已有40多家企业开发了57种绿色产品，南丰蜜橘、赣南脐橙、广昌白莲、余干黑乌鸡、婺源"大鄣山"牌和"大佑"牌有机茶、"德雨"活茶、奉新"碧云"大米等，已成为享誉省内外至国内外的名牌产品。

（二）农村合作经济组织

1981年永修县5户农民采取自愿联户承包、按比例投入与分红的办法，承包76.7公顷荒山造林。1991年，按照"入社自愿、退社自由、自筹资金、自由组合、自主经营、自负盈亏、自我发展"的原则，正式成立"永修县京发林业合作社"，共吸收社员604户，承包荒山造林2 200公顷。1994年，把科研、生产、加工和销售组合为一体，发展为"江西省京发实业公司"，公司平均每年新增造林面积100～133.3公顷。这样的农村合作经济组织有效地整合了土地、人才、资金、技术与管理等生产要素，农户之间的关系更紧密，运作机制更有效，受到农户的欢迎。到2001年，全省已建立各类农业产业化组织（企业）2 536个，其中种植业102个，畜牧业856个，水产业205个，林特产业193个，其他196个；70%以上实行了公司制、股份制和股份合作制；拥有固定资产总值72亿元，直接和间接带动农户255.2万户。

（三）加强国际交流合作引资引智

山江湖工程始终贯彻"以开放促开发"的方针，已与20多个国家、地区和国际组织建立了密切的交流与合作关系，不断引进国际上先进的理念与技术方法，如美国田纳西流域多目标滚动开发模式，日本琵琶湖治理污染的经验等，结合江西实际情况加以应用推广和创新。据不完全统计，山江湖工程共争取到国内外投资、贷款约6亿美元，先后实施了联合国开发计划署援助江西省山江湖可持续发展项目3期、德国援助江西山区可持续发展项目2期、红壤开发2期、赣中南农业开发、吉湖盆地农业开发，以及蚕桑、果业、鹅鸭、大水面开发等工程及林业开发等十多个大型项目，取得了明显的综合效益。

六、既要金山银山更要绿水青山

进入21世纪以后，省委、省政府积极探索加快江西社会经济发展的规律，确定了在中部地区崛起的奋斗目标，制定了"以加快工业化为核心，以大开放为主战略、以科技创新和体制创新为强动力，大力推进农业产业化和农村工业化"的发展思路。以求真务实的态度，清醒地认识到江西尚处在工业化发展的初级阶段，做出了把江西建设成"沿海发达地区产业梯度转移承接基地、优质农副产品加工供应基地、人力资源输出基地和旅游休闲的后花园"的现实选择。

实现可持续发展，坚持和落实科学发展观，既要尊重经济规律，又要尊重自然规律，既要金山银山，更要绿水青山；发展是永恒的主题，环境是明天的财富。在经济进入快速发展阶段，特别要防止走"吃祖宗饭，断子孙路"的老路，不以牺牲良好的生态环境为代价。在加快工业化进程中采取以下措施：

1. 不准引进"黄"、"赌"、"毒"项目，不准引进被淘汰的、污染环境、技术落后、没有效益的项目，不准搞危害劳动者安全和群众健康的项目。

2. 发展工业坚持"以大代小"的方针，保护环境，节约资源。通过全面清理整顿，取缔了一批低水平重复建设、环境污染大、消耗资源多、危及劳动者安全的小造纸、小煤窑、小钢材、小木材加工和小花炮作坊等项目；同时扶持、发展了一批科技含量高、经济效益好、污染环境少、节约资源的电子、信息、水泥、钢材、煤炭、化工等现代化大型企业，改善了工业内部结构，提高了经济效益和资源利用率，保护了生态环境。

3. 注重转变经济增长方式，走新型工业化道路，集约化经营。为了避免过去发展乡镇企业时"村村点火、处处冒烟"的做法，实施最严格的耕地保护制度，主要利用城市、县城附近的山坡、荒地建设工业园区，尽量不占或少占农田，坚决杜绝盲目圈地，引导工业项目集中布点、集约化经营，提高工业生产的群集效应，把工业园区单位面积的固定资产投入和工业产值作为考核园区发展的重要指标。近几年建设或扩大的工业园区，2/3用的是山坡或荒地，连续16年实现耕地占补平衡。

在推进农业产业化进程中，提出了"山下建金色粮仓，山上办绿色银行,水体搞特色养殖"的思路。

1. 作为中国的水稻主产区,江西要为国家的粮食安全做出贡献。在全面贯彻党中央支持粮食生产政策、调动农民积极性的基础上,加强优质水稻丰产技术的集成,由点到面,逐步推广,力争粮食生产上一个台阶。

2. 大力发展生态农业,建设一批绿色大米、无公害蔬菜、有机茶等生产基地,使更多的农产品获得绿色食品标志使用权。进一步推广"猪—沼—果"、"猪—沼—鱼"、"猪—沼—菜"等生态经济模式,并和鄱阳湖区控制血吸虫病结合起来,把乡镇、村庄建成山绿水清、房美路通、村旺民富、卫生文明的生态型乡村。

3. 对森林资源实行分类管理。实施鄱阳湖流域林业生态体系建设工程,进一步扩大自然保护区和野生动物建设工程,建设以速生丰产用材林为主的林业产业基地。对集体所有的经营性林地进行使用权改革。搞活经营机制。鼓励农民用承包、租佃等方式,集约经营林地,大力发展毛竹、油茶等经济林木。

七、工程成效与体会

山江湖工程遵循可持续发展原则,进行流域综合管理的科学实践,取得了可喜的成效。1985~2001年,江西省植树造林230万公顷,基本上消灭了宜林荒山;流失面积从330万公顷下降到130万公顷;森林覆盖率由31.5%上升到59.7%。2002年全省农林牧渔总产值达到824.5亿元,比1985年增长2.33倍,其中农业增长1.74倍,林业1.63倍,牧业3.13倍,渔业12.1倍。450万贫困人口脱贫,昔日"山光、田瘦、人穷"的荒凉地区,初步出现了"山青、水绿、人富"的喜人景象。

山江湖开发治理工程所采用的理念和取得的成果,在国内外也引起了热烈反响:

1. 1992年,山江湖工程被中国政府选送参加世界环境与发展大会的技术博览会;
2. 1994年,山江湖工程入选《中国21世纪议程》首批优先项目;
3. 2000年,山江湖工程入选德国汉诺威世界博览会;
4. 2001年,山江湖开发治理办公室应邀加入了南南合作网;
5. 2002年,办公室负责人参加了在南非召开的可持续发展高峰会议。

山江湖开发治理工程把流域作为一个互相联系的生态经济系统,以可持续发展为目标,以科技为先导,以开放促开发,治山治水、治湖和治穷有机结合,推进了区域的持续发展。

1. 实施可持续发展战略要注重社会、经济和生态环境协调发展。发展中国家实施可持续发展战略,要把"发展"作为核心,把"协调"和"公平"作为发展的基础与条件。必须处理好发展经济与环境保护的关系,既不能盲目发展经济,不顾生态环境保护;也不能片面强调生态环境保护,反对发展经济。山江湖开发治理工程的指导思想是:治山治水与治贫治穷相结合、资源开发利用与环境治理相结合、长远利益与眼前利益相结合,正确地处理"人与自然"和"人与人"两类基本关系,促使社会、经济和生态环境协调发展。

2. 流域管理要坚持系统性和综合性原则。山江湖开发治理是一项基础工程,其目的在于保护环境,恢复和重建受损害的生态系统,有效利用自然资源,提高资源的利用率和产出率,促进经济持续、稳定、协调发展和人民生活水平提高。流域综合管理,要在宏观层次上把流域的上游山区、中游丘陵区和下游湖区,作为一个互相联系、不可分割的生态经济系统,打破行政区域界限,进行统筹规划,整体部署,系统开发,综合治理。流域综合管理涉及农业、林业、水利、环境保护、交通、能源、财政等众多行政部门和生态、环境、资源、经济、社会等许多学科,除了利用行政手段进行组织协调外,还要利用法律、经济和教育手段,激励利益相关各方积极参与,共同工作,形成合力。

3. 坚持以先进技术为依托、因地制宜、试点先行的科学原则。鄱阳湖流域区域广大,不同地区的自然地理条件不同,生态环境问题不同,社会经济发达程度也不相同。流域综合管理要坚持因地制宜的原则,学习借鉴国内外的新理念、新技术和新方法,注重科技创新和体制创新。工程实施过程中,联合中科院和省内的有关科研机构,不断地开展科学研究和科学实验;取得一定成果后,坚持试点先行,然后再逐步推广。山江湖开发治理工程先后建立和完善了9大类26个试验示范基地和127个推广点,支持了112个二高农业商品生产基地和乡镇企业,实施10多个大型资源综合开发项目,其中主要模式有:赣南龙回河小流域综合开发治理模式,泰和县千烟洲红壤丘陵立体开发模式,九江市永修县京发林业合作社山地生态林业规模经营开发模式,丰城市杜市乡南方水田农林复合生态经济模式,吉安地区畜禽良种场农区草地资源开发模式,鄱阳湖区余干县大水面综合开发模式,鄱阳湖官田湖治虫与治穷结合的开发模式,南昌市冈上乡风沙化土地开发治理模式，宜春市生态城市规划和建设工程，以及鄱阳湖星子县湖区湿地生态旅游模式等。这些试验示范基地和开发模式，为鄱阳湖流域各区域的社会、经济和社会协调发展提供了样板，成为了当地产业发展的培育基地，起到了以点带面的效果。

山江湖工程20多年治山、治水和治穷的实践，为流域综合管理和区域可持续发展做出了一些富有成效的探索。但在新的发展形势下，山江湖工程还面临着新的问题与挑战。江西省正在着手制定新一轮的《山江湖开发治理规划》，向更高、更新的目标迈进。

第二节 中部地区水环境污染及其防治建议[①]

一、中部地区水环境污染及治理现状

中部地区包括山西、河南、湖南、湖北、江西和安徽六省，其水环境以地表水为主体，地表水资源总量丰富，长江、黄河两大河流中段、淮河上中段及三大湖泊——洞庭湖、鄱阳湖和巢湖都位于中部六省内。然而中部地区由于整体水质较差，面临着水质型缺水的严重问题。尤其近年来随着经济的大力发展，工业化的不断西推，水环境污染状况更为加重，中部地区江河流域面临严重的生态破坏、环境污染和水土流失等问题。

河南河流众多，分布均匀，但由于地表径流不足，不利于污染的自净。同时人口众多，省人均地表水440立方米，仅为全国平均的1/6。在空间分布上，工业的分布与水资源的分布趋势相反，排到河流内的废水量远远超过河水的天然自净能力，水质污染十分严重。工业较为发达的湖南省2004年全省废水排放总量为25.00亿吨，比上年增加6.1%。其中工业废水12.31亿吨，比上年减少0.8%，占废水排放总量的49.2%；生活污水12.69亿吨，比上年增加13.7%，占废水排放总量的50.8%。废水中化学需氧量（COD）排放总量为84.99万吨，比上年增加13.9%。其工业废水中的污染物质（重金属、石油类、氰化物等）排放量居中部六省之首。山西省2004年地表水环境质量达不到功能要求的河段占到全省监控河段总长的85%以上，较其他几省相比，除工业废水、生活污水和农

[①] 撰稿人：傅春，南昌大学中国中部经济发展研究中心；姜哲，南昌大学研究生院。

业面源污染带来的水环境问题外,水土流失污染严重,土地沙化、荒漠化面积的不断增加给山西省的地表水环境带来了沉重的压力。据统计,山西省各流域共有水土流失面积达10.92万平方公里,占全省总面积的70%。湖北省的结构性水污染问题较突出,重污染型行业的比重较大,为污染治理带来了难度。

此外,湖南境内的湘、资、沅、澧"四水"干流,江西境内"五河"的赣江上游、抚河、饶河,山西省的汾河,河南省省辖的长江流域,湖北辖内的长江和汉江支流都有不同程度的中、重度污染。2004年安徽巢湖全湖平均水质仍为劣Ⅴ类,洞庭湖水质为Ⅴ类,鄱阳湖南部部分水域水质为Ⅳ类,且三大湖泊都呈现中营养状态,中部地区水环境状况不容乐观。

根据国家法令,各地投入大量环保资金,但水环境状况并未得到显著好转,以著名的淮河流域为例。淮河流域水污染开始于20世纪70年代末,进入80年代后,逐渐加剧。自1994年震惊中外的"淮河水污染事件"发生之后,国家对淮河治理高度重视,制定了多项水污染治理规划。其中1996年6月29日批准的《淮河流域水污染防治规划及"九五"计划》中将淮河流域的水污染防治工作纳入国家"九五"期间"三河三湖"治理的重点。1996年的《规划》对淮河水污染防治所设定的目标是,第一阶段目标:1997年实现全流域工业企业污染源达标排放,全流域主要污染物COD最大允许排污量由1993年150.14万吨削减到1997年的89.02万吨。第二阶段目标:2000年全流域主要污染物COD最大允许排放量削减到36.80万吨;淮河干流、沂河上游以及城镇集中供水水源达到地面水环境质量标准中Ⅲ类标准,其他河流水质达到Ⅳ类标准,实现淮河水变清。由于1996年《规划》目标没有实现,2003年1月11日,国务院对《淮河流域水污染防治"十五"计划》进行了批复,确定了淮河"十五"防治目标是:主要污染物COD排放总量将由2000年105.9万吨/年削减到2005年64.3万吨/年;氨氮排放总量将由200 015.2万吨/年削减到2005年的11.3万吨/年。

10年来,各方先后投入了600亿元的资金。但直到2004年淮河流域主要污染物COD排放总量仍然高达107.68万吨。《"十五"计划》中确定的水质目标,全年期、汛期和非汛期水质达标率分别为41.3%、50.0%和41.3%,而2004年全年期、汛期和非汛期的水质达标率分别为21.7%、26.1%和26.1%。

随着中部地区工业化和城市化进程的加快，城市人口相对集中，资源能源消耗大，污染源点多面广。环境敏感区域脆弱，水资源日益匮乏、水系河流严重污染等问题已成为制约中部地区人民生活质量提高和经济社会可持续发展的"瓶颈"。

二、水环境污染的原因

针对这些问题，中部地区各省政府和各流域部门都做出了相应的水环境保护措施，对部分水体水质有了一定程度的改善，但整体污染依然严重。主要原因为：

1. 发展经济与污染治理之间存在矛盾。中部地区发展较东部沿海主要省份起步较晚，和江苏、浙江、广东等省份的经济也有着较大的差距。近年来，各级政府都在努力发展 GDP，试图迎头赶上经济发展的大潮。在片面强调 GDP 产值的前提下，一些地方政府部门的领导干部片面追求经济的发展，忽视了环境的保护，为了局部利益牺牲环境资源；有些地方对产业发展和环境保护缺乏统筹规划与管理，批准了不少有污染的项目；有些地区尤其是经济欠发达地区工业结构不合理，发展了造纸、印染、化工、冶炼、水泥等小企业群，由于这些企业缺乏污染治理设施，偷排和超标排放污染物的现象普遍存在。

2. 工业废水污染物处理能力不高，且工业企业超标排污现象严重。2004 年中部六省工业废水治理设备仅占全国的 20.36%，工业废水治理运行费用占全国的 19.36%。2004 年中部地区排放的工业废水总量占全国的 22.04%，工业废水中所含的污染物却大部分占 40% 左右（见表 2-17），尤其湖南省工业废水中重金属含量极高，这也指出了未来几年内中部地区工业废水处理工艺的主攻方向。

3. 资金投入不足，排污费难以收取，城镇污水处理厂建设滞后。在全国环境污染治理投资占 GDP 总值 1.4% 的基础上，中部六省的环境污染投资除山西占 1.48% 超过国家平均水平之外，均远远处于国家平均水平以下。其中有色金属大省湖南环境污染投资占 0.52%，人口大省河南为 0.69%。此外，六省目前的生活污水处理率都不足 30%，2004 年山西省城镇生活废水处理率为 19.2%，安徽为 25.7%，河南为 28.4%，湖北 18.9%，湖南 13.7%，江西仅为 5.2%，是除西藏以外全国各省最低水平。

第三篇　中部地区生态与环境分析

表 2-17　2004 年中部地区工业废水及污染物排放状况

		山西省	安徽省	江西省	河南省	湖北省	湖南省	中部总量	占全国比例(%)
工业废水排放量(万吨)		31 393.0	64 054.0	54 949.0	117 328.0	97 451.0	123 126.0	488 301.0	22.04
废水治理设施数(套)		2 384.0	1 470.0	1 220.0	3 404.0	1 992.0	3 027.0	13 497.0	20.36
废水治理运行费(万元)		137 164.4	72 628.6	51 489.4	105 109.2	51 288.2	56 323.7	474 003.5	19.36
污染物排放量(吨)	汞	0.012	0.000	0.024	0.068	0.059	1.600	1.763	58.67
	镉	0.210	0.313	3.521	0.304	0.725	18.608	23.681	41.99
	铅	0.830	2.207	15.759	4.140	8.778	84.293	116.007	31.65
	砷	0.536	5.677	23.521	1.846	9.998	91.651	133.229	43.51
	六价铬	0.481	0.404	1.338	4.740	3.919	45.706	56.588	37.49
	挥发酚	311.774	44.228	39.203	29.771	104.309	125.225	654.510	41.91
	氰化物	43.000	26.700	40.600	42.100	43.000	61.800	257.200	40.79
	COD	158 317.2	126 099.4	99 902.0	333 465.0	175 044.6	276 043.0	1 168 871.2	22.92
	石油类	1 023.6	1 250.3	468.1	1 008.5	2 121.6	1 138.8	7 010.9	29.05
	氨氮	13 512.5	17 458.1	5 026.1	43 911.0	26 680.8	37 267.3	143 855.8	34.14

数据来源:《2004 年环境统计年报》,国家环境保护总局,www.zhb.gov.cn。

淮河流域预计在2005年之前建设225座城市污水处理厂，把淮河沿岸城镇污水处理率提高到70%。由于缺少资金，到目前为止，淮河"十五"计划投资完成率仅占33%。污水处理厂建设缓慢，城市生活污水处理率低。淮河流域尚有85个城市污水处理项目未动工，大部分城市污水处理厂没有实行市场化运作，多元化投资机制尚未形成。每天产生的大量城市污水未经任何处理直接排入淮河及其支流。江西省仅南昌市在2000年底建成一座处理能力为8万吨的城市污水处理厂，全省绝大多数生活污水均未经处理直接排入江河。同时，江西赣州市开征污水处理费近半年，自备水源用户分文未交，都以无法统计用水数量进行推脱。江西上饶一污水处理厂因每月120万元应征收的污水处理费实到资金不足45万元，累计拖欠达1 900万元，公司入不敷出，不得已于2005年11月关闭，上饶市大量污水未经处理直排信江。

4. 现有的污水处理设备不能正常运转。许多企业虽然建有污水处理厂，也只是在检查组来的时候才开启设备，原因是设备运转费用过高，加大了企业的经营成本，降低了企业的利润空间。

城市污水管网不配套。2004年3月下旬，全国人大环境与资源保护委员会淮河流域检查组到阜阳市污水处理厂进行检查。检查组离开后污水处理厂就停止了运转，直到被媒体曝光才恢复。即使设备满负荷运转，这个拥有10万吨日处理能力的污水处理厂也只能处理3万吨污水，近2亿元的投资就这样白白地闲着。不能满负荷运转的原因是配套的管网没有建成，因为管网的建设资金几乎等同于污水处理厂，动辄几亿元的管网建设资金成为建设污水处理厂的巨大障碍。

5. 东部地区在产业结构调整、升级的过程中，将一些落后的生产技术、工艺和污染性行业转移到中部和西部地区，形成了工业污染的西迁。并且伴随着东部生活水平的提高和环保意识的加强，这种污染转移正在加快。

6. 中部地区的煤炭、有色金属、黑色金属等资源占据很大优势，在长期的资源开采过程中，造成了大气、水、固体废弃物等环境污染。根据中国矿业年鉴统计，中部地区共有122个矿业城市（镇），其中属于中年期的92个，老年期的14个，幼年期的仅为15个。山西、湖南、江西某些地区由于能源、原材料等重化学工业所占比重大，能源消费结构又以煤炭为主，再加上自然条件和经济技术条件的限制，沿河流域建有不少对水环境污染严重的企业，一些个体小矿山无视法律法规，片面追求经济效益，乱采滥挖现象十分严重。有的甚至将污物直接排入河道，随水逐流，造成水体水质的严重污染，河床抬高，农田灌溉此类污水而造成土壤板结，局部地区已出现明显的生态破坏特征。

三、中部地区水环境预测

根据中部各省近年来的第二产业 GDP 值和工业废水排放量计算亿元工业产值排污系数（不考虑污水治理和废水处理），来估算 2010 年和 2020 年中部各省的工业废水排放量；同时根据各省近年来的年生活废水排放量和各省相应的人口总数计算各省近年来的年人均废水排放量，以此初步推测 2010 年和 2020 年中部各省的生活废水排放量，结果如表 2-18 所示。

表 2-18　　　　　　　中部各省近、中期废水排放预测

废水排放量（亿吨）			中部省份					
			湖南	湖北	江西	安徽	河南	山西
现有年份	2004 年	工业废水	12.31	9.75	5.50	6.41	11.70	3.14
		生活废水	12.69	13.52	6.51	8.43	13.30	6.23
		废水总量	25.00	23.27	12.01	14.84	25.00	9.37
预测年份	2010 年	工业废水	18.32	13.80	7.99	9.98	16.98	5.02
		生活废水	15.94	14.88	7.58	11.05	16.33	6.80
		废水总量	34.26	28.68	15.57	21.03	33.31	11.82
	2020 年	工业废水	28.48	20.06	14.75	16.43	27.73	8.46
		生活废水	22.55	17.57	10.20	15.18	21.00	7.81
		废水总量	51.03	37.63	24.95	31.61	48.73	16.27

根据预测结果，湖南、安徽和河南三省生活废水排放量大量增加，至 2010 年湖南、湖北、安徽、河南这四个省份的生活污水排放量较高，至 2020 年除山西、湖北两省以外，其余四省的生活废水排放量翻了将近一番。可见，中部地区目前的生活废水处理能力仍然过低，远不能满足水环境保护的基本需求，需要在满足居民生活条件不断提高的前提下，大力加强城镇污水处理能力，完善城市污水管网。此外，中部地区 2010 年和 2020 年的工业废水预测结果与现状年比较增长速度较生活废水更快，显示中部地区的产业结构仍有较大的调整空间，同时还需改进工业技术，提高工业用水重复利用率，从源头上减少工业废水排放量。

四、水环境治理的建议

水环境治理并非一朝一夕能够完成的工程。英国花了 40 年的时间，投入 300 亿英镑才将泰晤士河变清。这应该是一项系统工程，需要长时间不间断的有效环保措施和管理。

要治理中部地区的水环境污染，主要措施为：

1. 坚持科学发展观，正确处理经济发展和环境保护之间的关系。在中央"中部崛起"的发展战略指导下，中部地区面临前所未有的发展机遇，在引进发达地区的资金和项目的同时，一定要慎重，不要引进资源消耗大、环境污染重、效率不高的项目，不要引进淘汰的工艺和设备。要通过建立现代化的大型企业，促进经济发展，保持良好的生态环境。对中部各省省内污染较严重的造纸、冶金、制革、采矿、化工等企业，应使其尽快建设污水处理设施；对于没有能力治污或承担不起治污费用的企业，可以通过产业结构的调整，使其关、停、并、转；对已经关闭的"15 小"企业，要加强检查监督，防止死灰复燃；对已实现达标排放但污水排放量大的企业，限制其扩大生产规模，不得再继续盲目发展，避免增加污染负荷。

2. 对排污企业开征污染税。从当前来看，要完全杜绝污染是不现实的，也是不可能的。因此，应对主要江河的排污总量进行控制，规定每个企业的最大排污量，同时，还要对排污企业征收污染税，合理科学地制定污染税税率。虽然目前也对排污企业征收排污费，但从征收效果上看，收费是按等同的单位定额征收，虽然污染量多的应多缴费，但对排污严重者未能体现一定的惩罚因素，而税收可以通过法律形式规定差别税额，对排污严重者从重征税，因而能更有效地发挥控制污染的作用。

3. 加大环保执法的力度，解决"守法成本高、违法成本低"的问题。加大环保执法的力度，是治污的关键。环境保护部门要严格贯彻执行《中华人民共和国水污染防治法》和《条例》的有关规定，对于违反法律和《条例》的企业要严格按照法律和条例的规定处理。环保部门除了例行检查之外，还可以进行突击检查，如果发现企业在超标排污或者有治污设备，而没有正常运转的，要加大处罚力度，所罚金额要超过企业治污所需的费用。

4. 多方筹集资金，加快城市污水处理设施的建设步伐。由于城市生活污水是中部地区各主要水体污染的一个非常重要的因素，而各省的城市生活污水处理也都处于较低的水平。因此要加快步伐，在沿河、沿湖的大中城市及较大的镇建设城镇污水处理厂，可以集中处理城镇生活污水及中、小企业产生的污水。同时还要加快城市污水管网的配套建设，做到污水能集中处理。对于所需资金，可以通过政府、商业银行和民间资金，甚至国债资金，积极寻求多方渠道，鼓励有条件的私有企业和国外公司参与城市污水处理。

5. 各级政府重视城镇和工业区的规划。努力优化乡镇企业布局，适当集中，建设工业开发区和加工区，发展小城镇和小城市，并采取总量控制方法严格限制重点污染源的污染物排放量，有利于污染的控制和改善。

6. 加强对排污企业的动态监控。对于污染企业，特别是重点污染企业，可安装在线监控设施，用现代化的监控手段来监督企业的排污行为。对排污企业负责人实行责任追究制。对于超标排污以及偷排污水，给工农业生产或居民生活造成巨大损失和重大影响的，要实行责任追究制。对于监督不力的环保部门和排污企业主要领导要追究其行政责任，情节严重的要追究其法律责任。目前，我国还很少有人因为环境污染被追究法律责任，我国新刑法规定严重排污涉嫌犯罪的将被判处3~7年的徒刑。

7. 企业应尽快建立和健全环保机构，建立工业污染控制和管理体系。特别是大中型企业内部环保机构的建设，将企业的环境管理指标纳入企业日常管理的工作中去。对企业实行以总量控制为主的地方排放标准，严格执行排污申报、登记和排污许可证等制度，使环境管理由定性管理走向定量管理。同时在企业内部建立独立的监督部门，根据不同环节的污水排放控制标准，落实监督责任人并承担相应环节的监督责任，并合理制定监督职责与超量排放的奖惩措施，从内部严格控制企业的污水排放量。

第三节 循环经济园区发展的技术经济分析[①]

建设资源节约、环境友好型社会，必须大力发展循环经济。循环经济把自然资源和生态环境作为一种公共财富进行管理，并纳入市场运行机制中，是一种经济与环境和谐相处的发展模式。从技术层面上讲，循环经济

---

① 撰稿人：胡振鹏，江西省人民政府/南昌大学中国中部经济发展研究中心；汪勤峰，江西省委党校；张孝锋，江西省委党校。

作为一种新型生产方式,把经济活动组织成一个"资源—产品—再生资源"的反馈式流程,以低开采、高利用、低排放为特征,使物质和能量在不断循环中得到合理和持续利用,尽可能降低经济活动对生态环境的不利影响。按循环范围区分,循环经济可分为三类:"小循环"停留在企业的生产层面;"中循环"在工业园区或区域的企业之间进行;"大循环"则推进到社会层面,包含了消费环节。三个层面共同作用,统筹企业生产、商品消费、区域发展和城乡建设,达到人与自然和谐发展的目的。本节探索循环经济园区发展的机理。

一、星火工业园区的循环经济

(一) 基本概况

星火工业园是以星火有机硅厂为依托、以开发有机硅产品为主的工业园区,位于江西省永修县境内,南距南昌市50公里,北抵九江80公里,地理位置优越。如图2-24所示,园区东靠京九铁路,西傍昌九高速公路,南临修河,第一期开发工业用地400公顷。星火有机硅厂是我国有机硅行业最大的生产企业,从1979年开始进入有机硅领域,依靠国内科研机构和该厂技术人员20多年不懈的自主创新,从年产有机硅单体600吨发展到现在10万吨的生产能力,另一条10万吨的生产线2006年底正式投产,企业跻身于有机硅行业世界五强之列。

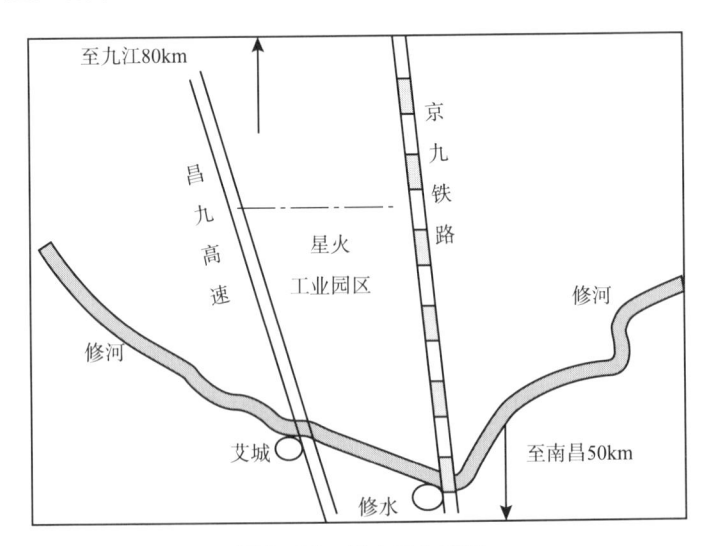

图2-24 星火工业园区

有机硅是一种新型的高科技材料,由于其直接用量不大但用途广泛被称为"工业味精",已经从作为航空、尖端技术、军事技术部门的特种材料发展到广泛应用于建筑、电子电气、纺织、汽车、机械、皮革造纸、化工轻工、金属和油漆、医药医疗等各领域。有机硅生产过程复杂,产品成分丰富。有机硅单体主要包括:二甲基三氯硅烷、二甲基二氯硅烷、三甲基氯硅烷、甲基氢二氯硅烷、苯基氯硅烷、丙基氯硅烷、乙烯基氯硅烷和甲基三氯硅烷等。其中二甲基氯硅烷(简称二甲)为主要产品,占80%。在合成和分流过程中,除单体外,还会生成共沸物、高沸物、低沸物、浆渣等废料。作为一个化工企业,星火有机硅厂十分重视环境保护,共投资2 000多万元建立了污水处理能力为200立方米/小时的污水处理装置、烟气脱硫和固体废物集中处理设施,对排放到大气和水体中的粉尘、SO_2、COD和氨氮等污染物在线监测、严格控制。在原来10万吨生产能力的条件下,各项环境要素均能达到环境质量标准。

随着新的10万吨生产线投产,现有的废弃物处理设施难以满足以后的环境保护要求。有些废弃物易燃、易爆、有毒,容易与水发生反应释放有害气体。另外,某些市场需求量不大的副产品如甲基三氯硅烷等直接堆积、掩埋,环境危害和安全生产隐患影响较大,若不妥善解决,将会制约有机硅产业的发展。

(二)打造循环工业园区,发展绿色化工

江西星火有机硅厂和永修县政府高度重视资源充分利用和生态环境保护,充分利用生产中的废弃物发展循环经济。2000年联合创建了星火工业园区,园区在星火有机硅厂原有设施的基础上,新建或改建了道路、变电站、工业用水装置、循环水装置、污水处理厂等基础设施和相应的配套设施。星火工业园以资源再利用为核心理念,引进、创建了一大批企业,把有机硅单体生产的废弃物和副产品加工成有市场需求、科技含量高的产品,初步形成了以星火有机硅厂为核心的有机硅单体深加工和废弃物再利用的循环经济产业网。

图2-25简要地标示出园区主要企业及相应产品的相互关系,图中方框表示企业,方框前的椭圆框表示原料,方框后的椭圆框表示产品;左边以主产品深加工为主,右边以废弃物再利用为主。

甲基三氯硅烷(简称一甲)是有机硅单体的副产品之一,沸点低、毒性重、腐蚀性强,遇水会释放有害气体,由于国内市场容量较小,长期

堆放在仓库中容易爆炸；新的10万吨有机硅单体生产装置建成后，产量将达到16 000~20 000吨/年。为此，引进世界500强企业美国卡博特公司的先进技术用一甲生产纳米级气相法二氧化硅（气相白炭黑），组建了卡博特蓝星化工（江西）公司，年处一甲12 000万吨，预计年销售收入3亿元，年利税8 000万元；江西星火化工厂、江西嘉懿新材料有限公司利用一甲生产交联剂，一甲用量分别达到600吨/年；另外，一甲也是江西星火狮达科技有限公司主要产品防水剂的原料之一，使用量达到500吨/年。这些企业的入园，既解决了江西星火有机硅厂副产物的出路问题，又实现了原材料的就近供给，创造了可观的效益，实现了"双赢"。

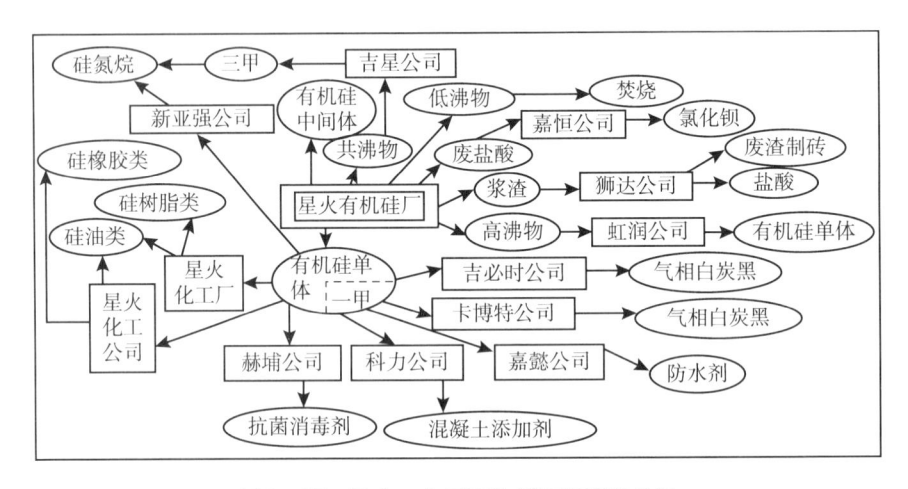

图2-25 星火工业园区的循环经济产业网

过去，星火厂的高沸物是花钱请相关公司水解处理，处理费500元/吨。由于水解处理工艺简单，只能回收部分盐酸，处理过程中大量的有害气体和废渣无组织排放，给环境造成一定污染。2003年，江西虹润化工有限公司入园，采用先进的歧化裂解工艺，将高沸物裂解为含一甲、二甲和含氢单体的粗单体，年处理能力5 000吨，粗单体的回收率为60%，年产值达700万元。公司正在投资建设分流装置，将粗单体进一步加工成一甲、二甲和含氢单体，产值将大大提高。另外还投入10万元建设了两套尾气水吸收装置，回收尾气中的氯化氢气体制成盐酸，既保护了环境，又产生了经济效益。废物变成了原料，虹润公司使用高沸物每吨付费50元，给星火有机硅厂带来了550元/吨的效益。

共沸物处理运用醇解反应，生成$S_i(OC_2H_5)$和三甲基氯硅烷（三甲），在共沸物醇解反应中，尾气含有氯化氢气体和三甲。以前，采用简单吸收后排放的方式处理，一些有机气体无组织排放，对大气环境质量有所影响。三甲是园内江西吉星公司生产硅氮烷的原材料，公司年消耗三甲1 000吨，生产硅氮烷500吨/年，年产值2 000万元。2002年，投资35万元建设了全密封钢化玻璃水吸收装置，尾气中氯化氢和三甲的回收率大大提高，其中三甲回收36吨/年制成MM（六甲基二硅氧烷，有机硅封头剂）20吨/年，此项年收入70万元，在废气达标排放、减少污染的同时，产生了经济效益。

江西星火狮达公司是处理浆渣的企业，年处理量3 600吨，该公司用水解吸收的方法，回收浆渣中的氯化氢制成盐酸，剩下的废渣出售给砖瓦厂用于制砖。

武汉嘉恒化工九江分公司是一家生产氯化钡的企业，消化了江西星火有机硅厂、狮达、虹润和嘉懿公司的大部分废盐酸（浓度较低）；同时，该公司的产品氯化钡又是星火厂离子膜烧碱装置必备的辅助材料。

低沸物处理主要用密封焚烧的方法，并将焚烧过程中产生的热量加以利用。目前，园区正在与一家公司洽谈低沸物处理项目，项目落户后，低沸物中的单体也将得到回收。

在能量利用方面，有机硅单体和烧碱装置所需蒸汽由配套的热电站供应，目前，星火有机硅厂有35吨/小时锅炉4台，因锅炉产生的蒸汽温度高达400℃，不能直接用于生产。该厂投资建设600千瓦时发电机组两台，高温蒸汽发电后降温，再用于生产。目前，热电联产装置发电量每小时700千瓦时，产生净效益968万元/年，部分低压蒸汽还可以向园区内其他企业集中供气，年收入250万元。热电联产装置产生煤灰每天约80吨，全部用于制砖，销售煤灰收入173万元/年。

（三）循环经济建设效果

目前星火工业园已呈现出循环经济园区的雏形，产业聚集效应开始显现。园区内上游企业的废物成为下游企业的原料；市场需求不旺的产品，经过深加工成为高科技出口创汇产品。由于大量废弃物得到再利用，当有机硅单体生产能力达到20万吨时，利用现有污染物处理设施可以满足环境质量要求，社会、经济和生态环境效益十分明显。

二、循环经济园区的生产组织形式和技术经济特征

（一）循环经济园区的生产组织形式

从生产环节分析，发展循环经济存在两种组织形式，一是生产主产品企业实行纵向一体化生产，在企业内部发展循环经济；另一种是企业致力于产品的发展，其废弃物的加工利用则借助其他企业来完成，由此形成循环经济园区。形成两种生产组织形式的影响因素包括：

1. 主产品原料的稀缺程度。如果主产品原材料（初始资源）宝贵，生产主产品企业具有较强研究开发能力，资金充足，一般选择在企业内部发展循环经济。如果主产品原材料丰富，则形成循环经济园区。有机硅的主要原料为氧化硅和盐酸，量大易得。星火有机硅厂致力于扩大企业规模，使有机硅产品在国际市场具有较强的竞争力，借助其他企业进行废弃物再利用。

2. 主产品生产过程中废弃物多少以及废弃物为原料的产品的市场需求量。如铜冶炼过程的废弃物中含有铋、铅粉等重金属和硒、碲、铼等稀有金属，市场需求旺盛，往往在企业内部发展循环经济；星火有机硅的废弃物化学成分复杂，有些循环经济产品市场容量有限，需要加工成不同产品，关键技术差异较大，应建立循环经济园区，吸引其他企业来开发利用。

3. 技术因素。如果主产品生产企业没有掌握废弃物加工成循环经济产品的技术，或者主产业与废弃物利用的产业关联度小，主产品生产企业不愿意研究开发废弃物加工技术，往往利用别的企业开发循环经济产品。例如，发电厂的粉煤灰往往加工成不同建筑构件来满足市场需求，与发电的关联度较小，大多转让给其他企业加工利用。

循环经济园区需要一个以上的大型骨干企业，其废弃物、副产品数量充分，足以支撑其他产业链的成长和发展。产业链的延伸一般包括两种形式：①一个企业利用上游企业一种废弃物，专业化生产一种产品，如案例中虹润公司利用有机硅单体生产的废弃物——高沸物，通过裂解生产有机硅单体等；②受市场需求的制约，若干企业利用一种废弃物生产不同产品，如案例中卡博特蓝星化工（江西）公司和吉必时公司都利用"一甲"生产气相白炭黑，嘉懿新材料公司利用一甲生产防水剂等。

(二) 循环经济园区的技术经济特征

循环经济园区是一种先进的生产组织形式，以产业集群为载体、物质循环利用为目标，同时兼顾循环经济和产业集群的长处：

1. 循环经济园区一般以一个或几个大型企业为骨干，一批企业以骨干企业的废弃物、副产品或边角料为原料，形成新的产业链；其他企业又进一步利用这些企业的废弃物或主、副产品进行深加工，不断延伸产业链，逐步形成产业网。上游企业的废弃物成为下游企业的原材料，将污染物尽可能在园区内转变为有市场需求的商品，节省自然资源，减少环境污染。

2. 园区内的企业通过生产、销售、研发甚至财务等方面的分工，获得专业化的好处；同时分享基础设施、大型设备、公共服务和知识信息交流的利益；为了降低交易费用、彼此交换资源、降低各种风险、增强企业的学习能力和竞争能力等，企业间形成密切的共生互补关系；通过充分分工和广泛合作，寻求共同利益的最大化。由此提高了园区的整体生产技术水平，显现产业集群的效应。

3. 节省土地和水等自然资源，充分发挥基础设施、市场拓展、机械设备、原料集中供应与配套服务以及公共服务等方面的规模效益。

(三) 产业转移条件

设企业生产主产品 A，产生废弃物 C，其关系表示为 $f(\cdot) = \{A, C\}$。主产品生产工艺过程确定了废弃 C 物数量 y 与主产品数量 x 的比例关系：$y = \phi(x)$。设把废弃物加工为产品 B 的生产函数为：

$$g_y = ky = k(\phi x)^\alpha \qquad (2-4)$$

式中，g_y 表示产品 B 的数量；$0 < \alpha < 1$ 表示生产要素产出指数；$k = k_1 \cdot k_2 \cdot k_3 \cdot k_4$ 为产量系数，表示科技进步、管理水平、企业文化理念以及法制、政策环境因素等对生产量的影响，k_i 代表其中某一因素，如果这一因素不可行，则 $k_i = 0$（比如技术不成熟，$k_1 = 0$）。$dg_y/dy > 0$，$d^2g_y/dy^2 < 0$。如果产品 B 的市场价格为 p_y，生产单位产品 B 的费用函数为 c_y，生产要素及其他原材料、设备、人力资源等费用都包含在 c_y 之中。

循环经济追求更大的经济效益、更少的资源消耗、更低的环境污染和更多的劳动力就业。继续利用生产函数式 (2-4)，把废弃物加工成产品的生产模型为：

$$\max[p_y ky^\alpha - c_y y] \qquad (2-5)$$
$$\text{S. t. } y \leq \phi x \qquad (2-6)$$
$$ky^\alpha \leq Y \qquad (2-7)$$

式 (2-6) 表示加工利用的废弃物不超过废弃物总量 ϕx（企业生产能力确定后，x 为固定值），式 (2-7) 表示生产的产品 B 不超过市场需求总量 Y。构造拉格朗日函数，应用库恩－塔克条件，当 $\lambda_1 = 0$，$\lambda_2 = 0$ 时，可得最优解：

$$y^* = (c_y p_y \alpha k)^{1/(\alpha-1)} \qquad (2-8)$$

净效益为：

$$F = (1 - \alpha/\alpha)(p_y k \alpha / c_y^\alpha)^{1/(1-\alpha)} \qquad (2-9)$$

如果散布在循环经济园区外的专业化利用废弃物的企业有意向转移到园区内，设企业保持已有的技术水平，即 d 值不改变，产量系数由区外的 k^0 变为 k、成本系数由 c_y^0 变为 c_y，根据式 (2-9) 可以推导出：

当 $\alpha < 1$，$k/(c_y)^\alpha > k^0/(c_y^0)^\alpha$ 时

就有：

$$F = (1 - \alpha/\alpha)(p_y k \alpha (c_y)^\alpha)^{1/(1-\alpha)} > F^0$$
$$= (1 - \alpha/\alpha)(p_y k^0 \alpha (c^0 y)^\alpha)^{1/(1-\alpha)} \qquad (2-10)$$

即如果满足式 (2-10)，产业转移使企业的净效益增加。这是以大型企业为骨干形成的产业集群中，产业在区域间转移的条件。在循环经济园区内，既发挥了专业化生产的优势，又实现了产业集聚效应。骨干企业产生的废弃物，本来要耗费一定费用进行治理，实现循环经济后，其他企业付费购买作为生产原料，增加了骨干企业的收益。由于靠近原料产地，交易费用减少；基础设施、公共服务和知识信息得到共享；同类产业集聚强化了区域的产业形象，扩大了市场影响；在这些因素的综合作用下，能够使产量系数由区外的 k^0 增大为 k，成本系数 c_y^0 减小到 c_y。如果式 (2-10) 对所有企业都成立，循环经济园区的集聚效应就得以显现。

第七章 中部地区生态城市发展研究

第一节 江西省城市化进程中的资源消耗效应时空分析[①]

一、引言

随着世界城市化进程的快速推进,城市化所引发的资源消耗与利用问题当前正成为学术界关注的焦点问题。城市化进程中的水资源短缺、能源消耗过度、城市非农用地无序扩张以及森林被滥伐等问题成为国外研究的热点。如 Mcmichael 指出城市化将以一种重要的形式危害人类的生存环境和健康,城市的扩张、工业的增长及其人口的增加,给当地水资源带来许多压力;Swatuk 研究揭示快速的城市化进程已使得南非博茨瓦纳地区水资源出现严重短缺,并成为影响其社会经济发展最重要的限制性因素;York 等通过 STIRPAT 模型发现城市化是导致世界能源消费变化的关键因素之一;Ehrhardt-Martinez 等则通过计量经济学方法定量证实了城市化是导致 Amozon 地区森林过度砍伐的重要原因。中国现有 300 多个城市不同程度缺水,其中严重缺水的有 108 个,因此,城市化进程中城市缺水问题备受重视。如周海丽等(2003)通过回归模型发现深圳的城市化对其水质量有显著影响;方创琳等则指出水资源约束对河西走廊的城市化产生阈值。由于中国正处于城市化的大规模发展时期,城市化进程中的城市空间无序扩张也尤其受到关注。如章波等揭示快速城市化是长江三角洲土地利用变化的主要因素之一;刘坚等进一步证实了江苏省城市化与土地利用程度的关系。国内类似的研究工作已不少见,并且从国家和区域层面来探求城市化导致的关键资源要素效应正成为国内研究的前沿和热点,但更多的

[①] 撰稿人:刘耀彬,南昌大学中国中部经济发展研究中心。

研究依然建立在定性的推理之上，并且研究的区域主要集中在大都市和生态脆弱区。因此，本章拟以经济欠发达的江西省为例，在对其城市化进程中的资源消耗特征分析的基础上，采用计量经济学方法，从时空两个维度对城市化作用下的资源消耗效应进行定量分析，期望找出其中的一些规律，以便于对该省城市建设与资源合理开发利用提供政策建议。

二、江西省城市化进程中的资源消耗特征

（一）江西省城市化进程中资源消耗的时序变化特征

城市人口的逐步增加，农村人口的逐步减少，城市化水平逐步提高，是发展中国家或地区城市化进程中的一个普遍规律和趋势。改革开放以来，江西省城市化水平稳步增长；20世纪90年代城市经济体制改革以后，城市化进程加速，特别是2001年以后，在"加速推进工业化、城市化"的发展战略指引下，江西省城市化进程明显加快，至2005年底，该省城市化水平达37.1%，尽管低于全国的平均水平（43%），但其年平均增长约1.67个百分点，快于全国同期的年平均增长率（0.975个百分点），表明该省已经进入城市化的快速发展阶段（见图2-26）。

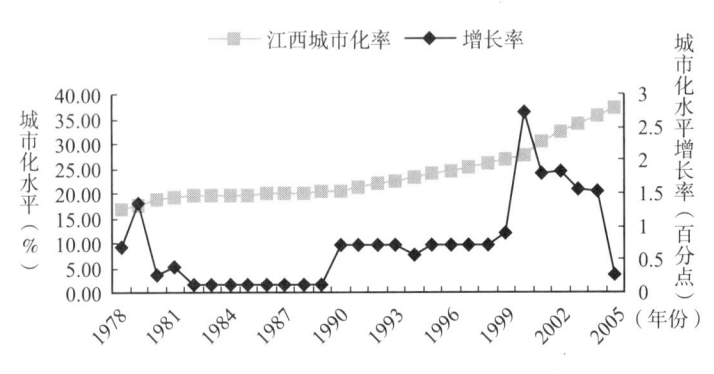

图2-26 江西省城市化水平及其增长率变化

伴随着工业化和城市化进程的快速推进，能源消耗加大、用水量递增和耕地被挤占将是江西省发展中面临的主要资源消耗问题。考虑到指标的可获得性和代表性，选取市镇人口占总人口比重（%）作为城市化指标（X）；分别选取能源消费总量（万吨标准煤）、总用水量（亿立方米）和耕地面积（平方公里）作为资源消耗的指示性指标。为使研究具有可比

性，分别以这些资源消耗的人均值作为变量进行分析，即人均能源消费量（Y_1）、人均用水量（Y_2）和人均耕地面积（Y_3）。通过分析发现，在江西省城市化进程中的人均能源、人均用水和人均耕地均呈现出不同变化特征（见图2-27~图2-29）：（1）人均能源消费呈现持续上升的增长趋势，且年度增长相对稳定。2005年，江西省人均能源消费量达到了0.99吨/人，低于全国城市化率相同时期的人均能源消费水平（1.122吨/人），不仅如此，在1978~2005年间该省的人均能源消费年平均值仅为0.098吨/人，也远小于全国年平均水平，只相当于全国平均值的2/5。可见，江西省城市化进程中的能源消耗压力并不太大，但从其逐渐增加的人均消费量趋势能反映出该省能源消耗效应正在加大。（2）人均用水量总体上呈现下降的趋势，但年度变化极度不稳。2005年，江西省人均用水量达到了482.58立方米/人，高于全国城市化率相同时期的人均用水量（436.22立方米/人）。改革开放28年来，江西省人均用水量一直高于全国水平，但该省人均用水下降速度相比全国更快，反映出该省水资源利用

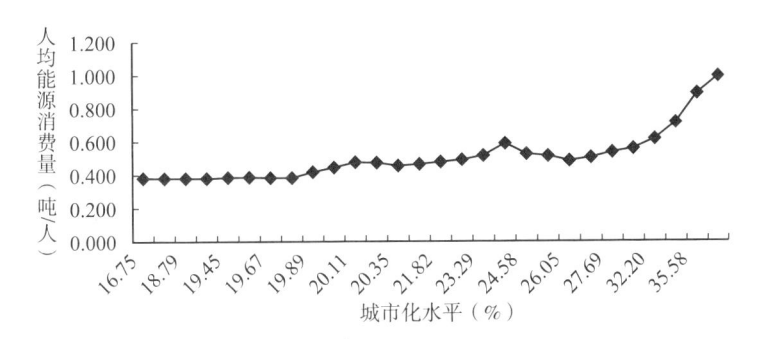

图2-27 江西省城市化进程中的人均能源消费量变化

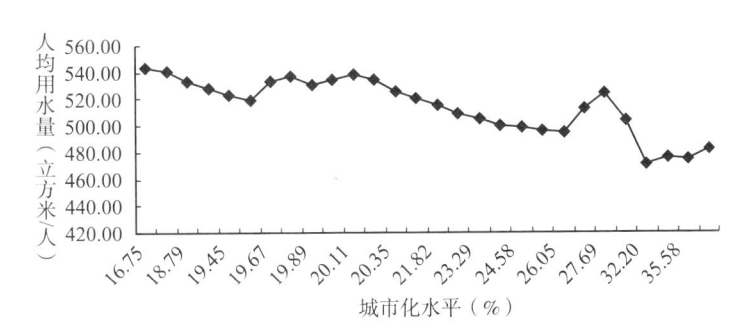

图2-28 江西省城市化进程中的人均用水量变化

效率得到显著提高，水资源的人均消耗效应正在减小。（3）人均耕地面积占用总体呈现出下降的趋势，且除了少数年份人均耕地面积有增长外，其他年份耕地面积下降速度相对稳定。2005年，江西省人均耕地面积达到了486.65平方米/人，只相当于全国城市化率相同时期的1/2。1978~2005年间，江西省人均耕地面积不仅一直低于全国同期水平，而且其年下降速度也快于全国，反映出该省人多地少的背景下，其城市化进程中的土地资源挤占压力正在加大。

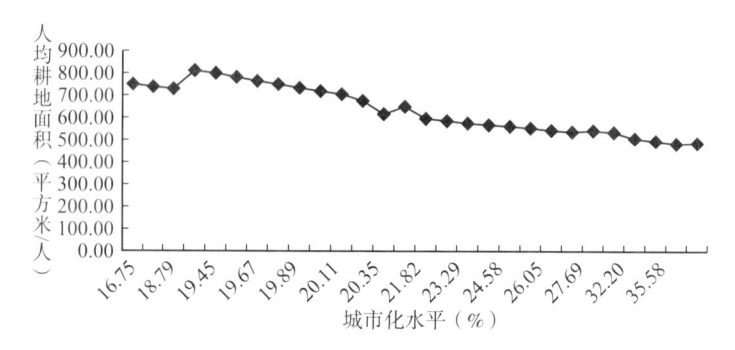

图2-29　江西省城市化进程中的人均耕地面积变化

（二）江西省城市化进程中资源消耗的空间分布特征

从静态的横截面看（见表2-19），2005年江西省城市化水平在空间分布上表现得极不平衡，南北差异明显。大致沿浙赣铁路将江西划为面积基本相同的南北两部分，其中北部人口占62.05%，城市数占71.43%，城市化水平达到34.80%，表明已经进入快速城市化阶段；南部城市化水平只有23.59%，仍然处于的缓慢发展阶段，可见南北地区的城市化发展处于两个不同的发育阶段。从横截面动态变化看，在2000~2005年间北部地区的城市化水平变动幅度略大于南部地区，两者相差只有0.41个百分点，但环鄱阳湖地区的南昌、景德镇、九江、抚州四市增长最快，沿浙赣铁路的宜春、新余二市成为城市化水平增长次快地区，增长最慢属于省际交接地带的上饶和萍乡两市。

与地区城市化水平分布相对照，2005年江西省各个地区人均能源消费量、人均用水量、人均耕地面积与其城市化水平分布具有很大的一致性，人均能源消费量和人均用水量分布都有着沿铁路密集的趋势，而且基

表 2-19　　2000~2005 年江西省城市化进程中人均资源消耗量的空间分布

地区	2005 年				2000~2005 年			
	X (%)	Y_1 (t/人)	Y_2 (m³/人)	Y_3 (m²/人)	ΔX (%)	$ΔY_1$ (t/人)	$ΔY_2$ (m³/人)	$ΔY_3$ (m²/人)
南昌市	48.45	0.91	623.10	465.93	5.89	0.37	41.59	-12.69
景德镇市	41.53	1.93	481.03	359.60	5.33	0.62	-92.45	-64.31
萍乡市	31.20	3.13	400.77	252.66	1.70	1.72	-56.33	-46.48
九江市	27.67	1.99	528.65	447.60	5.19	0.47	73.69	-18.55
新余市	37.05	5.22	634.47	495.26	4.69	2.21	-168.72	-91.92
鹰潭市	30.64	1.57	988.02	511.09	2.64	0.4	-33.81	-52.83
赣州市	21.03	0.08	301.13	358.13	3.10	0.01	-96.86	-77.83
吉安市	23.10	0.38	547.46	694.40	3.73	0.29	-57.16	-92.20
宜春市	27.08	1.05	594.65	623.74	4.48	0.56	35.92	-58.15
抚州市	26.64	0.09	434.03	587.55	5.19	0.03	-157.13	-98.63
上饶市	18.90	0.21	380.54	458.38	0.96	0.13	-63.57	-30.26

资料来源:《江西统计年鉴》、《江西五十年》和《江西省水利公报》。

本以浙赣铁路为线分为南北两个不同资源消耗地区:北部的人均能源与用水量消耗量大,而人均耕地面积少;南部的能源消费和用水量消耗相对较小,而人均耕地面积相对较多。从人均资源消耗分布的动态变化比较看,在 2000~2005 年间江西省人均能源消费和人均用水量变动量的空间分布特征与其城市化水平变动也有类似之处,即北部地区的人均能源消费数增长幅度与人均用水量变动幅度较大,南部相对较小,而人均耕地面积的下降量与城市化变动的分布就不具有一致性。

三、江西省城市化进程中的资源消耗效应时空分析

(一) 江西省城市化进程中资源消耗的时序作用效应

为了探求江西省城市化进程是否导致能源消耗效应,以及资源消耗变化与城市化之间的因果关系方向进行检验,即判断它们孰先孰后的关系,本章采用了格兰杰因果检验法进行分析。格兰杰因果检验的思想是:如果 A 是 B 的原因,则 A 先于 B 出现,在加入 A 滞后项的回归模型中,A 滞后项的系数应该统计显著,并能够提高模型的解释能力,该模型为:

$$Y_t = \sum_{i=1}^{k} \alpha_i Y_{t-i} + \sum_{i=1}^{k} \beta_i X_{t-i} + \mu_t (t = 1, 2, 3, \cdots, T) \quad (2-11)$$

式中，X_t、Y_t 是指标向量；α_i、β_i 为待估系数；μ_i 为白噪声序列。

利用式（2-11），我们分别对 X 与 Y_1、Y_2、Y_3 之间的关系做格兰杰因果分析，具体结果如表 2-20 所示。从表 2-19 可知，在滞后期为 2 时，在 5% 的概率下分别接受了"Y_1 不是 X 的格兰杰原因、Y_2 不是 X 的格兰杰原因和 Y_3 不是 X 的格兰杰原因"的原假设，而拒绝了"X 不是 Y_1 的格兰杰原因、X 不是 Y_2 的格兰杰原因和 X 不是 Y_3 的格兰杰原因"原假设，这从统计的意义上说明在江西省城市化进程推进过程中，城市化水平变化是人均能源消费增长、用水量减少和人均耕地面积减少的格兰杰因果原因，城市化水平变化可以作为它们效应变化的解释变量。

表 2-20　江西省城市化水平与人均资源消耗量之间的 Granger 因果检验结果

因果关系类型	原假设	F 统计量	P 值	结论
X 和 Y_1	X 不是 Y_1 的格兰杰原因	7.47576*	0.00353	X 是 Y_1 的格兰杰原因，而
	Y_1 不是 X 的格兰杰原因	0.52722	0.59785	Y_1 不是 X 的格兰杰原因
X 和 Y_2	X 不是 Y_2 的格兰杰原因	9.24824*	0.00132	X 是 Y_2 的格兰杰原因，而
	Y_2 不是 X 的格兰杰原因	1.80014	0.18986	Y_2 不是 X 的格兰杰原因
X 和 Y_3	X 不是 Y_3 的格兰杰原因	5.54659*	0.01164	X 是 Y_3 的格兰杰原因，而
	Y_3 不是 X 的格兰杰原因	0.98062	0.39161	Y_3 不是 X 的格兰杰原因

注释：* 表示在 0.05 的水平下显著。

为了进一步揭示城市化对能源、用水消耗和耕地占有这种效应的定量规律，在上述分析的基础上，以城市化水平（X）作为解释变量，分别以人均能源消费量（Y_1）、人均用水量（Y_2）和人均耕地面积（Y_3）作为被解释变量，来构建城市化进程中的资源消耗时序作用效应模型。运用 SPSS 软件对城市化与各人均资源消耗量进行回归曲线模拟，经过方程的显著性检验和拟合优度比较，得到系列模型，见表 2-20。从表 2-20 可以看出：（1）城市化水平与人均能源消费之间呈现开口向上的二次曲线形状，并且人均能源消费正处于二次型曲线的右方，表明江西省能源消费随着城市化进程的推进，其时序消耗效应呈现二次曲线的上升规律；（2）城市化水平与人均用水量、人均耕地面积之间也都呈现出开口向上的二次曲线形状，但人均用水量和人均耕地面积正处于二次型曲线的左方，表明随着城市化进程的推进，江西省用水消耗效应呈现二次曲线的下降规律，而耕地面积被占用效应则呈现出二次曲线的上升规律。

表2-21　人均资源消费量与城市化发展水平的时空回归分析结果

方程序号	时序作用效应模型			空间联动效应模型		
	Y_1 Eq.1	Y_2 Eq.2	Y_3 Eq.3	Y_1 Eq.4	Y_2 Eq.5	Y_3 Eq.6
常数项	0.699 (0.225) [3.101]	661.250 (42.672) [15.496]	1807.77 (186.665) [9.685]	-7.526 (1.331) [-5.653]	-358.858 (255.74) [-1.403]	622.571 (53.438) [11.650]
城市化水平一次项	-0.037 (-0.018) [-2.068]	-8.705 (3.355) [-2.594]	-78.821 (14.676) [-5.371]	0.541 (0.092) [5.914]	55.364 (17.585) [3.148]	-4.454 (1.886) [-2.361]
城市化水平平方项	0.001 (0.000) [3.443]	0.101 (0.063) [1.702]	1.175 (0.275) [4.275]	-0.008 (0.001) [-5.208]	-0.774 (0.286) [-2.710]	
R^2	0.879	0.898	0.923	0.673	0.462	0.272
F	99.282	51.929	73.302	28.573	9.339	5.576
S.E	0.05147	9.748	42.641	0.80734	155.105	120.616
D.W.	1.512	1.942	1.461	1.586	1.734	1.702

注释：（）里面为标准误差，[ ]为t统计量。

（二）江西省城市化进程中资源消耗的空间联动效应

以上定性分析发现，江西省人均资源消耗的空间分布与其城市化水平分布有着很大的一致性，为了对城市化的这种空间联动效应规律做进一步总结，我们也进行回归模拟。因为一年的数据不足以反映出其中的统计规律，在定量分析之前，有必要建立用于空间分析的面板数据。考虑到资料的可获取性，我们选取2000~2005年的数据建立了面板数据，利用同样的分析思路与步骤对江西省城市化与人均资源消耗的空间联动关系进行建模，其结果也表述在表2-21中。从表2-21可以看出：与城市化和人均资源消耗的时序作用效应相比较，江西省城市化空间进程对其人均能源消费、人均用水量的消耗和人均耕地面积占用的解释能力小得多，并且三个资源消耗变量与城市化之间也呈现出与时序作用效应不同的联动关系，即除了人均耕地面积与空间城市化发展之间呈现向下倾斜的直线形状外，人均能源消费量、人均耕地面积与空间城市化发展之间都呈现出较为完整的开口向下的倒"U"形曲线形状，表明江西省城市化与人均资源消耗的空间联动关系并非具有一致性，但总体而言，随着该省空间城市化进程的推进，人均耕地被占用趋势依然加大，但人均能源消费和人均用水量则呈现出先上升后下降的空间联动规律。

四、结 论

以江西省为例，选取能源消费总量、总用水量和耕地面积作为资源消耗的指示性指标，对其城市化进程中的资源消耗时空特征进行分析的基础上；采用计量经济学的方法，从时空两个维度对效应进行定量分析，研究得到如下结论：

1. 从时间纵向看，随着江西省城市化进程的推进，能源消耗加大、用水量递增和耕地被挤占是该省资源消耗的普遍问题，但人均能源消费、人均用水和耕地面积三个指示性指标表现得并不一致。总体而言，随着城市化水平提高，人均能源消费呈现持续上升的增长趋势，且年度增长相对稳定；而人均用水量和人均耕地面积总体上呈现下降的趋势，但人均用水量年度变化极度不稳。从空间比较看，江西省城市化水平与人均资源消耗的空间分布基本是北高南低，有着沿铁路聚集分布的趋势，但各个资源要素消耗的空间对应关系并不一致。

2. 格兰杰因果分析发现，自改革开放以来，江西省城市化水平变化是人均能源消费量、人均用水量和人均耕地面积变化的格兰杰因果原因，而三者不是城市化水平变化的格兰杰因果原因。进一步时序作用效应的回归分析揭示，城市化水平与人均能源消费、人均用水和人均耕地之间都呈现出开口向上的二次曲线形状，但人均能源消费处于二次型曲线的右方，人均用水量和人均耕地面积则处于二次型曲线的左方，表明随着城市化进程的推进，江西省能源消耗和耕地被占用的时序效应正在加大，而用水量的消耗效应正在减小。进一步空间联动效应的回归模拟表明：江西省城市化与人均资源消耗的空间联动关系并非具有一致性，但总体而言，随着该省空间城市化进程的推进，人均耕地被占用趋势依然在加大，但人均能源消费和人均用水量则表现出先上升后下降的空间联动规律。

第二节 关于建设环鄱阳湖生态城市群的设想[①]

"十五"期间，江西省委多次提出通过加快城市化进程，促进中心城市聚集，逐步发展、形成城市群的设想。在"十一五"规划中，江西省

---

① 撰稿人：王志国，江西省人民政府发展研究中心/南昌大学中国中部经济发展研究中心。

即明确提出了建设环鄱阳湖、赣中南、赣西三大城市群的发展目标。

一、城市群是工业化、城市化进程中一个重要的发展趋势

城市群是领导区域经济发展，迅速推进本区域工业化、城市化进程的火车头，是当前各国工业化、城市化进程中的一个较为普遍的发展趋势。城市群的核心特征是，以若干大城市或特大城市为核心，周边连接一批中小城市，在空间上形成一个城市密度高、人口规模大、产业实力强、经济联系密切、发展水平与周边地区有明显界线的城市体系。城市群的发展具有内在、共生、互动、共赢的特点。

从工业化先行国家的城市化进程看，20 世纪 50 年代前后，在北美、欧洲率先发展起来了一批巨大的城市群：美国东北部大西洋沿岸以波士顿—纽约—华盛顿为轴线的城市群；五大湖地区以蒙特利尔—底特律—芝加哥为轴线的城市群；英国以伦敦—伯明翰—利物浦为轴线的城市群；欧洲西北部以阿姆斯特丹—科隆—布鲁塞尔为轴线的城市群。此外，日本在东京—名古屋—大阪一带也形成了巨大的城市群。

从中国城市化进程来看，改革开放使东部沿海地区经济得到快速发展，城市化水平迅速提高。21 世纪前后，在东部沿海地区初步形成了三大城市群：以上海—南京—杭州为轴心的长江三角洲城市群；以广州—香港—澳门为轴心的珠江三角洲城市群；以北京—天津—唐山为轴心的京津唐城市群。其他中心城市及周边地区也在逐步形成一些密度和级别相对较低的城市群。

二、江西城市群发展思路经历了逐步深化、明晰的演变过程

江西省经济区和城市群的发展思路主要以区域经济分工和生产力布局为表现形式。"七五"时期将全省划分为北、中、南三大经济区；"八五"、"九五"时期重点强调京九沿线和浙赣沿线产业发展，其中"九五"时期提出环鄱阳湖经济带、长江经济带和把京九经济带建成 21 世纪经济发展脊梁的设想；"十五"时期提出加速区域经济整合，逐步形成赣北东、赣中南、赣西三大经济区，强调南昌市的中心地位，发展九江、赣州两大省域次中心城市；"十一五"在"十五"规划基础上，提出建设环鄱阳湖（昌九景鹰饶）、赣中南（赣吉抚）、赣西（新宜萍）三大城市群的设想。

从上述各时期生产力布局和区域经济分工变化趋势可以看出江西省城

市体系的发展经历了从"大十字"布局到三大区域并列，从区域经济发展到城市群发展的变化，城市群的发展思路逐步深化明晰。但是也存在以下问题：

1. 城市群的发展重点不够突出。"十五"期间，全省城市化进程全面加速，各区市城市发展很快，形成了你追我赶的竞争局面。但同时，发展水平相对突出的省会中心城市的带动作用并不明显，也没有形成具体的城市群发展目标。"十一五"规划明确提出3个城市群，一定程度上是以城市群替代经济区的提法，但从城市群发展特性的角度看，城市群数量过多，重点仍不够突出。

2. 城市群的推介力度较弱。对外宣传上没有明确的城市群概念，江西省有没有城市群的发展设想，城市群的重点在哪里，外界并不很清楚，这也是前不久中央《关于促进中部崛起的若干意见》中没有列出江西重点城市群的原因之一。

3. 城市群的范围过于强调全覆盖。无论是经济区还是城市群的划分，都强调了对全省各地区、各城市的全覆盖。从规划角度，有它的必要性，但如果把一些从地域和产业经济联系上目前相对还不够紧密的城市划为一个城市群，则显得比较勉强。

三、将环鄱阳湖生态城市群作为今后江西城市体系发展的战略重点

今后一个时期内，全省工业化、城市化进程将进一步发展，城市群发展也将成为城市化进程的一个亮点，并对全省乃至跨省区域的城市化起引领作用。在江西各个区域经济板块，或有可能形成城市群的若干雏形里，环鄱阳湖生态城市群是最能担当此重任的地区。

（一）环鄱阳湖经济区具有成长为优势城市群的基本条件

1. 基础设施最完善。环鄱阳湖四大区域中心城市南昌、九江、景德镇和鹰潭，两两相距150公里左右，具有本省最完备的铁、公、水、航空综合交通体系。一旦已开工的景鹰高速公路和即将开工的九景衢铁路建成，将最终形成环鄱阳湖高速公路环和铁路环，这是现代城市群发展的最重要的交通条件。

2. 经济发展水平最高。环鄱阳湖地区是全省率先进入人均年收入1 000美元的区域，具有加快工业化、城市化进程的综合经济实力。2005

年环鄱阳湖地区人均GDP 14 866元,是全省人均GDP 9 439元的1.57倍。

3. 工业基础最好。四市几乎集中了全省工业的全部精华,其中汽车、机械、电子、冶金、化工、医药、纺织工业的骨干企业、产品产量70%~95%集中在这一地区。

4. 科技实力最强。这一地区科技人员占全省的70%左右,高校在校学生占76%。

5. 城市化水平最高。四市城市化率平均为42.9%,比全省城市化率37%高5.9个百分点。

6. 经济联系最为密切。四市产业分工明确,产业链互有渗透。南昌作为全省政治、经济、文化中心和最大的制造业基地,对其他三市辐射强烈;九江作为港口城市,是三市大宗原材料和产品进出的集散地,是全省重要的能源、化工、纺织、造船等制造业基地;景德镇与九江历史上联系密切,汽车、电子、陶瓷等产业互相关联;鹰潭的有色冶金、基本化工与九江、南昌密切关联。

(二) 环鄱阳湖生态城市群实力在中部地区与其他城市群具有同等地位

在中部地区已有的武汉城市圈、中原城市群、长株潭城市群、皖江城市带中,环鄱阳湖地区除与武汉城市圈的经济实力有差距外,与其他三个城市群的实力相当。尤其是在各自省里的地位,环鄱阳湖城市群在一些指标上的优势更为突出。环鄱阳湖城市群的生产总值、财政收入、第二产业发展水平、实际利用外资数量、高校学生数在江西省的地位均高于其他两个城市群,经济密度、进出口、城市化率则处于中间水平。

(三) 重点建设环鄱阳湖生态城市群是非常必要的

1. 环鄱阳湖城市群是客观的、正在成长的城市群。环鄱阳湖周边中心城市正在迅速扩大,一些小城市和县城正在成长为中小城市。中心城市与周边中小城市联系密切、互动共生,正在成长为与周边其他地区有明显分界的经济高地。

2. 突出环鄱阳湖生态城市群对于中部崛起战略是必需的。中部崛起战略是中央在21世纪初做出的区域发展的重大战略决策,突出中部城市群的发展是中部崛起战略的重大举措之一。在中部崛起大战略中,缺少江西省的重点城市群的发展是不完美的。特别是环鄱阳湖城市群正处于京九经济带和长江经济带的结合部,符合中央关于加快发展沿干线铁路经济带和沿长江经济带的战略设想,不仅具有率先崛起的可能,而且具有促进两大经济带加快形成的作用。

3. 突出环鄱阳湖生态城市群的发展是对"十五"规划最好的贯彻落实,符合江西省委"十一五"期间关于建设城市群和生态江西的设想。在发展资源有限、需要突出重点的情况下,在搞好全省区域协调发展的前提下,突出环鄱阳湖生态城市群建设是完全必要的。

(四) 把环鄱阳湖城市群定位为生态型城市群的重要意义

1. 发展生态型城市群符合科学发展观及可持续发展的基本方向。发展生态型城市群不仅符合实现人与自然和谐共存、可持续发展的基本要求,更重要的是根据这一发展定位和发展目标,搞好产业发展规划、城市群发展规划,避免了工业化、城市化进程可能对本地区生态环境的破坏和不利影响。同时,也可以消除人们在传统思维中加快城市化进程对鄱阳湖生态环境造成重大影响的疑虑。

2. 环鄱阳湖城市群具有发展生态型城市群的比较优势。其生态优势一是鄱阳湖是我国目前最大的淡水湖,也是水质最好的淡水湖,其水质全年大部分时间可达到Ⅲ级或优于Ⅲ级的标准;二是鄱阳湖区具有生物多样性优势,是世界著名的候鸟越冬地,长江中下游最好的农牧水产基地;三是九江的庐山、鹰潭的龙虎山、景德镇瑶里或附近的婺源等都是我国最好的生态型风景名胜区;四是4个中心城市都有发展亲水、亲山的园林城市的基本条件。

3. 确立环鄱阳湖城市群的生态型城市群形象可以彰显它的特色魅力和品牌效应。在国内,具有形成城市群条件的经济板块并不少,但具有环鄱阳湖城市群生态特色的区域并不多见。确立生态型城市群的发展思路和发展目标,可以突出它在全国的两种明显优势:全国第一个以湖为纽带的城市群;第一个生态型城市群,从而把它做成中国最具特色、最有魅力和品牌效应的城市群。

四、环鄱阳湖生态城市群建设的基本设想

建设环鄱阳湖生态城市群是一个艰巨的任务,必须明确它的建设思路、目标任务,并制定切实可行的政策措施。

1. 环鄱阳湖生态城市群的建设范围。环鄱阳湖生态城市群空间范围以南昌为核心,以昌九工业走廊为重点,以环湖设区市九江、景德镇、鹰

潭为主要支点，以环湖高速公路和铁路为轴线，辐射周围50公里左右范围。以县域为单位，大体包括南昌市9县区，九江市10县区，景德镇市4县区，鹰潭3县区，上饶市的鄱阳、余干、万年3县，抚州市的东乡县共30个县市区，这是环鄱阳湖生态城市群的基本区域。从长远发展角度看，可以扩大辐射到上饶、抚州、宜春市的其他部分县市。但近期范围不宜扩大过多，以保证中心城市有足够的经济密度和辐射力。

2. 环鄱阳湖生态城市群的形象定位。环鄱阳湖生态城市群的形象就是亲湖性、生态性和现代城市群。突出鄱阳湖作为全国第一大淡水湖、优质淡水湖、生物多样性淡水湖的特色，利用鄱阳湖周边丰富的生态旅游资源特色，突出环湖中心城市昌、九、景、鹰可以建设亲水生态园林化城市的特色。其中南昌为滨湖生态英雄城，九江为港口生态旅游城，景德镇为园林生态陶瓷城，鹰潭为山水生态铜业城。有这三大生态特色和四个主导产业各异的生态型城市的支撑，基本可以确定环鄱阳湖生态城市群在全国首个以湖为纽带、以生态为特色的城市群的地位。

3. 环鄱阳湖生态城市群的发展目标。继续保持环鄱阳湖经济区领先全省的发展水平，保持其对全省工业化、城市化的引领作用及生态环境的示范效应，是环鄱阳湖生态城市群发展的基本目标。"十一五"期间环鄱阳湖生态城市群的经济增长速度应高于全省1~2个百分点；其中第二、第三产业增长速度高3~5个百分点；城市化水平发展速度高0.5~1个百分点；生态保护和生态利用水平较大幅度高于全省水平。在城市体系发育方面，"十一五"期间，九江、景德镇进入大城市行列，瑞昌、乐平进入中等城市行列，环湖沿轴线出现10个左右的县级市；"十二五"期间，鹰潭市进入大城市行列，5~8个小城市进入中等城市行列，所有县城驻在镇进入小城市行列。

4. 环鄱阳湖生态城市群的产业分工合作。按照促进中部崛起的意见中"三个基地、一个枢纽"的建设要求，在南昌、九江、鹰潭建设区域性交通枢纽和物流中心；在南昌、九江、景德镇建设现代制造业基地和高新技术产业基地；在鹰潭建设铜产业加工制造基地；滨湖各县市大力发展生态农业，特色水产业及其加工业，做强县域经济。加强各市县的产业联系，实现共生、互动、合作、共赢。

五、加快环鄱阳湖生态城市群建设的几点措施

1. 明确提出建设环鄱阳湖生态城市群的设想。一是明确提出重点建

设环鄱阳湖生态城市群的设想,主要是突出鄱阳湖及其周边地区的生态优势,形成特色和品牌效应。作为全国第一个以湖为纽带的城市群、第一个生态城市群,魅力品牌将为环湖经济区带来巨大的投资机会和商业机会。二是近期环鄱阳湖生态城市群的基本区域最好确定在以南昌、九江、景德镇、鹰潭为主的30个县市区范围,上饶、抚州仅部分县包括在内,以后再逐步扩展。在这两点调整设想下,根据城市群发展的内在规律,抓紧编制规划,并由省委、省政府发布关于建设环鄱阳湖生态城市群实施意见的文件,争取尽早实施环鄱阳湖生态城市群的建设行动,争取列入国家规划重点支持的城市群范围。

2. 推介环鄱阳湖生态城市群。利用各种传播媒体、专家论坛、招商引资、经贸洽谈会的机会,宣传推介环鄱阳湖生态城市群,特别突出它的亲水性、生态性和京九、长江两大经济带的交汇性;对环鄱阳湖城市群建设中各种问题、课题展开研究,形成环鄱阳湖生态城市群的舆论热潮。同时,尽快准备生态城市群建设中的基础设施、制造业、新兴服务业、生态产业项目对外招商引资,为生态城市群的建设争取更多的商业和投资机会。

3. 继续配套完善环湖基础设施。尽快促使九景衢铁路开工建设,加快景鹰高速公路的建设进度,抓紧港口、航站、铁路、公路集疏配套设施的建设,进一步完善环鄱阳湖综合交通体系和现代物流体系。

4. 引导产业分工协作。依据4个中心城市及所属中小城市的产业基础,尽可能在城市群内展开产业链,寻求产业配套支持,特别是汽车、机械、电子、有色冶金及精深加工、化工、现代物流等产业链较长的产业,应尽量在环鄱阳湖城市群内布局。大力发展生态农业、生态旅游业,大力发展循环经济,实现工业清洁生产。通过产业分工协作,实现城市群内互动、合作、共赢机制的建立与完善。

5. 加强与东部、中部地区其他城市群的交流合作。环鄱阳湖生态城市群不是独立、封闭的城市体系,而是开放的、动态的发展体系。加强环鄱阳湖城市群与东部长三角、珠三角城市群的交流与合作,广泛吸收国外和东部地区的资金、技术、人才、管理要素,学习东部城市群的发展建设经验;加强与中部武汉城市圈、皖江城市带、长株潭城市群的交流与合作,实现中部城市共同崛起。

第四篇 中部地区人力资源分析

第八章 现代经济增长理论与实证分析

第一节 现代经济增长理论的演进[①]

中国共产党在十六届三中全会提出了"坚持以人为本，树立全面、协调、可持续发展的发展观，促进经济社会和人的全面发展"的科学发展观。科学发展观要求坚持以人为本，就是要以实现人的全面发展，不断满足人民群众日益增长的物质文化需要，切实保障人民群众的经济、政治、文化权益，让发展成果惠及全体人民；科学发展观要求实现全面发展，就是要以经济建设为中心，全面推进经济建设、政治建设、文化建设和社会建设，实现经济发展和社会全面进步；科学发展观要求实现协调发展，就是要以统筹城乡发展、统筹区域发展、统筹经济社会发展、统筹人与自然和谐发展、统筹国内发展和对外开放，推进生产力和生产关系、经济基础和上层建筑相协调，推进经济、政治、文化、社会各个环节、各个方面相协调；科学发展观要求实现可持续发展，就是要促进人与自然的和谐，实现经济发展和人口、资源、环境相协调，坚持走生产发展、生活富裕、生态良好的文明发展道路，保证一代接一代地永续发展。科学发展观是我们党在社会主义市场经济条件下对经济社会发展规律认识的重要升华，凝结着几代共产党人带领人民建设中国特色社会主义的心血，也反映

[①] 撰稿人：周绍森，南昌大学中国中部经济发展研究中心。

了世界各国发展的经验教训，是我们党关于发展的指导思想的重大创新，是统领经济社会发展全局、实现经济社会又好又快发展、加快推进社会主义现代化所必须长期坚持的重要指导思想。胡锦涛同志指出："我们要增强贯彻落实科学发展观的自觉性和坚定性，全面把握贯彻落实科学发展观的目标要求，建立健全贯彻落实科学发展观的制度、体制和机制，切实把科学发展观贯穿于经济社会发展的全过程、落实到经济社会发展的各个环节，切实把经济社会发展转入以人为本、全面协调可持续发展的轨道。"

传统经济理论认为，促进经济增长的主要因素有三个，即资本、劳动、土地。进入工业社会后，土地一般可以作为不变量，即资本和劳动是经济增长的关键因素。但是20世纪中叶以来，全球经济发展出现许多传统理论所不能解释的经济现象。一些在战争中遭受巨大损失的国家，如德国和日本奇迹般地迅速恢复和发展起来；一些资源条件很差的国家和地区，如丹麦、瑞士和亚洲"四小龙"在经济方面取得了巨大的成功；一些发达国家不仅没有出现经济危机，而且经济增长大于物质资本、劳动力增加贡献之和。这些"现代经济增长之谜"使得经济学家们对现代经济增长的原因产生了浓厚的兴趣，理论界展开了卓有成效的研究。

美国著名经济学家西奥多·W·舒尔茨1960年在美国经济学年会上发表了题为《人力资本投资》的演讲，他提出除了已有的物质资本以外，还存在着"人力资本"，这是指体现在人身上的技能和生产知识的存量。人力资本形成的主要途径是教育（包括培训）以及劳动力的转移等。他得出一定历史时期教育投资对经济（国民收入）增长的贡献的方程式：

$$p_e = (\Delta K_h / \Delta Y) \times \gamma_h = (\Delta K_h \times \gamma_h) / \Delta Y$$

式中，p_e表示一定历史时期中教育投资对经济增长的贡献（$\Delta K_h \times \gamma_h$）占同期国民收入增长总额（$\Delta Y$）的比例，并用"余数分析法"计算出在1929～1957年间美国通过增加教育投资，提升人力资本对经济增长的贡献高达33%。这样，舒尔茨不仅提出促进经济增长的主要因素有三个，即物质资本、人力资本和劳动力，而且还揭示出了教育（人力资本投资）和经济增长之间的紧密关系以及教育本身的经济价值。1979年舒尔茨获得了诺贝尔经济学奖。

新古典经济增长理论从另一个角度解释了"现代经济发展之谜"，他们把这一谜底归结为技术进步，即技术是推动现代经济突破传统模式增长的根本原因，经济增长是资本、劳动和技术进步这三个主要因素共同作用的结果。美国著名经济学家索洛在1957年采用总生产函数法，

建立了经济增长方程,即:

$$\frac{\Delta Y}{Y} = a + \alpha \frac{\Delta K}{K} + \beta \frac{\Delta L}{L}$$

式中,$\frac{\Delta Y}{Y}$表示经济增长率;$\frac{\Delta K}{K}$表示资本投入增加率;$\frac{\Delta L}{L}$表示劳动力投入增加率;a代表技术进步参数,$a = \frac{\Delta Y}{Y} - \left(\alpha \frac{\Delta K}{K} + \beta \frac{\Delta L}{L}\right)$,并实际测算了1909~1940年美国经济增长情况,得到技术进步在经济增长中所做的贡献占51%左右,强有力地证明了技术进步在经济增长中的作用已超过了资本和劳动力增加所做贡献之和。索洛于1987年登上诺贝尔经济学奖颁奖台。

新古典经济增长学派的实证分析大师丹尼森在索洛等人研究成果的基础上,把经济增长因素分成两大类:一是生产要素投入量,主要有两项:其一为劳动在数量上的增长和质量上的提高;其二为资本(包括土地)在数量上的增加。二是全要素生产率(TFP),所谓全要素生产率传统的定义是指产量和投入量的比例,实际上它是指所有能够对生产要素起激活作用,提高生产率的因素,如资源配置的改善、规模的节约、知识进展和它在生产上的应用。我们一般称之为"广义的技术进步"。他核算出1929~1957年教育对美国经济增长的贡献率为35%。这一比率充分显示了教育因素对经济增长所起的巨大作用。

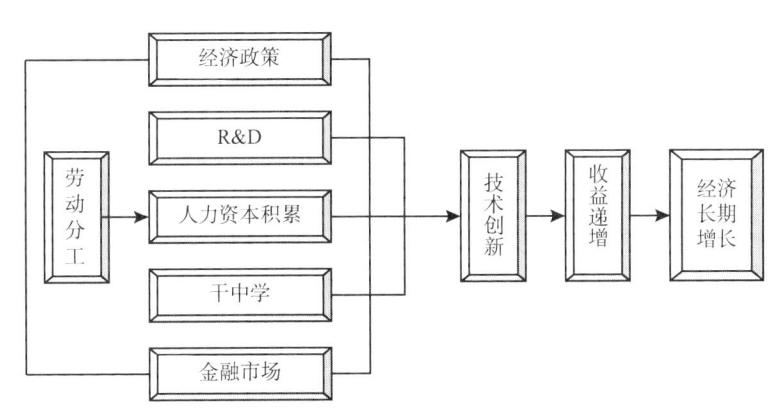

图 2-30 表示变量内生化后新增长理论所得结论的研究主线

兴起于20世纪80年代中期的西方宏观经济理论的一个新的重要分支"新增长理论",把技术进步、人力资本作为内生的生产要素纳入生产函数。通常以保罗·M·罗默(P. M. Romer)及罗伯特·E·卢卡斯作为新经济增长理论的代表。在引进技术创新和人力资本之后，新增长理论得出以下结论：技术创新是经济增长的源泉，而以劳动分工程度和专业程度所表现的人力资本积累水平是决定技术创新水平高低的最主要因素；政府实施的经济政策和金融市场对国家的经济增长具有重要的影响。

1990 年，美国经济学家罗默建立了知识溢出模型，在处于均衡状态时，总的最终产品的产出为：

$$Y(H_Y, L, \bar{x}) = H_Y^\alpha L^\beta A \left(\frac{K}{\eta A}\right)^{1-\alpha-\beta} = (H_Y A)^\alpha (LA)^\beta K^{1-\alpha-\beta} \eta^{\alpha+\beta+1}$$

(2－12)

它是以资本 K、技术 A 的增长用于生产最终产品的人力资本 H_Y 和技术增长的劳动 LA 表示的柯布—道格拉斯生产函数。他把物质资本、劳动力、人力资本和技术进步作为促进经济增长的四个主要因素。各国经济增长存在差异的根本原因在于各国人力资本存量和科技水平的差异。后进国家只有大力发展教育，提升人力资本存量，积极引进先进技术（往往是和引进外资一起进行的）和自身努力进行技术消化和创新，发挥后发优势，才能实现对先行国家的经济赶超。这充分证明了"科学技术是第一生产力"，"人力资源是第一资源"的正确性，这对世界各国，尤其是发展中国家（地区）的经济增长具有很强的理论和指导意义。

第二节 人力资本和技术进步对经济增长贡献的实证分析——以江西为例[①]

一、江西人力资本和技术进步对经济增长贡献的分析

我们采用柯布—道格拉斯生产函数来对现代经济增长进行合理的描述：

$$Y_t = A_t(K_{t-1})^\alpha (I_t)^\beta (L_t)^\gamma (H_t)^{\tau_0+\tau_1 T} e^{\varepsilon_t} \qquad (2-13)$$

取对数为：

$$\ln Y_t = \ln A_t + \alpha \ln K_{t-1} + \beta \ln I_t + \gamma \ln L_t + \tau_0 \ln H_t + \tau_1 (T \ln H_t) + \varepsilon_t$$

(2－14)

[①] 撰稿人：周绍森，南昌大学中国中部经济发展研究中心；罗序斌，南昌大学中国中部经济发展研究中心。

式中，Y 表示产出，用一地区的国内生产总值来度量；K 表示物质资本存量，主要包括用于生产的机器和原材料等；I 表示全社会固定资产投资；L 表示劳动力数量，用从业人员数度量；H 表示人力资本，用从业人员受教育等效年限度量；ε 为随机扰动项，它是反映 GDP 实际值与预测值之间偏差的变量；α 为物质资本存量对 GDP 的弹性系数，反映物质资本存量对 GDP 的效用；β 为全社会固定资产投资对 GDP 的弹性系数，反映固定资产投资对 GDP 的效用；γ 为劳动力数量对 GDP 的弹性系数，反映从业人员数量对 GDP 的效用；T 表示时间，为增加回归的显著性，采用中心化数据，即 T = 0 时表示 1990 年，T = 1 时表示 1991 年，T = −1 时表示 1989 年，依次类推；τ_0 为 1990 年人力资本对 GDP 的弹性系数，反映人力资本弹性系数随时间变化的速度；因为人力资本规模报酬递增这一特性，我们限定 α + β + γ ≤ 1，α + β + γ + τ_0 > 1；A 在罗默模型中表示技术进步，但这里采用丹尼森的说法，用它来表示全要素生产率（TFP）。将 1978~2004 年江西与全国各变量的数据用 SPSS 软件代入计算机，用最小二乘法进行回归，可以得到如表 2 - 22 所示的结果。

表 2 - 22　　1978~2004 年江西与全国各要素对经济增长贡献份额　　单位：%

	生产要素 e_x			全要素生产率 (TFP) e_p
	物质资本	劳动力	人力资本	
江西	44.4	17.23	13.18	25.19
全国	37.95	8.6	9.25	44.2

资料来源：江西数据来源于周绍森等：《中部崛起与人力资源开发》；
全国数据来源于中国教育与人力资源问题报告课题组：《从人口大国迈向人力资源强国：中国教育与人力资源问题报告》。

二、结果分析

我们结合经济增长方式的判定方法和江西经济增长的实证分析对江西经济增长方式进行综合评价。总的来看，江西经济增长表现出以下特点：

（一）经济增长对生产要素投入依赖重，经济增长方式依然为粗放型

经济增长方式是指一个国家（地区）在一定时期内经济增长所采用的途径和手段，实质上就是生产要素组合、使用的方式和方法。经济增长方式一般分为粗放型经济增长和集约型经济增长，也可细分为五大类型，

即绝对粗放型、相对粗放型、并重型、相对集约型和绝对集约型。不同的经济增长方式具有不同的特点，如图2-31和表2-23所示。

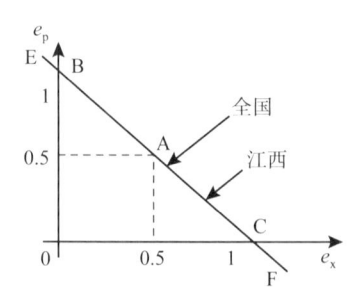

注：e_x为生产要素投入量对经济增长的贡献；e_p为全要素生产率对经济增长的贡献；这两个参数之和等于1。BE段——绝对集约型（$e_p \geq 1$，$e_x \leq 0$）。AB段——相对集约型（$0.5 < e_p < 1$，$0 < e_x < 0.5$）。并重型（$e_p = 0.5$，$e_x = 0.5$）。AC段——相对粗放型（$0 < e_p < 0.5$，$0.5 < e_x < 1$）。CF段——绝对粗放型（$e_p \leq 0$，$e_x \geq 1$）。

图2-31 江西与全国生产方式比较

表2-23 各种经济增长方式特点比较

	绝对粗放型	相对粗放型	并重型	相对集约型	绝对集约型
生产要素	数量投入	以数量投入为主	数量投入与生产率提高持平	以生产率提高为主	生产率提高
产业结构	第一产业主导	第二产业主导	第二产业占绝对优势	第三产业主导	第三产业占绝对优势
经济效益	低	较低	中	较高	高
技术含量	低	较低	中	较高	高
资源消耗量	大	较大	一般	较小	小
环境污染	重	较重	中	较轻	轻
工业化	—	初期	中期	后期	—

江西经济增长走的是依靠生产要素大量投入的相对粗放型增长道路，而全国正从相对粗放型向并重型过渡。

(二) 经济增长对物质资本投入依赖重

实证分析表明，江西物质资本对经济增长的贡献率为47.8%，全国物质资本的贡献率为37.95%。物质资本投入依然是经济增长的最主要的来源，说明江西和全国在这段时期仍然是以消耗物质资本作为代价来带动经济增长。

表 2-24　　　　1978~2005 年全国各要素对经济增长贡献比例　　　单位：%

		1978~1984	1985~1989	1990~1994	1995~1999	2000~2005
年均增长率	产出	9.17	9.36	10.24	8.72	9.11
	物质资本储备	7.67	9.32	8.94	10.85	11.43
	劳动力	2.89	2.76	1.11	1.14	1.01
	劳动力再分配/流动	3.97	2.06	2.71	1.76	1.98
	人力资本储备	4.86	1.83	1.63	1.84	1.34
	综合因素生产力（TFP）	-0.53	1.37	3.05	0.93	1.23
对GDP增长的贡献率	物质资本的储备/a	41.8	49.8	43.6	62.2	62.8
	劳动力/a	15.7	14.7	5.4	6.5	5.6
	劳动力再分配	21.6	11.0	13.2	10.1	10.9
	人力资本储备/a	26.5	9.8	7.9	10.5	7.4
	综合因素生产力/b	-5.7	14.7	29.7	10.7	13.5

资料来源：世界银行 2007 年。

（三）人力资本积累水平低，科技创新能力弱

实证分析表明，江西物质资本和人力资本对经济增长的贡献比为 47.8:17.63。人力资本投入的贡献远不及物质资本投入，这与教育发展不足有很大关系。

江西全要素生产率（TFP）对经济增长的贡献水平为 25.38%，远低于全国平均水平 44.2%。这与江西科技创新能力不强相关。江西与全国平均的科技创新实力综合评价结果分别为 40.66 和 79.04。江西科技创新能力远低于全国平均水平，如表 2-25 所示。

表 2-25　　　　　　江西和全国科技创新实力（百分制）

	指　标	全国平均	江西
科技创新投入	科技活动人员总数	61.91	35.12
	科技活动人员中科学家和工程师占比重	94.23	70.23
	科技活动经费筹集额	74.32	18.25
	R&D 经费占 GDP 的比例	100	53.02
科技创新产出	万名科技活动人员科技论文数	50.37	32.03
	获国家级科技成果奖系数	90.38	30.49
	技术市场成交额	100	29.05
	高技术产品出口额占工业制成品出口额比重	15.27	5.39

三、全面落实科学发展观，走又好又快的发展道路

（一）加快转变经济增长方式，走新型工业化道路

树立和落实科学发展观，根本着眼点是用新的发展思路提高经济增长的质量和效益，实现又好又快的发展。推进经济结构调整和转变经济增长方式，是实现经济持续快速协调健康发展的重要着力点。经济增长方式粗放，已经成为制约我国经济社会发展的一个突出问题。只有大力转变经济增长方式，才能从根本上打破能源、资源和环境对经济社会发展的瓶颈制约，不断提高国民经济的整体素质，确保我国经济运行进入良性循环的轨道，切实提高我国经济的国际竞争力和抗风险能力。加快转变经济增长方式，走又好又快的发展道路，必须切实走新型工业化的道路。新型工业化道路的本质特征是"高、好、低、少、优"，即科技含量高、经济效益好、资源消耗低、环境污染少、人力资源优势得到充分发挥。实证分析表明，目前江西乃至全国走的是粗放型的经济增长道路，要转变江西和全国经济增长方式实质上就是要走新型工业化道路。走新型工业化道路是加快我国现代化进程的客观要求。

（二）坚持做好"三农"工作，建设社会主义新农村

建设社会主义新农村是落实科学发展观的重要举措。科学发展观要求按照"统筹发展"的思想，处理好存在于经济社会发展中的一些主要矛盾，推进社会主义新农村建设，是实现城乡统筹发展的必然选择。长期以来，我国农村发展滞后于城市发展，城乡二元结构造成的"三农"问题成为我国经济社会发展中的突出问题，也是当前建设小康社会的最薄弱环节。科学发展观的核心是以人为本，新农村工作的核心是农民问题。要从根本上解决"三农"问题，切实把农村经济社会发展转入城乡统筹的科学发展的轨道上来，建设社会主义新农村，必须以科学发展观为统领，增加农民利益，保障农民权益，提高农民收入水平，改善农民生活条件，加强农民就业技能培训，切实提高农民综合素质，实现农民的全面发展。我们对1985~2004年江西的实证分析结果表明：农村劳动力人力资本每提升一年，可促使农民人均纯收入增加151.186元，转移农村剩余劳动力67.065万，教育对农民人均纯收入的贡献份额达到了20.37%，对农业剩余劳动力转移的贡献为39.14%。为此，大力发展农村教育，不断开发农

村人力资源，能有效推动农民增收和农村劳动力转移，加快社会主义新农村建设的步伐。

（三）加快科技创新，提高自主创新能力，建设创新型国家

把提高企业自主创新能力作为中心环节，坚持引进技术、引进人才和自主创新相结合，加快科技与产业的融合，努力把科研成果转化为产业优势和竞争力。要稳步发展高校科技园，充分发挥科技创业中心、留学人员创业园等"孵化器"的作用。实施知识产权保护和技术标准化战略，鼓励申请发明专利，支持发明专利产品的开发，完善优势产品质量标准和检测体系。要高度重视和大力推进科技创新，加强区域创新体系建设，促进科技成果向现实生产力转化，在电子信息、生物医药、新材料、光电一体化等领域及相关产业，发展壮大一批高新技术企业。包括：加快以企业为主体的科技创新体系建设，不断用先进技术改造和提升传统产业，积极发展以高新技术为基础的新兴产业；招商引资中坚持把引进资金、项目与引进技术相结合，大力引入那些技术含量高的生产要素；提高企业自主创新能力，把先进技术的引进与消化、吸收、创新结合起来。要促使产学研相结合、完善鼓励创新的政策体系，大力推动高等院校、科研单位与企业的交流合作；需建立适合科技发展需要的人才结构，进一步倡导讲科学、学科学、用科学的社会氛围和良好风尚。

（四）建设资源节约型、环境友好型的和谐社会

建设资源节约型、环境友好型社会是加快转变经济增长方式，缓解资源约束和环境压力，提高经济增长的质量和效益，实现节约发展、清洁发展、安全发展和可持续发展的重大战略任务。建设资源型、环境友好型社会，是根据我国国情和可持续发展要求做出的正确抉择，是落实科学发展观的重大举措。要充分考虑人口承载力、资源支撑力、生态环境承受力，正确处理经济发展与人口、资源、环境的关系，统筹考虑当前发展和长远发展的需要，不断提高发展的质量和效益，走生产发展、生活富裕、生态良好的文明发展道路。要大力发展循环经济，循环经济是建设资源节约型、环境友好型和谐社会的重要途径。努力促进资源循环式利用，鼓励企业循环式生产，推动产业循环式组合，形成能源资源节约型的经济增长方式，实现经济社会又好又快的发展。要加强生态环境保护，切实保护好自然生态，认真落实环境保护基本国策，坚持预防为主、综合治理的方针，

从源头防治污染和生态破坏,切实改变先污染后治理、边治理边污染的状况,努力降低主要污染物排放总量,尽快改善重点流域、区域和城市环境质量,基本遏制生态环境恶化的趋势,为经济社会可持续发展创造良好条件,为人民群众的生产生活创造良好环境。

第三节 教育扩展对经济增长贡献的实证分析——以江西为例[①]

一、教育发展与经济增长的关系分析

发展教育与贫富差距、社会和谐之间存在着紧密的联系,教育公平均衡发展将对缩小贫富差距、促进社会和谐起着重要作用,而教育不公平不均衡发展则有可能拉大贫富差距。我们运用现代教育经济理论模型对江西教育发展与贫富差距的相关性进行了实证分析,发现伴随着江西经济水平迅速提高,教育的快速发展,人民生活富裕程度明显提升,城乡居民生活也步入小康阶段;但是,我们同时发现,改革开放以来,虽然教育发展迅速,但教育不公平不均衡现象也十分突出,教育的不公平不均衡发展是贫富差距拉大的重要原因。理论分析和实地调研证明:城乡间、地区间平均受教育年限的差距拉大 1 年,社会贫富差距就会拉大 1.373 倍。这揭示了教育不公平不均衡发展会拉大贫富差距,而且这种作用十分强烈。这给我们非常大的警示:只有切实把促进教育公平作为国家基本教育政策,统筹城乡、区域教育,大力促进教育的公平均衡和谐发展,才能缩小贫富差距,为构建社会主义和谐社会奠定强有力的基础。

(一) 改革开放以来,江西教育事业蓬勃发展

1. 各类各级教育不断扩展。从 1990～2006 年,各类教育规模都有所扩大,2006 年研究生在校学生数为 12 149 人,比 1990 年提高了 24.36 倍,普通高等学校在校学生数为 770 525 人,比 1990 年提高了 12.61 倍;中等专业学校在校学生数 223 070 人,比 1990 年增加了 161 395 人,增长 261.69%;普通中学在校学生数和职业中学在校学生数共 301.57 万人,

---

[①] 撰稿人:罗序斌,南昌大学中国中部经济发展研究中心;周绍森,南昌大学中国中部经济发展研究中心。

比1990年增加了108.82万人，增长56.46%。技工学校也得到了快速发展，2006年在校学生数为114 615人，比1990年增加了80 378人，增长234.77%；小学在校生数自1990年以来一直处于轻微下降的趋势，但2006开始出现拐点，在校生人数为399.93人，比2005年增长了4.1%（见表2-26）。

此外，各级教育中高等教育的发展速度尤为突出，2001~2006年间平均增速达到了32.38%，为江西经济社会发展提供了大量的高层次人才（见表2-27）。

表2-26　　　1990~2005年江西省各类全日制学校在校学生数

类　别	单位	1990年	2001年	2002年	2003年	2004年	2005年	2006年
研究生	人	479	2 972	4 123	5 711	7 483	9 860	12 149
普通高等学校	人	56 608	196 455	266 251	358 622	489 854	646 086	770 525
中等专业学校	人	61 675	151 036	152 087	155 084	189 303	261 404	223 070
普通中学	万人	181.06	273.28	289.42	301.06	297.90	286.15	267.65
高中	万人	26.23	48.66	60.99	72.40	80.01	84.92	86.93
初中	万人	154.83	224.62	228.43	228.66	217.89	201.23	180.72
职业中学	万人	11.69	11.63	12.93	14.94	18.92	26.69	33.92
技工学校	人	34 237	38 715	47 997	67 342	85 106	101 252	114 615
小学	万人	450.44	405.50	396.69	390.54	386.21	384.16	399.93

资料来源：《江西省统计年鉴》（2000~2006年）。

表2-27　　　各类不同层次的教育在校生数年增长率

类　别	2001年	2002年	2003年	2004年	2005年	2006年
高等教育（%）	36.21	35.58	34.75	36.51	31.89	19.32
中等教育（%）	-2.50	5.45	11.16	23.34	32.12	-6.88
初等教育（%）	-4.06	-2.17	-1.55	-1.11	-0.53	4.11

注：高等教育在校学生数＝研究生在校学生数＋普通高等学校在校学生数；中等教育在校学生数＝中等专业学校在校学生数＋普通中学、职业中学在学学生数＋技工学校在校学生数；初等教育在校学生数＝小学在校学生数。

2. 各级教育入学升学率不断提高。2005年，江西小学入学率为99.01%，比1990年的98.24%提高0.77个百分点，小学毕业生升学率达到99.46%，比1990年的65.86%提高33.6个百分点；初中入学率达到94.05%，比2001年的93.09%提高了0.96个百分点，初中升学率为

70.94%，比2001年的46.62%提高了24.32个百分点，比1990年的38.48%多了32.46个百分点；高中入学率为60.4%，比2001年的35.7%提高了24.7个百分点，高等教育毛入学率为20.43，比2000年的9.13%上升了11.3个百分点，"十五期间"高中平均入学率为49.1%，高等教育平均毛入学率为16.75%（见表2-28）。

表2-28　　　1990~2005年江西省主要年份各级教育普及状况　　　单位：%

年份	小学入学率	小学升学率	初中入学率	初中升学率	高中入学率	高等教育入学率
1990	98.24	65.86	—	38.48	—	—
1995	99.42	90.04	—	43.78	—	—
2000	99.58	94.89	—	40.67	—	9.13
2001	96.91	94.77	93.09	46.62	35.7	12.00
2002	98.53	98.91	93.35	57.80	43.0	15.23
2003	99.01	100.29	93.49	63.06	50.0	17.11
2004	99.04	100.06	93.72	67.23	56.4	19.00
2005	99.01	99.46	94.05	77.88	60.4	20.43
2006	99.64	99.44	95.50	82.94		21.80

资料来源：《江西统计年鉴》、《中国人口统计年鉴》。

3. 人均受教育年限不断增长。根据我国现有的数据基础和数据可靠性，我们以"教育年限法"为基础，采用在各学制前乘以各相应权数的方法来计算平均受教育年限，这样的核算方法克服了传统"教育年限法"的缺点，反映了知识积累的效应。联合国教科文组织研究表明，以文盲人员的劳动生产力为基数，小学文化程度能提高劳动生产力43%，中学文化程度（初中和高中）能提高108%，大专文化程度能提高300%。鉴于此，按照我国教育九年义务教育、高中阶段教育（三年制）和高等教育（四年制）三级的划分方法，可以认为初中教育和小学教育是同质的。

小学学制为6年，提高劳动生产力43%，每年提高量为7.17%；初中教育与小学教育同质，所以初中每年劳动生产力提高量也为7.17%；高中阶段教育每年劳动生产力提高量为14.49%〔(108% - 43%) - 3 × 7.17% ÷ 3 = 14.49%〕；高等教育每年劳动生产力提高量为48%〔(300% - 108%) ÷ 4 = 48%〕。为此，各级教育年限转化为初等教育年限的权数分别为：小学为1；初中为1；高中阶段为2.02(14.49% ÷ 7.17% = 2.02)；高等教育为6.69(48% ÷ 7.17% = 6.69)。用公式表示为：

$$\begin{cases} p_i = \dfrac{\Delta U_i}{E_i \times \Delta w_1} & (i=3,4) \\ p_1 = p_2 = 1 \end{cases} \qquad (2-15)$$

式中，p_i 为第 i 级教育的相对权数；ΔU_i 为第 i 级教育提高劳动生产力的水平；$\Delta w_1 = 7.17\%$；E_i 为第 i 级教育的学制数，i = 1 表示小学教育，i = 2 表示初中教育，i = 3 表示高中阶段教育，i = 4 表示大学教育。

根据上述公式，小学文化程度劳动力平均受教育年限为 6 年，初中文化程度为 9 年，高中阶段文化程度为 15.06（9 + 2.02 × 3 = 15.06）年，大学专科及以上文化程度劳动力为 41.82（15.06 + 4 × 6.69 = 41.82）年。

按照以上的计算方法和得到的各级教育程度从业人员的数据，可以得出历年从业人员的平均受教育年限，用公式表示为：

$$H = \dfrac{\sum_{i=1}^{4} P_i L_i}{L} \qquad (i=1,2,3,4) \qquad (2-16)$$

式中，H 代表平均受教育年限；P_i 代表各级受教育程度的权数；L_i 代表各级文化程度从业人员数量；L 为全社会从业人员总量。

用以上方法以及《江西统计年鉴》中全省从业人员的相关数据，我们可以测算出 1990 ~ 2005 年主要年份江西省平均受教育年限，如表 2 - 29 所示。

表 2 - 29　　　1990 ~ 2005 年主要年份江西省平均受教育年限　　　单位：年

年份	全省	年份	全省
1990	7.1	2000	9.21
1993	7.31	2001	10.26
1995	7.78	2002	9.3
1996	7.58	2003	11.87
1997	8.45	2004	10.58
1998	8.33	2005	11.2
1999	8.79	2006	9.63

（二）改革开放以来，江西经济快速发展

从 1990 ~ 2005 年，江西经济快速发展，整体经济实力有显著增强。其中，1990 ~ 2000 年江西 GDP 年均增速为 36.73%，2001 ~ 2006 年继续保持

高速增长态势，年均增速达到了 15.24%。2006 年，江西人均 GDP 10 798 元，比 1990 年人均 GDP 1 134 元提高了 8.52 倍，2000～2006 年，人均 GDP 平均增速为 21.95%（见表 2-30）。

表 2-30　　　　1990～2006 年江西主要年份经济发展水平

年份	GDP（亿元）	GDP 增长速度（%）	人均 GDP（元）	人均 GDP 增长速度（%）
1990	428.62	—	1 134	—
1995	1 169.73	172.91	2 896	155.38
2000	2 003.07	71.24	4 851	67.51
2001	2 175.68	8.62	5 221	7.63
2002	2 450.48	12.63	5 829	11.65
2003	2 807.41	14.57	6 624	13.64
2004	3 456.70	23.13	8 097	22.24
2005	4 056.76	17.36	9 440	16.59
2006	4 670.53	15.13	10 798	14.39

资料来源：《江西省统计年鉴（2007 年）》。

表 2-31　　　　1990～2006 年江西主要年份经济增长质量情况

年份	固定资产投资增长率（%）	全员劳动生产率（元/人）	税收增长率（%）	第三产业从业人数/总从业人数（%）	居民消费指数增长率（%）
1990	-3.60	—	5.51	14.03	4.5
1995	19.67	—	24.41	23.98	6.8
2000	11.54	24 794	5.44	28.98	16.6
2001	20.48	30 624	19.21	30.30	4.8
2002	39.99	37 889	1.92	32.02	6.0
2003	49.25	46 481	18.25	31.80	2.9
2004	31.86	61 615	17.91	31.97	11.6
2005	19.20	78 698	17.66	32.92	9.6
2006	23.82	102 394	22.25	33.35	8.0

资料来源：《江西省统计年鉴（2007 年）》。

(三) 教育发展与经济增长的关联分析

研究表明，教育发展和经济增长存在长期均衡的变动关系，即教育事业发展迅速，经济增长就会加快，相反则缓慢。但对于教育发展各个指标与经济增长各个指标之间是如何相互促进、相互作用的关系以及哪些教育因素对经济系统发展影响大,哪些因素对经济系统影响小方面的研究不是很多。本部分依据灰色系统建模理论,构建教育协调发展与经济增长关联性评价指标体系,对教育发展和经济增长进行定量描述,建立教育与经济增长关系模型和关联矩阵图,实证分析教育协调发展与经济增长各指标间的动态关系。

1. 模型构建。对于因素间的关联分析,过去多是用回归分析、方差分析、主成分分析等数理统计方法进行处理,但这些方法要求数据量大,样本具有典型的概率特征,并且可能出现量化结果与定性分析结果不符的想象,导致系统的关系和规律遭到歪曲和颠倒。特别是我国统计数据十分有限,而且现有数据灰度较大,采用数理统计往往难以奏效。而灰色系统理论中的关联分析恰好克服了数理统计中的不足。灰色关联分析的基本思想是根据序列曲线几何形状的相似程度判定其联系程度是否紧密,曲线越接近,相应序列之间关联度就越大,反之就越小。灰色系统理论中的关联分析一般有均值关联分析法、相对变率度分析法与斜率关联分析法等。

(1) 均值关联分析法。设母因素时间数列和子因素时间数列分别为:

$$X_i(t_k) = \{X_i(t_1), X_i(t_2), \cdots, X_i(t_n)\}, X_j(t_k)$$
$$= \{X_j(t_1), X_j(t_2), \cdots, X_j(t_n)\} \quad (2-17)$$

$$\gamma_{ij} = \frac{1}{N} \sum_{t=1}^{N} \lambda_{l_{ij}}(tk) \quad (k=1, 2, \cdots, N) \quad (2-18)$$

式中,γ_{ij} 为子因素 X_j 对母因素 X_i 的关联度;$\gamma_{ij}(tk)$ 是 X_j 对 X_i 在 k 时刻的关联系数:

$$\gamma_{ij(tk)} = \frac{\Delta min + \Delta max\ K}{\Delta ij(tk) + \Delta max\ K} \quad (2-19)$$

式 (2-19) 中 Δmin 为各时刻的最小绝对值:

$$\Delta min = \min_{j} \min_{k} |x_i(t_k) - x_j(t_k)| \quad (2-20)$$

Δmax 为各时刻的最大绝对值:

$$\Delta max = \max_{j} \max_{k} |x_i(t_k) - x_j(t_k)| \quad (2-21)$$

式中的 K 称为分辨系数,K = ∈[0, 1],乘以 K 是为了减少极值时对计算的影响,从而提高分辨率。一般情况下 K = 0.5。

(2) 相对变率度分析法。描述事物发展过程比较合理的指标是相对变化率。如果两个事物在发展过程的相对变化率基本一致,就可以认为两者有较好的关联程度。

设有母函数 X，如果子函数 X_1 与 X 的相对变化率为 $\frac{1}{X_1}\frac{dx_1}{dt}$，在几何上比子函数 X_2 的 $\frac{1}{X_2}\frac{dx_2}{dt}$ 更接近于 X 的相对变化率，那么 X_1 与 X 的关联程度比 X_2 与 X 的关联程度大。

把原始数据变换成 $\frac{1}{X}\frac{dX}{dt}$，不但消除了量纲，而且表示事物发展的特征。相对变率度分析法计算公式为：

设有母系列 Y(t) 与子系列 X(t)，t = 1，2，…，N，X(t) 与 Y(t) 的关联函数数列可写成：

$$\lambda(t) = \frac{1}{1 + \left|\frac{\Delta x(t)}{x(t)} - \frac{\Delta y(t)}{y(t)}\right|}, \quad t = 1, 2 \cdots, N \qquad (2-22)$$

式中，$\Delta x(t) = x(t+1) - x(t)$，$\Delta y(t) = y(t+1) - y(t)$ 则 X(t) 与 Y(t) 的关联程度为：

$$\gamma = \frac{1}{N-1}\sum_{t=1}^{N-1}\lambda(t) \qquad (2-23)$$

显然，这种关联函数数列是反映每一时刻两事物相对变化速率的已知程度，而关联程度则是考察区间关联函数数列的一种综合平均，它反映两事物在区间内相对发展速度一致程度综合评判。

（3）斜率关联分析法。当原始数列是有零或负值时，用相对变化率计算因子间的关联程度就无法计算，失去一般性；系列的变化程度与自量级不等价，当两个相互比较的变量，相对变化速率差别较大时，往往只有一个变量起作用。

从数学上说，关联程度是指函数相似的程度，一条曲线的变化趋势可以用该曲线的斜率变化来描述。如果两条曲线的斜率处处相等，那么这两条曲线的变化趋势就接近平行。

设有母函数 Y(t) 与子函数 X(t) 两个时间数列函数，$\{t = 1, 2, \cdots, N\}$，则两数列在各时刻的关联函数为：

$$\lambda(t) = \frac{1}{1 + \left|\frac{\Delta x(t)}{\sigma x} - \frac{\Delta y(t)}{\sigma y}\right|}, \quad t \in T \qquad (2-24)$$

$$\Delta x(t) = x(t+1) - X(t) \qquad (2-25)$$

$$\Delta y(t) = y(t+1) - y(t) \qquad (2-26)$$

$$\sigma_{yi} = \sqrt{\frac{1}{N} \sum_{k=1}^{N} (y_{ik} - \bar{y}_i)^2} \qquad (2-27)$$

$$\sigma_{xj} = \sqrt{\frac{1}{N} \sum_{k=1}^{N} (x_{jk} - \bar{x}_j)^2} \qquad (2-28)$$

式中，σ_{yi}、σ_{xj} 分别为 $Y_i(t)$，$X_j(t)$ 两系列的标准差；y_i 为母函数因子数，$i=1,2,\cdots,N$；x_j 为子函数因子数，$j=1,2,\cdots,N$；K 为时间序，$K=1,2,\cdots,N$。

于是，函数 $Y(t)$、$X(t)$ 的关联程度为：

$$\gamma = \frac{1}{N-1} \sum_{t=1}^{N-1} \lambda(t), \quad t = \{1, 2, \cdots, N-1\} \qquad (2-29)$$

斜率关联分析法不需对原始数据进行标准化处理，并且当数据列中含有零或负值时不受影响，关联程度的分辨率高，为此本节主要运用斜率关联数学模型来计算分析教育协调发展与经济增长的关系。

若 $\gamma_{ij}=1$，说明母因素某一指标与子因素某一指标的增长率变化完全相关；如果 $0<\gamma<1$，说明二者之间的增长率具有关联性，且 γ 值越大，关联性越强，γ 越小，关联性越弱。一般地，当 $0<\gamma\leq0.35$ 时，关联度为弱关联；当 $0.35<\gamma\leq0.65$ 时，关联强度为中；当 $0.65<\gamma\leq1$ 时，为强关联。

2. 因素指标的确定。基于数据的可选择性和本节的目的，教育发展与经济增长关联评价模型指标体系为：

(1) 子因素指标体系。$X(t)$——教育发展指标体系、$X_1(t)$——高等教育在校生年增长率（％）、$X_2(t)$——中等教育在校生年增长率（％）、$X_3(t)$——小学入学率（％）、$X_4(t)$——初中入学率（％）、$X_5(t)$——高等教育毛入学率（％）、$X_6(t)$——平均受教育年限（年）

(2) 母因素指标体系。$Y(t)$——经济增长指标、$Y_1(t)$——GDP 总量（亿元）、$Y_2(t)$——人均 GDP（元）、$Y_3(t)$——GDP 增长速度（％）、$Y_4(t)$——固定资产增长率（％）、$Y_5(t)$——全员劳动生产率（％）、$Y_6(t)$——税收增长率（％）、$Y_7(t)$——第三产业从业人数/总从业人数（％）、$Y_8(t)$——居民消费指数增长率（％）。

经过计算可以得到如表 2－32 的结果。

表 2-32　　　　　　　X（t）对 Y（t）的关联强弱表

	强相关 $0.65<\gamma\leqslant1$	中度相关 $0.35<\gamma\leqslant0.65$	弱相关 $0<\gamma\leqslant0.35$
Y_1	X_2、X_3、X_4、X_5	X_1、X_6	
Y_2	X_1、X_2、X_3、X_4、X_5	X_6	
Y_3		X_1、X_2、X_3、X_4、X_5	X_6
Y_4	X_3	X_1、X_2、X_4、X_5、X_6	
Y_5	X_2、X_4、X_5	X_1、X_3、X_6	
Y_6	X_3	X_1、X_2、X_4、X_5、X_6	
Y_7	X_1、X_3、X_5	X_2、X_4、X_6	
Y_8		X_1、X_2、X_3、X_4、X_5	X_6

如表 2-31 所示，总体而言，教育发展与经济增长之间具有正相关关系，教育的发展不仅能提高经济增加总量也能改善经济增长的质量。教育发展与经济增长的 48 个关联值中，17 个呈现强关联关系，占 35.4%；29 个呈现中度相关，占 60.4%；2 个呈现弱相关，仅占总数的 4.2%。其中，在强关联的教育发展指标中，教育发展对经济增长"量"的影响大于对经济增长"质"的影响，其中与 Y_1（GDP）强关联的指标四个，分别是 X_2、X_3、X_4、X_5，与 Y_2（人均 GDP）强关联的指标五个，分别为 X_1、X_2、X_3、X_4、X_5。X_3（小学入学率）、X_5（高等教育毛入学率）对经济增长作用显著，共占 17 个强关联指标的 53%。在中度相关的教育指标中，X_1、X_6 出现的次数最多，对应的教育发展指标是高等教育在校生年均增长率和平均受教育年限，X_1 与 Y_1、Y_3、Y_4、Y_5、Y_6、Y_8 存在紧密的关联关系，即高等教育规模的发展将会加快 GDP 增长、扩大固定资产投资，提升全员劳动生产力水平，增加财政收入，促进居民消费；除了与 X_1 一样对 Y_1、Y_4、Y_5、Y_6 所起到的重大作用之外，X_6 还将有助于增加一个地区的人均 GDP 的水平（Y_2）和提升人民科学文化素质，增加第三产业从业人数（Y_7）。

而在弱相关的教育指标中，X_6 与 Y_3、Y_8 之间存在弱相关关系，相关系数小于 0.35，说明平均受教育年限对 GDP 增长速度可能起得更多的是一种间接作用，此外，虽然受教育年限的增加能提升一个人获得收益的能力，但未必一定能提高一个人的消费指数水平。

二、教育发展与人民生活水平的关系分析

(一) 居民人均可支配收入不断增长

从 1989 ~ 2006 年,江西居民人均可支配收入水平明显提高,收入曲线一直处于上升的趋势。2006 年,江西人均居民可支配收入 9 551.16 元,比 1989 年增加 8 649.24 元,增长 7.8 倍,比 1995 年增加 6 174.6 元,增长 182.87%,比 2000 年增加 4 447.56 元,增长 87.15%,说明江西人民生活水平不断得到改善(见表 2 – 33、图 2 – 32)。

表 2 – 33　　　　　1989 ~ 2006 年江西居民人均可支配收入　　　　单位:元

年份	居民人均可支配收入	年份	居民人均可支配收入
1989	1 081.92	1998	4 251.48
1990	1 187.88	1999	4 720.56
1991	1 295.4	2000	5 103.60
1992	1 584.96	2001	5 506.08
1993	1 984.8	2002	6 335.64
1994	2 776.8	2003	6 901.44
1995	3 376.56	2004	7 559.64
1996	3 780.24	2005	8 619.72
1997	4 071.36	2006	9 551.16

资料来源:《江西统计年鉴(1990 ~ 2007 年)》。

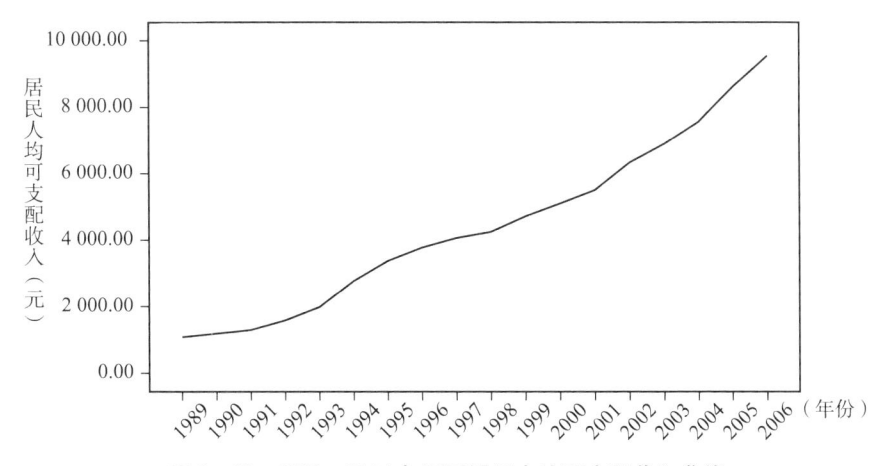

图 2 – 32　1989 ~ 2006 年江西居民人均可支配收入曲线

(二) 恩格尔系数不断下降

从1989~2006年,江西恩格尔系数呈现下降的波动态势。2006年,江西的恩格尔系数为39%,比1989年的58.3%下降19.3个百分点,比1995年的55.7%下降16.7个百分点,比2000年的43.0%减少4个百分点,表明江西居民消费结构逐渐升级,食品支出占生活消费总支出的比例不断降低,文教娱乐用品及服务、医疗保健等非食品消费支出的比例逐渐上升(见表2-34、图2-33)。

表2-34　　　　　　1989~2006年江西恩格尔系数　　　　　　单位:%

年份	恩格尔系数(%)	年份	恩格尔系数(%)
1989	58.3	1998	49.3
1990	59.1	1999	44.9
1991	56.7	2000	43.0
1992	56.6	2001	40.8
1993	53.9	2002	40.6
1994	53.9	2003	40.3
1995	55.7	2004	43.0
1996	53.7	2005	40.8
1997	50.6	2006	39.7

资料来源:《江西统计年鉴(1990-2007年)》。

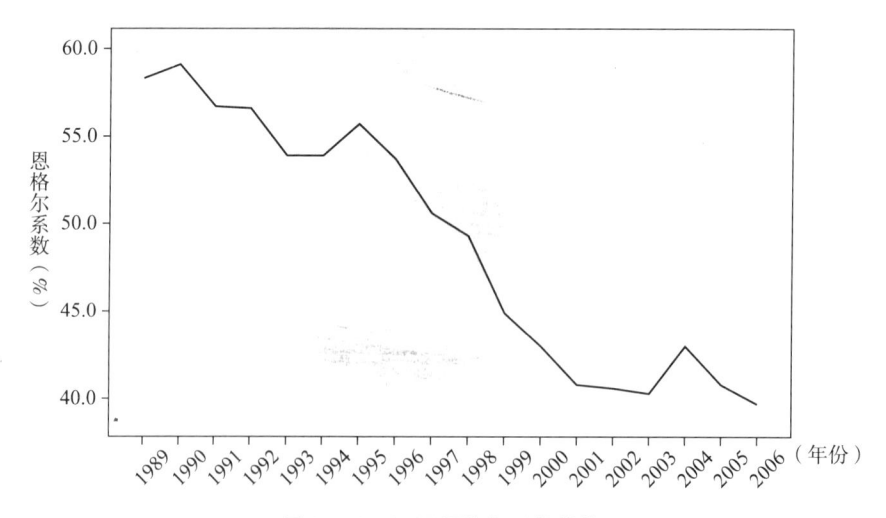

图2-33　江西恩格尔系数趋势

(三) 教育发展与人民生活水平提高的回归分析

运用 SPSS 统计软件，对 1990~2006 年江西平均受教育年限和居民人均受教育年限的数据做回归分析，得到如下回归方程：Y = -10 372.183 + 1 711.239X（结果输出如表 2-35~表 2-37）。

表 2-35　　　　　　　　　　模型参数

模型	判定系数 R	判定系数 R^2	调整判定系数 R^2	标准回归误差	方程显著性检验 F 数值
1	.942（a）	.888	.881	878.08138	119.004

a　估计值：（常量），平均受教育年限
b　因变量：居民可支配收入

表 2-36　　　　　　　　　　回归方差分析

模型		平方和	自由度	均数平方	方程显著性检验 F 数值	大于 F 的概率
1	回归系数	91 301 252.534	1	91 301 252.534	115.035	.000（a）
	残差项	11 905 270.022	15	793 684.668		
	总平方和	103 206 522.557	16			

a　估计值：（常量），平均受教育年限
b　因变量：居民可支配收入

表 2-37　　　　　　　　　　回归系数

模型		未标准系数		标准系数	T 统计量	大于 T 的概念
		偏回归系数	标准误	标准化回归系数		
1	常量	-10 372.183	1 414.784		-7.331	.000
	平均受教育年限	1 711.239	159.550	.941	10.725	.000

a　因变量：居民可支配收入

从模型的总体拟合优度（R^2）检验来看，该模型的决定系数（R^2 = 0.888）和相关系数（R = 0.942）接近 1，即模型的回归拟合优度和线性相关程度高，总体回归效果较好；同时模型的 F 统计值的显著性概率（sig. p = 0.000）、模型的常数项和解释变量的 T 统计值的显著性概率（sig. p = 0.000），均小于 0.01 的显著性水平，即通过总体显著性检验和参数显著性检验，充分揭示出平均受教育年限可以解释居民人均可支配收入的变化,而且回归结果也表明,人均受教育年限每增加一个等效年,能够提高居民人均可支配收入1711.239元,显示了教育发展对收入增加的贡献。

同理,对1990~2006年江西平均受教育年限和恩格尔系数进行回归分析,回归结果为:Y = 90.304 - 4.783X(结果输出如表2-38~表2-40)。

表2-38　　　　　　　　　　　模型参数

模型	判定系数R	判定系数R^2	调整判定系数R^2	标准回归误差
1	.952 (a)	.907	.901	2.20723

a 估计值:(常量),平均受教育年限
b 因变量:恩格尔系数

表2-39　　　　　　　　　　　回归方差分析

模型		平方和	自由度	均数平方	方程显著性检验F数值	大于F的概率
1	回归系数	713.300	1	713.300	146.412	.000(a)
	残差项	73.078	15	4.872		
	总平方和	786.378	16			

a 估计值:(常量),平均受教育年限
b 因变量:恩格尔系数

表2-40　　　　　　　　　　　回归系数

模型		未标准系数		标准系数	T统计量	大于T的概念
		偏回归系数	标准误	标准化回归系数		
1	常量	90.304	3.505		25.763	.000
	平均受教育年限	-4.783	.395	-.952	-12.100	.000

a 因变量:恩格尔系数

从模型的总体拟合优度(R^2)检验来看,该模型的决定系数R^2 = 0.907,即模型的回归拟合优度和线性相关程度高,总体回归效果好;同时模型的F统计值的显著性概率(sig. p = 0.000)、模型的常数项和解释变量的T统计值的显著性概率(sig. p = 0.000),均小于0.01的显著性水平,通过总体显著性检验和参数显著性检验,充分揭示出平均受教育年限和恩格尔系数之间存在相关关系,但自变量系数为 -4.783,表明平均受教育年限和恩格尔系数呈较强负相关，即从业人员受教育年限每提高一个等效年，恩格尔系数平均将下降 4.783 个百分点。

三、教育发展与贫富差异的关系分析

（一）收入基尼系数进一步增大

1. 模型选择。基尼系数的计算方法很多，基于数据收集和计算方法的普通性，本文运用 Sundrum（1990）提出的城乡分解法测算全省的基尼系数。城乡分解法的计算公式为：

$$G = P_1^2 \frac{u_1}{u} G_1 + P_2^2 \frac{u_2}{u} G_2 + P_1 P_2 \left| \frac{u_2 - u_1}{u} \right| \qquad (2-30)$$

式中，G、G_1 和 G_2 分别表示全省居民、城镇居民和农村居民的收入基尼系数；P_1、P_2 分别表示城镇人口和农村人口占总人口的比重；u、u_1 和 u_2 分别表示全省居民、城镇居民和农村居民的人均收入。

2. 数据收集及模型计算。我国现行的居民家庭收支抽样调查是分别按城镇和农村进行的，因此只能先分别测算城镇和农村的收入基尼系数。1990～2005 年江西城乡收入基尼系数数据如表 2-41 所示。

表 2-41　　　　　1990～2005 年江西省城乡收入基尼系数

年份	城镇	农村	年份	城镇	农村
1990	0.2	0.2	1998	0.24	0.27
1991	0.2	0.19	1999	0.25	0.27
1992	0.22	0.19	2000	0.28	0.27
1993	0.23	0.21	2001	0.287	0.276
1994	0.23	0.22	2002	0.291	0.277
1995	0.22	0.23	2003	0.293	0.288
1996	0.21	0.23	2004	0.289	0.27
1997	0.2	0.23	2005	0.298	0.30

注：城镇基尼系数是以城镇居民人均可支配收入为基础计算；农村基尼系数是以农村居民人均纯收入为基础计算。

将相关数据代入式（2-30），得到 1990～2005 年江西省收入基尼系数（见表 2-42）。

表 2-42　　　　　　1990~2005 年江西省收入基尼系数

年　份	基尼系数	年　份	基尼系数
1990	0.259	1998	0.304
1991	0.234	1999	0.436
1992	0.259	2000	0.338
1993	0.292	2001	0.352
1994	0.298	2002	0.376
1995	0.294	2003	0.388
1996	0.276	2004	0.362
1997	0.266	2005	0.379

3. 结论分析。从表 2-42 和图 2-34 可知，1990 年以来，全省收入基尼系数波动性变动，但总体上呈现不断增长的趋势，表明在国民经济高速增长的十几年间，居民收入差距不但没有随之缩小，反而不断扩张，收入分配差距明显。

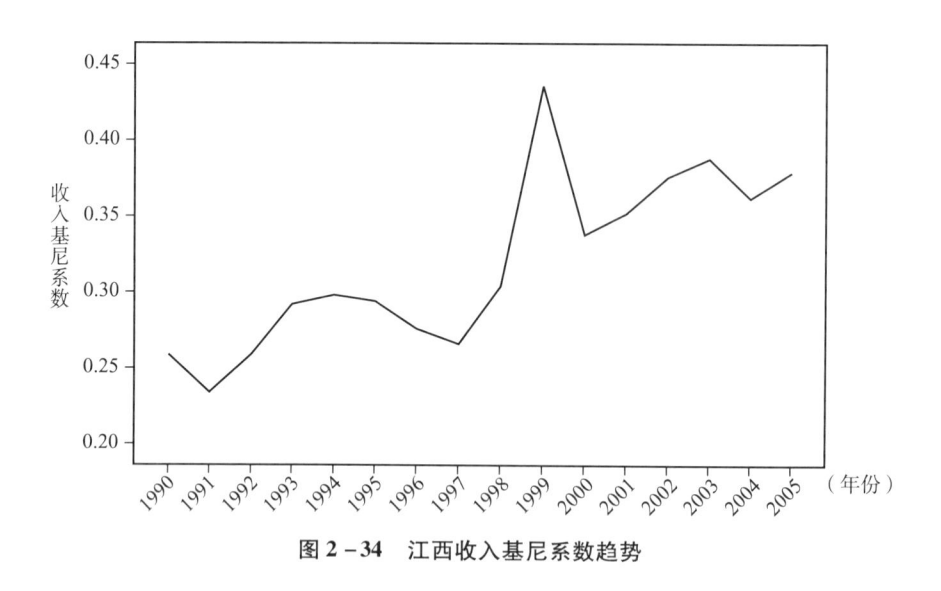

图 2-34　江西收入基尼系数趋势

（二）教育发展与贫富差距关系的实证分析

我们通过建立模型进行回归分析，进一步深入研究江西教育发展和贫富差距的关系，SPSS 输出的回归结果为：

$\ln G_t = 1.014 \ln E_t - 3.316$

$\quad\quad (40.304) \quad (-61.723)$

$R^2 = 0.991 \quad D.W. = 1.409 \quad F = 1\ 624.491$ （2-31）

式（2-31）中，回归方程拟合优度 $R^2 = 0.991$，表明平均受教育年限与收入基尼系数之间存在高度的正相关关系；F 统计量 1 624.491，回归系数 t 统计量（40.304、-61.723）相对较大，揭示出平均受教育年限与收入基尼系数之间线性相关关系显著，回归系数的可靠性高。

此外，回归方程表明，平均受教育年限每增加 1 个百分点，收入基尼系数增加 1.014 个百分点，平均受教育年限的提高会带来收入基尼系数的上升。这与大多数研究文献中得出的"随着平均受教育年限的提高，收入基尼系数下降"的结论截然相反，但与很多国内学者对我国的研究结论一致。这一结论产生的原因是：第一，多数研究表明，我国教育扩展与贫富差距的变动不能拒绝"倒 U"形关系，当前我国正处于"倒 U"形曲线峰值的左边，贫富差距随平均教育年限延长而拉大是正常现象。江西作为我国的欠发达省份，也可能存在这一关系；第二，我们在计算平均受教育年限时对高层次教育赋予了很大权重，因而即便是少数人接受了高层次教育，平均受教育年限也会较大，教育公平化的作用在此无法体现。因此，这一结论并不违反我们的理论假设，恰恰证明了教育扩展对贫富差距的重大影响，更警示我们在教育扩展的同时要注重教育公平。

四、教育发展与教育公平的关系分析

（一）教育基尼系数呈"V"形变化

1. 模型选择。教育基尼系数的计算方法与收入基尼系数近似。本部分采用 1999 年世界银行的研究报告中 Vinod Thomas 使用的计算方法。即用以下公式进行计算：

$$EG = \frac{1}{\mu} \sum_{i=2}^{n} \sum_{j=1}^{i-1} P_i |X_i - X_j| P_j (n = 5)$$ （2-32）

式中，EG 是教育基尼系数；μ 是平均受教育年限；P 表示某级受教育程度人口在总人口中的比例；X 表示某级受教育程度人口的教育年限。我们按照文盲（1）、小学（2）、初中（3）、高中（4）、大专及以上（5）等五个层次对受教育年限进行级别划分。以上公式即变为：

$$EG = \frac{1}{\mu}[P_2(X_2 - X_1)P_1 + P_3(X_3 - X_1)P_1 + P_3(X_3 - X_2)P_2 + \cdots +$$

$$P_5(X_5-X_1)P_1 + P_5(X_5-X_2)P_2 + P_5(X_5-X_3)P_3 +$$
$$P_5(X_5-X_4)P_4] \quad (2-33)$$

将 $X_1=0$，$X_2=6$，$X_3=9$，$X_4=15.06$，$X_5=41.82$ 代入式（2-33），变为：

$$EG = \frac{1}{\mu}[6P_1P_2 + P_3(9P_1+3P_2) + P_4(15.06P_1+9.06P_2+6.06P_3) +$$
$$P_5(41.82P_1+35.82P_2+32.82P_3+26.76P_4)] \quad (2-34)$$

根据式（2-34），以及各级教育程度从业人员的数据和从业人员的平均受教育年限，即得到 1990~2005 年江西省教育基尼系数（见表 2-43、图 2-35）。

表 2-43　　　　　1990~2006 年江西省教育基尼系数

年　份	全　省	年　份	全　省
1990	0.366	1999	0.322
1991	0.357	2000	0.322
1992	0.352	2001	0.347
1993	0.346	2002	0.311
1994	0.342	2003	0.363
1995	0.337	2004	0.329
1996	0.284	2005	0.321
1997	0.297	2006	0.344
1998	0.297		

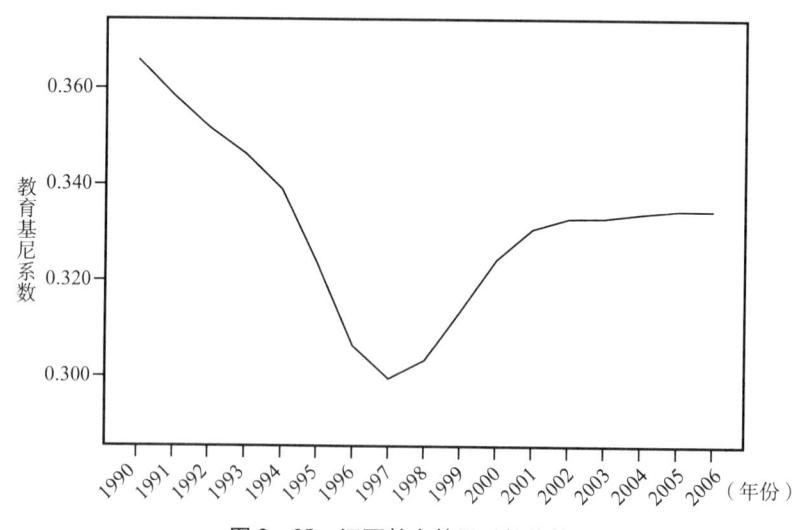

图 2-35　江西教育基尼系数趋势

2. 结论分析。1990年以来，江西教育基尼系数不断下降，但在1996年江西教育基尼系数出现拐点，随后几年波动性上升，这可能是由于各类各级学校扩招所带来的结果，学校招生规模的不断扩大，直接导致了个人受教育成本特别是接受高等教育的成本不断攀升，从而无形中构成了"进入门槛"，出身经济富裕的家庭的学生能够享受到他们愿意享受的教育，而家庭状况不是很好的学生则由于这个"进入门槛"不得不选择过早进入劳动力市场，为此反映教育公平的教育基尼系数曲线近年来才会表现向右上方弯曲的趋势。

（二）教育基尼系数与收入的回归分析

1. 绘制散点图。假定以教育基尼系数为自变量，收入基尼系数为因变量，绘制散点图来描述两者的关系，从图2－36中可知，教育基尼系数和收入基尼系数呈线性关系。

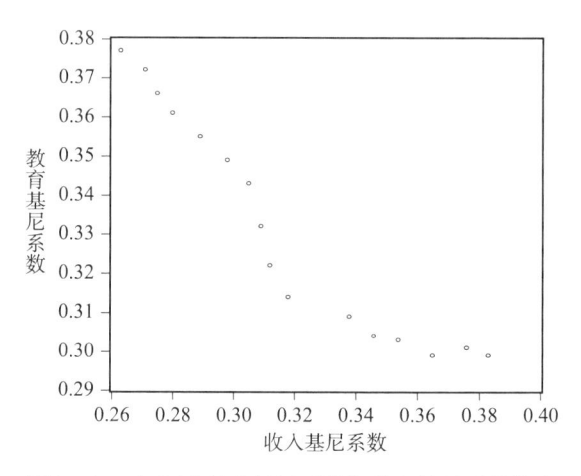

图2－36　江西省教育基尼系数与收入基尼系数散点

2. 模型测算与分析。根据图2－36，我们以收入基尼系数为因变量，教育基尼系数为自变量，利用强迫引入法进行线性回归，但不能通过检验。对此，我们判断必然存在某种变量对收入基尼系数具有重大影响，必须将这种变量纳入模型进行分析。基于对现实的思考，我们认为城乡贫富差距是各类贫富差距中最为明显的，将对总体贫富差距产生决定性作用。

以收入基尼系数为因变量，教育基尼系数、城乡收入比为自变量进行回归，得到以下结果：

$$G_t = 1.373EG_t + 0.037B_t + 0.934AR(1) + 1.016MA(1) - 0.856MA(2) - 0.939MA(3) + \varepsilon$$
$$(6.186) \quad (4.907) \quad (70.507) \quad (2.342) \quad (-2.255) \quad (-3.106)$$
$$R^2 = 0.993 \quad AdjustedR^2 = 0.989 \quad D.W. = 1.671 \qquad (2-35)$$

式中，G 为收入基尼系数；EG 为教育基尼系数；B 为城乡收入比；AR 为自相关算子；MA 为移动平均算子；括号内为 t 统计量。

从回归结果来看，回归方程显著性非常好，拟合度很高。回归结果表明，教育基尼系数每增加 1 个单位，收入基尼系数增加 1.373 个单位；城乡收入比每提高 1 个单位，收入基尼系数增加 0.037 个单位。这说明教育不公平会拉大贫富差距，而且这种作用十分强烈，这与大多数研究文献中得出的"随着教育的平等化，收入基尼系数下降"的结论一致，进一步验证了教育公平促进社会公平的作用机理。江西要实现教育外部和谐发展就必须促进教育公平，发挥教育公平对社会公平的巨大促进作用。

五、促进教育公平发展的政策建议

胡锦涛总书记在 2007 年 8 月 31 日全国优秀教师代表座谈会上指出："要把促进教育公平作为国家基本教育政策，统筹教育发展的规模、结构、质量，认真研究解决教育改革发展中的重大问题，不断满足人民日益增长的教育需求。"要坚持全面、协调、可持续的发展观，努力推进城乡间、地区间教育公平均衡发展，推进各级各类教育全面发展，大力完善国民教育体系和终身教育体系，有效缓解教育供需矛盾，使每一个社会公民都享有公平的受教育的机会，缩小城乡、区域间教育差距，促进教育公平均衡和谐发展，进而拉动社会贫富差距的缩小，为构建和谐社会打下牢固的基础。一是制度上力求公平，构建和谐教育管理体制。要积极推进各级政府和教育行政部门的管理体制改革，将工作重点转移到制定教育公平发展战略，大力为教育事业公平均衡发展提供政策支持和实际帮助；要积极推进办学体制的改革，形成以政府办学为主体、社会各界协同参与、公办学校与民办学校共同发展、优势互补的办学体制，使"每一个社会公民参与教育事业"成为教育管理体制的核心。二是投入上力求公平，促进优质教育资源合理流动。教育投入是促进教育公平均衡发展的基础，公平分配教育资源是促进教育公平均衡发展的关键。要强化各级政府对教育投入的责任，以更大的精力、更多的财力发展教育，使教育投入总量保持较高的增长率；要建立政府、社会、个人投资的多元化的教育资金筹集渠道，为社会力量办学或投资提供"绿色通道"，要改变以往教育资源过于集中投向城市重点中学和高等学校的局面，促使教育经费投入向农村倾斜、向职业教育倾斜，提高农村特别是贫困地区教师的待遇和社会地位，使农村特别是边远山区、少数民族地区和不同学校的教师在物质和精神方面都享受到优厚的待遇，实现城乡之间、区域之间、各级各类学校之间教育经费和教师资源的公平配置。三是政策上力求公平，大力扶持弱势教育和弱势群体。要在义务教育阶段确保城乡、区域间都受到同等质量的九年制教育，在高中教育阶段加快取消重点高中，大力改善职业高中、薄弱高中的办学条件，提高办学水平，要把高等教育延伸到各设区市，使每个地区都建立起为当地经济社会发展服务的具有特色的多科性院校和高等职业院校；要把政策重点从"扶优"转移到"扶弱"上来，保证各个阶段的教育公平；要不断改革现有的助学奖学制度，建立规范灵活的扶助机制。特别要鼓励社会团体筹建助学基金会，鼓励贫困学生申请奖学金、参加勤工俭学，从而形成"政府、社会、贫困学生"三位一体的扶助机制，为更多贫困学子提供学习的机会，真正实现"教育面前人人平等"。四是评价上力求公平，把教育公平纳入教育发展评价体系。评价一个地区的教育水平不能只注重教育发展得快不快，只依据发展规模、速度、升学率等效率型指标，而应当注重结构、布局以及随着教育的发展，教育基尼系数和收入基尼系数的变化等公平型指标，特别注重教育发展是否公平均衡。要改革现有的以效率型指标为主的教育评价机制，把促进教育公平均衡发展作为教育行政部门的首要任务以及业绩考核的重要指标，对教育行政部门的工作进行跟踪评价，推动教育发展从效率优先向公平优先转变，为缩小贫富差距、建设社会主义和谐社会做出更大贡献。

第九章　中部地区人力资源开发特征与因素分析

第一节　中部地区农村劳动力资源状况分析[①]

中部地区是我国的农业大区,是我国"三农"问题最棘手的所在地。中部地区农业人口所占比重高达64.9%,高出全国平均水平6.7个百分点。中部农村剩余劳动力问题的解决是解决"三农"问题的关键。对中部农村劳动力资源状况的分析有助于解决农村剩余劳动力问题。

一、中部地区农村人力资源的结构

改革开放以来,特别是近年来,中部地区人力资源状况有了明显改善,但仍难以适应中部崛起的需要。中部人力资源数量低于东部,赶不上西部,现在仍处于尴尬的境地。

(一)农村劳动力平均受教育水平低

中部六省有农民2.6亿多,全国近1/3以上的农民高度集中于中部地区,中部农村劳动力数量大。以湖北为例,2004年底,湖北省农村劳动力1 877.03万人,全国排第13位,占全国农村劳动力总量的3.7%左右,乡村人口3 965.25万人,在全国排第10位,乡村人口占全省总人口的65.91%,农村劳动力占村人口的47.3%,中部地区相对较发达的省湖北尚且如此,可见中部地区我国农业人口的集中程度之高。中部虽是我国农村劳动力最多的地区,但人才数量比重较低。由表2-44可知,中部六省人口中,15岁及15岁以上人口中文盲、半文盲人口占全国文盲、半

[①] 撰稿人:尹继东,南昌大学中国中部经济发展研究中心/南昌大学经济与管理学院;郭海红,南昌大学经济与管理学院;李益梅,南昌大学经济与管理学院。

文盲人口的 26.05%，其中男性文盲占全国男性文盲的 25.65%，女性文盲占到了 26.20%。据此，有关专家推算，中部六省文盲的绝对人数达 2 793.75 万人，占中部六省总人口的 7.65%。

表 2-44 各地区按性别分 15 岁及 15 岁以上文盲、半文盲人口 (2004 年)

地区	15 岁及 15 岁以上人口 (人)			15 岁及 15 岁以上文盲、半文盲人口 (人)			文盲、半文盲占 15 岁及以上人口的比重 (%)	
		男	女		男	女	男	女
全国	1 011 199	506 724	504 475	104 324	29 338	74 986	10.32	5.79	14.86
山西	25 501	13 049	12 451	1 466	451	1 015	5.75	3.46	8.15
安徽	49 000	14 669	24 331	7 390	2 092	5 298	15.08	8.48	21.77
江西	32 561	16 367	16 195	2 949	742	2 207	9.06	4.53	13.63
河南	74 339	37 263	37 076	6 006	1 741	4 265	8.08	4.67	11.50
湖北	47 234	23 554	23 679	5 419	1 402	4 017	11.47	5.95	16.96
湖南	52 986	16 849	26 136	3 945	1 097	2 847	7.44	4.09	10.89

注：本表中的"文盲、半文盲人口"指 15 岁及 15 岁以上不识字及识字很少人口。
资料来源：《中国统计年鉴（2005 年）》。

中部地区农村劳动力还有相当一部分受教育程度仍停留在小学水平，从业人员文化程度与人力资本质量层次都显示中部地区农村劳动力受教育程度以初中为主，但小学及以下比重很大，高中及以上文化程度的从业人员所占比重小，以江西、湖北、河南省为例，2004 年，江西省农村住户劳动力文化程度构成中：文盲或半文盲所占比重为 6.65%，小学程度为 32.85%，初中程度为 48.96%，高中以上文化程度仅为 11.54%。湖北省农村劳动力文化程度结构为：小学及以下的比例为 33.39%，占全部农村劳动力的 1/3 以上，初中占 53.11%，高中及中专占 13.01%，大专及以上占 0.49%。

（二）劳动力三次产业分布存在很大差距

农村劳动力受教育程度偏低直接导致了中部地区的劳动力产业结构失衡，产业、行业人力资源结构性矛盾突出。中部地区就业结构相对于产值结构比重来说，第一产业就业比重过高，第二、第三产业就业比重偏低，大量农村劳动力滞留在农村从事农业生产，造成农业生产率低下，导致大量过剩农业劳动力的存在和很大比例的隐性失业，使得中部地区就业结构调整难度大。受教育程度是影响劳动力在不同产业就业的一个重要因素。

以河南省为例，河南省受教育程度在小学及以下的农村劳动力就业主要集中于第一产业，占34.09%；第二业为14.1%；第三产业为13.59%。初中文化程度的主要从事第二产业、第三产业，各自所占比重为71.68%和61.40%。而高中及以上文化程度的农村劳动力主要是从事第三产业。很明显看出，随着文化度的提高，农村劳动力将由第一产业逐步向第二、第三产业转移（见表2-45、表2-46）。

表2-45　　　　2003年全国及中部各省三次产业就业结构　　　　单位：%

地区	第一产业就业比重	第二产业就业比重	第三产业就业比重
全国	49.1	29.6	29.3
中部	52.0	19.2	30.4
山西	44.3	24.5	31.2
安徽	54.9	19.0	26.2
江西	50.1	17.8	32.1
河南	60.2	19.6	20.2
湖北	45.1	18.7	36.2
湖南	57.4	15.5	36.2

资料来源：《中国统计年鉴（2004年）》。

表2-46　2002~2004年全国及中部地区三次产业产值结构变动情况　　单位：%

地区	2002年 第一产业	2002年 第二产业	2002年 第三产业	2003年 第一产业	2003年 第二产业	2003年 第三产业	2004年 第一产业	2004年 第二产业	2004年 第三产业
全国	15.8	50.1	34.1	15.3	50.4	34.3	14.6	52.2	33.2
中部	18.0	45.3	36.7	16.5	47	36.6	17.3	48.1	34.7
湖北	14.2	49.2	36.6	14.8	47.8	37.4	16.1	47.4	36.5
湖南	19.5	40	40.5	19.1	38.7	42.2	20.6	39.5	39.9
安徽	21.7	43.5	34.8	18.9	44.8	36.3	19.4	45.1	35.5
山西	9.7	52.5	37.8	8.8	56.6	34.7	8.3	59.5	32.2
河南	20.9	47.8	31.3	17.6	50.5	31.9	18.7	51.2	30.1
江西	21.9	38.8	39.3	19.8	43.4	36.8	20.4	45.6	34.0

资料来源：《国家统计年鉴（2003~2004年）》及中部各省统计公报。

表2-47　　　　　　河南省各产业农村劳动力文化素质比较

文化程度产业	文盲半文盲	小学	初中	高中	中专	大专及以上
一产业	7.98	26.11	54.83	9.63	1.26	0.19
二产业	1.06	13.04	71.68	11.92	1.81	0.50
三产业	1.46	12.13	61.40	16.25	6.48	2.29

资料来源：2005年中国农村劳动力调研报告。

（三）脑力劳动与体力劳动职业结构悬殊

中部地区劳务输出中，劳动者主要从事低技术、体力劳动为主，从行业来看，主要以从事批发、零售、餐饮行业、建筑业以及制造业为主，而从事相关的文教、卫生、邮电通迅业的比重过低。以江西省为例：江西省2004年劳务输出中农林牧渔业为13.08万人，占劳动输出人员总数的5.83%；采掘业为7.13万人，占3.18%；制造业为27.56万人，占12.28%；建筑业为57.34万人，占25.55%；交通运输、仓储及邮电通讯业为18.26万人，占8.14%；批发、零售贸易和餐饮业为50.49万人，占22.50%；其他行业为50.53万人，占22.52%。

二、中部地区农村劳动力资源的流向结构

（一）全国范围内省际之间劳动力的流向

从劳动力迁移状况看，近年来中国东、中、西三大地带省际人口迁移的一个重要特点是，中部和西部地区多数省迁往省外的人数大于省外迁入的人数，省际之间净迁入人数为负值；而东部地区多数省迁往省外的人数小于省外迁入的人数，省际之间净迁入人数为正值。据江西省劳动和社会保障厅最新统计，截至2005年9月底，江西跨省劳务输出达512.4万人，同比增加41.8万人，已超过2004年全年劳务输出总人数，再创历史新高。其中，有组织输出148.5万人，增幅达35.6%；输出地主要集中在广东、福建、浙江和上海，输出人数401.3万，占总数的78.3%。2003年河南省劳务输出1 390万人；湖南省劳务输出1 300万人；安徽省劳务输出714万人，中部地区是我国主要劳务输出省份，劳务输出排名居我国前几位，主要输出方向是东部较发达地区。劳动力及人口之所以出现向东部流动的倾向，最主要是国内东、中、西三大地带的发展差距逐步拉大，三大地带的劳动者的报酬出现了较大差距。为了追求更高的收益，一部分劳动者开始由收入低的地方流向收入高的地方，这是一种利益驱动性流动。根据我国现行的经济体制和各地区经济社会发展的状况，今后劳动力的这种流动趋势仍存在（见表2-48）。

表 2-48　　　　2004 年安徽省外出半年以上人口比重及流向

外出人口比重（%）	外向流动构成（%）				
	本县其他乡	乡镇街道	本市其他县区	本省其他市	外省
12.70	10.82	0.28	5.29	6.96	76.92

资料来源：《安徽统计年鉴（2005 年）》。

（二）中部地区劳动力的流向

中部地区农村劳动力转移从区域来看各省有所区别，但向省外转移成为各省农村劳动力转移的一个重要的途径。以安徽和湖北省来看，湖北省农调队对全省 3 300 个农户劳动力就业状况调查表明，2004 年全省农村劳动力就业的地域分布情况为，乡内、县内乡外、省内县外、国内省外就业的比重分别为 74.36%、1.77%、4.93% 和 18.93%，国内省外的就业比重比 2001 年上升了 7.21 个百分点，同期乡内就业比重下降了 4.18 个百分点。从表 2-48 中我们可以看出，安徽省在以省内转移为主体的基本格局下，跨省流动规模越来越大。而且可以看到，2004 年安徽省劳动力流向外省的比例达到 76.92%。中部地区劳动力转移都是以向城镇转移为主要方式，其原因可以列出很多，诸如追求丰富多彩的城市生活，寻找个人发展的机会，为了子女受到更好的教育。然而就大多数人而言，最基本的动因仍然是经济利益。由于劳动者从事生产的目的是为了获得尽可能多的收益，所以，只要城镇的发展水平高于农村，只要城镇居民的收入高于农民的收入，在国家对城乡劳动力流动采取比较宽松的政策的情况下，农村劳动力向城镇的流动就不可避免。城乡发展的差距越大，农村劳动力向城市流动的愿望就越强烈，而我国改革开放以来城乡收入差距总体上处于拉大的变化过程。20 世纪 80 年代初期城乡居民的收入差距比例曾下降到 2 倍以下，其他多数年份保持在 2 倍以上，最高超过 3 倍。中国城镇居民人均可支配收入和农民人均现金收入之比在 2003 年和 2004 年分别为 3.23∶1 和 3.209∶1。城乡居民的收入存在较大差距势必强化农村人口进城的愿望。与此同时，传统的户籍管理制度逐步得到改革，农村人口进城比计划经济时期容易多了，于是越来越多的农村劳动力及其家庭进入城镇。他们中有条件的将户口迁入城镇，另外一部分则举家暂住在城镇，还有相当一部分农村劳动力季节性地在城乡之间流动。

（三）中部地区农村劳动力资源的转移方式

中部地区农村劳动力转移的方式多种多样，主要有两种方式，一种是季节性转移；另一种为长期举家在外工作。按转移有无组织方式可以分为自发性的转移、亲友介绍和政府及中介介绍的有组织性转移三种形式。但从具体流向目的地来看可以分为：离土不离乡、进厂不进城，进城务工经商，南下打工，西部拓荒四种形式。

三、中部地区农村人力资源开发的投入

（一）中部地区的教育总体投入较低

有数据显示，1985 年世界各国教育投入占 GDP 比重的平均水平是 5.2%，发达国家平均水平是 5.5%，发展中国家平均水平是 4.5%。当年我国财政性教育投入只有 2.3%，而 2004 年我国财政性教育经费占国内生产总值的比例才为 4%。我国现在的教育投入低于 20 年前的世界平均水平。2003 年我国政府教育投入比 2002 年增长了 13.29%，但预算内教育经费占财政支出比例和国家财政性教育经费占 GDP 的比例均有不同程度的下降，分别比上年下降了 0.08 和 0.04 个百分点，其中 17 个省、自治区、直辖市没有达到《教育法》规定的教育投入增长要求。而且，教育投入的地区间差异明显，中部地区国家财政教育经费投入占总的教育经费投入的比重低于全国平均水平，与发达地区省份相比，中部地区教育经费投入也远远低于发达地区（见表 2-49）。考虑到我国经济发展水平的现状，政府目前是教育的主要承办者，其现阶段对教育的投入，远不能支撑中国这样一个大国对教育的需求。

表 2-49　　中部六省及发达地区国家财政教育经费　　　　单位：万元

地区	国家财政教育经费	地区	国家财政教育经费
北京	2 194 373	天津	596 588
广东	3 247 693	上海	1 740 617
江西	684 152	山西	774 669
安徽	1 061 198	河南	1 555 518
湖南	1 151 361	湖北	1 292 427

资料来源：《中国统计年鉴（2004 年）》。

经费紧缺,严重制约着农村义务教育的发展。办学经费紧缺,可以说是我国教育特别是农村义务教育面临的普遍问题,中部地区这一问题表现得更为突出。农村初级中学生均预算内教育经费支出中部低于全国平均水平,2003 年中部地区农村初级中学生均预算内教育经费支出为 732.87元,而全国平均水平为 889.69 元,中部与全国相差 156.82 元,仅是全国平均水平的 82.4%。农村普通小学生均教育费支出,中部为 844.4 元,而全国平均水平为 1 058.25 元,中部与全国相差 213.85 元,中部仅是全国平均水平的 79.8%。中部地区农村义务教育经费严重短缺,主要是由于中部地区经济发展较落后,是我国的主要农业大省,县级财政负担能力有限,特别是一些县市还是国家财政资助县,没有能力负担农村教育经费(见表 2-50)。

表 2-50　　　　农村初级中学生均预算内教育经费支出　　　　单位:元

地区	预算内经费支出	事业性经费支出	基建支出
全国	889.69	871.79	17.9
山西	913.63	906.93	6.7
安徽	640.88	621	19.88
江西	744.97	729.23	15.75
河南	574.99	570.68	4.32
湖北	747.44	738.54	9.25
湖南	775.28	766.81	8.47
中部	732.87	722.20	10.73

资料来源:《中国教育经费统计年鉴(2004 年)》。

(二) 中部地区的城乡教育投入比较

农税改革以后,义务教育投入的缺口越来越大。"十五"规划教育部重点课题"税费改革后农村义务教育投入保障机制问题研究"表明,税费改革取消了农村教育附加费后,平均来看,县(市)对上级财政转移支付的依赖度从 49.83% 增加到 57.15%,而财政支出中投入教育的经费比例反而下降。2001 年国务院发展研究中心一项调查发现,农村义务教育实际上是农民自己负担。全部义务教育投入中,乡(镇)一级的负担高达 78%,县财政负担约 9%,省地负担约 11%,中央财政只负担了2%。更要关注的是在教育投入上存在的城乡差距,或者说,是对农村教育投入严重不足的现状。以河南省为例,2003 年全省初中生人均教育事业费城市平均值是601元、小学为468元,而农村则分别为539元和428元;生均公用经费城市初中平均90~120元、小学为60~100元,而农村为初中80元、小学50元。"十五"前期,湖南省农村小学的生均教育经费支出不及城镇的1/3,相差悬殊。中部地区城乡基础教育水平相差较远,农村基础教育水平明显低于城镇基础教育水平,各层次的基础教育水平差距随着层次的提高逐渐扩大。从中部地区普通中学情况看,2003年按城乡划分的普通中学,中部地区合计占全国的比重为30.7%,普通高中学校合计占全国比重为26.5%,中部农村普通中学学校数为全国农村普通中学学校数的35.5%,而普通高中学校数为全国农村普通高中学校数的13.1%。从中部各省城乡普通中学比例来看,农村普通中学所占比重56.7%高于全国平均水平49.7%,但中部农村普通高中占全部高中比重16.3%却低于全国平均水平的33.5%。义务教育投入的缺额越来越大已足以让人忧虑,其背后更严重的问题是如何实现城乡教育平等。教育公平是实现社会公平的"最伟大的工具",教育资源的分配不公很可能造成一系列的社会不公。从职业中学生均教育经费支出来看,中部地区职业教育发展落后,与全国平均水平比较存在较大差距。中部地区各省的职业中学生均教育经费支出都低于全国平均水平的3 423.34元,其教育经费支出最高的湖南省职业中学生均教育支出为3 270.49元,也与全国相差1 152.85元。而职业教育是影响农村劳动力素质的一个重要方面。

(三) 中部地区与其他区域之间的教育投入比较

我国教育投入的地区差距明显。1990年,我国各地区的人均教育经费最高与最低的差距为8.45倍,2001年这一差距扩大到13.03倍。2000年,我国从业人员平均教育年限最高的地区已接近11年,最低的不足4年。以2001年为例,生均教育经费,小学生东部2 075元,中部851元,西部987元;初中生东部是2 655元,中部是1 165元,西部是1 474元。生均预算内教育经费,小学生东部是1 412元,中部是597元,西部是775元,初中生东部是1 617元,中部是719元,西部是1 142元。河南省2003年人均预算内教育经费支出只有172元,居全国29位,比全国平均水平265元/人低35%。由此可见,地区间教育经费投入差距非常明显。这主要是两个方面的原因所导致的,一方面是国家财政内预算教育经费支出中采取地区不平衡的政策,国家一直加大对西部地区教育经费投入的支持,而中部作为我国经济发展较落后的地区却没有得到相应的政策支持,国家在很大程度对中部地区教育经费支出与东部一律平等对待,这在政策上给相对落后的中部地区教育发展造成一定的不利影响。另一面中部地区本身经济发展水平较低,决定了中部地区教育经费投入不足。中部地区教育经费支出不仅低于东部地区而且还低于西部地区,这在很大程度上影响中部地区的经济发展和劳动力素质以及农村劳动力的转移速度。对于经济落后的中部来说,教育费用的高涨,贫困家庭子女受教育机会受到限制,广大的落后地区积淀了大量的低素质人口,导致区域经济难以发展。

(四) 中部地区教育投入结构的失衡

目前中部地区教育投入结构,存在一定的不合理性。从表2-51可以看出,中部地区各类学校生均预算内教育支出中除地方中等师范学校外其他类型的学校生均预算内教育支出都低于全国平均水平,中部地区地方中

表2-51 各地区不同教育学校生均预算内教育支出 单位:元

地区	普通高等学校	地方中等师范学校	地方普通中学	地方高级中学	地方初级中学	地方职业中学	地方普通小学
全国	6 522.48	2 720.64	1 232.96	1 729.85	1 096.98	1 745.83	952.44
山西	4 353.96	2 090.51	1 022.61	1 259.99	960.54	1 343.44	801.09
安徽	5 565.39	2 204.58	785.4	1 131.48	697.08	757.62	686.41
江西	2 774.42	1 706.6	803.32	1 010.54	745.76	1 247.61	755.22
河南	4 201.38	1 931.53	704.66	949.48	649.41	1 092.12	520.12
湖北	5 655.35	2 022.27	879.08	1 050.43	828.11	1 160.83	652.03
湖南	3 795.26	1 550.84	870.18	1 060.63	822.53	1 269.83	852.52
中部	4 406.0	3 161.8	844.2	1 077.1	783.9	1 145.2	711.2
中部与全国比	0.676	1.162	0.685	0.623	0.715	0.656	0.747

资料来源:《中国教育经费统计年鉴(2004年)》。

等师范学校生均预算内教育支出是全国平均水平的1.162倍,而普通高等学校、地方普通中学、地方高级中学、地方初级中学、地方职业中学、地方普通小学的生均预算内支出各自是全国平均水平的0.676、0.685、0.623、0.715、0.656、0.747。由此可见,中部地区教育生均预算内支出不仅在总体投入上与全国平均水平存在差距,而且在投入结构上也与全国平均水平存在一定的差距,高中以下投入与全国平均水平比较存在不足。中部地区教育投入结构不合理影响着中部地区经济的发展和农民收入的提高。中部地区教育投入倾向于中、高等教育,但在现阶段来说我国的高等

教育仍未实现大众化教育，真正能够受到高等教育的也只是一部分人口。在初中、高中教育后往往会有绝大部分人直接成为社会劳动力。研究表明，随着科技进步，我国高等教育回报率将提高，我国教育边际回报率基本上随着教育层次的提高而提高，这将对不同受教育层次主体的收入产生重要的影响，在一定程度上扩大了居民收入之间的差别，城乡之间、地区之间差距拉大。我国农村住户平均受教育年限与我国农村居民家庭纯收入存在高度相关性，相关系数为0.975。而且农村居民平均受教育程度每提高一年，农村家庭收入就将提高1 359.70元。为此，调整中部地区教育投入结构比例、加强农村初等教育、普及农村义务教育是提高中部地区农村居民平均受教育年限的关键所在。

四、结论

中部地区农村劳动力丰富但质量低，高素质人才少，劳动力结构不合理，不合理的劳动力存量结构影响农村劳动力转移，不利于中部地区经济发展，产业结构的调整与升级。这主要由于中部地区农村教育投入不足，其投入低于全国平均水平，而且中部地区农村教育内部投入结构不合理，基础教育投入与中高等教育相比存在严重不足，中部地区与全国相比这一问题更加突出。因此，中部地区今后要把提高农村劳动力素质作为解决农村剩余劳动力问题的关键。

第二节　中部地区人民生活水平比较分析[①]

目前，关于中部地区崛起的研究主要集中在中部地区发展的现状与原因，中部地区及中部各省实现崛起的条件、战略及对策，中部地区的产业发展。相对来讲，这些研究偏重于经济发展水平及其差异方面，却忽视了对人民生活水平状况及差异的研究。提高人民生活水平是现代区域经济发展的最终目标。就我国而言，坚持把提高人民生活水平作为根本出发点，不断改善城乡人民生活，既是发展经济的根本目的，也是扩大内需、促进经济持续增长的迫切需要。本节拟通过分区域的时序数据做比较分析，探讨中部地区人民生活水平状况，这对全面认识中部地区的发展问题和制定

---

① 撰稿人：覃成林，暨南大学经济学院/南昌大学中国中部经济发展研究中心；周二黑，河南大学环境与规划学院；吕化霞，河南大学环境与规划学院。

促进中部地区崛起的政策等将有所裨益，对于我国解决区域之间人民生活水平差距问题，促进和谐社会建设也具有参考价值。

关于生活水平的科学含义，《不列颠百科全书》的解释是，衡量个人或集团对商品和服务的期望或企求的尺度。换一种说法，生活水平专用于衡量某一个人或集团对于商品和服务所能达到的消费程度，它不仅包括私人购买的物品，也包括集体消费的商品和服务，并且，一个人的生活水平会随其收入的改变而变化。

本节从收入和消费两个方面分析人民生活水平的变化，所采用的指标主要有城镇居民人均可支配收入，农村居民人均纯收入，城乡居民生活性消费支出和恩格尔系数。利用这些指标的时序数据，通过区域比较的方式来分析中部地区人民生活水平的格局及变化。在区域划分方面，本节将全国划分为四大区域，其中，中部地区包括山西、河南、湖北、湖南、安徽、江西；大都市区包括北京、天津、上海；新兴工业化地区包括广东、浙江、江苏、福建、山东；西部地区包括重庆、四川、贵州、云南、陕西、甘肃、青海、宁夏、新疆。所研究的时段是1978~2003年，主要数据来源于《新中国五十年统计资料汇编》和2000~2004年《中国统计年鉴》。

一、中部地区居民收入水平变化及比较

居民的生活水平主要由居民收入决定，所以要考察居民生活水平，必然要考察居民收入水平。下面分别考察中部地区与其他三大区域相比较，城镇居民和农村居民收入水平的变化。

表2-52显示，改革开放以来，中部地区城镇居民收入水平虽然在不断提高，其幅度达到了6 792元，但是，与其他三个区域相比，中部地区的城镇居民收入是较低的。1978年，中部地区的城镇居民人均可支配收入分别是大都市区、新兴工业化地区的70.5%和86.1%。到2003年，中部地区城镇居民可支配收入只有大都市区和新兴工业化地区的54.5%和66.7%。可见，中部地区城镇居民可支配收入与大都市区和新兴工业化地区的差距趋于扩大。与西部地区相比，1978年中部地区城镇居民人均纯收入是西部地区的93.6%，到2003年才超过了西部地区，略高出70多元。

表 2-52　　　　我国四大区域城镇居民人均可支配收入　　　　单位：%

时间	中部地区	大都市区	新兴工业化地区	西部地区	时间	中部地区	大都市区	新兴工业化地区	西部地区
1978	309	438	359	330	1991	1 469	2 124	2 032	1 530
1979	324	473	415	357	1992	1 775	2 537	2 512	1 818
1980	399	555	458	408	1993	2 233	3 447	3 294	2 238
1981	427	564	496	443	1994	3 039	4 860	4 518	2 995
1982	452	599	538	473	1995	3 746	5 990	5 482	3 639
1983	479	629	575	504	1996	4 189	7 004	6 153	4 184
1984	546	752	667	595	1997	4 440	7 630	6 604	4 454
1985	640	953	821	708	1998	4 600	8 119	6 912	4 737
1986	781	1 143	980	849	1999	4 948	9 255	7 352	5 124
1987	873	4 269	1 112	938	2000	5 272	10 069	7 953	5 487
1988	1 034	1 497	1 358	1 077	2001	5 745	11 140	8 734	5 999
1989	1 213	1 683	1 632	1 237	2002	6 432	11 684	9 567	6 517
1990	1 334	1 869	1 781	1 358	2003	7 101	13 021	10 644	7 029

由表2-53可见，1978~2003年中部地区农村居民人均纯收入增长了近20倍，达到2 370元。不过，中部地区与大都市区、新兴工业化地区之间的农村居民收入水平的差距一直呈扩大的趋势。1978年，中部地区农村居民人均纯收入分别是大都市区和新兴工业化地区的54.1%、77.8%；2003年，分别只有42.3%和57.6%。与西部地区相比，中部地区农村居民人均纯收入在1978年略低于西部地区，但其后一直高于西部地区，2003年是西部地区的125.5%。总体而言，1978~2003年，中部地区的城镇和农村居民收入水平与大都市区、新兴工业化地区的差距在持续扩大。与西部地区相比，中部地区城镇居民的收入水平与之差距较小，并在2003年超过了西部地区；而且，农村居民的收入水平基本上高于西部地区，在2003年已经高出西部地区1/4多。

表 5-53　　　　我国四大区域农村居民人均纯收入　　　　单位：元

时间	中部地区	大都市区	新兴工业化地区	西部地区	时间	中部地区	大都市区	新兴工业化地区	西部地区
1978	119	220	153	120	1991	595	1 531	978	559
1979	157	263	180	137	1992	662	1 735	1 103	596
1980	179	329	219	172	1993	774	2 058	1 370	659
1981	221	367	271	196	1994	1 052	2 605	1 827	848
1982	259	431	321	229	1995	1 369	3 328	2 377	1 038
1983	295	498	355	254	1996	1 712	3 850	2 851	1 283

续表

时间	中部地区	大都市区	新兴工业化地区	西部地区	时间	中部地区	大都市区	新兴工业化地区	西部地区
1984	340	651	412	286	1997	1 921	4 196	3 100	1 429
1985	375	715	468	320	1998	1 978	4 442	3 224	1 535
1986	393	798	517	341	1999	2 016	4 349	3 343	1 543
1987	424	908	603	367	2000	2 071	4 608	3 479	1 595
1988	471	1 085	741	437	2001	2 160	4 948	3 664	1 666
1989	529	1 257	834	470	2002	2 272	5 300	3 864	1 771
1990	612	1 344	894	541	2003	2 370	5 607	4 114	1 889

二、中部地区居民消费水平变化及比较

居民的消费水平是生活水平的另一个重要方面，特别是生活性消费支出直接反映了人民满足生活需求的能力。如表2-54所示，1978~2003年中部地区城镇居民生活性消费支出一直低于大都市区、新兴工业化地区和西部地区。1978年，中部地区城镇居民的生活性消费支出只相当于大都市区的70.4%，新兴工业化地区的87.5%，西部地区的97.9%。但是，到了2003年，中部地区的城镇居民生活性消费支出只及大都市区的53.4%、新兴工业化地区的67.7%、西部地区的94.2%。由此可见，中部地区城镇居民生活性消费支出与大都市区、新兴工业化地区之间的差距有了显著的扩大，与西部地区之间的差距也呈现出略微扩大的趋势。

表2-54　　　　我国四大区域城镇居民生活性消费支出　　　　单位：%

时间	中部地区	大都市区	新兴工业化地区	西部地区	时间	中部地区	大都市区	新兴工业化地区	西部地区
1978	280	398	320	286	1991	1 267	1 871	1 758	1 326
1979	—	437	370	319	1992	1 459	2 182	2 059	1 533
1980	374	506	424	381	1993	1 815	2 931	2 662	1 876
1981	398	527	457	408	1994	2 470	4 035	3 669	2 498
1982	405	536	487	432	1995	3 085	4 984	4 541	3 076
1983	430	570	522	451	1996	3 401	5 724	4 979	3 517
1984	473	664	579	523	1997	3 612	6 185	5 307	3 763
1985	584	895	744	650	1998	3 695	6 436	5 497	3 591
1986	694	1 062	871	754	1999	3 919	7 199	5 766	4 233
1987	776	1 167	991	828	2000	4 249	7 828	6 204	4 567
1988	975	1 461	1 260	1 042	2001	4 499	8 415	6 570	4 873
1989	1 073	1 541	1 456	1 089	2002	4 948	9 314	7 194	5 381
1990	1 133	1 674	1 517	1 163	2003	5 345	10 011	7 897	5 676

就农村居民生活性消费支出而言，1978~2003年中部地区一直低于大都市区和新兴工业化地区，但高于西部地区。1978年，中部地区农村居民生活性消费支出是大都市区的62.9%、新兴工业化地区的77.5%；2003年，这个比例变为42.8%和58.6%。这说明，中部地区农村居民生活性消费支出与后者的差距出现了明显的扩大。与西部地区相比，中部地区的农村居民生活性消费支出在1978年只是西部地区的99.1%，但是，从1979年起就一直高于西部地区，到2003年是后者的116.4%（见表2-55）。

表2-55　　　　我国四大区域农村居民生活性消费支出　　　　单位：%

时间	中部地区	大都市区	新兴工业化地区	西部地区	时间	中部地区	大都市区	新兴工业化地区	西部地区
1978	107	170	138	108	1991	557	1 145	841	494
1979	139	196	160	120	1992	591	1 356	920	518
1980	157	263	186	139	1993	716	1 507	1 101	602
1981	188	315	232	154	1994	958	1 888	1 500	774
1982	217	352	267	182	1995	1 194	2 506	1 941	968
1983	242	421	301	206	1996	1 435	2 875	2 254	1 187
1984	271	475	330	228	1997	1 466	3 044	2 312	1 241
1985	308	571	390	258	1998	1 459	3 137	2 309	1 248
1986	343	674	455	289	1999	1 433	2 965	2 293	1 202
1987	378	741	526	319	2000	1 488	3 186	2 479	1 273
1988	431	942	665	376	2001	1 562	3 452	2 593	1 326
1989	494	1 025	755	415	2002	1 647	3 732	2 744	1 385
1990	547	992	784	460	2003	1 731	4 045	2 953	1 487

居民消费性支出的构成反映了生活质量的改善，通常，用恩格尔系数可以考察这个方面的变化。一般地，随着经济的发展和居民生活水平的提高，食品消费在生活消费支出中的比重是相对下降的，恩格尔系数也趋于下降。如表2-56所示，改革开放以来，无论是中部地区，还是大都市区、新兴工业化地区和西部地区的城镇居民恩格尔系数都出现了显著的下降，说明人民的生活质量有了很大的提高。到2003年，中部地区、新兴工业化地区和西部地区的城镇居民恩格尔系数大体相当，大都市区的城镇居民恩格尔系数比这三个区域都低。但是，值得注意的是，在1978年，中部地区城镇居民恩格尔系数比新兴工业化地区和西部地区都低，分别低5.04和3.59个百分点。这说明，中部地区城镇居民生活质量的提高幅度

低于新兴工业化地区和西部地区。进一步，从城镇居民的恩格尔系数变化幅度也可以证明这一点。1978~2003年，中部地区城镇居民的恩格尔系数下降了19.87个百分点，而新兴工业化地区下降了24.84个百分点，西部地区下降了23.5个百分点，均高于中部地区；只有大都市区下降了17.86个百分点，比中部地区低。

表2-56　　　　　　我国四大区域城镇居民恩格尔系数

时间	中部地区	大都市区	新兴工业化地区	西部地区	时间	中部地区	大都市区	新兴工业化地区	西部地区
1978	57.45	53.12	62.49	61.04	1991	54.01	56.64	55.16	53.66
1979	—	54.14	65.25	61.25	1992	53.16	55.31	53.13	51.96
1980	57.25	55.44	60.56	57.87	1993	49.65	51.65	50.35	50.02
1981	57.02	56.76	59.01	56.74	1994	50.64	50.64	49.44	49.78
1982	57.80	58.91	60.01	57.10	1995	51.32	51.32	50.47	50.13
1983	58.97	59.43	61.37	57.13	1996	49.42	49.42	49.62	48.97
1984	57.09	57.93	59.97	55.88	1997	47.38	47.38	46.35	46.58
1985	52.53	52.23	53.94	51.01	1998	45.15	45.15	44.71	44.56
1986	52.56	52.66	53.77	51.21	1999	42.28	42.28	42.58	41.43
1987	53.83	53.73	54.75	52.84	2000	40.26	40.26	40.26	39.31
1988	51.73	51.96	54.29	49.79	2001	38.97	38.97	38.97	37.79
1989	54.72	56.42	56.24	55.27	2002	36.50	36.50	36.50	37.07
1990	54.97	56.15	56.77	53.49	2003	35.26	35.26	35.26	37.54

在农村居民生活质量改善方面，改革开放以来，四大区域的农村居民恩格尔系数均是趋于下降的。但是，在程度和下降的幅度方面存在差异。1978年，中部地区农村居民的恩格尔系数分别高于大都市区和新兴工业化地区9.58个百分点和6.93个百分点，到2003年则比大都市区高14.4个百分点，比新兴工业化地区高6.73个百分点。与西部地区比较，中部地区农村居民的恩格尔系数变化与其基本相当，略高于西部地区。从农村居民恩格尔系数的变化幅度看，1978~2003年中部地区下降了21.65个百分点，大都市区下降了26.47个百分点，新兴工业化地区下降了21.45个百分点，西部地区下降了22.14个百分点。比较而言，大都市区农村居民生活质量提高最快，西部地区次之，中部地区与新兴工业化地区基本相同（见表2-57）。

表 2-57　　　　　　　我国四大区域农村居民恩格尔系数　　　　　单位：%

时间	中部地区	大都市区	新兴工业化地区	西部地区	时间	中部地区	大都市区	新兴工业化地区	西部地区
1978	70.85	61.27	63.92	70.54	1991	57.87	49.27	55.13	59.74
1979	62.99	60.52	62.72	69.55	1992	57.72	46.64	55.83	60.03
1980	61.47	53.98	61.08	65.15	1993	51.38	47.45	53.80	59.47
1981	58.87	51.22	58.80	64.04	1994	58.41	50.43	55.28	60.76
1982	61.88	50.84	57.35	64.48	1995	57.21	48.91	54.93	62.58
1983	60.32	47.43	57.30	62.70	1996	58.51	46.25	52.86	61.50
1984	58.96	48.56	56.66	62.46	1997	57.04	44.71	51.31	59.58
1985	58.07	45.71	55.62	62.19	1998	56.40	43.36	49.99	58.17
1986	56.30	46.18	53.49	61.19	1999	55.54	42.84	48.32	58.28
1987	54.74	47.71	52.10	60.04	2000	52.44	41.09	45.95	53.07
1988	54.55	43.34	50.32	57.47	2001	50.68	39.04	44.76	51.41
1989	53.72	46.01	51.65	57.74	2002	49.04	35.43	43.16	49.82
1990	59.59	49.86	53.64	60.54	2003	49.20	34.80	42.47	48.40

总结上述分析，得到如下结论。第一，改革开放以来，中部地区的居民收入水平与大都市区、新兴工业化地区的差距持续扩大。2003年，中部地区的居民收入水平与西部地区大体相当，并出现了略高于西部地区的趋势。第二，中部地区居民的消费水平总体上与大都市区、新兴工业化地区之间的差距出现了明显的扩大。与西部地区相比，中部地区城镇居民的消费水平也低于西部地区，但是，农村居民消费水平则高于西部地区。第三，就消费结构变化看，目前，大都市区的城镇居民生活质量最高，中部地区与新兴工业化地区、西部地区大体相当。不过，中部地区城镇居民生活质量提高的幅度要低于新兴工业化地区和西部地区。中部地区农村居民生活质量明显低于大都市区和新兴工业化地区，与西部地区基本相当。但是，其农村居民生活质量提高的幅度低于大都市区也低于西部地区，仅与新兴工业化地区基本相同。

经济发展的最终目的是改善和提高人民的生活水平。中部地区各省制定自身的经济社会发展规划，均应把提高中部地区人民的生活水平放在首要的地位。对于中央政府而言，除了要直接推动中部地区的经济快速发展之外，还需要考虑通过财政转移支付、提供公共服务等方式，促进中部地区人民生活水平的提高和生活质量的改善。就中部地区各省和各地区的政府而言，不能仅仅把增加GDP的总量规模和提高经济发展速度作为发展的唯一导向，必须转变发展理念，切实采取措施，提高本地居民的收入、提高其消费能力，使人民能够充分享受经济快速发展的成果，防止出现有增长没发展的历史教训重演。

第三节 江西产业结构调整与人力资源开发关系实证研究[①]

为了更深入地研究改革开放以来，人力资源开发对江西产业发展及结构调整的促进作用，我们将试图用罗默模型和回归模型从静态和动态进行定量研究。

一、江西三次产业中人力资本的贡献

我们分析了江西省 1952~2002 年期间的经济增长的事实，发现江西省人均 GDP 增长率有上升的趋势，这表明在江西省经济增长中存在增长效应；同时，江西省的资本边际生产率非递减。显然，如果某经济增长理论能够刻画江西 1952~2002 年间的经济增长，那么该理论应揭示某些经济变量（如储蓄率或人力资本）的持久变动对江西人均经济增长率所具有持久的影响。由于人力资本具有知识的外溢效应，它不但可以节约劳动，而且可以使物质资本的生产力得以提高，进而能产生使其他投入要素边际生产率非递减的效果。所以根据 1952~2002 年江西经济增长的事实看，只有具有增长效应的新增长理论模型——罗默的知识溢出模型才能更好地刻画江西经济增长。

罗默模型的具体形式为：

$$Y = AK^{\alpha}L_h^{\beta}H^{\gamma} \qquad (2-36)$$

式中，Y 代表总产出；K 代表固定资本存量；L_h 代表有效劳动投入；H 代表人力资本水平；α、β、γ 分别代表资本、有效劳动和人力资本水平的产出弹性系数。

为了研究人力资本变量对经济增长的作用，本节将使用标准化系数方程。

（一）第一产业中人力资本的贡献

利用统计年鉴、人口普查资料我们对第一产业相关数据进行了整理、

[①] 撰稿人：何筠，南昌大学中国中部经济发展研究中心；张波，上海交通大学经济管理学院。

推算和调整，结果如表 2-58 所示。

表 2-58　江西省 1978~2002 年第一产业增加值、物质资本、
劳动力和人力资本数据（1952 年不变价）

年份	第一产业增加值（亿元）	固定资本存量（亿元）	劳动力人数（万人）	有效劳动投入量（万人·年）	人力资本存量水平（年）
1978	23.54	28.59	968.7	3 128.901	3.23
1979	30.65	33.57	1 015.3	3 340.337	3.29
1980	29.68	37.48	1 053.8	3 540.768	3.36
1981	33.36	40.06	1 093.4	3 750.362	3.43
1982	37.55	42.63	1 100.9	3 864.159	3.51
1983	37.33	45.71	1 133.6	4 069.624	3.59
1984	41.23	48.54	1 117.8	4 113.504	3.68
1985	44.99	49.67	1 057.2	3 985.644	3.77
1986	46.47	51.21	1 068.1	4 133.547	3.87
1987	51.22	52.36	1 098.3	4 360.251	3.97
1988	52.47	52.69	1 111.6	4 713.184	4.24
1989	53.85	53.23	1 146.4	5 170.264	4.51
1990	65.18	54.06	1 193.1	5 714.949	4.79
1991	65.7	54.3	1 224.2	5 986.338	4.89
1992	69.31	55.23	1 186.2	5 919.138	4.99
1993	70.05	56.03	1 085.9	5 527.231	5.09
1994	80.85	57.91	1 127.2	5 861.44	5.2
1995	83.48	61.34	1 071.7	5 680.01	5.3
1996	90.92	65.13	1 049.7	5 689.374	5.42
1997	96.86	69.7	1 000.9	5 544.986	5.54
1998	91.83	73.36	975.5	5 511.575	5.65
1999	94.83	75.37	969.3	5 592.861	5.77
2000	98.75	76.97	960.9	5 659.701	5.89
2001	103.66	78.39	949.6	5 868.528	6.18
2002	106.28	82.01	964.5	6 095.64	6.32

注：人力资本存量水平用平均受教育年限代表，有效劳动是以受教育年限为权重的劳动力数量的加权和。以下相同。

资料来源：根据 1979~2003 各年江西统计年鉴、江西第三、四、五次人口普查资料计算整理。

我们利用表 2-58 所示的数据，分别取自然对数和标准化之后，使用 STATA8.0 统计分析软件进行线性回归，即可得到江西省第一产业的标准化罗默的知识溢出模型。

利用 1978～2002 年间江西省第一产业的数据估计得到的罗默知识溢出模型的整体显著性水平很高，检验通过，并且有较高的拟合优度（Adjusted R2 = 0.9966）；标准化系数的估计值也具有很高的显著性并通过参数显著性检验。这表明江西省第一产业的生产函数的各变量时序数据符合罗默模型。江西第一产业的人力资本水平具有显著的外部性且具有较高的产出弹性。这说明在第一产业大力发展基础教育，对农民进行技能培训，不断提高农村的人力资本存量将会对第一产业的发展及农民收入的提高产生显著的推动作用。我们得到了第一产业的罗默模型：

$$Y_1 = A_1 \cdot K_1^{0.566} \cdot L_{h1}^{0.434} \cdot H_1^{0.506} \qquad (2-37)$$

式中，Y_1、K_1、L_{h1}、H_1 分别代表第一产业的增加值、固定资本存量（不包括土地）和有效劳动投入和人力资本水平；K_1、L_{h1}、和 H_1 的产出弹性系数分别为 $\alpha = 0.566$、$\beta = 0.434$、$\gamma = 0.506$。

利用上述资料我们再进一步推算出各时期生产要素对江西省第一产业增加值增长的贡献（见表 2-59）。

表 2-59　　各时期生产要素对江西省第一产业增加值增长的贡献

时期	一产增加值增长率（%）	生产要素投入的增长率（%）			生产要素的贡献份额（%）			
		资本	有效劳动	人力资本	资本	有效劳动	人力资本	TFP
1978～1982	11.67	9.99	5.28	2.08	48.46	19.63	9.01	22.90
1983～1987	7.91	3.40	1.72	2.52	24.33	9.44	16.11	50.12
1988～1992	6.96	1.18	5.70	4.07	9.60	35.54	29.57	25.29
1993～1997	8.10	5.46	0.08	2.12	38.16	0.43	13.24	48.17
1998～2002	3.65	2.79	2.52	2.80	43.27	29.96	38.79	-12.02
1978～2002	6.28	4.39	2.78	2.80	39.57	19.21	22.55	18.67

由表 2-59 我们可以得出以下结论：第一，人力资本对江西省第一产业增加值增长起了重要的作用。1978～2002 年间人力资本存量的贡献率是 19.21%，人力资本水平的外部性要素贡献率为 22.55%。第二，第一产业产值增长中人力资本的贡献受农业政策、制度的影响较大。从表 2-59 可以看出 1978～1982 年、1988～1992 年江西有效劳动投入增长率最快，同期有效劳动的贡献率也比较大，因为 1978～1982 年我国刚刚实行的联产承包责任制极大地激发了农民的生产积极性，劳动投入加大，贡献率也增大；而 1988～1992 年是农村经济改革深入、乡镇企业异军突起的阶段，这时劳动力投入达到了顶峰。随后由于农村经济改革政策效应的

完全释放，农业劳动力投入的边际收益不断递减，有效劳动投入及其贡献率显著下降。所以，人力资本的投入和其对经济增长的推动离不开政策的支持。

（二）第二产业中人力资本的贡献

利用统计年鉴、人口普查资料，我们对第二产业相关数据进行了整理、推算和调整，结果如表2－60所示。

表2－60　　　　江西省1978~2002年第二产业增加值、物质资本、劳动力和人力资本数据（1952年不变价）

年份	第二产业增加值（亿元）	固定资本存量（亿元）	劳动力人数（万人）	有效劳动投入量（万人·年）	人力资本存量水平（年）
1978	21.5	109.56	163.4	1 117.7	6.84
1979	22.86	127.71	163.9	1 122.7	6.85
1980	25.17	144.54	166.9	1 146.6	6.87
1981	24.42	159.87	172.7	1 189.9	6.89
1982	25.03	176.99	180.4	1 248.4	6.92
1983	28.67	199.31	195.3	1 357.3	6.95
1984	35.22	223.88	216.3	1 511.9	6.99
1985	40.76	248.64	320.5	2 256.3	7.04
1986	43.02	274.09	330.6	2 344	7.09
1987	45.3	295.67	339.3	2 426	7.15
1988	51.61	314.42	368.1	2 727.6	7.41
1989	52.94	333.47	367	2 814.9	7.67
1990	49.6	351.2	368.6	2 923	7.93
1991	55.56	367.56	388.7	3 051.3	7.85
1992	68.72	392.3	412.9	3 208.2	7.77
1993	87.78	429.02	462.5	3 556.6	7.69
1994	87.2	474.06	493.3	3 749.1	7.6
1995	90.01	525.33	525.1	3 948.8	7.52
1996	99.37	526.51	539.7	4 139.5	7.67
1997	111.92	557.18	549.8	4 299.4	7.82
1998	124.07	586.02	548.8	4 379.4	7.98
1999	132.23	608.37	530.7	4 314.6	8.13
2000	142.81	625.69	502.8	4 163.2	8.28
2001	161.05	644.73	482.6	4 063.5	8.42
2002	188.3	681.43	483.8	4 141.3	8.56

注：由于第二产业中存在大量的非生产性固定资产，如房地产、非生产性建筑等，所以我们需要剔除这些非生产性固定资本存量。该表中的固定资本存量数据即为剔除后的数据。

资料来源：根据1979~2003各年江西统计年鉴、江西第三、四、五次人口普查资料计算整理。

我们利用表2-60中的数据，分别取自然对数和标准化之后，使用STATA8.0统计分析软件进行线性回归，即可得出江西省第二产业的标准化罗默知识溢出模型。回归结果表明，江西省第二产业的数据符合罗默的知识溢出模型。由标准化回归系数我们可以看出，资本的产出弹性高于有效劳动的产出弹性，这与江西省第二产业增加值的增长主要靠资本拉动密切相关；在第二产业的产出增长中，人力资本水平具有显著的外部性且有较高的产出弹性。由表2-60可以得到江西省第二产业的罗默知识溢出模型的回归方程：

$$Y_2 = A_2 \cdot K_2^{0.531} \cdot L_{h2}^{0.469} \cdot H_2^{0.368} \tag{2-38}$$

式中，Y_2、K_2、L_{h2}、H_2分别代表第三产业的增加值、固定资本存量、有效劳动投入和人力资本水平；K_2、L_{h2}和H_2的产出弹性系数分别为$\alpha = 0.531$、$\beta = 0.469$、$\gamma = 0.386$。

利用上述资料我们再进一步推算出各时期生产要素对江西省第二产业增加值增长的贡献（见表2-61）。

表2-61　　　各时期生产要素对江西省第二产业增加值增长的贡献

时期	二产增加值增长率（%）	生产要素投入的增长率（%）			生产要素的贡献份额（%）			
		资本	有效劳动	人力资本	资本	有效劳动	人力资本	TFP
1978~1982	3.80	11.99	2.76	0.29	167.45	34.09	2.94	-104.48
1983~1987	11.44	9.86	14.52	0.71	45.74	59.57	2.39	-7.7
1988~1992	7.16	5.53	4.06	1.19	40.99	26.61	6.41	25.99
1993~1997	6.07	6.53	4.74	0.42	57.09	36.65	2.67	3.59
1998~2002	10.43	3.77	-1.40	1.75	19.18	-6.30	6.47	80.65
1978~2002	9.04	7.62	5.46	0.93	44.73	28.35	3.97	22.95

由表2-61我们可以得出以下结论：第一，第二产业中有效劳动的贡献较大，而人力资本水平对增加值增长的贡献率较小。这表明江西省的工业还处于粗放发展阶段，缺乏深加工和高科技企业，那些层次低的企业不需要高人力资本积累的劳动者就可以进行生产。第二，第二产业有效劳动的投入量和贡献率也同样受国有企业体制改革的影响。1998~2002年随着国有企业体制改革的深入，企业的富余职工逐步剥离出来，所以这段时间有效劳动的增长率和贡献率为负数。

(三) 第三产业中人力资本的贡献

同样，利用统计年鉴、人口普查资料，我们对第三产业相关数据进行了整理、推算和调整，得出江西省1978~2002年第三产业增加值、物质资本、劳动力和人力资本数据（由于篇幅关系略），我们利用这些数据，分别取自然对数和标准化之后，使用STATA8.0统计分析软件进行线性回归，得出江西省第三产业的罗默知识溢出模型。

结果表明，江西省第三产业的数据符合罗默知识溢出模型。从回归系数比较来看，江西省第三产业的产出增长中，人力资本水平具有显著的外部性且具有较高的产出弹性。我们得到了第三产业的罗默生产函数模型：

$$Y_3 = A_3 \cdot K_3^{0.627} \cdot L_{h3}^{0.373} \cdot H_3^{0.433} \qquad (2-39)$$

式中，Y_3、K_3、L_{h3}、H_3分别代表第三产业的增加值、固定资本存量、有效劳动投入和人力资本水平；K_3、L_{h3}、和H_3的产出弹性系数分别为$\alpha = 0.627$、$\beta = 0.373$、$\gamma = 0.433$。

利用上述资料我们再进一步推算出各时期生产要素对江西省第三产业增加值增长的贡献（见表2-62）。

表2-62　　各时期生产要素对江西省第三产业增加值增长的贡献

时　期	三产增加值增长率（%）	生产要素投入的增长率（%）			生产要素的贡献份额（%）			
		资本	有效劳动	人力资本	资本	有效劳动	人力资本	TFP
1978~1982	8.39	15.92	5.69	0.12	118.98	25.3	0.62	-44.9
1983~1987	14.41	12.92	8.22	0.48	56.22	21.28	1.44	21.06
1988~1992	10.36	6.81	3.82	1.1	41.22	13.75	4.6	40.43
1993~1997	14.37	11.33	12.49	0.68	49.44	32.42	2.05	16.09
1998~2002	8.72	9.67	6.08	1.59	69.53	26.01	7.89	-3.43
1978~2002	11.69	11.3	7.99	0.82	60.61	25.49	3.04	10.86

从表2-62可以看出，从1978~2002年江西第三产业人力资本水平的增长速度为0.82%，人力资本对江西省第三产业增加值增长的贡献仅为3.04%，在三次产业中最低，但有效劳动的增长率为7.99%、对增加值贡献率达25.49%，是三次产业中最高的。这表明目前江西的第三产业还处于以传统服务业为主的低层次发展阶段，其发展主要依靠物质资本的积累和劳动力数量的增加，而不是靠科技进步。这一结论还可以从第三产

业全要素生产率的贡献率得到证明。我们可以看到，第三产业的全要素生产率的贡献率处于较低的水平，是三个产业中贡献最小的，而全要素生产率的中所体现的投入要素的生产率、管理水平、制度创新等都依赖于投入的人力资本水平。

二、人力资本对江西产业结构调整的促进作用

本节主要采用国内学者所定义的 s，即第一产业产值占国内生产总值的比重进行分析。实际产出的自然对数变量：$\ln(\text{gdp})$，其中 gdp 是 1952 年可比价格的时序数列；结构转换系数的自然对数变量：$\ln(s)$，其中 s 是第一产业产值占 GDP 的比重；人力资本水平的自然对数变量：$\ln(h)$，其中 h 是人均受教育年限，代表人力资本水平；变量前的 Δ 表示该变量的一阶差分，例如，

$$\Delta\ln(\text{gdp})_t = \ln(\text{gdp})_t - \ln(\text{gdp})_{t-1} \qquad (2-40)$$

经过平稳性检验我们发现，经济增长与结构转型指标 s、人力资本水平 h 与结构转型指标 s 之间存在协整关系，在此基础上我们可以对这两对变量进行 Granger 因果关系检验，以确定它们之间的作用方式。

使用两变量的 Engle-Granger 检验法来验证变量 $\ln(s)$ 与 $\ln(\text{gdp})$ 以及 $\ln(s)$ 与 $\ln(h)$ 之间是否存在协整关系。Granger 因果关系检验的依据是：如果 X 是 Y 的原因，那么，X 的变化应该先于 Y 的变化。从这个意义上讲，如果 X 是 Y 的原因，那么下面两点必须成立：第一，X 应该能够有助于预测 Y，亦即在 Y 对它过去的值进行回归的方程中，如果把 X 作为独立变量加到该方程中，应能够更好地提高方程的解释能力。第二，Y 不应该有助于预测 X，其理由是，如果一方面 X 有助于预测 Y，而另一方面 Y 又有助于预测 X，那么，二者之间不存在着 Granger 意义上的因果关系，应该存在其他的变量，该变量是 X 和 Y 的原因。

我们令 y 分别等于 $\Delta\ln(\text{gdp})$ 和 $\Delta\ln(s)$，x 分别为 $\Delta\ln(s)$ 和 $\Delta\ln(h)$；然后取滞后期阶数 p 分别等于 1、2、3，来对经济增长与结构转型以及结构转型与人力资本水平做 Granger 因果关系检验。检验结果如表 2-63 所示。

表 2-63 中 S 统计量的数值表明，在产业结构转换系数 $\Delta\ln(s)$ 分别滞后 1、2、3 期的情况下，均不能拒绝"产业结构转型不是江西经济增长的原因"的零假设；同时，经济增长指标 $\Delta\ln(\text{gdp})$ 则很显著地拒绝了"经济增长不是江西产业结构转型的原因"的零假设。这部分实证结果表

表 2-63　　江西省经济增长与产业结构转型的 Granger 因果关系检验

P	零假设（H0）	T	S	F 临界值
	样本范围：1949~2002			
1	Δln(s) 不是 Δln(gdp) 的原因	52	1.345	4.08
1	Δln(gdp) 不是 Δln(s) 的原因	52	7.245	4.08
2	Δln(s) 不是 Δln(gdp) 的原因	51	1.383	3.23
2	Δln(gdp) 不是 Δln(s) 的原因	51	5.731	3.23
3	Δln(s) 不是 Δln(gdp) 的原因	50	2.218	2.84
3	Δln(gdp) 不是 Δln(s) 的原因	50	4.557	2.84

注：P 为滞后期；T 为观察样本数；S 为服从 F 分布的统计量；F 临界值为 5% 显著水平下的值。

明，江西省的经济增长与产业结构转型之间的作用方向应该是：经济的增长促进了产业结构的升级，而非产业结构的升级促进了经济的增长。这一点很好地印证了库兹涅茨等经济学家强调伴随着人均收入的增长而出现结构变化的观点，说明在江西省经济增长中存在着"结构效应"。

由表 2-64 中的因果关系检验数据可知，在人力资本水平变量 Δln(h) 分别滞后 3 个时期的情况下，均拒绝了"人力资本水平变化 Δln(h) 不是江西省产业结构变化 Δln(s) 的原因"的零假设；同时，我们不能拒绝"产业结构变化 Δln(s) 不是江西省人力资本水平变化 Δln(h) 的原因"的零假设。这个检验结果表明，江西省的人力资本水平与产业结构转型之间的作用关系应该是：江西省人力资本水平的提高有力地促进了江西省的产业结构升级。而此前，大多文献只片面强调产业结构的变化对人力资本使用效率的影响，很少提及人力资本水平的变化是如何作用于产业结构的变化的。对江西省实证分析的结果，为我们进一步认识人力资本在经济领域各个方面的作用提供了一个思路。

表 2-64　江西省人力资本水平与产业结构转型的 Granger 因果关系检验

P	零假设（H0）	T	S	F 临界值
	样本范围：1978~2002 年			
1	Δln(h) 不是 Δln(s) 的原因	23	7.812	4.35
1	Δln(s) 不是 Δln(h) 的原因	23	3.627	4.35
2	Δln(h) 不是 Δln(s) 的原因	22	3.560*	3.59
2	Δln(s) 不是 Δln(h) 的原因	22	2.198	3.59
3	Δln(h) 不是 Δln(s) 的原因	21	4.613	3.34
3	Δln(s) 不是 Δln(h) 的原因	21	1.189	3.34

注：P 为滞后期；T 为观察样本数；S 为服从 F 分布的统计量；F 临界值为 5% 显著水平下的值。
* 为显著水平为 10% 的 F 检验。

为了研究人力资本水平是如何影响江西省产业结构转型的，我们又通过建立产业结构转型的误差修正模型来定量分析。结果表明，滞后的人力资本水平的短期变化将引起产业结构转变系数相反方向的变化，即如果人力资本水平提高 1%，将引起未来第 3 年的产业结构转变系数（第一产业占国内生产总值的比重）下降 1.474189 个百分点。这表明人力资本水平的提高对产业结构的升级具有"乘数性质"的加速作用，同时还表明江西省正处在经济发展的转型期，产业结构转变的速度具有较大的波动性。

三、结论与建议

从以上分析可以看出，人力资源开发不仅对江西三次产业发展做出了贡献，而且对江西产业结构调整的有促进作用，人力资本水平的提高对产业结构的升级具有"乘数性质"的加速作用。产业结构演变有其自身的规律性，我们不能改变这个规律，但人力资源开发既然在过去对江西三次产业发展，尤其是对产业结构的优化产生了良好的促进作用，那么，随着"以工业化为核心"发展战略的确立，江西产业结构将稳步升级，人力资源开发也将大有用武之地。为了满足产业结构升级的需要，作为中部欠发达地区的江西必须根据自己的实际选择一些切实可行的措施来加大人力资源开发的力度。

1. 调整教育结构，提高劳动力的适应性。人力资源专业结构是否优化，人才培养模式是否合理，直接决定了人才能否适应经济社会的发展需要。江西的学校更应本着"加强基础、拓宽专业，注重素质教育和能力培养，增强学生的适应性"的思路，紧密围绕社会需求，主动进行专业结构的调整和优化。

2. 加大在职培训，强化劳动力的技能。应加强继续教育和在职培训，进行多层次办学，构建终身教育体系框架。首先要根据国家产业政策，结合经济结构调整需要和劳动力市场需求，在制造、加工、建筑、能源、环保等领域，实施若干高级技工培训项目。其次，加大对下岗人员的培训力度，提高他们的再就业能力。此外，还应加大为农村富余劳动力就业提供免费技能培训的力度。

3. 建立科学的用人机制，发挥劳动力的潜能。一是要建立竞争择优的用人机制，促进员工素质的提高与合理流动。二是要建立激励机制，建立工作考核与报酬奖惩相联系的制度，使人才充分体现个人的价值。三是要建立健全科学的人力资源开发管理组织体系，从组织上保证人力资源的开发管理。

4. 构建合理人才引进模式。人力资源开发既要注重本地培养，也要重视人才的引进和利用。江西目前还是处于经济欠发达地区，不具备吸引人才的优势，因此，通过制度创新留住和吸引人才显得尤为重要。

第五篇 中部地区科技创新研究

第十章 推进科技创新 促进中部区域经济发展

中部是国家的脊梁和腹地，具有十分重要的战略地位，自古云："得中原者得天下"，中部的兴衰关系到中华民族的腾飞和国家的长治久安。党中央、国务院关于促进中部崛起的发展战略，是以科学发展观为指导，统筹东中西部协调、快速发展的重大举措，也为山西、安徽、江西、河南、湖北、湖南等中部六省的发展指明了方向。因此，中部地区如何抓住机遇，乘势发展，实现腾飞，是当前面临的一项重大课题。

理论和实践证明，科学技术是第一生产力，科技创新对区域经济发展具有决定性意义。随着中国区域经济发展呈现出"东部地区一马当先、西部地区积极推进、中部地区加快发展、东北地区重振雄风"的全新格局，区域经济发展竞争日趋激烈。科技创新将推动中部崛起和东、中、西部经济的互联互动、优势互补、协调发展，为持续增长20多年的中国经济注入新的活力，加快建设创新型国家的步伐，促进中国走向全面、协调、可持续的发展道路。

第一节 科技创新与区域经济发展[①]

经济全球化和区域化是当今世界经济发展并行不悖的两大潮流，区域

---

① 撰稿人：周绍森，南昌大学中国中部经济发展研究中心。

经济的发展在世界经济的结构性战略调整中扮演着愈发重要的角色。提高区域科技创新能力,是实现区域经济和社会快速、持续、健康发展的迫切需要。

一、科技创新是现代经济发展的主要动力

现代科学发现和技术发明的重大突破,引发了新的产业革命。20世纪40年代以来,尤其是近20年来,科技创新逐渐成为经济增长和社会进步的主要动力,知识经济逐步成为发达国家的主要经济形态。

(一) 科技创新带来了新的产业革命

现代高科技最大的特点在于能在短期内迅速地直接实现产业化。近代第一次技术革命中,蒸汽机技术从发明、改进到工业上的广泛应用,用了近一个世纪的时间;第二次技术革命中,电力技术从理论原理到技术发明,再到生产广泛应用,用了半个世纪;20世纪40年代以来新的技术革命中,从科学发现、技术发明到实际应用的时间缩短为5～10年,甚至更短。现代科技革命带来的高科技产业群的迅速崛起,直接引发了一场新的产业革命。这场新的产业革命的到来,表明科技创新越来越快地转化为现实生产力,成为推动经济发展和社会进步的巨大动力。

第一,科技创新带来劳动工具的革命。现代科技创新的重大成果——微型计算机的发明,标志着一种划时代的劳动工具的产生;微机的广泛应用,带来了又一次劳动工具的革命。几千年农业社会主要采用手工工具,以铁器为主的劳动工具的使用,带来了农业社会的繁荣。18世纪60年代以蒸汽机的出现和广泛应用为标志的工业革命,是以机器为主要劳动工具,这已经使人类的劳动方式发生了革命性变化,开创了工业社会的发达与繁荣。20世纪70年代由于微电子技术的发展,大规模集成电路在电子计算机中的应用,微机诞生并部分地代替了人类的脑力劳动,使人类的劳动方式又一次发生革命性的变化。微机和信息科学技术被应用到现代高科技产业和传统产业中,越来越成为整个经济活动中的主要脑力劳动工具;微机和信息科学技术广泛地渗透到人类社会的各种活动中去,越来越成为人类现代社会中的重要工具。

第二,科技创新导致产业结构的巨大变革。现代科技创新带来劳动工具的革命,劳动工具的革命又导致产业结构的根本性变化。微机的产生使信息产业迅速崛起,光通信技术、多媒体技术和网络技术进一步推进了信

息产业的发展。克林顿总统从1993年初起在任职的8年期间对科技创新的突出贡献是：制定和实施建设"信息高速公路计划"，把信息技术革命推向更高阶段。到2000年，美国的信息产值已占GDP的8%以上，成为美国的最大产业。信息产业的发展使整个产业结构呈现高级化，第一产业农业所占比重越来越小，第二产业工业比重也在下降，而第三产业服务业，尤其是信息服务业比重最大。信息产业（包括信息服务业）的总产值占国民生产总值的比例和其就业人口所占劳动力总量的比例，都已超过50%，居各产业之首。

（二）科技创新成为经济增长的主要源泉

经济增长是满足人类的生存和发展需要，推动社会进步和保障可持续发展的物质基础，是世界各国家和地区所追求的首要目标。现代科技革命引发的新的产业革命，使经济持续增长，科技成为第一生产力，科技创新成为推进经济增长的主要因素。

第一，技术创新是经济发展的动力。1912年，以技术创新理论而闻名的经济学家熊彼特就提出经济的根本现象是发展而不是均衡，创新（生产要素的新组合）是经济发展的动力，是产业演变、经济周期发生的根源。他认为那些根本性的技术创新，要冲破一定的壁垒后才能完成；而一旦这一壁垒被冲垮，则后继的创新将接踵而来，形成创新群，从而对经济增长起着重要推动作用。熊彼特认为经济发展最重要的特征是技术创新。他关于技术创新带动经济发展，经济发展反过来又促进技术创新的这些精辟论述，为研究科技创新与经济发展的关系奠定了最早的理论基础。

第二，重大技术发明激活新一轮经济增长。前苏联经济学家康德拉也夫于1925年提出一项假设，即把全世界的工业化国家当作一个整体看待，经济发展呈现出"成长"与"衰退"的连续波动，并且每次波动具有50~55年的周期演变规律。后来曼什在康氏研究成果的基础上提出了更为有力的判断和更为严格的论证，他们的观点被称为"康—曼"长波周期理论。他们认为每一个经济发展的长波周期即"振兴期、繁荣期、衰退期、萧条期"都与新技术发明及技术产业化相对应。在一个经济发展长波周期的末端，即萧条期末端，一系列的新技术发明、技术创新会呈集团式涌现，并被引入到新一轮工业生产中，为经济注入活力，成为新一轮经济发展长波周期的起始点与原动力。也就是说新的技术创新一旦成为整个社会发展呼唤的焦点,并且真正体现为现实生产力的时候,必然会以高效的链式作用促进生产要素的重组和潜能的发挥,从而激活经济的复苏与发展。而技术的停滞会导致经济波动周期中的增长趋势下降并为衰退所代替。

技术创新经济学的研究发现,技术创新与各种经济波动周期表现出一定的相关性。工业革命以来4个经济长波分别对应于机械化、铁路化、电气化和电子化的技术创新,当今所处的第五经济长波(大约为1993~2043年)对应的核心技术是数字化技术创新活动。前三个经济长波所对应的技术创新属于能量与物质流转换技术的范畴,而后两个经济长波所对应的技术创新则属于信息技术的范畴。这意味着我们正在从能量与物流时代走向信息与知识的时代。

第三,技术进步成为经济增长的主要源泉。20世纪50年代以后,传统的经济学理论解释不了新的经济增长现象,美国著名的经济学家罗伯特·索洛采取总生产函数法,建立经济增长方程,实际测算了1909~1940年美国平均年经济增长率为2.9%,其中资本增加对经济增长的贡献率为0.32%,劳动力增加对经济增长的贡献率为1.09%,即资本增加在经济增长中所做出贡献占11%左右,劳动力增加在经济增长中所做贡献占38%左右,索洛认为所剩下的51%是技术进步对经济增长贡献率,从而提示出技术进步在经济增长中起着重要的作用,为此他荣获诺贝尔经济学奖。

丹尼森在经济增长的实证分析中,发展了索洛的模型,进一步发现,在经济增长计量中,总的经济增长率远远大于资本和劳动等要素投入的增长率,他归结为"全要素生产率(TFP)"的作用,用以代替索洛方程中的"科技进步",并得出TFP是经济增长的主要源泉。但是全要素生产率中起最大作用的是知识进展,它主要包含技术进步。

(三)科技创新催生了知识经济的来临

在18世纪60年代开始的技术革命所引发的工业革命中,使延续了几千年的农业经济时代,被工业经济时代所取代。20世纪40年代以来,一场新的技术革命迅速发展。特别是70年代末80年代初以来,以信息技术为主的高科技及其产业化,引发了一场新的产业革命,急速地改变着社会整体经济结构以及人们的生活方式和社会理念。进入20世纪90年代,知识对经济增长的贡献率,包括人力资本和科技创新的贡献,已超过了其他生产要素贡献率的总和，人类的未来和国家的繁荣比以往任何时候都更需要和更依赖知识。

知识经济最本质的特征，是知识创新和技术创新已经成为推动经济发展的中心力量；经济发展直接地、强烈地依赖于知识生产、创新、积累、传播和应用（消费）。

从产业结构上来看，农业经济的主导产业是种（养）殖业，在工业经济社会中，制造业大大发展，成为国民经济的主导产业。在知识经济中以信息产业为主的高科技产业，取代了传统制造业的支柱地位，而成为国民经济新的主导产业。在信息和通信设备的部门与行业投资中，金融、电信、电子、网络等方面的服务性产业占很大比例，在美国和英国达75%以上。

从生产要素构成来看，在知识经济中，知识已取代了农业经济中的土地、工业经济中的资本而成为了第一位的生产要素；知识成为最主要的资源，包括智力开发、知识创新、技术创新，这是取之不尽、用之不竭的无形资源。

从劳动力结构来看，在知识经济中从事知识生产、传播应用的劳动者成为主体。接受较高程度的教育和培训、具有高素质和高技能的劳动力是知识经济得以实现的先决条件。由先进技术和最新知识武装起来的"知识劳动者"，成为先进生产力的代表者，成为推动经济发展和社会进步的最重要的力量。

从经济增长的主要因素来看，近百年来，发达国家技术进步对经济增长的贡献率从20世纪初的20%，世纪中的40%~50%，达到世纪末的70%~80%。技术进步与对科技、教育的投入密切相关，据测算科研经费占GDP的比例在农业经济时期为0.3%以下，工业经济后期为1%~2%，知识经济时期为3%以上；教育经费占GDP的比例在农业经济时代为1%以下，工业经济时期为2%~4%，知识经济时期为6%~8%。

知识经济形成新的市场观念。新经济朝全球化的方向发展，国际市场的合作与竞争大大加剧，日益发展的"网络经济"更引起传统的市场经济变革，电子商务、网上贸易将形成对传统市场经济的一场革命。

知识经济形成新的价值观念。知识经济的来临引导了社会价值取向的"知识化"倾斜，国家以加大教育和科技投资作为促进经济增长的主要手段，社会以增加对人的智力开发的投资，提高全民受教育的程度，以及对公民进行职业培训和终身教育作为主要价值取向。

知识经济形成新的就业观念。随着知识经济的出现，劳动就业从知识含量低的产业部门向知识含量高的高科技产业和以知识为基础的服务业大规模流动，直接从事生产的劳动力将大大减少，而从事知识生产、传播和应用（消费）的劳动力将越来越多，人类文明将进一步向前推进。

二、科技创新下区域经济发展的动向及要求

自20世纪70年代以来，在科技创新的条件下，区域经济的发展出现了新的动向和要求。

（一）经济特区的成功显示了发展区域经济的作用

经济特区一般是指在某个适当位置，选择具有一定开发条件，并具有良好开发前景的地点，设立的实行特殊政策的经济开发区。从一开始，经济特区就作为促进区域经济发展的一种重要方式而受到各个国家和地区的重视。

首先出现的经济特区形式是自由港，其历史最早可追溯到古希腊时代。当时，古代腓尼基人将其殖民地蒂尔和迦太基两地划为特殊区域，凡是前往这两个城市的外国商人均可自由通行、经商并保证平安。1547年，意大利热那亚湾的里窝那是世界上第一个正式以"自由港"命名的特殊经济区域。截至第二次世界大战结束前，全世界已有26个国家和地区设立了75个以自由港和自由贸易区为主要内容的经济特区。

20世纪70年代后，经济特区的建设有很大发展。首先是数量上快速增长，如1970年美国只有8个对外贸易区，1987年就达到247个。其次是在类型和质量上有了发展和提高。除自由港和自由贸易区外，又出现了出口加工区，即主要从事出口产品的加工制造；综合型经济特区，既经营对外贸易，又发展出口加工制造业，是一种一业为主、多种经营、具有多层次的产业结构、多功能的经济特区；科学园区，是指以大学和科研机构为依托，以科学研究为先导，将科研、教育和生产相结合，以发展高新技术产业为目标的经济开发区。一般而言，自由贸易区和出口加工区较注重地理区位，以方便对外接触和交流；科学园区则强调知识来源和气候环境，因此多选择在靠近大学和科研机构，且自然环境和交通、通讯条件较好的地区。目前，科学园区是发展的主流，无论是发达国家和地区还是发展中国家和地区都对其十分重视。

不同国家和地区建设和发展经济特区的战略各有侧重点。经济发达国

家和地区重视利用自身科技优势，科学园区发展较快，同时也注重利用优越的自然地理位置，及原有的社会基础设施和资源，大力建设其他各类经济特区，以促进国际贸易和地区经济发展。发展中国家和地区则主要是希望利用国外的资金、技术、管理经验和人才，建设综合型经济特区和科学园区，借以调整本地区产业结构，提升产业的竞争力，促进本地区的经济发展。在特殊地区则着重发展特色产业，如特色农业（包括出口创汇农业、绿色农业）、特色旅游等，通过利用本地区的特色资源和条件，达到引进外资、创收外汇、扩大就业、繁荣当地经济的目的。

通过各种特殊政策措施和有效的管理方式以及良好的投资环境，经济特区对区域经济发展的作用日趋明显，包括有利于吸引外资，开拓国际市场，扩大对外贸易；能创造更多的就业机会；便于广泛引进和吸收国外的先进技术和管理经验，培养科技和管理人才。特别是科学园区，对于促进科技创新、科技成果产业化，以及区域产业和经济结构的调整和升级做出了巨大贡献。经济特区是区域经济发展的重要形式，经济特区的成功显示了发展区域经济的重要作用。

（二）加快区域创新成为区域政策的重点

区域政策是国家和地区政府部门制定并组织实施的调整地区间差异和宏观运行机制的政策和措施。20世纪以来，世界区域政策的发展演变可大致分为两个阶段：

第一是以消除地区差异为目标的区域政策阶段。在20世纪初期，有两类区域经济问题较明显：一类是原来经济基础较差的未开发和欠发达地区；另一类则是依赖资源型产业发展起来的地区，但是由于新的产业部门的出现，以及原有资源趋向耗竭，这些老的工业区产量逐渐下降，就业岗位减少，国民收入降低，经济呈现萧条。因此，这一时期的区域政策重点针对这些问题区域，主要以缩小地区间发展差异为目标，一方面限制经济发达地区的集聚趋势；另一方面则促进欠发达地区或经济上趋于停滞的地区的发展，缩小它们与经济核心区的差距。采取的多是外部手段，如增加资金投入、实行工业分散，等等。

第二是技术开发性政策阶段。20世纪70年代后，由于经济环境恶化，实施缩小差距政策代价太大，同时也因为科学技术的进步，知识和人才成为经济发展和竞争的主要基础，以消除地区差异为主要目标的区域政策，逐步为技术开发性区域政策所取代。技术开发性区域政策一方面强调通过技术创新和技术进步来促进区域开发和经济发展，另一方面提倡根据本地区的特点发展科学技术。其政策目标是要提升区域的内生能力，具体措施包括：用新技术改造地区内的传统产业部门，注重发展成长行业和新兴产业；大力发展新技术研究和开发速度快的中小企业；建立以创新及创新成果产业化为主要目标的科技工业园、科技开发区；政府对研究和开发投资提供援助，建设创新支持服务体系，组建区域创新系统，等等。可见，现代区域政策的重点是区域创新。

从区域经济的角度，创新可分为三个基本层面：

基础层面是技术创新，即要求建立自主创新体系，增强持续开发新技术、新产品的能力，为区域经济的发展提供技术基础。技术创新的导向，一是要以提升区域经济的竞争力为目标；二是要促进区域经济的转型与升级；三是发展区域特色产品，采用精加工、深加工技术、合理利用资源，提高资源利用的经济效益。

主要层面是要素创新，首先是基本要素创新，例如对特色经济区，要通过创新来保护和改善现有生产要素（如自然景观、生态环境、动植物资源等）的品质和性能，同时发展新的资源（如引进新的动植物品种），提高资源的利用价值和效益。重点是高级要素的创新，高级要素包括科学技术、人才、社会基础设施，乃至社会文化、国民素质等。高级要素的创新是形成竞争优势的基础，它是一个长期的渐进的积累过程，需要在科研、教育和国民素质等方面持续投资，不断发展。

最高层面是产业创新，即在技术创新和要素创新的基础上，推进产业的升级和结构的优化。创新要在产业结构比较优势的基础上，努力发展竞争优势。一方面，以增强自我调节和发展机能为目标，积极探索本地区经济发展的优势和特色，结合经济发展的大趋势；另一方面努力培育和发展有前途的替代产业和新兴产业，使地区经济和产业发展保持长期的活力。

值得一提的是，为了推进区域创新，发挥中小企业的作用仍是目前区域政策普遍关注的一个焦点。在现代科技与经济活动中，小企业常被看做未来大发展的"种子"：小企业为新一代企业家的成长提供了锻炼机会，小企业还为区域就业提供了大量岗位。小企业的特点使其在技术创新与进步中占有不可替代的重要地位，因此在高新技术产业中，大部分是小企业。例如，20世纪80年代，美国硅谷8 000多家公司中，70%以上的公司只有1~10名职工。英国曾经不太重视小企业，小企业在全国经济发展所占份额大大低于美国、日本。尽管如此，据统计，英国在

1945~1980年间，小企业技术创新对总体技术进步所作的贡献仍达到14%。因此，发展中小企业以推动区域创新是现代区域政策必须给予充分考虑的重要内容。

（三）产业结构升级和发展模式转型成为区域经济发展的主线

在科学技术进步和市场发展的推动下，国家和地区的经济发展模式也在不断演变和进化。这种演进既有量的表现（如生产规模的扩大），也有质的内容（如增长方式的转变）。经济转型主要体现在质的变化上，如一个国家或地区的经济活动从农业转向工业，或从轻工业转向重工业。现代区域经济的转型主要体现在产业结构和发展模式上，基本目标是产业发展从数量型向质量效益型的整体升级转变。一般说来，有两种途径：

首先是产业结构的调整和升级，即顺应科学技术和经济发展的需求和趋势，大力发展有前途的新兴产业和替代产业，尤其是知识（技术）密集型产业，同时积极利用高新技术改造传统产业，提高整个工业的知识（技术）集约化水平。这一途径具有主导性和普遍性，发达国家和地区，希望利用自身的科技优势，抢占未来经济发展的制高点，另外也借技术优势来抵消曾经付出的资源和环境代价。发展中国家和地区，则致力于为自身经济"输血"，甚至"脱胎换骨"，以寻求经济发展与增长的新的生长点，提高经济发展的潜力和竞争力。同时，产业结构调整往往还包含空间结构调整，其中既有为新的产业寻找合适区位，也有加强产业内部之间的相互联系与接触，还包括吸引就业，改善城市或地区间布局等方面。最终结果都是使区域经济结构发生变革，经济整体实力得到提升。

其次是转变产业发展模式，提高企业内在素质，这一途径对发展中国家区域经济有重要性。发展中国家最初一般都是通过引进技术、结合当地低价劳动力来发展产业，形成产业竞争力，在产业和市场发展到一定程度后，竞争趋向激烈，便会要求产业发展转向形成自主技术体系，通过开发新产品，加强管理，以自身的技术优势和降低成本来提高竞争力。例如：新加坡1961年兴建了面积达到6 188公顷的裕廊工业区，通过引进外资，重点发展劳动密集型工业，实行面向出口的工业化战略，工业区发展迅速，极大促进了新加坡经济的发展。邻近国家也纷纷效仿，都设立了出口加工区，以丰富的自然资源和廉价劳动力吸引外资，使新加坡面临激烈的竞争。为保持自身的优势地位，新加坡加快工业区工业技术的升级换代，着重发展技术密集程度较高的工业，取代劳动密集型工业，同时注重人才培训,提高劳动力素质。1979年,又以国立新加坡大学为依托,设立了总面积为125公顷的肯特岗科技园,加强科技创新。这些措施有效地推动了该地区经济的转型和升级,使新加坡保持经济优势,跻身发达国家之列。

(四) 比较优势和竞争优势在区域经济发展中地位凸显

比较优势的思想是由亚当·斯密提出的,他在《国富论》中写道:"如果一件东西在购买时所费的代价比在家里生产时所费的小,就永远不会想在家里生产……如果外国能以比我们制造便宜的商品供应我们,我们最好就用我们有利的产业生产出来的物品的一部分来向他们购买。"李嘉图则进一步明确提出比较利益法则,他认为:只要在不进行贸易的各国之间的价格比率有所不同,每个国家都会有一种比较利益,一个国家即使在各种生产方面处于成本劣势的条件下,也可通过生产相对成本劣势较小的商品出口换取成本劣势较大的商品,取得比较利益。

比较优势的思想一直是区域经济发展的基础。区域经济的比较优势一般有如下表现:区位优势,如地处交通要道和枢纽,或沿海、沿边,其优越性表现在获取信息和交通的便利,能广泛密切地开展对外交流;自然资源优势,如区内土地资源、矿产资源、森林资源、水能资源等自然资源较为丰富,从而有利于开展相应的经济活动;社会资源优势,如在长期的社会发展过程中形成了密集的智力资源,或成为政治、经济、金融中心区;其他优势,如有些地区既无区位优势,又无资源优势,但通过抓住机遇,重点发展某种产业,实行专业化、规模化生产,最终形成生产和市场上的比较优势。正是这些比较优势的存在,使得某一地区的经济发展相对于其他地区有较多的有利条件和特色,在竞争中也能处于更有利的地位。

但是,如果仅仅只停留在上述比较优势的范围之内也是不够的。首先,知识经济的出现使自然环境因素的作用逐步淡化,知识和创造力的作用愈益突出。其次,现代竞争是国家和地区综合实力的竞争,竞争里的含义广泛,除了传统的区位和自然资源等因素外,还包括政治、经济、金融、体制、文化、观念等人文环境因素,其核心是创新。最后,比较优势如不善加利用,也仅仅只是一种优势而已,竞争力在很大程度上取决于资源的利用方式而非资源本身。

随着科学技术和经济的发展,学术界又提出了竞争优势的概念,认为一国或地区在国际市场竞争力的大小,取决于其具有的竞争优势。其中,波特的观点最具有特色。他认为,一个国家的竞争优势决定于以下四个基本因素:(1)要素条件:如科研机构、信息网络、熟练劳动力的供给;(2)需求条件:该国对产业产品和服务的需求;(3)相关的支撑产业;(4)公司战略、结构和竞争状况。

而一国产业竞争力的关键是该国能否有效地形成竞争性环境和推动创新。单纯依靠有意识地"培养"一两个本土产业或企业,根本无法形成强大的国际竞争力。只有在激烈的竞争中才能形成强产业,只有竞争的环境才能推动产业或企业不断地创新和升级,从而获得更大的竞争优势。波特的这些观点对区域经济具有重大启发。

竞争优势概念的提出,一方面要求区域经济从比较优势上升到竞争优势的层次,大力推进创新,以推动产业(和企业)的升级及经济转型;另一方面也为区域经济的发展提供了更大的发展潜力和广阔的空间。但是,现代竞争优势理论并没舍弃比较优势,而是仍然以其作为基础。区域经济发展应当在充分利用比较优势的基础上,通过学习和创新获得竞争优势。比较优势和竞争优势在区域经济发展中的作用将越来越明显。

(五) 城市化和增长极成为区域经济发展的主要抓手

德国地理学家克里斯塔勒曾经指出,城市在空间上的结构是人类社会经济活动在空间的投影;他还认为,物质向一核心集聚是事物的基本现象。区域的核心就是城市,现代城市是资源与活动集聚的中心(包括物质、人才、知识和信息等资源)。一个高度发达的城市由于大量资源的集聚,具有科技优势与经济优势,从而使城市成为区域经济和社会发展的中心。正是在这个意义上,有人认为,一国社会经济发展的主要动力经历了工业化向城市化的转变,即以工业化作为主要动力转变为以城市化作为动力。

一般而言,为减少大规模集聚所造成的社会成本的增加,应限制或控制大城市的发展。但鉴于城市在区域经济发展中的作用,现在强调也要发展大城市,并进一步提出城市结集和集合城市的概念。根据联合国所下定义,城市结集是由一个中心城市和从中心城市散射出来的触角型高密度的城市化地区所组成。通过城市结集可形成一个大面积的城市化地区,即集合城市。

增长极理论最初由法国经济学家 F. 佩鲁提出。该理论认为:在高度工业化社会条件下，经济增长在空间分布上不是均匀的，而是在形成工业生产集聚，由此产生了经济发展冲动的地区首先实现。就好像磁场的内部运动在磁极最强一样，经济发展的这种领先区域也被"极化"为增长极；20世纪60年代初 L. 罗德文提出城市增长极理论，强调增长极的空间含义；后来出现的多元增长极理论含义更为广泛。增长极理论是区域发展不平衡的一个重要依据，它强调把有限的稀缺资源集中投到发展潜力大、规模经济和投资效益明显的少数部门或地区，使其经济实力增强，成为增长极，并与周围地区经济形成势差，通过市场经济体制的传导媒介力量引导整个区域经济发展。增长极的作用大致可分成两个过程：首先是"极化"过程，或者说集聚化过程，即增长极利用比较强的经济技术实力和优越条件，将周围区域的经济潜力与资源吸引过来，产生集聚；其次是扩散过程，即增长极对周围地区的投资和经济技术支援，带动周边地区发展。

城市化和增长极理论说明了区域经济内部资源的集聚、扩散及相互作用的一般过程，对区域经济的发展有重要意义。例如，在我国，农村由于基础设施和市场条件差，资金短缺，工业水平低，很难采用先进技术，也不具备形成专业化分工协作和规模经营的条件，农村工业往往是从加工过程简单、资金技术含量低的产品生产起步。随着农村工业的发展以及发展环境的改变，产业发展对专业化分工协作和规模经营的要求更强，产品的资金技术含量也会提高，农村工业必然会从分散走向集中，从农村走向城市。而城市由于集聚程度较高，社会基础设施水平高，信息沟通便利，经济、技术活动的开展十分活跃，产业发展也具有更有利的条件。反过来，城市科技和经济发展了，又必然会向周围地区扩散，带动其发展。因此，实现城市化、城镇化是区域经济发展的必然要求，城市化和增长极是区域经济发展的主要抓手。

特别要注意的是，在城市化过程中，城市的产业规划和选择是一个重要方面。城市不是制造业中心，城市要发挥增长极作用，关键应强调创新和服务，即大力发展第三产业、成为经济、科技、信息、金融、文化的创新中心和服务中心。

（六）范围经济和产业群成为区域经济新的产业模式

科学技术和市场竞争的发展，对区域经济的产业模式也提出了新的要求，范围经济和产业群正是这种要求的产物。

规模经济一直是区域经济发展追求的目标。规模是指劳动力和劳动手段、对象等生产要素在企业和部门中的集中程度；规模经济则指随着相同生产规模的扩大而带来的投入与生产成本的下降。现在则已提出范围经济的新概念，范围指生产系统的集合分离程度，当成本为相当种类的相关而不同的产品分摊时，所获得的是范围经济效益。有人认为，区域经济发展的主导逻辑应是范围经济，尤其是外部范围经济，也即将生产系统分解到不同企业，通过地理范围内的专业化产业集聚，加强企业的专业化特点和优势，通过区域性集聚和合作，实现共同创新、集体参与竞争。这样对每一个企业而言，生产系统被分解，但通过区域内的专业化产业集聚，又形成了更大的生产系统。

范围经济的实现和企业网络的形成有关，企业网络即企业和企业之间组成的长期、稳定、互惠的合作协作关系，在现代科技和市场竞争条件下，这种网络关系既包括按照生产纵向过程而形成的相互联系，也包含同一生产环节的各企业之间的专业化合作关系。其意义主要有两个方面：一是价值链，价值链即创造价值的一系列不同而又相互关联的经济活动的总和，包括基本增值活动（如从购入原材料开始，经过产品生产、销售、直到售后服务的各个生产经营环节）。一个占有其中某一或几个环节的企业，通过与其他企业开展充分而有效的协作配合，就能发挥企业的优势和特长，在经营活动中取得更大效益。二是学习网络，企业不仅要从其他企业学习，或与其他企业合作，开发产品。由此组成的学习网络，有利于企业通过学习及合作来提高自己的创新与竞争能力。

企业网络最终将发展成产业群，即由关联性很强的企业（包括供应商）、知识生产机构、中介机构等通过一个附加值生产链相互联系构成的网络。一般而言，区域产业群的状况可以从如下特征来测量：（1）专业化，即在一个或多个产业方面是专业化的。（2）本地网络，即区域产业群中的企业通过生产系统形成本地网络，以加强协作和合作。（3）研究开发与教育机构，即能为区域产业群中的企业提供科技和人力资源开发的R&D与教育机构。（4）合格劳动力，即具有较高素质的企业各类人员。（5）金融机构，即为产业群的发展提供金融支持的各类机构。（6）企业和其他各类机构之间的合作，即区域内企业之间及企业与其他机构的合作关系。（7）外部沟通，即产业群内的企业与其他企业进行相互交流和学习。（8）创新性，能够促使新企业的衍生和现有企业的改革。

在科学技术发展和经济全球化趋势下，发展企业的创新和竞争能力所涉及的地域日益广阔、需要的资源日益增加,其中多数已不能单靠企业自身力量解决。范围经济和产业群概念强调的,正是通过企业之间合作,努力利用外部资源来满足企业发展和创新的要求。普遍认为,区域经济的发展和竞争力在很大程度上依赖于区域内产业(企业)、供应商、客户和知识生产机构及各中介支持机构之间形成的网络(群)的紧密程度。因此,区域经济应充分利用企业在地理接近性和集聚上的优点,大力推进企业之间的相互联系,解决联系机制和渠道问题,形成新的产业模式,推动本地区产业(企业)竞争优势的不断提升。

第二节 中部地区科技创新面临的形势分析[①]

一、新中国成立以来我国科技战略演化路径

新中国成立伊始,党中央就认识到科学技术的重要性,发出了"向科学进军"的号召;以后的五次重要的科技大会成为我国推进科技发展的里程碑。经过广大科技人员顽强拼搏,我们取得了一批以"两弹一星"、载人航天、杂交水稻、陆相成油理论和应用、高性能计算机、人工合成牛胰岛素、基因组研究等为标志的重大科技成就,拥有了一批在农业、工业领域具有重要作用的自主知识产权,促进了一批高新技术产业群的迅速崛起,造就了一批拥有自主知名品牌的优秀企业,全社会科技水平显著提高。这些科技成就,为推动经济社会发展和改善人民生活提供了有力的支撑,显著增强了我国的综合国力和国际竞争力。

(一) 第一阶段(1956~1977年):向科学进军

1956年1月14日到20日,中共中央召开了全国知识分子问题会议。周恩来总理做了《关于知识分子问题的报告》(以下简称《报告》),《报告》明确指出:在社会主义时代,比以前任何时代都更加需要充分地提高生产技术,更加需要充分地发展科学和利用科学知识。科学是关系到我们的国防、经济和文化各方面的决定性的因素。为了进行社会主义建设事业,必须依靠体力劳动与脑力劳动的密切合作,依靠工人、农民、知识分

[①] 撰稿人:周绍森,南昌大学中国中部经济发展研究中心;张莹,南昌大学中国中部经济发展研究中心;罗序斌,南昌大学中国中部经济发展研究中心。

子的兄弟联盟。毛泽东主席在讲话中进一步指出："我们国家大,人口多,资源丰富,地理位置好,应该建设成为世界上一个科学、文化、技术、工业各方面更好的国家。"他号召全党、全军和全国人民努力学习科学知识,为迅速赶上世界科学技术先进水平而努力奋斗。就是在这次会议上,党中央发出了"向科学进军"的伟大号召。会后,成立了以陈毅副总理为主任的科学技术规划委员会,制定了《1956～1967年科学技术发展远景规划》。这一规划以"重点发展、迎头赶上"为方针,对百废待兴的新中国尽快建立自己的科学技术体系并支撑经济社会发展发挥了重要的指导作用,极大地促进了我国科学技术的发展,缩短了与先进国家的距离。

1956年4月,毛泽东在中央政治局扩大会议上提出"百花齐放"、"百家争鸣"的"双百"方针。5月,又在最高国务会议第六次会议上指出:"社会主义革命的目的是为了解放生产力。""我国人民应该有一个远大的规划,要在几十年内,努力改变我国在经济上和科学文化上的落后状况,迅速达到世界上的先进水平。"他还特别指出:"为了实现这个伟大的目标,决定一切的是要有干部,要有数量足够的、优秀的科学技术专家。"9月15～27日中国共产党召开第八次代表大会,党中央正确分析了中国社会主义改造基本完成后国内阶级关系和主要矛盾的变化,提出党和国家今后的主要任务是集中力量发展社会生产力。因为得到"八大"的鼓励,"向科学进军"的浪潮以更加强劲的势头向前推进。

1958年,毛泽东又提出要把工作重点转移到技术革命和经济建设上去,还发出了"我们也要搞人造卫星"的号令。他强调,资本主义国家和苏联都是靠采用最先进的技术来追赶最先进国家的,我国也要依靠先进技术来实现赶超。1963年9月,毛泽东再一次强调:"如果不在今后几十年内,争取彻底改变我国经济和技术远远落后于帝国主义国家的状态,挨打是不可避免的。""我们应当以有可能挨打为出发点来部署我们的工作,力求在一个不太长的时间内改变我国社会经济、技术方面的落后状态,否则我们就要犯错误。"12月,毛泽东在听取中央科学小组汇报科技工作十年规划时,更加明确地指出:"科学技术这一仗,一定要打,而且必须打好。""不搞科学技术,生产力无法提高。"

总体上看,新中国成立后的17年,通过艰辛探索,毛泽东逐渐形成了依靠科学技术发展社会生产力的明确认识。在毛泽东科技思想的指引和感召下,国家集中和调动了一切可能的力量和资源,在很短时间内就建立起相对完整的研发体系,并取得一个又一个的科技硕果。特别是"两弹一星"的研制成功成为我国二十世纪六七十年代最辉煌的科技成就。

(二) 第二阶段(1978~1984年):迎接科学春天

1978年3月18日,全国科学大会在北京隆重举行,邓小平发表重要讲话,阐明马克思主义关于科学技术在社会发展中的地位、作用的理论,旗帜鲜明地指出"科学技术是生产力",重申知识分子是工人阶级的一部分,是"为社会主义服务的脑力劳动者,是劳动人民的一部分",强调"必须打破常规去发现、造就和培养杰出的人才",把"尽快培养出一批具有世界第一流水平的科学技术专家,作为我们科学、教育战线的重要任务"。在科技大会上,中国科学院院长郭沫若激情洋溢地说:"科学的春天来临了,伸出我们的双手去拥抱吧!"

这是在中国经历十年浩劫后的第一次科学大会,它在科技界乃至全社会产生了异乎寻常的反响。十一届三中全会后,党中央制定了《1978~1985年全国科学技术发展纲要》,确定了"六五"期间优先发展的7个领域和108个重点项目。1982年国家正式出台了《"六五"国家科技攻关计划》,标志着我国的科技计划已从科技规划中分离出来,成为我国第一个综合的科技计划。在实施"攻关计划"的基础上,1983年和1984年,国家又分别出台了"技术开发项目计划"、"重点工业性试验项目计划"和"重点实验室的建设计划。"在一系列政策的扶持下,我国科技发展出现了从未有过的大好局面,取得了骄人的成果。

(三) 第三阶段(1985~1994年):改革科技体制

新中国成立以来,由于体制等方面的原因,科技发展与经济发展相互脱节,科学技术作为第一生产力对经济发展的巨大推动作用远远没能发挥出来。有鉴于此,邓小平一面决定进行经济体制改革,一面着手解决科技体制问题。1985年3月7日,邓小平同志在全国科技工作会议的闭幕式上发表了题为《改革科技体制是为了解放生产力》的重要讲话,高度评价了科技工作者取得的成绩,并指出进一步的任务是解决体制问题。党中央做出了《关于科学技术体制改革的决定》,从宏观上制定了科学技术必须为振兴经济服务、促进科技成果商品化等方针和政策,从而为科技成果向现实生产力的转化以及高新技术产业化的发展,奠定了政策基础。同时,强调科技体制改革的重点是人才,必须创造"尊重知识、尊重人才"

的良好环境，使拔尖人才能够脱颖而出。

1988年9月，邓小平总结了20世纪中期，特别是七八十年代以来世界高科技的发展和世界经济变化的新趋势，提出了"科学技术是第一生产力"的著名论断。邓小平的这一论述精辟地阐明了科学技术是经济发展的首要推动力，继承并发展了马克思主义的生产力学说。

在此基础上，江泽民1991年在中国科协第四次全国代表大会上第一次提出："科学技术人员是新的生产力的开拓者。"在1992年10月举行的党的十四大上，江泽民再次指出，知识分子是工人阶级中掌握科学文化知识较多的一部分，是先进生产力的开拓者，在改革开放和现代化建设中有着特殊重要的作用。

1986~1990年，国家制定了《1986~2000年科技发展规划》，并正式出台了"火星计划"、"高技术发展计划"（"863"计划）、"科技成果推广计划"、"新产品计划"、"火炬计划"等五个重大科技计划，特别是"火星计划"和"863"计划的实施，为我国发展高科技和振兴农村科技与经济做出了巨大的贡献。

"八五"期间，在《国家科学技术发展十年规划和"八五"计划纲要》的指导下，新出台了"国家工程技术研究中心建设"、"国家高新技术产业开发区建设"和"攀登计划"。这一时期的科技计划按照科技发展的基本方针，形成了三个层次的基础性研究，使我国的科技计划初步形成了比较完整的计划体系。以此三个层次为基础，国家科委组织制定了生物、农业、医药、环保、新材料、信息、先进制造技术、洁净煤等八个"重点科技领域发展协调计划指南"，以加强和改善不同层次科技计划的协调与衔接。据统计，我国"八五"期间共取得国家级成果一万五千余项，省部级成果十五万余项。这些成果中，约有两万多项与国际先进水平相当，其中有一批重大成果对我国国民经济和科技自身发展产生了重大影响。

（四）第四阶段（1995~1998年）：实施科教兴国

1995年5月26日~5月30日，召开了全国科学大会。这次大会是在改革开放和社会主义现代化建设的新形势下，由党中央、国务院召开的一次具有重要意义的会议；是继1956年党中央发出"向科学进军"的伟大号召并制定了第一个长期的全国科学技术发展规划，和1978年党中央召开的全国科学大会之后我国科技发展史上的一次重要会议。江泽民在这次会议上，代表中共中央、国务院首次正式提出实施"科教兴国"的战略。这次会议总结了新时期科技事业发展的经验，动员全党、全国各族人民，全面落实"科学技术是第一生产力"的思想，认真贯彻《中共中央国务院关于加速科学技术进步的决定》的精神，在全国形成实施科教兴国战略的热潮。

在中共十五大上，江泽民再次提出把科教兴国战略和可持续发展战略作为跨世纪的国家发展战略。他指出："要充分估量未来科学技术特别是高技术发展对综合国力、社会经济结构和人民生活的巨大影响，把加速科技进步放在经济社会发展的关键地位，使经济建设真正转到依靠科技进步和提高劳动者素质的轨道上来。"

从提出科教兴国战略到1997年底，全国共取得省部级以上重大科技成果9.3万项，达到国际先进水平的有1.7万项，占18.3%。获国家奖励的成果2 068项。这些重大成果解决了国民经济建设中一批关键技术问题，提高了我国科学研究和应用能力，对经济发展做出了巨大贡献。

（五）第五阶段（1999～2005年）：启动科技创新

1999年8月，江泽民在中共中央、国务院召开的全国技术创新大会上指出：全面实施科教兴国战略，加速全社会的科技进步，关键是要加强和不断推进知识创新、技术创新。强调创新是民族进步的灵魂，是国家兴旺发达的不竭动力。科技创新越来越成为当今社会生产力解放和发展的重要基础与标志，越来越决定着一个国家、一个民族的发展进程。大会明确提出，必须明确今后时期我国技术创新的主要方向和重点。一方面要用高新技术改造和提高传统产业，促进传统产业升级；另一方面，要不失时机地加速发展有市场需求和前景的高科技和高新技术产业，带动和促进新兴产业的崛起；必须把改造和提升传统产业同加速发展高新技术产业很好地结合起来，走有中国特色的技术跨越发展道路。在这次大会上，"加强技术创新、发展高科技、实现产业化"被确立为中国科技跨世纪的战略目标。

2001年7月1日，江泽民在庆祝中国共产党成立八十周年大会上的讲话中进一步指出：科学技术是第一生产力，而且是先进生产力的集中体现和主要标志。强调要大力推动科技进步和创新，不断用先进科技改造和提高国民经济，努力实现我国生产力发展的跨越。

在政策的引导下，这一时期我国在信息产业、农业科技、高新技术、基础研究等方面取得了许多重大的科技成就，特别是"神五"、"神六"发射成功为我国航空航天科技添上了浓墨重彩的一笔。同时，这一时期的科技成果体现了科学发展观的要求，更加注重有关提高人民生活质量、提高资源利用率、重大疾病防治、生态环境改善、人与自然和谐发展等方面的科学研究，并取得了丰硕的成果。

（六）第六阶段（2006～2020年）：建设创新型国家

2006年1月，中国全国科学技术大会在北京召开。国家主席胡锦涛在大会上发表了题为《坚持走中国特色自主创新道路，为建设创新型国家而努力奋斗》的重要讲话。他强调，本世纪头二十年，是中国经济社会发展的重要战略机遇期，也是中国科技事业发展的重要战略机遇期。必须认清形势、坚定信心、抢抓机遇、奋起直追，围绕建设创新型国家的奋斗目标，进一步深化科技改革，大力推进科技进步和创新，大力提高自主创新能力，推动经济社会发展切实转入科学发展的轨道。

会议明确提出了"坚持自主创新、建设创新型国家"的科技发展战略，强调了自主创新在建设创新型国家中的重要地位：建设创新型国家，核心就是把增强自主创新能力作为发展科学技术的战略基点，走出中国特色自主创新道路，推动科学技术的跨越式发展；就是把增强自主创新能力作为调整产业结构、转变增长方式的中心环节，建设资源节约型、环境友好型社会，推动国民经济又快又好发展；就是把增强自主创新能力作为国家战略，贯穿到现代化建设各个方面，激发全民族创新精神，培养高水平创新人才，形成有利于自主创新的体制机制，大力推进理论创新、制度创新、科技创新，不断巩固和发展中国特色社会主义伟大事业。这为我国未来十五年的科技发展指明了方向，中国将走上一条以自主创新为核心、以建设创新型国家为目标的发展之路。

2005年底，国务院发布的《国家中长期科学和技术发展规划纲要（2006～2020）》（以下简称《纲要》）对我国未来15年科学和技术的发展做出了全面规划和部署，是新时期指导我国建设创新型国家的纲领性文件。《纲要》指出，到2020年，中国科技进步对经济增长的贡献率要提高到60%左右，研发投入占GDP比重要提高到2.5%。数据表明，新中国成立以来，中国科技进步对经济增长的贡献率仅为39%，科技投入占GDP的比重最高是1960年的2.32%，2004年为1.23%，与2.5%的目标还有差距。根据瑞士洛桑国际管理学院发布的《国际竞争力年度报告》，

2004年,在科技创新能力方面,中国在占世界国内生产总值92%的49个主要国家中仅排名第24位。目前已经上升到18位,而进入创新型国家行列的标志是进入前10名,中国离这一目标还有8位之遥。在未来的十五年中,我国必须依靠自主创新,增强科技促进经济社会发展和保障国家安全的能力,增强基础科学和前沿技术研究综合实力,力争取得一批在世界具有重大影响的科学技术成果,超越常规技术发展阶段,迅速进入创新型国家行列。

二、中部科技创新面临重大机遇

自改革开放以来,科技创新为中部地区经济社会发展做出了巨大的贡献,中部未来的经济社会发展将更加依赖于科技的进步。在"坚持自主创新、建设创新型国家"的鼓舞下,中部科技创新迎来了难得的发展机遇。

(一)新科技革命为中部科技创新带来新的契机

1687年英国科学家牛顿的《自然哲学数学原理》巨著的发表成为近代科学革命理论的高峰。18世纪60年代开始,以蒸汽机应用为标志的近代第一次技术革命,带来了产业大革命,促进了生产力的大幅度提高和资本主义生产方式的确立,人类由农业经济社会进入了工业经济社会。19世纪70年代开始于欧洲,但完成于美国的电力技术革命,创造了比蒸汽时代高得多的生产力,促进了资本主义工业社会进一步繁荣,人类步入电力时代。

发轫于20世纪中叶的新科技革命及其带来的科学技术的重大发现发明和广泛应用,推动世界范围内生产力、生产方式、生活方式和经济社会发展观发生了前所未有的深刻变革,也引起全球生产要素流动和产业转移加快,经济格局、利益格局和安全格局发生了前所未有的重大变化。1945~1955年,以原子能的释放与利用为标志,人类开始了利用核能的新时代;1955~1965年,以人造地球卫星的发射成功为标志,人类开始向外层空间进军;1965~1975年以重组DNA技术为标志,人类进入可控制遗传基因和生命过程的新阶段;1975~1985年,以微机广泛应用为标志,揭开了扩大人类智能的新篇章;1985~1995年,以软件开发和大规模产业化为标志,人类进入信息时代。

进入21世纪,世界新科技革命发展的势头更加迅猛,正孕育着新的重大突破。信息科技将进一步成为推动经济增长和知识传播应用进程的重要引擎，生命科学和生物技术将进一步对改善和提高人类生活质量发挥关键作用，能源科技将进一步为化解世界性能源和环境问题开辟途径，纳米科技将进一步带来深刻的技术变革，空间科技将进一步促进人类对太空资源的开发和利用，基础研究的重大突破将进一步为人类认知客观规律、推动技术和经济发展展现新的前景。不同于自锁在"象牙塔"中的传统科学，高科技迅速转化为生产力，形成产业化。新科技革命正在直接向经济、政治、文化、军事，乃至于宗教、理念等各个领域广泛渗透，变革着人们的观念、人类生活和社会结构，变革着整个世界。

在新技术革命的感召下，中部发展迎来了高科技时代，技术进步将成为中部经济增长的源泉和区域竞争力的重要标志。新技术革命将极大变革中部地区的经济增长方式、促进知识的积累和传播、改善和提高人们生活水平、节约能源和资源、保护自然环境、保证中部地区的可持续发展。新技术革命将带来先进的创新理念，提高中部科技创新意识；将带来日新月异的科技信息，加快中部科技创新的速度；将带来丰富全面的科技成果，提高科技创新的质量；将促进中部科技创新的产业化，增加科技进步对中部经济增长的贡献。面临新技术革命的契机，中部科技创新将更加充满活力、健康发展。

（二）知识经济时代为中部科技创新营造良好的环境

在世界新科技革命推动下，知识在经济社会发展中的作用日益突出，国民财富的增长和人类生活的改善越来越有赖于知识的积累和创新。知识经济的本质特征决定了科技创新是知识经济社会的生命线。科技竞争成为国际综合国力竞争的焦点。当今时代，谁在知识和科技创新方面占据优势，谁就能够在发展上掌握主动。知识经济社会必然更加重视科技创新的作用，大力推动科学技术的进步。随着中部地区全面进入知识经济时代，科技创新拥有了更好的发展环境。

1. 高科技产业是知识经济的主导产业。农业经济的主导产业是种（养）殖业，工业经济社会的主导产业是制造业。在知识经济中信息科学技术、生命科学技术、新材料科学技术、新能源和可再生能源科学技术、空间科学技术、海洋科学技术和软科学技术等高科技及其产业的蓬勃发展，取代了传统制造业的支柱地位，而成为国民经济新的主导产业。以产业变动为标志的经济社会发展是不断改造传统产业、创建新兴产业的过程。技术创新不仅能够用于创建新兴产业，而且能够用于改造传统产业。知识经济将进一步推动中部地区传统产业的改造和高新技术产业的发展。

2. 科技创新是促进知识经济增长的关键要素。长时间以来，人们总是用传统三要素：劳动、资本、土地来解释经济增长，在土地利用量保持不变时，经济增长只与资本和劳动有关。而第二次世界大战后，人们就已经发现传统的经济增长理论根本无法解释"经济增长之谜"，即在经济增长计量中，总的经济增长率远远大于资本和劳动等要素投入的增长率。20世纪50年代以后，新古典经济学派在对经济增长的实证分析中发现，这只能归结为"技术进步"的作用，并由此得出"技术进步"是经济增长的主要源泉。80年代兴起的新增长理论将技术进步纳入生产函数模型，从而证实了技术进步是促进经济增长的内在动力。理论的发展打上了经济时代变迁的深刻烙印，在知识经济社会中，技术进步对经济增长的作用远超过其他生产要素，科技创新已成为知识经济增长的关键要素。

3. 科技创新人才是知识劳动者的核心。劳动者是生产要素中的重要要素，在农业经济中，从事农业（种养殖业）的劳动力是最主要的；在工业经济中，直接从事物质产品生产的工人占劳动力的大部分；而在知识经济中，从事知识生产、传播应用的劳动者成为主体。在新的经济形态下，劳动者的素质和技能发生了质的变化，接受较高程度的教育和培训，具有高素质和高技能的劳动力是知识经济得以实现的先决条件。要加速知识创新，加快高新技术产业化，关键在人才，必须有一批又一批优秀的创新人才脱颖而出。科技创新人才具有较高的素质和技能，在发明、创造、成果转化、应用等技术性路线上发挥其创新才能，因此属于高层次的人力资本，是知识劳动者的核心部分。

4. 知识经济时代要求以科技创新为经济社会发展的生命线。新古典经济增长理论和新增长理论都已经证明科学技术在生产中的作用不可小视，科技进步不仅是经济增长的源泉，而且是经济社会发展的生命线。从历史上看，劳动生产率是随着科学技术的发展而不断提高的。据统计，原始社会劳动生产率极低，每万年才能提高1%~2%；在奴隶社会的劳动生产率比原始社会要高，每百年提高近4%；封建社会的劳动生产率则以每年平均0.2%的速度提高；到了近代资本主义社会，在科学技术的强有力推动下，劳动生产率大为提高，增长速度加快，在1770~1840年的70

年间，主要资本主义国家的工业劳动生产率提高了20倍。吴季松教授的研究也表明，技术进步对经济增长的贡献率在农业经济中为10%以下，工业经济后期为40%以上，在知识经济中则为80%以上。可见，科学技术的不断创新在社会的任何一个发展时期都存在作用，只是作用大小存在差别，知识经济时代的科技创新是显著的边际收益递增的生产要素，其贡献是巨大的。

在知识经济时代，高科技产业是主导产业，技术进步是经济增长的关键要素，科技创新人才是知识劳动者的核心，科技创新渗透在经济社会的方方面面。因此，如果说土地是农业经济社会发展的生命线，资本是工业经济社会发展的生命线，那么科技创新就是知识经济社会发展的生命线。在知识经济社会中，中部科技创新具有更加优质的环境和发展平台。

（三）经济发展优势为中部科技创新提供强大的物质基础

经过改革开放二十多年持续、稳定的经济增长，中部地区经济发展逐渐显示出优势，物质财富逐渐丰富，财力逐渐雄厚，人民生活基本摆脱贫困，物质资本的迅速积累为中部地区科技创新提供了有力的支撑。

1. 中部地区区位优势明显。无论在农业文明时代、工业文明时代，还是当今改革开放时代，中部地区这一祖国腹地、流域中心、经济基地，在我国经济发展、政治稳定、社会和谐中一直发挥着重大作用。流域经济在人类文明史上具有极为重要的地位与作用，它为人类的繁衍生息、生产力的发展提供了肥沃的土壤和便利的灌溉航运条件。长江、黄河流经中部省份，地势开阔，沃野千里，水泊纵横。良好的自然条件，孕育了中华古代农业文明。在沿海还没有开拓发展之前，中部地区曾是中国经济最发达、文化最昌盛的地区。由于地理和经济文化的融合性，中部地区还是民族凝聚力最强的地区，因此，这里是历代政治统治的中心地区、经济中心和文化中心地区，也常常是革命最先爆发的地区。在近代工业文明时期，优越的资源条件、航运条件和经济基础，使中部地区最早兴办近代工商实业，汉口、九江等最先列为对外内河通商口岸。

居中的区位优势造就了独特的交通中心和通讯中心优势，已经建成了四通八达的综合交通网络和信息高速公路网络，整体上形成了以"三纵三横"干线为骨架的交通网，是全国交通运输的枢纽，由北京—广州铁路、北京—九龙铁路、北京—珠海高速公路构成的三纵是中部南北向联系的重要运输通道；由连云港—兰州铁路、上海—成都高速公路、长江航路等构成的三横是中部东西向联系的重要运输通道,起着连接东西南北、推进东西互动、辐射四面八方的重要作用,更加显示中部地区特有的区位优势。

2. 中部自然资源丰富。矿产资源种类繁多。中部属环太平洋成矿带内的重要成矿地区,矿产资源种类齐全,储量丰富,引人注目。山西的煤炭资源储量占全国储量的1/3;江西已发现地下矿产140多种,铜、银、金、钽、铷、铯、钪、硫铁矿、粉石英等含量居全国第一位,有的储量占全国总储量的80%以上,铜、钨、铀、钽、稀土、金、银被誉为"七朵金花";安徽省矿产资源种类繁多,储量丰富,分布集中,已发现有用矿种138种,探明储量的有70种,其中煤、铁、铜、硫、磷、明矾石、水泥石灰岩等矿产储量居全国前10位;河南省矿产资源也比较丰富,已发现矿产资源154种,探明储量的81种,其中有色金属钼、铝储量分别居全国第一、二位;湖北矿产具有种类多、规模大的特点,相对集中,已发现矿产136种,占全国的81%,已探明储量的矿产有87种,占全国的58%,其中磷矿石、硅灰石等种矿产储量居全国首位。湖南矿产资源比较丰富,矿业比较发达,特别是有色金属、非金属矿产在全国占有十分重要的地位,钨、铋、海泡石粘土、陶粒页岩、普通萤石、隐晶质石墨、玻璃用白云岩、石榴子石、铌、钽、轻稀土矿等11个矿种的保有储量居全国前列。从东、中、西部已探明矿产资源的开发利用情况看,中部地区矿产资源优势最大,开发利用潜力也很大,对传统工业的持续发展和支柱产业系列的形成,起到重要的支撑作用;东部地区部分矿种有一定的资源优势,但是,矿产开发利用程度较高;西部地区具有较大的资源潜在优势,但地质工作程度相对较低。也就是说,中部地区拥有重要或稀有矿产资源的丰度远优于东部,密度也高于西部,且资源配套程度较高,具有广阔的开发前景。而且中部已形成三大基地,即以山西、河南、安徽为主的煤炭基地;以江西、湖北、湖南为三角的有色金属基地;以湖北、湖南为中心的磷化矿基地。中部地区的煤炭、有色金属和部分非金属矿资源为发展能源、原材料工业奠定了基础,也为发展高加工度工业打下了基础。

农业资源十分丰富。中部农业发展的资源禀赋相对丰富。资源禀赋是经济发展的基础因素,对产业结构的形成与变化有重要的影响。中部六省地处亚热带和温热带,气候温和,日照充足,雨量充沛,拥有宜农平原、宜林山地、宜牧草场和宜渔湖泊等多种农业自然生态系统。2004

年，中部六省耕地面积3 057万顷，占全国的23.5%；林地面积3 044万顷，占全国的19.2%，其中江西、湖南森林覆盖率均超过50%；淡水养殖面积达216万公顷，占全国的46.2%。中部六省的动植物资源种类繁多，动物资源最多的湖北达700余种，植物资源最多的江西达4 000余种。

水资源相对富余。在全国十大流域中，中部拥有第一大流域长江，面积180.82万平方公里，年径流量9 513亿立方米，涉及湖北、湖南、江西、安徽、河南等19省市；第二大流域黄河，面积75.24万平方公里，年径流量222亿立方米，涉及湖北、河南、安徽等5省；第六大流域海河，面积26.36万平方公里，年径流量228亿立方米，涉及山西、河南等8省市。在全国五大淡水湖中，中部拥有第一大淡水湖鄱阳湖，面积3 913平方公里，蓄水量300亿立方米；第二大淡水湖洞庭湖，面积2 740平方公里，蓄水量187亿立方米；第四大淡水湖巢湖，面积776平方公里，蓄水量36亿立方米。2002年，中部水资源总量7 029.36亿立方米，占全国的25%。除山西较贫乏外，中部其他省的水资源相对富余。

旅游资源独具特色。在全国119个重点风景名胜区中，中部拥有27个，其中：庐山、黄山等风景名胜区被列入《世界遗产名录》。在全国751处重点文物保护单位中，中部拥有187处，其中，江南三大名楼（岳阳楼、黄鹤楼、滕王阁）、洛阳龙门石窟等闻名中外。在全国84处革命遗址及革命纪念建筑物中，中部六省拥有22处，其中，井冈山、瑞金、韶山等革命遗址闻名全国。在全国99座历史文化名城中，中部六省拥有20座，其中，景德镇、开封、岳阳等历史文化名城享誉中外。在全国45个森林及动植物类自然保护区中，中部六省有9处，湖北的神农架、江西的鄱阳湖、山西的庞泉沟、河南的伏牛山、湖南的八公山和安徽的扬子鳄自然保护区独具特色。中部独特的旅游资源为在经济发展较高级阶段发展旅游产业提供了优良条件。

3. 中部具有夯实的经济基础。中部地区是我国重要的农副产品生产与输出基地。中部地区中有黄淮平原、长江中下游平原、云梦平原、鄱阳湖平原，都是全国重要的商品粮基地、饲料粮基地，重要的棉花、油料等经济作物基地以及重要的畜牧、水产基地，长江中游平原是我国重要的大豆产区。

2005年，中部六省的粮、棉、油、肉类、淡水产品、产量分别占全国产量30.53%、30.87%、40.71%、28.18%、39.62%；麻丝、茶、烟、药在全国也占有较大比重，麻、茶分别占全国产量的24.71%、26.84%。在全国前10位的产粮、产棉、产油、产茶、产肉和淡水产品省份中，中部就有四五个省，其人均拥有量均超过全国平均水平（见表2-65）。

表2-65　　　2005年中部六省主要农产品与全国及各地区的比较

项目	地区	全国	东部地区	中部地区	西部地区	东北地区
人口	万人	128 323	46 388	35 202	35 976	10 757
	%	100	36.15	27.43	28.04	8.38
耕地	万公顷	130 039.2	77 409.05	3 056.65	49 573.5	21 526.2
	%	100	38.37	23.51	38.12	16.55
粮食	万吨	48 402.4	12 766.3	14 778.3	13 438.8	7 419
	%	100	26.38	30.53	27.76	15.33
棉花	万吨	571.8	185.6	176.5	209.2	0.5
	%	100	32.46	30.87	36.60	0.09
油料	万吨	3 077.1	906.3	1 252.7	766.3	151.8
	%	100	29.45	40.71	24.90	4.93
肉类	万吨	7 743.1	2 607.6	2 182.1	2 171.8	781.6
	%	100	33.68	28.18	28.05	10.09
淡水产品	万吨	2 269.4	954.6	899.2	297.9	117.7
	%	100	42.06	39.62	13.13	5.19
禽蛋	万吨	2 879.5	1 255	809.7	388.1	426.7
	%	100	43.58	28.12	13.48	14.82
麻类	万吨	110.5	1.7	27.3	44.8	36.7
	%	100	1.54	24.71	40.54	33.21
甘蔗	万吨	8 663.8	1 613.1	268.1	6 782.6	0
	%	100	18.62	3.10	78.29	0
烟叶	万吨	268.3	27	66.4	158.1	16.8
	%	100	10.06	24.75	58.93	6.26
茶叶	万吨	93.5	39.2	25.1	29.2	0
	%	100	41.93	26.84	31.23	0

资料来源：《中国统计年鉴（2006年）》。

从一定意义上讲，中部农业发展的好坏，对中国主要农产品供给状况及我国粮食安全具有决定性的影响。多年来，中部六省以占全国不到20%的土地，生产了远超过全国1/3的农产品，无论是计划经济时期还是市场经济条件下，中部地区每年都向全国各地输出相当数量的粮食、肉禽蛋和各种农副产品。中部六省输往省外的粮食占全国各省粮食纯输出量的50%以上；河南省每年有2 000多万头生猪和400万头活牛销往京、沪、粤等大中城市；素有"鱼米之乡"盛誉的湖北水产品已进入全国 31 个省（市、区）及港、澳、台地区；山西的榆林大枣、同川梨，安徽的黄山毛峰，江西的南丰蜜橘、赣南脐橙、泰和乌鸡，河南的信阳毛尖、黄河鲤鱼、中牟大蒜，湖北的武昌鱼，湖南的君山银针等特色农副产品畅销全国。

中部地区是我国重要的能源生产与输出基地。中部能源资源丰富，尤其以水能资源和煤炭资源为著。2004 年，中部地区发电量 4 880.6 亿度，占全国 22.3%，其中水电 1 052.7 亿度，占全国 32.1%。长江三峡工程是世界第一大水电站，其供电半径 1 000 公里，跨东部、西部两大地区，葛洲坝、隔河岩、五强溪、小浪底均是国内重要的水电及综合水利基础设施。中部六省的石油剩余可采储量占全国的近 1/2。山西原煤产量为 3.72 亿吨，占全国总产量的 19.02%，列全国第一位；河南为 1.44 亿吨，占全国总产量的 7.36%，列第四位；东部各省市所需的煤炭资源 90% 左右来自中部地区。河南、湖北两省原油产量为 601.61 万吨，占全国总产量 3.43%。从总体上看，中部煤炭资源和产量高于其他地带，电力供给能力也比较强。河南、湖北的石油及天然气资源，江西、湖南的太阳能资源，江西、湖北、湖南的地热资源均在全国占有一定的份额（见表 2-66）。

表 2-66　　　　　　　　2004 年按经济区域能源生产量比较

项目＼地区	全国 产量	%	东部地区 产量	%	中部地区 产量	%	西部地区 产量	%	东北地区 产量	%
原煤（亿吨）	19.56	100	6.38	32.6	6.41	32.83	5.19	26.5	1.58	8.1
原油（万吨）	17 500	100	6 378.9	39.5	601.61	3.43	4 071.9	23.2	6 447.5	36.8
发电量（亿度）	21 870	100	10 077	45.1	4 880.6	22.32	5 099	23.3	1 812.9	8.3
水电（亿度）	3 280	100	549.9	16.8	1 052.7	32.1	1 567.6	47.8	109.73	3.3

资料来源：《中国统计年鉴（2005 年）》。

从能源输出看，仅山西每年的煤炭外调量就达 2.5 亿吨，电力外调量也达 212 亿千瓦时，北京 1/4 的电力来自山西；三峡电站涉及装机容量高达 1 820 万千瓦，目前 2 号、3 号、5 号和 6 号机组现已正式投产发电，将逐步向湖北、湖南、江西、安徽、河南、上海等 9 省市输送电力。在今后相当时期内，中部六省仍是我国能源生产和开发的重点地区，源源不断地给全国特别是沿海地区提供强大的能源动力。

中部地区是我国工业原材料重要生产与输出基地。中部六省的优势原材料工业有钢铁、有色金属、基本化工、建材及部分非金属矿产制品。武钢、冶钢、马钢等在全国冶金行业有重要地位；中部六省的地方钢铁在全国各省也处于强势；重型机械厂有武重、武锅、长动、洛重等，能生产大型矿山、冶金和电力等重型设备；山西铝业、中州铝业是全国重要铝业基地；江西铜业、钨业、稀土、钽铌等有色金属采选冶炼业，湖南锑、铅、锌、钨等有色金属业采选冶炼业在全国有绝对优势；贵溪冶炼厂是亚洲第一大铜冶炼厂，株洲有色金属冶炼厂在全国有重要地位，冷水江有"世界锑都"之誉。它们是我国板材、特殊钢、铁合金材料重要生产基地，铜、钨、铝、铅、锌、锑、中重稀土、钽、铌的主要生产基地。2004年中部地区的钢占全国总产量的20%；基本化工材料硫酸、纯碱、烧碱占全国总产量的24.2%、17.4%、17.7%；水泥、平板玻璃占全国21.2%、22.7%，中部原材料产业成为我国现代工业体系的重要组成部分，为工业化打下了坚实基础。

中部地区是我国机械制造和部分高新技术产业基地。中部是全国较为重要的机械制造基地，拥有全国最大的中型货车生产基地、第二大汽车生产基地，十堰、武汉、南昌、景德镇、合肥都是我国重要的汽车生产基地。总公司位于湖北省十堰的东风汽车集团也如以前的名字第二汽车厂显示的那样，是继长春第一汽车厂之后建立的大型汽车厂家。东风汽车集团是国内最重要的卡车和轿车生产厂家。江铃、昌河、奇瑞是国内轻型车、微型、家用轿车的重要生产厂家，洛阳、南昌的农用机械也有重要地位。2004年，中部六省汽车产量达81.46万辆，占全国总产量16.05%。中部矿山机械、铁路机车、电站设备也具有较强的实力。

在高新技术产业中，中部电子信息产业、软件业、机电仪一体化、生物工程与医药、新材料在全国也有一定的地位。武汉、合肥、南昌、长沙、太原等中心城市以及一批中等城市分布有电子元器件、光电材料、微电脑、软件设计、生物制药等骨干企业，拥有一批新兴家用电器如彩色电视机、空调机、电冰箱、照相机等有竞争实力的企业。在最近全国高新技术产业化水平综合评价排序中湖北、江西排序分列第13、14位。中部高新技术产业是我国产业成长结构升级的重要力量。

4. 中部具有深厚的文化底蕴，良好的生态环境和丰富的人力资源。浓厚的历史文化底蕴。中部是华夏文明的发祥地，其传统文化源远流长，丰富多彩的河南中原文化、殷商文化；通变弥新的安徽的徽文化；勤俭敬业、诚信和谐的优良传统的山西的晋文化；积极进取、革新鼎故和不屈不挠的湖北、湖南的楚文化；素有物华天宝、人杰地灵的江西的赣文化和道教文化，还有湖南的湘西文化、山西的晋商文化、安徽的徽商文化都曾在中国历史上辉煌一时，珍贵的历史遗产，丰富的文化资源，众多的历史名人，不仅显示出重要的精神和文化价值，更为区域发展提供了强大思想动力。这些传统文化具有鲜明的地域特色和巨大的融合能力，在市场经济和对外大开放的背景下，传统文化与现代工业文明相交融，敢为人先、开拓创新的精神进一步得到弘扬，为实现中部崛起，创造了一个良好的人文社会环境。

较强承载力的生态环境。自然资源环境的承载力是衡量一个地区如何开发的主要指标体系。中部地区的自然资源环境承载力，包括土地资源承载能力、水资源的支撑能力、能源的支撑能力以及生态环境的承载能力，总体上来说不如东部地区那么高，也不像西部地区那么脆弱，属于比较高的地区，正是国家重点开发地区。尤其是中部地区生态环境好，在未来10至20年中将成为产业发展的重点。中部地区大部分省份森林覆盖率都比较高，江西居全国第二，湖南居全国第五；中部地区河流湖泊纵横交错且受污染不严重，水质都比较好，江西境内的主要河流及鄱阳湖的主体水质达到国家二类标准，中部地区大部分省份的空气新鲜，安徽与江西空气质量指数排在全国前五位。中部地区处处"既是金山银山，又是绿水青山"，正是将来中部地区经济全速启动而又保证生态环境不遭破坏的保障。

丰富且具有价格优势的劳动力资源。中部劳动力密集，尤其是河南、湖北、湖南、江西和安徽，劳动力资源总量都比较丰富，中部六省劳动力资源总量占全国31省（市、区）劳动力总量的30%左右。中部地区如此丰富的劳动力资源却出现劳动力就业不充分，存在大量的农村剩余劳动力的现象，全国有40%的农民工是来自中部。而东部地区在劳动力价格普遍上涨，中部又具备劳动力价格优势，且劳工素质较高，有些东部劳动密集型的制造业会转移到中部来，在东部逐渐腾出农产品市场的背景下，这里具有较好的农业基础和农业生产条件的优势也会逐渐显现出来。

迫切要求发展的强烈愿望。中国经过20多年的改革开放，东部首先发展起来，对中部地区产生了强大的激励追赶作用。先行成功的发展令中部各省开始思考：如何抓住21世纪大开放、大发展的机遇，奋起直追，迎头赶上；如何在国家整体发展中体现自身的特点和魅力，中部地区的追赶意识体现在21世纪开局各省提出的崛起目标和开创的发展思路，体现在中部各省开展的互相学习和经济突破。首先是在中部地区比较落后的江西，发动了前所未有的思想大解放，迸发出"在中部地区崛起"的时代强音；接着中部地区强省湖北发出要"走在中西部地区前列，成为全国重要经济增长极"的雄心壮志；河南提出要"以中原崛起促进中部崛起"；湖南提出以加快"三化"进程，建设科技强省的战略参与中部崛起；安徽紧紧围绕"加快发展、富民强省"的主题，提出要"抢抓机遇，乘势而上，奋力崛起"；山西提出"建设国家新型能源和工业基地"作为在中部地区崛起中的新定位。这些正是中部崛起的强大思想基础和力量来源。

三、中部科技创新面临严峻挑战

中部科技创新在面临着重大机遇的同时，还面临着严峻的挑战。如何应对挑战是中部未来顺利推进科技创新的关键。

（一）全面建设小康社会对加快中部科技创新提出迫切要求

党的十六大报告指出："我们要在本世纪头二十年，集中力量，全面建设惠及十几亿人口的更高水平的小康社会，使经济更加发展、民主更加健全、科教更加进步、文化更加繁荣、社会更加和谐、人民生活更加殷实。"全面建设小康社会是中部地区乃至全国未来发展的宏伟目标。实现这一宏伟目标需要多方要素的通力协作，其中，科技创新是全面建设小康社会的重要动力。2004年8月，温家宝总理主持国务院会议时强调，增强国家科技创新能力，为全面建设小康社会提供强有力支撑。

小康社会各项目标的实现都有赖于科技创新：（1）技术进步是经济增长的内动力，科技创新能够在优化结构和提高效益的基础上，加速经济增长，增强地区综合实力和竞争力明显；能够促进工业化进程，为走新型工业化道路提供支持；能够推动社会主义市场经济体制的建立和更具活力、更加开放的经济体系的形成；能够推动城镇化，缩小工农差别、城乡差别和地区差别；能够健全社会保障体系，促进充分就业，增加人均收入，使人民过上更加富足的生活。（2）科技创新能够变革人们的思维，为推动民主提供技术支持，使社会主义民主更加完善，社会主义法制更加完备，依法治国基本方略得到全面落实，人民的政治、经济和文化权益得到切实尊重和保障。基层民主更加健全，社会秩序良好，人民安居乐业。（3）科技创新能够促进知识积累、传播和应用，提高国民素质，推动现代国民教育体系、科技和文化创新体系、全民健身和医疗卫生体系的形成，促进人的全面发展。（4）科技创新能够保护和改善生态环境，提高资源利用率，促进人与自然的和谐，增强区域可持续发展能力，推动整个社会走上生产发展、生活富裕、生态良好的文明发展道路。

中部地区全面建设小康社会的任务艰巨而复杂。中部经济发展水平、国民教育水平和科技创新能力都较低，人均资源相对短缺，资源利用率不高，生态环境压力不断增大。特别是中部农业基础薄弱，农业综合生产能力较差。2003年，中部地区农业机械总动力、有效灌溉面积、农村用电量分别相当于全国平均水平的95%、94%、39%。同时，中部县域经济发展缓慢，城镇化水平低，阻碍了城镇化进程，加大了统筹城乡的难度，加大了农村小康社会建设任务的艰巨性。在这种情况下，中部要走新型工业化道路，调整经济结构，转变经济增长方式，缓解能源资源和环境的瓶颈制约，加快产业优化升级，促进人口健康和保障公共安全，全面建设小康社会，将比以往任何时候都更加迫切地需要坚实的科学基础和有力的技术支撑。

（二）加入WTO后的竞争压力对中部科技创新提出新的挑战

2001年12月11日，中国正式成为世界贸易组织WTO的第143位成员。中国从2002年1月1日起将关税总水平从原来的15.3%降至约12%，2005年进一步下降到10%以下。服务领域，包括金融业、零售业、电信业、资产管理业、会计业、旅游业，也将按时间表对外开放。这标志着中国经济已经并将继续融入全球经济，我们面对的是国际国内统一的市场。

长期以来，中部地区的开放度较小。（1）利用外资规模较小，质量较低。主要表现为外商投资项目规模小、投资产业结构不合理、外资来源渠道窄等方面。2003年，中部各省利用外资数量分别为：山西2.1亿美元，安徽3.7亿美元，江西16.1亿美元，河南5.4亿美元，湖北18.0亿美元，湖南10.2亿美元，而浙江为49.8亿美元，全国为561.6亿美元。外贸依存度山西为56.6%，河南为50.4%，湖北为38.7%，江西为43.4%，安徽为44.8%，而浙江为52.6%，全国为52.2%。2004年，中部六省出口总额和实际利用外商直接投资分别仅占全国的3.5%和12%，出口依存度为5.3%，与全国平均水平35.9%相比差距很大。中部地区外贸进出口总额仅相当于东部地区的3.27%。而且，中部六省的外商投资主要集中在资源开发业、一般性制造业和房地产业，而投向农业、基础设施和国有企业的数量不多，投向高新技术产业的更少。（2）对内开放程度不高。省际之间经济联系少，区域内协调联动发展机制没有形成。中部地区各省的经济活动以行政区划为限，构成相对封闭的经济体，因此，中部区域还停留在一种地理区域的意义上。不仅经济内在联系少，更缺乏深层次的文化、技术、人员、制度改革等方面的交流和影响；在周边发达地区的吸引下，中部地区内部也出现了经济协作上的分化；在促进中部崛起的过程中，六省缺乏区域经济联动发展的协调手段，没有设立区域间经济协作的协调机构，在区域经济联动发展中政府没有发挥应有的作用，市场机制对区域经济的作用也由于行政区划的限制而大大缩小。在非市场机制的保护下，中部已经形成了封闭思维和格局，民族企业起点低、底子薄，抗压能力差，与国外企业和发达地区企业相比，在经济实力、科技实力、人才实力等各方面都普遍存在差距。因此，从短期上看，加入世贸组织已经对中部企业造成巨大的竞争压力，在很大程度上民族企业的生存空间被挤占，不利于中部本土产业的发展和经济水平的提高。

制度经济学认为，竞争的实质是发现知识的过程，竞争具有减少无知、扩散知识和抑制错误的功能，通过竞争能够使人们以更快的速度去进行交流，推动经济的快速增长。如果不能有好的制度来保障平等竞争，就会大大增加信息成本和交易成本，延缓经济增长的速度，甚至使经济增长停滞。从短期来看，对自由竞争实施干预确实能够增加国内产业的就业和收入，但这些好处都是暂时的。从长期来看，市场干预将创造出一个产业性和政治性的实力阶级，并削弱了由于与创新的竞争压力，从而避免这些产业的消亡，使他们继续作为高成本的、不思进取的落伍者而存在下去。加入世贸组织事实上为区域产业发展消除了制度壁垒，实现了自由竞争，真正将产业发展纳入了市场经济运作。因此，从长期来看，入世将推动中部市场的自由竞争秩序的建立，为中部产业的发展创造良好的竞争环境，并推动中部产业的自我调整。从这个角度来看，提高中部地区抗压能力是抵御短期内外部主体渗透所造成的压力的关键，如果中部地区能够在巨大压力中生存下来，未来便会进入良性的市场发展轨道。增强中部抗压能力的关键在于科技创新，而科技创新的核心要求是自主创新，中部必须走自主创新之路才能够真正提高自身的科技竞争力。

另一方面，在市场大开放的背景下，各种生产要素的流动愈发频繁，特别是进入信息社会以后，知识、科技等无形资产的流动速度进一步提高，某种新知识或某项新技术被生产出来后会在最短的时间内在世界范围传播。在这一过程中,具有科技优势的将会是得到制度保障的主体,即获得法律认可的该项技术的所有者,这就牵涉到知识产权的问题。中部在面临市场扩大化和竞争激烈化的情况下,必须高度关注知识产权,而知识产权的源泉正是科技创新。中部只有通过自主创新,促进自身科技的发明、转化和应用才能切实掌控知识产权这一竞争的法宝。

总之,在我国加入世贸组织的形势下,中部科技创新关系到中部产业未来的生存和发展,关系到中部竞争力的提升,从而必须促进科技创新的跨越式发展,以迎接巨大的竞争挑战。

(三) 缓解能源资源和环境的瓶颈制约对中部科技创新提出巨大需求

就全国范围来看,我国未来经济发展面临着能源资源和环境的瓶颈制约。与全国不同的是,中部地区拥有丰富的自然资源和人力资源,是重要的能源生产和输出基地,生态环境良好,这些都为中部科技创新和经济发展提供了有利条件。但是,资源是把"双刃剑",资源优势往往容易变成"资源陷阱":过分注重资源开发,有矿就采,有煤就挖,"有水快流",经过一段时间,产品结构不合理、技术含量低、终端产品少等问题就会暴露出来。从长远看,资源浪费更会造成污染和贫困,而中部地区目前走的正是这样一种以大量消耗资源、破坏环境为代价的粗放型经济增长道路。中部地区能源资源和环境优势正演变为劣势,成为制约中部经济可持续发展的瓶颈。中部地区能源资源和环境的瓶颈制约具有特殊含义,表现在三个方面:

一是虽然中部能源资源在总量上较多,但是由于中部人口基数大,人均占有量较低,能源资源供给在总体上还是呈现短缺。中部地区除山西省以外,人均耕地面积都低于全国平均水平,山西省和河南省人均水资源极度匮乏(见表2-67)。

表2-67　　　2003年全国及中部六省人均拥有资源量的部分比较

	人均耕地面积(亩/人)	人均拥有水资源量(立方米/人)
全国	1.5	2 131.3
山西	1.755	408.2
安徽	0.945	1 699.1
江西	0.75	3 215.4
河南	1.11	723.8
湖北	0.75	2 058.6
湖南	0.87	2 707.2

资料来源:根据《中国统计年鉴(2004年)》计算。

二是各种能源资源的利用率不高，产出主要依靠大量的物质投入，资源配置不合理，全要素生产率低。

近年来中部工业虽然有较快的增长，但支柱产业结构雷同、重复建设现象非常突出。在39个产业中，共有14个产业被各省列为支柱产业。烟草、石化、电力、食品、钢铁为五省共有，有色金属、煤炭采选、汽车为三省共有。仅以汽车制造业的发展现状为例，可以发现中部地区产业链的关联性不强，质量不高。汽车制造业是中部的支柱产业，但五省的发展各自为政，在战略布局上各自圈地，在品牌上各打旗号，在技术上互不往来，在经营上缺乏联盟。而最终形成的结果就是不能形成品牌价值极高、竞争力极强的汽车品牌。这严重浪费了中部各省的优势资源，降低了资源配置效率。

中部地区工业内部结构也不合理。由于资源的条件和历史的积累，中部地区形成了以重工业为主的工业结构，而且中部地区较高的重工业比重是建立在较低的经济发展水平基础上的，是轻工业发展相对滞后而反衬的结果；中部地区传统基础工业比重大，新兴工业发展缓慢。中部六省多数省的主导行业分布在原料工业、燃料动力工业和农产品加工等领域，高新技术产业较少。2003年，中部六省资源型产业占工业增加值的比重达45.1%，比全国平均水平高8.5个百分点，而高新技术产业占工业增加值比重仅为4.09%，比全国平均水平低近4个百分点。

另外，资本投入效益偏低。中部六省重工业的层次和产品质量较低，主要以采掘业和能源原材料等中间产品为主。事实上，重工业的核心和实质应该是后续的加工和组装工业，或者称为以机械和装备制造为主的机械电子工业的发展，而在这方面，中部六省远不如东部地区。在产品质量上，即使是中部六省具有优势的采掘业和能源原材料工业，其产品的加工深度也不够，产品的档次和质量也较低。

三是在经济发展过程中不注意保护环境，环境污染较为严重。2004年中部环境污染与破坏事件次数占到全国总次数的24.4%，造成了1 485.4万元的直接损失，损失金额占到全国总损失的40%以上（见表2-68）。

中部地区能源消耗大、资源利用率低、环境污染严重，导致中部经济发展面临能源资源和环境瓶颈。而这一切都需要通过科技创新来改变，通过科技创新节约能源消耗、提高资源利用率、减少对环境的污染是未来中部发展突破瓶颈制约的必经之路。

表 2-68　　　　　　　2004 年全国及中部地区环境污染情况

	环境污染与破坏事故次数（次）	环境污染直接经济损失（万元）
全国	1 843	3 374.9
山西	16	68.1
安徽	55	655.1
江西	55	56.9
河南	19	70.3
湖北	63	320.9
湖南	235	314.1
中部占全国比重（%）	24.04	44.01

资料来源：根据《中国统计年鉴（2005 年）》整理。

（四）科技创新意识薄弱、制度创新滞后成为阻碍中部科技创新的关键因素

中部科技的总体水平同全国平均水平相比仍有较大差距，同中部经济社会发展的要求还有许多不相适应的地方，特别是科技创新意识薄弱、创新制度滞后是对科技创新的严重制约。

1. 科技创新意识薄弱，开放创新面临阻力。小农意识制约创新。小农意识是为满足个人温饱，在一小块地上自耕自作，无约束、无协作、无交换而长期形成的一种思想观念和行为习惯。小农意识的形成与长期处于保守状态有关，它具有农业经济的时代烙印。有小农意识的人往往呈现以下特征：勤劳勇敢、简朴节俭、乐于吃苦、甘于奉献，但同时也封闭保守、小富即安、害怕风险、不愿创新。在农业经济社会，小农意识曾帮助过中华民族创造灿烂的农耕文明，但随着步入工业经济社会和知识经济社会，保守落后的小农意识已经越来越制约国家和地区的经济社会发展。小农意识极不适应以科技创新为生命线的知识经济社会。

中部地区长期以农业经济为主，中部六省农业人口占总人口的 65% 以上，仅河南省就有 7 000 多万农村人口。由于地处内陆相对封闭和良好的农耕资源条件，中部地区人民创造了灿烂的农耕文明，但也在农业经济、自然经济条件下形成了根深蒂固的小农意识。虽然不乏晋商、徽商、江右商，在著名的十大商帮中中部占其三，但就整体而言，中部地区的投资意识、经营意识、市场意识、风险意识不强，以官为荣、以官为尊、读好书、走仕途仍是大多数人的追求，"喂猪过年、养牛耕田"更是许多农民年复一年的写照。中部地区浓厚的农耕意识，对加快中部地区商品经济发展起到一个阻碍作用，不利于中部地区市场经济的快速发展。

封闭思想制约创新。受到长期计划经济体制的影响,中部地区面临产业结构低水平同化,企业竞争力不强,经济结构条块分割等问题未能完全消除,生产要素合理流动机制尚未建立,低水平重复建设现象比较严重,相关的市场政策法规不健全,至今仍有很多政策没有脱离计划经济运作模式。加上在计划经济下形成的发展靠优惠政策、投入靠国家拨款,习惯于行政手段,习惯于分钱分物,习惯于照搬照套等旧思想,忽视制度创新,政府职能的实现过程较为缓慢,不少领域存在"越位"、"错位"和"不到位"的现象,地方保护主义情况较为严重,很大程度上制约了非国有经济发展和要素市场的发育。加上中部地区共有老区县(市、旗、区)475个,占全国的34.2%,老区乡镇7 281个,占全国的38.3%,在计划经济封闭运作下更是形成了"等、要、靠"的习惯,这些都是中部区域经济发展的思想障碍。

小农意识和封闭思想制约了中部地区的意识变革,成为中部社会变革中极不协调的音符。强烈的科技创新意识是推进中部地区自主创新的前提,必须摒弃固有思维方式,提高中部地区创新意识。

2. 制度创新滞后,科技创新缺乏制度保障。中部地区在制度层面也存在很多不完善因素,制度创新发展缓慢,这将使中部科技创新缺乏制度保障,面临更大威胁和挑战。

投融资制度保障缺失削弱科技创新的资本支撑。中部地区政府对企业干预较多,地方保护主义还比较严重,国企改革慢,市场经济体系建设进程较缓,还有许多领域无法形成公平竞争,以及城市化水平低,社会服务、基础设施落后,致使中部地区的投资环境较东部差。一些地方存在"重招商,轻安商"、"失信违约"现象,一些部门"办事效率低"、"上热下冷",不时会出现"梗阻"和"吃拿卡要"的情况。

由于中部各省自身投资能力较弱,引进投资规模小,使中部各省固定资产投资水平大幅度低于全国平均水平,2004年固定资产投资水平平均人均3 432元,只有全国平均水平人均5 354元的64%,广东省的48.5%、浙江省的28%(见表2-69)。

当前,中部六省储蓄—投资转化的主渠道主要是通过银行信贷市场,融资渠道90%左右集中在银行。我国原四大国有专业银行商业化以后,逐步市场化运作,逐利性和风险规避性显现,而中小股份制银行更是高度的逐利性和风险规避性。由于中部经济发展和经济活力相对东部省份有较大差距,在逐利性和规避风险的思路指导下,中部的存款资金在商业银行吸收后大量投向其他地区，邮政储蓄更是只吸取难回投。此外，四大国有商业银行由于历史包袱重，大量不良资产需要处置，因此对信贷规模和信贷投向进行了很大程度的抑制，基本趋向于大型基础设施和大型国有企业集团，大量中小企业和民营企业被排斥在银行信贷市场之外，这也进一步加剧了中部地区资金的匮乏和资金配置效率的低下，抑制了中部经济发展活力，中部地区融资环境变差，陷入"贫困循环"状态（见表2-70）。

表2-69　　　　2004年中部六省全社会固定资产投资水平与全国及沿海部分省市的比较

	全国	山西	安徽	江西	河南	湖北	湖南	广东	福建	江苏	浙江
投资额（亿元）	69 294	1 444	1 935	1 713	3 099	2 265	2 073	5 870	1 893	6 557	5 781
人均额（元）	5 354	4 330	2 995	3 999	3 190	3 765	3 094	7 069	5 392	8 821	12 248

数据来源：《中国统计年鉴（2004年）》。

表2-70　　　中部六省2004年金融机构各项存、贷款情况

	存贷差		各项存款余额		各项贷款余额	
	总额（亿元）	增长率（%）	总额（亿元）	增长率（%）	总额（亿元）	增长率（%）
山西	1 778.1	47.31	5 885.7	23.80	4 107.6	15.80
安徽	1 144.7	30.51	5 045.3	20.30	3 900.6	17.60
江西	904.3	17.28	3 758.3	16.00	2 854	15.60
河南	1 536.3	32.26	8 779.4	12.90	7 243.1	9.50
湖北	1 656.1	46.65	7 015.8	17.50	5 359.7	10.70
湖南	1 246.12	28.26	5 601.2	17.30	4 355.08	14.50

数据来源：各省2004年统计公报。

由表2-70分析，中部六省2004年均为存差省，每省存差都在1 000亿元以上，而且近几年各项存款余额增长明显大于贷款余额增长。东部沿海省市获得的贷款支持比较明显高于中部六省。

表2-71　　中部六省与沿海省市2004年贷款余额与GDP比例比较

	山西	安徽	江西	河南	湖北	天津	广东	福建	江苏	辽宁	浙江
各项贷款余额	4 107	3 900	2 854	7 243	5 359	4 146	21 955	4 360	13 481	7 744	14 983
国内生产总值	3 042	4 812	3 496	8 815	6 309	2 913	16 039	6 035	15 403	6 872	11 243
贷款余额/GDP	1.35	0.81	0.82	0.82	0.85	1.42	1.37	0.72	0.88	1.13	1.33

注：北京、辽宁、江苏、福建四省市各项贷款余额为人民币余额，其他省份为本外币合计，这一数据差异不影响问题结果。

数据来源：各2004年统计公报。

3. 人才保障体系的缺失削弱科技创新的人才支撑。具有较大规模和较高素质的科技人才队伍是区域创新体系有效发挥作用的基础和前提。中部地区存在科技创新人才短缺的问题，这一问题的解决有赖于制度创新。需要通过对人才的引进、培养、选用、激励、流动等方面的改革，建立推动中部科技发展的人才保障体系：第一，人才稳定机制。把技术人才队伍建设作为系统工程来抓，实施"人才工程"，制定出系列的吸引人才、留住人才、稳定人才的政策和措施。要营造尊重知识、尊重人才、尊重创造的氛围，让科技创新人才拥有良好的工作生活和心理环境，让人才愿意留在中部地区从事技术创新工作。要为技术人才建立良好的事业平台，知人善用，让每一个技术人员各得其所，有用武之地。第二，人才引进机制。以高新区、各类科技创业园区和基地、重点实验室为主要载体，以科技项目为纽带，加快引进和培养一批掌握高新技术的科技人才、拥有资金项目的创业人才、善于资本运作的金融人才、熟悉现代化管理的高素质领导人才和专业化技术中介人才队伍。积极实施"走出去、请进来"战略，主动与全国名校、名所合作，在合作中促进智力和人才的引进。第三，人才激励机制。要建立有效的激励和奖励机制，让专业技术人员享受到成功后的喜悦和成就感，还要把技术人才的成就与收入挂钩，让每一个人的劳动得到尊重，得到回报。进一步完善奖励分配制度，充分调动科技人员的创新创业积极性，吸引他们向研发一线聚集，在科研机构、高等院校要摆脱年龄、资历的限制，要把稳定人才，特别是中青年尖子人才作为重要战略任务。规范人才流动秩序，防止人才竞争的恶性循环。第四，人才培训机制。针对中部高新技术产业发展中人才匮乏的状况，有的放矢地开展相关专业与技术培训，建立技术中介服务人员资格证书管理制度，形成一支科技咨询、评估、风险投资专家队伍。

中部地区现行尚未形成系统完善的人才保障体系，这是中部科技创新人才短缺的重要原因。与经济发展水平低、制度保障缺失相关联，中部地区大量人才外流的趋势难以遏制，相当一部分中高级人才、博士、硕士和热门专业的大学生、优秀经营管理者流向东部地区，形成了较长时期的"孔雀东南飞"现象。而这些外流人才都是科技创新队伍或科技创新后备军的重要组成部分。中部人才保障体系的缺失一方面难以保证本土科技创新人才的稳定性，另一方面难以吸引外来人才的流入，必然削弱科技创新的人才支撑，使中部科技创新智力支持后劲疲软，面临更加严峻的挑战。

第三节 依靠科技创新促进中部地区经济跨越式发展[①]

当今世界科学技术突飞猛进,一个国家或区域经济竞争力的强弱,关键取决于科技创新。没有科技创新,就无以兴国,更无以加快区域的发展,加快中部科技创新是促进中部经济跨越式发展的根本出路。中部必须在国家科技战略的基础上,把握科技创新的重大机遇,加快科技进步、培育创新人才、建设区域创新体系、走自主创新道路,依靠科技创新促进中部经济跨越式发展。

一、转变经济增长方式,增大科技进步贡献是促进中部经济发展的动力

经济增长理论和各国经济发展历程表明,科技进步是经济发展的主要内动力,中部经济的跨越式发展主要依靠科技进步来驱动。科技进步将对中部未来经济增长方式产生巨大变革,为走新型工业化道路提供不竭动力。以科技进步作为内动力的中部经济发展需要有科学的发展理念:

一是树立新的经济发展观,扬长避短,推进创新,转变中部经济增长方式。

经济增长方式是反映经济发展水平的重要指标,通常有粗放型增长和集约型增长之分。中部经济发展无疑处于粗放型经济增长阶段,走的是一条投入大、产出少、效益低的发展道路。要实现中部地区的可持续发展必须加快经济增长方式从粗放型向集约型转变。因此,树立新的经济发展观,一要正确认识转变经济增长方式的重要性,摆脱传统经济发展模式的思想束缚、行为束缚,从各地区发展的实际出发,多方面地开拓经济发展模式的新思路;二要正视中部六省经济总量不大而对走集约化道路的约束,通过改革和创新激发省区经济发展活力,推进公有制经济和非公有制经济的共同发展,特别是民本经济的发展,在深化改革中培育各种经济力量加快经济增长方式转变;三要正确对待中部六省在经济发展中的优势和劣势,扬长避短,培育各省区的后发优势。特别要善于抓住科技创新给中

[①] 撰稿人:周绍森,南昌大学中国中部经济发展研究中心;张莹,南昌大学中国中部经济发展研究中心。

部六省培育后发优势带来的历史性机遇,加快中部地区经济增长方式的转变。

二是树立新的资源开发观,由重视自然资源开发转向重视科技资源开发,提高科技进步对经济增长的贡献。

中部六省科技资源开发和利用不充分,对加快经济发展造成多方面的制约。中部六省必须树立新的资源开发观,由过去比较重视对自然资源开发,转向高度重视对科技资源开发,通过对科技资源的有效开发和合理使用,培育中部科技优势,提高科技进步对经济增长的贡献。为此,一是针对中部六省科技经费投入不足的问题,大力增加政府的科研经费投入,特别重视引入外来资金,鼓励民间组织和社会团体对科技产业积极投资,形成多渠道的资金来源。二是针对中部六省科技人才不足的问题,加强对劳动力资源的开发,高度重视中等技术教育、职业教育,大量培养技术工人、技术农民,培育浩浩荡荡的知识劳动者大军,提升中部人力资本水平。高度重视对各类科技人才的培养和使用,特别是采取各种有效办法激励科技创新人才的成长。三是针对中部六省科技进步贡献率低的问题,提高科技创新意识,把科技资源视为经济增长的第一资源,加大对科技资源的开发力度,改革科技创新制度,为科技进步提供良好的软环境,加速科技创新的步伐,充分挖掘科技创新推动中部经济增长的巨大潜力。

三是树立新的产业结构调整观,以信息化带动工业化,在产业结构的深度调整中走新型工业化道路。

走新型工业化道路必将导致产业结构的深刻变化,在信息化和科技进步不断加快的新时代,信息化和科技进步已成为推进产业结构调整的主导因素。走新型工业化的道路,必须树立新的产业结构调整观,以信息化带动工业化,大力发展高新技术产业;积极推进传统产业的升级,不断提升中部六省的产业结构层次。为此,一是重点发展优势企业的信息化建设,通过信息化拓展优势企业的产业链、技术链、市场链,带动各省的产业结构调整;二是针对中部六省信息化程度比较低的问题,加强国民经济信息化建设,特别是企业信息化建设,尽快构建高效率、广覆盖的政府信息化网络和企业信息化网络,三是针对中部六省高新技术产业规模小、发展慢的问题,积极构建有差异化优势的省级技术创新体系,有重点发展各具特色的高新技术产业;四是针对中部六省传统产业规模较大、但竞争力弱的问题,加大对传统产业的技术改造,多方面地增强传统产业的市场竞争力，培育中部六省传统产业的新优势；五是针对农村经济发展的新问题，以工业理念发展农业，深化农业产业结构调整，以工业化方式发展农业产业化，深化农业经营体制改革，不断探索新型的农业公司和中介组织，积极运用工业化成果提升农业技术结构、产业结构，促进中部六省农业的新发展。

四是树立新的政府职能观，推进政府管理方式由"行政—控制型"向"规则—服务型"的转变，提高政府工作效率，为科技进步提供政策服务。

政府管理要尽快地由计划经济时期长期形成的"行政—控制型"模式，向与市场经济相适应的"规则—服务型"模式转变，通过政府决策的科学化、规则的透明化和服务的优质化，努力提高政府的工作效率，制定各种科技政策，加快中部六省科技进步。为此，（1）中部六省的各级政府在如何依靠科技进步发展中部经济方面既要敢于创新，有所突破，又要实事求是，科学决策，切忌盲目性、短视性，避免出现不必要的折腾；（2）善于运用规则行使职能，按照法制程度制定规则，提高行政规则的透明度和公众对政府行为的可信度，客观、公正地行使职责；（3）把优化发展环境作为政府工作的重点，从创造更好的法治环境、政策环境、投资环境、市场环境、人文环境和生态环境等入手，培育中部六省的后发优势，为科技创新创造良好的政策环境，推进经济增长方式的快速转变。

二、培育创新人才，提高科技实力是促进中部经济发展的关键

历史的经验告诉我们，国家的兴衰根本上取决于是否可以涌现出大批富有创造力的人才。凡是国家强盛的时期，必是人才辈出的时期。我国的历朝盛世，无不是俊杰涌现。而人才的匮乏，又必然导致朝代的衰微。写出"我劝天公重抖擞，不拘一格降人才"的龚自珍就曾经哀叹道光年间的人才缺乏，并视之为社稷中落的征兆。

自近代科学诞生以来，科学中心的转移与创新型科技人才中心的转换相辅相成。我们很难想象，如果没有牛顿、哈雷、哈维、波义耳，在英国还能否上演近代科学革命的史诗；美国之所以在20世纪的科学技术中占据了统治地位，与美国成为世界人才中心直接相关，第二次世界大战之后美国的诺贝尔奖获得者占据了全球获奖总数的一半以上，据统计，目前美国的科学家、工程师、艺术家、建筑师等"创造性"专业人才，占美国所有工作人口的30%，居各国之首。

新的时代，对创新型科技人才提出了新的要求。创新型科技人才是新知识的创造者、新技术的发明者、新学科的创始者，或者是新路径的引领者。这就要求他们首先要有广博而精深的知识结构。在知识经济时代已经到来、科学技术迅猛发展并已成为人类社会发展引领力量的今天，时代要求创新型科技人才首先要有深厚而扎实的基础知识，精通本专业的最新科学成就和发展趋势，并且还要了解相邻学科及必要的横向学科知识及发展趋势，这是在科技竞争日趋激烈的情况下做出创新贡献的基本条件。第二，创新型科技人才要有极为敏锐的观察力，能够从根源上发现重大问题，准确把握科技发展趋势，及时发现他人没有发现的东西。第三，创新型科技人才要具有严谨的科学思维能力和对事物做出系统、综合分析与准确判断的能力。第四，创新型科技人才要具有敢于创新的勇气和善于创新的能力，要敢于面对困难，走别人没有走过的道路，同时又要在符合科学思维规律的情况下，思维发散而开放，想法独到而奇异。

创新型科技人才承载着时代的重任。在急需科学技术的发展带动经济增长和社会进步、提升我国综合竞争力的现实国情下，我国的创新型科技人才不应是脱离社会的怪才，而应是国家经济社会发展和科技进步的先锋。所以我国的科技创新人才更要德才兼备，要具有以科教兴国为己任，以创新为民为宗旨的人生观和价值观。检验创新型科技人才的根本标准，是看他能否为国家的经济建设、社会发展、保障国家安全或科技进步做出突出的贡献。李四光、竺可桢、钱学森、华罗庚等老一辈科学家，就是将创新贡献与国家利益紧密结合的典范。

培养造就创新型科技人才，应注重多学科交叉融合。综观历史，以爱因斯坦等为代表的创新型科学巨匠们，都是在多学科知识的积累中，同时在多个领域取得辉煌成就，做出重大贡献。现代社会分工越来越细，但是基础性的研究工作和原始性的创新工作必须具备深厚的知识基础，单一的知识和较窄的学科面，缺少科学研究的原动力和支撑力，很难实现重大的科学突破。

培养造就创新型科技人才，应有一定的目标导向。创新型科技人才的培养要强调国家目标，重视面向国家战略需求和世界科技发展前沿，结合我国科技布局和发展重点，集中力量提升关键领域的创新型科技人才培养的能力和水平。在当前，要特别注意发挥企业在创新型科技人才培养中的作用，推进企业与高等学校和国家科研机构的密切合作，造就一批理论水平扎实，能够解决经济发展中重大科技问题的创新型、实用型人才。广大科技人员要始终把祖国和人民放在心中,坚持从推动国家发展和创造人民幸福生活的需要出发从事科技事业,在勇攀科技高峰、为祖国人民拼搏奉献中,实现自己的理想与价值。

培养造就创新型人才,应注重科学与人文并重。人文精神最本质的东西就是人文关怀,科学技术最根本的目的也是要增进人类的幸福。所以科学离不开人文精神,人文精神也离不开科学。很多老一辈科学家都是集科学和人文素养之大成的典范。

培养造就创新型科技人才,应重视德才兼备。德才兼备是新时期我国科技人才的重要素质要求,也是保障我国科技队伍创新能力的持续提升,推动国家竞争力稳步提高的重要条件。我们所说的"德",主要是要有爱国情怀,有志为中华民族的伟大复兴与中国人民的幸福生活和美好未来贡献自己的力量,能够适应时代要求,能够将个人的发展和价值实现与国家发展和社会进步紧密结合起来。我们所说的"才",不仅要看其科研能力和发展潜力,也要看其是否适应科技创新的要求,能否为我国科技事业做出贡献。

培养造就创新型科技人才,需要充分用好科技与教育双重资源。创新型科技人才不仅要接受良好的高等教育,而且要经历科技创新实践的锤炼。高等院校吸纳了主要的教育资源,而国家科研机构则通过承担国家科研项目,汇聚了丰富的科技资源。我们要进一步深化国家科技体制和教育体制改革,进一步加强国家对全社会科技资源和教育资源的有机整合,建立起协调统一、高效灵活的管理体制和运行机制,努力提高资源的利用率,为造就创新型人才提供尽可能多的科研创新实践。

培养造就创新型科技人才,要营造良好的环境与氛围。良好的学习环境,浓厚的学术氛围,健全的科研设施设备和丰富的研究项目,蓬勃的校园文化,活跃的学术交流,自由的人际沟通与科研探究,多学科交叉和知识交融等,这些都是创新型科技人才健康成长不可或缺的外在因素。培养造就创新型科技人才还需要公平竞争的制度环境,使真正有能力、有创新意识的人才能够脱颖而出;需要能使创新型科技人才体面生活,同时对未来又有良好预期收入的生活环境;需要令创新型科技人才倾心事业,没有太多干扰的创新环境;需要让创新型科技人才安心工作,没有后顾之忧的社会环境。这就要求我们必须遵循科技人才成长规律和科技活动规律,对创新型科技人才在政治上关心、事业上支持、生活上关爱,全方位加大工作力度,转变工作机制,把科技人才工作提高到一个新的水平。

培养造就创新型科技人才，应引导人才有序流动。人才的有序流动不仅有助于个人潜力的最大发挥，而且有助于知识传播，有助于为科技事业的发展不断注入活力。人才的有序流动完全不同于人才的恶性竞争。人才有序流动的关键是制度问题，人才有序流动的体制和机制应有利于我国整体上人才的合理流动。这就要求我们一方面要构建有利于人尽其才的环境和氛围，同时，要求创新型科技人才以事业发展为重，而不是以生活待遇的提高为重，以长远发展为重，而不是以短期利益为重。

国家发展，科技进步，人才是基础；实施科教兴国和可持续发展战略，人才是支撑，提高科技自主创新能力，创新型科技人才是关键。以创新的理念、创新的精神、创新的手段，在建设国家创新体系、提升科技创新能力的同时，建立和完善创新型科技人才的培养体系，开创人才辈出和成果不断涌现的崭新局面，为新时期向第三步战略目标迈进提供创新成果和创新人才，是实现我国现代化建设宏伟大业的根本保证。

三、建设区域创新体系，发展高新技术产业是促进中部经济发展的基础

区域创新体系是国家创新体系的重要组成部分，也是区域经济社会发展的重要支撑。区域是整合各种科技资源、促进产业技术发展和社会进步的主战场。在现代经济条件下，自然资源和地理因素对经济发展的重要性相对下降，决定区域发展的真正因素转变为区域是否具有持续的创新能力。区域发展的重点不仅是如何利用区域资源禀赋形成的优势，更重要的是如何强化区域的知识积累，培育持续的区域创新能力，增强建立在创新能力基础上的竞争优势，促进中部地区经济社会协调、持续发展。实现中部崛起，必须紧密围绕提升自主创新能力这一主线，建立和完善区域创新体系，大幅度提升中部地区的整体创新能力与竞争力。

第一，建立以企业为主体、产学研有机结合的技术创新体系。这是我国中长期发展规划确定的一个基本战略。市场经济条件下，企业成为市场竞争的主体，作为决策主体、投入主体、利益主体和风险承担主体，企业在促进科技与经济的结合，推动技术创新方面具有不可替代的作用。研究机构、大学、企业和科技中介服务机构是构成创新体系的重要组成部分，但创新体系的运行绩效从根本上讲，取决于企业作为技术创新主体作用的发挥。确立企业技术创新主体地位，重要的是通过多种政策措施，创造有利的发展环境，激励企业成为技术创新投入的主体，推动企业成为技术创

新活动的主体，促进企业成为创新成果集成与应用的主体，从根本上实现科技与经济的结合。中小企业的创业创新根植于本地环境，具有极强的地区特色和创新活力，是发展区域特色产业的重要力量和区域创新能力的基础。必须大力培育和保护民间的创新热情，发挥中小企业尤其是科技型中小企业在区域体系中的重要作用。

第二，重点抓好创新密集区建设。由于现代产业发展的聚集效应更加突出，区域创新的作用也就更明显。区域创新带动区域发展，核心区域带动城市或大区域的发展，将成为区域发展的主导模式。有两个层次需要重点考虑：一是抓好城市或地区内创新核心区（高新区、科技园区、产业聚集区等）发展，充分发挥创新核心区对城市或地区发展的带动作用。要立足于创新核心区，搭建产业技术创新平台、信息服务和知识服务体系、生态建设和环境保护科技示范服务体系建设。二是抓好中心城市创新能力建设，发挥中心城市对中部地区发展的带动作用。要以中部的长沙、合肥等科技资源相对密集城市为重点，以集聚人才、资本、技术等创新资源为基础，以光电子技术、材料技术、能源技术、先进制造技术和现代农业技术等的创新为重点，重点培育中心城市的创新能力和综合竞争优势。

第三，加强中部地区创新能力的整合、互动。由于资源禀赋和历史原因，中部各省的经济社会发展水平还存在着较大差异。但是，各省区的科技资源互补性强，在信息技术、光电子科学和光通讯技术、先进制造技术、农业新技术、生命科学和生物工程技术、医药工程技术等许多方面，各省区都有各具特色的学科布局和科研积累，完全有条件在优势互补的基础上实现区域整体创新能力的大幅度提高。应该进一步加强统筹协调，加快建立区域间专业化分工协作和集成创新的机制，提高中南地区整体的区域创新能力，从而大幅度提高区域经济持续增长和社会协调发展的能力。建设和完善多层次区域创新体系，形成跨行政区的创新组织和网络，促进科技资源的流动和共享，科技优势的集成提升，产业链的合理分工，从而提高区域的整体竞争力。

四、加强自主创新，为建设创新型国家作贡献是促进中部区域经济发展的核心

胡锦涛总书记多次强调要坚持把提高科技自主创新能力作为推进结构调整和提高国家竞争力的中心环节，并提出以自主创新为核心，建设创新型国家的战略目标。温家宝总理也曾指出：解决我国经济社会发展中的突

出问题，根本要靠科技进步和创新。必须把增强自主创新能力作为国家战略，贯彻到现代化建设的各个方面，贯彻到各个产业、行业和地区，努力将我国建设成为具有国际影响力的创新型国家。中央领导同志的这些指示，是对发展形势的准确把握和对未来发展做出的重大决策，具有十分重要的意义。

自主创新是我国科技进步的战略基点。我国是一个经济总量庞大、经济结构非常复杂的发展中大国，又是一个坚持对外开放、积极参与国际竞争、国际地位不断上升的发展中大国。在日益开放的国际环境下，我们有更多的途径和方式学习借鉴国外先进科技成果。同时，应当认识到，中国不可能仅仅依靠引进技术就可以满足自身发展的科技需求，不能指望别人来解决我们自身发展面临的重大科技问题。因此，中国科技进步必须牢牢建立在自主创新的基点之上，充分利用全球科技资源，提高自主创新能力，为经济社会发展奠定雄厚的科学技术基础。我们讲科技创新，加强自主创新，一是要加强原始性创新，在科学技术领域努力获得更多的科学发现和技术发明；二是要加强集成创新，使各种相关技术成果融合汇聚，形成具有市场竞争力的产品和产业；三是要在广泛吸收全球科学成果、积极引进国外先进技术的基础上，充分进行消化吸收和再创新。

提高自主创新能力，是推动结构调整、提高国家竞争力的中心环节。20世纪90年代以来，推动经济结构调整和产业升级，一直是经济发展的重要议题，但是，国民经济结构的深层次问题并未从根本上得到解决。其中很重要的一个原因是，现阶段我国经济结构调整的重点，已从量的调整转为质的调整，转变为提高产业技术水平和产业素质的整体要求，传统的着眼于生产能力调整的思路已很难见效。另外，随着我国参与国际竞争的深度和广度不断增加，发达国家及其跨国公司对我国的技术封锁不断加剧，我国产业创新能力弱、关键技术依赖国外日益突出，国家竞争力受到严重影响。因此，在坚持先进技术的引进、消化吸收和再创新的同时，一定要强化自主创新能力，集中力量突破一批影响产业发展的关键技术，积极抢占国际竞争的战略制高点，开发具有自主知识产权的核心技术，解决我国在重要领域的核心技术和关键产品大量依赖进口、尽快摆脱我国产业关键技术受制于人的状况，以增强我国产业的国际竞争力，维护国家经济安全。

依靠自主创新，推进结构调整是中部崛起的关键。未来相当长一个时期，保持经济持续高速增长是中部经济发展的基本任务，转变增长方式，扩大就业，建设和谐社会等一系列目标，需要一个不断扩大的总量基础，需要调整和发展的战略空间。但更重要的是，中部必须实现经济结构的转变和升级。党的十六大提出，中部地区要加大结构调整力度，推进农业产业化，改造传统产业，培育新的经济增长点，加快工业化和城镇化进程。要完成这一任务，根本的出路在创新。中部地区的经济发展必须通过走新型工业化道路来实现。新型工业化是资源节约、环境友好的、科技创新主导的工业化。为此，一是要依靠科技进步促进经济结构升级，以信息化带动工业化，为现代服务业和制造业发展奠定牢固的科技基础；二是依靠科技发展清洁能源和清洁生产，大幅度提高资源利用效率，为建立资源节约型和环境友好型社会奠定坚实的科技基础；三是以生物技术创新为龙头，带动现代农业和医药事业发展，为确保食物安全、提高全民营养和健康水平提供可靠的科技保障；四是依靠科技促进先进文化发展，提高全社会科技文化素质，为满足人民日益增长的文化精神需求、促进人的全面发展提供科技支撑；五是依靠自主创新，增强中部竞争力，形成中部科技发展的特色，把中部各省建设成为创新型省区，从而提高全国的整体科技创新能力。只有这样才能实现中部地区经济社会的全面、协调、可持续发展，才能实现真正意义上的中部崛起，才能为把我国建设成创新型国家做出巨大贡献。

第十一章 中部地区科技与教育对经济发展的贡献分析

第一节 中部地区科技进步对其经济发展的贡献分析[①]

经济发展是指随着经济增长，产业结构的优化、生活质量的提高、生态环境的维持、技术的进步和体制的变革，即社会经济状况的多方面改善。经济发展以经济增长为基础，没有经济增长，不可能有经济发展。经济发展问题，首先或者核心是一个经济增长问题。经济增长是经济学长期研究的核心问题之一，持续快速健康的经济增长方式是各国政府宏观经济政策始终追求的一个主要目标。十六届五中全会把转变经济增长方式作为实现"又快又好发展"的一个关键途径，并指出"十一五"时期，必须保持经济平稳较快发展，必须加快转变经济增长方式。胡锦涛总书记在中共中央政治局第二十九次集体学习会上再次强调，"要抓住机遇、迎接挑战，保持我国经济社会发展的良好势头，关键是要坚持以科学发展观统领经济社会发展全局，加快转变经济增长方式，推动我国经济社会发展切实转入以人为本、全面协调可持续发展的轨道。"

为了更好地了解中部地区经济社会发展的潜力，我们需测定中部地区技术进步对生产函数的作用和社会大生产过程中的技术效率，以使我们对中部地区经济增长的质量和潜力有更深入的了解，也有利于中部地区各级政府认清中部经济发展的形势，为转变经济增长方式、走新型工业化道路、实现中部崛起提供理论依据。

---

① 撰稿人：胡德龙，江西财经大学经济学院/南昌大学中国中部经济发展研究中心。

一、中部六省生产函数的构建

借鉴新增长理论模型并结合我国经济发展特征构建中部六省动态生产函数（1979～2004年），并采用经济数量分析技术和实证分析方法核算各因素对经济增长的贡献。通过各因素对经济增长的贡献和经济增长方式的界定方法，剖析中部地区的经济增长方式和质量。

随着人力资本要素在社会大生产过程中的作用越来越重要，我们假定人力资本对经济增长的弹性系数并不是一个常数，而是与时间相关的线性函数；并且将物质资本存量对经济增长的促进作用分为物质资本积累效应和当期的固定资产投资的拉动作用之和。根据罗默（1990）的数学模型，联系中部实际，我们采用如下形式的柯布-道格拉斯生产函数来对现代经济增长进行合理的描述：

$$Y_{it} = A_{it}(K_{i(t-1)})^{\alpha_i}(I_{it})^{\beta_i}(L_{it})^{\gamma_i}(H_{it})^{\tau_{0i}+\tau_{1i}T}e^{\varepsilon_{t_i}} \quad (2-41)$$

式中，Y表示产出，用某地区的国内生产总值（GDP）来度量；K表示物质资本存量，主要包括用于生产的机器和原材料等；I表示全社会固定资产投资；L表示劳动力数量，用从业人员数度量；H表示人力资本，用从业人员受教育等效年限度量；ε为随机扰动项，它是反映GDP实际值与预测值之间偏差的变量；α为物质资本存量对GDP的弹性系数，反映物质资本存量对GDP的效用；β为全社会固定资产投资对GDP的弹性系数，反映全社会固定资产投资对GDP的效用；γ为劳动力数量对GDP的弹性系数，反映从业人员数量对GDP的效用；T表示时间，为增大回归的显著性，我们采用中心化数据，即T=0时表示1990年，T=1时表示1991年，T=-1时表示1989年，以此类推；τ_0为1990年人力资本对GDP的弹性系数，τ_1反映人力资本弹性系数随时间变化的速度；i为省份代号；因为人力资本规模报酬递增这一特性，我们限定$\alpha+\beta+\gamma \leqslant 1$，$\alpha+\beta+\gamma+\tau_0 > 1$；A为全要素生产率（TFP），由技术进步、技术效率（制度、资源配置等因素）和规模效应三部分构成。

通过对各变量的数据处理及参数估计技术，可得出生产函数的待估参数（各生产要素的弹性系数）的值。

核算各生产要素对经济增长贡献的公式为：

$$要素贡献份额 = \frac{要素增长率 \times 要素的产出弹性}{产出增长率} \times 100\% \quad (2-42)$$

1979～2004年中部六省生产函数如表2-72所示。

表 2-72　　　　　　　中部六省生产函数（1979~2004 年）

	生产函数
山西	$Y_t = F(X_t) = K_{t-1}^{0.154} I_t^{0.2147} L_t^{0.4234} H_t^{0.5255 + 0.0139T} e^{-0.5707} + \varepsilon_t$
安徽	$Y_t = F(X_t) = K_{t-1}^{0.1382} I_t^{0.1712} L_t^{0.5766} H_t^{0.5831 + 0.0131T} e^{-1.3156} + \varepsilon_t$
江西	$Y_t = F(X_t) = K_{t-1}^{0.1688} I_t^{0.1116} L_t^{0.6677} H_t^{0.5889 + 0.0119T} e^{-2.0419} + \varepsilon_t$
河南	$Y_t = F(X_t) = K_{t-1}^{0.2108} I_t^{0.1737} L_t^{0.6421} H_t^{0.4108 + 0.0113T} e^{-2.1668} + \varepsilon_t$
湖北	$Y_t = F(X_t) = K_{t-1}^{0.1576} I_t^{0.1959} L_t^{0.4258} H_t^{0.6735 + 0.0105T} e^{-0.495} + \varepsilon_t$
湖南	$Y_t = F(X_t) = K_{t-1}^{0.1475} I_t^{0.2028} L_t^{0.478} H_t^{0.703 + 0.0114T} e^{-1.1749} + \varepsilon_t$

注：为消除价格因素，Y、K 和 I 都采用可比价。

二、中部地区科技进步对经济发展贡献的测定模型

1994 年，Fare、Grosskopf、Norris 和 Zhang 建立了用来考察全要素生产率增长的曼奎斯特（Malmquist）生产力指数。曼奎斯特指数是由瑞典经济学和统计学家 StenMalmquist 在 1953 年提出的，用来分析不同时期的消费变化。1989 年，Fare、Grosskopf、Linolgren 和 Ross 将 Malmquist 的思想用到了生产分析上，进而应用 Shephard 距离函数（Distance Function）将全要素生产率变动分解为技术变动与技术效率变动的乘积，其定义如下：

$$RTFP = RTC \times RTE$$

$$RTC = \left[\frac{d^t(x_{t+1}, y_{t+1})}{d^{t+1}(x_{t+1}, y_{t+1})} \times \frac{d^t(x_t, y_t)}{d^{t+1}(x_t, y_t)} \right]^{\frac{1}{2}} \quad (2-43)$$

$$RTE = \frac{d^{t+1}(x_{t+1}, y_{t+1})}{d^t(x_t, y_t)}$$

式中，RTFP 为全要素生产率变化率；RTC 为技术进步率；RTE 为技术效率变化率；$d^t(x_{t+1}, y_{t+1})$ 代表以第 t 期的技术表示（即以第 t 期的数据为参考集）的 t+1 期技术效率水平；$d^t(x_t, y_t)$ 代表以第 t 期的技术表示的当期的技术效率水平；$d^{t+1}(x_{t+1}, y_{t+1})$ 代表以第 t+1 期的技术表示（即以第 t+1 期的数据为参考集）的当期技术效率水平；$d^{t+1}(x_t, y_t)$ 代表以第 t+1 期的技术表示第 t 期的技术效率水平。

再从中部各省动态生产函数来看，规模效应变化率非常小，所以，仍可认为中部各省全要素生产变化率为技术效率变化率与技术进步变化率的乘积。另外，全要素生产率主要由技术进步、技术效率和规模效应三者构

成，也就是说全要素生产率对经济增长的贡献为技术进步、技术效率和规模效应三者贡献之和。

所以，测定技术进步对经济增长贡献的算法如下：

第一，测算出全要素生产率，进而求出全要素生产率对经济增长的贡献（CTFP）；

第二，测算出规模效应对经济增长的贡献（CRS）；

第三，测算出技术效率变化率（RTE）；

第四，测算出技术进步变化率（RTC），公式为 RTC = RTFP/RRS；

第五，测算出技术进步对经济增长的贡献（CTC）。

（一）全要素生产率的测定

物质资本、劳动力和人力资本生产要素投入量的增加和生产率的提高都会带来经济增长，但事实上用生产要素量的增加与生产率的提高并不能完全解释经济增长。全要素生产率是体现生产要素对经济增长效用的一个指标，也是衡量经济增长质量的一个重要指标。

若有如下生产函数：

$$Y = K^{\alpha} I^{\beta} L^{\gamma} H^{\tau} \qquad (2-44)$$

可变形为如下形式：

$$Y = \left[\left(\frac{Y}{K}\right)^{\alpha^*} \left(\frac{Y}{I}\right)^{\beta^*} \left(\frac{Y}{L}\right)^{\gamma^*} \left(\frac{Y}{H}\right)^{\tau^*}\right] \cdot \left[K^{\alpha^*} I^{\beta^*} L^{\gamma^*} H^{\tau^*}\right]$$

$$= \left(P_K^{\alpha^*} P_I^{\beta^*} P_L^{\gamma^*} P_H^{\tau^*}\right) \cdot \left(K^{\alpha^*} I^{\beta^*} L^{\gamma^*} H^{\tau^*}\right) \qquad (2-45)$$

其中：

$$\alpha^* = \frac{\alpha}{\alpha + \beta + \gamma + \tau} \qquad P_K = \frac{Y}{K}$$

$$\beta^* = \frac{\beta}{\alpha + \beta + \gamma + \tau} \qquad P_I = \frac{Y}{I}$$

$$\gamma^* = \frac{\gamma}{\alpha + \beta + \gamma + \tau} \qquad P_L = \frac{Y}{L}$$

$$\tau^* = \frac{\tau}{\alpha + \beta + \gamma + \tau} \qquad P_H = \frac{Y}{H}$$

可以看出，P_j 为要素生产率；α^*、β^*、γ^*、τ^* 是对 α、β、γ、τ 的正规化处理。

根据全要素生产率含义，可定义全要素生产率和全要素生产率增长率为：

$$TFP = \frac{Y}{K^{\alpha^*} I^{\beta^*} L^{\gamma^*} H^{\tau^*}} = P_K^{\alpha^*} P_I^{\beta^*} P_L^{\gamma^*} P_H^{\tau^*} \qquad (2-46)$$

$$tfp_t = \frac{TFP_t - TFP_{t-1}}{TFP_{t-1}} \times 100\% \qquad (2-47)$$

(二) 规模效应对经济增长贡献的测定模型

由于我们在设定生产函数模型时引入了人力资本变量，而且人力资本要素的特性之一就是规模报酬递增效应。根据规模报酬的定义，若 $Y = F(\lambda, x) = \lambda F(x)$，则为规模报酬不变；若 $Y = F(\lambda, x) > \lambda F(x)$，则为规模报酬递增；若 $Y = F(\lambda, x) < \lambda F(x)$，则为规模报酬递减。

假定中部地区为中性技术进步，那么产出受扩张倍数最小的生产要素的约束，即在某种生产要素投入有限的情况下，其他生产要素的大量投入也不带来任何附加产出，在规模报酬不变的情况下可用公式表示如下：

$$Y = F(\lambda_j, x_j) = \min\{\lambda_j\} \cdot F(x_j) \quad (j \text{ 为生产要素代号}) \qquad (2-48)$$

定义：在中性技术进步和要素间不可替代的情况下，规模效应对经济增长的贡献为：

$$CRS_{it} = (\min_j\{\lambda_{it}\}^{\sum_j w_{it}} - 1) \times 100\% \qquad (2-49)$$

式中，CRS 为规模效应对经济增长的贡献；λ 为生产要素扩张倍数；w 为生产要素的弹性系数。

(三) 技术效率变化测定模型

技术效率（TE）是指与生产要素资源投入数量和组合比率既定条件下技术有效状态相比技术水平的发挥程度。关于技术有效性的研究，开始于 Koopmans（1951）、Debreu（1951）和 Shephard（1953）。Koopmans 给出了技术效率的定义：一个可行的投入产出向量称为是技术有效的，如果在不减少其他产出（或增加其他投入）的情况下，技术上不可能增加任何产出（或减少任何投入）。技术有效的所有投入产出向量的集合构成生产前沿面。

我们在测定技术效率对经济增长贡献时，因只需测定出技术效率的变化率，不妨假定中部六省改革开放以来总有某一年份为技术有效单元，即存在某一年份，使得某个省份的技术效率为 1。用数学语言可表示为：

$$\forall i, \exists t, t \in \{1978..2002\}, \text{ 使得 } TE_{it} = 1$$

其中，i 为省份代号；t 为年份；TE 为技术效率。

定义：在中性技术进步情况下，技术效率（TE）为：

$$TE_{it} = \frac{\overline{Y}_{it}/F_{it}(X_t)}{\max_t\{\overline{Y}_{it}/F_{it}(X_t)\}} \qquad (2-50)$$

式中，$\overline{Y}$ 为实际产出量，即国内生产总值实际值；F 为生产函数。

（四）中部地区技术进步对经济增长的贡献

已知全要素生产率和技术效率的变化率，根据本节所采取的技术进步对经济增长贡献的算法第四步即可得出技术进步变化率。

假定技术效率与技术进步的变化对全要素生产率变化的影响因子等同，则可认为技术效率增长一个百分点对经济增长的贡献份额与技术进步增长一个百分点对经济增长的贡献份额相等。根据这一假定，按如下规则可分解出技术进步对经济增长的贡献份额。

分解规则：若（CTFP − CRS）×（RTC + RTE − 2）>0，那么，

$$CTC = \frac{RTC - 1}{RTE + RTC - 2} \times (CTFP - CRS) \qquad (2-51)$$

否则，剔除该样本点。

中部六省 1981~2004 年全要素生产率及技术进步、技术效率和规模效应对经济增长的贡献如表 2-73、表 2-74 所示。

表 2-73　中部六省全要素生产率对经济增长的贡献及其分解（Ⅰ）　　单位：%

年份\指标 地区	山西 CTFP	CTC	CTE	CRS	安徽 CTEP	CTC	CTE	CRS	江西 CTEP	CTC	CTE	CRS
"八五"	14.23	22.57	−9.46	1.12	17.73	26.81	−12.48	3.40	26.93	12.63	12.24	2.06
"九五"	29.38	23.51	5.67	0.20	12.53	16.03	−4.25	0.75	10.67	32.42	−19.94	−1.82
2001~2004	28.53	32.31	−4.58	0.80	26.62	32.84	2.31	−8.53	32.30	29.43	1.67	1.21

表 2-74　中部六省全要素生产率对经济增长的贡献及其分解（Ⅱ）　　单位：%

年份\指标 地区	河南 CTFP	CTC	CTE	CRS	湖北 CTFP	CTC	CTE	CRS	湖南 CTFP	CTC	CTE	CRS
"八五"	10.41	14.93	−5.02	0.50	25.13	50.19	−25.19	0.13	22.66	30.91	−11.30	3.06
"九五"	21.26	7.78	10.50	2.98	31.93	44.41	−12.86	0.38	24.04	24.42	−1.20	0.83
2001~2004	17.07	22.45	−3.46	−1.92	27.13	39.86	−9.78	−2.96	31.18	30.79	0.69	−0.29

注：把生产函数的适用性扩展到 2004 年；2003 年人力资本数据来源于《中国劳动统计年鉴（2004 年）》，2004 年人力资本数据为根据 1978~2003 年变化趋势的估算数据；其他原始数据来源于中部各省历年统计年鉴、中国历年统计年鉴等。

CTFP 为全要素生产率对经济增长的贡献；CTC 为技术进步对经济增长的贡献；CTE 为技术效率对经济增长的贡献；CRS 为规模效应对经济增长的贡献。

三、中部地区科技进步对经济发展贡献的结果

根据生产函数和各生产要素对经济增长贡献的核算公式可计算出物质资本积累、全社会固定资产投资、劳动力、人力资本等因素对经济增长的贡献，如表 2-75 所示。

表 2-75　1979~2004 年中部六省各生产要素对经济增长的贡献　　单位：%

指标 省份	合计	物质资本的贡献		劳动力	人力资本	全要素生产率（TFP）
		物质资本积累	全社会固定资产投资			
山西	45.28	17.20	28.08	7.81	16.09	30.82
安徽	40.74	20.60	20.14	14.52	16.76	27.97
江西	44.4	25.04	19.36	17.23	13.18	25.19
河南	46.67	24.12	22.55	19.14	14.38	19.81
湖北	46.7	22.85	23.85	7.54	18.38	27.38
湖南	45.9	18.85	27.05	9.54	17.35	27.20

从中部地区 1979~2004 年经济增长来看，各省的经济增长速度都比较快。如果按几何平均的方法核算中部各省这段时期经济增长的平均增长速度，山西为 7.71%，安徽为 9.55%，江西为 9.7%，河南为 9.74%，湖北为 9.64%，湖南为 8.63%。这个数据表明，中部地区的经济在这段时期内保持了持续的较高增长，中部各省在改革开放以来经济发展都取得了可喜的成绩。

只考虑单个因素对经济增长的贡献大小并不能看出经济增长的质量好坏和增长方式的优劣，只有综合考虑每个因素对经济增长的贡献及经济增长来源结构才能看出一个国家（地区）的经济增长是否是可持续的。

1. 从物质资本与人力资本对经济增长的贡献结构看（见表 2-75），经济增长对物质资本的依赖重，对人力资本的依赖轻。中部地区改革开放以来物质资本对经济增长的贡献均超过了 40%，而人力资本的贡献均不超过 20%，物质资本对经济增长的贡献约为人力资本贡献的 3 倍左右。物质资本的贡献大是源于物质资本的大量投入，而能源、资源等物质资本投入的高增长势必造成生态环境的破坏、能源短缺，将制约经济的可持续

发展。

2. 从生产要素投入与全要素生产率对经济增长的贡献结构看（见表 2-75），经济增长对生产要素投入的依赖重，对全要素生产率增长的依赖轻。中部地区改革开放以来全要素生产率对经济增长的贡献区间大致在 20%~30% 之间，剩余的 70%~80% 为生产要素投入的贡献，也就是说全要素生产率对经济增长的贡献不到 1/3。全要素生产率对经济增长的贡献不高表明物质资本产出率及劳动生产率增加不大、资源利用不充分、就业结构不合理，中部地区生产力还需进一步提高。

3. 从全要素生产率内部因素贡献结构看（见表 2-75），改革开放以来技术进步对经济增长的贡献没有呈现出明显的规律，说明中部地区还未建成健全的区域科技创新体系，自主创新能力较弱，主要以引进技术为主，受外界环境影响较大。在"八五"期间，除江西外，其他五省技术进步率增长较快，全要素生产率的贡献很大程度上取决于技术进步，然而技术效率却有所下降，究其原因可能是新技术不能及时转化为现实生产力；在"九五"期间，安徽、湖北、湖南三省技术进步保持较大进展，山西的技术进步呈负增长但变化不大，河南技术进步与技术效率都有所提高，江西的技术进步也取得了较大进展；在"十五"前 4 年期间，除江西稍慢外，其他五省的技术进步继续保持着对全要素生产率增长的决定性地位，技术进步对经济增长的作用已越来越明显。

第二节 中部地区高校科技进步对其经济发展的贡献分析[①]

21 世纪是知识经济的时代，科技是知识经济的核心，创新是知识经济的灵魂。国际竞争日益体现在高科技和创新的能力水平上，其根本目标又在于建设和完善国家创新体系。而高校是国家创新体系中的一支重要力量，因此，加强科技创新能力建设是高校不可推卸的历史使命。

丰富的人才资源、门类齐全的学科设置、活跃的学术研究氛围、人才和知识的快速流动等特点，奠定了高校在国家创新体系中不可或缺的重要地位。高校对发展先进生产力，推动经济和社会发展都肩负着重大的历史使命。所以，我们要大力提倡和积极推进高校科技创新加快创新体系建

---

① 撰稿人：陈运平，江西师范大学研究生院/南昌大学中国中部经济发展研究中心。

设，把高校科技创新的资源和能力与国家和区域的经济建设、科技进步、社会发展需求紧密结合起来。

一、高校科技创新成为技术进步的生力军

教育部部长周济在高等学校加强科技创新工作座谈会闭幕式上讲话时指出：科技创新是高校为国家经济建设和社会进步做出服务和贡献的主要职能之一，高校要努力成为国家基础研究的主力军，应用研究的重要方面军，高科技产业化的生力军，高校科技产业要成为各地新经济蓬勃发展的重要力量，大学科技园要成为各地高新技术产业的孵化器和辐射源。高水平的研究型大学是理论创新、科技创新、教育创新、制度创新的引领者和实践者。

高校不仅是培养高层次创新人才的主要基地，也是科学研究和思想创新的重要阵地。高校的科技创新及科技创新体系是国家创新体系的重要组成部分，在国家或区域经济社会发展中发挥着重要作用。高校已日益成为基础研究的主体、高技术前沿探索和应用研究的重要力量，以及技术创新的重要源泉。

推进科技创新与进步，既是高校更好地承担起自己的历史使命，也是高校推进自身发展的必然要求。综观20世纪西方发达国家的科学技术水平的提高，无不是与该国高校促进科技创新与进步的贡献紧密联系的。我们可以这样认为，西方发达国家在实现工业社会向后工业社会的转变过程中，高校都是积极地站在社会的最前沿，坚定不移地高举科技创新的大旗，以科技创新促进高校自身的建设与发展，使高校成为社会、经济和科技进步发展的思想库和动力源。

从专利授权量来看，中部地区的高校专利授权量都有显著的提高。例如，以江西省为例，其高校专利授权量从2000年的652项增加到4453项，所占比重由23.09%增加到30.17%（见表2－76和图2－37）。

表2－76　　　　　江西省专利授权情况（2000～2005年）

年份 指标	专利授权总量（项）	高校专利授权量（项）	所占比重（%）
2000	2 824	652	23.09
2001	2 641	579	22.15
2002	3 144	697	22.17
2003	6 895	1 730	25.09
2004	12 176	3 484	28.61
2005	14 761	4 453	30.17

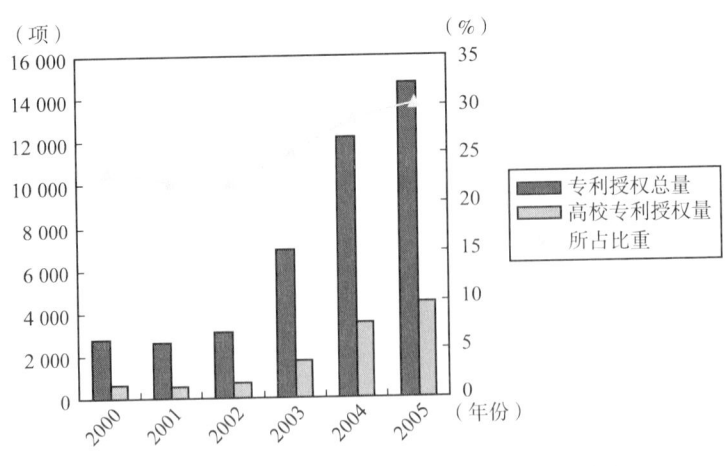

图 2-37　江西省专利授权情况（2000~2005 年）

然而，中部地区高校科研经费所占经费总额的比重变化并不大，而且科研人力投入所占比重在"十一五"期间有所下降，这更揭示了高校单位科研经费的产出是逐步增加的。以江西省为例，2005 年江西高效科研经费占经费总额已经下降到 9.89%（见表 2-77）。

表 2-77　江西省 R&D 经费与人员投入情况（2000~2005 年）

指标 年份	R&D 经费			R&D 活动全时人员		
	总额 （万元）	高校 （万元）	所占比重 （%）	总量 （千人年）	高校 （千人年）	所占比重 （%）
2000	895.70	77.03	8.60	922	159	17.24
2001	1 042.50	102.17	9.80	957	171	17.88
2002	1 287.60	130.05	10.10	1 035	181	17.49
2003	1 593.60	161.66	10.50	1 095	189	17.26
2004	1 966.30	200.90	10.22	1 153	212	18.39
2005	2 450.00	242.30	9.89	1 365	227	16.63

"十五"期间，全国高校共获国家自然科学奖 75 项，技术发明奖 64 项，科技进步奖 433 项，分别占全国总数的 55.1%、64.4% 和 53.6%，特别是在原始性创新和高技术研究前沿领域取得了许多具体标志性的重要科技创新成果。2004 年高校一举获得国家自然科学一等奖 1 项和国家科技发明一等奖 2 项，后者打破我国连续 6 年国家科技发明一等奖空缺的局面；2006 年，高校又囊括了在体现我国重大原始创新能力的自然科学奖

和技术发明奖中全部3项一等奖。这些数字表明：高校已成为我国原始创新的主力军，科研开发的主力军。

高校科研具有学科较齐全、与人才培养密切结合等得天独厚的优势，是国家科技创新体系的重要组成部分。

高校科技创新又有其自身特点：

1. 高校科技创新较注重基础研究与应用研究，是知识创新的主要力量。2005年，高校科研经费中基础研究占24%，应用研究占54%，试验发展占22%；而从我国R&D经费支出构成来看，基础研究占6%，应用研究占20.4%，试验发展占73.6%。

2. 高校科研成果转化能力较弱。虽然高校每年通过鉴定的科技成果有一万项左右，但转化为商品并取得规模效益的比例约为10%，远远低于发达国家60%~80%的水平。科技成果转化难已是高校"非常需要发展而很艰难的任务"。

二、高校科技进步对其经济发展的计量模型

既然高校科技创新是技术进步的主力军，有必要就其对技术的效用加以分析。本节通过建立数学模型来定量分析高校科技创新促进技术进步因果关系的强弱。

模型假设：

1. 企业、科研机构及其他R&D活动机构的R&D活动人员是同质的，具有同样的生产力，有别于高校R&D活动人员的生产力。

2. 技术进步是R&D活动人员进行R&D活动的结果。

3. 高校是基础研究的主战场，基础研究对生产力发展的作用是毋庸置疑的，然而基础研究成果要变革生产力是个漫长的过程。由于统计数据的原因，本节研究时间不长，故忽略基础研究、应用研究和实验发展等科研类型对经济增长的差异，认为基础研究、应用研究和试验发展对技术进步和经济发展的效用在短期内是同质的。

建模思想：

技术进步是R&D活动人员进行R&D活动的结果，R&D人员的变化必然对技术进步率产生影响。在高校增加一个R&D活动人员对技术进步的影响有别于在其他R&D活动机构增加一个R&D活动人员所带来的影响，可用标准化系数来反映各部门R&D活动人员增加对技术进步的效用。

建立如下模型：

$$\ln Y = A \ln X_1 + C_1 + \varepsilon \qquad (2-52)$$
$$\ln Y = B \ln X_2 + C_2 + \xi \qquad (2-53)$$

式中，Y 为技术进步率；X_1 为高校 R&D 全时折合人员数；X_2 为科研机构、企业等科研组织 R&D 全时折合人员数；A、B 为待估计参数；C_1、C_2 为常数。

同样以江西省为例，由于对于全社会 R&D 全时折合人员数的统计在 1998 年才开始，本模型样本为 1998~2005 年时间序列值（见表 2-78）。

表 2-78　江西省高校 R&D 人员投入情况（1998~2005 年）　　单位：人年

指标 年份	技术进步因子	高校 R&D 全时人员	R&D 全时人员
1998	1.3738	2 953	14 967
1999	1.4053	3 064	13 901
2000	1.4383	2 381	14 525
2001	1.4731	2 771	15 149
2002	1.5109	2 573	15 335
2003	1.5483	3 162	16 999
2004	1.5918	3 928	19 225
2005	1.6346	4 538	21 964

数据来源：历年《中国科技统计年鉴》，2000 年的 R&D 全时人员做了相应处理。

首先对各时间序列进行标准化处理，公式为：

$$y = \frac{\ln y - \overline{\ln y}}{\mu} \qquad (2-54)$$

$$x_i = \frac{\ln x_i - \overline{\ln x_i}}{\sigma_i} \qquad (2-55)$$

式中，μ、σ 为标准差。

于是，方程（2-54）标准化为方程（2-56）

$$y = ax_1 + c_1 + \varepsilon \qquad (2-56)$$
$$y = bx_2 + c_2 + \xi \qquad (2-57)$$

a、b 的值即表示在其他条件不变情况下高校与其他科研组织 R&D 全时折合人员数对技术进步影响的效用。

$$y = 0.598x_1(2) - 0.448 \qquad (2-58)$$
$$[6.380] \quad [-4.442]$$
$$R^2 = 0.91 \quad F = 41 \quad D.W. = 1.72$$
$$y = 0.811x_1(1) - 0.282 \qquad (2-59)$$

$$[10.125] \quad [-3.620]$$
$$R^2 = 0.95 \quad F = 102 \quad D.W. = 125$$

方括号内数字为标准差。

从方程（2-58）来看，高校R&D活动人员对技术进步的影响具有滞后因素，时滞为两年，短期效用为0.598；从方程（2-59）来看，企业等其他科研组织的R&D活动对技术进步的影响仍具有滞后因素，时滞为1年，短期效用为0.811。从江西高校的模型分析结果可以显现出，中部高校科研成果转化能力较企业等科研组织的转化能力弱，效用低于企业等科研组织正是高校侧重于理论研究，转化为显示生产力弱的表现。

三、高校科技进步对其经济发展贡献的结果分析

中部地区科技创新能力对其经济发展贡献的结果是明显的。我们以江西省高校对其经济发展贡献的结果作为例子，其主要贡献结果有：

（一）"十五"期间技术进步对经济增长的贡献

技术进步指数在"十五"期间逐步增长，从2000年的1.4383上升到2005年的1.6346，年均增长率为2.59%；国内生产总值从2000年的628.06亿元增长到1 089.5亿元（1978年可比价），年均增长率为11.65%。根据公式（2-52），"十五"期间技术进步对经济增长的贡献为22.23%。

（二）"十五"期间高校科技创新对经济增长的贡献

技术进步是高校科技活动与企业、科研机构等R&D人员进行R&D活动的结果。高校R&D活动全时人员由2000年的2 381人年增加到2005年的4 538人年，增长了90.59%；其他R&D组织全时人员由2000年的12 144人年增加到2005年的17 426人年，增长了43.49%。

此处我们借用劳动简化法的思想把高校部门与其他R&D机构的实际R&D全时人员增加量转化为同质的无差别的R&D人员增加量，进而把高校科技创新对技术进步、经济增长的贡献分离出来。

从表2-79可以看出，"十五"期间有高校部门增加的无差别R&D全时人员增加了1 290个当量，占增加总量的23.14%；而企业、科研机构等其他R&D组织增加的无差别R&D全时人员增加了4 284个当量，占增加总量的76.86%。而"十五"期间技术进步增长的贡献为22.23%，

故高校科技创新对经济增长的贡献为 5.14%。同样我们可以从江西省高校科技创新对经济发展的贡献显示出中部地区高校科技创新对中部地区经济发展的贡献结果水平。

表 2-79　　"十五"期间江西省 R&D 人员投入情况

年份\指标\机构	实际 R&D 全时人员（人年）		无差别 R&D 全时人员（人年）		
	高校	其他 R&D 机构	高校	其他 R&D 机构	总量
2000	2 381	12 144	1 424	9 849	11 273
2001	2 771	12 378	1 657	10 039	11 596
2002	2 573	12 762	1 539	10 350	11 889
2003	3 162	13 837	1 891	11 222	13 113
2004	3 928	15 297	2 349	12 406	14 755
2005	4 538	17 426	2 714	14 132	16 846
增长率（%）	90.59	43.49	90.59	43.49	49.45
增加量	2 157	5 282	1 290	4 284	5 574
构成			23.14%	76.86%	100%

注：无差别 R&D 全时人员是认为高校与其他 R&D 机构具有同质的全时人员当量，是通过实际 R&D 全时人员乘以各自效用转化得到。

第十二章 中部地区科技创新能力建设的若干对策建议

第一节 区域创新能力体系分析[①]

区域创新能力是一个地区将知识转化为新产品、新工艺、新服务的能力。区域创新能力体系为一个区域内有特色的、与地区资源相关联的、推进创新的制度网络，其目的是推动区域内新技术或新知识的产生、流动、更新和转化。在我国，区域创新能力体系建设在改革开放中发挥着重要的作用。这个体系的形成使各地的创新积极性得到了充分的展示和释放，使我国走上一条以市场经济为基础、呈现区域多样性的科学发展路径。

区域创新体系是国家创新体系在区域范围的延伸，是国家创新体系的重要组成部分，因而它和国家创新体系一样，也是一个由政府、高校和科研机构、企业以及中介服务机构组成的开放系统。在构建区域创新能力评价体系的过程中，必然要包含以上四个部门的评价指标。在分析比较了国内外一些评价指标体系后，我们认为中国科技发展战略研究小组的评价指标体系比较科学合理，更加符合我国现阶段科技创新发展的实际。在该体系中，将区域创新能力分为知识创造能力、知识流动能力、企业技术创新能力、技术创新环境和技术创新的经济效益四个二级指标以及相应的三级指标，涵盖了衡量政府、高校和科研机构、企业、中介服务机构以及四个部门协作能力的各级指标。因此，我们采用该指标体系来对中部区域创新能力进行评价。

一、区域创新能力的评价指标体系

区域创新能力主要用"区域创新能力综合指标"来衡量，又具体可分解为如下几个要素：（1）知识创造能力，即不断地创造新知识的能力，

---

① 撰稿人：周绍森，南昌大学中国中部经济发展研究中心。

又取决于研究开发的投入水平、科技产出的水平和过程管理的水平，即科技的投入产出比三项；（2）知识获取的能力，即不断地利用全球一切可用知识的能力，知识在各创新单位之间流动的能力，反映了一个地区、企业对知识需求的程度、对创新的冲动水平和知识流动基础设施的水平，可细分为科技合作、技术转移和外国直接投资三项子指标描述；（3）企业的技术创新能力，是指企业应用新知识推出新产品、新工艺的能力，从技术创新的投入、过程和产出的框架出发来系统评价企业总体的基础创新能力；（4）创新的环境，是指为知识的产生、流动和应用所提供的环境，从创新基础设施的发达程度、市场需求水平、劳动者素质、金融环境和创业水平四个方面来刻画；（5）创新的经济绩效，即创新对经济增长的推动能力，从宏观经济、产业结构、产品国际竞争力、居民收入水平和就业水平五个方面来考察。

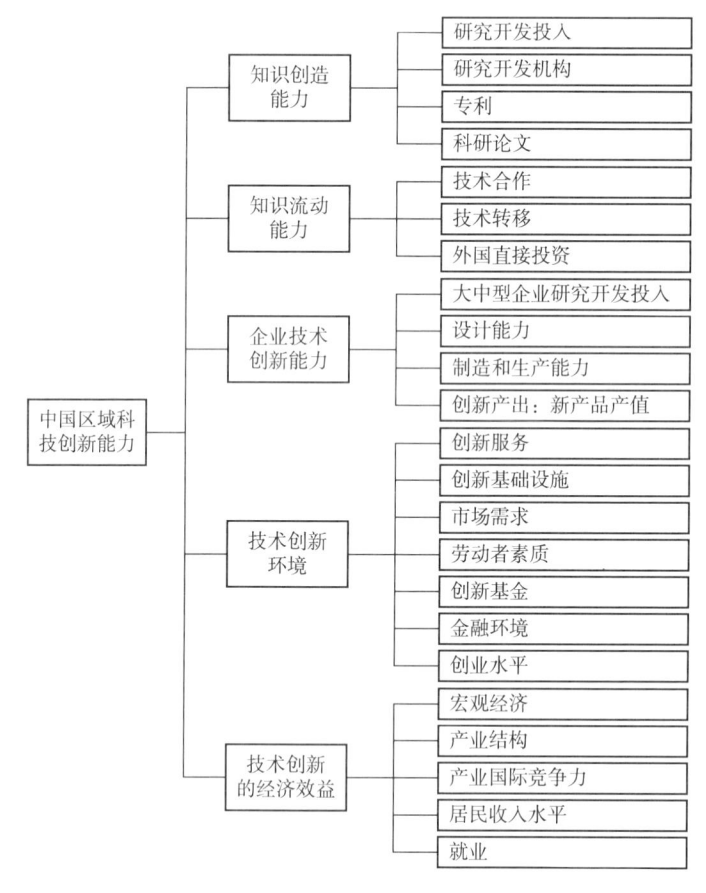

图 2-38　区域创新能力评价指标体系

中国科技发展战略研究小组借鉴哈佛大学波特教授和麻省理工斯特恩教授主持的美国《创新指标》、瑞士洛桑国际管理开发学院的《国际竞争力报告》和世界经济论坛的《全球竞争力报告》等国际通用的一些评价体系，动态而客观地分析了我国各省（直辖市、自治区）的区域创新能力。其评价指标体系如图2-38所示。

二、区域创新能力评价

根据其评价指标，得到我国四大经济区区域创新能力分布，如表2-80所示。

表2-80　　　　我国四大经济区区域创新能力分布

	综合指标	二级指标				
		知识创造能力	知识获取的能力	企业的技术创新能力	创新的环境	创新的经济绩效
东部经济区	38.47	31.35	35.73	44.15	35.5	42.46
北京	56.53	83.4	39.74	47.26	49.9	68.82
天津	38.60	26.94	40.15	38.17	28.99	58.75
河北	22.39	19.1	14.66	28.52	24.92	19.83
上海	56.35	40.37	54.04	64.97	52.32	64.34
江苏	42.61	24.54	42.9	57.3	43.01	37.09
浙江	37.40	24.07	36.46	42.27	38.89	40.15
福建	28.97	18.02	33.3	34.96	23.61	33.15
山东	36.82	22.36	35.19	51.44	36.25	31.33
广东	46.83	27.74	47	58.02	44.07	50.46
海南	18.17	27	13.83	18.6	13.04	20.7
东北经济区	28.00	22.34	23.45	33.14	26.8	30.72
辽宁	32.66	24.65	31.23	42.73	32.95	26.8
吉林	25.21	22.31	15.81	26.04	22.82	36.38
黑龙江	26.13	20.06	23.3	30.65	24.64	28.99
中部经济区	23.10	18.7	18.59	30.22	23.36	20.57
山西	22.92（17）	16.89（22）	14.95（20）	27.86（19）	21.09（23）	29.56（11）
安徽	21.70（20）	15.56（23）	17.05（17）	33.06（14）	21.49（22）	15.83（30）
江西	20.72（22）	17.92（20）	16.03（18）	24.72（23）	23.66（17）	17.69（29）
河南	21.60（21）	14.18（25）	12（28）	29.98（16）	23.74（16）	21.22（20）
湖北	27.06（10）	25.37（6）	24.27（11）	36.2（9）	26.26（11）	19.99（24）
湖南	24.59（16）	22.25（15）	27.21（10）	29.51（17）	23.9（15）	19.11（27）
西部经济区	20	16.2	14.29	23.89	19.64	22.99
内蒙古	20.62	18.63	14.91	24.25	21.72	20.51
广西	18.98	9.47	13.18	25.93	17.31	23.84
重庆	25.47	14.1	19.94	34.51	26.76	25.23

2007中国中部经济发展报告 · 399 ·

续表

	综合指标	二级指标				
		知识创造能力	知识获取的能力	企业的技术创新能力	创新的环境	创新的经济绩效
四川	25.57	22.87	17.8	33.99	26.92	21.21
贵州	16.71	13.61	9.83	26.81	14.73	14.04
云南	16.67	17.79	10.63	18.19	15.55	19.84
西藏	10.50	9.14	6.57	2.9	14.44	19.02
陕西	26.43	24.6	17.9	34.12	25.36	25.94
甘肃	18.44	12.56	18.09	22.81	15.12	21.8
青海	20.64	13.43	13.05	19.49	21.84	31.67
宁夏	18.86	14.74	14.72	20.29	17.31	25.2
新疆	21.77	23.67	14.81	23.4	18.56	27.53

注：括号内为排名次序。

数据来源：中国科技发展战略研究小组：《2003中国区域创新能力报告》，经济管理出版社2004年版。

从总体上看，我国区域创新能力是东强西弱，从东部沿海地区向西部内陆地区由高到低呈梯形分布。东部经济区十个省（市）区域创新能力综合指标平均分值达到38.47，其中北京最强；中部六省区域创新能力综合指标平均分值为23.1，只有湖北省位居第十名而进入全国前十位，河南和江西两省均位居全国后十位；西部经济区十二个省（市、区）区域创新能力综合指标平均分值为20。中部经济区区域创新能力比东部经济区低15.37分，比东北三省低4.9分，而只比西部经济区高3.1分。中部六省区域创新能力明显弱于东部经济区，与西部经济区相比优势却不明显，而且西部有四分之一的地区区域创新综合指标超过了中部六省平均值。东部经济区区域创新能力综合指标远高于中部六省，主要是因为东部经济区企业的创新机制更加灵活，市场经济的作用较强，企业已基本成为技术创新的主体。而中部六省观念落后，机制僵化，政府对企业的干预多，经济绩效太低。

从区域知识创造能力二级指标来看，中部六省中有三个省份居全国后十位，只有湖北较强（全国排名第6）。湖北之所以知识创造能力居全国前列，主要是因为湖北有良好的科技教育资源，高等院校众多，科研机构林立，高校数目和在校生也居全国前列，培养的人才和创新成果较多。中部六省知识创造能力平均分值为18.7分，比东部经济区低12.65分，比东北三省低3.64分，比西部经济区仅高出2.48分。在这一指标上更体现出中部经济区远弱于东部经济区，而与西部经济区能力相差不大的总体规律。

从知识获取二级指标来看，中部六省区域知识获取能力平均分值为18.59分，比东部经济区低17.14分，比东北三省低4.86分，而比西部经济区只高出4.3分，也体现出区域创新能力的总体规律。中部地区的湖南进入全国前十位；而河南太弱，排全国倒数第4位，主要是因为企业、科研机构与高校间的合作研究少，创新体系不健全，知识流动差，成果转化能力弱，对外开放度较低，招商引资力度不强。

从企业的技术创新能力二级指标来看，中部六省总体上在全国排名居中游，平均分值为30.22分，比东部经济区低13.93分，比东北三省低2.92分，比西部经济区高出6.33分。湖北省企业的技术创新能力较强，排全国第9位；江西相对较弱，居全国后十位行列。江西企业自身设计、开发能力较弱，专利授权量相对较少（特别是实用新型专利授权量），虽然企业R&D经费支出占产品销售收入比重较高（居中部第一），但总量太少，江西2003年工业总产值排全国倒数第9位。

从创新环境二级指标来看，中部六省创新环境平均分值为23.36分，比东部经济区低12.14分，比东北三省低3.44分，比西部经济区高3.72分。湖南、河南和江西三个省份的实力相当，居全国中位；湖北稍强，安徽与山西两省稍弱。在该指标中，中部六省普遍的问题是金融环境较弱，表现在资本市场总量规模小，发育程度低；银行间接融资与资本市场直接融资结构不合理；资本市场流动性不强，资本市场金融工具不足，产品结构不合理；创业园、孵化器的功能不强，风险投资体制不完善。

从创新的经济绩效二级指标来看，中部经济区为最弱，平均得分为20.57分，比东部经济区低21.89分，比东北三省低10.15分，比西部经济区还低2.42分。创新的经济绩效问题是中部六省最为突出的问题，创新的最终落脚点是在为经济建设服务上，这个指标直接影响到中部地区经济发展的潜力与后劲，是中部地区崛起的一大障碍。中部六省中只有山西省较好，居全国第11位，然后是河南（第20位）、湖北（第24位）、湖南（第27位）、江西（第29位）、安徽（第30位）。中部经济区除山西外，都为农业大省，是我国商品粮基地，第一产业所占比重大，产业结构不合理；2003年中部六省乡村劳动力占总劳动力比例为80.8%，而全国整体水平为65.55%，过多的乡村劳动力势必造成大量的农村剩余劳动力，中部地区农村剩余劳动力约9 058万人，超过全国农村剩余劳动力总量的1/2，其中安徽、河南、湖南均超过千万人；此外技术创新对提升产业结构和增加经济绩效的作用不明显。

为更加直观地看出我国区域创新能力的差异性与不平衡性,我们运用 SPSS 软件对各省(市、区)区域创新能力进行了聚类分析,结果表明把我国各省(市、区)按区域创新能力综合指标分为 3~5 类为宜(见表 2-81)。

表 2-81　　　　我国各省(市、区)区域创新能力差异

分三类		分四类		分五类	
类别	所含省(市、区)	类别	所含省(市、区)	类别	所含省(市、区)
Ⅰ(强)	京、沪	Ⅰ(强)	京、沪	Ⅰ(最强)	京、沪
Ⅱ(中)	粤、苏、津、浙、鲁、辽	Ⅱ(稍强)	粤、苏、津、浙、鲁、辽	Ⅱ(强)	粤、苏
Ⅲ(弱)	闽、鄂、陕、黑、川、渝、吉、湘、晋、冀、疆、皖、豫、赣、青、内蒙古、桂、宁、甘、琼、贵、滇、藏	Ⅲ(中)	闽、鄂、陕、黑、川、渝、吉、湘、晋、冀、疆、皖、豫、赣、青、内蒙古、桂、宁、甘、琼、贵、滇	Ⅲ(中)	津、浙、鲁、辽
				Ⅳ(弱)	闽、鄂、陕、黑、川、渝、吉、湘、晋、冀、疆、皖、豫、赣、青、内蒙古、桂、宁、甘、琼、贵、滇
		Ⅳ(弱)	藏	Ⅴ(最弱)	藏

从聚类分析结果看,中部六省区域创新能力综合指标都处于弱或较弱等级。区域创新能力综合指标排名分布与经济实力强弱排名分布基本上符合,北京、上海经济实力最强,其区域创新能力也最强。中部六省区域创新能力不强,其成因是多方面的,与创新能力较强的东部经济区相比,主要有如下几个不足:

1. 科研投入不足。2003 年,东部经济区十个省(市)的 R&D 活动人员折合全时当量平均为 7 585.1 人年,其中科研人力投入最多的广东省为 30 834 人年;而中部六省 R&D 活动人员折合全时当量平均仅为 1 769 人年,其中最多的湖北省科研人力投入量(3 290 人年)只有东部经济区的平均投入量的 43% 左右,只有广东省投入量的 10.67%。从 R&D 经费投入来看,2003 年东、中部经济区 R&D 经费投入占 GDP 比例平均依次为 1.56%、0.66%,中部六省 R&D 经费投入占 GDP 比例不到东部经济区的 45%。

2. 自主创新意识不强。温家宝总理在政府工作报告中指出要依靠科技进步,围绕提高自主创新能力,推动结构调整。自主创新意识薄弱是中

部地区的根本弱点，具体表现在专利申请与授权量的过少。2003年，东、中部经济区专利申请量分别为158 329项、24 803项，其所属省（市）平均申请量分别为15 833项、4 134项，中部六省专利申请平均量约为东部经济区平均量的26%，远远低于东部沿海地区（如广东省为43 186项、上海为22 374项、浙江为21 463项）。从专利授权量看，中部六省平均授权量（2 172项）不到东部经济区各省（市）平均授予量（9 921项）的四分之一。

3. 企业创新能力过弱，成果转化滞后。企业是科技创新的主体，要把科研成果转化为现实生产力，其任务最终是落在企业身上，因而企业才是区域创新能力的真正开拓者。企业创新能力可从新产品销售利润与实用新型、外观设计专利授权量三个指标阐明。2003年，中部六省新产品销售利润平均为29 594.67万元，而东部经济区各省（市）平均为278 391.6万元，约为中部六省平均值的9.5倍，中部六省新产品销售收入占产品销售总收入的比重（11%）也低于东部经济区（19.88%）。实用新型专利授权量东、中部经济区平均分别为3 761项、1 341项，中部六省平均值约为东部地区的36%；而中部与东部经济区的外观设计专利授权量差距更大，中部六省平均授权量（575项）只有东部经济区平均授权量（5 520项）的10%左右。中部地区的科研成果转化也是比较滞后，从万人技术成果成交额这个指标来看，东部经济区为300万元，而中部六省却只有27万元，是东部经济区的9%。当今时代是知识经济时代，知识含量越高的产品价值越高，高新技术含量直接影响到企业的核心竞争力，新产品的研发与专利授权量的多寡、企业的自主创新能力关系到企业的兴衰。

4. 引进外资与高新技术等方面力度不大，计划经济成分过多。提高区域创新能力不能闭门造车，必须加大招商引资的力度，加强与外界合作交流。2003年，东部经济区实际利用外资4 256 212万美元，各省（市）平均为425 621万美元；中部六省实际利用外资531 907万美元，平均每省实际利用外资88 651.17万美元，约为东部经济区的1/5。中部的江西省随着2001年的思想大解放运动，加大了招商引资与吸引人才的力度，已取得显著成效，2003年以161 202万美元的成绩位居中部省份首位，居全国第9位，增长速度排全国第2位，但总量上与位居第一的江苏省（1 056 365万美元）还相差甚远。

第二节 转变经济增长方式,推进新型工业化进程[①]

一、中部地区经济增长方式解析

结合经济增长方式的判定方法和中部经济增长的实证分析对中部地区经济增长方式进行综合分析,我们认为对于中部地区来说,从粗放型经济增长方式向集约型转变,是中部经济发展的必然选择。

(一)经济增长对生产要素投入依赖大,对全要素生产率依赖小

全要素生产率是描述要素生产率的重要指标,全要素生产率对经济增长的贡献越大,经济增长的集约化程度越高。在对中部六省的经济增长实证分析中,物质资本、劳动力和人力资本属于生产要素投入,实证分析表明,三者对中部经济增长贡献之和远高于全要素生产率的贡献。把生产要素投入和全要素生产率对中部经济增长的贡献率转化为两个基本参数(见表2-82),据相关理论可得出中部各省 $0<e_p<0.5$、$0.5<e_x<1$。这充分说明,中部经济增长走的是依靠生产要素大量投入的相对粗放型增长道路。

表2-82 中部六省生产要素投入与全要素生产率对经济增长贡献比较

指标 省份	生产要素投入贡献 e_x	全要素生产率(TFP)贡献 e_p
山西	0.69	0.31
安徽	0.72	0.28
江西	0.75	0.25
河南	0.80	0.20
湖北	0.73	0.27
湖南	0.73	0.27

对于中部地区来讲,影响全要素生产率对经济增长贡献的因素有很多,但主要反映在制度创新、三次产业结构调整、农村剩余劳动力转移和技术进步等因素上。

---

① 撰稿人:周绍森,南昌大学中国中部经济发展研究中心;陈云平,江西师范大学研究生院。

1. 制度创新。经济增长总是离不开经济主体（个人、企业、政府）的行为，我们完全可以说经济增长是经济主体一系列自觉选择的结果，而它的选择又受到很多因素的影响，这些因素主要由自身的主观条件（受教育程度、偏好、价值观等）和社会客观条件（资源环境、风俗习惯、制度结构）构成。从这些构成因素可以看出，两者都与制度有关。实践证明，尽管经济增长方式及其转变不仅与一个国家（地区）的国情和经济发展阶段有关，而且也涉及经济结构、技术进步等方面的问题，涉及指导思想、发展战略、产业政策乃至人们的观念问题，但对其起决定性作用的，也是最根本的原因是体制问题。综观世界各国的经济发展，人们发现一个共同的特征：不同的经济体制就会产生不同的经济运行机制，进而影响其经济效率和增长方式。因此，有什么样的经济体制，就必然会有与之相对应的经济增长方式。借用新制度经济学的研究结论，就是制度变迁（包括经济组织形式的革新、市场制度的变化、经营管理方式的创新、产权制度的变革等），不仅是影响经济长期增长的一个重要因素，而且对资源配置效率和经济效率的提高会产生重大影响，因而，也会对经济增长方式的转变产生重大影响。理论和实证都说明为了提高中部的全要素生产率，促进经济健康持续增长，深化体制改革依然是极其重要的任务。

2. 经济结构。20世纪50年代以来，越来越多的经济学家提出并证明：一个国家（地区）经济结构（主要是指产业结构）随经济发展而变动，并且反作用于经济发展。这种观点，经过库兹涅茨、钱纳里等著名经济学家们杰出的工作，已经取得了各国经济学家的普遍赞同。从理论上分析，经济增长与产业结构的联动效应也确实很明显。一方面，由于各产业劳动生产率有着较大的差异，因而产业结构的合理变动与调整的过程，实际上就是产业劳动生产率重新分化与组合的过程，而各产业的收缩与扩张过程恰好就是强化专业化与分工的过程，所有这一切必然会促进经济综合生产力的提高而强有力地拉动经济增长；另一方面，经济增长来源于三次产业的贡献，其总增长量又会分配于三次产业。并且因为生产率在三次产业间配比的非均衡性与变动性，使三次产业间的增值比例不同，进而导致三次产业总产值的比例发生变动，这实际就是经济增长对产业结构的作用机制。因此，优化产业结构，加快传统产业升级是提高全要素生产率、转变经济增长方式、促进中部崛起的重要因素。

3. 农村劳动力转移。党的十六大报告指出："农村富余劳动力向非农产业和城镇转移，是工业化和现代化的必然趋势。"农村剩余劳动力转移,对社会经济发展的积极作用毋庸置疑,与农村经济发展更是密切相关。正是因为中部地区以农业为主,农村剩余劳动力转移问题在中部显得尤为突出。农村剩余劳动力转移一方面使农村劳动力人均生产资源增加,另一方面又为高次产业补充劳动力。农村剩余劳动力向高次产业转移,既可以大大降低社会生产成本,同时又是提高经济效率和促进整个经济增长的重要源泉。它以农业生产专业化的演进为发端,以劳动生产率的部门差异为前提,其结果必然导致经济福利的帕累托改善。对农业部门来说,农村剩余劳动力转移可以提高农业劳动生产率和实现农业现代化,获得农业生产的规模收益递增。所以加快农村剩余劳动力转移,是提高中部地区全要素生产率、推动经济增长方式转变的重大举措。

4. 技术进步。技术进步作为全要素生产率的重要构成要素,从中部经济增长的实证结果看出,技术进步的贡献率占全要素生产率贡献的绝大部分,所以中部地区经济增长是以"粗放型"为主还是以"集约型"为主,关键要看技术进步的贡献。在发达地区,技术进步与科技创新直接推动了产业结构的升级和经济增长方式的转变,是发达地区经济增长的强劲动力。总之,中部地区制度创新缓慢、经济结构尚不合理、存在大量农村剩余劳动力、技术水平低下都是制约中部地区全要素生产率提高、使经济增长方式呈现粗放型的关键要素。

(二) 经济增长对物质资本投入依赖大,对人力资本投入依赖小

物质资本具有边际收益递减的特征,物质资本的投入往往会带来过度开发自然资源和环境污染等负效应,不利于经济的可持续发展;人力资本(蕴含在劳动者身上的知识技能等)具有边际收益递增的特征,是集约型增长方式的核心生产要素,能够优化其他生产要素,对经济增长具有乘数效应,并且能够节约物质资源,减少对环境的破坏,从而实现经济的可持续发展。所以,我们还可从物质资本与人力资本对经济增长贡献比较的角度来衡量某个地区经济增长方式。如果物质资本贡献大、投资效益低,就说明该地区呈现粗放型经济增长特征;如果人力资本贡献大、物质资本和人力资本投资效益都高,就说明该地区呈现集约型经济增长特征。

实证分析表明,中部地区物质资本效益低于人力资本效益。一方面,物质资本存量和全社会固定资产投资的弹性系数都比较小,也就是说物质资本积累和全社会固定资产投资的效益并不大,对经济增长的带动作用不明显。这说明,物质资本对中部经济增长的贡献是以依靠大量的物质资本

投入来实现的，经济效益低下，这是传统的经济增长模式，不符合可持续发展道路的要求。随着自然资源的不断枯竭，这种粗放型的经济增长将越来越受到制约，不仅不利于经济的持续发展，并且和构建和谐社会的愿望是背道而驰的。另一方面，人力资本的弹性系数则比较大，而且有逐年递增的趋势，这说明人力资本相对于物质资本具有更高的投资效益，也预示着人力资本将在中部经济增长方式转变中扮演着越来越重要的角色。

但是，这并不是说物质资本和全社会固定资产投资不再重要，而是在进行物质资本积累的过程中，必须注重投资结构和质量的统一，提高投资的经济效益。中部目前仍然处于工业化中级阶段的前期水平，是从初级阶段全面进入中级阶段的关键时期。世界发达工业国家的工业化进程表明，从初级阶段到中级阶段的过程中，需要大量的物质资本的投入来为工业化的进一步发展奠定坚实的物质基础，物质资本在这一过程中发挥着巨大的作用。中部要走新型工业化道路，就必须有雄厚的物质基础作为保证。中部要加速推进工业化进程，就必须加快物质资本的积累，增加对工业的投资，但是这种投资不能盲目地进行，必须更加注重质量和效益并保持科学合理的比例。在加强自身积累的同时，通过优化投资环境，扩大开放力度，增强吸引资金的能力，在继续扩大引进省外资金的基础上，采取各种有效措施，积极吸引国外资金。通过多渠道、多种形式积累物质资本，为加速工业化进程提供巨大的推动力。另外，中部要实现崛起，必须以较快的经济增长速度为基础，以经济的持续发展为主线。而物质资本对经济增长的促进作用是逐渐递减的，单纯依靠物质资本的投入既无法实现经济的快速赶超，也无法实现可持续发展。具有规模报酬递增特性的人力资本能够持续推动经济的快速发展，对中部经济和社会发展具有决定性意义。

根据实证结果和以上分析，我们可以得出以下结论，中部的经济增长不能再以对自然资源的无节制掠夺和对人类生存环境的无限制破坏为代价，而是要按照科学发展观和构建和谐社会的要求，将资本积累的重点从物质资本转移到人力资本上来，由依靠物质资本向依靠人力资本转变。这是使经济增长方式由"粗放型"向"集约型"转变的一条重要途径。

（三）技术进步贡献率小，经济增长科技含量低

经济增长方式转变的最根本动力是技术进步，通过对中部经济增长的实证分析可知中部经济增长中技术进步的贡献份额相对全国平均水平

(39%)还比较低。

从长远看,一个区域的经济增长最终还是要建立在本区域的科技创新能力和人力资本水平的基础上,所谓的后发优势毕竟只是在落后的情况下才具有的一种优势,没有人愿意在竞争中永远处于落后的地位。要从落后变为领先,最重要的就是要在科技创新上实现领先。中部科技创新能力差、科技产业发展滞后、科技人才短缺、科技水平低是不争的事实,这严重制约了科技进步对中部经济发展作用的发挥和经济增长方式的转变。只有大力提高科学技术水平,才能促使中部经济快速实现向集约型经济增长的转变,实现经济的健康、快速、可持续发展。

总之,虽然改革开放以来中部经济得到了较快的发展,科技创新和人力资本等质量型生产要素的贡献也越来越大,但是通过以上的分析,我们看到中部经济增长依然主要依靠物质资本的大量消耗,劳动力效益不高,人力资本对经济增长的作用尚未充分发挥,全要素生产率和技术进步的贡献小,中部经济增长方式依然以粗放型为主。中部经济发展过程中面临着由于大量剩余劳动力、人力资本水平和科技创新能力不足所造成的人口就业压力大、人均生产要素短缺、人力资本积累不充裕和技术进步缓慢等一系列阻碍经济增长方式转变的问题。

(四) 中部经济增长方式与经济发展阶段错位

据罗斯托(Rostow,1960)关于经济发展阶段的理论,经济发展可以划分为传统社会阶段、经济起飞准备阶段(或过渡阶段)、经济起飞阶段、向成熟推进阶段和高额群众消费阶段。各个阶段具有以下特征:传统社会阶段是人类社会发展的最初形式:经济处于原始状态,没有现代科学技术;社会结构僵化,阻碍经济变革,社会生产力低下,人均收入仅能维持生存。经济起飞准备阶段是一个过渡阶段,社会发展所需的各种条件正在逐步形成:新的方法开始出现,处于一种新旧交替和并存时期,发展的障碍逐渐被克服,但是人均收入仍然增长缓慢。起飞阶段是经济发展的关键阶段,是经济发展过程中具有分水岭意义的阶段:农业和工业采用现代的组织技术与方法,新的工业部门产生,并带动了其他部门的发展,农业劳动生产率提高,农业劳动力向工业转移,国家储蓄上升,大量新的投资产生,迄今未曾利用的自然资源和生产方法得到采用,人均产值大幅度提高。向成熟推进阶段是一个持续进步的时期:现代技术波及到经济活动的各个领域,新投资维持在相当高的水平,投资的增长使生产的增长超过人口的增长，人均国民生产总值持续增长，经济增长超出了促成经济起飞部门的范围，发展了有效生产种类繁多的各类商品的能力和技术。在高额群众消费阶段：经济中越来越多的资源被用来生产耐用消费品和提供劳务，技术工人在劳动力中的百分比和城市居民在总人口中的百分比呈上升趋势，通过各种途径越来越多的资源用在了社会福利和保障事业上，人们收入水平达到富裕程度，开始追求更高水平的消费，主导部门已经转移到耐用消费品的生产部门和服务业（见表2-83）。

表2-83　　　　　　　　经济发展阶段特征

发展阶段	产业结构	技术状况	恩格尔系数	人民收入状况
传统社会阶段	以农业为主	几乎为零	接近1	低，仅够生存
经济起飞准备阶段	农业为主，工业部门呈现增长势头	开始应用	0.5~1	增长缓慢
经济起飞阶段	二、三产业发展迅速，第二产业超过第一产业比重	大量应用	0.5左右	增长迅速
向成熟推进阶段	第三产业发展迅速，超过第二产业比重	全面应用	0.5以下	较高
高额群众消费阶段	第三产业成为主导产业，占有绝对优势，第一产业比重十分微小	创新速度大大加快	接近0	富裕

近年来中部地区经济发展速度加快，随着工业化进程的推进，第二产业和第三产业发展迅速，第二产业已经成为主导产业，人民生活水平得到很大提高，温饱问题已经基本解决，恩格尔系数大幅度下降（见表2-84）。就中部地区经济发展的基本情况来看，中部经济发展已经随着新世纪的步伐迈入经济起飞阶段。

表2-84　　　　　　　　2006年中部地区各项指标

地区	GDP增长率（%）	人均GDP（元）	恩格尔系数（%）农村居民	恩格尔系数（%）城镇居民	产业结构（%）第一产业	产业结构（%）第二产业	产业结构（%）第三产业
全国	14.7	16 084	43.0	35.8	11.7	48.9	39.4
山西	11.8	14 123	38.5	31.4	5.8	57.8	36.4
安徽	12.9	10 055	43.2	42.4	16.7	43.1	40.2
江西	12.3	10 798	49.0	39.7	16.8	49.7	33.5
河南	14.1	13 313	40.1	33.1	16.4	53.8	29.8
湖北	11.4	13 296	46.8	38.8	15.0	44.4	40.6
湖南	12.1	11 950	48.6	34.9	17.6	41.6	40.8

资料来源：根据《中国统计年鉴（2007年）》及各地区2007年统计年鉴等有关资料整理、计算。

值得注意的是,经济起飞阶段对技术水平有着较高的要求,科技发展是推动经济腾飞的关键要素。在经济起飞阶段,要求经济增长走经济效益高、经济结构优化、科技创新能力强、可持续发展的集约型增长道路。但是,由上面的分析我们可知,中部经济增长依然以高消耗、低效益的粗放型增长方式为主。说明中部经济增长方式与经济发展所处阶段发生了错位。如果中部不能够快速转变经济增长方式,就难以使中部经济起飞达到最佳效果,也难以实现科技创新对中部经济发展驱动力的最大化。

二、以科技创新推动中部经济增长方式转变

制约中部地区转变经济增长方式转变的根本原因在于全要素生产率低、技术进步贡献率小。技术创新是技术进步的一种飞跃和质变,是技术进步的纵向发展和积累形式,依靠科技创新是快速转变中部经济增长方式的根本途径。

(一)典型发达国家转变经济增长方式的科技路径

根据对一些发达国家的经济增长的测算,20世纪初技术进步对GNP增长率的贡献仅占10%~15%,而到20世纪中期,则上升到40%以上,70年代以后又上升到60%以上,80年代上升到60%~80%。可见,对经济发达国家而言,在20世纪中期后,技术进步对经济增长的贡献已超过资本、劳动力的贡献,成为现代经济增长中处于首要的决定性因素,经济增长方式已经由粗放型转变为集约型。

美国、日本、韩国是较为典型的发达国家,因为他们都曾经历过迅速的经济赶超,也是历史上三次最成功的经济追赶案例,是在短时期内实现经济迅速增长的典型代表。随着知识经济的临近,这三个国家都在20世纪后半期成功完成了经济增长方式的转型,步入了集约型增长的高速发展期。根据世界银行《世界发展报告》,1950~1960年,美国的GDP年均增长率是3.3%,其中,由生产要素投入增加获得的占47%,由全要素生产率提高获得的占53%,这说明美国的经济增长已从粗放型转变为集约型;1970~1980年,日本经济增长率中靠全要素生产率提高获得的比例上升为71.2%,从而使日本的粗放型经济增长转变成集约型经济增长;韩国1990~1997年的经济增长率(7.2%)中,由要素投入增加获得的占44.7%,由全要素生产率提高获得的所占比重为55.3%,实现了经济增长方式的转变。通过研究,人们发现,在各国经济快速增长的过程中,

都以知识经济和信息社会为契机,重视科技进步对经济增长的作用,大力提高科技创新能力,以科技领先带动经济领先。强调生产率的提高和技术进步的作用是各国经济增长方式顺利转型的关键原因,各发达国家都制定和实施了完善的科技政策以推动本国的科技创新,从而推动本国的经济快速增长。

1. 大量增加科研经费投入。20 世纪中后期是各国科研投入迅速增长的时期。50 年代初,美国的 R&D 经费只有 50 亿美元,1990 年就增至 1 480 亿美元;1970 年,日本的科研经费只为美国的 1/8,至 1980 年就达美国的 1/3,到 1990 年已是美国的 2/3,约等于英、法、德三国之和,并超过了苏联;70 年代韩国 R&D 的经费就占到 GNP 的 0.6% 左右,80 年代初,这一比例年均增长 30% 以上,到 1986 年这一比例达到了 2.0%,1990 年达 2.24%。1990~2000 年间,美国、日本、韩国 R&D 支出占 GNP 的比例都高于 2.5%,在 OECD 国家中列第四、一、二位(见表 2 - 85)。

表 2 - 85　　　　　1990~2000 年部分高收入国家 R&D 支出

国　别	R&D 支出占 GNP 的比例 (%)	人均 R&D 支出额 (美元)
美国	2.5	842.5
日本	2.8	969.9
韩国	2.7	174.2

资料来源:中国教育与人力资源问题报告课题组编:《从人口大国迈向人力资源强国》。

2. 大力引进科技资源。科技资源引进主要包括人才引进和技术引进。由于三个国家的发展环境和历史条件存在不同,在资源引进方面具有不同的侧重点。美国拥有无可比拟的吸引世界尖端科技人才的机制和客观条件,因此更加注重科技创新人才的引进。据统计,进入 20 世纪 90 年代,外国来美并加入美籍的科学家和工程师已占到此类人才的 17% 左右。自第二次世界大战结束至 1983 年,美国在自然科学方面的诺贝尔奖获得者达 107 人,超过了其他资本主义国家的总和。雄厚的科技资源使美国能够在绝大多数重要的科技领域,在基础、应用和开发各环节上,都居于世界领先地位;日本吸引外来人才的能力较弱,因此致力于引进国外先进技术。1959~1979 年日本从国外引进技术 33 854 项,耗资 102 亿美元,节约 2/3 的时间和 9/10 的研发费用。通过对技术的引进、消化与改良,到 70 年代日本钢铁、汽车和家用电器等行业的生产技术已处于世界领先地位；韩国的科技发展也是从引进先进技术开始的，20世纪60年代重点引进劳动密集型、技术要求比较简单的组装技术，70年代重点引进改良性技术，以推动重化工业的发展。推动了劳动密集型产业的迅速发展。

3. 推动产学研合作。高校是科技创新成果和科技创新人才的生产和培养基地，发挥高校的科技创新能力是科技发展的重要环节。三个国家在推动产学研合作方面也做了不少努力。第二次世界大战后60年来，许多新概念、新技术都是美国人率先提出的，新兴科学技术主要是以科研与生产相结合的高技术园区为中心进行扩展的，它们代表着新兴产业的发展方向和科技发展的前沿。例如，世界上最大的计算机制造与研制中心"硅谷"就是这种结合的产物，还有北卡罗莱纳研究三角园区、佛罗里达高技术园区、亚特兰大技术园区和位于田纳西州的橡树岭——诺克斯维尔能源研究与开发中心，等等。日本政府于1996年7月制定了《科学技术基本计划》，把产学研合作当作一项基本国策，提出了种种振兴政策和策略。韩国政府于20世纪70年代初制定了"产校协作"政策，其内容主要是：企业与对口的职业学校签订合同，企业向学校提供试验场所、设备和必要的投资，学校按企业要求培养符合企业发展的技术型人才，同时，学校参与企业的生产活动，共同研究和开发新产品。在此基础上，韩国又成功推出了生产、教育、科研型结合的模式，用以培养高科技人才和发展高科技产业，如兴建"科学园"就是其主要形式。

4. 科技立国，自主创新。美国一贯把保持科技领先作为一项基本国策，十分重视科技创新，占领科技领先地位。第二次世界大战以后，美国的科学与技术结合成一个有机整体，科研成果转化为技术应用的周期不断缩短。20世纪初，这个周期大约为35年，第二次世界大战期间18年，战后缩短为9年，80年代以后只有5~6年。高速的转化周期使美国科技发展一直处于领先地位。进入80年代，日本开始酝酿"科技立国"，突出强调科技的作用，1994年开始从"技术立国"向"科技创新立国转变"，改变过去"模仿与改良"的科技、经济发展模式，向自主创新转变；1995年制定了《科学技术基本法》；1997年启动《国家开发实施办法指针》，从立法的角度保障科技研究开发的良好环境。韩国20世纪80年代提出"科技立国"的口号，重点研究开发高科技，发展知识密集型高新产业，从而实现产业结构全方位化、高层次化和贸易结构高附加值化、多边化。各国都先后意识到本国科技创新的重要意义，美国是自主创新起步较早的国家，而韩国和日本则相对更加依赖科技引进。特别是日本，主要采取的是"引进—消化—吸收"的科技进步战略，这为日本的经济追赶节省了大量成本，但是也使得日本忽视了自主创新能力的培养，近年来日本经济发展的低迷也与此有关。

美、日、韩经济发展经验启示我们，要通过一系列的科技发展政策，使科技发展水平得到提高、科技创新能力得到增强，科技创新是推动各国经济增长方式从粗放型向集约型转变的最主要动力。科技创新通过提高劳动生产率、改善经济结构、提高企业经济效益、促进高科技产业的发展，使经济增长的模式在无形生产要素的冲击下而发生质变。

（二）依靠科技创新，实现中部集约型经济增长

典型发达国家的经济增长方式转变过程表明，经济增长方式的转变无不依靠科技创新。集约型经济增长的原动力就是依靠要素生产率的提高，科学技术正是一种对要素生产率提高具有倍加效应的生产要素。因此，在现代经济增长中，科技创新是实现高质量、高效率的集约型经济增长方式的第一动力。

第一，发达国家的实践表明，科技创新能够通过提高经济效益实现集约型增长。集约型增长是以"效益"为中心的增长。从后者看，经济发展本身就具有增长速度的概念，因此，经济增长不能没有一定的速度，但一味追求速度并不可取。要保证经济的持续增长，必须考虑到速度所依赖的两个基础：要素投入基础和要素效益基础。从发展经济学角度看，经济发展的长期趋势更主要的是依赖于后者。要素效益基础表现为投入—产出比的提高，实现途径包括提高管理水平、管理者素质和设备技术水平、规模效益等多种因素，而这些因素最终都必须围绕新的技术即技术创新来实现。因此，促进经济持续增长的重要机制主要体现在加快技术进步速度和加强技术扩散效应两方面。按照新经济增长理论的思想，技术内化于经济系统之中，技术通过刺激投资，与投资相互促进，在系统内形成良性循环，最终实现对经济发展的促进作用。实证分析充分说明中部地区资源消耗量大，经济效益不高，应当依靠科技创新推动全要素生产率的提高。

第二，发达国家的实践表明，科技创新能够通过改善经济结构实现集约型增长。经济结构越合理，说明经济发展水平越高，经济增长集约化程度也越高。经济结构包括产业结构、就业结构、投资结构、市场结构、需求结构和供给结构、分配结构和消费结构等。转变经济增长方式的关键是实现两个结构转变：一是产业结构要实现由主要依靠工业带动增长向工业

和服务业共同带动增长的转变；二是需求结构要由主要依靠投资和出口拉动增长向消费和投资、内需和外需共同拉动增长转变。这就需要通过科技创新来加速新知识的产生和传播、新技术在产业中的扩展，来推动科技产业和高新技术产业的发展，从而增加高次产业的比重和科技含量，实现产业结构的转变；需要通过科技创新来增强本国企业竞争力、提高产品质量、扩大内需、推动消费，实现需求结构的转变。中部地区长期偏重于发展农业、能源、原材料产业，造成经济结构的严重不合理、层次偏低。具体表现为：第一产业比重过高，第二产业优势不够突出；重工业比重高，轻工业比重低；原材料和初级产品比重大，深加工产品没得到应有发展；资源加工型企业规模小，能力弱，现代高科技企业起点低、数量少；产业结构与就业结构偏差过大，二元经济结构矛盾突出。因此，必须依靠科技创新推动中部地区产业结构和就业结构升级，改善整体经济结构。

中部技术进步对经济增长的贡献率相对较小，换个角度来看，技术进步要素还有巨大的挖掘潜力，能够在中部经济增长方式的转变中发挥关键的作用。另外，中部地区拥有较为丰富的科技资源潜力，中部地区高等院校众多，科研机构林立，科技人力资源、科研物质条件、科技进步环境、高新技术产业化评价等都相对较好。然而质量和使用率不高，知识创造能力和成果转化能力大大弱于东部发达地区。这是中部地区科技发展的问题所在，同时也正是中部地区科技创新、经济发展的潜力所在。中部地区未来的经济发展必须以技术进步为核心，大力开发技术资源，通过科技创新来提高其他生产要素的质量，把增长方式转变到速度与结构、质量、效益相统一的增长方式上来，实现又快又好的发展。

三、依靠科技创新，走新型工业化道路

工业化是由农业经济转向工业经济的一个自然历史过程，存在着一般的规律性；但在不同体制下，在工业化的不同阶段，可以有不同的发展道路和模式。根据十六大报告的精神，新型工业化道路主要"新"在以下几个方面：第一，新的要求和新的目标。新型工业化道路所追求的工业化，不是只讲工业增加值，而是要做到"科技含量高、经济效益好、资源消耗低、环境污染少、人力资源优势得到充分发挥"，并实现这几方面的兼顾和统一。这是新型工业化道路的基本标志和落脚点。第二，新的物质技术基础。我国工业化的任务远未完成，但工业化必须建

立在更先进的技术基础上。坚持以信息化带动工业化，以工业化促进信息化，是我国加快实现工业化和现代化的必然选择。要把信息产业摆在优先发展的地位，将高新技术渗透到各个产业中去。这是新型工业化道路的技术手段和重要标志。第三，新的处理各种关系的思路。要从我国生产力和科技发展水平不平衡、城乡简单劳动力大量富余、虚拟资本市场发育不完善且风险较大的国情出发，正确处理发展高新技术产业和传统产业、资金技术密集型产业和劳动密集型产业、虚拟经济和实体经济的关系。这是我国走新型工业化道路的重要特点和必须注意的问题。第四，新的工业化战略。新的要求和新的技术基础，要求大力实施科教兴国战略和可持续发展战略。必须发挥科学技术是第一生产力的作用，依靠教育培育人才，使经济发展具有可持续性。这是新型工业化道路的可靠根基和支撑力。

中部地区要转变经济增长方式、推动工业化进程实质上就是要走新型工业化道路。而新型工业化的本质就是以科技创新为主导的工业化。

（一）中部地区必须走新型工业化道路

1. 走新型工业化道路是加快中部地区现代化进程的客观要求。形成于20世纪90年代末的现代化理论把18~21世纪的世界现代化进程分为第一次和第二次现代化两个阶段：第一次现代化即工业化，指从农业时代向工业时代、农业经济向工业经济、农业社会向工业社会、农业文明向工业文明的转变过程；第二次现代化即知识化，指从工业时代向知识时代、工业经济向知识经济、工业社会向知识社会、工业文明向知识文明的转变过程；两次现代化的协调发展则是综合现代化。

不同国家启动和完成第一次现代化（工业化）和第二次现代化（知识化）的时间是不同的。主要发达国家完成第一次现代化的时间大约为200年左右（大约1763~1970年），完成第二次现代化的时间预计大约为100年左右（大约1971~2100年），目前发达国家已经进入第二次现代化的发展轨道。也就是说，发达国家走的是一条常规的现代化路径，即先实现工业化，再步入知识化。但对欠发达国家来说，要实现对发达国家的经济赶超，就必须加快现代化的进程，不能遵循常规的现代化路径，而要走综合现代化道路，即用知识化带动工业化，以工业化促进知识化，最终实现知识化，从而缩短实现现代化的时间，拉近与发达国家的差距，实现跨越式发展（见图2-39）。

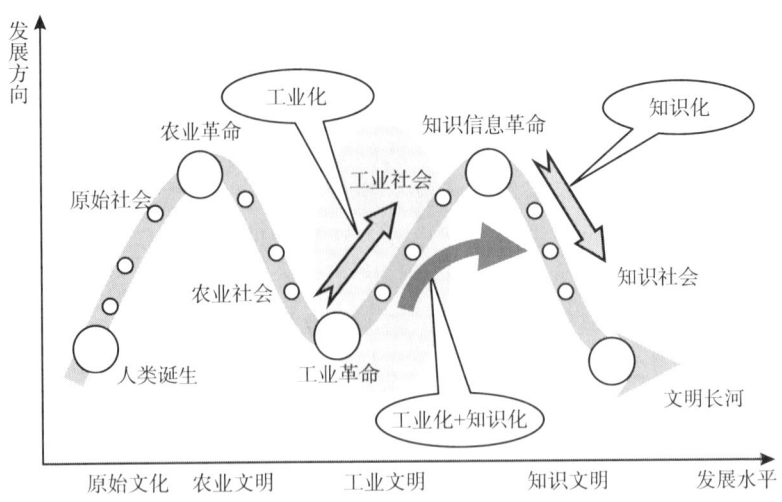

图 2-39 中国综合现代化模式示意图：两次现代化协调发展

中部地区现代化进程较为缓慢，第一次现代化实现程度低，第二次现代化才刚刚起步。中部六省中第二次现代化指数除山西省和湖北省接近全国水平以外，其余各省都低于全国水平。综合现代化指数只有湖北省略高于全国水平，其余各省都低于全国平均水平，与已经实现现代化的高收入国家相比更是相去甚远（见表 2-86）。这说明中部地区工业化和知识化水平低，实现现代化任重而道远，在这种情况下，中部地区必须选择一条工业化和知识化齐头并进的发展道路。

表 2-86　　　　　　　2004 年中部地区现代化指数

指标 地区	第一次现代化指数	第二次现代化指数	综合现代化指数
山西	83	38	34
安徽	79	31	30
江西	76	31	31
河南	75	30	27
湖北	85	37	36
湖南	80	32	32
中国	86	39	35
世界排名	55	51	59
高收入国家	100	96.3	89.6
中等收入国家	97.5	62.88	60.44
低收入国家	85.75	40.25	40.85

注：世界排名指中国各指数在 108 个国家的排名。
资料来源：《2007 年中国现代化报告》。

事实上，新型工业化道路就是工业化和知识化综合协调发展，以信息化、知识化带动工业化，以工业化促进信息化、知识化的综合现代化，这也是中部地区实现现代化，实现中部崛起的必由之路。

2. 走新型工业化道路是推动中部经济增长方式转变的必然选择。新型工业化道路是相对于传统的工业化道路而言的，传统的工业化道路是粗放型的经济增长过程，是建立在资源高投入基础上的道路。很多发达国家走的就是传统的工业化道路，中部地区不能够再走发达国家的老路。一方面，传统工业化道路必须以自然和物质资源禀赋为基础，而中部地区资源禀赋基本情况是"人力资源丰富，自然资源紧缺，资本资源紧俏，生态环境脆弱"。如果走资源消耗型的传统工业化道路，就会给整个社会造成严重的福利损失。另一方面，发达国家工业化的历程表明，传统工业化模式造成了许多负面效应，大力消耗资源、严重污染环境，增加了发达国家的后续成本，不利于经济社会的可持续发展。新中国成立以来，中部地区工业化基本上是靠要素投入驱动的传统工业化道路。建立在对自然资源环境长期高效强度开发和利用基础上的传统工业化，已经使中部的资源与环境状况不堪重负，无法再维持下去，这决定了中部地区不可能再依赖资源型和依附型的发展模式，必须实现经济增长方式从要素驱动型向效率驱动型的根本转变。中部地区的发展要以"提高经济效益"为核心，减少资源的消耗和浪费，保护生态环境，实现可持续发展。

另外，新型工业化的主要特征和基本要求：一是生产要素和工业产出品的科技含量高，更多地依靠高新技术和人力资本，尽量增加技术密集型产业（包括资本技术密集型产业和劳动技术密集型产业），从低级的传统工业品提升到更高级的创新工业品。二是生产过程和流通过程实现低投入高产出，做到经济效益好、资源消耗低，其综合表现就是大大提高以技术为基础的国际竞争力和资本利润率。三是使负面的外部效应最小化，做到生态破坏小、环境污染少，以实现可持续发展。四是在注重发展技术密集型产业、特别是高新技术产业的同时，兼顾劳动密集型产业，尽量把技术密集和劳动密集结合起来，使人力资源优势得到充分发挥。这正与集约型经济增长方式的要求相一致。因此，走新型工业化道路是中部地区快速实现工业化、转变经济增长方式的必然选择。

（二）中部地区要走以科技创新为主导的新型工业化道路

1. 中部地区要加大工业化进程，实现中部崛起，也要依靠科技创新，尤其是企业的自主创新。由于中部地区工业化进程起点低、起步晚，虽然目前其工业内部结构不断优化，高加工度水平逐步提高。但其工业化水平综合来讲总体上仍处于由工业化初期阶段向中期阶段加速推进时期。中部地区走新型工业化道路面临了一些障碍和问题。例如：中部地区工业化现状与新型工业化要求存在较大差距；国际国内产业转移需要一个过程；工业化面临严峻的市场竞争环境；观念、体制与沿海地区差异明显；宏观经济政策导向上的不利地位；城乡居民收入和消费水平低；产业素质不高；地区经济的开放度较低等。

然而，制约中部工业化进程的一大重要因素是中部企业科技水平落后严重。推进中部地区工业化进程，必须培养企业的创新能力，使之具备自我生存和稳定发展的能力。只有加大技术创新力度，形成企业核心技术，才能更快地促进产业结构调整和优化升级，有效地淘汰落后的生产力和剩余产品，实现经济增长方式由粗放型向集约型转变。

在发展中转变经济增长方式，加强中部地区科技创新，调整结构推进新型工业化进程是实现中部地区崛起的主线。工业发展、工业化进程必须依赖于科技振兴。加强企业技术创新，加速技术进步和产品升级，必须依靠科技创新。科技创新能促进企业的成长、发展和壮大，迅速提高企业的综合竞争能力，为中部经济发展和实现在中部地区崛起奠定基础。

因此，企业要树立依靠科技创新获取核心竞争力的观念。政府为企业创造良好的外部竞争环境。通过各种途径增强企业自身科技创新能力；进一步重视科技人才。积极营造培育人才留住与引进人才的良好环境，同时制定相应的优惠政策，最大限度地发挥人才在技术创新中的作用；加强专利保护，营造公平竞争环境。只有这样才能保持企业科技创新的积极性，使企业自愿地进行科技创新和新产品开发；大力实施精品名牌战略，增强产品市场竞争力是加快中部地区工业化进程，切实提高企业竞争力的有效途径。实施品牌战略、重点培植国内外知名的品牌是加快江西工业化进程的一个突出问题，切实全面提高产品质量，加快名优产品的开发工作，并使各品牌形成一定的规模、具备较强的市场竞争力。

2. 中部要走以信息化带动工业化的新型工业化道路，必须依靠科技创新。信息化本身就是一场带有深刻变革意义的科技创新。信息化是一个内涵深刻、外延广泛的概念。从内涵的角度讲，包括两个方面：一是指信息技术的应用非常广泛，遍及社会的各个方面；二是指信息技术产业化，信息咨询服务业的高度发达和完善。从外延的角度讲，指一个国家或地区的信息环境，是指社会经济的发展，从以物质与能量为经济结构的重心，向以信息为经济结构的重心转变的过程；在这个过程中，需要不断地采用现代信息技术装备国民经济各部门和社会各领域，从而全面提高经济效益和社会效益。信息技术能强化工作中的信息处理绩效，优化现代生产过程、流通过程、金融资本流动过程的系统控制，实现生产力的全面协调发展。而信息技术的进步正是依靠科技创新。以信息化带动工业化的特征决定了新型工业化道路具有更高的科技含量，对科技创新提出更高的要求。中部地区近年来信息化水平有了较大提高，信息产业也有较大发展，但是由于科技创新能力弱，信息化基础较为薄弱，信息产业规模小，市场需要的许多高新IT技术和高附加值的产品难以供应。中部未来信息化面临着严峻的技术挑战，提高科技创新能力是推动中部信息化从而带动工业化的关键。

3. 中部要走科技含量高的新型工业化道路，必须依靠科技创新。科技创新由于促进了技术进步和革新，提高了技术水平，使科技生产力第一要素在产品价值构成中的比例加大，从而使产品及工业化的科技含量增高。实践证明，科技创新在科学技术转化为现实生产力的过程中，可以促成其最大价值的转化。这是加速新型工业化发展的最好途径。

高新技术产业是科技含量最高的产业形式，经过近十年建设，中部地区已经形成了若干各具特色的高新技术产业聚集区，电子信息、生物制药、新材料、新医药、精细化工、环保六大高新技术等行业已跨入全国先进行列，特别是拥有一大批在国内同行业中具有优势地位和突出特色的明星企业。依托这些高新技术产业和优势企业，不失时机地加快高新技术产业的发展，使之成为中部地区的产业创新区和提升区域经济竞争力的"龙头"，将对中部地区的经济增长产生持久的拉动力。高新技术产业的发展离不开科技创新，因此，要达到新型工业化科技含量高的要求，就必须也只能依靠科技创新来得以实现。

4. 中部要走经济效益好的新型工业化道路，必须依靠科技创新。科技创新把技术发明、市场机会和经济效益创造性地结合起来统一于一体，并大幅度提高经济发展的速度和效益，使速度和效益的结合处于最佳状态，从而产生突破性的经济行为和市场行为。这种突破性的经济行为和市场行为会促使工业化发生质的飞跃变化。中部地区经济效益差的局面需要通过技术创新来改变，必须依靠科技创新，推动全要素生产率的提高，走高效益的新型工业化道路。

5. 中部要走资源消耗低的新型工业化道路，必须依靠科技创新。科技创新通过创新技术对资源的最佳利用，一方面提高其他生产要素的效率，减少资源浪费，降低资源成本，充分利用有限资源；另一方面，通过科技创新探索和创造再生资源，回收利用资源以及促成污染物资源化。这就在很大程度上降低资源消耗，缓解在新型工业化进程中的资源供需矛盾。因此，要达到新型工业化资源消耗低的要求和效果，也必须依靠科技创新来得以实现。

虽然中部地区的能源、资源相对丰富，但近期资源新增探明储量的增长远低于开采耗竭速度，且开采速度越来越快，开采成本逐步增加，大部分资源开采已经步入中年期，有的已经步入老年期，资源枯竭严重影响了中部地区资源产业的持续发展。根据中国矿业年鉴统计，中部地区共有122个矿业城市（镇），其中属于中年期的92个，老年期的14个，幼年期的仅为15个。而中部地区以重工业为主，优势产业主要集中在煤炭采选业、有色金属采选业、黑色金属采选业等能源原材料采选业以及能源原材料的后续加工产业领域，如有色金属矿冶炼及压延业、黑色金属矿冶炼及压延业、石油加工及炼焦业等，这些产业在生产过程中往往存在比较普遍的高消耗、高排放特点。在这种情况下，中部地区应当通过科技创新提高各种重工业的科技含量，降低生产中资源的大量消耗，走低耗能的新型工业化道路。

6. 中部要走环境污染少的新型工业化道路，必须依靠科技创新。科技创新不仅可以发展环保技术，避免或减少对水体、大气和地面的污染物的排放，转化废物，变废为宝，而且还可以改变对污染物如农药、化肥等的使用以及减轻药物的副作用，从而在最大程度上减轻对环境的污染和保护社会生态。因此，要达到新型工业化环境污染少的要求和效果，也必须依靠科技创新。

中部地区的煤炭、有色金属、黑色金属等资源占据很大优势，但是在长期的资源开采过程中，也造成了大气、水、固体废弃物等环境污染，致使地面塌陷逐年扩大，地质灾害频繁发生，部分城市已成为我国生态环境最为恶劣的城市，甚至成了世界级的环境污染区，中部各种优势产业的发展也对环境造成了较为严重的破坏。中部不能再以牺牲环境为代价来换取经济的增长，应当依靠科技创新，减少工业发展的副作用，促进经济的可持续发展。

7. 中部要走人力资源优势充分发挥的新型工业化道路，必须依靠科技创新。科技创新是一项系统工程。它需要管理、技术、营销、理论研究等各种人才的配套组合才能运作和实现。而科技创新所需要的这些人才又都是一些优秀人才。可以说,科技创新是把各种人才有机结合起来,并发挥其最大作用的汇集机制和集合体。因此,要达到新型工业化人力资源优势得到充分发挥的要求和效果,也必须依靠科技创新。

中部拥有全国近1/3的人口总量,人力资源丰富,但人力资源利用率只有79.32%,尤其是山西和江西两省的劳动力资源利用率和从业人员占劳动力资源的比率都明显低于全国水平(见表2-87)。可见,中部地区人力资源利用率较低,就业不充分。新型工业化道路要求提高人力资源利用率,推动就业,充分发挥中部地区人力资源优势。中部地区应当通过科技创新来开发和利用各种人才,通过科技创新加速知识积累来提高劳动者素质,通过科技创新优化产业结构和就业结构,平衡人力资源供求,从而充分发挥人力资源优势,推动新型工业化发展。

表2-87　　　　　2006年中部地区与全国劳动力资源比较

	总人口(万人)	劳动力资源占总人口比例(%)	劳动力资源利用率(%)	从业人员(万人)	从业人数占劳动力资源比例(%)
全国	131 448	72.45	80.22	76 400	80.22
中部六省	35 251	71.60	79.32	20 748.4	—
山西	3 375	71.48	64.71	1 561.16	64.71
安徽	6 593	68.36	83.0	3 741.0	83.0
江西	4 339	73.99	72.3	2 321.07	72.3
河南	9 392	71.12	85.62	5 719	85.62
湖北	5 693	73.23	85.49	3 564.0	85.49
湖南	6 342	71.44	84.80	3 842.17	84.80

资料来源:根据《中国统计年鉴(2007年)》及中部六省各地区2007年统计年鉴有关资料整理、计算。

中部地区强力推进新型工业化的过程,是地区经济实现由农业主导型向工业主导型战略性转变的过程,是实现经济与社会的统筹发展,实现物质文明与政治文明、精神文明的共同进步的过程。按照科学发展的要求强力推进新型工业化,这就需要依靠科技政策推进新型工业化,依靠科技创新推进新型工业化,依靠高科技产业发展推进新型工业化,依靠科技创新人才推进新型工业化。这也是我们强力推进新型工业化全过程必须遵循的基本规律。

第三节 推进高新开发区建设,实现产业转型[①]

一、中部地区高新技术产业发展现状

(一) 中部各省高新技术产业概况

1. 科技投入基本情况。根据中国科技统计网公布的最新的 2005 年科技统计数据,湖北省的科技投入最多,河南次之,江西最少。但总体来说中部各省的经费投入偏少,应加大对高新技术产业的投入和重视(见表 2-88)。

表 2-88　　　　2005 年中部六省高新技术产业科技投入

指标 省份	科技活动人员 (万人)	科技经费支出额 (亿元)	R&D 经费 (亿元)	地方财政科技拨款 (亿元)
山西	10.86	76.95	26.28	6.52
安徽	9.05	128.12	45.9	5.96
江西	6.72	48.07	28.53	4.93
河南	15.74	125.12	55.58	13.84
湖北	15.94	151.42	74.95	11.39
湖南	12.14	104.02	44.52	12.26

资料来源:中国科技统计网。

2. 科技成果基本情况。根据中国科技统计网公布的最新的 2005 年科技统计数据,从专利申请数目分析,湖北最多,河南、湖南次之,山西最少。从科技论文数分析,湖北最多,湖南、河南次之,江西最少。从技术市场成交合同数分析,湖南最多,湖北次之,山西最少(见表 2-89)。

表 2-89　　　　2005 年中部六省高新技术产业科技成果

项目 省份	专利申请 受理量(项)	专利申请授 权量(项)	国内中文期刊科 技论文数(篇)	技术市场成 交合同数(项)	技术市场成交合 同金额(亿元)
山西	1 985	1 220	4 278	556	4.8
安徽	3 516	1 939	8 167	5 113	14.26
江西	2 815	1 361	3 811	3 321	11.12

[①] 撰稿人:黄志刚,南昌大学中国中部经济发展研究中心;周绍森,南昌大学中国中部经济发展研究中心。

续表

项目 省份	专利申请受理量（项）	专利申请授权量（项）	国内中文期刊科技论文数（篇）	技术市场成交合同数（项）	技术市场成交合同金额（亿元）
河南	8 981	3 748	13 303	3 770	26.37
湖北	11 534	3 860	22 034	11 131	50.18
湖南	8 763	3 659	13 489	19 437	41.74

资料来源：中国科技统计网。

（二）中部六省高新技术产业的比较

根据中国科技统计网公布的最新的2005年科技统计数据，从高新技术产业规模以上企业产值、增加值分析，中部六省中湖北最强，河南次之，以下依次为江西、湖南、安徽、山西。从高新技术产业发展速度分析，中部六省高新技术产业湖北发展最快，山西、湖南次之。从高新技术产业占工业比重分析，江西最高，湖北次之，以下依次为湖南、安徽、河南、山西。从高新技术产品出口额分析，湖北最高，安徽次之，湖南、江西、山西、河南在同一水平（见表2-90）。

表2-90　　2005年中部六省高新技术产业主要经济指标

指标 \ 地区	山西	安徽	江西	河南	湖北	湖南
高新技术产业规模以上企业产值（亿元）	51.53	118.1	177.4	203.9	285.31	119.6
高新技术产业规模以上企业产值占全国比例（%）	0.18	0.42	0.63	0.72	1.01	0.42
高新技术产业规模以上企业增加值（亿元）	27.07	55.24	75.84	103.0	165.4	74.88
高新技术产业增加值规模以上企业占全国比例（%）	0.33	0.68	0.93	1.27	2.03	0.92
高新技术产业规模以上企业增加值率（%）	36.21	31.95	32.41	31.33	36.96	34.15
规模以上工业企业增加值中高新技术产业份额（%）	1.54	3.72	8.6	3.05	8.24	4.59
高新技术产品进出口额（亿美元）	4.9	5.81	3.11	3.33	12.27	3.36
高新技术产品进出口额占全国份额（%）	0.12	0.14	0.08	0.08	0.3	0.08
高新技术产品出口额（亿美元）	1.06	2.98	0.69	0.95	4.42	0.99
高新技术产品出口额占全国份额（%）	0.05	0.14	0.03	0.04	0.2	0.05

数据来源：中国科技统计网。

（三）中部高新技术产业与东、西部及东北比较

根据中国科技统计网公布的最新的2005年科技统计数据，从各项高新技术产业主要经济指标来看，东部地区遥遥领先，中部地区整体水平较西部和东北还落后（见表2-91）。

表2-91　　　2005年全国区域高新技术产业主要经济指标比较

指标＼地区	东部	西部	东北	中部
高新技术产业规模以上企业产值（亿元）	25 969.31	1 248.28	979.72	955.87
高新技术产业规模以上企业产值占全国比例（％）	89	4.3	3.4	3.3
高新技术产业规模以上企业增加值（亿元）	7 045.73	545.14	359.24	501.47
高新技术产业增加值规模以上企业占全国比例（％）	83.3	6.4	4.4	5.9
高新技术产业规模以上企业增加值率（％）	340.99	381.41	124.15	203.01
规模以上工业企业增加值中高新技术产业份额（％）	32.5	36.3	11.8	19.4
高新技术产品进出口额（亿美元）	4 077.61	45.51	73.72	32.78
高新技术产品进出口额占全国份额（％）	96.4	1.1	1.7	0.8
高新技术产品出口额（亿美元）	1 920.35	12.7	30.04	11.09
高新技术产品出口额占全国份额（％）	97.3	0.6	1.5	0.6

数据来源：中国科技统计网。

二、中部六省高新技术产业开发区发展概况

（一）中部各省高新技术产业开发区高新区分布

中部六省共有国家级和省级开发区38个，中部各省高新区分布如表2-92所示。

表2-92　　　　　　中部六省高新区分布一览

	国家级	省级	个数
湖南	长沙、株洲	衡阳、岳阳、湘潭	5
湖北	武汉、东湖、襄樊	黄石、宜昌、孝感、葛店、荆门、十堰、荆州、武穴、仙桃、石首、鹤峰	13
江西	南昌	景德镇、新余、吉安	4
安徽	合肥	芜湖、蚌埠	3
河南	郑州、洛阳	新乡、濮阳、漯河、商丘、开封、焦作、南阳、驻马店、平顶山	11
山西	太原	长治	2

资料来源：中国科技统计网、中经网、各省政府及招商网站。

（二）中部各省高新技术产业区发展总体概况

1. 山西省。山西有开发区14个，其中经济技术开发区12个，高新技术开发区2个。太原高新区与科研所、大专院校密切合作，分别创建了

山西大学科技园、太原理工大学科技园、中国日化所科技园、中辅院科技园、高新区电脑软件科技园五个科技园和阳曲太阳生物园等16个科技园,同世界15个国家和地区建立广泛的合作与联系;形成了微电子信息、光机电一体化、新材料、高效节能与环保、医药与生物工程五大支柱产业。太原高新区内的高新技术企业总数376家,高新技术企业总数已占全省高新技术企业总数的70%。2005年,太原高新区实现科工贸总收入400亿元,占到全太原市经济总量的1/4,形成以高新技术产业为主导,一、二、三产业协调发展的立体经济格局。2006年,太原高新区的工业增加值占太原市的33.4%。

2. 安徽省。合肥、芜湖、蚌埠3个高新技术产业开发区高新技术产业初具规模,形成了电子信息、生物与医药、新型建材为代表的高新技术产业群。合肥高新技术开发区还成立了包括软件产业园、留学人员创业园、大学科技产业园、民营科技园、生物医药园、农业科技示范园和集成电路科技园等7个高科技园区,分别被科技部批准为国家级园区,仅软件园和生物医药园就分别汇集了80多家软件企业和50多家生物医药企业,电子信息、生物医药两大领域形成的高新技术企业集群,成为安徽省发展高新技术产业的龙头。合肥高新区已成为创新成果转化和产业化基地,形成了电子信息、生物医药、新材料、光机电一体化等四大高新技术产业企业群,科技型企业占总数的80%以上。

近年来,安徽通过增加科技投入、改善体制机制环境,带动创新能力提升,企业自主创新的"安徽风景"引人注目:涌现出奇瑞汽车、科大讯飞等一批自主创新的骨干企业,开尔纳米公司、美亚光电公司等一批中小型科技创新型企业,马钢集团、铜陵有色集团、海螺集团等一批资源型老企业依托自主创新成为节能减排技术攻关和应用的排头兵。2003年以来,全省申请专利16 531件,授权专利9 051件,20项科技成果获国家级奖励。2006年,全省高新技术产业增加值506.8亿元,科技对经济社会发展的支撑作用日益增强。围绕产业技术需求,实施科技创新。安徽成功实施了一批重大科技项目。安庆石化攻克"油改煤"技术难题,建成全球最大的煤气化工程;铜陵有色集团采用先进的"铜闪速熔炼技术",铜产量跻身世界十强;合肥芯硕公司开发出高精度光刻机关键技术,填补我国在这一领域的空白。到2006年底,全省累计实施火炬计划项目703项,认定高新技术产品933项,高新技术企业达869家。通过政策倾斜,安徽企业的技术创新主体地位逐步增强:65%的科技机构设在企业,67%

的科技活动人员集中在企业，68%的研发经费源于企业，84%的省级科技计划项目由企业为主体承担，73%的省级科技成果出自企业（刘杰、何聪 2007）。

3. 江西省。南昌高新区发展迅猛，充分依托省会城市优势和全省矿产资源优势，以高新技术产业为主导，形成了电子信息、应用软件、生物医药、节能环保及矿产资源深加工五大产业的发展格局。目前，高新区建立了金庐软件园、南昌大科技园、浙江大学科技园、创业服务中心、海外留学人员创业园等国家科技园和创业孵化基地。南昌高新区2004年区内高新技术企业已有185家，占全省总数的60%以上；主要经济指标比2000年翻了一番，其中出口创汇增长了5倍。该区累计开发拥有自主知识产权的专利产品400项，承担国家"863"计划、火炬计划等各类高新技术项目305项，荣获国家和省市科技进步奖90项，技术创新能力在全省居领先地位。南昌高新区吸引了10余个国家和地区的100余家外资企业进驻区内。近3年来，全区累计实际利用外资2.8亿美元，实际利用内资49亿元，尤其是2004年，全区实际利用外资从2001年的1 774万美元增长到1.25亿美元，相当于2001年的7.1倍、建区前10年总和的1.2倍；实际利用内资从2001年的7.7亿元人民币增长到22亿元人民币，相当于2001年的2.9倍、建区前10年总和的1.4倍。2004年全区完成市属工业销售收入41.1亿元，工业增加值12.28亿元，利税总额4.45亿元，分别是2001年的3.3倍、2.6倍和2.2倍，实现财政总收入5.2亿元。

新余高新技术开发区现有各类企业95家，其中工业企业80家，目前在建项目22个。2005年1~5月份，全区累计完成工业总产值5.4亿元，固定资产累计完成1.5亿元。到6月底，高新区完成财政总收入达到1 406万元。吉安市高新技术产业开发区，2002年3月破土动工建设，已开工的项目有70个，其中国家"863"计划项目有1个，上市公司6家，科研机构4家。除高新区外，江西省高新技术特色产业基地建设也卓有成效，全省9个基地中，有7个进入国家级行列，其中南昌市成为国家首批4个半导体照明工程产业化示范基地之一。

4. 河南省。河南11个高新区按照发展水平可分为三类，即郑州、洛阳国家级的为第一类，发展水平最高；濮阳、新乡和漯河为第二类，发展水平其次；开封、南阳、安阳、驻马店、平顶山为第三类，发展水平居后。该区在全国具有领先水平的高新技术产品达40多种。室外彩色大屏幕、智能公话系统、显像管玻壳模具、卫星接收机、工具酶、肝炎诊断试剂、艾滋病诊断试剂、密褶型空气粒子过滤器、亲水性单甘脂系列产品、AV95杀病毒软件等产品处于国内领先水平。

2005年1~6月,郑州、洛阳两个国家级高新区和安阳等9个省级高新区共完成技工贸总收入499.6亿元,同比增长29.6%;工业总产值400亿元,同比增长33.2%;工业增加值129.4亿元,同比增长28.5%;利税总额53.4亿元,同比增长31.1%;出口创汇2.04亿美元,同比增长26%。其中,洛阳高新区标准厂房共入驻企业近300家,实现工业总产值6亿元,用地效益平均600万元/亩(非标准厂房用地效益为310万元/亩),目前正在建设的火炬创新创业园已有40余家企业入驻,涉及机电、电子信息、生物医药、新材料等行业。郑州高新区内经认定的高新技术企业占全省的30%。软件产业,集中了全省70%以上的骨干软件企业,经认定的软件企业占全省的60%,占全省软件销售收入的50%;新材料产业,集中了郑州市80%以上的超硬材料骨干企业;生物医药产业,集中了郑州市80%以上的通过GMP认证的制药企业。高新区还聚集了38个各类工程技术(研究)中心。2007年上半年,为加快专业产业园区和特色产业基地建设,积极申报国家火炬计划郑州金属及合金材料产业基地、国家级超硬材料专业孵化器、国家信息安全产业基地、功能陶瓷材料省级基地,大学科技园孵化产业基地开工建设。

5. 湖北省。2006年,武汉高新区的工业增加值占武汉市的30.5%,襄樊高新区的工业增加值占该城市的33.5%,可见高新区对全省高新技术产业增长的带动作用明显。一批高新技术开发区依托特色产业迅速壮大。如作为全省高新技术产业发展龙头的武汉东湖高新技术开发区,已成为我国最重要的光电子信息产业基地,占据了国内光纤光缆产品50%、光电器件40%和能量光电子40%的市场,并在全球光电子产业分得了8%左右的市场份额,其光纤光缆生产规模居全球第三,在光电子产业的研究与开发方面已跻身世界光电子产业领军集团,已在光电子信息产业方面形成了产业分工明晰、上下游产品配套齐全的产业链格局。

国家级襄樊高新区区内注册企业已达970家,其中工业企业350家,规模以上的企业73家,汽车及汽车零部件企业158家,经省科技厅认定的高新技术企业149家,美国康明斯、法国标志雪铁龙、日本日产、台湾地区裕隆等一批国际知名品牌在高新区落户。聚合了全市8家军转民大中型科技型企业和"东风汽车"、"东风仪表"、"湖北新华光"、"中航精机"等4家上市公司,初步形成了"两大园区、三大基地"的产业格局,即以汽车产业为主体的汽车工业园区，以军工机电、高科技产业为主体的高新技术园区。2006年全区实现营业总收入290亿元，同比增长11%；实现工业总产值370亿元，同比增长20%，其中全区汽车工业完成总产值296亿元，同比增长11%；实现工业总产值370亿元，同比增长21%，实现工业增加值96亿元，同比增长20%；实现利税总额51亿元，同比增长22%；完成出口创汇7亿元，同比增长40%。

黄石高新技术开发区以涂镀板材为主的新材料产业异军突起，已建成投产的生产线年产57万吨，在建的生产线年产65万吨，有望在几年内形成百亿元以上的产值，成为我国重要的涂镀板类新材料产业基地。葛店高新技术开发区入区医药企业已有26个，总投资46亿元，具备了53种新药的生产能力。襄樊、十堰高新技术开发区在以汽车关键零部件为主的机电一体化产业发展方面，具有明显比较优势。荆门高新区新材料新产业基地雏形初现。

6. 湖南省。长沙高新区1993年、1998年、2001年、2003年、2004年5次被评为全国先进高新区，初步形成了以LG飞利浦曙光、创智软件、湘计算机等为龙头的电子信息产业，以金瑞科技、湖南海利、力元新材料等为骨干的新材料产业，以远大空调、中联重科、三一重工等为主体的先进制造技术产业和以隆平高科、亚华种业、九芝堂制药等为重点的生物医药及现代农业产业等四大支柱产业，目前支柱产业实现产值占全区产值的90%以上。全区高新技术企业总数530多家，过10亿元企业达到13家，过亿元企业总数达到72家。1988~2004年，全区累计完成技工贸总收入2 113亿元，工业总产值1 871亿元，上缴国家税收108.5亿元，出口14亿美元。2004年，全区实现技工贸总收入503亿元，完成高新技术产业总产值441亿元（占全省高新技术产业总产值的比重为35.4%，占全省7个高新区的比重达64%），均比上年增长25%；上缴国家税收22.5亿元，出口3.9亿美元。2006年，长沙高新区的工业增加值占长沙市的30.5%。

2005年，株洲高新技术产业开发区拥有各类企业898家，其中高新技术企业119家（已成功申报国家"863"项目15项），三资企业65家，上市公司8家，已形成新材料、光机电一体化、电子信息、生物医药四大新型高科技产业。近年来各项经济指标增长均在25%以上。

湖南高新开发区呈"一极八区十大簇群"的产业布局发展，"一极"指以长株潭为区域的高新技术产业增长极，"八区"指长沙、株洲、湘潭、衡阳、岳阳、郴州、益阳等7个已批准的高新区和规划中的常德高新区；产业发展中，高新区继续保持龙头地位。2006年，在深圳召开的湖南省情暨湖南欧洲工业园投资环境推介会上，湖南欧洲工业园现场签约10个投资项目，总投资额达20亿元人民币。

三、中部六省国家高新技术产业开发区发展情况

（一）各国家级高新技术产业开发区基本建设情况

中部六省9个国家高新技术产业区中，开发面积长沙最大，武汉次之，南昌第三。按累计竣工建筑面积排序，长沙最大，合肥次之，株洲第三（见表2-93）。

表2-93　　　　中部六省国家高新区基本建设情况

	新建区累计开发面积（平方公里）	当年新开发面积（平方公里）	累计竣工建筑面积（平方米）	当年竣工建筑面积（平方米）
太原	3	1	1 021 635	218 702
合肥	10	1	4 568 586	539 000
南昌	12	0	3 087 578	441 656
郑州	8	1	2 300 000	400 000
洛阳	5	0	1 952 130	152 975
武汉	30	2	2 734 800	800 000
襄樊	3	1	2 118 143	485 212
长沙	34	8	9 661 728	147 200
株洲	10	1	3 864 383	585 340

资料来源：中国科技部火炬中心统计资料。

（二）各国家高新技术产业开发区经济情况

中部六省9个国家级开发区中，企业个数、工业总产值、营业收入排名前三名为武汉、长沙、太原，但营业收入太原与前两名有一定差距；出口创汇排名前三名为长沙、武汉、合肥，但株洲与合肥基本在同一水平，此外，南昌与洛阳在同一水平；净利润和上缴税额排名前三名为武汉、合肥、长沙，但太原与长沙基本在同一水平（见表2-94、图2-40～图2-48）。

表 2-94 2006 年中部六省开发区高新技术企业主要经济指标

单位	企业数（个）	营业总收入（亿元）	工业总产值（亿元）	工业增加值（亿元）	净利润（亿元）	上缴税额（亿元）	出口创汇（亿美元）
太原	659	638	608.8	158	26.1	39.1	1.3
合肥	274	587	538	192	38.7	94.1	5.1
南昌	283	387.2	358.4	113.5	18	40.7	3.3
郑州	474	499.8	430.4	137.6	39.5	35.2	2.3
洛阳	319	373.2	314	60.5	13.2	19.8	4.1
武汉	1 066	1 004.1	889.4	302.5	56	50.3	4.3
襄樊	141	337.9	317.2	89	19.8	27.1	0.8
长沙	701	790.8	690	184.1	33.7	33.7	6.5
株洲	169	275.4	263	77.2	13.7	13.3	2.5

资料来源：中国科技部火炬中心统计资料。

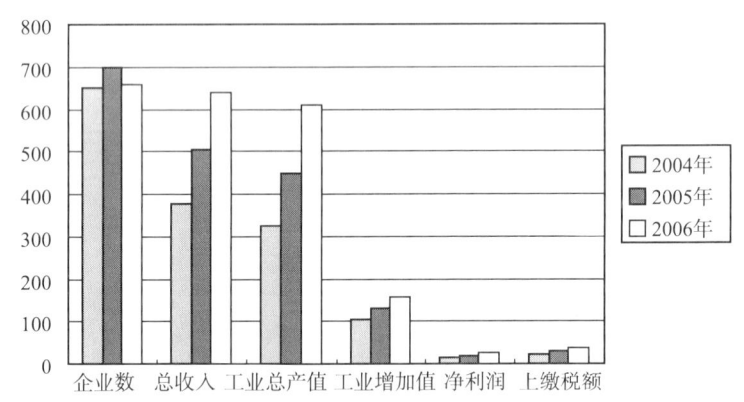

图 2-40 太原高新技术产业区 2004~2006 年经济指标（单位：个、亿元）

数据来源：中国科技部火炬中心统计资料。

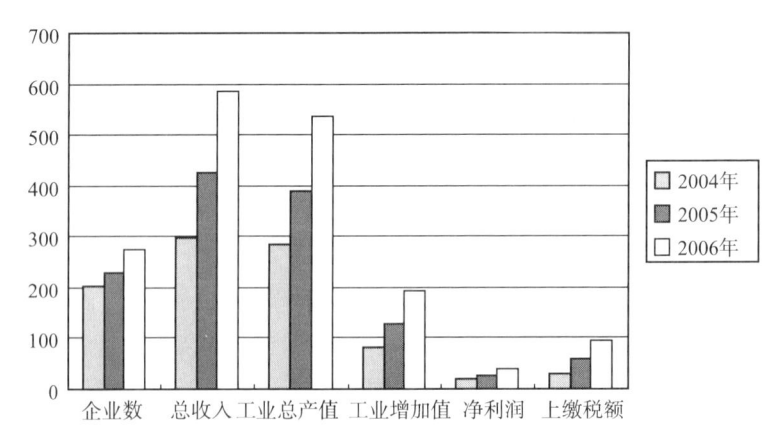

图 2-41 合肥高新技术产业区 2004~2006 年经济指标（单位：个、亿元）

数据来源：中国科技部火炬中心统计资料。

第五篇 中部地区科技创新研究

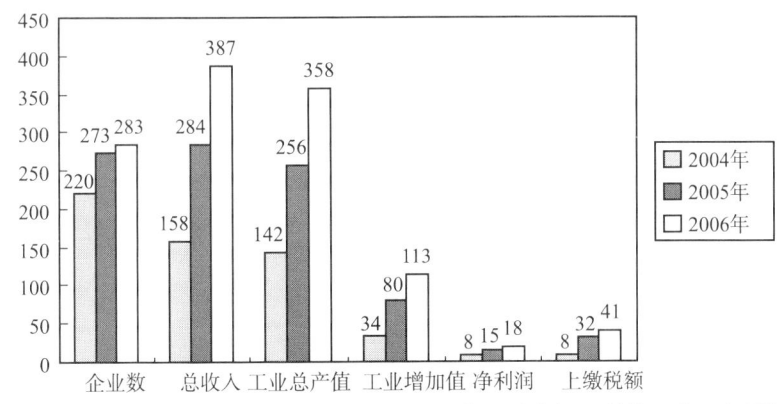

图 2-42 南昌高新技术产业区 2004~2006 年经济指标（单位：个、亿元）
数据来源：中国科技部火炬中心统计资料。

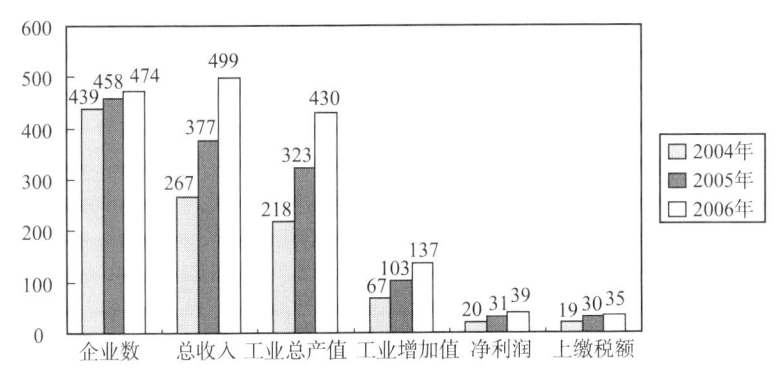

图 2-43 郑州高新技术产业区 2004~2006 年经济指标（单位：个、亿元）
数据来源：中国科技部火炬中心统计资料。

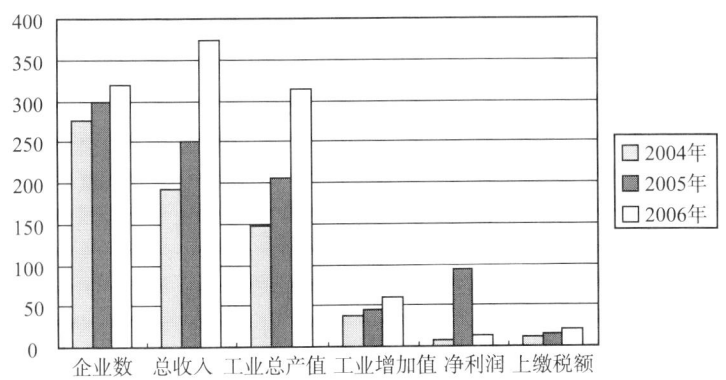

图 2-44 洛阳高新技术产业区 2004~2006 年经济指标（单位：个、亿元）
数据来源：中国科技部火炬中心统计资料。

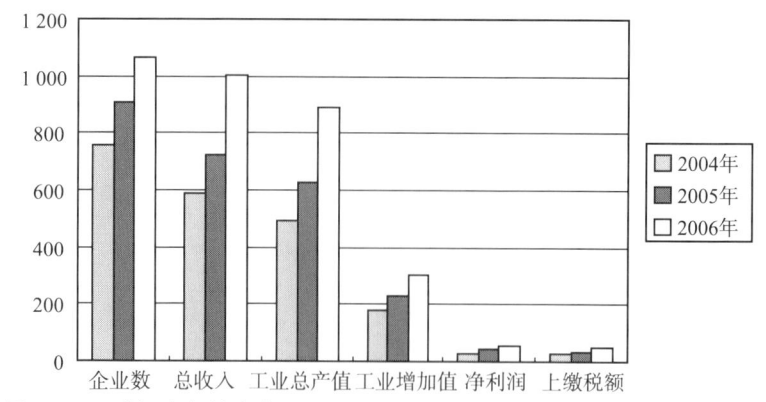

图 2-45 武汉高新技术产业区 2004~2006 年经济指标（单位：个、亿元）

数据来源：中国科技部火炬中心统计资料。

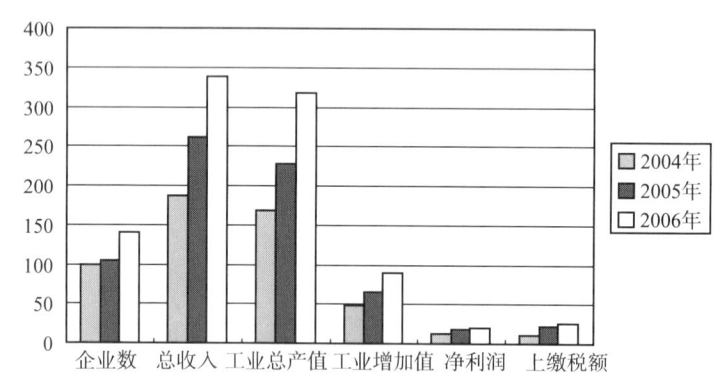

图 2-46 襄樊高新技术产业区 2004~2006 年经济指标（单位：个、亿元）

数据来源：中国科技部火炬中心统计资料。

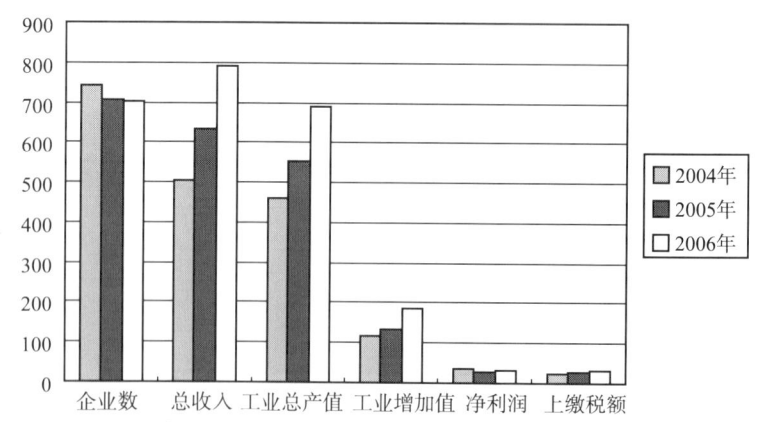

图 2-47 长沙高新技术产业区 2002~2004 年经济指标（单位：个、亿元）

数据来源：中国科技部火炬中心统计资料。

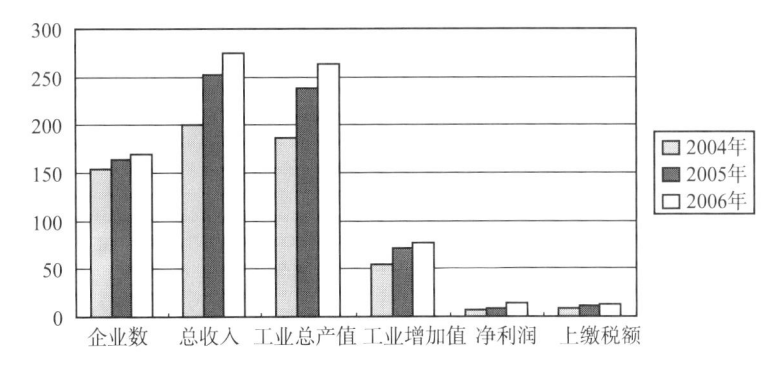

图 2-48 株洲高新技术产业区 2002~2004 年经济指标（单位：个、亿元）

数据来源：中国科技部火炬中心统计资料。

（三）各国家高新技术产业开发区 2006 年年末从业人员情况

各国家高新技术产业开发区 2006 年年末从业人员情况如图 2-49 所示。

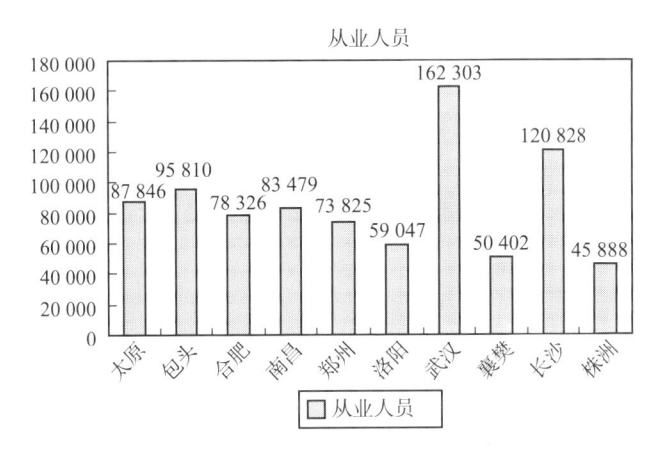

图 2-49 2006 年中部六省国家高新技术产业开发区年末从业人员数

数据来源：中国科技部火炬中心统计资料。

四、中部地区国家高新技术产业开发区与东、西部及东北比较

（一）西部地区的发展

"十五"期间，西部地区 13 个国家高新区（包头、南宁、桂林、成都、重庆、绵阳、贵阳、西安、宝鸡、杨凌、昆明、兰州、乌鲁木齐）

的工业增加值、净利润和上缴税额这三项指标都超过了高新区的平均增长值，营业总收入、工业总产值和出口创汇略低于高新区的平均增长（见表2-95）。

表2-95　"十五"期间西部地区高新区主要经济指标　单位：亿（美）元

指标＼年份	2001	2002	2003	2004	2005
营业总收入	1 496.9	1 849.2	2 573.0	3 279.9	4 210.0
工业总产值	1 269.3	1 584.8	2 145.3	2 675.1	3 456.2
工业增加值	370.1	444.9	643.3	795.1	1 031.3
净利润	84.8	115.2	140.8	148.7	218.6
上缴税费	79.3	93.8	124.3	143.5	233.0
出口创汇	9.5	17.9	23.0	25.5	45.5

资料来源：中国科技统计网。

（二）东北地区的发展

"十五"期间东北地区7个国家高新区（沈阳、大连、鞍山、长春、吉林、哈尔滨、大庆）的工业增加值和上缴税额这两项指标都超过了高新区的平均增长值，净利润和出口创汇低于高新区的平均增长（见表2-96）。

表2-96　"十五"期间东北地区高新区主要经济指标　单位：亿（美）元

指标＼年份	2001	2002	2003	2004	2005
营业总收入	1 462.6	2 019.3	2 568.4	3 301.2	4 002.5
工业总产值	1 225.4	1 652.2	2 136.8	2 828.8	3 475.1
工业增加值	325.9	428.6	581.9	757.5	924.7
利润	85.7	111.3	148.0	166.6	172.8
上缴税费	86.9	138.4	173.2	221.3	262.3
出口创汇	12.1	17.9	23.2	32.0	29.8

资料来源：中国科技统计网。

（三）长三角地区的发展

"十五"期间长江三角地区6个国家高新区（上海、南京、苏州、无锡、常州、杭州）的营业总收入、工业总产值、净利润和出口创汇这四项指标都超过了高新区的平均增长值，工业增加值和上缴税额低于高新区的平均增长（见表2-97）。

表 2-97 "十五"期间长三角地区高新区主要经济指标　　单位：亿（美）元

指标＼年份	2001	2002	2003	2004	2005
营业总收入	2 534.2	3 131.6	4 784.9	6 753.4	8 175.0
工业总产值	2 247.3	2 794.0	3 988.4	5 612.7	7 306.1
工业增加值	586.8	742.7	1 013.8	1 296.3	1 474.1
净利润	118.8	185.5	267.4	390.3	344.3
上缴税费	143.6	155.3	207.9	249.6	271.1
出口创汇	77.1	103.1	178.8	365.9	514.2

资料来源：中国科技统计网。

（四）珠三角地区的发展

"十五"期间珠三角地区6个国家高新区（广州、深圳、珠海、中山、惠州、佛山）的营业总收入、工业总产值和出口创汇这三项指标都超过了高新区的平均增长值，净利润和上缴税额两项指标低于高新区的平均增长（见表2-98）。

表 2-98 "十五"期间珠三角地区高新区主要经济指标　　单位：亿（美）元

指标＼年份	2001	2002	2003	2004	2005
营业总收入	1 458.5	1 921.3	2 792.5	3 606.4	4 424.1
工业总产值	1 424.2	1 843.0	2 629.1	3 422	4 210.8
工业增加值	336.1	429.8	574	637.6	800.1
净利润	85.9	87.8	111.9	149.1	139.0
上缴税费	65.9	75.1	79.5	110.4	130.9
出口创汇	56.5	94.8	164.0	229.7	279.1

资料来源：中国科技统计网。

（五）中部地区的发展

"十五"期间中部地区9个国家高新区（太原、合肥、南昌、郑州、洛阳、武汉、襄樊、长沙、株洲）的营业总收入、工业总产值、工业增加值和上缴税额这四项指标都超过了高新区的平均增长值，净利润和出口创汇两项指标低于高新区的平均增长较大（见表2-99）。

表 2-99　　"十五"期间中部地区高新区主要经济指标　　单位：亿（美）元

指标＼年份	2001	2002	2003	2004	2005
营业总收入	1 256.2	1 649.8	2 129.5	2 768.6	3 714.4
工业总产值	1 077.2	1 396.3	1 797.2	2 428.2	3 268.3
工业增加值	332.0	400.7	527.6	725.3	988.4
净利润	98.7	101.4	121.2	152.5	200.5
上缴税费	78.1	95	128.7	163.3	264.5
出口创汇	7.6	11.1	13.6	19.7	23.5

资料来源：中国科技统计网。

中部地区高新区的经济发展比其他区域在发展速度上仍存在一定差距，只有上缴税额高于高新区平均增长较大，是五个区域中缴税增长最高的区域。就出口创汇能力来说，与东北地区在出口方面相差无几，主要是中部地区 9 个高新区出口创汇指标都比较小，没有一个高新区达到 6 亿以上的出口创汇，所以中部地区高新区出口不是优势。优势在为国家缴税能力在以上几个区域中占到高新区总量份额仅次于长三角地区，是西部地区的 1.1 倍，是东北地区的 1 倍，是珠三角地区的 2 倍。可见中部高新区是为国家贡献较大的区域之一。

五、依托高新技术产业开发区，实施跨越式发展战略

（一）充分发挥中部高新区发展高新技术产业的龙头作用

高新技术产业开发区是以智力密集和开放环境条件为依托，主要依靠国内的科技和经济实力，充分吸收和借鉴国外先进科技资源、资金和管理手段，通过实施高新技术产业的优惠政策和各项改革措施，实现软硬环境的局部优化，最大限度地把科技成果转化为现实生产力而建立起来的集中区域。

兴办高新技术产业开发区是我国在科技产业化方面最重要的创举。按照我国创办高新技术产业开发区的设计，高新技术产业开发区的发展领域主要包括：电子与信息技术、生物工程和新医药技术、新材料及应用技术、先进制造技术、航空航天技术、海洋工程技术、核应用技术、新能源与高效节能技术、环境保护新技术、现代农业技术、其他在传统产业改造中应用的新工艺、新技术。建设高新技术产业开发区，是中国经济和科技体制改革的重要成果，是符合中国国情的发展高新技术产业的有效途径。

自1991年国务院批准建立国家高新技术产业开发区以来，经过16年励精图治的发展，高新技术产业开发区，特别是国家高新技术产业开发区已成为我国发展高新技术产业的骨干力量，并正在成为我国产业经济领域知识最密集的高地，成为我国高新技术产业发展、科技成果转化及产业化的重要基地，成为培育高新技术企业、科技产业化大军的摇篮。在产业规划、项目招商、土地合理利用、构建和谐社会等方面的示范带动作用日益突出，在扩大对外开放、推进高新技术产业化、转变经济增长方式、提升城市综合竞争力和实现"开放式创新、跨越式发展"的进程中，高新技术产业开发区已经成为地方经济、区域经济和国民经济发展的重要力量，充分发挥了7大作用：发展高新技术产业的基地，向传统产业扩散高新技术及其产品的辐射源，对外开放的窗口，深化改革的试验区，科技与经济密切结合，加速科技成果转化和技术创新的示范区，社会主义现代文明的新城区，培养和造就科技实业家的学校。

在当前高新技术产业全球化竞争日益激烈的形势下，我国高新技术产业开发区将迎来以信息化、国际化和现代化为基础的第三次创新发展新时期。面对国际国内发展的机遇和挑战，我国高新区应加快实施竞争力导向，由国内为主向国际为主的战略性转变，全方位提升高新区的国际竞争力。现阶段要进一步依靠体制创新和科技创新，强化功能建设，营造吸引优秀科技人员和经营管理者创新创业的良好环境，成为科技创新和产业化发展的重要基地，在区域经济发展中发挥辐射和带动作用。

（二）充分发挥中部高新区的产业集群优势

发展中部六省经济，实现中部崛起，要走科技含量高、经济效益好、资源消耗低、环境污染少、人力资源优势得到充分发挥的新型工业化路子。为此，就要充分发挥产业集聚的作用。因此，如何培育中部地区的产业集群，就成为我们必须予以认真研究的问题。下面我们从发展思路、组织模式和政策措施三个方面论述中部地区产业集群的培育和形成问题。

1. 发展思路。中部产业集群发展的基本思路是要从中部六省经济发展的总体战略目标出发，充分发挥中部地区在人才、技术、信息、市场、交通、自然资源等方面的比较优势，结合各地的实际情况，培育产业集聚区，走"自发形成，市场为主；积极规划，政府推动"的发展模式。

产业集群可分为政府组织型产业集群和自主组织型产业集群两种类型。属于政府组织型的产业集群，主要包括国家和省级高新技术产业园，国家级及地方政府组织的信息技术软件园，出口加工区，经济技术开发区等，这种类型的产业集群体现了强烈的政府意图，由政府及相关管理部门规划和管理。属于自主组织型的产业集群，主要是依据区位特定优势、产业关联、文化传统及资源配置市场等因素，自然形成的产业集群或企业集群。中部地区产业集群的发展应以自主组织型的产业集群为主，因为发展产业集群，在资金来源上主要有外商投资、政府投资和民间投资三种渠道，就中部六省的实际情况看，地处内陆，财政资金又非常紧张，前两种渠道不能成为资金来源的主要渠道，只能靠第三种资金来源渠道发展产业集群。改革开放后，人们收入水平的普遍提高和财富在部分人手中的更多集聚，加上市场经济的磨炼，人们投资意识的增强，使民间投资发展产业集群具有了现实可行性。

2. 组织模式。中部地区产业集群的发展，要采取"园区经济"的组织模式，工业园区和科技园区是人类进入21世纪选择的最佳区域经济模式，为区域经济的发展提供了一个极好的外部环境。"园区经济"实质上是在划定的区域内，精心营造一个优良的环境，招商引资发展经济，集中地显示出产业集群现象。园区产业集群是指在某一特定的地域中，集中了大量的具有产业关联的企业，以及相关服务、管理和科研等支撑机构，在此特定空间范围内共享包括专业人才、市场、技术和信息等诸多产业要素，从而使产业和企业间产生效应，并形成强劲、持续竞争力，因此获得经济和外部经济的双重效益的现象。

3. 政策建议。为了使产业集群能够成为中部地区经济发展的重要载体，形成区域经济核心竞争力，政府必须注重对集群发展方面的研究，采取以下政策措施促进产业集群的形成和发展。

第一，正确定位政府角色，充分发挥政府的作用。如前所述，中部地区产业集群的形式以自主组织型为主，但这决不意味着政府可以撒手不管，政府的地位和作用是不可忽略的。具体来讲，政府在产业集群的形成和发展过程中，角色应该是做好服务，保护市场主体，维护正常的市场秩序，提供园区空间和支撑性的基础设施，制定和实施有利于产业集群发展的产业政策，创造良好的经济、社会环境，促进产业集群的形成和发展。

第二，大力发展市场经济，加大对外开放力度。产业集群的自发形成，是在市场机制的作用下进行的，所以，我们必须大力发展市场经济，不断提高中部地区经济的商品化和货币化程度。同时，要加大经济开放的力度，积极推进生产要素的自由流动，积极鼓励区域间在经济、科技、社会、文化等领域的交流与合作，取消地方保护壁垒，开放各类市场，促进城市和区域的分工、协作和专业化产业集群的形成。

第三，尊重人才、重视人才。人是生产要素中最积极、最活跃的因素，是唯一具有主观能动性的因素，在当今知识经济时代，人才对经济的贡献越来越大，"人力资本"已经成为当代经济学的一个重要术语，经济的竞争在很大程度上体现为人才的竞争。产业集群的发展，离不开人才，我们要树立尊重知识，尊重人才的社会意识，形成人尽其才、才尽其用的社会环境，要善于发现人才和保护人才，要着力发展中部地区的教育事业，积极培养人才，使更多的高技术人才在中部地区施展才华。

第四，创造中小企业快速发展的政策和法律环境。自主组织型的产业集群主要表现为众多中小企业的群集，在产业政策上，我们就要对行业准入进行认真的研究，拓展民营资本和外商资本的投资领域，降低企业尤其是中小企业的设立门槛和经营成本，注意提高为中小企业的服务水平，不但要形成服务意识和服务范围，还要在政策研究和市场调研上下功夫，集群规划必须与产业政策和区域政策以及招商引资政策相协调，必须注重综合投资环境建设。当然，我们也要注意发现和培植集群的龙头企业，龙头企业是集群得以发展壮大的关键，要注意龙头企业发展和企业品牌建设，政府要为龙头企业的发展保驾护航。

第五，大力发展中介组织，提高中介组织的服务质量和水平。中介组织在产业集群发展中有着重要的地位和作用，是任何其他组织不能代替的，为使中介组织能够更好地为集群内的广大中小企业服务，促使集群内企业形成紧密的分工协作关系，提升集群效应，就一定要重视民间商会和会计师事务所、律师事务所、审计师事务所等中介组织的建设和完善，发挥商会、工会等社会组织的辅助功能，促进中部地区产业集群的快速形成和发展。

（三）坚持差别化发展战略，提升中部高新区竞争力

差别化竞争，反映出一个园区、一个企业人文精神的强烈创新和进取意识；而同质化竞争，将导致企业陷入低价竞争的泥潭。社会经济发展、时代前进和市场需求是千差万别的，个性化时代要求供给的差别化，这已成为企业形成独特竞争力永久追求的目标。园区经济的差别化有其独特的内涵，一方面是企业集群的各自差别，在同居一地，同行业相互比较中有了技术、质量和价格的差别化程度评价标尺，为企业带来了竞争压力，需

要通过企业要素聚集的差别竞争与互补和集成,形成新的多元差别化优势,称为园区经济内在差别优势;另一方面是面对其他高新区竞争对手将企业集群的多元差别化优势,与引进园区内外产业要素聚集差别优势相融合,并对园区整体产业价值链进行整合、集成和再造,创造出优于其他高新区的差别化竞争优势,这是园区经济的外在差别竞争优势。持续维持外在差别竞争优势的产出,不断在国际市场上推出其他"不可替代"的差别化产品,是维持高新区竞争力的根本所在。

前些年,有关部门曾对全国高新区3 990种产品进行统计,结果显示微电子和电子信息技术的产品共1 288种,占到32.30%。这种产业趋同现象近年又有所加剧,根据原国家科委制定的分类标准,高新技术产业共有11个领域,但高新技术产业开发区的产业主要集中在其中的五六个领域。据1995年对52个国家级高新区产品销售收入的分析,36个高新区处于前5位的产业均为电子信息、新材料、生物工程、新能源、光机电一体化;29个高新区处于第一位的产业为电子信息。对照一下中部六个高新区的"九五"、"十五"计划,大多数高新区确定的支柱产业也没有超出这5个领域。

1. 以差别化为主线对现有高新区进行产业整合与结构调整。一是紧密结合当前国家宏观调控政策和高新技术产业政策与高新区的各自优势及其在全球要素市场资源配置价值链中的最佳位置,把握自身差别发展价值的定位,进行形成自身差别竞争优势的产业整合与结构调整。优化集聚产业结构及产品结构的差别,要鼓励企业远离低价格差别竞争,不断提高自身产品性能差别价格比、服务差别价格比的差别化竞争优势。二是发展自身关联多元化,大力调整各高新区自身的无相关性多元化产出结构,遏止盲目扩张,向关联多元化及其差别化、专业化和精细化转变。三是集中国家、地方、民间和高新技术跨国集团的财力及优秀的金领、蓝领和科技人员,倾全力将武汉、长沙、南昌、合肥、郑州、太原等国家高新技术产业开发区培育成国内一流的高新区。

2. 把握国际高新区差别创新大环境,突出集群要素创新差别化。随着网络技术和电子商务在全球高新区的广泛应用,第三代差别化创新活动在国际高新区蓬勃发展,国际化的园区综合要素呈多样化在世界范围传播。我国高新区要在把握和运用与跟踪和模仿中,走出雷同发展的误区,大力进行国内国际的差别化创新,形成自身企业集群的特点,突出自身要素聚集的特色,夺取新一轮高新区全球化竞争的制高点。要实施产品差别化、形象差别化、市场差别化等差别化竞争策略，提升高新技术开发区的竞争力，扩大产品出口和特色产品种类。

3. 积极推进第三代生态高新区的差别化改造。国际上已进入第三代生态型高新区大发展的新阶段。发达国家第三代生态高新区的建设模式，是按照自然生态系统的物质循环、技术平衡和能量流动规律，通过园区高新技术企业的"产出代谢生态链"、"环境价值链"及"产业共循环链"，实现园区内外的污染排放最小化、区域废弃物互换和投入产出过程中、后期的物质、能量循环。从而形成"高新技术物质资源—高新技术产品产出—再生高新技术资源"的闭路生态系统，并使之成为具有可持续竞争优势的第三代生态高新区。中部高新区要按照国际生态高新区和现代高新技术产业可持续发展的国际标准，针对自身园区及周边环境资源的实际逐步进行差别化的生态技术改造升级。

4. 建立高新区协会，推进高新区的差别化发展。充分发挥政府的合理行政干预、政策优惠导向作用和扶持力度，是高新区形成各自差别化竞争优势的关键力量。将政府的推动力与行业性的市场调节组织结合起来，发挥行业协会的中介桥梁作用；通过行业协会的协调作用，将各类行业性组织再组织起来，并建立相应的行业性自律机制，这样就会形成具有竞争优势的政府扶持力、市场机制拉动力和差别化创新推动力。

（四）依靠自主创新，积极培育中部高新区和高新技术产业核心技术

中部六省相对于发达地区而言，创新意识和资源相对欠缺，因此要实施面向全球的高新技术产业人才战略，集中六个省各方面的优势创新资源，调动各方面的力量，充分发挥高新区，特别是国家高新区的集群优势、体制创新优势、创新体系优势和特色优势，通过整合创新资源实现创新能力的跨越，从根本上提高高新技术产业的持续竞争力。

1. 构筑多元化核心技术聚集创新平台，推进具有自主知识产权的核心技术的发展。首先，要构建高新区自身管理的核心技术研发中心。这是高新区内进行核心技术研发和创新最具权威的机构，根据高新区自身提升核心竞争力的需要，提出新理论、新知识、新技术、新标准，成为高新区企业第三方技术供给主体，并进行技术专利的输出输入，增加研发盈利收入，以创新养创新。其次，要创造条件大力吸纳跨国研发机构、学研机构、民间研发机构入驻，为提升高新区的核心竞争力做贡献。三是要依托现有高新区信息资源和信息网络，联结科研机构、大专院校和科技型企

业，建设中部六省科技信息平台，使各地区信息网络互联互通，实现电子科技信息资源共享；打破传统的研究开发模式，以产品、产业为纽带，对中重点实验室、工程技术中心、科研院校科技资源的整合，推进技术平台的建设；发动园内企业与国内外制造商和供应商联手创建核心技术产出链；建设形成中部高新技术管理平台，优化科技力量布局，合理配置科技创新资源，避免重复建设和资源浪费。

2. 不断进行制度创新，提升高新区竞争力并扩大吸引外资能力。第一，要深化高新区管理制度改革，进一步完善和健全由政府牵头、大学科研机构和国内外企业集群兴办高新区的基本制度，加大政府对高新区提升核心竞争力的扶持力度和政策体制性的辅助支持措施，充分发挥外资和民营资本参与高新区提升核心竞争力的积极性及国际市场机制的引导作用。

第二，建立高新区吸引外资投资环境评价体系，不断创造持续吸引外资、留住外资和留住国内外高新技术人才创新创业的文化氛围，扩大高新区的高科技教育和高技术职业教育，增强外资持续投资的信心，努力创建投资软硬环境兼优的现代高新区。

第三，建立诚信、有序、高效、竞争的高新区市场环境，健全高新区吸引外资的平安环境、信用体系和市场规则；开放高技术人才市场，整顿、优化高新区的商会、行业协会、律师及会计师事务所等中介机构，提升这些环境要素的运行水平。

第四，充分发挥政府的组织增信功能和组织协调作用，建立诚信、安全、低风险、高回报的金融运行机制，引导鼓励金融部门增加对高新技术的投入；并探索建立高新区自身的投融资控股公司，吸引国内外金融机构和风险投资公司加盟，推进高新区及其企业尽早公开上市，以扩大社会融资，完善科技风险投资机制，形成高新技术平台的金融支撑体系。

第五，大力发展科技中介机构，建立以技术创新服务机构、信息咨询机构、科技经纪机构、科技评估机构等为主体的科技服务体系；最终形成以企业为主体，科研机构、高校、政府机构、中介服务机构和金融系统相互联动的创新网络及运行机制。

第三部分

中部地区经济发展大事记

第一篇 大事记简介

(2006 年 9 月~2007 年 12 月)

1. 2006 年 9 月 21 日，河南调查总队向山西、安徽、江西、湖北、湖南五省调查总队发出联合测算中部六省企业景气指数的商洽函，联合测算"中部六省企业景气指数"。

2. 2006 年 9 月 22 日，全国广播新闻名专栏"感受新河南"采风活动暨中部六省电台"走马中部热土"采访活动启动仪式在郑州举行。

3. 2006 年 9 月 26 日在湖南长沙举办的首届中部贸易投资博览会上，上海口岸办与湖南、湖北、江西、安徽、河南、山西六省口岸办负责人签订"上海与中部六省口岸'大通关'促进现代国际物流发展"合作协议。

4. 2006 年 10 月 26 日，国家正式出台铁路"十一五"规划，郑州入围全国七大交通中心城市。

5. 2006 年 10 月 27 日，为期三天的首届中国中部文化产业博览交易会，正式在武汉拉开帷幕。

6. 2007 年 1 月 15 日，为支持山西、安徽、江西、河南、湖北、湖南六省中部崛起，国务院办公厅下发了《关于中部六省比照实施振兴东北地区等老工业基地和西部大开发有关政策范围的通知》，该通知对中部六省的享受优惠政策的地、市、县范围进行了确定，下一步，国家有关部委将制定具体优惠政策的实施办法。

7. 2007 年 4 月 10 日，根据中央机构编制委员会办公室发出的《关于调整发展改革委机构编制的批复》，国家促进中部地区崛起工作办公室已在国家发改委正式挂牌，具体工作由国家发改委地区经济司承担。

8. 2007 年 4 月 25 日，中国中部投资贸易博览会·动漫产业国际合作研讨会在郑州举行。

9. 2007 年 4 月 26 日，第二届中国中部投资贸易博览会正式在郑州国际会展中心隆重开幕。

10. 2007 年 8 月 14 日，人民日报发表中部六省落实"促进中部地区崛起"战略述评。

11. 2007年8月27日，由中国科学技术协会、中国工程院和山西省人民政府共同主办的"2007年促进中部崛起专家论坛"在山西省太原市隆重开幕。

12. 2007年10月17日，中部创新经济与风险投资高层论坛暨中国风险投资论坛区域论坛在合肥举行。

13. 2007年11月18日，在杭州召开的全国发展改革系统地区经济工作会议上，国家发展和改革委员会地区经济司司长范恒山表示，当前将着眼于全面深入贯彻区域发展总体战略，进一步做好促进中部地区崛起工作。

14. 2007年11月21日，武汉市政府在2007年市政府第十二次新闻发布会上对媒体透露，5年内，将把武汉建设成中部区域金融中心。

15. 2007年12月17日，湖北省人民政府召开新闻发布会宣布，国务院、国家发改委已批准武汉城市圈、长株潭城市圈为"两型社会"建设综合配套改革试验区，会上，湖北省政府公布了下一步武汉城市圈"两型社会"建设的工作重点。

第二篇 大事记主要内容

1. 2006年9月21日，河南调查总队向山西、安徽、江西、湖北、湖南五省调查总队发出联合测算中部六省企业景气指数的商洽函，联合测算"中部六省企业景气指数"。

中部六省位于我国内陆腹地，人口超过全国的1/4，自然、文化和旅游资源丰富，科教基础较好，具有承东启西、联南通北的区位优势，农业特别是粮食生产有明显优势，又有比较雄厚的工业基础。促进中部地区崛起，对顺利实现国民经济第十一个五年规划目标、促进城乡区域协调发展、构建良性互动发展的新格局具有重大意义。因此，中部六省的企业景气状况以及企业发展在中部六省的地位等信息，越来越受中央和各地党委、政府领导的关注。联合搜集测算区域性企业景气指数，提供横向对比分析资料，将为测算中部六省企业景气指数提供了理论依据，据此形成的调查理论也必将带来良好的社会效益。

联合测算"中部六省企业景气指数"将实现中部六省之间"取长补短、优势互补、合作发展、实现共赢"的区域目标提供优质的信息服务，在实施"中部崛起"的发展战略中发挥更大的作用。

2. 2006年9月22日，全国广播新闻名专栏"感受新河南"采风活动暨中部六省电台"走马中部热土"采访活动启动仪式在郑州举行。

启动仪式由河南省委宣传部副部长、河南省广电局局长赵景春主持，河南省委宣传部常务副部长马正跃出席仪式并讲话，来自中央人民广播电台及28个省台的新闻部主任、广播新闻精英，以及"走马中部热土"采访团成员，共80人参加了仪式。

"感受新河南"采风活动与"走马中部热土"两项大型采访活动是河南人民广播电台为认真学习、贯彻落实胡锦涛总书记和温家宝总理视察河南时的重要讲话精神，进一步扩大广播宣传的影响力、吸引力而精心策划发起的。启动仪式后，采访团即启程赴各地，就河南社会经济发展成就、中部崛起发展战略进行重点采访报道。

3. 2006年9月26日，在湖南长沙举办的首届中部贸易投资博览会上，上海口岸办与湖南、湖北、江西、安徽、河南、山西六省口岸办负责人签订"上海与中部六省口岸'大通关'促进现代国际物流发展"合作协议。

中共中央政治局委员、国务院副总理吴仪，商务部部长薄熙来，国务院副秘书长徐绍史，海关总署副署长兼国家口岸管理办公室主任盛光祖，上海市人大常委会副主任、上海市代表团团长胡炜以及各省领导出席签约仪式。上海口岸与中部各省口岸合作有着良好的基础。据了解，湖北、湖南、江西、安徽有相当数量货物进出口是依托长江水道、通过上海口岸进出的。2007年6月，商务部与上海市政府领导就拓展上海港口腹地资源，加强上海与中部省份共同发展现代国际物流合作，建立经上海口岸中转出口货物快速通关体系等交换了意见，并达成原则共识。

4. 2006年10月26日，国家发改委正式出台铁路"十一五"规划郑州入围全国七大交通中心城市，将新建郑州综合交通客运枢纽站、郑州集装箱中心站。

根据铁路"十一五"规划，国家将建设新线17 000公里，其中客运专线7 000公里。至2010年，客车时速普遍为200公里以上。将建设以北京、上海、郑州、武汉、广州、西安、成都为中心，形成这些中心城市与邻近省会城市一至两小时的交通圈、与周边城市半小时至一小时的交通圈。路过河南省并已列入铁路"十一五"规划建设项目的有：新建北京—郑州—武汉—广州—深圳、徐州—郑州—西安—宝鸡客运专线；长治—泰安铁路西煤东运新通道；扩能改造侯月线、京广线、信阳至陈家河、漯阜铁路；电气化扩能改造新菏兖日线、焦柳线；新建郑州综合交通客运枢纽站、郑州集装箱中心站等。

根据规划，郑州到北京坐火车将来最快只要3个小时左右。到2009年以后，郑州到西安坐火车最快只要3个小时左右。2010年以后，从郑州到武汉2个多小时就行，到南京则不到3个小时。

5. 2006年10月27日，为期三天的首届中国中部文化产业博览交易会，正式在武汉拉开帷幕。中国中部地区是华夏文化的重要发祥地之一。首届中部文博会由文化部，国家广电总局，国家新闻出版总署，山西、河南、安徽、江西、湖南、湖北六省和武汉市等三部六省一市共同主办，武汉市承办，与深圳文博会（东部）、西部文博会和东北文博会一起，成为我国四大国家级文化博览交易盛会。作为国家级文化展会，为中部地区展示文化产品、交流文化信息、进行文化交易提供了一个新的平台，为国内外客商创造了一个相互合作的良好机会。

新闻发布会上，各省文化产业相关负责人均表示，要用文化助推中部经济发展。中部六省一市共报送文化产业项目691个，涉及金额近千亿元，初步统计签约金额将突破百亿元。

6. 2007年1月15日，为支持山西、安徽、江西、河南、湖北、湖南中部六省崛起，国务院办公厅下发了《关于中部六省比照实施振兴东北地区等老工业基地和西部大开发有关政策范围的通知》，该通知对中部六省的享受优惠政策的地、市、县范围进行了确定，下一步，国家有关部委将制定具体优惠政策的实施办法。据悉，国家发改委、商务部、农业部等有关部委将研究制定优惠政策的具体内容和实施办法，对于没有列入政策实施范围的地区，《通知》要求中部六省给予必要的扶持。从2007年7月1日开始，增值税转型试点扩至中部六省26个老工业基地城市的八大行业。专家认为，地方政府财政压力将通过中央的财政转移支付解决。在此次财政部和国家税务总局联合发布的文件中，被纳入试点范围的八大行业为采掘、冶金、装备制造、汽车制造、石油化工、高新技术、电力和农产品加工业。

增值税转型改革始于东北三省，2003年10月中共中央发出文件，提出在财税政策方面对东北老工业基地城市给予支持。此次中部试点具体措施与东北基本相同，唯一的不同在于企业总分支机构的纳税安排。根据这份名为《中部地区扩大增值税抵扣范围暂行办法》的文件，对于设有统一核算的总分支机构，如果其总机构设在中部六省老工业基地城市范围内且由总机构直接采购固定资产，并取得增值税专用发票在总机构核算的，可由总机构抵扣固定资产进项税额。

中部增值税转型试点26城市：
山西省：太原 大同 阳泉 长治
安徽省：合肥 马鞍山 蚌埠 芜湖 淮南
江西省：南昌 萍乡 景德镇 九江
河南省：郑州 洛阳 焦作 平顶山 开封
湖北省：武汉 黄石 襄樊 十堰
湖南省：长沙 株洲 湘潭 衡阳

7. 2007年4月10日，根据中央机构编制委员会办公室日前发出的

《关于调整发展改革委机构编制的批复》，国家促进中部地区崛起工作办公室已在国家发改委正式挂牌，具体工作由国家发改委地区经济司承担。

2006年4月，中共中央、国务院印发《关于促进中部地区崛起的若干意见》后，中部崛起战略作为国家战略正式步入实施阶段。时隔1年后"中部办"正式挂牌，此举标志着国家关于中部崛起的战略正式落到实处，国家对中部崛起扶持政策的出台进程也将加快。

在"中部办"正式挂牌之前，国家发改委地区经济司已经开始提前进入"角色"。2007年初，国家发改委已经在中部六省中划定了可以比照振兴东北地区老工业基地和西部大开发享受有关政策的地域范围，安徽合肥、马鞍山、芜湖、淮南、蚌埠五市，可比照东北老工业基地，享受增值税转型政策，而位于大别山区、皖南山区和沿淮荒漠蓄洪区的30个县将享受西部大开发的扶贫优惠政策，中央财政对这些地区的扶贫投入有望比目前的投入水平增长一倍。根据中编办批复的新增行政编制，国家发展改革委决定在地区经济司增设中部地区发展处、中部地区政策体制处，归"中部办"领导。根据国家发改委发布的消息，"中部办"负责研究提出中部地区发展战略、规划和政策措施，促进中部地区崛起有关工作的协调和落实。支持中部崛起的政策重点应包括：通过拨款、优惠贷款、基础设施建设和工业与科技园区建设等多种援助手段，促进中部地区工业化与城市化进程；将一些农业优惠政策（尤其是现代农业优惠政策）应用于中部地区；采取一定的"大棒"措施，加速东部地区传统产业与技术向中部地区转移。而这些具体政策主要由中部地区发展处、中部地区政策体制处两个处级单位负责调研、统筹。

"中部办"，除了为中部六省下一步发展制定一系列的优惠政策外，还要把推动六省的协调发展作为工作的重中之重。协调的核心原则是，中部六省要找出自己的比较优势所在，重点发展自己的优势产业和企业，形成"合作、配套、互补、互助"的关系。否则，"又是一轮规模更大、后果更可怕的重复建设"。

8. 2007年4月25日，中国中部投资贸易博览会·动漫产业国际合作研讨会在郑州举行，这是动漫产业首次推出的活动。商务部副部长马秀红在会上透露，明年中博会将在武汉举行，届时，将举行动漫产业国际合作研讨会。

9. 2007年4月26日，第二届中国中部投资贸易博览会仪式在郑州国际会展中心隆重开幕。中共中央政治局委员、国务院副总理吴仪，全国政协副主席张思卿,商务部部长薄熙来,香港特别行政区行政长官曾荫权,澳门特别行政区行政长官何厚铧,以及国家工商总局局长周伯华,国家质检总局局长李长江,中国工程院常务副院长潘云鹤,中国贸促会会长万季飞等国家有关部委领导出席开幕式。新加坡资政吴作栋、泰国前副总理、泰中友好协会会长功·塔帕兰诗等中外重要嘉宾应邀出席。

10. 2007 年 8 月 14 日,人民日报发表中部六省落实"促进中部地区崛起"战略述评。全文如下:

发挥优势促崛起——中部六省落实"促进中部地区崛起"战略述评

走中原,去赣中,到皖北……仲夏时节,中部大地万木葱茏生机勃勃!

山西、安徽、江西、河南、湖北、湖南六省,地处我国中部地区,承东启西,接南连北。在落实中央提出的"促进中部地区崛起"战略任务中,中部各省按照科学发展观的要求,抓重点、顾全局,打基础、谋长远,全力促进经济社会又好又快发展。

(一)夯实农业基础,加速产业化进程

中部崛起,"三农"为重。中部地区有农村人口 2.4 亿,以占全国 10.7% 的国土养活着 28.1% 的人口。统计表明,除湖北外,中部各省农业人口比重均高于全国平均水平;整个中部地区的农业人口比重为 76.8%,高出全国平均水平 5.7 个百分点。在中部六省中,有 4 个省的第一产业就业比重高于全国平均水平,最高者为河南省,高出 11.1 个百分点。

农业仍是中部的主要优势,促进中部地区崛起,必须做好农业这篇大文章。在中部地区建设全国粮食核心主产区和优势农产品基地正成为共识。今年 6 月底,中原大地传来喜讯,粮食生产大省河南在历经罕见的暖冬、病虫害及干旱影响之后,夏粮总产仍达 594 亿斤,比上年增产 23 亿斤,同比增长 4%,再次稳居全国第一。

提高农业综合生产能力的持续努力,也在湖北等地结出硕果。继 2006 年全省粮食总产达到 2 210 万吨、主要经济作物产量刷新历史纪录,今年湖北夏粮再获丰收,增产 33.96 万吨。全省粮食生产逐步向大型优质商品粮基地和其他粮食主产区集中,已在粮食主产区建成 1 000 万亩高标准农田。安徽省在小麦高产攻关中,突出抓大县、大片和大户,通过示范扩大辐射面。目前,安徽已在 3 800 多个村建立 600 万亩小麦高产攻关核心示范区,实行"统一技术规程、统一品种、统一机播、统一田管、统

一机械收获"。

目前,中部地区粮棉油产量占全国的30%~40%。近几年,全国粮食增产的一半以上来自中部。

如何使农业大省转变为农业强省?关键之一是加快农业产业化进程,从"大粮仓"跨向"大厨房"。近年来,河南省以工业理念谋划农业发展,把农田变为"第一车间",从技术创新到市场创新,再到品牌化经营,河南食品正大规模进入国人的"厨房":全国每10个饺子里有4个是河南"思念牌"的,每10个汤圆中有6个是河南"三全牌"的,每10根火腿肠就有5根出自河南双汇。周口莲花味精、驻马店十三香调料等30余类农副产品,市场占有量居全国前列。目前,中原大地2 800余家新兴农产品加工企业正迅速崛起。

农业产业化正在中部地区扎实推进。湖北省加强优势产业板块基地建设,壮大农业产业化龙头企业,已形成销售收入过5亿元的加工型龙头企业50个、创汇超1 000万美元的工贸型龙头企业50个。湖南省目前已初步形成优质稻米、柑橘等十大优势产业带,以"隆平高科"等为代表的一批农业产业化龙头企业茁壮成长。"十一五"时期,随着全省1 200万亩超级稻和向全国推广6 000万亩超级稻产业工程的实施,湖南将为中部地区乃至全国的粮食增产做出更大贡献。

(二)选准突破口,走新型工业化道路

采访中,记者听到最多的是,促进中部崛起,绝不能走拼资源、拼环境的粗放型之路。在转变经济发展方式中,各省把推进新型工业化作为"十一五"时期促进中部崛起的重要突破口。

与全国平均水平比,第二产业增加值在国民经济中的占比,中部低7.2个百分点;城镇非公有制经济劳动力占比,中部低20个百分点;第一产业劳动力占比,中部高4个多百分点。这说明,在工业化水平上,中部地区明显滞后。

中部六省也有其工业优势:拥有全国最大的中、厚、薄板和特殊钢基地,最大的中型货车生产基地,最大的重型机床和包装机械生产基地,我国第二大汽车生产基地等,已形成以煤炭、电力、冶金、机械、化工、纺织等为主的门类齐全的工业体系。然而,产业结构畸轻畸重,超重型、原料型、初级型是中部一些省份工业结构的主要特征,工业增长方式还比较粗放。

山西是煤炭大省和我国重要的能源基地，2006年，煤炭经济拉动该省经济增长近5个百分点。多年以来，"因煤而富"的山西，也因煤"负债"，生态遭破坏，环境受污染，付出了不小代价。2006年，山西省委、省政府提出，建设国家新型能源和工业基地。从"能源基地"到"新型能源基地"，标志着山西煤炭资源开发利用将开始走上洁净、节约、细加工之路。

"十五"期间，山西实施了关井压产、资源有偿使用、改革采煤方法、扩大洗选比重、联网监控瓦斯等"组合拳"。为进一步扩大战果，进入"十一五"时期，山西确定煤炭工业产能"零增长"目标，并选择走以四大新兴产业为支柱的经济转型道路。

第二产业增加值占GDP的比重偏低，工业化进程滞后，安徽的决策层对省情有着清醒的认识，但并不是急于求成，而是立足实际，扬长避短，真抓实干。2004年11月，国家唯一的科技创新型试点城市落户省会合肥。发挥自身比较优势，合肥市计划到2020年建成国内一流的技术创新中心、知识创新中心、高层次人才聚集中心和创新型示范基地。经过两年多的努力，合肥在促进科技与经济融合方面取得了明显成效。2006年，全市高新技术企业发展到366家，占全省的44%；高新技术产值达到631亿元，比上年增长29.3%。今年，安徽全省科技投入和全社会研发经费较2003年增加了3倍，创新环境和创新能力将进一步提升。

今年初，湖南提出，要实现富民强省的发展目标，必须坚持以信息化带动工业化，以工业化促进信息化，走新型工业化道路。意大利菲亚特公司的几位工程师日前来到湖南湘潭市楠竹山镇，他们将在这里的众泰江南汽车公司工作一年时间，之后，来自菲亚特的蓝旗亚车型生产线可望在此落户。这是湖南发展现代汽车产业计划的一个缩影。到2010年，湖南将形成每年40万辆轿车的产销规模，加上带动发动机、零部件生产，可新增工业产值500亿元。

工业兴省战略在湖北深入推进。随着企业改制的基本完成，科教优势转化为现实生产力的"平台"逐步建立，湖北新型工业化步伐加快。2006年，全省高新技术产业实现增加值670亿元，同比增长25%，为"十五"以来最高水平，高出全省规模以上工业增幅8个百分点。

（三）推进城市群发展，发挥集聚带动效应

现在，从郑州市驱车前往位于开封市的河南大学，只需用时40多分

钟。从郑州的核心区到开封的核心区也只需要7元钱车费。两城之间的通讯实现了非长途化，金融同城结算正在推动。河南省委、省政府提出的"中原城市群"战略构想，在范围上包括9个城市，以郑州为中心到达其他8个城市，只有一个半小时车程。

"中原城市群"人口占河南40%多，经济总量占60%，教育资源、科技资源、优势农业资源富集。可以说，实施这一战略，抓住了中原大地经济社会发展的龙头和牛鼻子。

"中部要崛起，城市应先行。"改革开放后，我国东部地区发展很快，14个沿海开放城市带动东部经济整体上扬。与东部相比，中部地区城市体系发展不足，城市化水平滞后东部10个百分点左右，中心城市的实力也相对较弱。以中心城市带动区域发展，是中部地区的现实选择。

今年，江西省已正式启动"环鄱阳湖城市群"发展和建设，这是国内首个环湖城市经济圈建设规划，包括鄱阳湖周边的南昌、九江、鹰潭、景德镇、上饶、抚州6个城市。按照南昌的制造业，九江的石化、港口、造船业，景德镇的陶瓷、旅游业，鹰潭的铜冶炼业，上饶的精密机械加工，抚州的特色农业等，各城市将协调产业布局和招商引资。江西将为"环鄱阳湖城市经济圈"投入331亿元资金，规划400个建设项目，力争到2010年在这些地区实现城镇化率达45%。

从河南的"中原城市群"到湖北的"武汉城市圈"，从湖南的"长株潭城市群"到江西的"环鄱阳湖城市群"，从安徽的"沿江城市群"到山西的"太原经济圈"，城市群凸显着规模效应及其辐射带动能力。这些城市群已成为当地经济发展水平最高、投资效益最好的地区。2006年，"武汉城市圈"实现生产总值、社会固定资产投资、社会消费品零售总额和实际利用外资均占全省60%以上。"长株潭城市群"的生产总值、一般预算收入分别占湖南省的37.6%和38.2%，增长速度高出全省2个百分点。"中原城市群"人均生产总值高出全省近37个百分点，城镇化水平高出全省8.8个百分点。"沿江城市群"则集中了安徽的家电、建材、汽车等支柱产业，拥有亚洲最大的水泥企业，是我国第三大家电生产基地。

"中部畅，全国通"，以城市群发展为抓手，中部各省将交通等基础设施建设放在突出位置。河南高速公路通车里程连续3年年增1 000公里，今年可望在全国率先突破4 000公里。拥有百年铁路史的武汉市正在构建我国铁路四大枢纽之一、六大客运中心之一，4年后，坐火车从武汉到北京或上海有望缩短至4小时，到广州只要3个半小时，到重庆或西安只需 6 小时左右。

作为中部崛起战略的重要组成部分，城市群的发展，将促进中部地区早日成为我国城市化发展新的动力区域。城市群的集聚，正在推动中部六省加强协作。在今年 4 月底举行的第二届中国中部投资贸易博览会开幕式上，中部六省的省长分别手持 6 个花瓣，共同聚合成博览会会徽，象征着中部六省正由过去的"各自为政"走向"携手共赢"。

更加重视民生问题促进中部地区崛起是一项长期的战略任务。坚持以科学发展观为指导，把经济社会发展切实转入全面协调可持续发展的轨道，是中部崛起的根本保障。

发展为了人民，发展依靠人民，发展成果由人民共享，着力解决好人民群众最关心、最直接、最现实的利益问题，正成为中部六省的广泛共识和自觉行动。

（四）转变经济发展方式

2007 年 5 月，山西 9 个城市与省政府签署"军令状"——关停 197 座 300 立方米以下的高炉。除了钢铁行业，此次受到"冲击"的还有焦炭、电力、水泥、电石和铁合金产业，其中焦炭年内要淘汰产能 859 万吨，电力要关停机组 66 万千瓦。

新的发展阶段，不仅发展目标是新的，更重要的是发展的内涵是新的，发展的方式是新的。

"发展不能以牺牲人民群众的利益为代价，我们决不要污染的 GDP！"从 2006 年开始，山西决定用 5 年时间，在全省 11 个重点城市和 32 个重点市县实施"蓝天碧水工程"。这些地区的经济总量和污染物排放量均占全省总量的 60% 以上。

2006 年，江西省合同外资金额达到 40.31 亿美元，合同外资项目数 982 个，实际利用外商直接投资 28.1 亿美元。而此前的 1984 年至 2003 年的 20 年间，江西实际引进外资不到 40 亿美元。正处于发展黄金期的江西，也格外重视环境保护。在 2007 年招商引资工作中，江西强调：不准引进破坏生态环境的项目，不准引进危害群众生命安全和身体健康的项目。

引导各级领导干部切实转变发展理念，树立与科学发展观相适应的政绩观，中部各省进一步调整经济社会发展以及领导干部政绩考核体系等。2007 年 4 月，山西省公布 2006 年经济社会发展评价考评结果，首次采用了新的经济社会发展指标考评体系。此前，河南省也已制定《县域经济发展评价监测方案》，这一新的地方经济评价体系主要包括13项指标，重点体现全面、协调、绿色GDP，引导各地在加快发展时，更加注重发展质量及可持续性，更加注重让人民群众得到更多实惠。

（五）民生指标成为刚性约束

经济发展，社会进步，最终都要体现在改善民生，解决好事关人民群众切身利益的突出矛盾和问题。

江西在今年全省两会上提出，用两年时间实现"四个全覆盖"，即城乡困难群众最低生活保障全覆盖，城乡困难群众大病医疗救助全覆盖，城乡义务教育免学费和贫困家庭学生资助政策全覆盖，农民和缺乏基本医疗保障的城镇居民合作医疗全覆盖。同时明确了就业、养老、医疗保障、贫困救助、经济适用房和廉租房等8项民生重点工程，由省长与11个设区市的市长签定《民生工程责任状》，纳入政府年度目标予以考核。

人人享有基本卫生保健服务，健康水平不断提高，是人民生活质量改善的重要标志。在发展城市社区医疗卫生服务中，武汉积极探索和改革，逐步推行医药分家、双向转诊、大医院医生下基层坐诊等。最初门庭冷落、举步维艰的社区医院，经过几年的坚守和发展，换来了社区居民的信任。去年，武汉的社区医院门诊量达到448万人次，同比增长50%左右，居民对社区卫生服务的满意度上升到85%以上。

安徽今年启动的12项民生工程中，解决"生活难"问题的有5项，解决"看病难"问题的有5项，解决"上学难"问题的有2项。同样令人瞩目的是，安徽17个市的政府负责人与省政府签下民生工程实施工作责任书，民生指标由此成为安徽政府考核的刚性指标。省政府强调：责任书就是"军令状"，民生指标不能打任何折扣。

河南省提出，就业是民生之本，就学是民生之基，就医是民生之急，社会保障是民生之盾。河南将切实解决好这"三就一保"问题，让人民群众共享改革发展成果。2005年、2006年，河南分别投入121亿余元、174亿余元，为群众办好十件实事。今年是河南确定的"改善民生之年"，全省将在改善民生上取得更大成效。

（六）让农民得到更多实惠

在江西丰城市农村采访，记者看到，许多地方最好的建筑是敬老院。

自2004年开始实施五保供养"敬老工程"以来，江西省累计筹集资金近15亿元，新建、改扩建敬老院1 100所，五保集中供养率由25%提高到了70%。

"敬老工程"是江西着力解决农村民生问题的一个缩影。2006年，江西还在农村实施多项民生工程，其中，使48万农户喝上了自来水，约38万农户用上了无公害卫生厕所。

农业人口比重高，农民收入水平低，劳动力转移压力大，是中部地区面临的现实。从统筹城乡发展的高度出发，中部地区各级党委、政府加大力度解决农村民生问题，使农民得到越来越多的实惠。

河南省今年确定的"十件实事"，件件关乎农民。对农民的补贴资金总额高达45亿元，比去年增加14.5亿元。上半年，全省已解决农村安全饮水人口92.2万人，占计划的46.1%；完成农村公路投资33.7亿元，新建、改造农村公路1.1万公里，分别占计划的67.4%和55%；新增农村通电8.2%万户，占计划的59.4%；新增农村沼气用户28.1万户，占计划的56.2%。

今年春季，安徽省滁州市农村少年李胜，重又迈进了校门。因家庭困难，他随外出务工的父母在各地辗转，辍学近两年。今年，政府全面免除义务教育学杂费，李胜和其他辍学的孩子被"请"回了课堂。以改革城乡义务教育经费保障机制为主线，安徽正采取有力措施，解决农村学龄儿童"上学难"等问题。为此，全省将增加支出3.28亿元，惠及869万人。

在湖南省长沙县新沙镇望兴村，62岁的蒋艺武老汉告诉记者，他们全家老少11口人都参加了新型农村合作医疗，交10元钱最高可报销1万元。今年，湖南新增实施新型农村合作医疗的县（市、区）56个，总数达到99个，占全省县（市、区）总数的81.1%。到2008年，湖南所有县（市、区）都将建立起新型农村合作医疗制度，农民总体参合率稳定在80%以上。

11. 2007年8月27日，由中国科学技术协会、中国工程院和山西省人民政府共同主办的"2007年促进中部崛起专家论坛"在山西省太原市隆重开幕。

本次论坛的主题为"科技创新，和谐发展"。中国工程院常务副院长、中国工程院院士潘云鹤，中国科学技术协会书记处书记冯长根，全国政协常委、全国政协经济委员会副主任洪绂曾，中国工程院院士、中国设备管理协会副会长、《中国表面工程》杂志编委会主任徐滨士，中共山西省委常委、山西省人民政府副省长梁滨等领导出席了开幕式。

论坛于8月28日在山西太原圆满闭幕。经过两天的深入交流和研讨，汇集专家学者各方观点，形成了《专家建议》，把专家角度、科技角度呈现给有关部门，《专家建议》从促进东中部合作联合发展，全面推进区域经济与社会协调发展；建立科技创新体系，创造政策环境和体制机制，促进中部跨越式发展；加快现代农业建设，大力推进新农村建设与城乡协调发展；加强环境保护的工作力度，促进工业化与资源、环境协调发展四个方面提出了具体建议。论坛从215篇征集论文中，精选收录165篇优秀论文以及45篇论文摘要出版发行了《科技创新 和谐发展——2007促进中部崛起专家论坛文集》。2008年促进中部崛起专家论坛将在安徽省召开。

12. 2007年10月17日，中部创新经济与风险投资高层论坛暨中国风险投资论坛区域论坛在合肥举行。

本届论坛是中国风险投资论坛第三次在合肥举办的区域论坛，以"营造创新经济环境，促进中部崛起"为主题，旨在进一步落实国家"中部崛起"战略。携手风险投资促进中部地区创新经济的发展，借力私有权益投资加速中部企业的国际化进程，是举办中部创新经济与风险投资高层论坛的宗旨。具体围绕建立有利于推动产业转移的体制和机制、借助风险投资与资本市场发展和壮大企业、吸引国际资本有效进驻等重要议题，邀请国家科技和风险投资主管部门领导、中部地区政府主管领导、业界资深专家、海内外投资机构、金融机构、资本市场、中介机构的高管深入剖析、献计献策，共商加快推进中部地区自主创新及风险投资业发展之长远大计。

论坛期间重点举办"2007中部优秀企业创业大赛"、"中部地区优秀企业融资路演"等活动，邀请海内外数十家风险投资机构与有改制、并购、融资、上市需求的中部优秀企业进行零距离接触、现场沟通交流、面对面对接洽谈，进而架设产业与资本融合的桥梁，提高投融资成功率和效率。此次论坛为中部地区创新经济的发展提供新的思路，对营造适合风险投资与私有权益投资的宏观环境，提升区域经济竞争力，促进和带动中部地区的经济振兴起到了重要的推动作用。

13. 2007年11月18日，在杭州召开的全国发展改革系统地区经济工作会议上，国家发展和改革委员会地区经济司司长范恒山表示，当前将着眼于全面深入贯彻区域发展总体战略，进一步做好促进中部地区崛起工作。

范恒山说，促进中部地区崛起是我国区域协调发展总体战略的重要组成部分。实施中部崛起战略相对起步较晚，政策措施尚不完备。中部六省应充分发挥主观能动作用，其他各省区市也要积极运用各种有效形式支持中部地区加快发展。发展改革委作为承担中部崛起工作的主要部门之一，将进一步加大工作力度，会同有关部门和地方，积极做好促进中部崛起的各项工作。

一是继续做好有关政策的协调和落实工作。发展和改革委员会将按照党中央和国务院要求，协调有关部门细化本部门促进中部地区崛起的各项政策措施，协调各有关方面加大对中部地区重大项目建设、经济结构调整和生态环境保护等方面的支持力度。二是跟踪分析中部地区经济社会发展情况。将组织有关部门到中部六省实地进行调研，全面了解中部地区经济社会发展现状，及时反映中部地区发展中出现的新情况和新问题，提出加快中部地区发展的重大政策建议。三是组织研究并制定进一步促进中部崛起的发展战略和政策措施。进一步明确中部地区的总体目标和重点任务，研究制定中部地区城市群改革发展的指导意见，提出城市群、都市圈改革发展的定位、方向及相关支持政策。同时，组织制定加快中部地区开发开放，促进中部地区承接产业转移的指导意见，提出中部地区承接产业转移的原则、布局及相关政策措施。

14. 2007年11月21日，武汉市政府在2007年武汉市第十二次新闻发布会上对媒体透露，5年内，将把武汉建设成中部区域金融中心。

近几年，武汉外商投资增速始终保持在15%以上。落户武汉的外商投资企业，特别是跨国公司增资势头强劲。截至2007年11月，武汉市累计批准设立外商投资企业5 000多家，实际使用外资100亿美元。在武汉投资世界500强企业已有70家。日本NEC、本田汽车、法国标致雪铁龙都已追加在武汉投资，美国AB公司多次增资扩产。2007年1~10月份，已有105家外商投资企业增加在武汉投资，总增资额达15.5亿美元，同比增长2.1倍。而口岸大通关实现区域通关合作的海关增至10个，在武汉出关，就等于在其他9个城市通关。海关征收关税59.93亿元，同比增长19.79%。武汉已逐步成为国际国内资本聚集的热点地区。

15. 2007年12月16日，国务院已于近日批准武汉城市圈和长株潭城市群成为全国资源节约型和环境友好型社会（简称"两型社会"）建设综合配套改革试验区，目前两省均已接到国家发改委的正式批文。

国家发改委《关于批准武汉城市圈和长株潭城市群为全国资源节约型和环境友好型社会建设综合改革配套实验区的通知》中称，武汉城市圈和长株潭城市群综合配套改革要深入贯彻科学发展观，从各自实际出发，根据资源节约型和环境友好型社会建设的要求，全面投入各个领域的改革。同时，在重点领域和关键环节率先突破大胆创新，尽快形成有利于能源资源节约和生态环境保护的体制机制，加快转变经济发展方式，推进经济又好又快发展，促进经济社会发展与人口资源环境相协调，切实走出一条有别于传统模式的工业化、城市化发展新路，为推动全国体制改革实现科学发展与社会和谐，发挥示范和带头作用。

国家发改委要求两省抓紧制定实施方案，并尽快将方案报送国家发改委，经国务院批准后实施。

有关专家称，武汉城市圈和长株潭城市群在中部地区经济社会发展中具有重要的战略地位。武汉市作为中部地区唯一的特大城市，在中部地区具有独特的地位和功能。近年来，武汉城市圈（以武汉为中心，由武汉及周边黄石等8个城市构成的区域经济联合体）区域一体化的发展态势已经形成，其带动辐射作用日益增强。长株潭城市群位于我国京广经济带、泛珠三角经济区和长江经济带的结合部，区位优势明显，交通条件优越，产业和科技基础良好，是我国得天独厚的城市群资源。

从改革全局看，国务院已批准了东部的上海浦东新区、天津滨海新区和西部的重庆市、成都市开展综合配套改革试点。考虑到全国体制改革的总体布局和中部地区的实际需要，从有利于促进区域协调发展和探索建设资源节约型与环境友好型社会出发，应加大对中部地区改革的支持力度，在中部地区选择一些层级较高、内容具有全局性和代表性的地区开展综合配套改革试点，促进我国改革和发展新格局的形成。

在17日举行的武汉城市圈"全国资源节约型和环境友好型社会建设综合配套改革试验区"新闻发布会上，湖北省政府公布了下一步武汉城市圈"两型社会"建设的工作重点。湖北省委副书记、代省长李鸿忠说，武汉城市圈将尽快制定综合配套改革试验区的实施方案，报国家有关部门并经国务院审批后实施。

初步考虑，综合配套改革试验重点将放在七个方面的机制体制建立上：探索建立统筹区域产业发展的体制机制，实现区域经济一体化；探索建立资源节约环境友好的体制机制，实现区域的可持续发展；探索建立增强自主创新能力的体制机制，完善区域创新体系；探索加快发展现代服务业的体制机制；探索建立基础设施共建共享和公共资源合理配置的体制机制；完善城市圈土地资源管理体制；创新城乡统筹发展机制。

参 考 文 献

1. 黄晓凤：《学习江泽民关于科技创新的论述》，载《社会主义研究》2000年第6期。
2. 高煦照：《产业集群与中部崛起》，载《金融经济》2005年第8期。
3. 陈柳钦、杨冬梅：《基于产业集群的区域创新体系构建》，载《科学学与科学技术管理》2005年第10期。
4. 赵淑成：《企业科技创新思考》，载《观察思考》2007年第1期。
5. 王洪娴、刘妍玲、蒋家慧：《高校科技创新能力建设的几点思考》，载《莱阳农学院学报》（社会科学版）2003年第4期。
6. 颜慧超：《科技中介组织在区域创新体系中的作用》，载《财经论坛》2007年第9期。
7. 李南征等：《技术创新与科技产业化》，中国经济出版社1999年版。
8. 邹华剑：《科技创新的内容及实现途径》，载《商业研究》2002年第3期。
9. 刘琦岩：《略论科技创新的战略管理》，载《新华文摘》2004年第10期。
10. 姜华：《加快构建科技创新体系》，宿迁新闻网，2005/4（http://www.sqdaily.com/20050308/ca72091.htm）。
11. 中国科学院可持续发展研究组：《2002中国可持续发展战略报告》，科学出版社2002年版。
12. 中国科学院可持续发展研究组：《2006中国可持续发展战略报告》，科学出版社2006年版。
13. 南昌大学中国中部经济发展研究中心：《中部崛起与人力资源开发》，北京出版社2005年版。
14. 南昌大学中国中部经济发展研究中心：《中部崛起与科技创新》，经济科学出版社2006年版。
15. 周绍森：《科技创新论》，高等教育出版社2002年版。

16. 任保平：《建设区域创新体系 提高区域竞争优势》，载《光明日报》2006 年 5 月 16 日。

17. 谷国锋、袁孝亭：《科技创新：区域经济发展的第一动力》，中国科学技术信息研究所，2005（http：//www.chinainfo.gov.cn/data/200501/1_20050127_102549.html）。

18. 王瑾：《技术创新促进区域经济增长的机理研究》，载《经济纵横》2003（11）。（http：//www.51kj.com.cn/news/20060725/n71285.shtml）。

19. 臧跃茹：《企业科技创新状况分析》，载《中国物价》2006 年第 2 期。

20. 张乃栋：《推进科技创新加快企业发展》，载《安徽冶金科技职业学院学报》2006 年第 2 期。

21. 周叔莲、王伟光：《科技创新与产业结构优化升级》，载《管理世界》2001 年第 5 期。

22. 侯仁勇、郭莎、陈兴林：《区域科技创新战略模式探讨》，载《武汉理工大学学报》（信息与管理工程版）2007 年第 8 期。

23. 张明之：《高新技术产业开发区：知识经济时代区域经济发展的新增长级》，载《南京政治学院学报》1998 年第 5 期。

24. 刘锋、徐积明：《苏州工业园区加快打造世界一流高科技园区》，载《科技日报》2007 年 3 月 10 日。

25. 赫晓辉：《东北地区经济态势与今后经济发展机遇、难点和方向》，载《国土与自然资源研究》，1995 年第 1 期。

26. 郭晓东、王少华：《西北地区经济发展战略构思》，载《甘肃教育学院学报》（自然科学版）2000 年第 4 期。

27. 杨益明：《西南地区经济发展战略模式研究》，载《咸宁师专学报》2000 年第 2 期。

28. 杨新军、曹明明：《中国区域科技创新的现状、类型与展望》，载《地域研究与开发》2005 年第 4 期。

29. 宋英华、李华威：《中部崛起与区域科技创新体系建设》，载《武汉理工大学学报》（信息与管理工程版）2006 年第 10 期。

30. 汪涛、刘婧：《中部六省自主创新能力评价研究》，载《工业技术经济》2006 年第 12 期。

31. 周茂荣、骆传朋：《实现中部崛起的战略分析》，载《湖北经济学院学报》2007 年第 1 期。

32. 谷兴荣:《中部崛起要走科技创新跨越式发展之路》,载《提高全民科学素质、建设创新型国家》,中国科协年会论文集,2006 年。

33. 李健、罗军飞:《依靠科技创新促进中部崛起的战略思考》,载《中南大学学报》(社会科学版)2006 年第 1 期。

34. 郭峰:《构建区域科技创新与协同发展联动平台促进中部崛起》,载《提高全民科学素质、建设创新型国家》,中国科协年会论文,2006 年。

35. 孙庆杰:《强化科技创新 应对入世挑战》,载《中国粮油学会第二届学术年会论文选集》(综合卷),2002 年。

36. 汪恩华、李宗植、陈其霆:《循环经济的推进器》,载《科技创新》2007 年第 1 期。

37. 陈运平:《江西高校科技创新:能力、体系及其对经济增长贡献的研究》,南昌大学博士学位论文,2007 年。

38. 曹阳、程雪芹、梁英:《中部地区经济发展与人力资源开发关系研究》,载《科技信息》2007 年第 28 期。

39. 蒋桂芳:《中部塌陷的人才因素及对策》,载《经济经纬》2006 年第 5 期。

40. 刘杰、何聪:《增加科技投入构建支撑体系 安徽着力提升企业自主创新能力》,载《人民日报》2007 年 10 月 6 日。

41. 苏可为、杨欣:《实施中部地区人力资源开发战略促进中部地区崛起》,载《郑州航空工业管理学院学报》(社会科学版)2007 年第 4 期。

42. 李仁安、申家峰:《中部地区城市群城市竞争力评价研究》,载《武汉理工大学学报》2007 年第 8 期。

后　　记

《2006中国中部经济发展报告》出版之后，我们收到了很多反馈，有好评也有宝贵的修改及建议，这些都给了我们很大的鼓励和鞭策。感谢关心"中部崛起"的领导、专家和广大读者。促进中部地区崛起是一项巨大的系统工程，是理论和实践创新的重要契机，需要大家共同地关注、研究和讨论。

胡锦涛总书记在2007年10月15日中国共产党第十七次全国代表大会的报告上强调"要继续实施区域发展总体战略，深入推进西部大开发，全面振兴东北地区等老工业基地，大力促进中部地区的崛起，积极支持东部地区率先发展。"中部六省如何抓住新世纪头20年的战略机遇期实现中部地区崛起，在很大程度上取决于是否拥有自己的核心竞争力。因此，大力提高中部地区区域创新能力，尤其是自主创新能力，是实现中部崛起强有力的突破口。所以在《2006中国中部经济发展报告》的基础上，我们保持原有的评价体系，不断更新数据、充实构架，并着重进行了科技创新能力建设的理论分析及其对于中部崛起的作用研究。对中部地区科技创新能力建设进行了评价，有针对性地提出相应的战略对策和建议。

在本书的编写过程中，中心的各位研究人员进行了大量工作，书的顺利出版是集体学习、研究、创作的结晶。全书由周绍森、傅春、刘耀彬主编。在本书初稿形成过程中，南昌大学中国中部经济发展研究中心的两位秘书吕晞和张莉老师热情参与编写，还有研究生周迪、申洋、姜晓璐、欧阳莹、洪丹丹、高丽娟、黄璜等同学在本书的数据处理和文字整理中做了很多工作。由于编写时间紧迫，2007年各项相关统计数据的采集和不断替换伴随本书编写的整个过程，鉴于水平有限，难免有缺点和错误，恳请读者批评指正。

在此，我们要向教育部社政司、国家发改委地区经济司，向江西省发改委、江西省委教育工委、江西省教育厅及社政处，向南昌大学及社科处的领导和同志一一表示衷心的感谢,是在他们悉心的指导和大力支持下,我们才能顺利完成书稿,并准备出版书籍。南昌大学中部经济发展研究中心资料室谢根秀老师在资料数据采集上为我们提供了大力协助,在此一并表示感谢。

南昌大学中国中部经济发展研究中心
《中国中部经济发展报告》编辑部
2007 年 12 月 20 日

责任编辑：吕　萍　于海汛
责任校对：徐领弟
版式设计：代小卫
技术编辑：邱　天

2007 中国中部经济发展报告
教育部人文社会科学重点研究基地
南昌大学中国中部经济发展研究中心
经济科学出版社出版、发行　新华书店经销
社址：北京市海淀区阜成路甲 28 号　邮编：100036
总编室电话：88191217　发行部电话：88191540
网址：www.esp.com.cn
电子邮件：esp@esp.com.cn
北京汉德鼎印刷厂印刷
德力装订厂装订
690×990　16 开　30 印张　500000 字
2007 年 12 月第一版　2007 年 12 月第一次印刷
印数：0001—4000 册
ISBN 978-7-5058-6939-4/F·6191　定价：45.00 元
（图书出现印装问题，本社负责调换）
（版权所有　翻印必究）